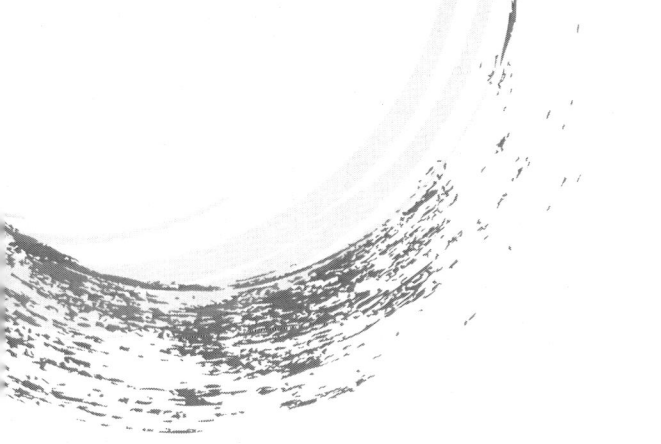

中國對外貿易
制度變遷

鄧敏　主編

財經錢線

前言

  中國的對外貿易，在錯綜複雜的國內國際環境下艱難起步，在社會主義事業的接力探索中發展壯大。1950年，中國的貨物進出口總額只有11.35億美元，占世界貿易總額的比重僅為0.61%；1978年，中國的貨物進出口總額達到206.38億美元，比1950年增加了17.2倍。2013年，中國首次超過美國，成為世界第一貨物貿易大國；2018年，中國的服務貿易連續第五年位居世界第二。進入2019年，在外部環境發生深刻變化的背景下，中國的對外貿易發展依然呈現穩中提質態勢。

  與對外貿易的發展相伴，新中國的對外貿易制度實現了從高度集中的、內向型的貿易制度到中國特色的自由貿易制度的重大轉變。

  新中國成立初期，中國實行了對外貿易統制。隨著社會主義改造的完成，中國建立了全國統一的社會主義對外貿易制度。這為新中國迅速掌握對外貿易的獨立自主權，改變對外貿易的半殖民地半封建性質，推動對外貿易發展創新提供了重要保障。但是，隨著經濟發展和國內國際形勢的變化，高度集中的對外貿易體制的弊端日益顯現。

  1978年12月18日，中共十一屆三中全會召開，中國開啓了改革開放的偉大徵程。隨著市場在資源配置中地位的變化，隨著中國特色社會主義市場經濟制度的建立和完善，對外貿易的自由化程度不斷提升。2017年10月，在中共十九大報告中，習近平明確提出要「實行高水準的貿易和投資自由化便利化政策」。中共十九大召開以來，中國在推動形成全面開放新格局方面實施

了一系列行之有效的舉措。在貿易保護主義抬頭，單邊主義、霸凌主義給世界貿易和經濟造成多重影響的環境下，這些舉措不僅對中國對外貿易及經濟社會的發展意義重大，對維護多邊貿易體制主渠道作用、反對貿易保護主義、推動世界貿易和經濟發展也意義重大。

早在 2016 年，習近平就明確指出：「二十年前甚至十五年前，經濟全球化的主要推手是美國等西方國家，今天反而是我們被認為是世界上推動貿易和投資自由化便利化的最大旗手，積極主動同西方國家形形色色的保護主義作鬥爭。」[1]實踐中，中國關於改革全球經濟治理體系、構建開放型世界經濟的方案，取得了顯著成效，得到了國際社會的高度評價。

新中國對外貿易的發展，中國對世界人民的貢獻，體現了中國的風範與擔當，彰顯了中國特色社會主義道路、理論、制度和文化的優越性，表明中國對外貿易制度變遷不僅具有制度變遷的一般特徵，更具有鮮明的中國特色。

首先，新中國的對外貿易制度是社會主義制度體系的組成部分，根本政治制度和各項基本制度是其產生、發展的制度基礎和政治保障。對外貿易制度變遷的歷程，蘊涵於中國社會主義制度形成與自我完善的歷程之中。在經濟制度層面，新中國對外貿易制度變遷與社會主義經濟制度演進一脈相連，與相關領域體制機制改革創新密切相關。就對外貿易制度的體系結構而言，對外貿易戰略、體制機制、法律法規及一系列政策措施構成了相互聯繫的有機整體。隨著對外經濟貿易的發展，中國日益強調進口和出口、貨物貿易和服務貿易、對外貿易和引進外資及對外投資協調發展，注重相關政策的協同配合。因此，新中國的對外貿易制度變遷體現為對外貿易戰略、體制機制、法律制度、政策措施的協同演化，也包括對外貿易制度與引進外資和對外投資制度的協調一致。

其次，在理論基礎和思想基礎方面，馬克思列寧主義不僅為中國革命、建設和改革實踐提供了思想武器，也為新時代中華民族的穩步前進提供了行動指南。馬克思列寧主義同中國實踐的結合，實現了一次又一次的飛躍，形成了毛澤東思想、鄧小平理論、「三個代表」重要思想、科學發展觀、習近平

---

[1] 中共中央文獻研究室. 習近平關於社會主義經濟建設論述摘編 [M]. 北京：中央文獻出版社，2017：300-301.

新時代中國特色社會主義思想。作為馬克思主義中國化的理論成果，毛澤東思想對計劃經濟時期的對外貿易制度建設產生了決定性作用，鄧小平理論、「三個代表」重要思想、科學發展觀、習近平新時代中國特色社會主義思想是中國特色社會主義理論體系的重要組成部分，為改革開放不同歷史階段中國對外貿易制度的改革創新奠定了思想基礎。在中國特色社會主義理論體系逐漸形成、不斷發展的過程中，中國特色的對外貿易思想隨之形成、不斷完善。在堅持、繼承、發展馬克思列寧主義的基礎上，毛澤東思想、中國特色社會主義理論體系及其中蘊含的中國特色對外貿易思想，為中國未來的對外貿易制度創新提供了思想基礎和行動指南。

最後，基於社會主義的本質特徵，中國一貫堅持平等互利的原則，強調合作共贏，共同發展。在對外貿易制度建設中，中國注重對國際規則的遵循，注重責任擔當。在推動共商規則、共建機制、共迎挑戰、共享發展方面，中國發揮著日益重要的作用。

新中國對外貿易制度變遷的特殊性，決定了研究新中國對外貿易制度變遷必有的遵循。為了從兼具共性探討與個性特徵研究的角度展開分析，本書堅持以中國社會主義制度為綱，中國社會主義經濟制度建設為主線，按照「制度基礎—理論依據—戰略轉型—體制改革—法律建設—政策創新」的內在邏輯，從分析新中國對外貿易制度變遷與社會主義制度體系建設的基本關係切入，進而梳理中國特色對外貿易思想的演進歷程和發展創新，確立分析新中國對外貿易制度演進的理論依據，並在有機融合國際規則要求、貿易投資自由化便利化趨勢等內容的基礎上，探討中國特色對外貿易戰略和對外貿易體制機制的基本屬性，研究中國在對外貿易法律制度及貨物貿易、服務貿易、技術貿易、國際投資等領域的制度建設和依託特殊經濟功能區的貿易投資制度創新，依據主動參與、推動經濟全球化的精神實質，從加入世界貿易組織、實施自由貿易區戰略、提出並踐行「一帶一路」倡議等視角，分析中國參與全球經貿治理的情況及其對貿易投資制度演進的作用，分析中國在推動全球治理體系改革、構建人類命運共同體方面的主張。

在具體內容安排上，本書共包含十四章。第一章為「新中國對外貿易的發展、改革與制度變遷研究主題」，旨在分析新中國對外貿易發展及其對中國

經濟社會發展和世界經濟增長的貢獻，進而在概述新中國對外貿易制度建立、調整和改革創新的基礎上，分析對外貿易制度變遷對中國、對世界貿易及經濟發展的作用路徑，闡釋研究新中國對外貿易制度變遷應有的視角及理論和實際意義。接下來的第二章、第三章重在分析新中國對外貿易制度變遷的制度基礎和思想基礎，揭示新中國對外貿易制度類型及對外貿易思想的轉變，明確新中國對外貿易制度建設的原則和宗旨。其中，第二章在分析社會主義基本制度的確立和中國特色社會主義制度的形成、自我完善的基礎上，從社會主義本質、中國特色社會主義道路等角度，分析中國推進對外貿易制度建設、發展對外貿易的宗旨和原則，揭示中國特色社會主義制度體系自我完善與新中國對外貿易制度演進的基本關係，進而在梳理中國特色社會主義經濟制度形成、發展歷程的基礎上，探討中國特色社會主義經濟制度的形成、發展對改革開放時期中國對外貿易制度的階段性特徵的形成及中國對外貿易自由化發展的影響，分析中國特色社會主義自由貿易制度建設與中國特色社會主義經濟制度自我完善的基本關係。第三章在分析中國特色社會主義對外貿易思想形成、發展歷程的基礎上，探討馬克思主義、毛澤東思想、中國特色社會主義理論體系在新中國對外貿易制度建設中的理論基礎和思想基礎地位，明晰中國特色社會主義對外貿易思想的基本特徵，從以人民為中心的發展思想和創新協調、綠色開放、共享發展等方面，闡釋對外貿易制度改革創新的宗旨、原則及對外貿易制度轉型，概述中國「努力為促進世界經濟增長和完善全球經濟治理貢獻中國智慧、中國力量」的重要意義。

第四章到第十章分析的重點是：基於新中國對外貿易制度的層次性及各層次制度之間的內在聯繫，從對外貿易戰略、體制、法律制度及貨物貿易的管理制度、促進制度和服務貿易制度、技術貿易制度層面闡釋新中國對外貿易制度的演進歷程，探討貿易投資自由化便利化的趨勢。其中，第四章在分析新中國對外貿易總體戰略、貨物貿易戰略和服務貿易戰略演進歷程的基礎上，從戰略屬性、戰略手段、戰略目標等方面探討新中國對外貿易戰略的轉變與演進規律；第五章在分析新中國對外貿易體制建立、調整、改革的基礎上，具體分析新中國對外貿易管理機構及其職能以及對外貿易管理手段、主體結構、體制屬性等方面的轉變，進而探討對外貿易體制呈現出的與社會主

義市場經濟體制和國際規範要求相一致的轉變;第六章在分析新中國對外貿易法律制度建設歷程的基礎上,具體分析《中華人民共和國對外貿易法》的修訂與完善以及貿易救濟法律制度的建立與發展,進而結合《中華人民共和國外商投資法》等,分析新中國對外貿易法律制度建設與營商環境優化的關係;第七章沿用世界貿易組織對貨物貿易管理措施的分類體系,對新中國的貨物貿易行政管理制度、海關管理制度和關稅制度的演進軌跡展開分析,並從建立統一的、符合世界貿易組織規則的貨物進出口行政管理制度、海關管理制度改革的貿易便利化效應、關稅減讓義務的嚴格履行等方面,分析中國的貿易自由化便利化進程;第八章首先分析新中國促進貨物進出口的財稅政策的調整與轉變,然後在分析新中國政策性貿易金融體系演進軌跡的基礎上,從對外貿易貸款與對外貿易發展、金融服務延伸與開放型經濟發展等方面分析中國進出口銀行的業務發展及其對貿易的促進作用,從業務領域拓展與作用路徑多元、逆週期調節與對外貿易增長等方面分析中國出口信用保險公司的業務發展及其貿易促進作用,最後分析跨境貿易人民幣結算的探索、試點、發展及其貿易便利化效應;第九章從新中國服務貿易制度的建立與改革、傳統服務貿易制度及新興服務貿易制度的演進與發展等方面展開分析,探討服務貿易制度建設、服務貿易自由化及其對服務貿易發展的促進作用;第十章在闡釋技術貿易的內涵與特點的基礎上,簡述技術貿易制度對技術貿易的影響,進而從新中國技術貿易制度的建立與創新、知識產權保護與國際技術貿易的關係及新中國知識產權保護制度的演進等方面做具體分析。

在貿易投資一體化逐漸成為推動經濟全球化的重要力量,中國日益強調貿易投資協調發展、貿易投資制度協同配合的背景下,第十一章首先分析新中國引進外資及對外直接投資制度的動態演進過程,進而探討新中國引進外資和對外投資制度改革的貿易促進目標及其演化趨勢。基於試點、實驗在新中國貿易投資制度演進中的作用,第十二章在分析新中國經濟特區、經濟技術開發區、浦東新區、濱海新區、保稅區等特殊經濟功能區的發展及其貿易投資制度的基礎上,探討自由貿易試驗區的發展及其貿易投資制度創新,進而闡釋不同地區自由貿易試驗區的貿易投資制度。在前述章節從不同角度概述新中國對外貿易制度變遷與全球經濟治理的相互影響的基礎上,第十三章

系統分析新中國參與全球經濟治理的背景、歷程,並在論述參與全球經濟治理對中國及世界貿易投資自由化便利化的影響之後,具體分析中國加入世界貿易組織、實施自由貿易區戰略、推動「一帶一路」建設對中國、對世界貿易投資自由化便利化以及對構建人類命運共同體的重要作用。

綜合各章的分析與探討,第十四章以「新中國對外貿易制度變遷的效應、規律與趨勢」為主題,沿著對外貿易制度的邏輯層次,從戰略轉型、體制轉軌、法律建設及政策創新等方面,分析各層次制度的演化成果,結合關稅和非關稅措施方面的數據,論證中國的貿易自由化、便利化狀況;從對外貿易制度改革對中國特色社會主義制度及體制機制自我完善、中國特色社會主義對外貿易思想創新發展、中國貿易強國建設、人類命運共同體構建、中國經濟效率提升等方面的推動與促進,分析新中國對外貿易制度演進的成效,並結合中國出口商品結構方面的數據和GVC地位指數論證相關觀點;從堅持社會主義道路、遵循社會主義制度體系建立與自我完善的變遷軌跡,遵循以開放促改革、形成對外開放與經濟體制改革良性互動,服務於開放型經濟發展戰略,遵循貿易互利共贏、多元平衡發展規律等方面,分析新中國對外貿易制度演進的內在邏輯,並結合貿易便利化指數、營商便利度排名論證相關觀點;從中國特色社會主義新時代的新要求,全球治理和世界貿易格局新趨勢下的機遇與挑戰,中國經濟發展的內在需求等方面,探討新時代中國對外貿易制度的發展趨勢,進而分析新時代中國對外貿易制度創新發展的規律與路徑。

本書以獨特的視角、系統的內容、新的數據,從根本制度、基本制度和具體制度以及內因和外因、推動中國發展和世界進步的層面,剖析了新中國對外貿易制度變遷的脈絡,闡釋了新中國對外貿易制度演進的內在邏輯,評價了新中國對外貿易制度變遷的效應,並探索新時代背景下中國對外貿易制度的發展規律與創新趨勢,以期為中國創新對外貿易制度,加快從貿易大國邁向貿易強國的進程提供有益的借鑑和建議,並為相關領域的研究提供有益的參考。

鄧　敏

目录

第一章 新中國對外貿易的發展、改革與制度變遷研究主題 …………… 1

 第一節 新中國對外貿易的發展 ……………………………………… 2

 第二節 新中國對外貿易的發展與對外貿易制度建設 ……………… 20

 第三節 新中國對外貿易制度變遷研究主題 ………………………… 28

第二章 新中國對外貿易制度變遷與社會主義制度的確立和自我完善 …… 41

 第一節 中國社會主義制度的確立和自我完善 ……………………… 42

 第二節 新中國對外貿易制度變遷與社會主義制度確立及自我完善的基本關係 ……………………………………………………… 57

 第三節 新中國對外貿易制度變遷與社會主義經濟制度演進的基本關係 …………………………………………………………… 64

第三章 新中國對外貿易制度變遷與對外貿易思想演進 ……………… 85

 第一節 中國特色社會主義對外貿易思想的形成與發展 …………… 86

 第二節 新中國對外貿易制度變遷的理論基礎和思想基礎 ………… 97

 第三節 中國特色社會主義對外貿易思想發展與對外貿易制度改革 …………………………………………………………………… 109

第四章　新中國對外貿易戰略的調整與轉變 … 123

第一節　新中國對外貿易總體戰略的演進與調整 … 124

第二節　新中國貨物貿易戰略和服務貿易戰略的演進與調整 … 131

第三節　新中國對外貿易戰略的重大轉變與演進規律 … 141

第五章　新中國對外貿易體制的改革與轉變 … 151

第一節　新中國對外貿易體制的建立與調整 … 152

第二節　新中國對外貿易體制改革 … 160

第三節　新中國對外貿易體制的轉變 … 191

第六章　新中國對外貿易法律制度變遷 … 203

第一節　新中國對外貿易法律制度建設歷程 … 204

第二節　《中華人民共和國對外貿易法》的修訂與完善 … 223

第三節　新中國貿易救濟法律制度的建立與完善 … 229

第四節　新中國對外貿易法律制度建設與營商環境優化 … 238

第七章　新中國貨物貿易管理制度的建立與改革 … 249

第一節　新中國貨物進出口行政管理制度的建立與改革 … 250

第二節　新中國海關管理制度的建立與改革 … 274

第三節　新中國關稅制度的建立與改革 … 289

第八章　新中國貨物貿易促進制度的演進與發展 ……………… 309
第一節　新中國促進貨物進出口的財稅政策的調整與改革 ………… 310
第二節　新中國政策性貿易金融體系的建立和發展 …………………… 322
第三節　跨境貿易人民幣結算的探索與發展 ………………………………… 344

第九章　新中國服務貿易制度的演進與發展 ……………………… 357
第一節　新中國服務貿易制度的建立與改革 ………………………………… 358
第二節　中國傳統服務貿易制度的演進與發展 …………………………… 374
第三節　中國新興服務貿易制度的演進與發展 …………………………… 385

第十章　新中國技術貿易制度的演進與發展 ……………………… 401
第一節　技術貿易的內涵與特點 ………………………………………………………… 402
第二節　新中國技術貿易制度的建立與創新 ………………………………… 403
第三節　新中國與技術貿易有關的知識產權保護制度 ………… 414

第十一章　新中國引進外資及對外直接投資制度的演進與發展 … 427
第一節　新中國外商直接投資制度的演進與發展 …………………… 428
第二節　新中國對外直接投資制度的演進與發展 …………………… 452
第三節　新中國引進外資及對外投資制度改革的貿易促進目標 …… 463

第十二章　新中國特殊經濟功能區的貿易投資制度演進 ………… 481
第一節　新中國特殊經濟功能區的發展及其貿易投資制度 ……… 482
第二節　新中國自由貿易試驗區的發展及其貿易投資制度 ……… 502

第十三章　參與全球經濟治理與新中國貿易投資制度演進 ………… 527
　　第一節　新中國參與全球經濟治理情況概覽 ……………………… 528
　　第二節　加入世界貿易組織與中國貿易投資制度演化 …………… 538
　　第三節　實施自由貿易區戰略與中國貿易投資制度建設 ………… 546
　　第四節　踐行「一帶一路」倡議與中國貿易投資制度建設 ……… 556

第十四章　新中國對外貿易制度變遷的效應、規律與趨勢 ………… 575
　　第一節　新中國對外貿易制度演進的成果與成效 ………………… 576
　　第二節　新中國對外貿易制度演進的內在邏輯 …………………… 595
　　第三節　新時代中國對外貿易制度創新發展的趨勢與路徑 ……… 611

附錄1　GVC地位指數構建 …………………………………………… 631

附錄2　新中國對外貿易政策概覽（1949.10—2019.08）…………… 633

後記 …………………………………………………………………………… 639

第一章
新中國對外貿易的發展、改革與制度變遷研究主題

在2018年，我們隆重慶祝改革開放40週年；在2019年，我們喜迎新中國成立70週年。在這樣的時間節點，回望過去，在70年的社會主義建設中，中國特色社會主義的道路探尋和制度建設鑄就了中國奇跡；在40年的改革開放中，對外貿易的發展成就和制度創新開啓了中國邁向貿易強國的徵程。

第一節　新中國對外貿易的發展

回溯歷史，新中國的對外貿易是在錯綜複雜的國際國內環境下、在西方國家的封鎖禁運中艱難起步，在中國社會主義事業的接力探索中發展壯大的。在 1950 年，中國的貨物進出口總額僅為 11.35 億美元，占世界貿易總額的比重只有 0.61%；而在 1956 年，中國首次實現了貿易順差，改變了從舊中國到新中國成立初期的貿易逆差局面；在 1978 年——改革開放元年，中國的貨物進出口總額達到 206.38 億美元，比 1950 年增加了 17.2 倍。① 改革開放後，中國的對外貿易逐漸進入了通向貿易大國的軌道。1988 年，改革開放十週年，中國對外貿易總額首次突破 1,000 億美元，為 1,110.9 億美元，其中，貨物進出口總額為 1,027.9 億美元，服務進出口總額為 83 億美元；② 2013 年，改革開放 35 週年，中國首次超過美國，成為世界第一貨物貿易大國；2014 年，中國服務貿易額首次突破 6,000 億美元。截至 2018 年年底，中國的服務貿易已經連續五年位列世界第二。③

一、改革開放前中國對外貿易的發展

具體來看，在改革開放前的整個歷史時期，中國的貨物貿易得到了較為迅速的發展，服務貿易的發展相對緩慢。

（一）改革開放前中國貨物貿易發展狀況

統計數據顯示，1950—1978 年，中國的貨物貿易起伏波動較大，但總體保持了增長態勢（見表 1-1）。

---

① 傅自應. 中國對外貿易三十年 [M]. 北京：中國財政經濟出版社，2008：19.
② 數據來源：根據《2017 中國統計年鑒》數據整理。
③ 數據來源：http://data.mofcom.gov.cn/。

表 1-1 1950—1978 年中國貨物貿易發展情況

年份	進出口 金額/億美元	進出口 增長率/%	出口 金額/億美元	出口 增長率/%	進口 金額/億美元	進口 增長率/%	進出口差額/億美元
1950	11.35	—	5.52	—	5.83	—	-0.31
1951	19.35	72.2	7.57	37.1	11.98	105.5	-4.41
1952	19.41	-0.7	8.23	8.7	11.18	-6.7	-2.95
1953	23.68	22	10.22	24.2	13.46	20.4	-3.24
1954	24.33	2.7	11.46	12.1	12.87	-4.4	-1.41
1955	31.45	29.3	14.12	23.2	17.33	34.7	-3.21
1956	32.08	2	16.45	16.5	15.63	-9.8	0.82
1957	31.03	-3.3	15.97	-2.9	15.06	-3.6	0.91
1958	38.71	24.8	19.81	24	18.9	25.5	0.91
1959	43.81	13.2	22.61	14.1	21.2	12.2	1.41
1960	38.09	13.1	18.56	-17.9	19.53	-7.9	-0.97
1961	29.36	-22.9	14.91	-19.7	14.45	-26	0.46
1962	26.63	-9.3	14.9	-0.1	11.73	-18.8	3.17
1963	29.15	9.5	16.49	10.7	12.66	7.9	3.83
1964	34.63	18.8	19.16	16.2	15.47	22.2	3.69
1965	42.45	22.6	22.28	16.3	20.17	30.4	2.11
1966	46.14	8.7	23.66	6.2	22.48	11.5	1.18
1967	41.57	-9.9	21.35	-9.8	20.2	-10.1	1.15
1968	44.05	-2.6	21.03	-1.5	19.45	-3.7	1.58
1969	40.29	-0.5	22.04	4.8	18.25	-6.2	3.79
1970	45.86	13.8	22.6	2.5	23.26	27.5	-0.66
1971	48.41	5.6	26.36	16.6	22.05	-5.2	4.31
1972	63.01	30.2	34.43	30.6	28.58	29.6	5.85
1973	109.76	74.2	58.19	69	51.57	80.4	6.62
1974	145.68	32.7	69.49	19.4	76.19	17.7	-6.7
1975	147.5	1.2	72.64	4.5	74.86	-1.7	-2.22
1976	134.33	-8.9	68.55	-5.6	65.73	-12.1	2.77
1977	148.04	10.2	75.9	10.7	72.14	9.7	3.76
1978	206.38	39.4	97.45	28.4	108.93	51.9	-11.48

數據來源：傅自應. 中國對外貿易三十年［M］. 北京：中國財政經濟出版社，2008.

中國對外貿易制度變遷

從表中數據可見，在 1950—1952 年國民經濟恢復時期，中國貨物進出口總額從 11.35 億美元上升到 19.41 億美元，年均增長 30.8%；在第一個五年計劃時期，中國不僅擴大了貨物進出口規模，而且在 1956—1957 年保持了貿易順差，此後，在 1958—1978 年的 21 年間，中國共有 16 年實現了貿易順差。

從貨物貿易結構來看，在這段時期，中國的出口商品結構和進口商品結構都呈現出優化趨勢。1950 年，在中國的出口商品構成中，初級產品所占的比重高達 90.3%，工業製成品僅占 9.7%；到 1965 年，初級產品的占比降為 51.2%，工業製成品的占比上升到 48.8%。從進口商品構成來看，在 1950 年，進口中位居前三的依次是化工產品、五金礦產、機械儀器。1950—1959 年，進口商品中生產資料約占 91.5%，生活資料約占 8.5%；到 1965 年，生產資料和生活資料在進口中的占比分別是 66.5% 和 33.5%。1966—1976 年，糧油食品在出口商品構成中幾乎一直位列第一，只在 1976 年比緊隨其後的紡織品略低，土畜產品則穩居第三，這三類合計在中國出口商品構成中占 50% 以上。不過，總體上講，這段時期中國的出口商品結構還是有所優化，工業製成品在出口商品構成中的比重從 39.9% 上升到了 54.5%，初級產品的占比則從 60.1% 降到了 45.5%；同期內，在進口商品構成中，糧油食品、五金礦產、化工、機械儀器四類產品占比合計一直在 70% 以上。按初級產品和工業製成品分類，可以明顯看出這段時期的進口商品構成與出口商品構成具有相同的升降趨勢。其中，工業製成品進口占比從 71% 上升到了 88.2%，初級產品進口占比從 29% 降到了 11.8%。[①] 到 1978 年，中國出口商品結構中初級產品和工業製成品的占比分別是 53.5% 和 46.5%，在進口商品結構中，工業製成品，特別是技術含量高的機械設備等生產資料居主要地位，整體而論，生產資料進口占比為 81.4%。

從市場結構來看，多元化趨勢是十分明顯的。在 20 世紀 50 年代，中國進出口貿易的對象主要是蘇聯和東歐國家，對這些國家的出口貿易額分別占中國出口貿易總額的 50% 和 16%，對這些國家的進口貿易額分別占中國進

---

① 裴長洪. 共和國對外貿易 60 年 [M]. 北京：人民出版社，2009：141-143.

貿易總額的 60% 和 17%。到 20 世紀 60 年代，中國與蘇聯和東歐國家的貿易額急遽下降，西歐國家成為中國主要的進出口貿易夥伴。到 20 世紀 70 年代，中國的對外關係以及與美國、日本的進出口貿易得到了發展，與西歐國家的貿易繼續擴大，內地與港澳地區的經貿關係不斷密切，到 1976—1978 年，中國和分佈在亞洲、歐洲、美洲、非洲、大洋洲的 140 多個國家和地區都具有經濟貿易關係。按國家和地區的類型劃分，在 1978 年，中國與各類國家和地區的貨物貿易額在中國貨物進出口總額中的比重分別是：發展中國家和地區占 16.5%，工業發達國家占 55.9%，中央計劃經濟國家占 14.1%，港澳地區占 13.3%，其他類別占 0.2%。

（二）改革開放前中國服務貿易發展狀況

相較於貨物貿易，無論是從規模還是從結構來看，改革開放前中國的服務貿易發展水準都比較低，行業規模小、所涉領域有限是其突出特點。具體來看，在這段時期，中國的服務貿易主要限於運輸服務貿易、旅遊服務貿易、技術服務貿易和少量的金融、教育服務貿易，服務貿易對象主要包括蘇聯和東歐社會主義國家。

由於發展不足，加之中國在這一時期對服務貿易的統計尚不健全，除運輸、銀行等少數行業有不完整的統計外，其他行業的服務貿易統計處於空白狀態，因此可以參考的數據十分有限。

從運輸服務貿易來看，1949—1959 年，中國的進出口貨物主要採用鐵路運輸，因此鐵路運輸服務貿易具有較為有利的發展條件。其間，中國在 1951 年 4 月與蘇聯締結了中蘇鐵路貨物聯運協定，在 1954 年 1 月參加了包括蘇聯、民主德國、阿爾巴尼亞等國家的國際鐵路貨物聯運協定，該協定適用於締約國之間在鐵路方面的國際直達貨物聯運。1960—1966 年，中國的海運增長較明顯，租船運輸在其中占主要地位，租船貨運量占中國派船貨運量的比例在 70% 左右。從 1967 年開始，中國對外貿易進出口貨物運輸量連續五年下降，到 1972 年才開始回升。此後，隨著對外貿易運輸需求的變化，中國的運輸服務貿易有了新的發展。例如，1975 年 12 月，中朝友誼輸油管道建成；1976 年，鮮活商品航空運輸有所發展；1977 年，多式聯運、大陸橋運輸等多種形

式的運輸有所發展；1978年，出現了大批包機專程運輸進出口貨物。這些運輸業務的開展，為滿足中國對外貿易的運輸需要創造了有利條件。

從旅遊服務貿易來看，1949—1978年，始於20世紀50年代中期的旅遊服務貿易並未被列入經濟事業的範疇。旅遊接待在當時屬政治任務，不計經濟成本，接待對象限於外國友好使團及其成員、華僑和港澳同胞，接待單位與旅遊主管部門為一體，接待人數很少，最多的時候一年也只有5萬多人。

再以金融服務貿易為例。1949—1978年，中國的金融服務貿易業務主要包括外匯兌及結算，從事對外金融服務貿易的主要機構是中國人民銀行領導下的各大銀行。在1968年前，中國對外貿易只能用外幣結算；從1968年開始，內地與香港、澳門地區的貿易試用人民幣計價結算，1970年逐步擴大到英國、法國、瑞士、聯邦德國等。

從運輸服務貿易、旅遊服務貿易、金融服務貿易的情況，可見改革開放前中國服務貿易成長緩慢，同時也展現出中國服務貿易從無到有、再到有所發展的開創歷程，其意義是十分重大的。

二、改革開放以來中國對外貿易的發展

改革開放以後，中國的貨物貿易逐漸進入快速發展階段，服務貿易也得到加強並不斷創出新高，在貨物貿易和服務貿易的合力推動下，中國對外貿易在實現規模突破的同時，結構不斷優化並實現了重要轉變。

（一）中國對外貿易的規模突破

在改革開放的最初幾年，中國的對外貿易規模連創新高。以貨物貿易為例，1979—1981年，中國的貨物貿易額分別為293.3億美元、381.4億美元、440.3億美元。在1988年對外貿易總額突破1,000億美元之後，中國對外貿易規模的拓展速度明顯加快（見表1-2）。

從表1-2的數據可見，2004年，中國的對外貿易總額突破了10,000億美元，為12,988.5億美元；2011年，中國的對外貿易總額突破了40,000億美元，為40,889.6億美元；到2017年，中國的對外貿易總額高達48,001.7億美元。

第一章 新中國對外貿易的發展、改革與制度變遷研究主題

在對外貿易規模迅速擴大的過程中，中國的貨物貿易和服務貿易規模都保持了良好的拓展態勢。

表 1-2　1982—2017 年中國的對外貿易總額、貨物貿易額、服務貿易額

單位：億美元

年份	對外貿易總額	貨物貿易額	服務貿易額
1982	461.1	416.1	45
1983	482.2	436.2	46
1984	592.5	535.5	57
1985	748	696	52
1986	795.5	738.5	57
1987	888.5	826.5	62
1988	1,110.9	1,027.9	83
1989	1,212.8	1,116.8	96
1990	1,275.4	1,154.4	121
1991	1,491	1,357	134
1992	1,871.3	1,655.3	216
1993	2,216	1,957	259
1994	2,723.2	2,366.2	357
1995	3,292.6	2,808.6	484
1996	3,401.8	2,898.8	503
1997	3,870.6	3,251.6	619
1998	3,756.5	3,239.5	517
1999	4,209.3	3,606.3	603
2000	5,449.9	4,742.9	707
2001	5,874.5	5,096.5	778
2002	7,126.7	6,207.7	919
2003	9,567.9	8,509.9	1,058
2004	12,988.5	11,545.5	1,443
2005	15,891.1	14,219.1	1,672
2006	19,631	17,604	2,027
2007	24,377.3	21,737.3	2,640
2008	28,839.6	25,632.6	3,207
2009	25,082.4	22,075.4	3,007

表1-2(續)

年份	對外貿易總額	貨物貿易額	服務貿易額
2010	33,436	29,740	3,696
2011	40,889.6	36,418.6	4,471
2012	43,479.2	38,671.2	4,808
2013	46,941.9	41,589.9	5,352
2014	49,504.3	43,015.3	6,489
2015	46,035.3	39,530.3	6,505
2016	43,430.6	36,855.6	6,575
2017	48,001.7	41,044.7	6,957

資料來源：根據《2017中國統計年鑒》與商務部網站公布的相關數據整理。

表1-2的數據顯示，2004年，中國的貨物貿易額突破10,000億美元，為11,545.5億美元；2011年，中國的貨物貿易額突破30,000億美元，為36,418.6億美元；2013年，中國的貨物貿易額突破40,000億美元，為41,589.9億美元。從服務貿易來看，自2003年服務貿易額突破1,000億美元達1,058億美元後，中國的服務貿易連創新高，特別是在2014年突破6,000億美元大關後，中國的服務貿易額連續四年穩步上升，並在2017年達到歷史最高水準，為6,957億美元。

隨著貨物貿易和服務貿易的發展，中國貨物貿易和服務貿易在對外貿易中所占的比重逐漸優化。表1-3顯示了1982年以來中國貨物貿易額、服務貿易額在對外貿易總額中的占比情況。從中可以看出，雖然中國的貨物貿易在對外貿易中所占的比重基本保持在80%以上，但服務貿易的占比總體呈上升趨勢。

表1-3 1982—2017年中國貨物貿易額、服務貿易額占對外貿易總額的比例

單位:%

年份	貨物貿易額占比	服務貿易額占比	年份	貨物貿易額占比	服務貿易額占比
1982	90.24	9.76	2000	87.03	12.97
1983	90.46	9.54	2001	86.76	13.24
1984	90.38	9.62	2002	87.10	12.90
1985	93.05	6.95	2003	88.94	11.06
1986	92.83	7.17	2004	88.89	11.11

第一章　新中國對外貿易的發展、改革與制度變遷研究主題

表1-3(續)

年份	貨物貿易額占比	服務貿易額占比	年份	貨物貿易額占比	服務貿易額占比
1987	93.02	6.98	2005	89.48	10.52
1988	92.53	7.47	2006	89.67	10.33
1989	92.08	7.92	2007	89.17	10.83
1990	90.51	9.49	2008	88.88	11.12
1991	91.01	8.99	2009	88.01	11.99
1992	88.46	11.54	2010	88.95	11.05
1993	88.31	11.69	2011	89.07	10.93
1994	86.89	13.11	2012	88.94	11.06
1995	85.30	14.70	2013	88.60	11.40
1996	85.21	14.79	2014	86.89	13.11
1997	84.01	15.99	2015	85.87	14.13
1998	86.24	13.76	2016	84.86	15.14
1999	85.67	14.33	2017	85.51	14.49

資料來源：根據《2017中國統計年鑒》與商務部網站公布的相關數據整理。

對外貿易規模的迅速擴大，貨物貿易和服務貿易在對外貿易中所占比例的變化，加快了中國的貿易大國進程，為中國邁向貿易強國創造了重要條件。2013—2015年，中國連年保持了世界第一貨物貿易大國的地位。2016年，中國的貨物貿易有所波動，但是，在2017年，中國的貨物貿易又重新站在了世界貨物貿易排名的榜首。在2018年，雖然國內外形勢錯綜複雜，中國貨物貿易第一大國地位卻更加鞏固，全年貨物進出口額達30.51萬億元人民幣，不僅規模創歷史最高水準，增速也高於美國、德國、日本等貿易大國和主要經濟體平均增速，為中國自2012年以來的最高增幅；[1] 與此同時，中國的服務貿易也再創新高，進出口額達5.2萬億元人民幣，規模繼續位列世界第二，增速高於世界主要經濟體，服務出口同比增長14.6%，為2011年以來的服務出口最高增速。[2] 可見，即使在單邊主義和貿易保護主義抬頭的環境下，中國依然保持了對外貿易的良好發展態勢，是全球貿易的主要參與者和推動者。

---

[1]　數據來源於 http://www.mofcom.gov.cn/article/ae/ai/201901/20190102829079.shtml。
[2]　數據來源於 http://www.mofcom.gov.cn/xwfbh/20190212.shtml。

（二）中國對外貿易結構的優化與轉變

中國對外貿易的發展，不僅體現在規模的擴大，也體現在質量的提升，對此，從貿易結構的優化與轉變可見一斑。

1. 貨物貿易商品結構的優化與轉變

統計數據顯示，在 1979 年，中國的貨物出口額和進口額分別是 136.6 億美元和 157 億美元，其中，初級產品的出口額為 73.2 億美元，占當年貨物出口額的比重為 53.59%，進口額為 44.2 億美元，占當年貨物進口額的比重為 28.2%，工業製成品的出口額為 63.38 億美元，占當年貨物出口額的比重為 46.4%，進口額為 113 億美元，占當年貨物進口額的比重為 71.97%。1979 年以後，隨著初級產品和工業製成品進出口額的變化，中國貨物進出口的商品結構不斷優化，表現出明顯的轉變與升級趨勢。以貨物出口的商品結構為例，在改革開放的最初幾年，其基本狀況沒有明顯變化，1980 年，初級產品出口和工業製成品出口幾乎各占半壁江山，占比分別為 50.3% 和 49.7%，1981—1985 年，初級產品和工業製成品的出口占比都有小幅波動，但除了 1985 年工業製成品出口占比略低於初級產品出口占比外（二者分別為 49.44% 和 50.56%），在其餘年份，工業製成品的出口占比都高於初級產品的出口占比。1985 年以後，工業製成品的出口占比一路走高，初級產品的出口占比則相應下降，二者的差距不斷擴大（見圖 1-1）。

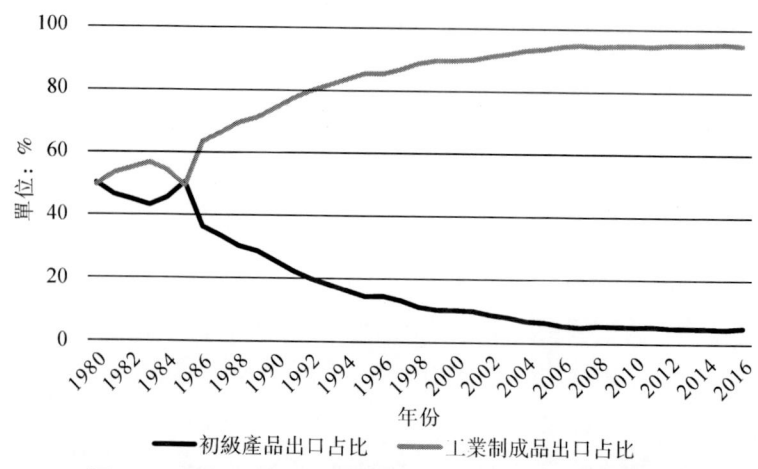

圖 1-1　1980—2016 年中國貨物出口商品的結構變動情況

數據來源：根據《新中國 60 年統計資料匯編》與國家統計局網站公布的相關數據整理。

第一章　新中國對外貿易的發展、改革與制度變遷研究主題

圖1-1直觀地反應了1980—2016年中國貨物出口商品結構的變動情況，從中可見，在經歷1980—1985年初級產品出口占比與工業製成品出口占比的波動後，中國的貨物出口商品結構便成功實現了以初級產品為主到以工業製成品為主的轉變。在2001年之後，工業製成品出口占比一直保持在90%以上，在2016年甚至高達95%。

從更具體的層面分析，1978—1984年，石油一直是中國最主要的外匯收入來源，在1986年，以紡織品服裝出口首次超過石油出口、工業製成品出口占比首次大幅高於初級產品出口占比為標誌，中國的貨物出口出現了第一次大的結構性轉變，在出口的商品構成中，勞動密集型產品超越資源密集型產品，居於主導地位。1989—1992年，隨著勞動密集型產品和資本及技術密集型產品出口占比不斷上升、資源密集型產品出口占比迅速下降，中國出口商品結構的轉變趨勢更加明顯。到1992年，勞動密集型產品出口占比為57.6%，資本和技術密集型產品出口占比由1983年的10.2%上升到25.5%。1992—2001年，隨著勞動密集型產品出口占比逐年下降，資本和技術密集型產品出口占比逐年上升，中國逐步改變了主要依靠傳統勞動密集型產品出口的局面，實現了以輕紡產品出口為主向以機電產品出口為主的轉變。2001年之後，隨著機電產品和高新技術產品出口占比不斷上升，中國的貨物出口逐步進入以普通機電產品出口為主轉向以高新技術產品為導向的階段，貨物出口商品結構升級趨勢更加明顯。2001—2010年，中國機電產品出口年均增長25.7%，高新技術產品出口占比提高到31.2%。自1995年開始，機電產品連年居於中國第一大類出口商品地位，截至2012年年底，中國已經超越德國和美國，成為世界第一大機電產品出口國。[1]從基於要素密集度劃分的貨物貿易種類結構來看，1995—2012年，中國的貨物出口商品結構呈現出以傳統非熟練勞動密集型產品為主，逐漸轉變成以高新技術機電產品和智能機器為代表的資本密集型與人力資源密集型產品為主的演進特徵。[2]

---

[1] 石廣生.中國對外經濟貿易改革和發展史[M].北京：人民出版社，2013：292-295.
[2] 鄧敏，顧磊.中國對外貿易概論[M].成都：西南財經大學出版社，2016：232.

11

進入 2013 年後，與中國世界第一貨物貿易大國地位的確立、加強相伴隨，中國的貨物出口商品結構持續升級。在「十二五」時期，中國的出口商品結構由消費品為主向消費品和資本品並重轉變，資本品出口總額比「十一五」末增長超過 30%。① 到 2017 年，機電產品出口占比提高到 58.38%，高新技術產品出口占比為 29.49%。具有自主品牌、自主知識產權、自主營銷渠道以及高技術、高附加值、高效益的產品出口增速高於傳統商品。② 2018 年，機電產品出口占比進一步上升，達到 58.7%。近兩年貨物出口商品結構的進一步優化證明，隨著《對外貿易發展「十三五」規劃》的實施，新的發展目標正在逐步實現。

2. 服務貿易結構的調整與升級

新中國的服務貿易起步於 20 世紀 80 年代，雖然起步較晚但發展速度較快，特別是自「十五」時期以來，中國的服務貿易一直處於快速發展階段，在這個過程中，中國服務貿易的領域逐步擴大，不僅運輸、旅遊、建築等傳統領域穩步發展，一些新興服務貿易部門也逐步興起。「十五」期間，中國初步形成了服務貿易全面發展的格局，通信、保險、金融、專有權使用及特許、計算機和信息服務、諮詢、廣告等新興服務貿易部門開始興起。③ 「十一五」期間，計算機、保險、金融、諮詢等高附加值現代服務貿易快速起步，與現代服務貿易行業相關的服務外包迅速發展，教育、文化、中醫藥等中國特色服務貿易的出口體系已具雛形。④ 「十二五」期間，技術、文化、計算機和信息服務、諮詢服務、金融、中醫藥服務等新興領域發展加快⑤。與此同時，中國的服務貿易構成更加多元，不同服務行業的進出口占比不斷優化。改革開放初期，中國服務進出口以旅遊、運輸、建築等傳統服務為主，1982 年，三

---

① 資料來源於《對外貿易發展「十三五」規劃》。
② 隆國強. 中國開放的大門越開越大 [N]. 人民日報，2019-1-17 (9).
③ 資料來源於《服務貿易發展「十一五」規劃綱要》。
④ 資料來源於《服務貿易發展「十二五」規劃綱要》。
⑤ 資料來源於《服務貿易發展「十三五」規劃》。

第一章　新中國對外貿易的發展、改革與制度變遷研究主題

大傳統服務占比超過70%，其中，出口占比78.3%，進口占比64.9%。①隨著服務貿易結構的優化，三大傳統服務的占比逐漸降低，新興領域服務貿易的占比相應提高。到1997年，旅遊、運輸、建築進出口額占服務進出口總額的比重為66.8%，在「十一五」初期，這三者的占比為61.8%，到2010年，這三者的比重進一步調整到60.1%。相應的，2006—2010年，計算機、保險、金融、諮詢等高附加值現代服務進出口額占服務進出口總額的比重從16.3%上升到19.4%；到「十二五」時期，高附加值服務進出口的快速增長進一步推動了服務貿易結構的調整與升級，2014年，金融服務、通信服務、計算機和信息服務進出口增速分別達到59.5%、24.6%、25.4%，其進出口額占服務進出口總額的比重分別為1.7%、0.7%、4.5%（見表1-4）。

表1-4　1997—2014年中國不同行業服務進出口額占服務進出口總額的比重②

單位:%

年份	運輸服務	旅遊服務	通訊服務	建築服務	保險服務	金融服務	電腦和訊息服務	專有權利使用費和特許費	諮詢服務	廣告、宣傳	電影、音像	其他商業服務
1997	12.1	49.3	1.1	2.4	0.7	0.1	0.3	0.2	1.4	1	0	31.3
1998	9.6	52.8	3.4	2.5	1.6	0.1	0.6	0.3	2.2	0.9	0.1	26
1999	9.2	53.9	2.3	3.8	0.8	0.4	1	0.3	1.1	0.8	0	26.4
2000	12.2	53.8	4.5	2	0.4	0.3	1.2	0.3	1.2	0.7	0	23.5
2001	14.1	54.1	0.8	2.5	0.7	0.3	1.4	0.3	2.7	0.8	0.1	22.1
2002	14.5	51.8	1.4	3.2	0.5	0.1	1.6	0.3	3.3	1.3	0.1	22.2
2003	17	37.5	1.4	2.8	0.7	0.3	2.4	0.2	4.1	1	0.1	32.5
2004	19.4	41.5	0.7	2.4	0.6	0.2	2.6	0.4	5.1	1.4	0.1	25.7
2005	20.9	39.6	0.7	3.5	0.7	0.2	2.5	0.2	7.2	1.5	0.1	22.8
2006	23	37.1	0.8	3	0.6	0.2	3.2	0.2	8.6	1.6	0.1	21.5
2007	25.7	30.6	1	4.4	0.7	0.2	3.6	0.3	9.5	1.6	0.3	22.1

---

① 佚名. 改革開放以來中國服務貿易結構優化升級［EB/OL］.（2018-10-10）［2019-03-26］. http://www.gov.cn/xinwen/2018-10/10/content_5329209.htm.
② 編者註：本書的圖表數據在從資料中截取時保留到小數點後1～2位，處理後的數據加總可能與實際加總數據有輕微誤差，屬合理誤差。

表1-4(續)

年份	運輸服務	旅遊服務	通訊服務	建築服務	保險服務	金融服務	電腦和訊息服務	專有權利使用費和特許費	諮詢服務	廣告、宣傳	電影、音像	其他商業服務
2008	26.2	27.9	1.1	7.1	0.9	0.2	4.3	0.4	12.4	1.5	0.3	17.8
2009	18.3	30.9	0.9	7.4	1.2	0.3	5.1	0.3	14.5	1.8	0.1	19.2
2010	20.1	26.9	0.7	8.5	1	0.8	5.4	0.5	13.4	1.7	0.1	20.9
2011	19.5	26.6	0.9	8.1	1.7	0.5	6.7	0.4	15.6	2.2	0.1	17.7
2012	20.4	26.3	0.9	6.4	1.7	1	7.6	0.5	17.6	2.5	0.1	14.9
2013	17.9	24.5	0.8	5.1	1.9	1.4	7.3	0.4	19.3	2.3	0.1	19.1
2014	17.7	25.6	0.8	7.1	2.1	2.1	8.5	0.3	19.8	2.3	0.1	15.5

數據來源：EPS 數據庫。

從服務出口結構來看，其總體變化趨勢與不同行業服務進出口額占服務進出口總額比重的變化趨勢一致，表現為傳統服務的出口占比逐漸降低，新興領域服務出口占比相應提高。到1997年，三大傳統服務出口占比已由1982年的78.3%調整到63.8%，並在2014年進一步調整到50.4%。具體從各行業的出口占比來看，其變化情況不盡一致（見表1-5）。

表1-5　中國不同行業服務出口額占服務出口總額的比重

單位:%

年份	運輸服務	旅遊服務	通訊服務	建築服務	保險服務	金融服務	電腦和訊息服務	專有權利使用費和特許費	諮詢服務	廣告、宣傳	電影、音像	其他商業服務
1997	24.7	38.7	1.1	3.4	2.3	0.7	0.6	1.1	1.6	0.9	0.1	24.8
1998	18	43.3	2	3.4	4.3	0.4	0.9	1	2.5	0.9	0.1	23.1
1999	18.1	43.7	1.4	4.4	3.7	0.5	0.9	1.5	1.4	0.8	0.1	23.6
2000	21.3	44.5	2.4	2.4	3.9	0.3	0.9	2.1	1.5	0.6	0.1	20
2001	22.2	44.1	0.8	2.3	4.1	0.2	1.1	2.8	3.3	0.7	0.2	18.1
2002	22.6	41.9	1.2	2.6	4	0.2	2.1	3.8	4.6	0.9	0.1	16
2003	25.8	32.2	1.1	2.4	4.8	0.4	2.2	3.6	5.3	0.9	0.1	21.3
2004	27.4	33.6	0.7	2.1	4.9	0.2	2.2	3.5	5.9	1.2	0.2	18.3
2005	27.9	32.5	0.7	2.7	4.9	0.2	3.5	3.5	7.3	1.1	0.2	16.7

表1-5(續)

年份	運輸服務	旅遊服務	通訊服務	建築服務	保險服務	金融服務	電腦和訊息服務	專有權利使用費和特許費	諮詢服務	廣告宣傳	電影音像	其他商業服務
2006	28.9	30.4	0.8	2.5	4.9	0.5	2.4	3.6	8.5	1.3	0.1	16.1
2007	29.7	26.7	0.9	3.3	4.6	0.3	2.6	3.4	8.9	1.3	0.2	18
2008	29.1	25.3	1	4.8	4.6	0.3	3.1	3.6	10.4	1.4	0.2	16.1
2009	24.5	29.1	0.8	5.3	4.5	0.4	4	4	11.2	1.5	0.1	15.2
2010	26.9	27.8	0.7	5.4	4.8	0.3	3.4	3.8	10.4	1.4	0.1	14.6
2011	27.7	28.9	0.7	4.4	5.4	0.4	3.8	3.7	11.2	1.6	0.1	12.1
2012	26.5	32.9	0.7	3.4	5.1	0.6	3.9	4	11.4	1.6	0.1	10.2
2013	24.5	33.4	0.6	2.7	4.8	1.2	4	4.1	11.9	1.5	0.1	11.3
2014	22.5	36.7	0.7	3.4	4.5	1.7	4.5	3.9	11.6	1.5	0.1	9.6

數據來源：EPS 數據庫。

從表中數據可見，1997—2014 年，在三大傳統行業中，運輸服務和建築服務出口占比有所波動，總體上講有所上升，旅遊服務出口占比也有所波動，但總體趨勢是顯著下降。在新興服務領域，除通信服務外，其他行業的出口占比基本都呈現出較穩定的上升趨勢，其中，諮詢服務的出口占比不僅穩步上升，而且由 1997 年的 1.4%提升到了 2014 年的 19.8%。

前述分析表明，無論是從不同行業服務進出口占比還是從其出口占比的變化情況來看，截至 2014 年年底，中國的服務貿易結構都呈現出明顯的優化升級趨勢，在推動這種趨勢的各因素中，高附加值服務出口的穩步增長發揮了重要作用。延長時間跨度來看，這種特徵更加顯著。統計數據顯示，1982—2017 年，新興服務進出口總額增長了 213 倍，年均增長 16.6%，高於服務進出口總額年均增速 1.2 個百分點；2017 年，新興服務進出口額為 14,600.1 億元人民幣，增長 11.1%，高於整體增速 4.3 個百分點，占比達 31.1%，提升 1.2 個百分點，旅遊、運輸和建築三大傳統服務占比下降 1.1 個百分點；[1]

---

[1] 數據來源於 http://www.gov.cn/xinwen/2018-10/10/content_5329209.htm。

2018年，知識密集型服務進出口額為16,952.1億元人民幣，增長20.7%，高於整體增速9.2個百分點，占進出口總額的比重達32.4%，比2017年提升2.5個百分點，旅遊、運輸和建築三大傳統服務進出口額為33,224.6億元人民幣，增長7.8%，占進出口總額的比重為63.4%，比2017年下降2.2個百分點。[①] 服務貿易結構的持續優化表明，中國的服務貿易高質量發展取得了重要成效，以技術、品牌、質量和服務為核心的新興服務優勢正不斷顯現。

3. 對外貿易方式結構的優化

關於中國對外貿易方式結構的變化，通常從一般貿易、加工貿易和其他貿易在對外貿易中的占比情況來分析。在新中國對外貿易的發展歷程中，貿易方式經歷了從單一到多元的演進路徑。在改革開放前，中國的對外貿易以一般貿易為主。1953—1957年，一般貿易占比一直在97%以上，1953年高達99.3%，包括加工貿易在內的其他貿易方式占比微乎其微。到20世紀70年代，中國的加工貿易逐漸有所發展，貿易方式單一的狀況有所改變。隨著改革開放的不斷推進，中國對外貿易的方式結構逐漸優化（見圖1-2）。

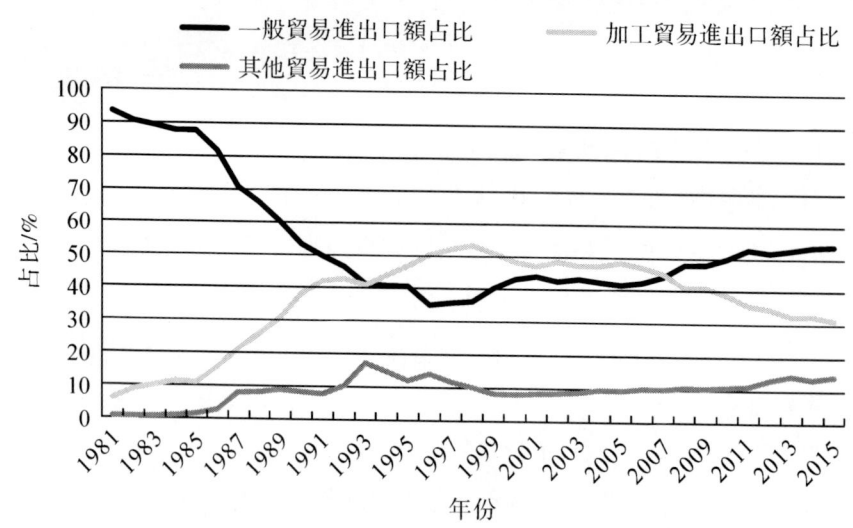

圖1-2 1981—2015年中國對外貿易方式結構變動情況

數據來源：《中國貿易外經統計年鑒》。

---

① 數據來源於 http://www.mofcom.gov.cn/article/ae/sjjd/201902/20190202834116.shtml。

從圖1-2可以看出，1981—1993年，一般貿易占比逐漸降低，加工貿易和其他貿易占比逐漸提高。1993年，一般貿易和加工貿易的占比非常接近，分別為41.52%和41.18%，其他貿易方式占比則達到17.3%。此後，加工貿易占比一路上揚，1996—1999年，其占比一直在50%以上，並於1998年升至歷史最高水準達53.4%。自1999年開始，加工貿易占比基本處於下降趨勢，一般貿易占比基本處於上升狀態，到2007年，加工貿易和一般貿易的占比再次接近，分別為45.33%和44.50%，到2010年，一般貿易占比超過50%，此後一直保持在50%以上，2015年達到54.06%。

總體而論，無論是一般貿易占比的先降後升，還是加工貿易占比的先升後降，都反應了不同歷史條件下中國對外貿易方式結構的優化。其中，一般貿易占比的提升與中國對培育外貿競爭新優勢的重視及做強一般貿易的舉措密切相關。從近幾年的情況來看，貿易方式結構持續優化的趨勢更加明顯，這不僅體現在加工貿易占比與一般貿易占比的變化，還體現在對外貿易新業態的快速發展。統計數據顯示，1998—2017年，加工貿易占比由歷史最高值53.4%下降到29%，一般貿易占比由36.4%上升到54.3%。2018年，一般貿易出口占比提高2個百分點至56.3%，跨境電商、市場採購貿易連續三年保持高速增長，成為對外貿易增長的新亮點。

綜合新中國貨物貿易商品結構、服務貿易結構及貿易方式結構的演進情況可以看出，三者優化升級的步伐都是隨著改革開放的不斷深化而加快的。如果將分析的視角擴展至對外貿易的市場結構、主體結構等方面，對外貿易結構優化與改革開放深化在進程上的一致性可以得到進一步證明，就如對外貿易市場結構多元化的特徵隨著改革開放的推進而迅速顯現一樣。統計數據顯示，到1992年，中國已經和世界上190多個國家和地區建立了比較穩定的貿易關係，到近幾年，隨著「一帶一路」建設的推進，中國和「一帶一路」沿線國家的貿易快速增長。2018年，中國對外貿易的國際市場結構進一步優化，與新興市場進出口占比提高1.3個百分點至57.7%，其中，與「一帶一路」沿線國家進出口占比提高0.9個百分點至27.4%。[1]

---

[1] 張沛. 去年中國外貿創歷史新紀錄［EB/OL］.（2019-01-17）［2019-03-20］. http://www.financial-news.com.cn/cj/zczx/201901/t20190117_153174.html.

三、對外貿易的貢獻

隨著規模的擴大和結構的優化，中國對外貿易的地位實現了從「調劑餘缺」到「三駕馬車」之一的根本性轉化。

在新中國成立初期，對外貿易作為溝通國內外物資交流、調劑國內市場餘缺的重要渠道，對中國打破帝國主義的經濟封鎖，恢復工農業生產發揮了重要作用。就改革開放前的整個歷史時期來看，對外貿易在促進工農業生產發展的同時，還從多方面促進了中國的社會主義建設。

一方面，通過進口重要技術、原材料等，對外貿易既促進了生產過程中的實物補償，又促進了生產能力的提高以及生產的擴大和社會主義工業化。同時，通過出口大米、進口玉米等，對外貿易還調劑了進出口品種，緩解了供應不足的問題。另一方面，對外貿易增加了財政收入，1950—1978年，僅關稅收入就達到233.16億美元。同時，對外貿易還增加了工作崗位，單從20世紀70年代末的情況來看，手工藝領域參加供出口的竹編等產品生產的人員就達600多萬人。此外，對外貿易在拓展和改善對外關係等方面也發揮了重要作用。

改革開放後，隨著對外貿易在擴大就業、緩解資源瓶頸、充實財政收入、推動產業升級等方面的貢獻度的提高，對外貿易對經濟增長的貢獻率也逐步提高，進而成為拉動國民經濟增長的「三駕馬車」之一（見圖1-3）。

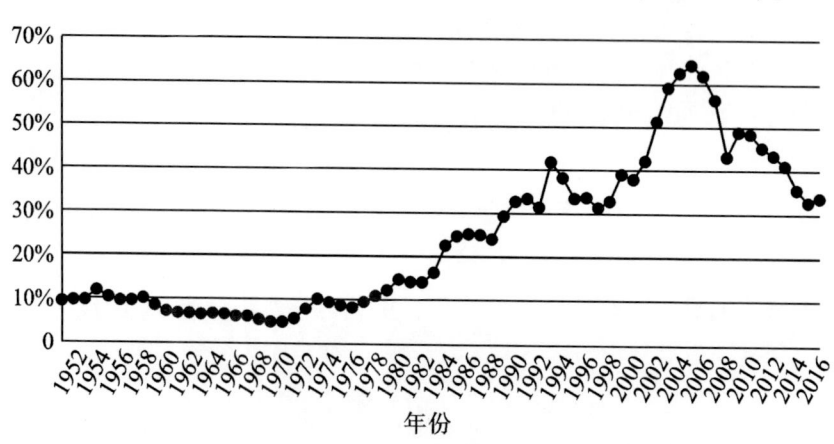

圖1-3　1952—2017年中國對外貿易依存度變動情況

數據來源：根據國家統計局數據整理。

第一章　新中國對外貿易的發展、改革與制度變遷研究主題

圖1-3顯示，在改革開放前，中國對外貿易依存度的最高值出現在1955年，為12.04%，最低值出現在1971年，為4.92%。改革開放後，中國的對外貿易依存度迅速呈現上升趨勢，在1980年超過改革開放前的最高值後，其波動上升的趨勢更加明顯，並於2006年達到歷史最大值——64.24%。從2007年開始，受國際金融危機等因素的影響，中國的對外貿易依存度逐漸回落，但到2017年依然保持在30%以上。對外貿易依存度的變化，直觀反應出新中國成立初期及「一五」時期對外貿易發展對經濟增長的促進，同時也反應出「大躍進」和「文化大革命」時期對外貿易的波動對國民經濟的影響，反應出改革開放後對外貿易在經濟增長中的突出貢獻及其地位的根本轉變。

從2018年的情況來看，對外貿易在國民經濟和社會發展中的貢獻進一步增強。2018年1~11月，進口環節稅收為1.9萬億元人民幣，增長8.7%，占中國稅收收入的12.6%；此外，對外貿易在促進就業、推動產業升級、平衡國際收支等方面也做出了積極貢獻，進而為中國工業化和城鎮化進程的加快，為中國開放型經濟建設和國民經濟協調發展，提供了有力支撐。[①]

不僅如此，中國對外貿易的發展還為國際市場和國際貿易的繁榮做出了重大貢獻，特別是在2008年全球金融危機爆發之後，中國對外貿易的穩定增長對全球經濟貿易的發展發揮了重要作用，其中，進口的持續增長為世界各國提供了廣闊的市場和寶貴的合作契機。以2018年為例，世界貿易組織的統計數據顯示，在2018年的前三季度，中國進口占全球份額比2017年同期提高0.7個百分點至10.9%，進口增加對全球進口增長貢獻率達16.8%。2018年，中國成功舉辦了世界上第一個以進口為主題的國家級展會——首屆中國國際進口博覽會，吸引了172個國家、地區和國際組織參會，3,617家企業參展，成交額達578億美元，為各國出口提供了新的機遇，為各國共享中國發展紅利搭建了新的平臺，為世界經濟增長注入了新的動力。[②]

[①] 商務部新聞辦公室.【2018年商務工作年終綜述之二十】進出口規模創歷史新高 外貿高質量發展取得積極成效 [EB/OL]. (2019-01-22) [2019-03-20]. http://www.mofcom.gov.cn/article/ae/ai/201901/20190102829079.shtml.

[②] 同①。

第二節　新中國對外貿易的發展與對外貿易制度建設

對外貿易的發展及其對新中國社會經濟發展和世界經濟增長的重大貢獻，吸引了國內外的關注目光，研究中國對外貿易的發展成為探究「中國奇跡」的應有之義。在關於中國對外貿易的各類研究中，對外貿易制度研究成為當然的重點，這既因為對外貿易制度建設與對外貿易發展的關係密切，也因為對外貿易制度建設關係著中國的經濟貿易制度創新，對多邊貿易體制的發展也有重要意義。

從演進歷程來看，新中國的對外貿易制度建設經歷了建立、調整和改革創新幾個階段，各階段的對外貿易制度建設對中國對外貿易的發展都發揮了重要作用，體現了對外貿易制度變遷的意義。

一、新中國對外貿易發展與對外貿易制度的建立與調整

在新中國成立前，中國的對外貿易是半殖民地半封建性質的。新中國成立後，中國立即廢除了帝國主義在中國的一切特權，收回了海關管理權，實行了對外貿易統制政策。隨著社會主義改造的完成，中國建立了全國統一的社會主義對外貿易體制，這種由對外貿易部統一領導、統一管理，外貿專業總公司統一經營，中央財政統負盈虧的高度集中的對外貿易體制，既符合當時的客觀情況，也與當時關於社會主義經濟和國際分工的思想認識相吻合，是中國社會主義計劃經濟制度的組成部分。也正是居於改革開放前的主客觀情況，中國實施了「進口替代」戰略。

總體上看，這段時期的對外貿易制度屬於高度集中的、內向型的貿易制度。在這個制度框架內，中國根據國內國際形勢變化等因素，就對外貿易制度的具體層面加強了建設，也做了一些調整，如 1953—1957 年關於對外貿易法律法規的建設，1974 年關於對外貿易體制的局部調整，1976 年後對國營外

貿專業公司的調整，以及為推動出口從「以產定銷」向「以銷定產」轉變所採取的一些舉措。

從實踐情況來看，社會主義對外貿易制度的建立和建設為新中國迅速掌握對外貿易的獨立自主權、迅速改變對外貿易的性質並推動其向前發展，進而為新中國捍衛國家的政治獨立和經濟獨立、推動社會主義事業向前發展提供了重要保障。

當然，對外貿易制度的調整也有不當的時候。「大躍進」時期放權浪潮下對貿易經營權的盲目下放就在一定程度上造成了對外貿易秩序的混亂。從較深的層面講，關於社會主義、社會主義經濟及社會主義國家發展對外貿易的必要性的認識不足，是影響對外貿易制度建設和對外貿易發展的重要因素。

二、新中國對外貿易發展與對外貿易制度的改革創新

改革開放後，在對什麼是社會主義、怎樣建設社會主義的不斷探索中，中國先後突破了計劃經濟和商品經濟對立、計劃經濟和市場經濟屬於社會基本制度範疇這兩大思想束縛，逐漸形成了中國特色社會主義理論體系。與之相伴隨，中國的市場化改革目標逐漸明確，中國特色社會主義市場經濟制度逐漸建立並不斷完善，開放型經濟新體制的基本架構和目標日益明朗。在這個過程中，中國的對外貿易改革不斷深化，對外貿易制度不斷創新。在探索、建設社會主義有計劃商品經濟制度的背景下，中國圍繞行政性分權改革了對外貿易制度，在建立和完善社會主義市場經濟制度的背景下，中國根據社會主義市場經濟制度建設目標及復關、入世和履行入世承諾的要求，加強了對外貿易法律制度建設，依法實施了對外貿易經營者備案登記制度，深化了關稅、非關稅領域的改革。隨著完善和發展中國特色社會主義制度這一全面深化改革總目標的確立，中國緊緊圍繞使市場在資源配置中起決定性作用，加強了財稅、金融、貿易等政策之間的銜接和配合，加快了對外貿易的自由化、便利化進程，中國特色的自由貿易制度架構日趨完善。與改革進程相一致，中國的貨物貿易和服務貿易迅速壯大（見圖1-4、圖1-5）。

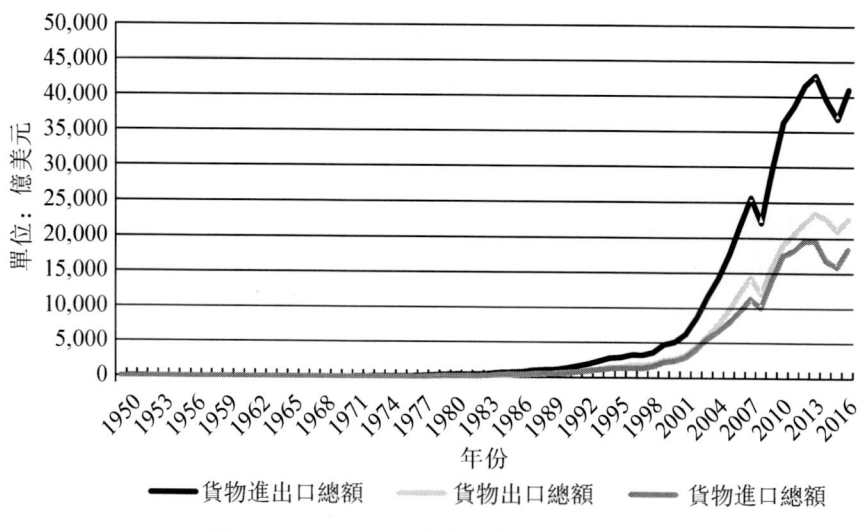

圖 1-4　1950—2017 年中國貨物進出口情況

數據來源：根據《新中國 60 年統計資料匯編》《2017 中國統計年鑒》與中國商務部網站公布的相關數據整理。

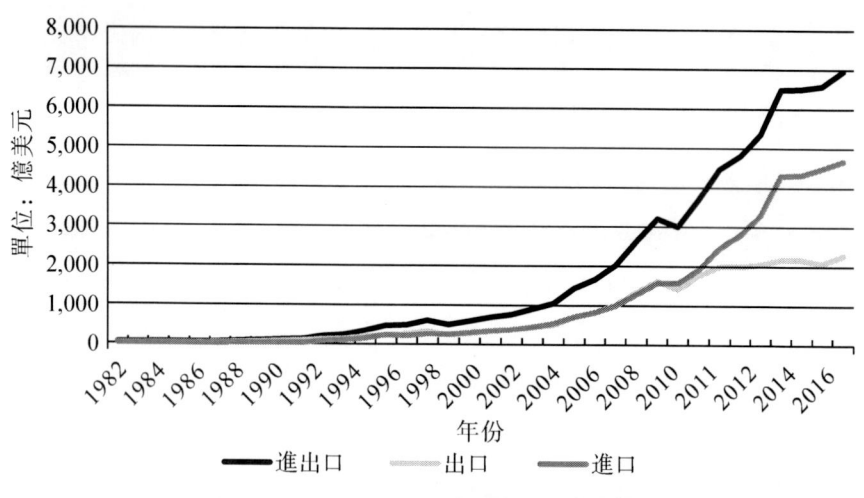

圖 1-5　1982—2017 年中國服務進出口情況

數據來源：根據《中國統計年鑒》與中國商務部網站公布的相關數據整理。

　　圖 1-4、圖 1-5 顯示，貨物貿易和服務貿易的發展進程與改革開放的進程是一致的，貿易大國地位的確立與市場化改革的深入在時段上也是一致的。

第一章 新中國對外貿易的發展、改革與制度變遷研究主題

這個結論和前文關於貿易結構優化進程與改革開放深化進程相一致的結論高度吻合，表明改革是推動中國對外貿易發展的重要力量。

進一步分析，對外貿易的改革、創新在對外貿易發展中的作用是具有決定意義的。從對外貿易方式結構切入，結合對外貿易方式結構和主體結構的優化來看，加工貿易在中國對外貿易中一度占了半壁江山，在加工貿易占比和一般貿易占比第一次相近的1993年到兩者第二次相近的2007年間，加工貿易占比一直高於一般貿易占比並處於歷史最高位。從加工貿易的主體結構來看，有關統計數據顯示，1993—2007年，外資企業在加工貿易進出口總額中的比重逐年提高，在1994年首次過半，達到56.1%，到2007年則高達84.3%。可見，加工貿易的發展與利用外資是密切相關的，外資企業加工貿易占比的提高與1993年後外商投資的快速增長是同步的。而且，商務部和海關的有關數據進一步顯示，1992年後，外資企業貿易額在對外貿易總額中的比重迅速提升，到2001年，外資企業進出口額、進口額和出口額占全國進出口額、進口額和出口額的比重都在50%以上，其中，外資企業出口額占比為50.1%，到2007年達到57%。外資企業在加工貿易和對外貿易中的高占比、加工貿易在對外貿易中的高比例表明，在這段時期，外資企業加工貿易占比的變化與對外貿易主體結構優化的趨勢是一致的，外資企業是推動對外貿易發展的重要力量，外資政策、利用外資對對外貿易有重要促進。

在2007年以後，貿易方式結構的優化呈現出新的特徵，各類貿易主體的貿易占比也發生了明顯變化，民營企業在對外貿易中的作用迅速擴大，特別是2015年以來，民營企業出口占比一直居於首位，2018年，其出口占比進一步提升，達到48%。

從國有企業一統對外貿易天下，到外資企業獨占半壁江山，再至民營企業連年保持出口第一大經營主體地位，多種所有制企業共同發展，這凸顯了對外貿易經營主體的高度市場化，凸顯了中國對外貿易改革的深化和對外貿易制度的重大變化，正是這種變化，使各類對外貿易經營主體能夠發揮各自的優勢，使新的發展動能不斷集聚，使對外貿易具有持續發展的基礎。

再從對外貿易戰略演進的層面看，無論是對外貿易總體戰略的發展，還

是貨物貿易戰略與服務貿易戰略的發展，都具有重要意義。其中，「大經貿」戰略的提出和實施，標誌著中國政府從重視貨物貿易輕視服務貿易到二者兼重的轉變，對對外貿易特別是對服務貿易的發展意義重大；以質取勝戰略、科技興貿戰略的提出和實施，對進出口商品結構的優化和技術引進的發展意義重大；積極的進口促進戰略的提出和實施，表明中國政府對於出口和進口的認識發生了重要變化，對進口貿易和出口貿易的協調發展意義重大；優進優出戰略的提出和實施體現了新的發展理念，對提高傳統優勢產品競爭力，壯大裝備製造等新的出口主導產業，大力發展服務貿易，積極擴大進口，推動對外貿易從大進大出向優進優出轉變，推動出口由貨物為主向貨物、服務、技術、資本輸出相結合轉變，對鞏固貿易大國地位，推進貿易強國進程意義重大。

三、新中國對外貿易制度變遷的意義

新中國對外貿易制度建立、調整、改革創新的建設歷程，顯現出新中國對外貿易制度變遷的軌跡。新中國對外貿易制度建設對中國對外貿易的促進、新中國對外貿易發展對中國社會經濟發展和世界貿易及經濟發展的貢獻，蘊含著新中國對外貿易制度變遷在促進中國及世界的貿易、經濟發展方面發揮的作用機制與傳遞路徑。

從詞義來看，「建立」有創立之意，指初次建立；「建設」多指創立新事業；「調整」是指為了適應新的情況所做的調配、整頓；「改革」則是指改掉事務中陳舊、不合理的部分，使之合理、完善，創新即創造革新；「變」指性質、狀態或情形跟原來不同，遷指轉變，因此「變遷」指事務的逐步變化或轉移，是一個動態的過程。由此，結合新中國對外貿易制度建設的實際，對外貿易制度變遷應該包括新中國對外貿易制度建立、調整及改革創新的動態建設過程。其中，新中國對外貿易制度的建立是在從新民主主義向社會主義過渡的過程中逐步推進的。在這段時期內，中國從對外貿易管理機構建設、沒收官僚資本的對外貿易企業、新建國營對外貿易企業、改造民族資本主義

第一章　新中國對外貿易的發展、改革與制度變遷研究主題

對外貿易企業、建設對外貿易法律法規等方面推動了對外貿易制度建設，並在 1956 年完成了對外貿易領域的私有制社會主義改造。隨著社會主義公有制的全面確立，中國建立了全國統一的社會主義對外貿易制度。作為社會主義革命的重大成果，社會主義對外貿易制度的建立在根本上否定了舊中國的對外貿易制度，為新中國社會主義對外貿易的發展創新奠定了重要基礎。

自社會主義對外貿易制度確立到 1978 年，中國根據社會主義建設的需要推進了對外貿易制度建設，工作重點主要包括對外貿易政策等方面的局部調整。在計劃經濟制度框架下的對外貿易制度調整，使高度集中的、內向型的對外貿易制度發生了一些局部改變，為對外貿易改革累積了寶貴的思想基礎和實踐經驗。改革開放後，對外貿易改革經歷了從政策性開放到制度性開放的過程。隨著改革開放的深入，中國的對外貿易制度逐漸轉向開放的、具有中國特色的自由貿易制度，這種轉變使對外貿易制度在類型特徵上發生了根本變化，但是，這種變化不是對社會主義制度的否定，而是社會主義制度自我完善的重要體現。整體而言，改革開放就是社會主義制度的自我完善。

因此，從歷史的角度辯證地分析，新中國的對外貿易制度變遷就是在建立並不斷完善社會主義制度的條件下逐步探索、建立、完善符合中國國情又與國際規則適度接軌的、更有效率的社會主義對外貿易制度的過程。在這個過程中，對外貿易制度的創新對中國對外貿易及社會經濟的發展，對世界貿易及經濟的發展，都發揮了極為重要的作用。

在作用機制與傳遞路徑的層面，首先涉及制度對貿易的意義。根據制度經濟學家的研究，制度在貿易發展和經濟增長中具有重要作用。[1] 一些學者的進一步研究表明，制度安排對貿易模式、貿易規模以及貿易利益的分配均會產生較大的影響，並且在貿易促進經濟增長中起到關鍵作用。[2] 具體分析，這種作用可以從多方面表現出來，比如，從比較優勢的角度講，在社會生產複雜程度逐漸提高的情況下，基本市場要素的配置、組合以及最終的生產效率，

---

[1] 道格拉斯·諾斯甚至提出了「制度啟動貿易」的命題。
[2] 張海偉. 制度與制度變遷對國際貿易的影響 [M]. 北京：中國社會科學出版社，2015：54.

都會在一定的制度框架下受到規範和約束，適宜的制度安排會在技術進步、生產要素累積等方面提供有效的保障，進而直接決定對外貿易的比較優勢因素。可見，制度是影響比較優勢形成的特殊要素，好的制度可以促進貿易的發生和發展，並通過貿易的發展促進相關經濟體的經濟增長，進而促進世界經濟的發展。而制度發揮這種促進作用的條件，則是制度具有必需的效率，或者說，制度必須是適宜的。很顯然，為了創造這種條件，推進制度變遷是有效的途徑。通常情況下，制度變遷表現為效率更高的制度替代原制度的過程，也常被理解為一種更有效率的制度的產生過程①，中國的對外貿易制度變遷就是以適應新形勢的更高效率的制度替代落後於形勢的低效制度的動態過程，其中包括新制度的建立過程，也包括原有制度不斷完善的過程。從實際效果來看，中國的對外貿易制度變遷不僅為比較優勢的形成奠定了基礎，還為競爭優勢的培育創造了條件。

在制度創新相互聯繫的層面，由於對外貿易制度是經濟制度的組成部分，對外貿易制度變遷是經濟制度變遷的重要體現，因此，對外貿易制度的創新決定於經濟制度環境，又豐富了經濟制度創新的內容。同時，由於對外貿易涉及中國與不同國家和地區之間的制度協調，涉及中國對外貿易制度與國際制度體系的協調，這種制度協調促進了經濟與貿易制度的趨同。尤其是在多邊貿易體制和區域貿易協定的框架下，中國的制度體系需要與世貿組織的要求相一致，中國和世貿組織其他成員、和區域貿易安排中的其他經濟體之間的制度體系需要有一致性。因此，中國對外貿易制度的改革、創新對多邊貿易體制的發展和其他國家、地區的制度創新，都有積極影響，特別是在中國逐步從國際事務的旁觀者轉為全球治理的參與者、建設者、貢獻者的情況下，以中國積極參與全球治理體系改革、強調維護世界貿易組織的權威性和有效性、確保多邊貿易體制主渠道地位的立場，基於構建人類命運共同體的思想和繼續發揮負責任大國作用的擔當，這種影響會更加深遠。

---

① 在百度百科中，「制度變遷」被解釋為：新制度或新制度結構產生、替代或改變舊制度的動態過程。作為替代過程，制度變遷是一種效率更高的制度替代原制度；作為轉換過程，制度變遷是一種更有效率的制度的產生過程。

第一章　新中國對外貿易的發展、改革與制度變遷研究主題

在更廣義的層面，對外貿易制度的改革創新對中國、對世界的作用，體現的是中國改革開放的非凡意義。在中國的重大歷史關頭，鄧小平曾經指出：如果現在再不實行改革，我們的現代化事業和社會主義事業就會被葬送；在改革開放取得累累碩果的當今，習近平強調：改革開放是決定當代中國命運的關鍵一招。事實證明，「改革開放極大改變了中國的面貌、中華民族的面貌、中國人民的面貌、中國共產黨的面貌，中華民族迎來了從站起來、富起來到強起來的偉大飛躍，中國特色社會主義迎來了從創立、發展到完善的偉大飛躍」①，「中國堅持打開國門搞建設，實現了從封閉半封閉到全方位開放的偉大歷史轉折，中國不斷擴大對外開放，不僅發展了自己，也造福了世界」，所以，習近平進一步強調，「中國開放的大門不會關閉，只會越開越大，中國推動更高水準開放的腳步不會停滯，中國推動建設開放型世界經濟的腳步不會停滯，中國推動構建人類命運共同體的腳步不會停滯」②。

從鄧小平「不改革死路一條」的大聲疾呼，到習近平「改革不停頓、開放不止步」的錚錚誓言，中國在困頓中踏上改革開放之路，又在接續奮鬥中讓這條偉大的道路不斷向前。③ 如今，中國已經進入改革開放再出發的新時代，在改革行進深水區，發展進入關鍵期，國際政治經濟格局深刻調整的背景下，回望過去，既可以獲得實踐中累積的寶貴經驗，堅定迎難而上的信心，還有利於更好地把握未來的方向，促進改革開放的全面深化。

---

① 習近平. 在慶祝改革開放40週年大會上的講話［EB/OL］.（2018-11-05）［2019-03-28］. http://www.xinhuanet.com/politics/leaders/2018-12/18/c_1123872025.htm.
② 習近平. 共建創新包容的開放型世界經濟：在首屆中國國際進口博覽會開幕式上的主旨演講［EB/OL］.（2018-11-05）［2019-03-28］. http://www.xinhuanet.com/politics/leaders/2018-11/05/c_1123664692.htm.
③ 人民日報評論員. 民族復興必將在改革開放進程中實現：習近平總書記中外記者見面會講話啓示［EB/OL］.（2017-11-09）［2019-03-28］. http://news.12371.cn/2017/11/09/ARTI1510177055130796.shtml.

第三節　新中國對外貿易制度變遷研究主題

綜觀歷史，新中國對外貿易制度的演進路徑顯示了制度變遷的一般特徵，更呈現出鮮明的中國特色，這表明新中國對外貿易制度變遷研究主題不僅包含了制度變遷的共性探討，更包含了突出的特殊性研究。共性探討與特殊性研究的融合，決定了研究新中國對外貿易制度變遷的獨特視角，並在其系統的研究對象中突顯出中國特色，在共性與個性兼具的研究目標中顯現出研究的重大意義。

一、獨特的研究視角

為什麼開展貿易、怎樣開展貿易，這是貿易理論涉及的兩大問題。其中，對第一個問題的回答涉及貿易利益分析，對第二個問題的回答則與貿易制度直接相關。在不同的歷史時期，這兩個問題的答案有所不同，由此顯示出理論觀點和政策主張的差異，這種差異既體現了理論的發展，也關係著實踐中貿易制度的演進和貿易的發展，關係著理論指導實踐的結果。實踐的發展又為貿易利益分析和貿易制度研究提供了源源不斷的新的認識對象，進而推動著貿易理論不斷發展。理論發展和實踐發展的相互促進表明，任何主題的研究都必須立足於客觀實際，以正確的理論視角展開分析，這樣才能保證研究的科學性。

就研究新中國對外貿易制度變遷而言，歷史分析是必有的主題，這是制度變遷研究的共性所在。但是，新中國的對外貿易是社會主義性質的，這決定了新中國對外貿易制度變遷的社會制度基礎和指導思想的特殊性，因此，簡單的歷史分析是不夠的。

首先，作為社會主義的對外貿易制度，新中國對外貿易制度與社會主義制度的基本關係表現為：社會主義制度是新中國對外貿易制度產生、發展的

第一章　新中國對外貿易的發展、改革與制度變遷研究主題

制度基礎和政治保障,新中國對外貿易制度變遷的歷程蘊涵於中國社會主義制度的演進歷程之中。因此,研究新中國對外貿易制度變遷必須基於中國社會主義制度發展完善的歷史進程,在明晰中國社會主義制度發展完善對新中國對外貿易制度發展完善的決定作用,以及新中國對外貿易制度發展完善對中國社會主義制度發展完善的促進作用的條件下,從符合社會主義原則的理論視角逐層深入。

其次,新中國的社會主義制度是由政治、經濟等領域的制度構成的有機體系。從經濟制度的層面看,新中國對外貿易制度與社會主義制度的基本關係表現為:社會主義經濟制度是新中國對外貿易制度的基礎,新中國對外貿易制度變遷與社會主義經濟制度演進一脈相連。在改革開放前,計劃經濟制度的建立發展決定了高度集中的對外貿易制度的建立與調整。改革開放以來,中國特色社會主義市場經濟制度的建立和完善決定了中國特色自由貿易制度的形成與發展。所以,研究新中國對外貿易制度變遷必須依據中國社會主義經濟制度的演進軌跡,從符合中國社會主義經濟發展規律的理論視角逐層推進。

但是,從理論研究的實際情況來看,在關於新中國對外貿易制度變遷的眾多文獻中,以新中國對外貿易制度和社會主義制度基本關係為切入點的研究成果極少,這不利於揭示新中國對外貿易制度變遷在社會制度基礎和指導思想方面的特殊性。

再以理論視角的不同來看,現有文獻有多種類別,包括基於西方制度經濟學、馬克思主義、新中國黨和國家領導人思想等方面的研究文獻。

基於西方制度經濟學的研究文獻,主要包括依據新制度經濟學展開研究等情形。客觀評價,這樣的研究視角有重要借鑑意義,特別是在揭示新中國對外貿易制度變遷所包含的制度變遷共性方面,西方制度經濟學提供了理論參考和分析工具。但是,由於西方制度經濟學的局限性,如新制度經濟學存在的過分誇大制度的決定作用,偏重制度的功能分析,忽視制度的社會性、

階級性和政治性①等缺陷，降低了西方制度經濟學在研究新中國對外貿易制度變遷方面的應用價值，尤其是在揭示新中國對外貿易制度變遷的特殊性方面，西方制度經濟學具有先天不足。

基於馬克思主義的研究文獻，其理論視角——馬克思主義的理論視角，是研究新中國對外貿易制度變遷必有的角度。在根本上，這是由馬克思主義在中國革命和中國社會主義建設事業中的作用與地位決定的，是由馬克思主義作為科學的世界觀、方法論的理論特質決定的。具體就馬克思主義的制度理論來講，其方法論特徵是以辯證法為基本方法，其方法論原則屬於歷史唯物主義和辯證法的方法論原則②。基於辯證的觀點，馬克思主義制度理論既重視生產力對生產關係、經濟基礎對上層建築的決定作用，也重視生產關係對生產力、上層建築對經濟基礎的反作用。在定義制度時，馬克思主義的制度理論注重從內容的角度切入，並從性質和內容的層面對制度進行劃分，進而認為制度是分層次的，而制度變遷，則包括不同社會制度之間的更替和同一社會制度自身的變化，也包括具體制度安排的變化。在分析制度變遷的動力和方式時，馬克思主義的制度理論基於辯證的視角、科學的世界觀，得出了生產力的發展，特別是其中的技術進步是制度變遷根本動力的結論，認為制度和制度變遷與經濟增長的關係是辯證關係，而制度變遷的方式，則可以是量變的形式，也可以是質變的形式，但量的累積可以帶來質的變化，從階級鬥爭的角度講，還可以分為暴力革命與和平改良兩種方式。綜上，馬克思主義的制度變遷理論十分強調階級分析，並在重視意識形態功能的同時兼重其內容。因此，應用馬克思主義理論包括馬克思主義的制度變遷理論研究新中國的對外貿易制度變遷，無論從共性探討還是特殊性研究的角度講，都有重要意義。

基於新中國黨和國家領導人思想的文獻，以依據毛澤東思想、鄧小平理論等展開研究的成果居多，體現了馬克思主義中國化的重要意義。作為馬克

---

① 徐大偉. 新制度經濟學 [M]. 北京：清華大學出版社，2015：7-9.
② 劉小怡. 馬克思主義和新制度主義制度變遷理論的比較與綜合 [J]. 南京師大學報（社會科學版），2007（1）：5-12.

第一章　新中國對外貿易的發展、改革與制度變遷研究主題

思主義基本原理同中國具體實踐相結合的產物,毛澤東思想是被實踐證明了的關於中國革命和建設的正確的理論原則和經驗總結,對計劃經濟時期對外貿易制度的演進極具解釋力,鄧小平理論是當代中國的馬克思主義,是改革開放時期中國改革創新對外貿易制度的指導思想。鄧小平理論以建設中國特色社會主義為主題,強調改革是社會主義制度的自我完善。在明辨制度和方法以及根本制度、基本制度和具體制度相互關係的基礎上,鄧小平理論揭示了堅持社會主義制度與推進改革創新的辯證統一性,為中國推動改革開放、推動對外貿易制度改革創新破除了思想束縛,指明了方向。應用鄧小平理論研究新中國對外貿易制度變遷,對闡釋對外貿易制度改革創新與中國特色社會主義制度發展完善的辯證關係,揭示中國特色自由貿易制度發展完善與中國特色社會主義市場經濟制度建設的內在聯繫,意義重大。

　　從馬克思主義到毛澤東思想,再到鄧小平理論,這是馬克思主義在中國傳承與發展的結果,體現了馬克思主義的發展開放性。隨著中國改革開放實踐的不斷深入,隨著實踐經驗的不斷累積,中國共產黨人在繼承的基礎上不斷創新思想認識,形成了中國特色社會主義理論體系,即包括鄧小平理論、「三個代表」重要思想以及科學發展觀在內的科學理論體系。作為中國特色社會主義理論體系的重要組成部分,習近平新時代中國特色社會主義思想是馬克思主義中國化的最新成果,是實現中華民族偉大復興的行動指南。改革開放以來,中國「取得一切成績和進步的根本原因,歸結起來就是:開闢了中國特色社會主義道路,形成了中國特色社會主義理論體系,確立了中國特色社會主義制度,發展了中國特色社會主義文化」[①]。因此,要科學闡釋新中國對外貿易制度變遷的內在規律,不僅要堅持馬克思主義的理論視角,而且必須重視馬克思主義與中國實踐的結合,緊扣新中國對外貿易制度變遷的客觀實際,應用毛澤東思想、鄧小平理論、「三個代表」重要思想、科學發展觀、習近平新時代中國特色社會主義思想,進行全面、系統、深刻的分析。

　　在更具體的層面,馬克思主義、毛澤東思想、鄧小平理論、「三個代表」

[①] 本書編寫組. 十九大黨章修正案學習問答 [M]. 北京:黨建讀物出版社,2017:4.

重要思想、科學發展觀、習近平新時代中國特色社會主義思想都包含了十分豐富的內涵，其中，與新中國對外貿易制度變遷聯繫最為直接的，是關於貿易的理論思想，如馬克思的國際分工與國際價值理論，毛澤東的統制貿易思想，等等。改革開放後，在從鄧小平理論、「三個代表」重要思想、科學發展觀到習近平新時代中國特色社會主義思想的發展、創新歷程中，中國形成了獨具特色的對外貿易思想。作為改革開放不同時期中國改革、發展對外貿易的思想和經驗的積澱，這些對外貿易思想不僅可以科學詮釋改革開放時期中國對外貿易制度的演進規律，而且關係著中國在改革開放新時期全面深化對外貿易改革，推動對外經濟貿易協調、持續發展的基本方略。因此，在研究新中國對外貿易制度變遷時，除了在一般原理層面應用馬克思主義、毛澤東思想、鄧小平理論、「三個代表」重要思想、科學發展觀和習近平新時代中國特色社會主義思想，更要依據馬克思主義的國際貿易理論、毛澤東的對外貿易思想、中國特色的對外貿易思想，具體分析新中國的對外貿易制度演進，探索中國特色社會主義自由貿易制度的基本架構和發展方向。

二、系統的研究對象

基於社會主義制度的體系特徵，基於根本制度、基本制度和具體制度的相互關係，研究新中國的對外貿易制度變遷，必須正確把握研究對象的系統性。

在現有的相關研究成果中，以對外貿易體制演進為主題的文獻較多，也有不少以對外貿易戰略演進、對外貿易政策改革、對外貿易法律法規建設等論題為中心的研究成果。這類文獻對不同層面對外貿易制度演進情況的專門探究，為深入分析對外貿易的體制、戰略、政策、法律法規的變遷奠定了重要基礎，但對系統把握對外貿易制度變遷卻存在不足。

在概念界定上，普遍的觀點認為，對外貿易體制主要指對外貿易的組織形式、機構設置及管理權限、經營分工和利益分配方面的制度安排，對外貿易戰略是關於對外貿易發展的全局性、長期性、根本性的構想和規劃，是經

第一章　新中國對外貿易的發展、改革與制度變遷研究主題

濟發展戰略在對外貿易領域的體現，對外貿易政策是管理對外貿易的原則、手段和措施，對外貿易法律制度是管理對外貿易的法律規範的總稱。從這些概念的內涵可以看出，對外貿易戰略、對外貿易體制、對外貿易政策、對外貿易法律制度是對外貿易制度從總體到具體的表現形式，體現了對外貿易目標與其實現途徑和實現手段的關係。比較而言，對外貿易戰略更具總體性特徵，它規定了對外貿易發展的方向和目標。對外貿易體制是對外貿易戰略得以實施的重要載體，它主要通過決策機制、信息機制和動力機制使對外貿易戰略目標得以實現。對外貿易政策是對外貿易戰略和對外貿易體制實現結合的保證。作為實現對外貿易戰略的手段，對外貿易政策需要隨對外貿易戰略的調整而調整，對外貿易戰略體現著對外貿易政策變化的總體趨勢。同時，對外貿易政策受對外貿易體制的約束，在對外貿易體制發生變化時，對外貿易政策也將隨之調整。在法治經濟條件下，對外貿易政策包含了法律手段，但法律法規又是制定對外貿易政策的依據。就對外貿易法律制度而言，作為對外貿易總政策的集中體現，它規定了對外貿易制度的基本架構。在《中華人民共和國對外貿易法》（以下簡稱《對外貿易法》）中，總則第四條明確規定：國家實行統一的對外貿易制度，鼓勵發展對外貿易，維護公平、自由的對外貿易秩序。

對外貿易戰略、對外貿易體制、對外貿易政策、對外貿易法律制度的基本關係，表明了對外貿易制度的體系和層次結構，即對外貿易戰略、對外貿易體制、對外貿易法律制度、對外貿易政策相互聯繫，構成了對外貿易制度的基本體系，並顯示出從總體到具體的層次關係，進而構成了關於新中國對外貿易制度變遷的系統的研究對象。按照「對外貿易戰略──對外貿易體制──對外貿易法律制度──對外貿易政策」順序遞進，並依據對外貿易包括的貨物進出口、技術進出口和國際服務貿易的客觀實際，在政策研究的層面具體分為貨物貿易管理制度演進、貨物貿易促進制度演進及服務貿易制度演進、技術貿易制度演進，這樣逐層分析，既可以充分反應新中國對外貿易戰略、體制、法律制度和政策演進的情況，又符合新中國對外貿易制度的結構特徵，有利於充分展示中國特色的對外貿易制度自由化、便利化演進趨勢。

此外，由於對外貿易制度改革和與貿易有關的投資措施、知識產權保護等領域的密切聯繫，特別是基於對外貿易與引進外資和對外直接投資協調發展的制度要求，基於知識產權保護的重要性，對外貿易制度變遷與引進外資及對外直接投資制度的演進緊密聯繫，與知識產權制度演進互相交集，因此，將引進外資制度、對外直接投資制度和知識產權制度的演進融入研究主題，這也是研究對象系統性的重要體現。

從實踐情況來看，實驗、試點在中國對外貿易制度改革創新的歷程中一直佔有重要地位。改革開放初期，以對外貿易體制改革為先鋒，以經濟特區為試驗田，通過在對外貿易領域實施一系列特殊政策和靈活措施，在引進外資方面推行一系列改革試點，中國推動了對外經濟貿易領域的先行改革，並在對外貿易改革與外商投資的法律制度、配套政策建設相互促進的同時，由對外經濟貿易的制度建設推動了財稅、金融、收入分配及所有制、宏觀經濟管理等領域的變革。在改革開放全面深化的背景下，自由貿易實驗區培育了一大批貿易投資自由化、便利化的制度創新成果，同時還承擔著服務「一帶一路」建設和自由貿易區戰略的重大任務。根據《國務院關於加快實施自由貿易區戰略的若干意見》（以下簡稱《意見》），上海等自由貿易試驗區是中國主動適應經濟發展新趨勢和國際經貿規則新變化、以開放促改革促發展的試驗田，可把對外自由貿易區談判中具有共性的難點、焦點問題，在上海等自由貿易試驗區內先行先試，通過在局部地區進行壓力測試，累積防控和化解風險的經驗，探索最佳開放模式，為對外談判提供實踐依據。[1] 根據中共十九大報告精神，自由貿易實驗區建設是推動形成全面開放新格局的重要內涵。為了優化對外開放的區域佈局，中共十九大報告提出，要賦予自由貿易實驗區更大的改革自主權，同時要探索建設自由貿易港。可見，從經濟特區到自由貿易實驗區及自由貿易港的探索，中國的特殊經濟功能區詮釋著改革開放不同時期中國對外經濟與貿易制度變遷的演繹邏輯，新中國特殊經濟功能區

---

[1] 國務院關於加快實施自由貿易區戰略的若干意見 [EB/OL]. (2015-12-17) [2019-03-28]. http://www.gov.cn/zhengce/content/2015-12/17/ content_10424.htm.

第一章　新中國對外貿易的發展、改革與制度變遷研究主題

的貿易投資制度演進，是新中國對外貿易制度變遷研究主題的重要組成部分。

在前述基礎上，沿著「一帶一路」建設和加快實施自由貿易區戰略的方向進一步分析，可以深悉中國在優化對外開放區域佈局、深入推進貿易投資自由化便利化方面的理念和思維創新。一方面，作為中國擴大對外開放的重大舉措和經濟外交的頂層設計，「一帶一路」建設標誌著「我們黨的開放理論實現了從指導中國開放到推動世界各國共同開放的偉大歷史轉變」[①]。隨著「一帶一路」建設加快推進，中國中西部地區逐步從開放末梢走向開放前沿[②]，中國在形成陸海內外聯動、東西雙向互濟的開放格局方面取得了重要進步，同時為破解全球發展難題貢獻了中國的智慧和方案，為探索全球經濟治理新模式、構建人類命運共同體提供了新的平臺。另一方面，作為中國的國家戰略，自由貿易區戰略的加快實施既是中國「適應經濟全球化新趨勢的客觀要求」，也是中國「積極參與國際經貿規則制定、爭取全球經濟治理制度性權利的重要平臺」[③]。根據《意見》精神，加快實施自由貿易區戰略要堅持與推進共建「一帶一路」和國家對外戰略緊密銜接，堅持把握開放主動和維護國家安全，逐步構築起立足周邊、輻射「一帶一路」、面向全球的高標準自由貿易區網絡；要樹立正確的義利觀，兼顧各方利益和關切，考慮發展中經濟體和最不發達經濟體的實際情況，尋求利益契合點和合作公約數，努力構建互利共贏的自由貿易區網絡。可見，加快實施自由貿易區戰略體現了中國維護、拓展自我發展的需要，也體現了中國發揮負責任大國作用的立場和原則，體現了中國積極參與區域貿易安排、推動經濟全球化的決心。

作為驅動經濟全球化向前發展的另一個輪子，多邊貿易體制在推動貿易自由化、建設開放型世界經濟方面具有不可替代的作用。從中國對外貿易制度的自由化進程來看，復關、入世及遵循世界貿易組織規則，是促進中國對

---

① 高虎城. 積極促進「一帶一路」國際合作 [M] //本書編寫組. 黨的十九大報告輔導讀本. 北京：人民出版社，2017：407.

② 汪洋. 推動形成全面開放新格局 [M] //本書編寫組. 黨的十九大報告輔導讀本. 北京：人民出版社，2017：59.

③ 習近平. 習近平談治國理政（第二卷）[M]. 北京：外文出版社，2017：100.

外貿易自由化便利化的重要因素，同時，中國堅定支持多邊貿易體制、維護世界貿易組織主渠道地位的立場和作為，對完善多邊貿易規則、推動全球經濟治理體系改革也發揮了重要作用。除此之外，參與其他國際組織合作也是中國參與全球經濟治理的重要形式，尤其是中國在完善全球治理體系、構建人類命運共同體等方面的主動作為，不僅對建設富強美麗的中國意義非凡，對「建設持久和平、普遍安全、共同繁榮、開放包容、清潔美麗的世界」也意義重大。

因此，從參與國際組織合作、加快實施自由貿易區戰略、推進「一帶一路」建設等方面研究新中國參與全球經貿治理的情況及其對貿易投資制度演進與發展的作用，是系統研究新中國對外貿易制度變遷的需要，是客觀展示中國對全球治理體系改革的立場與貢獻的需要，也是推動世界和平發展的需要。

三、研究目標

在歷史分析的基礎上，對制度變遷做效應分析，並針對未來的制度建設提出建議，這是制度變遷類研究主題常有的落腳點，也是研究新中國對外貿易制度變遷的重要目標。

具體而言，研究新中國對外貿易制度變遷的目的在於：以中國社會主義制度為綱，中國社會主義經濟制度建設為主線，循著建立與調整計劃經濟制度、探索與建設社會主義有計劃商品經濟制度、建立與完善社會主義市場經濟制度的軌跡，按照「制度基礎──→理論依據──→戰略轉型──→體制改革──→法律建設──→政策創新」的內在邏輯，在分析新中國對外貿易制度變遷與社會主義制度及社會主義經濟制度建設基本關係的基礎上，梳理中國特色對外貿易思想的演進歷程和發展創新，確立分析新中國對外貿易制度變遷的理論依據，並在有機融合全面提高開放經濟水準、構建開放型經濟新體制等內容的基礎上，探討中國特色對外貿易戰略和對外貿易體制機制的基本屬性，研究中國在對外貿易法律制度及貨物貿易、服務貿易、技術貿易、國際投資等

第一章　新中國對外貿易的發展、改革與制度變遷研究主題

領域的制度建設和依託特殊經濟功能區的貿易投資制度創新，依據主動參與、推動經濟全球化進程的精神實質，從國際組織合作、自由貿易區戰略、「一帶一路」倡議等視角分析新中國參與全球經貿治理的情況及其對貿易投資制度演進的作用，分析中國在推動全球治理體系改革、構建人類命運共同體方面的主張，總結對外貿易制度改革創新的成果，分析其效應，探尋新時代中國創新對外貿易制度、推動形成全面開放新格局、實現在全球經濟治理中的地位轉變，由貿易大國轉為貿易強國的路徑。基於這樣的研究目標，可以從根本制度、基本制度和具體制度以及內因和外因、推動中國發展和世界進步的層面，剖析新中國對外貿易制度的演進規律和貢獻，從而在實踐和理論層面體現出研究的特殊意義。

首先，從實踐層面來看，系統研究新中國對外貿易制度變遷，不僅可以為中國在新的時代背景下創新對外貿易制度，促進對外經濟貿易持續發展提供歷史經驗的借鑑和有價值的建議，進而為中國持續推進社會經濟發展、實現中華民族偉大復興的中國夢助力，也可以為世界其他國家和地區尤其是為發展中國家提供經驗借鑑，為推動國際經貿規則和治理體系改革提供中國經驗，因此對國際合作和世界經濟貿易的發展有積極意義。

其次，在理論層面，基於中國特色的社會主義制度體系，重點從馬克思列寧主義、毛澤東思想、鄧小平理論、「三個代表」重要思想、科學發展觀、習近平新時代中國特色社會主義思想的理論視角展開分析，有利於探索中國對外貿易制度變遷所蘊含的理論思想及中國特色對外貿易思想的發展軌跡和創新成果，為研究、構建中國特色對外貿易理論體系提供文獻參考，為研究、發展馬克思主義制度理論提供文獻借鑑，為研究、發展國際貿易理論，特別是為發展中國家發展對外貿易理論提供理論借鑑。

整體而論，基於獨特的研究視角、系統的研究內容，兼具共性與特殊性的研究目標，對新中國對外貿易制度變遷展開全面、深入的研究，可以彰顯中國特色社會主義道路、理論、制度、文化對中國、對世界的重大意義，彰顯中國特色社會主義的道路自信、理論自信、制度自信和文化自信的偉大意義。

本章參考文獻

陳維, 2000. 制度的成本約束功能 [M]. 上海：上海社會科學院出版社.

程虹, 2000. 制度變遷的週期 [M]. 北京：人民出版社.

鄧敏, 顧磊, 2016. 中國對外貿易概論 [M]. 成都：西南財經大學出版社.

丁冰, 2006. 中國利用外資和對外貿易問題研究 [M]. 北京：中國經濟出版社.

傅自應, 2008. 中國對外貿易三十年 [M]. 北京：中國財政經濟出版社.

高虎城, 2017. 積極促進「一帶一路」國際合作 [M] //本書編寫組. 黨的十九大報告輔導讀本. 北京：人民出版社.

康芒斯, 1962. 制度經濟學 [M]. 北京：商務印書館.

李媛, 張弛, 2005. WTO 框架下中國國際貿易制度調整與重構 [M]. 沈陽：東北大學出版社.

劉小怡, 2007. 馬克思主義和新制度主義制度變遷理論的比較與綜合 [J]. 南京師大學報（社會科學版）(1)：5-12.

諾思, 2000. 經濟史中的結構與變遷 [M]. 上海：上海三聯書店, 上海人民出版社.

裴長洪, 2009. 共和國對外貿易 60 年 [M]. 北京：人民出版社.

商務部新聞辦公室, (2019-01-22) [2019-03-20].【2018 年商務工作年終綜述之二十】進出口規模創歷史新高 外貿高質量發展取得積極成效 [EB/OL]. http://www.mofcom.gov.cn/article/ae/ai/201901/20190102829079.shtml.

沈玉良, 2003. 多邊貿易體制與中國經濟制度變遷 [M]. 上海：上海社會科學院出版社.

石廣生, 2013. 中國對外經濟貿易改革和發展史 [M]. 北京：人民出版社.

孫玉琴，2005. 中國對外貿易體制改革的效應：貿易制度創新與貿易增長、經濟增長研究［M］. 北京：對外經濟貿易大學出版社.

汪洋，2017. 推動形成全面開放新格局［M］//本書編寫組. 黨的十九大報告輔導讀本. 北京：人民出版社.

習近平，2017. 習近平談治國理政：第二卷［M］. 北京：外文出版社.

徐大偉，2015. 新制度經濟學［M］. 北京：清華大學出版社.

涂紅，2006. 發展中大國的貿易自由化、制度變遷與經濟發展［M］. 北京：中國財政經濟出版社.

張海偉，2015. 制度與制度變遷對國際貿易的影響［M］. 北京：中國社會科學出版社.

張生玲，張麗平，2008. 中國外貿體制改革三十年理論回顧［J］. 國際貿易（7）：4-10.

中國對外貿易制度變遷

第二章
新中國對外貿易制度變遷與社會主義制度的確立和自我完善

　　新中國的對外貿易制度是社會主義的對外貿易制度，它的建立、調整和改革創新與社會主義基本制度在中國的確立及中國特色社會主義制度的形成、完善密不可分。在根本上，新中國的對外貿易制度是社會主義制度體系的組成部分，是社會主義經濟制度在對外貿易領域的具體化。

第一節　中國社會主義制度的確立和自我完善

以中共十一屆三中全會為歷史分期點，中國的社會主義建設可以分為改革開放前和改革開放後兩個時期。「這是兩個相互聯繫又有重大區別的時期，但本質上都是我們黨領導人民進行社會主義建設的實踐探索。」[1] 在改革開放前的實踐探索中，中國確立了社會主義基本制度，推動了社會主義建設，由此為改革開放後的社會主義實踐探索累積了條件。改革開放後，中國開闢了中國特色社會主義道路，確立了中國特色社會主義制度，持續推進了中國特色社會主義制度的自我完善。

一、社會主義基本制度的確立及社會主義建設的實踐探索

社會主義基本制度的確立及中國社會主義建設的實踐探索經歷了曲折的過程。在這段歷史中，中國共產黨領導中國人民建立了人民民主政權，開啓了建設社會主義新中國的篇章。

在新中國成立前夕，毛澤東在《論人民民主專政》等著作中提出了人民民主專政概念，論述了新民主主義的國家制度，設計了未來中國的社會制度框架，為中國確立社會主義基本制度奠定了基礎。1949年9月，中國人民政治協商會議第一屆全體會議通過了《中國人民政治協商會議共同綱領》（以下簡稱《共同綱領》）。《共同綱領》從法律的意義上明確規定了新中國的國體、政體、經濟政策等。根據有關規定，中華人民共和國是新民主主義即人民民主主義的國家，實行工人階級領導的、以工農聯盟為基礎的、團結各民主階級和國內各民族的人民民主專政。

---

[1] 中共中央宣傳部. 習近平新時代中國特色社會主義思想三十講 [M]. 北京：學習出版社，2018：19.

第二章　新中國對外貿易制度變遷與社會主義制度的確立和自我完善

1949 年 10 月 1 日，中華人民共和國成立，標誌著中國已經成為一個具有獨立主權的民主主義國家。新中國成立後，以毛澤東為主要代表的中國共產黨人帶領全黨和全國各族人民，在迅速醫治戰爭創傷、恢復國民經濟的基礎上，創造性地提出了過渡時期總路線，實行了工業化建設和社會主義改造。

1954 年，中國制定了《中華人民共和國憲法》（以下簡稱 1954 年《憲法》）。作為新中國的第一部憲法，1954 年《憲法》奠定了新中國憲政的基礎和制度體系，標誌著新中國社會主義根本政治制度的正式確立。1954 年《憲法》規定：中華人民共和國是工人階級領導的、以工農聯盟為基礎的人民民主國家，中華人民共和國的一切權力屬於人民，人民行使權力的機關是全國人民代表大會和地方各級人民代表大會，中華人民共和國全國人民代表大會是最高國家權力機關。

1956 年年初，在社會主義改造不斷取得勝利的情況下，中共中央開始把黨和國家的工作重點轉向社會主義建設。1956 年 2 月，蘇聯共產黨召開了二十大，赫魯曉夫在秘密報告中羅列了斯大林的一系列錯誤，從根本上全盤否定斯大林，西方資本主義國家趁機掀起反蘇、反共、反社會主義的浪潮。與此同時，東歐一些社會主義國家長期照搬蘇聯模式引起的問題逐漸暴露，中國也在實踐中察覺了蘇聯模式的局限。

面對中國形勢和國際形勢的變化，中國共產黨人圍繞汲取蘇聯的經驗教訓，對走適合中國國情的社會主義建設道路進行了一系列探索。1956 年 4 月和 5 月，毛澤東先後在政治局擴大會議和最高國務會議上作了《論十大關係》的報告。在報告中，毛澤東闡述了重工業和輕工業、農業的關係，沿海工業和中國工業的關係，經濟建設和國防建設的關係，國家、生產單位和生產者個人的關係，中央和地方的關係，漢族和少數民族的關係，黨和非黨的關係，革命和反革命的關係，是非關係，中國和外國的關係。在分析這十大關係的過程中，毛澤東總結了中國社會主義革命和社會主義建設中的經驗教訓，總結了蘇聯在建設社會主義過程中暴露出的缺點和錯誤，比較了中國和蘇聯及一些東歐國家在處理重工業和輕工業、農業關係方面的情況，分析了一些東歐國家片面強調重工業忽視農業和輕工業所產生的問題。在分析國家、生產

單位和生產者個人的關係時，毛澤東強調必須兼顧國家、集體和個人三個方面。在分析中央和地方的關係時，毛澤東指出，應當在鞏固中央統一領導的前提下，擴大一點地方的權力，給地方更多的獨立性。在分析中國和外國的關係時，毛澤東講：有人以為社會主義就了不起，一點缺點也沒有了。哪有這個事？應當承認，總是有優點和缺點這兩點。我們的方針是，一切民族、一切國家的長處都要學，但是，「必須有分析有批判地學，不能盲目地學，不能一切照抄，機械搬用」，「對於蘇聯和其他社會主義國家的經驗，也應當採取這樣的態度」。①同時，毛澤東強調：我們要學的是屬於普遍真理的東西，並且學習一定要與中國實際相結合。毛澤東的這些論述，既包含了處理十大關係的原則和方法，體現了毛澤東對社會主義建設實踐中的矛盾的認識，也包含了完善社會主義的必要性，體現了以適合中國國情的道路建設社會主義的重要性。總體而論，《論十大關係》提出的一系列重要思想和原則，是中國共產黨把馬克思主義普遍原理同中國社會主義革命和建設的具體實踐相結合的結果，是探索中國自己的社會主義建設道路的初步成果，是指導社會主義建設的重要理論之一，為隨後召開的中共八大制定中國社會主義建設的路線方針政策提供了理論基礎。②

1956年9月，中共八大作出了社會主義的社會制度在中國已經基本建立的重大判斷，同時分析了中國階級關係和主要矛盾的變化，明確指出中國的無產階級同資產階級之間的矛盾已經基本解決，中國的主要矛盾「已經是人民對於建立先進的工業國的要求同落後的農業國的現實之間的矛盾，已經是人民對於經濟文化迅速發展的需要同當前經濟文化不能滿足人民需要的狀況之間的矛盾」，這一矛盾的實質，在中國社會主義制度已經建立的情況下，「也就是先進的社會主義制度同落後的社會生產力之間的矛盾」，因此，「黨和全國人民當前的主要任務，就是集中力量來解決這個矛盾」③，就是保護和發

---

① 中共中央文獻研究室. 毛澤東文集：第七卷 [M]. 北京：人民出版社，1999：41.
② 郭大鈞. 中國當代史 [M]. 北京：北京師範大學出版社，2007：68.
③ 中共中央文獻研究室. 建國以來重要文獻選編（第九冊）[G]. 北京：中央文獻出版社，1994：341-342.

第二章 新中國對外貿易制度變遷與社會主義制度的確立和自我完善

展生產力。基於這樣的認識和判斷，大會制定了一系列方針政策，為中國探索自己的社會主義建設道路奠定了基礎。

中共八大之後，中國在繼續探索社會主義建設道路的同時加強了對國際國內新情況、新問題的探究。1957年6月19日，毛澤東在《人民日報》發表了《關於正確處理人民內部矛盾的問題》，明確指出社會主義社會的基本矛盾仍然是生產關係和生產力之間的矛盾，上層建築和經濟基礎之間的矛盾，但社會主義社會的矛盾同舊社會的矛盾，例如同資本主義社會的矛盾，是根本不相同的，資本主義社會的矛盾表現為劇烈的對抗和衝突，表現為劇烈的階級鬥爭，那種矛盾不可能由資本主義制度本身來解決，只有社會主義革命才能加以解決，而社會主義社會的矛盾不是對抗性的，它可以經過社會主義制度本身，不斷地得到解決。

《關於正確處理人民內部矛盾的問題》是毛澤東在社會主義建設時期的一篇十分重要的理論著作，它在創立社會主義社會矛盾學說方面具有重大意義。毛澤東關於社會主義社會矛盾可以經過社會主義制度本身不斷得到解決的思想，為分析社會主義制度自我完善的可行性奠定了理論基礎。

伴隨著道路的探索、理論的發展，中國在1957—1966年全面建設社會主義的歷史時期對社會主義的體制機制做了一些變革和調整。但是，總體上講，中國在這段時期的社會主義制度依然具有突出的「蘇聯模式」特徵。隨後，在「文化大革命」期間，中國的社會主義建設事業處於畸形發展狀態，中國的經濟體制、政治體制、社會體制等制度建設受到了極大破壞。

綜觀改革開放前中國社會主義革命和社會主義建設的歷史，儘管在探索過程中經歷了嚴重曲折，「但黨在社會主義建設中取得的獨創性理論成果和巨大成就，為新的歷史時期開創中國特色社會主義提供了寶貴經驗、理論準備、物質基礎」[1]。中共十九大報告指出：「我們黨團結帶領人民完成社會主義革命，確立社會主義基本制度，推進社會主義建設，完成了中華民族有史以來

---

[1] 胡錦濤. 堅定不移沿著中國特色社會主義道路前進 為全面建成小康社會而奮鬥——在中國共產黨第十八次全國代表大會上的報告 [R/OL]. (2012-11-18) [2019-03-29]. http://cpc.people.com.cn/n/2012/1118/c64094-19612151-2.html.

最為廣泛而深刻的社會變革，為當代中國一切發展進步奠定了根本政治前提和制度基礎，實現了中華民族由近代不斷衰落到根本扭轉命運、持續走向繁榮富強的偉大飛躍。」

二、中國特色社會主義制度的形成

1978年12月18日，中國共產黨召開了十一屆三中全會。中共十一屆三中全會重新確立了馬克思主義的思想路線、政治路線和組織路線，是中國改革開放的歷史起點，也是中國特色社會主義制度形成的歷史起點。

1982年9月，中國共產黨召開了中共十二次全國代表大會，鄧小平在大會開幕詞中第一次提出了「建設有中國特色社會主義」這一科學命題。鄧小平指出：「我們的現代化建設，必須從中國的實際出發」，「把馬克思主義的普遍真理同中國的具體實際結合起來，走自己的道路，建設有中國特色的社會主義」。鄧小平的科學論斷，為中國特色社會主義制度建設作了重要的理論準備。此後，中國的社會主義正式定名為「中國特色社會主義」，中國社會主義建設的道路正式定名為「中國特色社會主義道路」。

隨著對「什麼是社會主義」「如何建設社會主義」認識的不斷加深，以鄧小平為核心的中國共產黨第二代中央領導集體深刻揭示了社會主義的本質，科學回答了建設中國特色社會主義的一系列基本問題，有力地推動了改革和開放，在社會主義商品經濟制度建設及社會主義民主和法制建設等方面取得了重大成效。在實踐和理論發展的基礎上，中共十三大系統闡述了社會主義初級階段理論，明確指出馬克思主義與中國實踐的結合，有兩次歷史性飛躍，第一次飛躍發生在新民主主義革命時期，中國共產黨人經過反覆探索，找到了有中國特色的革命道路，第二次飛躍發生在中共十一屆三中全會以後，中國共產黨人在總結新中國30多年社會主義建設中正反兩方面經驗、研究國際經驗和世界形勢的基礎上，開始找到了一條建設有中國特色社會主義的道路。

中共十三大以後，社會主義在世界範圍內遭遇了嚴重的危機。東歐的劇變、蘇聯的解體，以及中國在改革開放中遇到的新的困難，都表明社會主義

第二章　新中國對外貿易制度變遷與社會主義制度的確立和自我完善

面臨著空前挑戰。在世界社會主義出現嚴重曲折的形勢下，以江澤民為核心的中國共產黨第三代中央領導集體捍衛了中國特色社會主義，確立了社會主義市場經濟體制的改革目標和基本框架，提出要堅持和完善社會主義的基本政治制度，堅持和完善社會主義公有制為主體、多種所有制經濟共同發展的基本經濟制度，堅持和完善按勞分配為主體、多種分配方式並存的分配制度，進而確立了社會主義初級階段的基本經濟制度和分配制度，開創了全面改革開放的新局面，成功地把中國特色社會主義推向了21世紀。[①]

2002年，中共十六大報告做出了社會主義市場經濟體制初步建立、民主法制建設繼續推進、政治體制改革邁出新步伐等重要判斷，同時圍繞全面建設小康社會部署了經濟體制改革、政治體制改革和文化體制改革，強調政治體制改革是社會主義政治制度的自我完善和發展，推進政治體制改革要有利於增強黨和國家的活力，發揮社會主義制度的特點和優勢。

中共十六大以後，中央領導集體順應新的形勢，用新的思想觀點回答了什麼是社會主義、怎樣建設社會主義這個基本問題，強調以人為本、全面協調可持續發展，提出構建社會主義和諧社會，加快生態文明建設，建立社會主義核心價值體系，正確認識和處理中國特色社會主義事業中的重大關係，努力實現科學發展、和平發展、和諧發展，成功地在新的歷史起點上堅持和發展了中國特色社會主義。

伴隨著中國特色社會主義理論體系的豐富與發展，人民代表大會制度、中國共產黨領導的多黨合作和政治協商制度、民族區域自治制度不斷完善，中國特色社會主義法律體系建設不斷推進，市場經濟體制及其他方面體制機制改革不斷深入。以此為標誌，中國特色社會主義制度日趨成型。2011年3月，時任全國人大常委會委員長吳邦國宣布，中國社會主義法律體系已經形成。同年7月，胡錦濤在慶祝中國共產黨成立90週年大會的講話中首次使用了中國特色社會主義制度這個概念，同時明確指出：經過90年的奮鬥、創

[①] 侯遠長. 中國特色社會主義制度形成確立的歷史考察 [J]. 中國浦東幹部學院學報，2013（1）：27-33.

造、累積，黨和人民必須倍加珍惜、長期堅持、不斷發展的成就是——開闢了中國特色社會主義道路，形成了中國特色社會主義理論體系，確立了中國特色社會主義制度。在此基礎上，胡錦濤第一次提出了中國特色社會主義制度的特點和優勢。胡錦濤指出：「中國特色社會主義制度，是當代中國發展進步的根本制度保障，集中體現了中國特色社會主義的特點和優勢。」2012年，中共十八大報告進一步強調：中國特色社會主義道路，中國特色社會主義理論體系，中國特色社會主義制度，是黨和人民九十多年奮鬥、創造、累積的根本成就，必須倍加珍惜、始終堅持、不斷發展。在此基礎上，中共十八大報告闡釋了中國特色社會主義道路、中國特色社會主義制度的內涵，同時指出：中國特色社會主義道路是實現途徑，中國特色社會主義理論體系是行動指南，中國特色社會主義制度是根本保障，三者統一於中國特色社會主義偉大實踐，這是黨領導人民在建設社會主義長期實踐中形成的最鮮明特色。中共十八大報告的有關論述，標誌著中國特色社會主義制度的確立。

三、中國特色社會主義制度的自我完善

（一）中國特色社會主義制度的內涵

中共十八大報告指出：中國特色社會主義制度，就是人民代表大會制度的根本政治制度，中國共產黨領導的多黨合作和政治協商制度、民族區域自治制度以及基層群眾自治制度等基本政治制度，中國特色社會主義法律體系，公有制為主體、多種所有制經濟共同發展的基本經濟制度，以及建立在這些制度基礎上的經濟體制、政治體制、文化體制、社會體制等各項具體制度。可見，中國特色社會主義制度是包括政治、經濟、文化、社會等各領域制度的內容豐富且科學嚴密的制度體系。這個制度體系的核心是人民當家做主，圍繞人民當家做主，中國特色社會主義制度體系的各層次制度在不同層面發揮不同的功能和作用。

1. 根本政治制度和基本政治制度

根本政治制度是一國社會制度體系的基礎、核心和主要標誌，體現了制

度體系的本質。作為中國的根本政治制度，人民代表大會制度是中國人民民主專政的政權組織形式，是中國特色社會主義制度的根本，是人民當家做主的最高實現形式。《中華人民共和國憲法》[①]（以下簡稱《憲法》）規定：中華人民共和國是工人階級領導的、以工農聯盟為基礎的人民民主專政的社會主義國家，中華人民共和國的一切權力屬於人民，人民行使國家權力的機關是全國人民代表大會和地方各級人民代表大會，全國人民代表大會和地方各級人民代表大會由民主選舉產生，對人民負責，受人民監督。

中國的基本政治制度體現為中國共產黨領導的多黨合作和政治協商制度、民族區域自治制度及基層群眾自治制度，它在中國特色社會主義制度體系中處於基礎地位，是發展社會主義民主政治的制度保障，對中國社會經濟發展有重要意義。

2. 中國特色社會主義法律體系

中國特色社會主義法律體系是以《憲法》為統帥，以法律為主幹，以行政法規、地方性法規為重要組成部分，由《憲法》相關法、民法、商法、行政法、經濟法、社會法、刑法、訴訟與非訴訟程序法等組成的有機統一的整體。中國特色社會主義法律體系體現了中國特色社會主義制度的本質要求，是人民當家做主和依法治國的法制保障。《憲法》規定：人民依照法律規定，通過各種途徑和形式，管理國家事務，管理經濟和文化事業，管理社會事務；中華人民共和國實行依法治國，建設社會主義法治國家。

3. 基本經濟制度

基本經濟制度主要表現為一國根據其社會性質和基本國情對所有制做出的安排。《憲法》規定：中華人民共和國的社會主義經濟制度的基礎是生產資

[①] 《中華人民共和國憲法》於1982年12月4日由第五屆全國人民代表大會第五次會議通過，由全國人民代表大會公告公布施行，根據1988年4月12日第七屆全國人民代表大會第一次會議通過的《中華人民共和國憲法修正案》、1993年3月29日第八屆全國人民代表大會第一次會議通過的《中華人民共和國憲法修正案》、1999年3月15日第九屆全國人民代表大會第二次會議通過的《中華人民共和國憲法修正案》、2004年3月14日第十屆全國人民代表大會第二次會議通過的《中華人民共和國憲法修正案》和2018年3月11日第十三屆全國人民代表大會第一次會議通過的《中華人民共和國憲法修正案》修正。

料的社會主義公有制，即全民所有制和勞動群眾集體所有制，社會主義公有制消滅人剝削人的制度，實行各盡所能、按勞分配的原則；國家在社會主義初級階段，堅持公有制為主體、多種所有制經濟共同發展的基本經濟制度，堅持按勞分配為主體、多種分配方式並存的分配制度。公有制為主體、多種所有制經濟共同發展的基本經濟制度，是中國特色社會主義制度的重要組成部分，也是完善社會主義市場經濟體制的必然要求。①

4. 各項具體制度

中國特色社會主義制度包括的經濟體制、政治體制、文化體制、社會體制等各項具體制度是根本政治制度和各項基本制度的具體化，體現了實現各項基本制度的體制和機制。這些體制和機制的科學性及其積極作用的發揮，關係著人民當家做主的具體形式，是中國特色社會主義制度得以完善和發展的關鍵。

根本制度、基本制度和具體制度體現了中國特色社會主義制度體系的本質、層次和各層次制度之間相互聯繫、相互協調、不可分割、不可替代的關係，是社會主義中國特色的重要表現。習近平指出：中國特色社會主義制度，堅持把根本政治制度、基本政治制度同基本經濟制度以及各方面體制機制等具體制度有機結合起來，堅持把國家層面民主制度同基層民主制度有機結合起來，堅持把黨的領導、人民當家做主、依法治國有機結合起來，既堅持了社會主義的根本性質，又借鑒了古今中外制度建設的有益成果，集中體現了中國特色社會主義的特點和優勢，是中國發展進步的根本制度保障。②

(二) 中國特色社會主義制度自我完善的實質與內容

中國特色社會主義制度的自我完善是根本制度、基本制度、具體制度等各領域、各層次制度在社會主義條件下的發展，其實質是社會主義制度符合客觀規律的自我揚棄。這種自我揚棄包含了原則、動因、目標、手段、形式

---

① 習近平. 在民營企業座談會上的講話 [EB/OL]. (2018-11-01) [2019-06-25]. http://www.gov.cn/xinwen/2018-11/01/content_5336616.htm.

② 中共中央宣傳部. 習近平總書記系列重要講話讀本 [G]. 北京：學習出版社、人民出版社，2014：12-13.

第二章　新中國對外貿易制度變遷與社會主義制度的確立和自我完善

與內容的有機統一。

中國特色社會主義制度的自我完善體現了社會主義制度的基本特徵，以堅持社會主義道路為原則。社會主義具有根據基本矛盾運動實現自我創新的功能，這體現為生產關係與生產力、上層建築與經濟基礎的矛盾運動對完善中國特色社會主義制度的推動作用。在這對矛盾中，生產力是最根本的決定因素。隨著生產力的發展，生產關係和上層建築對生產力的不適應會動態地表現出來，這決定了完善和發展中國特色社會主義制度的必要性、動態性和持續性。

中國特色社會主義制度體系具有層次性，這決定了中國特色社會主義制度自我完善的目標是形成一整套相互銜接、相互聯繫的制度體系，並保持制度體系與時俱進，不斷完善，進而不斷推進生產力發展。同時，由於「改革是社會主義制度的自我完善」[①]，而不是根本制度和基本制度的性質變化，因此，改革在形式上表現為體制改革和制度創新，在內容上涉及經濟、政治、文化、社會各領域的體制和機制改革。根據中共十八大精神和習近平新時代中國特色社會主義思想的豐富內涵，這些體制機制改革的內容主要包括：堅持和完善人民代表大會制度，推動人民代表大會制度與時俱進；堅持和完善基本政治制度，推進社會主義民主政治制度化、規範化、程序化；堅定不移走中國特色社會主義法治道路，完善以憲法為核心的中國特色社會主義法律體系，建設中國特色社會主義法治體系，建設社會主義法治國家；堅持和完善社會主義基本經濟制度和分配制度，毫不動搖鞏固和發展公有制經濟，毫不動搖鼓勵、支持、引導非公有制經濟發展，使市場在資源配置中起決定性作用，更好發揮政府作用；完善文化管理體制和文化生產經營機制；形成科學有效的社會管理體制，完善社會保障體系，健全基層公共服務和社會管理網絡；加快生態文明體制改革，健全生態文明制度，健全國土空間開發、資源節約、生態環境保護的體制機制。

---

① 中共中央文獻編輯委員會. 鄧小平文選：第三卷 [M]. 北京：人民出版社，1993：142.

（三）中國特色社會主義制度自我完善的可能與現實

1. 中國特色社會主義制度自我完善的必要性與可行性

中國特色社會主義制度自我完善的必要性和可行性，源自其本身的特質。一方面，中國特色社會主義制度是當代中國發展進步的根本制度保障，是富有效率的制度，但還不是成熟、定型的制度，這決定了完善中國特色社會主義制度的重大意義和客觀必然性。隨著中國特色社會主義事業不斷發展，中國特色社會主義制度必須不斷完善。另一方面，中國特色社會主義制度是具有鮮明中國特色、明顯制度優勢、強大自我完善能力的先進制度，這種先進性決定了其不斷完善的可行性。堅持以實踐基礎上的理論創新推動制度創新，是推動各方面制度更加成熟，更加定型的有效途徑。

從社會主義基本矛盾及其運動規律來看，生產關係與生產力、上層建築與經濟基礎的矛盾運動，是推動中國特色社會主義制度自我完善的動因，因此是決定中國特色社會主義制度自我完善必要性和可能性的基本原因。從中國特色社會主義制度自我完善的特殊意義以及自我完善從可能變為現實的根源來講，社會主義的本質及社會主義性質與其制度實現形式的區別是至關重要的決定因素。

鄧小平指出：「社會主義的本質是解放生產力，發展生產力，消滅剝削，消滅兩極分化，最終達到共同富裕。」[1] 這是對社會主義普遍適用的本質的經典概括，體現了社會主義根本任務和宗旨的有機統一。因為，解放和發展生產力是實現共同富裕的根本途徑，而實現共同富裕，則是激發各方面積極性、推動生產力不斷發展的動力源。因此，社會主義的本質及其所包含的社會主義根本任務和宗旨的一致性，是決定中國特色社會主義制度自我完善的重要性和可行性的深層次原因。

首先，中國特色社會主義制度自我完善的核心內容是不斷改革束縛生產力發展的體制機制，為生產力的發展提供制度保障並不斷注入生機和活力，這表明完善和發展中國特色社會主義制度是發展生產力、實現社會主義宗旨

---

[1] 中共中央文獻編輯委員會. 鄧小平文選：第三卷 [M]. 北京：人民出版社，1993：373.

第二章　新中國對外貿易制度變遷與社會主義制度的確立和自我完善

的關鍵。所以，中共十八大以來，中國一直強調要堅決破除一切妨礙科學發展的體制機制弊端，構建系統完備、科學規範、運行有效的制度體系，中共十八屆三中全會更是將完善和發展中國特色社會主義制度直接納入了全面深化改革的總目標。習近平強調：我們的主要歷史任務是完善和發展中國特色社會主義制度，為黨和國家事業發展、為人民幸福安康、為社會和諧穩定、為國家長治久安提供一整套更完備、更穩定、更管用的制度體系。

其次，中國特色社會主義的基本矛盾雖然是生產關係與生產力、上層建築與經濟基礎的矛盾，但消滅剝削、實現共同富裕這個宗旨賦予了基本矛盾在社會主義條件下的非對抗性質，從而決定了在非對抗性矛盾條件下實現制度自我完善的可行性，正如毛澤東所指出的，社會主義社會的矛盾不是對抗性的，它可以經過社會主義制度本身不斷得到解決。

最後，由於社會主義性質和社會主義實現形式的區別，社會主義制度並不等於建設社會主義的具體做法，這就決定了在堅持社會主義基本制度的同時採取多樣化的制度實現形式的可能性，表明了通過持續推進制度實現形式的改革創新不斷完善和發展中國特色社會主義制度的現實性。從基本經濟制度的層面看，公有制體現了社會主義社會的性質，因此必須堅持以公有制為主體，但公有制的實現形式具有多樣性，這又決定了完善基本經濟制度的可行性。中共十七大報告提出，公有制實現形式可以而且應當多樣化，要努力尋找能夠極大促進生產力發展的公有制實現形式。中共十八屆三中全會指出，公有制經濟和非公有制經濟都是中國經濟社會發展的重要基礎。習近平反覆強調，必須堅持和完善中國社會主義基本經濟制度，毫不動搖地鞏固和發展公有制經濟，毫不動搖地鼓勵、支持、引導非公有制經濟發展。在中共十九大報告中，這「兩個毫不動搖」被寫入了新時代堅持和發展中國特色社會主義的基本方略。可見，在符合公有制本質要求的前提下採取靈活多樣的形式，實現多種所有制經濟共同發展，這不僅不會影響社會主義制度的性質，而且可以增強中國特色社會主義的生機和活力。

因此，總體而論，社會主義的本質以及它的經濟基礎和上層建築，決定

了中國特色社會主義制度必須適應生產力發展和共同富裕目標的要求，不斷進行改革和完善，決定了社會主義社會能夠依靠自身的力量和機制，通過自覺的改革，正確解決生產關係和生產力、上層建築和經濟基礎的矛盾及其他社會矛盾，實現制度創新，使自身不斷適應先進生產力發展的要求，充分發揮制度優勢。

2. 中國特色社會主義制度自我完善的現實情況

中國特色社會主義道路是在改革開放40年的偉大實踐中得來的，是在中華人民共和國成立近70年的持續探索中得來的。中共十九大報告指出：「中國特色社會主義是改革開放以來黨的全部理論和實踐的主題，是黨和人民歷盡千辛萬苦、付出巨大代價取得的根本成就。中國特色社會主義道路是實現社會主義現代化、創造人民美好生活的必由之路，中國特色社會主義理論體系是指導黨和人民實現中華民族偉大復興的正確理論，中國特色社會主義制度是當代中國發展進步的根本制度保障，中國特色社會主義文化是激勵全黨全國各族人民奮勇前進的強大精神力量。」這段論述表明，隨著中國特色社會主義進入新時代，隨著中國特色社會主義道路、理論、制度、文化不斷發展，隨著中國社會主要矛盾的轉化，中國特色社會主義的內涵不斷豐富，中國特色社會主義道路、理論、制度、文化已經成為其不可或缺的內容。因此，基於實踐和理論的發展，中共十九大黨章修正案將「發展了中國特色社會主義文化」增寫到了改革開放以來取得一切成績和進步的根本原因當中。這樣，改革開放以來取得一切成績和進步的根本原因歸結起來就是：開闢了中國特色社會主義道路，形成了中國特色社會主義理論體系，確立了中國特色社會主義制度，發展了中國特色社會主義文化。其中，中國特色社會主義道路是實現途徑，中國特色社會主義理論體系是行動指南，中國特色社會主義制度是根本保障，中國特色社會主義文化是精神力量，四者統一於中國特色社會主義偉大實踐。「這條道路、這個理論體系、這個制度、這個文化」，必須「倍加珍惜、長期堅持、不斷發展」。正是基於這種「珍惜」「堅持」和「不斷發展」，以習近平同志為核心的黨中央提出了一系列治國理政的新理念新思

第二章　新中國對外貿易制度變遷與社會主義制度的確立和自我完善

想新戰略,科學回答了新時代堅持和發展中國特色社會主義的總目標、總任務、總體佈局、戰略佈局和發展方向、發展方式、發展動力、戰略步驟、外部條件、政治保障等基本問題,創立了習近平新時代中國特色社會主義思想,發展了中國特色社會主義理論體系。與此同時,隨著一系列改革舉措的實施,隨著改革的系統性、整體性和協同性的不斷增強,中國取得了重要領域和關鍵環節改革的突破性進展,基本確立了主要領域改革主體框架,中國特色社會主義制度更加完善,國家治理體系和治理能力現代化水準顯著提高,全社會發展活力和創新活力明顯增強。

從歷史的聯繫性和社會主義探索的傳承性來看,中國特色社會主義制度的不斷完善,是新中國成立以來中國共產黨人堅持不懈、艱辛付出取得的成果。在以建立社會主義基本制度為主要歷史任務並在這個基礎上進行改革的歷史時期,中國的社會主義實踐探索為中國特色社會主義制度的發展奠定了很好的基礎。在這個基礎上,中共十八大以來的理論和實踐創新,推動了經濟建設、政治建設、文化建設、社會建設、生態文明建設和黨的建設等領域的體制機制創新,進而推動了中國特色社會主義制度體系的完善。

從各領域制度完善發展的具體情況來看,在民主法治建設方面,中國通過積極發展社會主義民主政治,推進全面依法治國,使黨的領導、人民當家做主、依法治國有機統一的制度建設得到了全面加強,使政治體制改革得到了進一步深化,使黨的領導體制機制不斷完善,社會主義民主不斷發展,中國特色社會主義政治制度保證人民當家做主的優勢得到了更加充分的發揮;同時,隨著科學立法、嚴格執法、公正司法、全民守法的深入推進,法治國家、法治政府、法治社會的建設相互促進,中國特色社會主義法治體系日益完善,國家監察體制改革、行政體制改革、司法體制改革、權力運行制約和監督體系建設得到了有效實施。在完善社會主義經濟制度方面,圍繞使市場在資源配置中起決定性作用和更好發揮政府作用,中國在堅持和完善基本經濟制度的同時加快了完善現代市場體系、宏觀調控體系、開放型經濟體系的步伐,經濟體制改革的牽引作用得到進一步發揮,開放型經濟新體制逐步健

全，社會主義市場經濟制度的優勢得到了更好的體現。在中國特色社會主義文化制度建設方面，圍繞建設社會主義核心價值體系和社會主義文化強國，通過深化文化體制改革，中國完善了文化管理體制和文化生產經營機制，中國特色社會主義文化制度在堅定文化自信、促進文化繁榮興盛方面的優勢得到了更加充分的發揮。在中國特色社會主義社會治理制度建設方面，圍繞更好地保障和改善民生、促進社會公平正義，中國深化了社會體制改革，推進了社會領域的制度創新，更加充分地發揮了中國特色社會主義社會治理制度建設在促進共建共治共享方面的積極作用。在中國特色社會主義生態文明制度建設方面，圍繞建設美麗中國，中國深化了生態文明體制改革，加快了健全國土空間開發、資源節約利用、生態環境保護體制機制的步伐，更好地發揮了中國特色社會主義生態文明制度建設在保護自然、促進人與自然和諧共處方面的積極作用。

綜觀改革開放以來的接力探索，中國一直高舉中國特色社會主義偉大旗幟，確立、完善、發展了中國特色社會主義制度，開創了中國特色社會主義事業新局面。事實證明，中國特色社會主義是科學社會主義理論邏輯和中國社會發展歷史邏輯的辯證統一，中國特色社會主義制度的形成、完善和發展，體現了生產關係適應生產力發展的內在要求。生產關係適應生產力發展，是中共十八大以來中國特色社會主義制度不斷完善發展的總體邏輯。[①]

---

① 張豔娥. 十八大以來中國特色社會主義制度完善發展的邏輯經驗 [J]. 甘肅理論學刊, 2017 (5)：5-10.

第二章　新中國對外貿易制度變遷與社會主義制度的確立和自我完善

第二節　新中國對外貿易制度變遷與社會主義制度確立及自我完善的基本關係

　　社會主義基本制度的確立，中國特色社會主義制度的形成和發展，是一系列制度相互促進、共同發展的結果。在各領域、各層次制度相互聯繫、相互作用的體系中，社會主義本質及其根本制度、基本制度起著決定性作用，具體層面的體制機制具有重要作用。就新中國的對外貿易制度來講，作為社會主義的對外貿易制度，它是社會主義制度體系的重要組成部分，隨著社會主義基本制度的確立而建立，隨著社會主義建設實踐的推進而調整，隨著中國特色社會主義道路的開闢逐漸轉型，隨著中國特色社會主義制度的形成、完善呈現出日益鮮明的自由貿易制度特徵。新中國對外貿易制度的建立、調整和改革創新，與社會主義制度在中國的確立和自我完善步步相隨，這表明了新中國對外貿易制度變遷與社會主義制度的確立和自我完善在歷程上的一致性。從社會主義制度的層次性特別是從中國特色社會主義制度的層次性及其各層次制度之間的內在聯繫講，新中國對外貿易制度變遷的歷程蘊含於中國社會主義制度確立與自我完善的歷程當中。

　　在更深的層面，社會主義的本質，中國特色社會主義道路，中國特色社會主義的根本制度、基本制度及具體制度的演進，對新中國對外貿易制度建設的基本原則、宗旨等具有決定性作用。同時，新中國對外貿易制度的演進對社會主義建設目標的實現，對堅定中國特色社會主義道路自信，對中國特色社會主義根本制度、基本制度和其他方面體制機制的確立和自我完善，具有重要作用。

　　綜合而論，新中國對外貿易制度變遷與社會主義制度確立和自我完善之間的密切聯繫，集中體現在社會主義本質、中國特色社會主義道路、中國特色社會主義制度體系與新中國對外貿易制度演進的相互關係之中。

一、社會主義本質、中國特色社會主義道路與新中國對外貿易制度演進

任何國家的對外貿易制度建設，都是以發展對外貿易為直接目標的，而對外貿易的發展，則是以促進社會經濟發展目標的實現為宗旨的。在社會主義國家，社會主義的本質決定了發展對外貿易的宗旨和基本原則，進而決定了對外貿易制度建設的宗旨和基本原則。因此，在一般意義上，依據社會主義的本質，社會主義國家的對外貿易制度建設必須以堅持社會主義方向為基準，以促進生產力發展、推動共同富裕目標達成為宗旨，這是社會主義國家對外貿易制度變遷的共性所在，也是新中國對外貿易制度變遷的基本特徵。

但是，由於客觀條件和思想認識的差異，不同的社會主義國家和同一社會主義國家在不同歷史階段的建設目標會有差異，因此實現目標的路徑選擇會有不同。與之相對應，其對外貿易制度建設的具體原則、目標和路徑選擇也會有差異。

就新中國近 70 年的社會主義實踐探索來看，在新中國成立初期，中國選擇了社會主義革命道路。圍繞確立社會主義制度的中心任務，當時的對外貿易制度建設目標是建立獨立統一的社會主義對外貿易制度，促進國民經濟恢復，捍衛新中國的政治經濟獨立。進入社會主義建設時期後，基於當時的國際環境和中國社會主要矛盾的變化等因素，中國在探索自己的社會主義建設道路的曲折過程中以局部調整的方式進行了對外貿易制度建設，並堅持在平等互利、自力更生的基礎上發展對外貿易的原則，同時以服務生產發展、推動工業體系建設為主要目標。在對外貿易制度建設等因素的推動下，這段時期的對外貿易得到了一定程度的發展，對外貿易制度建設和對外貿易發展在中國社會經濟發展中的促進作用得到了體現，社會主義制度的優越性，堅持中國共產黨的領導、堅持社會主義道路的重要性，也得到了體現。

改革開放後，中國開啓了探索中國自己的社會主義建設道路的新徵程，找到了中國特色社會主義道路。中國特色社會主義道路，堅持以經濟建設為中心，堅持四項基本原則，堅持改革開放，堅持不斷解放和發展社會生產力，

第二章　新中國對外貿易制度變遷與社會主義制度的確立和自我完善

逐步實現全體人民共同富裕，促進人的全面發展。中國特色社會主義道路，體現了社會主義的本質，也體現了社會主義的中國特色。

社會主義的本質，是社會主義一切特徵在最高層次的抽象，是普遍的原則，在不同的社會主義國家，在同一社會主義國家的不同發展階段，都具有適用性。在社會主義本質的基礎上所派生的特徵，逐層體現為根本制度、基本制度、運行體制、實現形式、運作和管理方法等方面的特徵。在不同的社會主義國家，在同一社會主義國家的不同發展階段，這些派生的特徵具有差異性，這些差異性使社會主義在不同國家或同一國家的不同發展階段表現出不同的特色。社會主義特徵的層次性、共性與個性，體現了生產關係與生產力、上層建築與經濟基礎的關係在不同的社會主義國家，在社會主義國家的不同發展階段的具體狀況。

就中國特色社會主義的特徵來講，解放和發展生產力的根本目標是逐步實現全體人民共同富裕，促進人的全面發展，實現這個目標的途徑是中國特色社會主義道路，根本政治保障是中國共產黨的領導。習近平指出，「中國特色社會主義道路是實現社會主義現代化、創造人民美好生活的必由之路」「中國特色社會主義最本質的特徵是中國共產黨領導，中國特色社會主義制度的最大優勢是中國共產黨領導」。基於中國特色社會主義的內在要求，中國一切社會經濟活動的開展都必須堅持中國共產黨的領導，堅持中國特色社會主義道路，以服務生產力的發展和實現全體人民共同富裕、促進人的全面發展為宗旨，中國推進對外貿易制度建設、發展對外貿易也必須堅持這樣的原則，服務於這個宗旨。這樣的原則、這樣的宗旨，體現了中國改革創新對外貿易制度、發展對外貿易的政治保障、基本路徑和根本目標，決定了確定中國對外貿易總體戰略、管理體制、經營模式、利益分配模式的根基和出發點。其中，對外貿易總體戰略是服從於中國特色社會主義本質特徵，為實現中國對外貿易根本目標而做出的戰略規劃。這種規劃隨中國社會經濟發展總體規劃的動態變化而變化。在統籌推進「五位一體」總體佈局、協調推進「四個全面」戰略佈局的時代背景下，中國對外貿易的總體戰略必須體現「五位一體」總體佈局和「四個全面」戰略佈局的要求，融合經濟建設、政治建設、文化

建設、社會建設、生態文明建設協調發展，以及全面建成小康社會、全面深化改革、全面依法治國、全面從嚴治黨協調推進的精神實質。同時，中國對外貿易管理體制、經營模式、利益分配模式的改革創新，必須體現對外貿易總體戰略動態變化的要求。這樣，通過對外貿易制度建設的整體性推進，可以推動對外貿易發展，並為改革開放和社會主義現代化建設邁上新臺階，實現全體人民共同富裕，促進人的全面發展創造有利條件。

從實踐情況來看，在開闢中國特色社會主義道路的過程中，中國根據國內和國際形勢的發展變化，根據中國社會基本矛盾的變化和對外貿易發展情況的變化，在堅持四項基本原則的前提下，在堅持獨立自主、平等互利原則的同時，不斷創新發展理念，適時調整了對外貿易總體戰略和貨物貿易及服務貿易戰略，持續深化了對外貿易體制改革，加強了對外貿易法律制度建設，完善了有利於合作共贏並同國際貿易投資規則相適應的體制機制，加速了貿易自由化便利化進程，實現了對外貿易的規模突破和結構優化，確立了貿易大國地位，奠定了邁向貿易強國的基礎，取得了對外貿易促進社會經濟發展的良好效應，彰顯了中國特色社會主義的道路自信。

二、中國特色社會主義制度體系與新中國對外貿易制度演進

中國特色社會主義制度體系，由中國特色社會主義的根本制度、基本制度、法律體系和具體制度層面的體制機制構成。這個制度體系在確立社會主義基本制度的基礎上，經歷漫長的建設過程逐步形成、不斷完善。在這個過程中，新中國對外貿易制度的演進和創新發展構成了中國特色社會主義制度體系演進發展的重要部分，中國特色社會主義的根本制度、基本制度、法律體系和具體制度層面的體制機制與新中國對外貿易制度演進的緊密聯繫日益顯現。

首先，從中國特色社會主義根本政治制度和基本政治制度對對外貿易制度演進的決定作用來看，其核心在於人民當家做主。新中國的成立標誌著中

第二章　新中國對外貿易制度變遷與社會主義制度的確立和自我完善

國開闢了人民當家做主的歷史新紀元。[①] 隨著人民代表大會制度的確立和不斷完善，隨著社會主義民主政治建設的不斷加強，人民當家做主這一當代中國社會主義民主政治的本質特徵日益鮮明。人民當家做主，要求國家制定、實施的法律法規和方針政策必須體現人民意志，尊重人民意願，得到人民擁護，維護最廣大人民根本利益，國家各方面的事業和工作，必須堅持以人民為中心的發展思想，以實現全體人民共同富裕、促進人的全面發展為宗旨。人民當家做主的實質內涵表明，中國特色的社會主義根本政治制度和基本政治制度自確立之日起，就決定了新中國對外貿易制度建設的原則和宗旨，這是中國特色社會主義本質特徵在制度層面的重要體現。在新的時代背景下，推動對外貿易制度建設和對外貿易發展必須貫徹堅持黨的領導、人民當家做主、依法治國有機統一的精神實質，以滿足人民日益增長的美好生活需要，促進人的全面發展為主旨。正是基於這樣的原則和主旨，中國在建設對外貿易制度和發展對外貿易的過程中日益注重人民的意願和需要，在發展理念不斷創新的情況下，中國明確提出要堅持共享發展，強調共享是中國特色社會主義的本質要求，是開展對外貿易工作的出發點和落腳點。隨著新的發展理念的落實，中國圍繞加強進口等方面推進了對外貿易戰略調整和政策措施建設，強化了對外貿易服務民生的功能，對提高人民群眾在對外貿易發展中的獲得感發揮了重要作用。

其次，從中國特色社會主義基本經濟制度的形成、發展對對外貿易制度演進的作用來看，高度集中的計劃經濟制度決定了改革開放前對外貿易制度的所有制特徵和對外貿易的社會經濟基礎。改革開放以來，隨著社會主義基本經濟制度的確立和完善，中國的對外貿易制度發生了顯著變化，不同所有制貿易主體的共同發展，極大地激發了對外貿易的活力。對外貿易制度的轉型、完善及對外貿易的發展，顯示了中國特色社會主義基本經濟制度的優越性。

[①] 沈春耀. 加強人民當家做主制度保障 [M] //本書編寫組. 黨的十九大報告輔導讀本. 北京：人民出版社，2017：265.

再次，從中國特色社會主義法律體系來看，它對對外貿易制度建設的決定作用主要體現在對外貿易法律制度建設中。一方面，中國特色社會主義法律體系以《憲法》為統帥，以法律為主幹，以行政法規、地方性法規為重要組成部分的框架結構確定了中國對外貿易法律體系的基本結構。經過近 70 年的建設，中國構建了以《憲法》為基礎，以《中華人民共和國對外貿易法》（以下簡稱《對外貿易法》）為中心，包括行政法規、部門規章在內的對外貿易法律體系。另一方面，中國特色社會主義法律體系的重要性，決定了構建、完善對外貿易法律法規體系的重大意義，尤其是在國家日益強調營造法治化、國際化、便利化營商環境的背景下，堅持依法行政，堅持對外貿易工作法治化，完善符合中國國情和國際慣例的對外貿易法律法規體系的意義更加突出。因此，在修訂完善《對外貿易法》的基礎上，中國圍繞加強各部門制定、實施涉及對外貿易領域政策措施的協調性，健全和完善貨物進出口、服務貿易、出口管制、貿易調查、貿易救濟、貿易促進以及與對外貿易有關的投資合作、知識產權保護、信用管理等領域的法律法規，推進了對外貿易法律制度建設，加強了各項對外經濟貿易立法之間的銜接。對外貿易法律制度建設的持續推進，充實了中國特色社會主義法律體系的內容，加強了中國發展對外貿易的法制保障。

最後，從中國特色社會主義具體制度層面講，它對中國對外貿易制度演進的決定作用由裡及表地體現為中國特色的體制、機制，尤其是經濟體制對中國對外貿易管理體制、經營模式和利益分配模式的影響。其中，經濟體制的基本模式是決定對外貿易體制總體架構的基本因素，對外貿易體制是經濟體制的組成部分。從根本制度、基本制度和具體制度的相互聯繫來看，無論是中國對外貿易的組織形式、機構設置、管理權限，還是經營分工、利益分配，都與中國特色社會主義制度體系直接相關，根本制度和基本制度是中國對外貿易體制的制度基礎，而對外貿易體制則是根本制度、基本制度在對外貿易管理方面的具體體現。因此，隨著中國特色社會主義制度體系不斷完善，具體制度層面的各項體制機制將更加符合生產力發展的要求，中國對外貿易體制也會更加完善，中國特色社會主義制度體系對對外貿易制度建設和對外

第二章　新中國對外貿易制度變遷與社會主義制度的確立和自我完善

貿易發展的促進作用將更加充分地顯現。同時，對外貿易體制機制的發展完善在促進對外貿易發展和中國特色社會主義制度體系發展完善方面的作用，將更加突出。

可見，中國對外貿易制度的演進決定於中國特色社會主義制度體系的發展，同時也影響著中國特色社會主義制度體系的完善。二者之間的這種關係，源自對外貿易制度是中國特色社會主義制度體系的組成部分，也決定於對外貿易制度對發展對外貿易的作用。基於這樣的關係，對外貿易的發展對完善和發展中國特色社會主義制度體系產生了重要影響。在傳遞路徑上，這種影響主要體現在兩個方面。一方面，對外貿易是引進國外先進制度的重要途徑，同時又受到貿易制度國際協調的約束，這會直接推動中國對外貿易制度及其他相關制度的改革和創新，進而推動中國特色社會主義制度體系的完善和發展。在世界貿易組織框架下，中國針對世界貿易組織規則要求進行的適用性改革，是中國對外貿易制度改革，進而是中國經濟體制改革的重要內容。另一方面，基於競爭和發展的需要，微觀交易主體會對其內部制度進行積極主動的改革，從而促進微觀層面管理制度和營運模式的創新，這種創新是完善和發展對外貿易制度，進而是完善和發展中國特色社會主義制度體系的重要基礎。同時，對外貿易交易主體的利益訴求會直接影響政府對對外貿易制度及其他相關制度的改革，直接影響政府在貿易制度國際協調中的談判立場和主張，這些影響會通過對體制機制的影響直接作用於中國特色社會主義制度體系的完善和發展。此外，在較為間接的層面，對外貿易會通過影響經濟發展、國內環境和國際關係，為中國特色社會主義制度體系的完善和發展創造有利條件。因為，中國發展對外貿易的根本目的是促進生產力的發展和共同富裕目標的實現。在新的時代背景下，對外貿易的總體發展戰略服務於「五位一體」總體佈局和「四個全面」戰略佈局，因此，中國對外貿易的發展不僅可以促進經濟發展，而且可以從經濟建設、政治建設、文化建設、社會建設、生態文明建設等方面促進社會經濟的協調發展。這既為中國特色社會主義制度體系的完善發展、「四個全面」戰略佈局的實施奠定了物質基礎，也為其創造了有利的國內環境。再者，由於對外貿易是中國對外經濟關係的重要

內容，對外經濟關係與政治外交密切相關，中國在對外貿易中一貫堅持平等互利的原則，在擴大市場開放方面兼重對最不發達國家的開放程度，在發展國際關係中強調合作共贏。中共十八大召開以來，中國反覆強調始終不渝奉行互利共贏的開放戰略，致力於建設開放型世界經濟，主張構建人類命運共同體。通過在對外經濟關係和政治外交中弘揚平等互信、包容互鑒、合作共贏的精神，中國在建立共贏共享的經濟貿易關係，促進對外經濟和政治外交各領域關係良性互動，在爭取和平國際環境中發展自己，又以自身發展推動世界和平發展方面取得了重大成果，為中國特色社會主義制度體系的完善和中國社會經濟的發展創造了條件。

正是由於中國特色社會主義制度體系的完善發展與對外貿易制度演進之間千絲萬縷的聯繫，由於對外貿易制度演進與對外貿易發展的密切關係，由於對外貿易發展與對外經濟關係和政治外交關係緊密相連，中國對外貿易制度的發展完善在推動中國對外貿易、社會經濟發展中，在推動對外經濟關係和政治外交關係良性互動方面，在促進中國特色社會主義制度體系發展完善方面，發揮了重要作用，進而彰顯了中國特色社會主義的制度自信，展示了中國的大國擔當。

第三節　新中國對外貿易制度變遷與社會主義經濟制度演進的基本關係

新中國對外貿易制度變遷與中國特色社會主義制度體系發展完善的關係，具體到社會主義經濟制度層面，主要體現在中國特色社會主義經濟制度的形成、發展與新中國對外貿易制度演進的關係中。

第二章　新中國對外貿易制度變遷與社會主義制度的確立和自我完善

一、中國特色社會主義經濟制度的形成與發展

中國特色社會主義經濟制度，經歷了建立高度集中計劃經濟制度到探索、建立、完善社會主義市場經濟制度的發展過程。根據社會主義制度確立與自我完善歷程的階段劃分，這個過程相應地分為改革開放前和改革開放後兩個歷史時期。從計劃和市場在中國社會主義建設中的資源配置作用的變化情況來看，這樣的劃分和市場配置資源的作用從無到有進而不斷加強的歷程完全契合。在這個歷程中，與市場從輔助性作用到基礎性作用的地位轉變相伴隨，中國的經濟制度實現了從計劃經濟制度到有計劃商品經濟制度再到社會主義市場經濟制度的轉變。隨著市場基礎性作用的不斷加強，中國的社會主義市場經濟制度不斷完善。在中共十八屆三中全會明確要使市場在資源配置起決定性作用後，中國特色社會主義市場經濟制度的內涵有了新的拓展。依據市場地位的這種轉變，中國特色社會主義經濟制度形成、發展的歷程可以分為五個階段。

（一）高度集中計劃經濟制度的建立和調整時期（1949—1978年）

社會主義經濟制度是以公有制為基礎的經濟制度，它的建立必須以無產階級上升為統治階級為政治前提。在中國，這個政治前提的形成以新中國的成立為標誌。

新中國成立後，中國通過沒收官僚資本，和平贖買民族資本，改造個體私有制，建立了社會主義全民所有制和集體所有制，確定了實行全國財政經濟統一管理的方針，建立了以計劃為資源配置方式的社會主義經濟體制。在這個過程中，中國對「蘇聯模式」的所有制結構和經濟體制進行了探討。1956年，陳雲在中共八大發言中針對社會主義經濟體制問題提出了「三個主體，三個補充」重要意見，指出既要以國家經營、集體經營為主體，又要有一定數量的個體經營作補充；既要以計劃生產為主體，又要有自由生產作補充；既要以國家市場為主體，又要有自由市場作補充。此後，中國的自由市場、個體工商戶經營活動明顯活躍起來。1956年12月，人民日報發表社論《怎樣對待手工業個體戶》，肯定了手工業個體工商戶的發展在滿足人民需要、

65

擴大就業等方面的積極作用，毛澤東、劉少奇也明確肯定了「資本主義」作為社會主義經濟補充的意義。1957年4月，周恩來指出，主流是社會主義，小的給些自由，這樣可以幫助社會主義發展。基於這些認識，中國在改進經濟體制方面做了一些探索。1957年11月，中國頒布實施了改進工業、商業和財政方面的管理體制的有關規定。

1958年，中國提出了「大躍進」口號，開展了以實行大集體所有制為主要內容的「人民公社化」運動，在人民公社範圍內實行平均主義，對物資實行無償調撥，在分配方面實行供給制。在多方面因素的影響下，中國在1959—1962年陷入了「三年困難時期」。其間，中國從1961年開始實行了「調整、鞏固、充實、提高」八字方針，之後提出了按「農、輕、重」排序的建設方針，但同時又提出階級鬥爭要「年年講，月月講，天天講」。此後，「四清」等運動接踵而至。1966年開始，中國陷入了災難性的「文化大革命」。1975年，中國開展了較全面的整頓工作，但隨即又掀起了「反擊右傾翻案風」和「批鄧」運動。「文化大革命」結束後，中國開始進入糾正冤假錯案、撥亂反正時期。

客觀評價，「一五」時期形成的高度集中的計劃經濟體制有重要的積極作用，以毛澤東為主要代表的中央領導集體對「蘇聯模式」的反思，對社會主義所有制結構和商品貨幣關係的探索具有重要意義。但是，由於客觀條件的限制，加上認識上的偏差和一個接一個的錯誤運動，理論和實踐的發展都受到了極大影響。在整個計劃經濟時期，「一大二公」的所有制，平均主義的分配形式，指令性計劃和行政手段主導的資源配置，政企職責不分、條塊分割的行政管理，高度集中的經濟決策，所有這些都在一定程度上偏離了公有制和按勞分配的特質，從而使經濟體制陷入了不適應社會生產力發展要求的僵化模式，造成了企業缺乏自主權，職工吃企業「大鍋飯」、企業吃國家「大鍋飯」的局面，嚴重壓抑了企業和廣大職工群眾的積極性、主動性和創造性，使本來應該生機盎然的社會主義經濟在很大程度上失去了活力。

（二）有計劃商品經濟制度的探索和建設時期（1979—1992年）

在總結正反兩方面經驗和教訓的基礎上，中國各界對計劃經濟和商品經

第二章　新中國對外貿易制度變遷與社會主義制度的確立和自我完善

濟的認識發生了重大變化。中共十一屆三中全會做出了「把工作重點轉到經濟建設上、實行經濟體制改革」的決定，明確了「按經濟規律辦事，重視價值規律作用」的意義。

在改革初期，中國以計劃經濟體制最薄弱的環節——農村經濟體制的改革為起點，邁出了「摸著石頭過河」的步伐。在不斷的爭論中，農村家庭聯產承包責任制迅速發展，商品經濟和市場經濟的作用也初露端倪。在完成指導思想上的撥亂反正、實現歷史性轉折的基礎上，1982 年，中共十二大提出了系統地進行經濟體制改革的任務，指出要以計劃經濟為主，市場調節為輔，要「發揮市場在資源配置中的輔助性作用」。1983 年，中共中央一號文件《當前農村經濟政策的若干問題》充分肯定了家庭聯產承包責任制。1984 年，中共十二屆三中全會明確提出社會主義經濟是公有制基礎上的有計劃的商品經濟，必須自覺依據和運用價值規律，建立具有中國特色的、充滿生機和活力的社會主義經濟體制。同時，在反思把全民所有制同國家機構直接經營企業混為一談的基礎上，《中共中央關於經濟體制改革的決定》指出，必須要確立國家和全民所有制企業之間的正確關係，擴大企業自主權，使企業真正成為相對獨立的經濟實體，成為自主經營、自負盈虧的社會主義商品生產者和經營者。隨後，中國經濟體制改革的重點由農村轉向城市。圍繞有計劃商品經濟的基本框架，經濟體制改革的探索主要從計劃體制和價格體制改革方面展開，增強企業活力，特別是增強全民所有制大中型企業活力是其中心環節。

伴隨著從農村改革到城市改革、從經濟體制改革到各方面體制改革、從對內搞活到對外開放的進程，中國邁出了恢復關貿總協定締約國地位的堅實步伐，逐漸明確了建立社會主義有計劃商品經濟體制的目標。中共十三大提出，社會主義有計劃商品經濟的體制應該是計劃與市場內在統一的體制。中共十三屆四中全會後，中國提出要建立適應有計劃商品經濟發展的計劃經濟與市場調節相結合的經濟體制和運行機制。

在不斷推進有計劃商品經濟制度建設的過程中，計劃和市場的關係逐漸變化，市場的作用逐漸加強，改革的市場化取向逐漸明朗。1992 年，鄧小平在南方談話中指出，計劃多一點還是市場多一點，這不是社會主義與資本主

義的本質區別，計劃經濟不等於社會主義，資本主義也有計劃，市場經濟不等於資本主義，社會主義也有市場。鄧小平關於社會主義也可以實行市場經濟的思想，為中國提出以公有制為主體、多種所有制經濟共同發展的基本經濟制度和社會主義市場經濟體制改革目標奠定了基礎。在中共十四大報告中，中國正式確立了在堅持公有制和按勞分配為主體、其他經濟成分和分配方式為補充的基礎上建立和完善社會主義市場經濟體制的改革目標。

（三）建立社會主義市場經濟制度的改革時期（1993—2001年）

1993年，中共十四屆三中全會通過《中共中央關於建立社會主義市場經濟體制若干問題的決定》，指出社會主義市場經濟體制是同社會主義基本制度結合在一起的；建立社會主義市場經濟體制，就是要使市場在國家宏觀調控下對資源配置起基礎性作用，為了實現這個目標，就必須堅持以公有制為主體、多種經濟成分共同發展的方針，進一步轉換國有企業經營機制，建立現代企業制度，轉變政府管理經濟的職能，建立以間接手段為主的完善的宏觀調控體系，建立以按勞分配為主體，效率優先、兼顧公平的收入分配制度。中共十四屆三中全會的這些決定，表明中國特色的社會主義基本經濟制度已具雛形。1997年，中共十五大在總結社會主義市場經濟體制建設經驗的基礎上，明確指出，公有制為主體、多種所有制經濟共同發展，是中國社會主義初級階段的一項基本經濟制度，同時指出這一制度的確立是由社會主義性質和初級階段國情決定的：第一，中國是社會主義國家，必須堅持公有製作為社會主義經濟制度的基礎；第二，中國處在社會主義初級階段，需要在公有制為主體的條件下發展多種所有制經濟；第三，一切符合「三個有利於」的所有制形式都可以而且應該用來為社會主義服務。在這個基礎上，中共十五大報告指出，十一屆三中全會後中國逐步消除了所有制結構不合理對生產力的羈絆，強調要繼續調整和完善所有制結構，要全面認識公有制經濟的含義，指出公有制經濟不僅包括國有經濟和集體經濟，還包括混合所有制經濟中的國有成分和集體成分。公有制的主體地位，主要體現在公有資產在社會總資產中占優勢，國有經濟控制國民經濟命脈，對經濟發展起主導作用，強調建設有中國特色的社會主義經濟，就是在社會主義條件下發展市場經濟，不斷

第二章　新中國對外貿易制度變遷與社會主義制度的確立和自我完善

解放和發展生產力，這就要求堅持和完善基本經濟制度，堅持和完善社會主義市場經濟體制，積極推進經濟體制的根本轉變，使市場在國家宏觀調控下對資源配置起基礎性作用，堅持和完善按勞分配為主體的多種分配方式，允許一部分地區一部分人先富起來，帶動和幫助後富，逐步走向共同富裕。中共十五大報告的論述，明確了中國特色社會主義的所有制結構和分配制度，改變了把公有制的數量優勢作為衡量其主體地位唯一標準的認識，為將社會主義公有制和市場經濟有機結合奠定了思想基礎。

隨著思想認識的深化和復關及世界貿易組織成立後入世工作的推進，中國全面推動了各項改革。通過不懈的努力，中國創建了社會主義市場經濟體制，開創了全面開放新局面。2001年，中國正式加入世界貿易組織，這標誌著中國經濟進入了與國際經濟快速接軌的時期。

(四) 社會主義市場經濟制度不斷完善的歷史時期 (2002—2013年)

2002年，中共十六大正式做出社會主義市場經濟體制初步建立的結論，同時提出要建成完善的社會主義市場經濟體制，強調要堅持社會主義市場經濟的改革方向，在更大程度上發揮市場在資源配置中的基礎性作用，要堅持和完善基本經濟制度，深化分配制度改革，健全社會保障體系。2003年，中共十六屆三中全會通過《中共中央關於完善市場經濟體制若干問題的決定》，對公有制和非公有制之間的關係做了進一步闡釋，更加明確了完善社會主義市場經濟體制的目標、任務、原則和指導思想，強調要進一步鞏固和發展公有制經濟，積極推行公有制的多種有效實現形式，要適應經濟市場化不斷發展的趨勢，進一步增強公有制經濟的活力，大力發展混合所有制經濟，實現投資主體多元化，使股份制成為公有制的主要實現形式，強調個體、私營等非公有制經濟是促進中國社會生產力發展的重要力量，要大力發展和積極引導非公有制經濟，清理和修訂限制非公有制經濟發展的法律法規和政策，放寬市場准入，允許非公有資本進入法律法規未禁入的基礎設施、公用事業及其他行業和領域，使非公有制企業在投融資、稅收、土地使用和對外貿易等方面，與其他企業享受同等待遇，強調產權是所有制的核心和主要內容，要建立健全現代產權制度。這些論斷，進一步突破了關於非公有制經濟的思想

禁錮，表明社會主義所有制理論實現了重大發展，意味著全面推進完善社會主義市場經濟體制的各項工作具備了更加充分的思想條件。在理論和實踐發展的基礎上，中共十七大提出要創建社會主義市場經濟新體制，從制度上更好發揮市場在資源配置中的基礎性作用，中共十八大強調要在更大程度上、更廣範圍內發揮市場在資源配置中的基礎性作用。

2013年，中共十八屆三中全會在明確全面深化改革指導思想的同時，重新定位了市場的地位和作用，明確指出要緊緊圍繞使市場在資源配置中起決定性作用的經濟體制改革，強調經濟體制改革是全面深化改革的重點，核心問題是處理好政府和市場的關係，使市場在資源配置中起決定性作用和更好發揮政府作用。從此，中國進入了加快完善和發展社會主義市場經濟體制，加快完善和發展中國特色社會主義制度的改革開放新時期。

(五) 完善社會主義市場經濟制度的新時期 (2014年至今)

市場在資源配置中的決定性作用，是指市場在資源配置中處於主體地位，由市場機制決定社會生產各領域、各環節的資源分配、組合與利用。市場機制是市場經濟體系中價格、供求、競爭等各種要素之間的有機聯繫和相互作用及其對資源配置的作用機理，主要包括價格機制、供求機制、競爭機制。因此，市場在資源配置中的決定性作用具體表現為價格、供求、競爭等要素對資源配置的決定作用，通過市場決定價格、價格調節供求等作用機制的相互傳遞，資源的價格決定、投向、組合利用等，都主要依靠競爭和市場交換得以完成。市場決定資源配置的顯著特徵是：經濟運行機制具有突出的市場主導特點，經濟增長表現為以競爭為基礎，以需求為導向，以社會資本為主體的增長，經濟波動、經濟風險的防範和化解機制建立在市場決定的基礎上，市場主體在市場機制導向下平等使用資源，自主配置資源，公開公平公正參與市場競爭，受到法律的同等保護。

使市場在資源配置中起決定性作用，體現了市場化改革的全面深化，意味著中國特色社會主義市場經濟制度的內涵拓展。在市場起基礎性作用的時候，中國特色社會主義市場經濟制度被解釋為，同社會主義基本制度結合在一起的、市場在國家宏觀調控下對資源配置起基礎性作用的經濟體制。這個

第二章　新中國對外貿易制度變遷與社會主義制度的確立和自我完善

定義包含了中國特色社會主義市場經濟制度是社會主義條件下的市場經濟制度這一本質特徵，卻沒有充分顯示市場經濟應有的內涵。因為，市場決定資源配置是市場經濟的一般規律，市場經濟本質上就是市場決定資源配置的經濟[①]。因此，要科學詮釋中國特色社會主義市場經濟制度，就必須把握兩個基本原則：一是堅持社會主義基本制度，強調通過社會主義市場經濟制度體現和發揮中國特色社會主義制度的優越性；二是堅持市場經濟的一般規律，強調社會主義市場經濟制度對市場經濟優勢的充分體現。鑒於此，中國特色社會主義市場經濟制度可以表述為：與中國特色社會主義基本制度相結合的，市場在資源配置中起決定性作用的經濟制度。這樣的概念內涵，體現了市場經濟制度的共性特徵，也顯示了中國特色社會主義市場經濟制度的個性特點。

一方面，市場經濟是一種資源配置方式，市場主體的自主性、其營運活動的競爭性、趨利性，市場關係的平等性，市場環境的開放性，市場經濟規則的客觀性，是市場經濟的共性。作為市場經濟制度的體現，市場經濟體制主要由自由的企業制度、完善的市場體系、完備的市場法規、靈活有效的宏觀調控制度、完善的社會保障制度和國際化、開放性的運行機制組成，這些制度和機制，構成了現代市場經濟體制的一般框架，也是中國特色社會主義市場經濟制度具有的、體現市場經濟共性的基本特徵。

另一方面，市場經濟總是與國家的歷史條件和基本制度相結合的，這又使不同國家或同一國家在不同歷史階段的市場經濟具有不同的個性。因此，作為中國特色社會主義制度特徵的具體表現，中國特色的基本經濟制度，是中國特色社會主義制度的重要支柱，也是社會主義市場經濟體制的根基。建設社會主義市場經濟，是中國特色社會主義道路的重要內容。以此為基礎，中國特色社會主義市場經濟制度包含了三方面的個性特徵：首先，公有制為主體、多種所有制經濟共同發展，按勞分配為主體、多種分配方式並存，是中國特色社會主義市場經濟制度不變的所有制和分配制度特徵。其次，中國

[①] 習近平. 關於《中共中央關於全面深化改革若干重大問題的決定》的說明 [N]. 人民日報，2013-11-16 (1).

特色社會主義市場經濟條件下的宏觀調控具有自覺性。宏觀調控的宗旨是把社會主義基本經濟制度的優勢同市場經濟的優勢結合起來，充分發揮市場在資源配置中的決定性作用，同時更好發揮政府的作用，克服市場經濟的盲目性和自發性，兼顧局部利益與整體利益、眼前利益與長遠利益，促進生產力發展，促進共同富裕和人的全面發展。最後，在動態發展的層面，中國特色社會主義市場經濟制度具有自我完善的特徵，這體現了中國特色社會主義制度自我完善和發展的根本要求。在全面深化改革的背景下，完善中國特色社會主義市場經濟制度的關鍵是處理好政府和市場的關係，也就是處理好「在資源配置中市場起決定性作用還是政府起決定性作用這個問題」[1]，著力解決市場體系不完善、政府干預過多和監管不到位的問題，實現科學的宏觀調控，有效發揮政府在保持宏觀經濟穩定、加強和優化公共服務、保障公平競爭、加強市場監管、維護市場秩序、推動可持續發展、促進共同富裕、彌補市場失靈方面的作用。

中國特色社會主義市場經濟制度的內涵實質，體現了其完善發展的基本方向。中共十九大報告在重申「必須堅持和完善中國社會主義基本經濟制度和分配制度，毫不動搖鞏固和發展公有制經濟，毫不動搖鼓勵、支持、引導非公有制經濟發展，使市場在資源配置中起決定性作用，更好發揮政府作用」的基礎上，明確指出要加快完善社會主義市場經濟體制，強調經濟體制改革必須以完善產權制度和要素市場化配置為重點，實現產權有效激勵、要素自由流動、價格反應靈活、競爭公平有序、企業優勝劣汰；同時強調要完善各類國有資產管理體制，改革國有資本授權經營體制，深化國有企業改革，發展混合所有制經濟；要全面實施市場准入負面清單制度，支持民營企業發展，激發各類市場主體活力；要深化商事制度改革，打破行業壟斷，防止市場壟斷，加快要素價格市場化改革，放寬服務業准入限制，完善市場監管體制；要創新和完善宏觀調控，發揮國家發展規劃的戰略導向作用，健全財政、貨

---

[1] 習近平. 關於《中共中央關於全面深化改革若干重大問題的決定》的說明 [N]. 人民日報, 2013-11-16 (1).

幣、產業、區域等經濟政策協調機制；要完善促進消費的體制機制，要深化投融資體制、稅收制度和金融體制及利率和匯率市場化改革，加快建立現代財政制度，健全貨幣政策和宏觀審慎政策雙支柱調控框架，著力構建市場機制有效、微觀主體有活力、宏觀調控有度的經濟體制。

依據使市場在資源配置中發揮決定性作用和更好發揮政府作用的內在要求，結合實際情況的變化，中國不斷完善改革方案，並圍繞健全現代產權制度，積極發展混合所有制經濟，完善國有資產管理體制，推動國有企業改革，支持非公有制經濟健康發展，完善現代市場體系，創新和完善宏觀調控等領域，加快了全面深化改革的步伐，為市場在資源配置中發揮決定性作用和更好地發揮政府作用創造了有利條件，使相關體制機制弊端阻礙社會創造力和活力的狀況得到了明顯改善，使人民群眾的獲得感得到了明顯增強。

二、中國特色社會主義經濟制度演進與新中國對外貿易制度變遷

中國特色社會主義經濟制度形成發展的歷程，源於中國特色社會主義制度體系與新中國對外貿易制度變遷的內在關係，包含了新中國對外貿易制度建立、調整、轉型、發展完善。在這個歷程中，隨著計劃和市場在資源配置中的地位轉變，對外貿易的自由化趨勢逐漸顯現，對外貿易制度呈現出與社會主義經濟制度演進相一致的階段性特徵。在明確市場對資源配置起決定性作用的背景下，中國特色的社會主義市場經濟制度更加符合市場經濟的一般規律，中國對外貿易制度的自由化特徵更加鮮明，對外貿易制度建設在完善中國特色社會主義經濟制度中的作用更加突出。

（一）中國特色社會主義經濟制度形成、發展與新中國對外貿易制度的階段性特徵

在不同的歷史階段，由於經濟制度的特徵不同，對外貿易領域的所有制結構、資源配置方式、企業制度形式、政策類型等也不相同，對外貿易制度的特徵隨之而異。

改革開放前，與高度集中的計劃經濟制度相一致，中國的對外貿易制度

具有高度集中的特徵，其具體表現主要包括：單一公有制、計劃配置資源、國家壟斷經營、財政統負盈虧、關稅壁壘和非關稅壁壘並重的多重貿易保護。1949年9月，中國在《共同綱領》中明確規定，中國「實行對外貿易管制，並採用保護貿易政策」。1958年8月，中共中央明確指出：除對外貿易部所屬總公司和口岸分公司外，任何地方、任何機構不允許做進出口買賣。這些規定表明，這段時期中國的對外貿易制度具有突出的內向型經濟特徵。由於實行單一的計劃調控，對外貿易活動的所有環節，包括收購、出口、進口、調撥、外匯收支等都被納入指令性計劃管理，指令性計劃價格、國內外市場的分割、統負盈虧的財務管理體制，極大地約束了對外貿易的發展。

實行改革開放後，中國政府通過部分下放對外貿易經營權等舉措，推進了對外貿易體制改革試點。1984年9月，中國對外經濟貿易部在《關於外貿體制改革意見的報告》中提出了政企分開、對外貿易經營實行代理制等對外貿易體制改革原則，強調改革的重點是簡政放權。此後，中國圍繞「放權搞活」，實行指令性計劃、指導性計劃和市場調節相結合等內容，推進了對外貿易體制改革。從1988年開始，中國圍繞全面推行對外貿易承包經營責任制，建立自負盈虧機制等內容進一步推進了改革。通過一系列改革，中國的對外貿易制度逐步呈現出與有計劃商品經濟制度相一致的外向型經濟特徵。

1993年11月，中共十四屆三中全會明確了社會主義市場經濟體制的基本框架，同時提出要發展開放型經濟，這意味著中國的開放將由政策性開放轉向制度性開放，因此，中共十四屆三中全會強調要建立適應國際經濟通行規則的運行機制。此後，在中國特色社會主義基本經濟制度確立、完善的過程中，在市場配置資源的基礎地位逐步確立、加強的背景下，中國按照建立社會主義市場經濟體制的要求，加快了下放對外貿易經營權的步伐，擴大了自動登記試點，加強了市場的調節作用，推進了建立現代企業制度的相關工作，逐步降低了進口關稅，完善了出口退稅制度，初步建立了既符合社會主義市場經濟要求，又符合國際貿易通行規則的、具有開放性特徵的對外貿易制度體系。

進入2002年以後，中國根據完善社會主義市場經濟制度的要求和加入世

第二章　新中國對外貿易制度變遷與社會主義制度的確立和自我完善

界貿易組織的新形勢，調整和修訂了涉外經濟法律法規，全面放開了對外貿易經營權，大幅降低了關稅稅率，調整了關稅結構，減少了非關稅措施，推動了貿易便利化進程。這一系列改革體現了制度性開放和適應、遵守國際經貿規則、積極參與經濟全球化的要求，符合使非公有制企業在對外貿易等領域與其他企業享受同等待遇的精神實質，推動了中國對外貿易主體結構的變化。中國海關的統計數據顯示，2001年，國有企業、外商投資企業和其他貿易主體在中國出口中所占的比重分別是43%、50%和7%；2013年，國有企業、外商投資企業在中國出口中所占的比重分別下降到11.3%和47.3%，其他貿易主體的占比上升為41.4%。貿易主體結構的變化表明，中國對外貿易領域的所有制結構發生了重大變化，市場配置資源的基礎性作用得到了明顯加強，企業自主經營為特徵的對外貿易運行機制基本形成，中國的對外貿易制度已經具有較鮮明的符合中國特色社會主義市場經濟制度要求和多邊貿易體制規則要求的自由貿易制度特徵。這些變化，構成了中國特色社會主義市場經濟制度發展完善的重要組成部分，為開放型經濟水準的提高創造了重要條件。

在強調市場對資源配置起決定性作用和全面提高開放型經濟水準、推動形成全方位開放新格局的背景下，中國圍繞構建開放型經濟新體制推進了對外貿易制度建設。2013年9月，中國成立了中國（上海）自由貿易試驗區，這意味著中國在推進貿易投資自由化便利化方面邁出了新的步伐。2014年6月，國務院辦公廳發布了《關於進一步加強貿易政策合規工作的通知》，強調國務院各部門、地方各級人民政府及其部門制定的有關或影響貨物貿易、服務貿易以及與貿易有關的知識產權的規章、規範性文件和其他政策措施，應當符合《世界貿易組織協定》及其附件和後續協定、《中華人民共和國加入議定書》和《中國加入工作組報告書》[1]；11月，國務院辦公廳發布了《關於加強進口的若干意見》（以下簡稱《意見》）[2]，這表明中國的對外貿易戰略實

---

[1] 數據來源於 http://www.gov.cn/zhengce/content/2014-06/17/content_8887.htm。

[2] 數據來源於 http://www.gov.cn/zhengce/content/2014-11/06/content_9183.htm。

现了重大轉變。在明確實施積極的進口促進戰略的基礎上,《意見》圍繞加強進口部署了一系列舉措,強調要進一步優化進口環節管理,適時調整自動進口許可貨物種類,加快自動進口許可管理商品無紙化通關試點,不斷優化海關稅收徵管程序,進一步提高進口貿易便利化水準,加快推進全國海關通關一體化改革工作。2015年5月,中共中央、國務院中國政府發布了《關於構建開放型經濟新體制的若干意見》[1],圍繞統籌開放型經濟頂層設計,中國從建立市場配置資源新機制、形成經濟運行管理新模式等方面提出了構建開放型經濟新體制的總體要求,強調要促進國際國內要素有序自由流動、資源全球高效配置、國際國內市場深度融合,加快推進與開放型經濟相關的體制機制改革,建立公平開放、競爭有序的現代市場體系,要推進政府行為法治化、經濟行為市場化,建立健全企業履行主體責任、政府依法監管和社會廣泛參與的管理機制;9月,中國政府批准接受了世界貿易組織的《貿易便利化協定》,除單一窗口、確定和公布平均放行時間、出境加工貨物免稅復進口、海關合作等少量措施外,其餘方面沒有設定過渡期。[2] 2016年5月,中國政府全面啓動了構建開放型經濟新體制綜合試點試驗,力求在市場配置資源新機制、經濟運行管理新模式等方面形成一批可複製、可推廣的經驗。2017年5月,商務部、發展改革委、人民銀行、海關總署、質檢總局聯合發布了《關於進一步推進開放型經濟新體制綜合試點試驗的若干意見》[3],在肯定綜合試點試驗初見成效的基礎上,圍繞進一步加強頂層設計與基層探索相統籌,對支持試點地區探索擴大貿易投資便利化、推進放管服改革等事項做了進一步安排;10月,中共十九大報告明確提出要實行高水準的貿易和投資自由化便利化政策,全面實行准入前國民待遇加負面清單管理,要賦予自由貿易試驗區更大改革自主權,探索建立自由貿易港。根據中共十九大精神,中國推進了對外經濟貿易領域的改革創新。在深化自由貿易試驗區改革、探索建立自由貿易港方面,中國啓動了海南自由貿易試驗區建設,致力於建成高標準高

---

[1] 數據來源於 http://www.czcip.gov.cn/tzyq/yhzc/20180911022114185mqd.shtml。
[2] 數據來源於 http://www.mofcom.gov.cn/article/ae/ai/201702/20170202521961.shtml。
[3] 數據來源於 http://www.gov.cn/xinwen/2017-05/02/content_5190476.htm。

第二章　新中國對外貿易制度變遷與社會主義制度的確立和自我完善

質量自由貿易試驗區，為逐步探索、穩步推進海南自由貿易港建設，分步驟、分階段建立自由貿易港政策體系夯實基礎。

經過近六年的努力，中國的開放型經濟體制更加完善，貿易投資自由化便利化水準進一步提高，自由貿易制度特徵更加凸顯。與此同時，中國引領國際經貿規則制定的作用進一步擴大，中國遵規守信的大國形象和勇於作為的責任擔當更加顯現。尤其是在保護主義、單邊主義抬頭的形勢下，中國一再強調要在擴大開放中樹立正確義利觀，致力於推動經濟全球化朝著更加開放、包容、普惠、平衡、共贏的方向發展，這更加彰顯了社會主義中國的特色。

對中國的擔當和作為，國際社會給予了廣泛好評。2018年，世界貿易組織對中國貿易政策進行了第七次審議，對中國經貿政策走向和承諾履行情況，絕大多數成員做出了積極評價，中國對多邊貿易體制的貢獻，也得到了高度讚賞。

在制度建設等因素的推動下，中國的對外貿易保持了良好的發展勢頭。從進入2019年以來的情況看，減稅降費等一系列政策措施為企業穩信心、對外貿易穩增長提供了有力支撐。第一季度，中國的進口和出口都呈現出穩中提質的態勢，各經營主體也活力迸發，民營企業繼續保持了出口第一大經營主體地位，出口占比提高3.1個百分點，達到49.3%。[1]

（二）中國特色社會主義經濟制度與中國對外貿易自由化

什麼是貿易自由化？學者們對此有不同的回答。根據迪安（Judith M. Dean）等人的劃分，貿易自由化的定義有四類：第一類包括那些認為貿易自由化應使貿易體制更多地依賴於價格機制和減少反出口偏向的說法；第二類是指減少限制性貿易控制的政策行為；第三類強調以貿易制度的中立性作為貿易自由化的中心；第四類包含了貿易制度的中立性和自由化。[2] 從所涉領域看，各種貿易自由化定義的側重點有所不同，較為多見的是強調進口自由化，重點從進口關稅的下降去定義，有的兼指進口自由化和出口刺激減少。

很顯然，基於不同的研究目標，從不同的側重點定義貿易自由化是必要

---

[1] 數據來源於 http://sanfrancisco.mofcom.gov.cn/article/jmxw/201904/20190402855963.shtml。
[2] 黃靜波. 中國對外貿易政策改革 [M]. 廣州：廣東人民出版社，2003：27.

的，但從體現概念內涵實質來講，側重不同的領域有失偏頗，而且，在現實的貿易保護中，除了進口保護、出口刺激，還有出口限制，除了關稅壁壘，還有非關稅壁壘，除了貨物貿易保護，還有服務貿易保護，除了貿易保護，還有與貿易有關的投資保護，等等。因此，要針對貿易保護的具體領域、具體措施去定義貿易自由化，很難全面概括。從自由貿易和保護貿易的區別來講，其重點在於對貿易的行政干預狀況，與之相對應的表現是市場機制發揮作用的情況，也就是說，貿易自由化的實質是以市場機制代替有礙公平競爭的行政干預，作為動態的過程，它具有階段性特徵。

從中國的實際情況來看，貿易自由化是在改革開放後，隨著計劃和市場在資源配置中的作用演化起步並逐漸加強的動態過程。在這個過程中，由於計劃和市場的作用程度、作用方式不同，貿易自由化呈現出不同的階段性特徵，對外貿易制度也隨之呈現出不同的階段性特徵。

在改革開放初期，中國的貿易自由化進展十分緩慢，直到1984年，中國還基本維持著計劃控制的對外貿易制度體系。在中共十二屆三中全會明確提出社會主義經濟是公有制基礎上的有計劃商品經濟以後，特別是在中共十四大正式確立建立社會主義市場經濟體制的改革目標後，中國的貿易自由化趨勢才逐步加強。而且，在較長一段時期內，特別是在復關、入世的過程中，中國的貿易自由化具有被動推進的成分。入世之後，中國更加積極主動地推動了貿易自由化進程，貿易便利化也逐漸成為中國貿易改革的重點，在對外貿易發展「十二五」規劃中，提高對外貿易便利化水準位列發展對外貿易的八大保障措施之中。從貿易自由化所涉領域來看，早期以貨物貿易自由化為主，隨著改革開放的深化，服務貿易及與貿易有關的投資等領域的自由化變得越來越突出，貿易投資自由化便利化也逐漸成為高頻出現的關鍵詞。

經過不懈的努力，中國的貿易自由化水準得到了顯著提高。以貨物進口貿易自由化為例。在推進貿易自由化之前，中國通過保護性的關稅和非關稅措施限制貨物進口。推進貿易自由化以來，中國逐步降低了關稅水準，削減、規範了非關稅措施，特別是入世之後，中國在履行入世承諾的基礎上自主提高了貿易自由化水準。到「十一五」期間，中國的行政許可事項已經明顯減

第二章　新中國對外貿易制度變遷與社會主義制度的確立和自我完善

少，許可證、配額、國營貿易等管理手段也進一步完善，到 2018 年，中國實行進口許可證管理的貨物只有 2 種（中國商務部公告 2017 年第 96 號）。在關稅削減方面，2010 年，中國的關稅總水準已經從入世前的 15.3% 降到了 9.6%。此後，中國還多次自主調整關稅，到 2018 年，中國的關稅總水準降到了 7.5%[①]，這不僅超出了中國對世界貿易組織的承諾，也低於大多數發展中國家的關稅水準。

可見，中國的貿易自由化程度是隨著中國特色社會主義市場經濟制度的確立、完善而不斷提高的，這種演化趨勢符合市場經濟的共性特徵，也體現了中國特色社會主義市場經濟的個性特徵。

在一般意義上，市場經濟必然是自由化的經濟，經濟的自由化與經濟的市場化在程度上具有同向變動關係。因此，隨著市場配置資源的作用強化，尤其是在市場對資源配置起決定性作用的條件下，貿易的自由化程度必定提高。同時，自由的企業制度，市場主體自主經營、公開公平公正參與市場競爭，必然使中國的對外貿易制度呈現出自由貿易制度的特徵。另外，從中國特色社會主義的角度看，中國的市場經濟是社會主義條件下的市場經濟，符合社會主義的本質要求是其個性特徵，這就要求中國的對外貿易制度具有不同於一般自由貿易制度的特徵。因此，在市場經濟一般和市場經濟中國特色緊密結合的條件下，中國對外貿易制度的顯著特徵是中國特色社會主義自由貿易制度。

（三）中國特色社會主義自由貿易制度建設與中國特色社會主義經濟制度自我完善

基於自由貿易制度一般和自由貿易制度的中國特色，中國特色社會主義自由貿易制度建設具有雙重目標：一是服務於中國特色社會主義建設的根本任務，二是使對外貿易政策與國際經貿規則相符合。要實現這兩方面的建設目標，應正確處理政府和市場在調節對外貿易中的關係，做到既使市場在資源配置中起決定性作用，又更好發揮政府作用至關重要。因此，從雙重建設目標及其實現條件講，中國特色社會主義自由貿易制度建設對社會主義基本

[①] 數據來源於 http://www.gov.cn/guowuyuan/2018-09/30/content_5327246.htm。

經濟制度和市場機制的完善，對現代企業制度建設和政府職能轉變，都具有重要作用。

在完善社會主義基本經濟制度層面，中國特色社會主義自由貿易制度建設發揮作用的關鍵在於其服務於中國特色社會主義根本任務的建設目標。基於這個目標，中國特色社會主義自由貿易制度建設必須以堅持和完善社會主義基本經濟制度為前提，以推動對外貿易共享發展為宗旨，這意味著中國特色社會主義自由貿易制度建設必定堅持對外貿易大中小企業並重、多種所有制企業共同發展的原則，注重對各類貿易主體的法律保護，使之能夠公平參與市場競爭，同時也表明各類貿易主體必須通過不斷創新提升競爭能力。這種既富有推動力又充滿壓力的環境，有利於激發各類貿易主體的活力，優化貿易主體結構，促進對外貿易發展。這樣，對外貿易領域的所有制結構將更加完善，社會主義基本經濟制度建設的宗旨將得到更充分的體現。

在完善市場機制層面，中國特色社會主義自由貿易制度建設的作用既源自其內在的市場機制建設宗旨，又與貿易制度國際協調的要求密切相關，既體現了使貿易政策與國際經貿規則相符合的建設目標，更體現了在對外貿易領域充分發揮市場配置資源的決定性作用的基本要求。事實上，在開放型經濟條件下，市場決定資源配置原本就離不開國內市場和國際市場的作用，而對外貿易則是融合國際國內市場並利用國際市場進行資源配置的重要途徑。因此，隨著中國特色社會主義自由貿易制度的發展完善，借助對外貿易渠道，國際國內的價格體系、市場供求、競爭關係的聯繫會更加緊密，國際國內市場的共同作用，將推動市場機制不斷完善，使資源在國際國內市場充分流動，有效配置。

中國特色社會主義自由貿易制度建設在完善社會主義基本經濟制度和市場機制方面的促進作用，體現了制度建設和對外貿易發展的相互推動，這種彼此推動的作用機制，對建設現代企業制度和培育市場主體具有重要作用。一方面，中國特色社會主義自由貿易制度的發展是推動對外貿易發展的重要力量，同時也要求對外貿易企業加強自身制度建設，不斷提高應對各種風險的能力，這有利於促進對外貿易企業、特別是國有企業進一步融入市場經濟

第二章　新中國對外貿易制度變遷與社會主義制度的確立和自我完善

體系，改革經營機制，建立健全現代企業制度。隨著企業營運機制向著符合市場經濟要求的方向不斷發展，貿易企業將逐漸成為成熟的市場主體。另一方面，隨著對外貿易的發展變化，貿易企業對制度環境的要求不斷提高，這會促進對外貿易制度朝著符合實踐需要的方向創新，並為貿易企業加強內部制度建設、提高應變能力創造有利條件。

與市場機制的不斷完善相對應，政府的職能作用必定發生轉變。從中國特色社會主義自由貿易制度建設對促進政府職能轉變的作用來講，其形成原因既在於轉變政府職能是中國特色社會主義自由貿易制度建設的重要內容，同時也因為制度建設效應的傳遞。從中國特色社會主義自由貿易制度的發展歷程來看，這種作用路徑已經得到驗證。一直以來，轉變政府職能就是社會主義市場經濟改革和對外貿易制度建設的重要目標，中國特色社會主義自由貿易制度建設對各類貿易主體共同發展及市場機制和現代企業制度建設的作用，也都與政府職能轉變密切相關。從現實的情況來看，中國特色社會主義自由貿易制度建設對優化政府職能的意義主要包括：促進政府圍繞建立健全市場配置資源新機制，進一步強化維護良好貿易秩序、保障貿易主體自主性、調動貿易主體積極性、增強貿易主體活力的功能，引導對外貿易發展更好地服務於中國特色社會主義建設目標；促進政府圍繞參與、引領國際經貿規則制定，進一步加強參與國際經貿規則協調的機制建設，提升廣泛參與出口管制國際規則和管制清單等規則制定的地位，促進參與國際宏觀經濟政策協調的機制建設，在為對外貿易發展營造良好環境的同時，推動國際經濟治理體系改革。隨著政府在這些領域的職能轉變和作用優化，宏觀調控的科學性將有效提高，社會主義市場經濟制度的優勢將更充分地顯現。

從體制機制彼此聯動的層面講，除上述分析外，中國特色社會主義自由貿易制度建設對中國特色社會主義經濟制度自我完善的促進作用還可以從對外貿易政策與財稅、金融、產業、引進外資及對外投資等各方面政策的相互作用中體現出來，通過各領域體制機制彼此促進，中國特色社會主義自由貿易制度建設對社會主義制度體系的自我完善及中國經濟社會的持續發展和世界經濟發展，都具有重要意義。

本章參考文獻

鄧敏，顧磊，2016. 中國對外貿易概論［M］. 成都：西南財經大學出版社.

鄧敏，顧磊，2019. 中國對外貿易概論［M］. 英文版. 北京：清華大學出版社.

中共中央文獻編輯委員會，1993. 鄧小平文選：第三卷［M］. 北京：人民出版社.

郭大鈞，2018. 中國當代史［M］. 北京：學習出版社.

侯遠長，2013. 中國特色社會主義制度形成確立的歷史考察［J］. 中國浦東幹部學院學報（1）：27-33.

黃靜波，2003. 中國對外貿易政策改革［M］. 廣州：廣東人民出版社.

中共中央文獻研究室，1999. 毛澤東文集：第八卷［M］. 北京：人民出版社.

沈春耀，2017. 加強人民當家做主制度保障［M］//本書編寫組. 黨的十九大報告輔導讀本. 北京：人民出版社.

石廣生，2013. 中國對外經濟貿易改革和發展史［M］. 北京：人民出版社.

習近平，2018. 論堅持全面深化改革［M］. 北京：中央文獻出版社.

習近平，2013-11-16. 關於《中共中央關於全面深化改革若干重大問題的決定》的說明［N］. 人民日報（1）.

張豔娥，2017. 十八大以來中國特色社會主義制度完善發展的邏輯經驗［J］. 甘肅理論學刊（5）：5-10.

中共中央文獻研究室，1994. 建國以來重要文獻選編［G］. 北京：中央文獻出版社.

中共中央宣傳部，2014. 習近平總書記系列重要講話讀本［M］. 北京：

學習出版社、人民出版社.

中共中央宣傳部, 2015. 習近平新時代中國特色社會主義思想三十講[M]. 北京: 學習出版社.

佚名, 1997. 中國共產黨第十五次全國代表大會文件匯編［G］. 北京: 人民出版社.

中國對外貿易制度變遷

第三章
新中國對外貿易制度變遷與對外貿易思想演進

　　新中國的對外貿易思想經歷了堅持馬克思主義政治經濟學、否定西方國際貿易理論，到科學認識馬克思主義國際貿易理論、合理借鑑西方國際貿易理論的轉變。在這個過程中，中國在堅持馬克思主義、廣泛汲取西方經濟理論發展成果的基礎上，結合中國社會主義建設實踐和世界經濟發展情況，不斷探索社會主義的中國特色，逐漸形成了中國特色社會主義理論體系及其中蘊含的中國特色社會主義對外貿易思想，從理論上回答了中國「為誰」「為何」「如何」發展對外貿易這個根本問題，為對外貿易制度的創新發展奠定了理論基礎，提供了行動指南。

第一節　中國特色社會主義對外貿易思想的形成與發展

在從計劃經濟時代到改革開放不斷深化的歷程中，中國經歷了統制貿易、發展外向型經濟到推動對外貿易營運模式市場化、發展開放型經濟的實踐，逐步確立了全面提高開放型經濟水準、構建開放型經濟新體制、推動形成全面開放新格局論題，這標誌著中國對外貿易思想實現了從內向型經濟的對外貿易思想到開放型經濟條件下的科學發展思想的根本轉變。

一、計劃經濟制度建設時期內向型經濟思想的形成（1949—1978 年）

在計劃經濟制度建設時期，中國的對外貿易思想屬於內向型的經濟思想。這種思想認為，社會主義對外貿易是為了改進國民經濟的實物構成，通過調劑餘缺、互通有無彌補某些物資的不足，調節經濟的比例關係。在性質上，這是強調對外貿易實物交換功能的、具有封閉性特徵的經濟思想。在根源上，這種思想與對社會主義制度下商品生產及價值規律作用的認識密切相關。

在這段時期，黨和國家領導人在反思「斯大林模式」和中國社會主義建設實踐問題的過程中對社會主義條件下的商品貨幣關係做了極具價值的探索，經濟學界也對社會主義經濟與商品生產和商品交換的關係進行了重要探討。毛澤東曾經指出：「商品生產，要看它是同什麼經濟制度相聯繫，同資本主義制度相聯繫就是資本主義的商品生產，同社會主義制度相聯繫就是社會主義的商品生產。」毛澤東強調，要「利用商品生產、商品交換和價值法則，作為有用的工具，為社會主義服務」[①]。在學界，有學者提出應該「把計劃經濟與商品經濟統一起來」，認為「社會主義經濟是計劃商品經濟」[②]。但是，由於

---

① 中共中央文獻研究室. 毛澤東文集：第七卷 [M]. 北京：人民出版社，1999：228-435.
② 《經濟研究》《經濟學動態》編輯部. 建國以來政治經濟學重要問題爭論（1949—1980）[M]. 北京：中國經濟出版社，1981：132-146.

第三章 新中國對外貿易制度變遷與對外貿易思想演進

多方面因素的限制，當時各界未能就這些思想達成共識，把計劃經濟和商品經濟對立起來的觀念也沒有得到改變，非公有制經濟一直被當作需要割掉的「資本主義尾巴」，對外貿易則基本限於實物交換功能，被置於輔助地位，對其價值增值作用、對參與國際分工的意義均缺乏認識，對西方國際貿易理論則持否定態度。

從歷史因素和客觀環境來看，內向型對外貿易思想的形成具有必然性。在新中國成立前夕，黨和國家領導人曾經設想要構建平等的對外經濟貿易關係，1949年9月，《共同綱領》第五十七條明確規定，中華人民共和國可以在平等互利的基礎上恢復並發展與各國政府和人民的通商貿易關係。但是，由於自然經濟思想和中國對外貿易長期受到西方列強控制等歷史原因，加上新中國成立初期一些國家對中國實行全面的封鎖、禁運，以及受「兩個平行的國際市場」理論影響，中國實行了向社會主義陣營「一邊倒」的對外經貿戰略，中國的對外經貿活動被置於以資本主義國家為主的國際分工體系之外，主要局限於社會主義陣營內。1958年，中國提出了「自力更生為主，爭取外援為輔」的發展方針，但由於在實踐中過分強調自力更生，經濟運行在相當程度上表現出自給自足的特徵，特別是在「文化大革命」期間，自力更生思想被極度歪曲，出口和進口分別被冠以「賣國主義」「崇洋媚外」，技術引進被責為「爬行主義」「洋奴哲學」，利用外資則被斥為「向資本主義國家乞討」。

在各種因素的交織影響下，這段時期的中國對外貿易在形式上主要限於商品進口和出口，在營運模式上體現為國家統制，在指導思想上表現出一定的實用主義特徵，互通有無、調節國民經濟實物構成是這種思想的主要內容，集中體現這種思想的「調劑餘缺論」一度成為理論界的代表性觀點。但是，總體而論，在計劃經濟時代，中國的社會主義對外貿易從無到有並能得到發展，毛澤東思想發揮了十分重要的作用。

二、建設有計劃商品經濟制度時期中國特色社會主義對外貿易思想的萌芽（1979—1992年）

中國特色社會主義對外貿易思想是在發展外向型經濟的過程中，隨著中

國特色社會主義道路的開闢逐漸萌芽的。總體上講，這段時期中國的對外貿易思想屬於外向型的經濟思想。在本質上，外向型經濟是以出口導向為主，以擴大創匯為目的的政策性開放經濟。因此，發展外向型經濟體現了中國對外貿易思想的變化。從思想根源講，這種變化決定於對計劃經濟、商品經濟及市場經濟的認識轉變。

改革開放初期，中共第二代中央領導集體在繼承第一代中央領導集體關於建設社會主義先進思想的基礎上，通過對什麼是馬克思主義、如何堅持馬克思主義，什麼是社會主義、怎樣在經濟文化比較落後的中國建設社會主義等問題的理論探討，開始了馬克思主義中國化的新徵程。在對外經濟貿易領域，中國依據十一屆三中全會關於在自力更生基礎上積極發展同世界各國平等互利經濟合作關係的有關精神，大力開展了對外經濟與貿易活動，並在實踐中不斷總結經驗，將其昇華為思想認識。1981年11月，中共第五屆人大四次會議政府工作報告明確指出，實行對外開放、加強國際經濟技術交流是「堅定不移的方針」。1982年9月，鄧小平在中共十二大開幕詞中明確提出要建設有中國特色的社會主義；同年12月，對外開放政策被寫入中國憲法，正式確立為基本國策。以中國特色社會主義的提出、對外開放基本國策的確立為標誌，中國特色社會主義的對外貿易思想初露端倪。

隨著對中國特色社會主義條件下經濟社會發展模式的不斷探索，各界關於計劃經濟和商品經濟的認識發生了深刻變化。1984年10月，中共十二屆三中全會指出，要按照把馬克思主義基本原理同中國實際結合起來、建設有中國特色社會主義的總體要求，突破把計劃經濟同商品經濟對立起來的傳統觀念，充分認識社會主義計劃經濟自覺遵守和運用價值規律的客觀必然性，在公有制基礎上積極發展商品經濟。同時，中共十二屆三中全會強調，社會主義的根本任務是發展社會生產力，是否有利於發展社會生產力是檢驗一切改革得失、成敗的最主要標準。與「有計劃商品經濟」和「生產力標準」的逐步確立相伴隨，中國的對外貿易思想朝著既堅持自力更生又重視國際分工的方向發展。中共十二屆三中全會指出，要進一步貫徹執行對內搞活經濟、對外實行開放的方針，在獨立自主、自力更生、平等互利、互守信用的基礎上，

第三章 新中國對外貿易制度變遷與對外貿易思想演進

積極發展對外經濟合作和技術交流，充分利用國內和國外兩種資源，開拓國內和國外兩個市場，學會組織國內建設和發展對外經濟關係兩套本領。

從經濟學界的理論研究來看，學者們關於「比較成本論」和「國際分工論」是否可以作為對外貿易理論依據的研究很有時代特徵。在《國際分工與中國對外經濟關係》一文中，袁文祺、戴倫彰和王林生提出了國際分工的必然性和比較成本學說有合理內核的觀點，認為社會主義國家要正確看待國際分工。[1] 這篇文章破除了理論禁區。[2] 此外，季崇威[3]、陳琦偉[4]、汪堯田、葉松年[5]、朱興國、王紹熙[6]等也持這種觀點。根據汪堯田和葉松年（1981）的分析，利用比較成本論參加國際分工和國際貿易不是放棄自力更生的方針，而是為了使經濟得到迅速發展，進一步鞏固自力更生的基礎。與這些學者的觀點不同，高鴻業[7]、薛榮久[8]等認為「比較成本論」不能作為中國對外貿易的理論依據。薛榮久以《李嘉圖比較成本說不能指導中國對外貿易——與季崇威同志商榷》為題，明確提出比較成本說不能指導中國對外貿易。姚賢鎬[9]針對主張以國際分工作為中國對外經濟政策指導原則的主要理由展開分析，明確提出：如果按照比較成本所宣傳的那樣，按照國際分工行事，發展中國家的新興企業根本無法建立，如果把國際分工作為指導中國對外貿易的原則，只能使貿易條件「不利狀況延續下去」，勉強用古典理論來指導中國社會主義建設，「不免使人有緣木求魚之感」。

---

[1] 袁文祺，戴倫彰，王林生. 國際分工與中國對外經濟關係 [J]. 中國社會科學，1980（1）：3-20.
[2] 王子先. 中國對外開放與對外經貿30年 [M]. 北京：經濟管理出版社，2008：217.
[3] 陳琦偉. 比較利益論的科學內核 [J]. 世界經濟，1981（3）：10-18.
[4] 季崇威. 應用「比較成本論」指導中國對外貿易，在國際貿易中取得較好的經濟效果 [J]. 外貿教學與研究，1981（3）：1-3.
[5] 汪堯田，葉松年. 對資產階級古典國際貿易理論：比較成本說的評價 [J]. 國際貿易問題，1981（1）：22-27.
[6] 朱興國，王紹熙. 關於馬克思對李嘉圖「比較成本說」的評價問題 [J]. 國際貿易，1982（8）：21-26.
[7] 高鴻業. 比較成本說不應構成中國對外貿易發展戰略的理論基礎 [J]. 經濟研究參考資料，1982（44）：57-64.
[8] 薛榮久. 李嘉圖比較成本說不能指導中國對外貿易：與季崇威同志商榷 [J]. 經濟科學，1982（2）：68-72.
[9] 姚賢鎬. 國際分工與社會主義國家對外經濟關係 [J]. 經濟科學，1980（4）：52-56.

學者們觀點的截然不同，體現了研究氛圍的熱烈和中國借鑑應用西方國際貿易理論的曲折過程。而科學研究的甄別，則促進了認識的轉變。一些經濟學家認為，將「互通有無」「調劑餘缺」作為發展對外貿易的理論根據不符合中國對外開放、積極參加國際分工、大力發展對外貿易的要求。在論及對這個觀點的看法時，姚曾蔭[1]提出，對這個問題不能簡單地做出是與否的回答，互通有無、調劑餘缺的貿易是互補性的貿易，把這種互補性貿易與國際分工對立起來，認為主張互通有無和調劑餘缺違反國際分工原則，這完全是一種誤解。在論及社會主義國家進行對外貿易的利益和重要性時，姚曾蔭認為，社會主義國家可以通過國際分工和國內專業化生產提高勞動生產率，獲得更多的財富或使用價值，還可以通過對外經濟貿易加強與世界各國人民的友好合作，維護和鞏固世界和平。

　　正是理論研究、思想認識和實踐發展的相互促進，為中國特色社會主義事業的持續發展和社會主義理論不斷深化創造了條件。1987年，中共十三大在肯定改革和開放衝破了僵化的經濟體制、社會主義商品經濟以不可阻擋之勢蓬勃發展的基礎上，進一步強調在落後基礎上建設社會主義尤其要發展對外經濟技術交流和合作，進一步擴大對外開放的廣度和深度，著重發展外向型經濟。同時，中共十三大特別指出，出口創匯能力的大小在很大程度上決定了中國對外開放的程度和範圍，影響著中國經濟建設的規模和進程，必須根據國際市場的需要和中國的優勢，積極發展出口產業，爭取出口貿易較快地持續增長，積極發展旅遊業，發展勞務出口和技術出口，努力增加非貿易外匯收入。中共十三大的這些論述表明，中國關於根據市場需求、自身優勢發展對外貿易的重要性有了進一步認識，關於發展服務貿易的認識有了進一步發展，中國的對外貿易思想發生了重要變化。此外，中共十三大還系統闡述了社會主義初級階段理論，確立了社會主義初級階段的基本路線，強調必須從社會主義初級階段這個實際出發，在實踐中開闢有中國特色的社會主義道路。在此基礎上，中共十三大報告把開闢中國特色社會主義道路過程中提

---

[1] 姚曾蔭. 關於中國對外貿易幾個理論問題的探討 [N]. 人民日報，1987-07-13.

第三章　新中國對外貿易制度變遷與對外貿易思想演進

出的若干理論觀點概括為 12 條，這些觀點組成了中國特色社會主義理論的基本框架。

　　1989 年 6 月，中共十三屆四中全會形成了以江澤民為核心的第三代中央領導集體。在新一代領導集體的領導下，中國繼續探索中國特色的社會主義發展道路。1992 年春天，鄧小平對計劃與市場是姓「社」還是姓「資」這個羈絆中國改革的歷史性難題做出了新的詮釋。根據鄧小平關於「社會主義也可以搞市場經濟」的有關論述，江澤民進一步論述了社會主義市場經濟體制。隨後，中共十四大明確指出，鄧小平的精闢論斷「從根本上解除了把計劃經濟和市場經濟看作屬於社會基本制度範疇的思想束縛」，強調不要被一些姓「社」姓「資」的抽象爭論束縛了思想和手腳，中國經濟體制改革的目標，就是要建立社會主義市場經濟體制。至此，中國確定了改革的市場化方向，這意味著中國的對外貿易營運模式將沿著市場化路徑改革創新，中國的對外開放將形成新的格局。根據中共十四大的規劃，在中國必須努力完成的十個關係全局的主要任務中，對外開放的任務是形成多層次、多渠道、全方位的開放格局，更多更好地利用國外資金、資源、技術和管理經驗，積極開拓國際市場，促進對外貿易多元化，發展外向型經濟。

　　鄧小平建設有中國特色社會主義理論的確立，為中國社會經濟包括對外貿易的發展提供了理論指導。對外向型經濟的認識，體現了中國對比較優勢的重視和強調出口創匯及國際收支平衡的對外貿易思想。在不斷進步的理論指導下，發展外向型經濟的各項舉措成為有計劃商品經濟制度的有機組成部分，並在擴大出口、增加外匯收入等方面發揮了重要作用。實踐的發展，檢驗了改革開放和鄧小平建設有中國特色社會主義理論的科學性。

三、建立社會主義市場經濟制度時期中國特色社會主義對外貿易思想的初步形成（1993—2001年）

1993年11月，中共十四屆三中全會通過《中共中央關於建立社會主義市場經濟體制若干問題的決定》（以下簡稱《決定》），進一步闡述了中國特色社會主義市場經濟體制的架構和內容，強調建立社會主義市場經濟體制是建設有中國特色社會主義理論的重要組成部分。隨著社會主義市場經濟制度內涵與實質的進一步明確，中國關於對外經濟貿易的思想得到了創新性發展。在強調堅定不移地實行對外開放政策，加快對外開放步伐，積極參與國際競爭與國際經濟合作，充分利用國際國內兩個市場、兩種資源，優化資源配置，發揮中國經濟比較優勢的基礎上，《決定》明確提出要發展開放型經濟，同時強調要依照中國國情和國際經濟活動的一般準則，規範對外經濟活動，正確處理對外經濟關係，不斷提高國際競爭能力。這些論斷表明，中國的改革開放邁進了建立社會主義市場經濟制度、發展開放型經濟的新時期。

發展開放型經濟，體現了中國對外開放思想的深化及對西方國際貿易理論的借鑑與應用，意味著中國參與國際分工的深度和廣度的擴展，表明中國的對外貿易思想已經包含了自由貿易理念。隨著市場化改革的推進和開放型經濟的發展，隨著社會主義市場經濟理論和貿易自由化思想認識進一步深入，中國特色社會主義的對外貿易思想逐步形成。

1995年，時任外經貿部部長吳儀在亞美協會1995年會上宣布，中國將積極推進貿易自由化，建立一個有中國特色的、能夠與世界通行的貿易制度相接軌的自由貿易制度。[①] 1997年，中共十五大在總結鄧小平建設中國特色社會主義理論的基礎上，將其正式命名為「鄧小平理論」，並作為指導思想載入黨章。此外，中共十五大強調，對外開放是一項長期的基本國策，面對經濟、科技全球化趨勢，必須要以更加積極的姿態走向世界，完善全方位、多層次、寬領域的對外開放格局，努力提高對外開放水準，發展開放型經濟。

---

① 張曙光. 經濟市場化中的貿易自由化 [J]. 國際經濟評論，1996（6）：16-18.

隨著對社會主義制度和社會主義市場經濟認識的加深，在準確把握世情、國情、黨情的基礎上，以江澤民為核心的第三代領導集體豐富和發展了中國特色的社會主義理論和對外開放思想，明確提出了「三個代表」要求，並進一步發展、形成了「三個代表」重要思想科學體系，推動中國成功加入了世界貿易組織。

四、完善社會主義市場經濟制度時期中國特色社會主義對外貿易思想的發展（2002—2013年）

以加入世界貿易組織為標誌，中國的改革開放開始由單方面的自主開放，轉向與世界貿易組織成員之間的雙向開放，由被動接受規則，逐步轉向主動參與國際經貿規則的制定，由依靠雙邊機制協調經貿關係，轉向雙邊機制與多邊機制的結合運用。這一系列的轉變，意味著全方位、多層次、寬領域的制度性開放必定深入發展，同時也對理論發展提出了新的要求，創造了新的條件。

2002年，中共十六大闡明了貫徹「三個代表」重要思想的根本要求，並將「三個代表」重要思想同馬克思列寧主義、毛澤東思想、鄧小平理論一道確立為中國必須長期堅持的指導思想。同時，為了適應加入世界貿易組織和經濟全球化的新形勢，依據鄧小平理論和「三個代表」重要思想，結合社會主義市場經濟體制初步建立的實際情況，中共十六大將建成「完善的社會主義市場經濟體制和更具活力、更加開放的經濟體系」定位為全面建設小康社會的目標之一，並將對外開放提到了「以開放促改革促發展」的高度，指出要堅持「引進來」和「走出去」相結合，進一步擴大商品和服務貿易，全面提高對外開放水準。在此基礎上，中共十六屆三中全會通過的《中共中央關於完善市場經濟體制若干問題的決定》進一步明確了完善社會主義市場經濟體制的目標、任務、原則和指導思想，強調要深化涉外經濟體制改革。2004年，《對外貿易法》從法律層面進一步明確了擴大對外開放，保護對外貿易經營者合法權益，維護公平、自由的對外貿易秩序的原則。

在貫徹中共十六大精神、依法推動改革開放的過程中，以胡錦濤同志為總書記的中央領導集體根據中國和世界形勢的新特點，在繼承鄧小平理論、「三個代表」重要思想的基礎上，進一步發展了中國特色社會主義理論，用新的思想觀點回答了什麼是社會主義、怎樣建設社會主義這個基本問題，圍繞發展這個中心，對什麼是發展、為什麼發展、發展為了誰、發展依靠誰、發展成果由誰享有等重大問題進行了富有創造性的探索，開拓了馬克思主義中國化的新境界，形成和貫徹了科學發展觀，確立了發展中國特色社會主義這一新目標。這標誌著中國實現了從建設中國特色社會主義到發展中國特色社會主義的理念轉變，標誌著中國進入了注重科學發展的時代。

在深刻闡述科學發展觀的歷史地位、時代背景、科學內涵、精神實質和根本要求的基礎上，中共十七大把鄧小平理論、「三個代表」重要思想、科學發展觀等重大戰略思想，統一概括為中國特色社會主義理論體系，這標誌著中國特色社會主義理論體系的正式確立，標誌著以馬克思主義理論為基礎、蘊涵於中國特色社會主義理論體系的中國特色社會主義對外貿易思想的發展。

依據中國特色社會主義理論體系，中共十七大在強調發展中國特色社會主義的必由之路是改革開放、戰略思想是科學發展觀的基礎上，對促進國民經濟又好又快發展、實現全面建設小康社會奮鬥目標做了規劃，指出要加快轉變經濟發展方式、完善社會主義市場經濟體制，深化對社會主義市場經濟規律的認識。同時，中共十七大做出了開放型經濟已經進入新階段的明確判斷，強調要堅持對外開放的基本國策，拓展對外開放的廣度和深度，把「引進來」和「走出去」更好地結合起來，要提高開放型經濟水準，完善內外聯動、互利共贏、安全高效的開放型經濟體系，形成經濟全球化條件下參與國際經濟合作和競爭的新優勢；要加快轉變對外貿易增長方式，立足以質取勝，調整進出口結構，促進加工貿易轉型升級，大力發展服務貿易。

根據中共十七大對改革開放的部署，中國圍繞全面建設小康社會的目標推進了深化改革開放的各項工作，有效應對了國際金融危機和其他外部經濟風險的衝擊，保持了經濟平穩較快發展，大幅度提升了綜合國力。與此同時，中國社會經濟發展中也存在一些不平衡、不協調、不可持續的問題，其中包

括進出口平衡發展的問題、利用外資與對外投資的問題、開放模式與開放結構的問題。面對中國經濟社會發展的客觀現實和經濟全球化的新形勢，中共十八大提出「要加快完善社會主義市場經濟體制」，並在肯定「開放型經濟達到了新水準」的基礎上，依據中國特色社會主義理論體系，確立了「全面提高開放型經濟水準」論題，強調要加快轉變對外經濟發展方式。

為了全面提高開放型經濟水準，中共十八屆三中全會在強調以馬克思列寧主義、毛澤東思想、鄧小平理論、「三個代表」重要思想、科學發展觀為指導的基礎上，確立了構建開放型經濟新體制論題。全面提高開放型經濟水準、構建開放型經濟新體制論題的確立，體現了中國特色社會主義對外開放思想的發展，標誌著中國對外經濟貿易進入了依據市場決定資源配置創新營運模式、轉變發展方式的新階段。

五、完善社會主義市場經濟制度新時期中國特色社會主義對外貿易思想的創新（2014 年至今）

在新的歷史條件下，隨著使市場在資源配置中起決定性作用和更好發揮政府作用、推動形成全面開放新格局的各項改革逐步實施，中國特色社會主義對外貿易思想實現了創新發展。

回溯中共十八大召開以來中國特色社會主義建設的歷史進程，面對持續低迷的世界經濟，面對「三期疊加」以及發展不平衡不充分、不協調、不可持續問題突出的中國經濟，以習近平同志為核心的黨中央果斷做出中國經濟進入新常態的重大判斷，主動把握、積極適應經濟發展新常態，協調推進「四個全面」戰略佈局，提出並堅定不移地貫徹創新、協調、綠色、開放、共享發展理念，堅定不移推進供給側結構性改革，加快完善使市場在資源配置中起決定性作用和更好發揮政府作用的體制機制，加快構建開放型經濟新體制，實施推進京津冀協同發展、長江經濟帶發展等重大戰略，遵循共商共建共享原則推進「一帶一路」建設，圍繞形成立足周邊、輻射「一帶一路」、面向全球的高標準自由貿易區網絡加快實施自由貿易區戰略，堅持正確義利

觀，推動構建人類命運共同體。在這個過程中，中國在進一步強調對外貿易比較優勢的同時加大了提升競爭優勢的工作力度。2015年，國務院發布了《國務院關於加快培育外貿競爭新優勢的若干意見》，明確指出在國際環境和國內發展條件都發生重大變化的歷史背景下，保持對外貿易傳統優勢、加快培育競爭新優勢是事關中國發展全局的重大問題，同時從完善政策體系、加強組織實施等方面部署了實現加快培育對外貿易競爭新優勢目標任務的方案。① 這些重大決策、舉措和成就，引領和推動中國發生了一場深刻變革，有力地推動了中國發展加快，從速度規模型向質量效益型轉變，為中國發展培養了新動力，拓展了新空間。②

在改革開放和社會主義現代化建設取得全方位、開創性成就，實現深層次、根本性變革的過程中，以習近平同志為核心的黨中央不斷深化對共產黨執政規律、社會主義建設規律、人類社會發展規律的認識，形成了一系列治國理政的新思想，為中國在新的時代背景下深化改革開放、加快發展社會主義事業提供了科學理論指導和行動綱領。在總結理論探索取得的創新成果的基礎上，中共十九大提出了習近平新時代中國特色社會主義思想，並將其確立為必須長期堅持的指導思想寫進了黨章。

中共十九大黨章修正案指出：「十八大以來，以習近平同志為主要代表的中國共產黨人，順應時代發展，從理論和實踐結合上系統回答了新時代堅持和發展什麼樣的中國特色社會主義、怎樣堅持和發展中國特色社會主義這個重大時代課題，創立了習近平新時代中國特色社會主義思想。習近平新時代中國特色社會主義思想是對馬克思列寧主義、毛澤東思想、鄧小平理論、『三個代表』重要思想、科學發展觀的繼承和發展，是馬克思主義中國化最新成果，是黨和人民實踐經驗和集體智慧的結晶，是中國特色社會主義理論體系的重要組成部分，是全黨全國人民為實現中華民族偉大復興而奮鬥的行動指南，必須長期堅持並不斷發展。在習近平新時代中國特色社會主義思想指導

---

① 數據來源於 http：//www.gov.cn/zhengce/content/2015-05/12/content_9735.htm。
② 林兆木. 黨的十八大以來黨和國家事業發生歷史性變革［M］//本書編寫組. 黨的十九大報告輔導讀本. 北京：人民出版社，2017：112.

下，中國共產黨領導全國各族人民，統攬偉大鬥爭、偉大工程、偉大事業、偉大夢想，推動中國特色社會主義進入了新時代。」①

習近平新時代中國特色社會主義思想，系統回答了新時代要不要開放、要什麼樣的開放、如何更好推動開放等重大命題，明確了新時代的開放理念、開放戰略、開放目標、開放佈局、開放動力和開放方式，強調要主動參與和推動經濟全球化進程，發展更高層次的開放型經濟，極大地豐富了中國特色社會主義對外貿易思想，以新的發展理念回答了「為誰」「為何」「如何」發展對外貿易的問題，是中國在新的時代背景下推動對外貿易科學發展的指導思想。

中國特色社會主義對外貿易思想形成、發展的歷程表明，西方國際貿易理論為中國對外貿易思想和實踐的發展提供了理論借鑑，而馬克思列寧主義、毛澤東思想、鄧小平理論、「三個代表」重要思想、科學發展觀、習近平新時代中國特色社會主義思想，則集中體現了中國特色社會主義對外貿易思想的理論基礎和內涵實質，是新中國發展對外貿易、建設對外貿易制度的指導思想。

第二節　新中國對外貿易制度變遷的理論基礎和思想基礎

在中國的對外貿易理論研究、思想發展、制度建設和實踐創新中，馬克思列寧主義具有理論基礎地位，作為馬克思列寧主義與中國具體實踐相結合的產物，毛澤東思想和中國特色社會主義理論體系，則發揮著思想基礎作用。

---

① 本書編寫組. 十九大黨章修正案學習問答 [M]. 北京：黨建讀物出版社，2017：3-4.

一、馬克思主義理論與新中國對外貿易制度變遷

在根本上，馬克思列寧主義的理論基礎地位源自其科學性、實踐性和開放性，也源自中國共產黨人堅持推進馬克思主義中國化。中共十五大指出，馬克思列寧主義同中國實際相結合有兩次歷史性飛躍，產生了兩大理論成果，第一次飛躍的理論成果是毛澤東思想，第二次飛躍的理論成果是鄧小平理論。中共十七大指出，中國特色社會主義理論體系就是包括鄧小平理論、「三個代表」重要思想以及科學發展觀等重大戰略思想在內的科學理論體系，這個理論體系堅持和發展了馬克思列寧主義、毛澤東思想，是馬克思主義中國化的最新成果。中共十九大黨章修正案指出，習近平新時代中國特色社會主義思想是中國特色社會主義理論體系的重要組成部分，必須長期堅持並不斷發展。可見，馬克思列寧主義不僅為中國革命、建設和改革實踐提供了思想武器，也為新時代中華民族的穩步前進提供了科學的理論基礎和行動指南。具體就馬克思主義理論對新中國推進對外貿易制度建設的作用來講，其突出表現集中在方法論基礎和理論基礎方面。

首先，馬克思主義是認識事物發展的世界觀和方法論。馬克思主義理論研究的主要方法是唯物辯證法，此外還應用了一系列具體方法，如科學抽象法，邏輯和歷史相結合的方法，分析和綜合相結合的方法，歸納和演繹相結合的方法，定性分析和定量分析相結合的方法，區別物質內容和社會形式的方法，由此構成了馬克思主義完整的方法論體系。[1] 應用馬克思主義方法論，可以辯證地分析國際貿易發展、國際經貿規則演進和中國對外貿易的發展情況及其制度舉措的利弊，這有利於透過現象把握國際貿易的本質和國際經貿規則演進的客觀邏輯，探尋中國對外貿易的發展軌跡和最佳制度模式，進而從特殊現象中抽取共性要素，並在統籌考慮國際國內、經濟政治等各方面因素的情況下，科學規劃對外貿易戰略，全面評估對外貿易體制機制建設，適

---

[1] 鄧敏. 通貨緊縮國際傳導：基於國際經濟視角的研究 [M]. 成都：西南財經大學出版社，2006：10.

第三章　新中國對外貿易制度變遷與對外貿易思想演進

時適度調整對外貿易政策措施，推動中國對外貿易制度沿著既體現國際貿易共性又符合中國實際的方向發展。

其次，馬克思主義理論、特別是馬克思主義的國際貿易理論為中國推進對外貿易制度建設奠定了理論基礎。依據馬克思主義理論展開科學研究獲得的理論成果，是中國對外貿易思想的理論淵源，為中國建立健全對外貿易制度提供了行動指南。在長期的理論研究中，馬克思主義的國際分工理論、世界市場理論、社會再生產理論、國際價值理論一直是解釋國際貿易成因、國際價格形成、貿易方式和利益分配的主要依據，同時也是分析中國發展對外貿易的原因、原則、立場和方略的理論依據。

根據馬克思的論述，國際分工是產生國際貿易的物質基礎，也是一國發展對外貿易的基本依據。從生產力的角度講，國際分工是生產力進步的標誌，也是生產力進一步發展的條件。因此，尊重、認識、利用國際分工，是符合客觀經濟規律的必然選擇，參與國際分工、發展對外貿易，是中國發展生產力的重要路徑。從馬克思主義的世界市場理論來看，由於世界市場使資源在全球配置，使一切國家的生產和消費都成了世界性的，「過去那種地方的和民族的自給自足和閉關自守狀態，被各民族的各方面的互相往來和各方面的相互依賴所代替」[1]。而且，世界市場使商業、航海業和陸路交通得到巨大發展，這種發展又反過來促進了工業的發展，而大工業形成的新的世界市場關係也促進了產品的精致和多樣化，因此，中國發展對外貿易不僅可以利用世界市場優化資源配置，還可以借助對外貿易的產業帶動作用促進中國工業及社會經濟的發展。從社會再生產的角度進一步分析，兩大部類之間以及兩大部類內部的比例關係，體現為價值形態和實物形態的平衡，這種平衡是社會總產品順利實現和社會再生產順利進行的條件。但是，由於資源稟賦、經濟發展水準、經濟結構等因素的影響，一國社會總產品的實物構成往往與擴大再生產要求的實物構成有差距，其價值形態也難以僅僅依靠國內交換得到實

---

[1] 中共中央馬克思恩格斯列寧斯大林著作編譯局. 馬克思恩格斯選集：第一卷 [M]. 北京：人民出版社，1956：255.

現。「如果一個國家自己不能把資本累積所需要的那個數量的機器生產出來，它就要從國外購買。如果它自己不能把所需數量的生活資料（用於工資）和原材料生產出來，情況也會如此」①。因此，根據馬克思主義社會再生產理論，中國發展對外貿易可以促進商品的價值實現，並在世界範圍內實現商品的物質形態轉換，為社會再生產協調發展創造更好的條件。

可見，無論是依據馬克思主義的國際分工理論、世界市場理論，還是依據其社會再生產理論，都足以證明中國發展對外貿易的重要性，進而表明了中國加強對外貿易制度建設、為對外貿易發展創造良好制度環境的必要性。從對外貿易的產業帶動作用、連接國際國內市場的作用及其與社會再生產協調發展的關係來講，注重對外貿易政策的資源配置效應及其與產業政策的協調性，是對外貿易制度建設的重要方向。

從價值實現的層面講，馬克思主義的國際價值理論具有重要意義。根據國際價值理論，同一商品具有國內價值和國際價值兩種價值尺度。從質上講，這兩種價值尺度都是無差別人類勞動的凝結；從量上講，國別價值是由一國的社會必要勞動時間決定的，而國際價值則由國際社會必要勞動時間決定，「它的計量單位是世界勞動的平均單位」。在世界市場上，由於各國的勞動強度和勞動生產率不同，不同國家在相同勞動時間所生產的同種商品的國際價值也不同，這就決定了兩種價值尺度之間的比較差異，這是價值規律發揮作用的結果。利用這個比較差異，在正常、平等的貿易條件下，貿易雙方都可能獲得貿易利益。這進一步表明，中國雖然是發展中國家，通過對外貿易也可以獲得比較利益。但是，另一方面，由於「一個國家的三個工作日也可能同另一個國家的一個工作日交換」②，而且，辯證地講，國際分工、世界市場原本就具有多個維度，馬克思主義認為，資本主義國際分工一開始就有兩重性。因此，基於馬克思主義理論的辯證分析，中國在發展對外貿易的過程中

---

① 中共中央馬克思恩格斯列寧斯大林著作編譯局. 馬克思恩格斯全集：第二十六卷 [M]. 北京：人民出版社，1973：560.

② 中共中央馬克思恩格斯列寧斯大林著作編譯局. 馬克思恩格斯全集：第二十五卷 [M]. 北京：人民出版社，1975：265.

第三章　新中國對外貿易制度變遷與對外貿易思想演進

必須堅持獨立自主、平等互利的原則,這為中國實施相應的制度措施提供了理論依據。

在貿易政策層面,馬克思主義的關稅理論具有直接的指導意義。基於辯證唯物主義和歷史唯物主義的原則和方法,馬克思、恩格斯分析了保護關稅制度的歷史作用和消極影響。根據馬克思、恩格斯的分析,保護關稅制度促進了處於萌芽狀態的資本主義工商業的發展,對資產階級建立大工業、反對封建勢力發揮了重要作用。馬克思指出:「保護關稅制度不過是為了在某個國家建立大工業的手段……在資產階級開始以一個階級自居的那些國家裡(例如在德國),資產階級便竭力爭取保護關稅。保護關稅成了它反對封建主義和專制政權的武器,是它聚集自己的力量和實現國內自由貿易的手段。」[1] 恩格斯指出,現代工業體系「就是在保護關稅制度的卵翼之下於 18 世紀最後 30 多年中在英國發展起來的」[2]。但是,「保護關稅制度再好也不過是一種無窮螺旋,你永遠也不會知道什麼時候它才會轉到頭。你保護一個工業部門,同時也就直接或間接地損害了其他一切工業部門,因此你就必須把它們也保護起來。這樣一來你又會給你原先保護的那個工業部門造成損失,你就必須補償它的損失,這一補償又會像前面的情況一樣,影響到其他部門,並且使它們也有權利要求補償——就這樣繼續下去,沒有盡頭」[3]。保護關稅制度最糟糕的一點就是,一旦實施起來,就不容易再擺脫了。[4]所以,鑒於關稅的正負效應和歷史經驗,馬克思主義理論主張建立完善的關稅制度,確定適度的關稅水準。基於建立工業體系的需要,恩格斯強調要有一套完善的、適用於一切受到外國競爭威脅的部門而且經常隨著工業狀況而改變自己形式的保護關

---

[1] 中共中央馬克思恩格斯列寧斯大林著作編譯局. 馬克思恩格斯全集:第四卷 [M]. 北京:人民出版社,1958:458-459.
[2] 中共中央馬克思恩格斯列寧斯大林著作編譯局. 馬克思恩格斯全集:第二十一卷 [M]. 北京:人民出版社,1958:414.
[3] 中共中央馬克思恩格斯列寧斯大林著作編譯局. 馬克思恩格斯全集:第二十一卷 [M]. 北京:人民出版社,1965:419.
[4] 中共中央馬克思恩格斯列寧斯大林著作編譯局. 馬克思恩格斯全集:第二十一卷 [M]. 北京:人民出版社,1965:421.

税制度，認為自由貿易是指「適度」的關稅率。具體到產品層面，馬克思和恩格斯都主張把原材料關稅和製成品關稅區別開來，強調減輕或廢止原材料關稅對發展工業的重要意義。馬克思指出：「廢除或減輕原料關稅，對工業具有很大的意義」，「讓原材料盡可能自由輸入，已經成了合理地建立起來的保護關稅制度的重要原則。」①

此外，恩格斯還論及了出口方面的保護關稅。恩格斯在《資本論》第三卷中指出：西方各國「普遍實行保護關稅的新狂熱」，這種保護關稅和舊的保護關稅制度的區別表現在，它保護最多的恰好是可供出口的物品②。列寧在對帝國主義時代的關稅進行理論概括時也分析了關稅對出口的保護。列寧指出，「卡特爾引起了一種新的、獨特的保護關稅，它所保護的恰好是那些能夠出口的產品」「卡特爾和金融資本有一種『按傾銷價格輸出』的做法」「在國內按壟斷高價出賣產品，在國外卻按賤幾倍的價格傾銷」③。列寧的分析體現了卡特爾對關稅制度的影響及其市場策略，同時列寧還分析了保護關稅對卡特爾形成的促進，並且指出：有許多國家重新用保護關稅來自衛，發展成了獨立的資本主義國家。對關稅與資本輸出、資本輸出與商品輸出的關係，列寧也有論及。列寧指出：資本輸出是鼓勵商品輸出的手段。

十月革命勝利後，列寧論述了社會主義國家的對外貿易制度。結合蘇維埃國家的實際，列寧主張實行對外貿易壟斷制。根據蘇維埃政府的有關規定，在實行對外貿易壟斷制的情況下，關稅只起輔助作用。列寧逝世後，斯大林繼續執行列寧制定的對外貿易壟斷制和關稅政策。斯大林曾經指出，對外貿易壟斷制是蘇維埃政府「不可動搖的基礎之一」④。1925年10月3日，俄共（布）中央委員全體會議的決議明確強調「必須鞏固對外貿易壟斷制」，同時

---

① 中共中央馬克思恩格斯列寧斯大林著作編譯局. 馬克思恩格斯全集：第二十五卷 [M]. 北京：人民出版社，1975：123.
② 楊聖明. 走向貿易強國的理論創新 [M]. 北京：經濟科學出版社，2011：91-102.
③ 中共中央馬克思恩格斯列寧斯大林著作編譯局. 列寧選集：第二卷 [M]. 北京：人民出版社，1972：832.
④ 中共中央馬克思恩格斯列寧斯大林著作編譯局. 斯大林全集：第十卷 [M]. 北京：人民出版社，1954：98.

指出:「任何關稅保護政策,任何其他調節手段,都不能像對外貿易壟斷制這樣有力地保護我們。」①

不可否認,馬克思主義的關稅理論帶有時代的烙印。但是,馬克思、恩格斯關於關稅起源與演進的理論、關於關稅是國際上資本鬥爭武器的理論、關於關稅是建立大工業和實現國內自由貿易手段的理論、關於關稅的財政職能的理論、關於保護關稅是顧頭難顧尾的無窮螺旋的理論、關於減輕或廢止進口原材料關稅的理論、關於適度關稅和差別關稅的理論,以及列寧關於帝國主義新關稅的理論、關於保護關稅與卡特爾關係的理論,等等,在今天,還遠沒有喪失它們的理論意義和實踐意義。②馬克思主義關稅理論中反應各國關稅實踐共性的基本原理,為中國建立科學的貿易制度、確定合理的關稅結構和關稅水準提供了重要依據。列寧和斯大林對社會主義對外貿易制度的探索和實踐,對計劃經濟時期的中國對外貿易制度建設產生了重要影響。

二、毛澤東思想與新中國對外貿易制度變遷

毛澤東思想是中國革命和社會主義建設實踐的產物,是集體智慧的結晶。在長期的實踐中,以毛澤東為主要代表的中國共產黨人創造性地解決了馬克思列寧主義基本原理同中國實際相結合的一系列重大問題,取得了新民主主義革命的勝利,確立了社會主義基本制度,找到了在中國進行社會主義建設的正確道路,形成了適合中國情況的科學指導思想——毛澤東思想,為當代中國一切發展進步奠定了根本政治前提、制度基礎和思想基礎。「毛澤東思想活的靈魂是貫穿其中的立場、觀點、方法,它們有三個基本方面,這就是實事求是、群眾路線、獨立自主。」其中,「實事求是,是馬克思主義的根本觀點,是中國共產黨人認識世界、改造世界的根本要求,是我們黨的基本思想方法、工作方法、領導方法」「群眾路線是我們黨的生命線和根本工作路線」

---

① 楊聖明. 走向貿易強國的理論創新 [M]. 北京: 經濟科學出版社, 2011: 98-99.
② 楊聖明. 走向貿易強國的理論創新 [M]. 北京: 經濟科學出版社, 2011: 102.

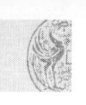

「獨立自主是我們黨從中國實際出發、依靠黨和人民力量進行革命、建設、改革的必然結論」「毛澤東思想不僅在新民主主義革命、社會主義革命、社會主義建設時期發揮了重要作用，也為新的歷史時期開創和建設中國特色社會主義發揮了重要作用」「毛澤東思想以獨創性理論豐富和發展了馬克思列寧主義」；毛澤東「是偉大的馬克思主義者」「是馬克思主義中國化的偉大開拓者」。①

早在1938年10月，毛澤東就明確指出：「馬克思主義的中國化」，「即是說，按照中國的特點去應用它，成為全黨亟待瞭解並亟須解決的問題」②。由此，「馬克思主義中國化」逐步成為中國共產黨人的共識。正是根據使馬克思主義「在其每一表現中帶著中國的特性」這一精神實質去應用馬克思主義，中國才發展了毛澤東思想。正是在繼承、發展毛澤東思想的基礎上，中國才形成、發展了中國特色社會主義理論體系，也因此決定了毛澤東思想在馬克思主義中國化歷史進程中的承上啓下、不可替代的地位，決定了毛澤東思想和中國特色社會主義理論體系不可分割的歷史和邏輯上的密切聯繫，使二者作為不同階段的馬克思主義中國化理論成果，既一根相連、一脈相承，又各具特色，相映生輝，進而「共同構建了中國化的馬克思主義理論大廈，開創了馬克思主義事業在中國的新篇章」③。

毛澤東思想在實踐發展和理論傳承中的貢獻，凝結了豐碩的成果。在對外貿易領域，毛澤東思想不僅是中國社會主義對外貿易得以建立並獲得發展的保障條件，也是對外貿易改革創新的思想基礎。毛澤東思想凝聚了以毛澤東為主要代表的中國共產黨人關於新中國發展對外貿的重要性、原則和制度模式的認識。

在中共第七次全國代表大會上，毛澤東明確指出，在建立真正獨立的新

---

① 中華人民共和國中央人民政府. 習近平在紀念毛澤東同志誕辰120週年座談會上的講話 [EB/OL]. (2013-12-26) [2019-04-01]. http://www.gov.cn/ldhd/2013/12/26/ content_2554937.htm.
② 中央檔案館. 中共中央文件選集第十一冊 [M]. 北京：中共中央黨校出版社，1991：658.
③ 徐光春. 中國化馬克思主義的與時俱進 [EB/OL]. (2013-09-16) [2019-04-01]. http://theory. people.com.cn/n/2013/0916/c40531-22935892.html.

第三章　新中國對外貿易制度變遷與對外貿易思想演進

中國後要積極發展對外貿易，利用外國投資，以促進中國的工業化。毛澤東強調，「中國人民願意同世界各國人民實行友好合作，恢復和發展國際間的通商事業，以利於發展生產和繁榮經濟」[1]。1949年4月，劉少奇強調：「必須切實地組織好對外貿易，這是至關重要的工作，是人民的最大利益之一」[2]。毛澤東和劉少奇的論述表明，新中國發展對外貿易的原因在於其對工業、對社會經濟發展的作用，宗旨則是為了人民的利益。這樣的認識，是改革開放時期中國確定對外貿易發展宗旨的思想淵源。此外，以毛澤東為主要代表的領導集體關於發展對外貿易的思想，也包含了關於世界經濟相互聯繫和開放的必然性的認識。根據周恩來的觀點，在這個世界上，任何一個國家在建設中都不可能完全閉關自給，總是要相互需求，其中首要的就是貿易的來往、技術的合作，「即使我們將來建成了社會主義工業國之後，也不可能設想，我們就可以關起門來萬事不求人了」「閉關自守是會阻礙進步的」[3]。這些思想認識，和馬克思列寧主義關於世界市場的基本原理以及列寧關於社會主義對外貿易重要性的思想具有高度的一致性。

那麼，新生的社會主義中國，應該怎樣發展對外貿易呢？毛澤東指出：「人民共和國的國民經濟的恢復和發展，沒有對外貿易的統制政策是不可能的」「對內的節制資本和對外的統制貿易，是這個國家在經濟鬥爭中的兩個基本政策」「誰要是忽視或輕視了這一點，誰就將要犯絕大的錯誤」；「立即統制對外貿易，改革海關制度，這些都是我們進入大城市的時候所必須採取的步驟」；「我們必須盡可能地首先同社會主義國家和人民民主國家做生意，同時也要和資本主義國家做生意」[4]。劉少奇指出，「為了把進出口管好，國家要管制對外貿易，對它加以統制。過去因受帝國主義侵略不能統制，今天必須統制。不這樣，帝國主義勢力仍舊會侵入。但今天管制應放寬些，不要統得太嚴，統制死了，不要因統制而妨礙正常的進出口貿易。海關稅收稅率應配合

---

[1] 毛澤東. 毛澤東選集：第一卷 [M]. 北京：人民出版社，1991：1466.
[2] 劉少奇. 劉少奇論新中國經濟建設 [M]. 北京：中央文獻出版社，1993：75.
[3] 周恩來. 周恩來選集（下）[M]. 北京：人民出版社，1984：226.
[4] 毛澤東. 毛澤東選集：第四卷 [M]. 北京：人民出版社，1966：1371-1373.

對外貿易的發展，不應妨礙它發展。」①

在開展對外貿易的原則方面，毛澤東思想包含了獨立自主、自力更生、平等互利等方針。早在1935年，毛澤東就明確指出：我們中華民族「有在自力更生的基礎上光復舊物的決心，有自立於世界民族之林的能力」②。1945年，毛澤東強調：「我們是主張自力更生的，我們希望有外援，但是我們不能依賴它，我們依靠自己的努力，依靠全體軍民的創造力。」③「我們的方針要放在什麼基點上？放在自己力量的基點上，叫做自力更生。」④ 1958年，毛澤東根據形勢的變化進一步闡釋了自力更生和爭取外援、合理借鑑國外經驗的關係，指出要以「自力更生為主，爭取外援為輔」，要「破除迷信，獨立自主幹工業，幹農業，幹技術革命和文化革命」，要「認真學習外國的好經驗，也一定要研究外國的壞經驗——引以為戒」，並強調「這就是我們的路線」⑤。根據周恩來的論述，「自力更生」這個方針的含義是依靠本國人民的勞動和智慧，充分利用本國的資源發展本國的經濟，同時在平等互利的基礎上同世界各國發展貿易，互通有無，而不是自給自足，閉關自守。因此，周恩來強調要正確處理自力更生同國際合作的關係，對兄弟國家要合作互助，共同發展，對民族主義國家要堅持平等互利，幫助他們的民族經濟逐步向獨立方面發展，對和平中立國家要互通有無，加強往來，對帝國主義國家及其追隨者的政策，則是經濟關係服從政治關係。毛澤東和周恩來的觀點表明，人民是發展社會主義事業的依靠力量，開放、國際合作及適時把握國別政策，注重經濟和政治的關係，對社會主義事業的發展具有重要意義。1954年，在國際形勢發生變化的情況下，毛澤東及時強調了積極改善與西方國家關係的重要性，周恩來也指出：「我們跟西方國家改進關係，在政治上是和平，在經濟上是貿易。」⑥

---

① 劉少奇. 劉少奇論新中國經濟建設 [M]. 北京：中央文獻出版社，1993：81.
② 毛澤東. 毛澤東選集：第一卷 [M]. 北京：人民出版社，1991：161.
③ 毛澤東. 毛澤東選集：第三卷 [M]. 北京：人民出版社，1991：1016.
④ 毛澤東. 毛澤東選集：第一卷 [M]. 北京：人民出版社，1991：1132.
⑤ 中共中央文獻研究室. 建國以來毛澤東文稿：第七冊 [M]. 北京：中央文獻出版社，1958：273.
⑥ 中華人民共和國外交部，中共中央文獻研究室. 周恩來外交文選 [M]. 北京：中央文獻出版社，1990：158.

第三章　新中國對外貿易制度變遷與對外貿易思想演進

根據統制貿易的思想和原則，中華人民共和國成立後「實行了對外貿易管制和保護貿易政策，並且把國內市場價格同國際市場價格分開，使國內價格不受資本主義國際市場價格波動的影響」，同時實行區別對待原則，在同資本主義國家進行貿易時，進出口商品價格「按照資本主義國際市場價格計算」，在同蘇聯和各人民民主國家貿易時，根據平等互利、互通有無、互相合作的原則進行，「貿易上的作價，也符合這個原則」[①]。在針對進出口的具體措施方面，鼓勵出口限制進口的特徵十分明顯。1950年6月，陳雲明確指出：「進口什麼東西，要嚴加管制；出口的東西要放寬尺度，凡是能夠出去的東西，不管雞毛蒜皮都可以出去。」[②]這樣的對外貿易制度，對新中國建立和發展社會主義性質的對外貿易發揮了重要作用，其中所包含的獨立自主、依靠人民、平等互利、合作互助、區別對待等思想，對計劃經濟時期和改革開放以來中國的對外貿易制度建設和對外貿易發展具有重要意義，對中國在未來不斷創新對外貿易制度、推動對外貿易高質量發展、進一步處理好國際政治經濟關係，也具有指導作用。

三、中國特色社會主義理論體系與新中國對外貿易制度變遷

中國特色社會主義理論體系是對馬克思列寧主義、毛澤東思想的堅持、繼承和發展，是中國化馬克思主義創新發展的理論成果。中國特色社會主義理論體系是由經濟、政治、文化、社會、國防、外交、統一戰線、黨的建設等領域的理論思想構成的統一、科學的有機整體。中共十七大把中國特色社會主義理論體系寫入黨章，明確指出中國特色社會主義理論體系是「黨最可寶貴的政治和精神財富」，是「各族人民團結奮鬥的共同思想基礎」。中共十八大闡釋了科學發展觀的精神實質和深入貫徹落實科學發展觀的意義及要求。中共十九大指出習近平新時代中國特色社會主義思想是中國特色社會主義理

---

① 葉季壯. 在第一屆全國人民代表大會第二次會議上的發言 [N]. 人民日報, 1955-07-30.
② 陳雲. 陳雲文選：第二卷 [M]. 北京：人民出版社, 1984: 94.

論體系的重要組成部分,並將其寫入了黨章,這標誌著中國特色社會主義理論體系的創新發展,進一步顯示了中國特色社會主義理論體系在中國特色社會主義事業全面發展中的思想基礎地位。從中國對外貿易實踐發展、制度改革創新的層面看,這種思想基礎地位首先體現在,中國特色社會主義理論體系決定了中國對外貿易制度建設和對外貿易創新發展的思想路線。

首先,中國特色社會主義理論體系的精髓是中國特色社會主義的思想路線,即解放思想、實事求是、與時俱進,一切從實際出發,理論聯繫實際,在實踐中檢驗真理和發展真理。這個思想路線是中國特色社會主義理論體系與馬克思列寧主義、毛澤東思想緊密相連的脈絡,體現了中國特色社會主義理論體系與時俱進的馬克思主義理論品質。堅持這個思想路線,意味著中國將以求真務實的精神,立足國際貿易和中國對外貿易發展的客觀實際,銳意探索,持續改革,努力做到在思想上不斷有新解放,理論上不斷有新發展,實踐上不斷有新創造。因此,中國特色社會主義的思想路線,從根本上決定了中國對外貿易思想和實踐創新發展、包括對外貿易制度創新發展的原則、方向和客觀必然性。

其次,中國特色社會主義理論體系驗證了馬克思主義的理論基礎地位,系統回答了社會主義的本質及社會主義的發展道路、發展階段、根本任務、發展動力、依靠力量、領導力量等重大問題,詮釋了中國發展對外貿易的政治前提、制度基礎、原則、宗旨和方向,堅實了中國對外貿易實踐創新發展的理論基礎,為中國對外貿易制度改革創新提供了新的理念和思想。同時,中國特色社會主義理論體系堅持和發展了辯證唯物主義、歷史唯物主義的世界觀和方法論,為中國對外貿易制度創新和對外貿易實踐發展提供了科學的方法論基礎。

最後,中國特色社會主義理論體系決定了吸收和借鑑西方國際貿易理論對中國對外貿易思想和實踐發展的重要意義。中共十七大指出:中國特色社會主義理論體系是不斷發展的、開放的理論體系。這種開放性特徵和不斷創新的品質表明,中國特色社會主義理論體系具有吸收和借鑑人類社會創造的一切文明成果,包括吸收和借鑑資本主義發達國家反應現代社會化生產規律

的理論和思想，使自身在研究方法和理論內容上不斷創新發展的屬性。這個屬性在中國特色社會主義理論體系形成、發展的過程中已經得到充分證明。從中國對外貿易思想和制度的演進歷程及對外貿易的發展情況來看，改革開放以來，中國在堅持、發展馬克思主義國際貿易理論的基礎上，科學吸收、借鑑西方國際貿易理論，使其成為中國對外貿易思想的有機成分，並指導中國按照有利於發揮比較優勢的原則推進了對外貿易制度改革，在強調培育參與國際競爭與合作新優勢的背景下，又根據鞏固傳統競爭優勢、加快培育對外貿易競爭新優勢的內在要求推進了對外貿易制度創新，進而有效促進了中國對外貿易的發展。

中國特色社會主義理論體系的特質表明，蘊含其中的中國特色社會主義對外貿易思想也具有開放性特徵和與時俱進的品質，正是這樣的理論品質，使中國特色社會主義對外貿易思想能夠創新發展，並推動中國的對外貿易制度改革創新，推動中國對外貿易可持續發展。

第三節　中國特色社會主義對外貿易思想發展與對外貿易制度改革

中國特色社會主義對外貿易思想是開放型經濟思想與中國特色社會主義的結合，是堅持、傳承、發展馬克思列寧主義、毛澤東思想的結果。中國特色社會主義對外貿易思想具有源自社會主義本質的不變的內核，又在與時俱進的過程中創新發展，從而呈現出鮮明的時代特色。在新的時代背景下，中國特色社會主義對外貿易思想的突出特徵包括：以人民為中心的發展思想，以創新為核心，由創新、協調、綠色、開放、共享組成的有機統一的發展理念，以獨立自主、互利共贏、共同開放、共享發展為主旨的發展原則。這樣的發展思想、發展理念、發展原則，隨著中國特色社會主義對外貿易思想的

形成、發展日益鮮明，並通過詮釋為誰、為何、如何發展對外貿易，指引著對外貿易制度改革不斷深入，推動著開放型經濟不斷發展，促進對外貿易制度逐漸轉型。

一、以人民為中心的發展思想與對外貿易制度改革

以人民為中心的發展思想是習近平新時代中國特色社會主義思想的重要內容。在中共十九大報告中，習近平明確指出：「必須堅持以人民為中心的發展思想，不斷促進人的全面發展、全體人民的共同富裕」「人民是歷史的創造者，是決定黨和國家前途命運的根本力量」「必須堅持人民主體地位」「把人民對美好生活的向往作為奮鬥目標，依靠人民創造歷史偉業」。

「把人民對美好生活的向往作為奮鬥目標」，這體現了以人民為中心的發展思想的時代特色，表明堅持以人民為中心的發展思想是在中國的社會主要矛盾已經發生歷史性變化的背景下，圍繞著力解決人民日益增長的美好生活需要和不平衡不充分的發展之間的矛盾而確立的思想準則。同時，以人民為中心的發展思想也是對馬克思主義唯物史觀的傳承和發展，是對毛澤東思想的傳承和發展，是中國特色社會主義理論體系不斷發展的思想積澱。一切為了人民，一切依靠人民，是馬克思主義的政治立場，共同富裕是馬克思主義的基本目標，是社會主義本質特徵的體現，是中國人民的基本理想。在新中國成立初期毛澤東就指出，富「是共同的富」，強「是共同的強」，「大家都有份」。在改革開放歷史新時期，鄧小平指出，「社會主義最大的優越性就是共同富裕，這是體現社會主義本質的一個東西」；江澤民強調，「實現共同富裕是社會主義的根本原則和本質特徵，絕不能動搖」；胡錦濤也要求「使全體人民共享改革發展成果，使全體人民朝著共同富裕的方向穩步前進」[1]。可見，為人民謀福利，實現共同富裕，是中國共產黨人的初心，以人民為中心的發展思想，是在新的時代背景下堅持和發展中國特色社會主義的根本立場，

---

[1] 習近平. 習近平談治國理政：第二卷 [M]. 北京：外文出版社，2017：215.

第三章　新中國對外貿易制度變遷與對外貿易思想演進

「不能只停留在口頭上、止步於思想環節」，必須「要體現在經濟社會發展各個環節」[①]。

　　堅持以人民為中心的發展思想，就要堅持人民主體地位，堅持以人民為中心部署經濟工作，制定經濟政策，推動經濟發展，踐行共享發展理念。共享理念，它的實質「就是堅持以人民為中心的發展思想，體現的是逐步實現共同富裕的要求」，其內涵主要包括「全民共享」「全面共享」「共建共享」「漸進共享」[②]。在對外貿易領域，以人民為中心的發展思想首先體現在發展對外貿易的宗旨，即服務於中國特色社會主義的根本任務，通過促進生產力發展增加社會財富，增進人民福祉，促進共同富裕，促進人的全面發展，踐行以人民為中心的發展思想，集中體現在順應人民群眾對美好生活的向往，做到發展為了人民，發展依靠人民，使對外貿易發展成果由人民共享。基於這樣的原則，對外貿易發展「十三五」規劃強調，要堅持共享發展理念，把共享發展作為對外貿易工作的出發點和落腳點，強化對外貿易服務民生的功能，讓人民群眾在對外貿易發展中有更多的獲得感。同時，規劃還進一步強調要穩定勞動密集型產品出口，促進加工貿易創新發展，充分發揮對外貿易擴大就業的功能；要暢通消費品進口渠道，合理增加一般消費品進口，促進人民群眾品質消費。具體到服務貿易方面，服務貿易發展「十三五」規劃強調要牢固樹立共享發展理念，充分發揮服務貿易對穩增長、擴就業的作用，要支持電子商務、服務外包等領域創新創業，加快發展生活性服務貿易，著力提高養老、醫療、教育等與人民群眾緊密相關的服務品質，增進社會福利。

　　上述兩個規劃的有關內容，充分體現出以人為本思想的傳承發展、以人民為中心的發展思想及共享發展理念在對外貿易實踐中的作用，表明對外貿易的各項工作，包括對外貿易制度的改革，都是以增進人民福祉為宗旨和基本原則的，正如劉少奇當年所強調的，「組織好對外貿易」「是人民的最大利益之一」。從具體層面看，上述兩個規劃關於消費品進口、生活性服務貿易發

---

① 習近平. 習近平談治國理政：第二卷 [M]. 北京：外文出版社，2017：213.
② 習近平. 習近平談治國理政：第二卷 [M]. 北京：外文出版社，2017：215.

展等方面的有關精神,對實踐中貿易政策的調整提供了重要指引,對改善人民關切的生活、醫藥等方面的狀況,發揮了促進作用。

從各發展理念的聯繫性來看,以人民為中心的發展思想不僅體現在共享發展理念中,也體現在其他發展理念中。在中國特色社會主義條件下,創新、協調、綠色、開放、共享五大發展理念都貫穿著以人民為中心的思想理念;無論哪一個發展注重解決的是哪一類問題,歸根到底,都是為人民謀福利,無論哪一個發展在解決問題時所抉擇的哪一種政策措施,也都以人民利益為準則。[①] 人民的利益,是發展的出發點和歸宿,發展理念,是發展思想、發展方向、發展著力點的集中體現,是確定發展目標、選擇發展路徑、制定政策措施的引領。所以,共享發展直接體現了發展對外貿易的宗旨,而創新、協調、綠色、開放發展則直接關係著對外貿易的發展方式和對外貿易制度改革的內容。

二、創新協調綠色開放發展與對外貿易制度改革

創新發展注重解決發展動力問題,協調發展注重解決發展不平衡問題,綠色發展注重解決人與自然和諧共生問題,開放發展注重解決內外聯動問題,共享發展注重解決社會公平正義問題。這五大發展理念各有注重,又相互貫通,彼此促進,構成了不可分割的有機整體。其中,創新是引領發展的第一動力,屬於生產力的範疇,協調、綠色、開放、共享,則屬於生產關係的範疇。[②] 生產力決定生產關係,生產關係反作用於生產力。因此,對這五大發展理念要從整體上把握,統一貫徹。

從創新協調綠色開放發展來看,由於發展動力決定著發展的速度、效能和可持續性,加之當今世界經濟社會的發展越來越依賴理論、制度、科技、文化等領域的創新,而創新能力不強又是中國這個經濟大塊頭的「阿喀琉斯

[①] 張雷聲. 論習近平新時代中國特色社會主義經濟思想的理論創新 [J]. 馬克思主義學科理論研究(雙月刊),2018(2):25-36.

[②] 楊英杰. 習近平新時代中國特色社會主義經濟思想的科學內涵和歷史貢獻 [J]. 行政與法,2018(5):1-14.

之踵」，因此習近平強調要把創新擺在第一位，著力實施創新驅動發展戰略。同時，習近平指出，在新的形勢下，協調具有一些新特點，協調既是發展手段，又是發展目標，同時還是評價發展的標準和尺度，而綠色發展則是解決好人與自然和諧共生問題的關鍵，開放是國家繁榮的必由之路，因此要堅持協調發展，堅持節約資源和保護環境的基本國策，堅持對外開放的基本國策，著力增強發展的整體性協調性，著力推進人與自然和諧共生，著力提高對外開放的質量和發展的內外聯動性。

可見，創新協調綠色開放發展既涉及發展戰略，又決定著發展原則；既是發展理念，又是發展方式。其核心在於創新協調可持續發展。歸根究柢就是通過科技創新與制度創新、文化創新等相結合，推動發展方式向依靠持續的知識累積、技術進步和勞動力素質提升轉變；通過推動區域、城鄉、物質文明和精神文明等方面的協調發展，從發展方式上解決不平衡問題；通過加強生態文明建設，堅持走生產發展、生活富裕、生態良好的文明發展道路，加快建設資源節約型、環境友好型社會，形成綠色發展方式和生活方式；通過完善對外開放戰略佈局，積極參與全球經濟治理，推動更高水準的對外開放，以擴大開放帶動創新、推動改革、促進發展，以對外開放的主動贏得經濟發展的主動，贏得國際競爭的主動，提升在國際經濟治理中的地位，促進世界開放發展。

理念是行動的先導。從鄧小平的「科技是第一生產力」到創新發展，從鄧小平的「兩手抓」戰略方針到協調發展，從物質文明建設到「三個文明」建設再到「五個文明」協調發展、建設美麗中國，從「摸著石頭過河」的對外開放到開放發展，一系列的思想理念創新體現了關於中國經濟社會發展規律認識不斷深化的歷程，對不同歷史時期改革開放的深化、發展戰略的轉化、發展方式的轉變及經濟社會的發展，發揮了極其重要的推動作用。自中共十八屆五中全會明確提出要樹立和堅持創新、協調、綠色、開放、共享五大發展理念以來，隨著推進供給側結構性改革、建設現代化經濟體系等一系列戰略舉措的實施，中國在推動經濟發展動能從傳統增長點向新的增長點轉變，推動發展方式從規模速度型粗放增長向質量效率型集約發展轉變，引導經濟

朝著更高質量、更有效率、更加公平、更可持續的方向發展方面，取得了重要成就。在對外貿易領域，思想理念的不斷創新對貿易戰略演進、體制機制改革、政策措施調整以及貿易發展方式轉變，都發揮了重要推動作用。從推動對外貿易創新協調可持續發展來看，在「十一五」時期，中國在對外貿易協調均衡發展方面取得了一定成效，在「十二五」時期，中國根據堅持服務貿易和貨物貿易協同發展戰略思想、堅持總量增長與結構優化相結合、正確處理環境保護與經濟發展和社會進步的關係等方面的精神實質，繼續推動了對外貿易協調均衡發展，確立了積極的進口促進戰略，加大了推動對外貿易綠色發展的力度。在此基礎上，對外貿易發展「十三五」規劃明確了堅持創新協調綠色開放發展的重大意義，強調要走創新驅動的對外貿易發展道路，要堅持內需外需協調，推動進口出口平衡發展，實現貨物貿易與服務貿易、貿易與投資互動發展，要抑制高污染、高耗能和資源類產品出口，鼓勵緊缺性資源類產品進口，努力打造綠色貿易，要加強節能環保國際合作，積極參與綠色發展國際規則制訂，要以更大範圍、更廣領域、更高層次的開放，通過「走出去」與「引進來」相結合帶動貿易增長，擴大與貿易夥伴利益匯合點，形成更加和諧穩定的發展環境，共創更大市場空間，要完善法治化、國際化、便利化的營商環境，健全有利於合作共贏並同國際貿易投資規則相適應的體制機制。

對外貿易發展「十三五」規劃的上述內容表明，根據創新協調綠色開放發展的內在要求，完善出口限制政策和進口促進政策、加強對外貿易政策與引進外資和對外投資政策的協同性，是對外貿易制度改革的重要方面，健全具有中國特色又與國際貿易一般規則相符合的中國特色社會主義自由貿易制度是對外貿易制度改革的基本任務。根據規劃的有關精神，中國從一體貫徹新發展理念的角度，圍繞加快轉換發展動力，進一步優化貿易結構，進一步提升貿易發展的質量和效益，鞏固貿易大國地位，推進貿易強國進程，深化了對外貿易制度改革。中共十九大召開以後，中國結合新的形勢，圍繞發展更高層次的開放型經濟、推動形成全面開放新格局，加強了改革力度。2018年7月，商務部等部門《關於擴大進口促進對外貿易平衡發展的意見》圍繞

擴大進口促進對外貿易平衡發展、更好發揮進口對滿足人民群眾消費升級需求等方面的積極作用，依據堅持深化改革創新、堅持進口出口並重、堅持統籌規劃發展、堅持互利共贏戰略等原則，從改善貿易自由化便利化條件、維護自由貿易等方面做了一系列部署，為進一步改革對外貿易制度提供了更加具體的依據。

隨著改革的持續深入，對外貿易制度創新在推動對外貿易創新協調可持續發展方面的作用更加突出；對外貿易在促進中國經濟高質量發展、增加社會財富、提高人民物質文化生活水準、促進人的全面發展方面的作用更加突出；中國在促進共同開放、推動開放型世界經濟發展方面的貢獻更加突出。理念的創新，改革的深化，制度的演進，三者彼此聯繫、相互促進，由此推動了開放型經濟思想的發展。伴隨著開放型經濟思想的演進，中國的對外貿易制度逐漸轉型。

三、開放型經濟思想演進與對外貿易制度轉型

中國的開放型經濟是在對外開放水準逐漸提高的過程中提出的。和外向型經濟相比，開放型經濟具有不同的性質特徵。

外向型經濟是政策性的開放經濟。基於出口導向和創匯目標，外向型經濟往往通過政策推動，使開放程度逐步提高。由於偏重對外部市場和外部資源的利用，外向型經濟使對外經濟運行方式具有突出的兩頭在外和商品、資本、人員單向流動的特徵。同時，由於缺乏制度約束，加之開放在不同的地區、產業、企業之間存在明顯的政策傾斜，行政性、特殊性、非普遍性和一定程度的不穩定、不統一、不透明，便成為相關領域開放政策的突出特點。

與外向型經濟不同，開放型經濟是植根於中國特色社會主義市場經濟的制度性的開放經濟，根據市場經濟規律和國際規則開展制度建設，是開放型經濟的重要內容，也是發展開放型經濟的基本條件。在體制與政策層面，開放型經濟包括邊境開放和境內開放。一方面，從具體內容來看，邊境開放主要體現為改革對外貿易體制和法規，削減關稅與非關稅措施，境內開放主要

體現為人民幣匯率、外匯管理、知識產權保護、環境保護及產業、勞工、競爭等方面的政策與國際規則接軌。另一方面，開放型經濟是高水準、全方位、多領域的開放經濟。從空間佈局來看，開放型經濟具有全地域性。在國際層面，開放型經濟是面向全世界的，在國內層面，開放型經濟與以沿海地區為主的高度傾斜的對外開放不同，它包含了沿海、沿邊和內陸地區，是沿海、沿邊、沿江和內陸聯動的對外開放。從開放的領域來看，開放型經濟包括商品、服務和各類生產要素跨越邊境的流動，商品進出口、服務貿易、資本流動和技術貿易是開放型經濟的重要組成部分。這些對外經濟聯繫方式具有雙向性，體現為中國與其他國家和地區之間相互、雙向、多維度的經濟貿易活動。因此，開放型經濟強調商品出口與進口並重、貨物貿易與服務貿易並重、引進外資和對外投資並重，強調把國內經濟和國際市場聯繫起來，通過雙邊、多邊經貿關係及區域合作關係、區域經濟一體化等形式，加強雙邊、多邊、區域次區域開放合作，參與全球經濟治理。

開放型經濟的特徵表明，由外向型經濟轉為開放型經濟，中國的對外貿易制度實現了從高度集中的、內向型的貿易制度到中國特色社會主義自由貿易制度的根本轉變。從實踐基礎來看，這種轉變是改革開放持續深化的結果。在思想基礎上，這種轉變是隨著開放型經濟思想的形成、發展逐步實現的。正如前文所述，伴隨著中國特色社會主義道路的開闢、對外開放基本國策的確立及開放型經濟水準的提高，中國特色社會主義對外貿易思想逐漸萌芽、形成並不斷創新。與此同時，「有中國特色的、能夠與世界通行的貿易制度相接軌的自由貿易制度」由構想變成了現實，並向著高水準自由貿易制度不斷發展。在中共十九大報告中，習近平明確指出要實行高水準的貿易和投資自由化便利化政策。不僅如此，中國還致力於「深度參與新的國際經貿規則談判和規則制定，推動投資和貿易自由化制度安排」，推動形成更加公平合理的全球經濟治理體系，以利於將「中國人民巧於製造、善於通商的優勢充分發揮出來」，同時「努力為促進世界經濟增長和完善全球經濟治理貢獻中國智慧、中國力量」[1]。

---

① 中共中央文獻研究室. 習近平關於社會主義經濟建設論述摘編 [M]. 北京：中央文獻出版社，2017 (6): 288-298.

第三章　新中國對外貿易制度變遷與對外貿易思想演進

和中國特色社會主義自由貿易制度的形成一樣，建設高水準貿易投資自由化便利化制度及推動全球經濟治理體系改革，都是基於對實行對外開放、發展對外貿易、加強制度建設的重要性和實行保護主義的危害性的思想認識，基於中國的責任擔當做出的抉擇。

一方面，「現在的世界是開放的世界」[1]，商品、技術、資本在全球範圍內的流動和配置使各國經濟相互聯繫、彼此依賴，在這樣的背景下，「中國的發展離不開世界」「要發展生產力，就要實行改革和開放政策」[2]「開放帶來進步，封閉導致落後」，「以開放促改革、促發展，是中國發展不斷取得新成就的重要法寶」「中國經濟發展進入新常態，妥善應對中國經濟社會發展中面臨的困難和挑戰，更需要擴大對外開放」，因此「要堅定不移實施對外開放的基本國策、實行更加積極主動的開放戰略，堅定不移提高開放型經濟水準」「要抓住制度創新這個核心，著眼國際高標準貿易和投資規則」，「加快形成與國際投資、貿易通行規則相銜接的基本制度體系和監管模式，既充分發揮市場在資源配置中的決定性作用，又更好發揮政府作用」[3]。

另一方面，對外貿易是開放型經濟的重要組成部分，是影響中國經濟社會穩定和發展的極為重要的因素。而且，在開放型經濟條件下，對外貿易的作用不是通過進出口增長簡單地體現出來，而是通過商品進出口、服務貿易、技術貿易及其協調發展，通過對外貿易和引進外資、對外投資等涉外經濟活動協調發展，從多方面、多層次體現出來。開放型經濟水準的提高，是各領域對外經濟活動各自發揮優勢又彼此聯繫、共同發展的結果。因此，要擴大對外開放、不斷提高開放型經濟水準，就必須大力發展對外貿易，同時注重開放型經濟發展的平衡協調性，尤其是在對外開放呈現出新特點，在「市場、資源能源、投資都離不開國際市場」的條件下，必須「要加快從貿易大國走向貿易強國，鞏固外貿傳統優勢，培育競爭新優勢，拓展外貿發展空間，積

---

[1] 鄧小平. 鄧小平文選：第三卷 [M]. 北京：人民出版社，1993：64.
[2] 鄧小平. 鄧小平文選：第三卷 [M]. 北京：人民出版社，1993：78-265.
[3] 中共中央文獻研究室. 習近平關於社會主義經濟建設論述摘編 [M]. 北京：中央文獻出版社，2017：291，292，296，295，289.

極擴大進口」「促進內需和外需平衡、進口和出口平衡、引進外資和對外投資平衡」①。但是,由於「保護主義政策如飲鴆止渴,看似短期內能緩解一國內部壓力,但從長期看將給自身和世界經濟造成難以彌補的傷害」,因此,中國堅持推動貿易自由化改革,同時「堅決反對任何形式的保護主義,積極推動建立均衡、共贏、關注發展的多邊經貿體制」「堅定不移發展開放型世界經濟,在開放中分享機會和利益、實現互利共贏」「堅定不移發展全球自由貿易和投資,在開放中推動貿易和投資自由化便利化」②。實踐證明,中國一直是國際合作的倡導者和國際多邊主義的積極參與者,中國的責任擔當和貢獻,已經得到廣泛讚賞。正如習近平於2016年1月在省部級主要領導幹部學習貫徹十八屆五中全會精神專題研討班上所講的一樣,「在二十年甚至十五年前,經濟全球化的主要推手是美國等西方國家,今天反而是我們被認為是世界上推動貿易和投資自由化便利化的最大旗手,積極主動同西方國家形形色色的保護主義作鬥爭」。

當然,經濟全球化是一把「雙刃劍」,對外開放必定要面對一些可能的負面影響,特別是在世界發生深刻變化、各種傳統的和非傳統的安全威脅因素相互交織的環境下,對外開放面臨的風險更加複雜。所以,中國的對外開放思想強調對外開放與獨立自主的辯證統一,注重以自身力量為基礎,注重維護國家主權和經濟安全。在實踐中,中國一直堅持獨立自主、平等互利的方針和原則,在發展對外經濟貿易的過程中,既以獨立自主為立足點,同時又在平等互利、合作共贏的基礎上同世界各國、各地區廣泛開展貿易往來、經濟技術合作和科學文化交流。正是在這樣的原則下,在多方面因素的合力推動下,中國的對外貿易制度體系不斷完善,對外貿易在促進社會主義現代化建設各個環節、各個方面相協調,促進生產關係與生產力、上層建築與經濟基礎相協調,促進經濟社會持續發展中發揮了重要作用。

---

① 中共中央文獻研究室. 習近平關於社會主義經濟建設論述摘編 [M]. 北京: 中央文獻出版社, 2017: 294-295.

② 中共中央文獻研究室. 習近平關於社會主義經濟建設論述摘編 [M]. 北京: 中央文獻出版社, 2017: 305, 287, 309.

本章參考文獻

陳琦偉，1981. 比較利益論的科學內核 [J]. 世界經濟 (3)：10-18.

陳雲，1984. 陳雲文選：第二卷 [M]. 北京：人民出版社.

鄧敏，顧磊，2019. 中國對外貿易概論 [M]. 英文版. 北京：清華大學出版社.

鄧敏，2006. 通貨緊縮國際傳導：基於國際經濟視角的研究 [M]. 成都：西南財經大學出版社.

鄧小平，1993. 鄧小平文選：第三卷 [M]. 北京：人民出版社.

高鴻業，1982. 比較成本說不應構成中國對外貿易發展戰略的理論基礎 [J]. 經濟研究參考資料 (44)：57-64.

《經濟研究》《經濟學動態》編輯部，1981. 建國以來政治經濟學重要問題爭論（1949—1980）[M]. 北京：中國經濟出版社：132-146.

季崇威，1981. 應用「比較成本論」指導中國對外貿易，在國際貿易中取得較好的經濟效果 [J]. 外貿教學與研究 (3)：1-3.

中共中央文獻研究室，1958. 建國以來毛澤東文稿：第七冊 [G]. 北京：中央文獻出版社.

林兆木，2017. 黨的十八大以來黨和國家事業發生歷史性變革 [M] // 本書編寫組. 黨的十九大報告輔導讀本，北京：人民出版社.

中共中央文獻研究室，1993. 劉少奇論新中國經濟建設 [M]. 北京：中央文獻出版社.

中共中央馬克思恩格斯列寧斯大林著作編譯局，1972. 列寧選集：第二卷 [M]. 北京：人民出版社.

中共中央馬克思恩格斯列寧斯大林著作編譯局, 1958. 馬克思恩格斯全集：第四卷 [M]. 北京：人民出版社.

中共中央馬克思恩格斯列寧斯大林著作編譯局, 1958. 馬克思恩格斯全集：第二十一卷 [M]. 北京：人民出版社.

中共中央馬克思恩格斯列寧斯大林著作編譯局, 1975. 馬克思恩格斯全集：第二十五卷 [M]. 北京：人民出版社.

中共中央馬克思恩格斯列寧斯大林著作編譯局, 1973. 馬克思恩格斯全集：第二十六卷 [M]. 北京：人民出版社.

毛澤東, 1999. 毛澤東文集：第七卷 [M]. 北京：人民出版社.

毛澤東, 1991. 毛澤東選集：第一卷 [M]. 北京：人民出版社.

毛澤東, 1991. 毛澤東選集：第三卷 [M]. 北京：人民出版社.

毛澤東, 1966. 毛澤東選集：第四卷 [M]. 北京：人民出版社.

本書編寫組, 2017. 十九大黨章修正案學習問答 [M]. 北京：黨建讀物出版社.

中共中央馬克思恩格斯列寧斯大林著作編譯局, 1954. 斯大林全集：第十卷 [M]. 北京：人民出版社.

蘇共中央馬克思列寧主義研究院, 1956. 蘇聯共產黨代表大會·代表會議和中央全會決議匯編 [G]. 中共中央馬克思恩格斯列寧斯大林著作編譯局, 譯. 北京：人民出版社.

王子先, 2008. 中國對外開放與對外經貿30年 [M]. 北京：經濟管理出版社.

汪堯田, 葉松年, 1981. 對資產階級古典國際貿易理論：比較成本說的評價 [J]. 國際貿易問題 (1)：22-27.

薛榮久，1982. 李嘉圖「比較成本說」不能指導中國對外貿易：與季崇威同志商榷 [J]. 經濟科學（2）：68-72.

習近平，2017. 習近平談治國理政：第二卷 [M]. 北京：外文出版社.

中共中央文獻研究室，2017. 習近平關於社會主義經濟建設論述摘編 [M]. 北京：中央文獻出版社.

袁文祺，戴倫彰，王林生，1980. 國際分工與中國對外經濟關係 [J]. 中國社會科學（1）：3-20.

楊英杰，2018. 習近平新時代中國特色社會主義經濟思想的科學內涵和歷史貢獻 [J]. 行政與法（2）：1-14.

姚賢鎬，1980. 國際分工與社會主義國家對外經濟關係 [M]. 經濟科學（4）：52-56.

姚曾蔭，1987-07-13. 關於中國對外貿易幾個理論問題的探討 [N]. 人民日報.

楊聖明，2011. 走向貿易強國的理論創新 [M]. 北京：經濟科學出版社.

葉季壯，1955-07-30. 在第一屆全國人民代表大會第二次會議上的發言 [N]. 人民日報.

張曙光，1996. 經濟市場化中的貿易自由化 [J]. 國際經濟評論（6）：16-18.

張雷聲，2018. 論習近平新時代中國特色社會主義經濟思想的理論創新 [J]. 馬克思主義學科理論研究（雙月刊）（2）：25-36.

朱興國，王紹熙，1982. 關於馬克思對李嘉圖「比較成本說」的評價問題 [J]. 國際貿易（8）：21-26.

中央檔案館，中共中央文獻研究室，1991. 中共中央文件選集（第十一冊）[M]. 北京：中共中央黨校出版社.

中華人民共和國外交部，中共中央文獻研究室，1990. 周恩來外交文選[M]. 北京：中央文獻出版社.

周恩來，1984. 周恩來選集（下）[M]. 北京：人民出版社.

中共中央文獻研究室，1993. 周恩來經濟文選[M]. 北京：中央文獻出版社.

第四章
新中國對外貿易戰略的調整與轉變

對外貿易戰略是關於對外貿易發展全局的一系列方針、政策及措施的總和,體現國家利用對外貿易發展經濟社會的重大決策。對外貿易戰略是一定時期內國家經濟社會發展規劃在對外貿易領域的體現,隨國內經濟的發展、國際國內經濟政治環境的變化而調整,並由量變的累積逐漸推動質變,進而呈現出從進口替代戰略轉向中國特色社會主義自由貿易制度體系有機組成部分的多元化對外貿易戰略的清晰軌跡,在具體戰略層面也顯現出相應的演化特徵。

第一節　新中國對外貿易總體戰略的演進與調整

中國的對外貿易總體戰略是根據經濟發展規劃，從宏觀角度提出的，關於對外貿易發展的全局性抉擇。① 中國的對外貿易總體戰略服務於社會主義的建設目標，在社會主義制度建設、特別是在經濟體制改革的不同階段，呈現出不同的特徵，展現了由進口替代戰略到混合發展戰略、「大經貿」戰略、互利共贏戰略的類別演進軌跡。② 在這個過程中，對外貿易總體戰略的中國特色逐漸形成，多種對外貿易戰略先進元素融合互補的趨勢逐漸加強，特別是自「大經貿」戰略提出之後，中國對外貿易總體戰略的創新性日益顯著。

一、高度集中計劃經濟制度時期的進口替代戰略（1949—1978 年）

在高度集中的計劃經濟時期，中國的對外貿易戰略是典型的封閉性進口替代戰略。實施這一戰略的依據在於當時的客觀環境和一些主觀因素。

新中國成立初期，為了擺脫經濟制度中的殖民主義色彩，實現經濟發展的獨立自主，中國亟待開展工業建設。然而，面對百廢待興的國內經濟局面，加上資本主義陣營和社會主義陣營的對立，中國不具備實行對外開放、參與國際分工的客觀條件，中國的工業建設只能依靠自己的力量，走自力更生的道路。在主觀上，由於中國對參與國際分工的意義缺乏正確的認識，因此在四大平衡中③對外貿易只是作為物資平衡的組成部分，被置於「互通有無，調劑餘缺」的地位。在缺乏主客觀條件的情況下，中國選擇了對外貿易統制模式，實施了進口替代戰略。

與亞洲和拉美一些發展中國家的進口替代戰略相比，中國的進口替代戰略

---

① 鄧敏，顧磊. 中國對外貿易概論 [M]. 成都：西南財經大學出版社，2016：54.
② 曲如曉. 中國對外貿易概論 [M]. 4 版. 北京：機械工業出版社，2019：50-59.
③ 當時的四大平衡包括財政平衡、信貸平衡、物資平衡和綜合平衡。

有所不同。在一些東南亞國家和地區，進口替代戰略的特點是立足於比較優勢，從非耐用品的進口替代著手，以鼓勵出口為最終目的。中國實施進口替代戰略的主要目標是滿足本國工業化的物質需要，在優先發展重工業的指導思想下，進口替代部門偏重資本密集型行業。實踐中，這種進口替代模式曾經對促進國際收支平衡、促進建立工業體系、推動經濟發展發揮了積極作用，但違背商品交換規律的做法卻阻礙了中國與世界市場的聯繫，損害了中國的貿易利益，加劇了資金短缺、勞動力過剩和結構失衡問題，影響了經濟發展和人民的生活水準。

二、建立有計劃商品經濟制度時期的混合發展戰略（1979—1992 年）

改革開放初期，中國的對外貿易戰略依然具有明顯的內向型特徵。隨著對外向型經濟的認識逐漸加深，中國才開始探索、實踐開放條件下的進口替代戰略。這種嘗試為中國經濟從封閉走向開放奠定了基礎，為中國實施選擇性的進口替代並進一步發揮對外貿易在完善工業體系、增強工業實力中的積極作用創造了條件。但是，隨著經濟體制由高度集中的計劃經濟體制向有計劃商品經濟體制轉變，隨著復關工作的逐步推進，有限開放的進口替代戰略失去了賴以存在的經濟體制基礎，同時也與關貿總協定所倡導的自由貿易原則不相符合。

為了適應改革開放和經濟發展的需要，中國開始將進口替代戰略和出口導向戰略結合運用，並在 20 世紀 80 年代末形成了開放條件下的混合發展戰略。通過在沿海經濟特區發展「大進大出、兩頭在外」的產業，從沿海到中西部地區實施梯度開放戰略，對缺乏比較優勢和競爭力的重化工業實行開放式的進口替代戰略，中國逐步形成了進口替代工業和出口導向工業並存、中國進口替代和沿海出口導向並存的外向型經濟格局，在選擇性保護的同時積極發展出口導向產業。中國的混合發展戰略也存在一些不足，政策性開放所致的地區差異造成了地區間的不公平競爭，使各地為了地區利益相互爭奪資源，人為分割國內市場，進而影響了整體經濟的發展。

三、建立社會主義市場經濟制度時期的「大經貿」戰略（1993—2001年）

在建立社會主義市場經濟制度時期，中國逐步實現了發展外向型經濟到發展開放型經濟的轉變。在這個過程中，中國順應國際貨物貿易、服務貿易、技術貿易和國際投資融合發展的趨勢，在繼續完善混合發展戰略的同時，開始探索對外經濟貿易結合發展的模式。1994年5月，中國正式提出了「大經貿」戰略。

「大經貿」戰略是以進口和出口貿易為基礎，商品、資金、技術、服務相互滲透，外經貿、生產、科研、金融等部門共同參與的對外經貿發展戰略。這一戰略要求中國的外貿、外資、外匯、外債、外援等領域，以及國內各產業部門相互融通、緊密配合、優勢互補、協調發展。

「大經貿」戰略主要包含三個方面的內容：一是擴大開放，即通過拓展對外經濟貿易的廣度和深度，形成對內對外全方位、多領域、多渠道開放的格局，全面開拓國際市場；二是融合發展，這主要包括加快實現各項對外經貿業務的融合，實現商品、技術和服務貿易一體化協調發展，在維護全球多邊貿易體制的前提下，努力實現雙邊、區域和多邊經貿合作；三是轉變功能，即在擴大對外貿易規模、提高對外貿易貢獻度的同時，著力發揮對外貿易在促進產業結構調整、加快技術進步、提高經濟效益方面的積極作用，提升對外經濟貿易整體的綜合競爭能力。

對外貿易和各項對外經濟活動融合發展，是「大經貿」戰略的重要目標。隨著「走出去」戰略的提出，對外貿易與對外投資的結合發展進一步拓展了對外經濟貿易融合發展的內容。《國民經濟和社會發展第十個五年計劃綱要》指出，要鼓勵能夠發揮中國比較優勢的對外投資，擴大國際經濟技術合作的領域、途徑和方式，繼續發展對外承包工程和勞務合作，鼓勵有競爭優勢的企業開發境外加工貿易，帶動產品、服務和技術出口。

對外經濟貿易融合發展的戰略構想，為中國完善對外經濟貿易領域的宏觀調節和管理，解決對外經濟貿易發展面臨的一系列深層次問題，進一步打

破國內市場與國際市場之間的阻隔及國內各部門、各地區間的界限，促進專業化協作和產業結構升級，推動經濟持續發展創造了有利條件。

四、完善社會主義市場經濟制度時期的互利共贏戰略（2002—2013年）

在完善社會主義市場經濟制度和履行入世承諾的背景下，中國對外貿易總體戰略的類別更加多元。一方面，在繼續貫徹「大經貿」戰略和「走出去」戰略的同時，中國形成了事實上的出口導向戰略，這主要體現為進口替代產業隨著市場開放的擴大而減少，支持出口的措施進一步完善，國內產業配套、生產能力、物流體系基本以出口為目標；另一方面，在中國特色對外開放理論的指導下，中國發展了平等互利的對外開放原則，並在中共十六屆五中全會提出了互利共贏的開放戰略。在社會主義市場經濟制度不斷完善、市場機制作用不斷加強的背景下，中國從「十一五」開始將五年一個跨度的國民經濟和社會發展戰略部署由「計劃」改為「規劃」。根據完善市場經濟體制、促進國民經濟平穩運行、增強可持續發展能力等經濟社會發展目標，「十一五」規劃對實施互利共贏的開放戰略作了具體部署。在對外貿易方面，中國強調要轉變對外貿易增長方式，按照發揮比較優勢、彌補資源不足、擴大發展空間、提高附加值的要求，積極發展對外貿易，促進對外貿易由數量增長為主向質量提高為主轉變，在優化出口結構的基礎上，積極擴大進口，實現進出口基本平衡。這樣的發展戰略，體現了對外貿易思想和發展理念的重要轉變。

隨著實踐的推進，根據國際形勢的變化和全面建設小康社會的要求，中共十七大報告以內外聯動、互利共贏、安全高效概括了開放型經濟體系的基本特點，強調要把「引進來」和「走出去」更好結合起來，要加快轉變對外貿易增長方式，立足以質取勝，調整進出口結構，促進加工貿易轉型升級，大力發展服務貿易。中共十七大報告的論述表明，互利共贏戰略的主要內容是：統籌國內發展與對外開放，注重內外聯動；兼顧本國利益和他國利益，

注重互利共贏；轉變對外貿易增長方式，注重以質取勝。在此基礎上，中國根據國際金融危機衝擊下世情國情的深刻變化，在「十二五」規劃中確定了經濟平穩較快發展、進一步形成互利共贏的對外開放格局等經濟社會目標。根據這些目標，「十二五」規劃指出，適應中國對外開放由出口和吸收外資為主轉向進口和出口、吸收外資和對外投資並重的新形勢，必須實行更加積極主動的開放戰略，不斷拓展新的開放領域和空間，擴大和深化同各方利益的匯合點，完善更加適應發展開放型經濟要求的體制機制，有效防範風險，以開放促發展、促改革、促創新；優化對外貿易結構，繼續穩定和拓展外需，加快轉變對外貿易發展方式，推動對外貿易發展從規模擴張向質量效益提高轉變、從成本優勢向綜合競爭優勢轉變；統籌「引進來」與「走出去」，加快實施「走出去」戰略。

「十二五」規劃的有關論述，從目標和手段兩個層面豐富了互利共贏戰略的內涵。一方面，關於擴大和深化同各國各地區利益匯合點的思想，體現了互利共贏戰略的實質和目標，表明了中國努力推動自身發展與世界和諧發展相互促進、實現共同發展的原則和立場。另一方面，關於實行更加積極主動的開放戰略，加快轉變對外貿易及對外經濟發展方式的思想，體現了實現互利共贏戰略目標的路徑，標誌著中國從強調對外貿易增長到強調對外貿易發展的戰略轉變，凸顯了對外貿易質量目標和效益目標在對外貿易戰略目標中的地位。

五、完善社會主義市場經濟制度新時期的多元化對外貿易戰略（2014年至今）

伴隨國內經濟發展和國內外經濟政治環境變化，中國經濟發展開始步入增長速度換擋、結構調整陣痛和前期刺激政策消化「三期疊加」的階段，經濟發展進入新常態。在新常態下，中國經濟發展的主要特點是：增長速度從高速轉向中高速，發展方式從規模速度型轉向質量效率型，經濟結構調整從增量擴能為主轉向調整存量、做優增量並舉，發展動力從主要依靠資源和低

第四章　新中國對外貿易戰略的調整與轉變

成本勞動力等要素投入轉向創新驅動。建設現代化經濟體系、推動中國經濟實現高質量發展對創新協調平衡發展提出了新的要求，對深化改革、進一步處理好政府和市場的關係提出了更高的要求。中共十八大報告提出要在「更大程度更廣範圍發揮市場在資源配置中的基礎性作用」，中共十八屆三中全會明確指出要「使市場在資源配置中起決定性作用」，中共十九大強調要「使市場在資源配置中起決定性作用，更好發揮政府作用」。發揮市場在資源配置中的決定性作用的重大判斷，進一步樹立了關於政府和市場關係的正確觀念，有助於推動經濟發展方式和政府職能的轉變，標誌著中國特色社會主義市場經濟制度的進一步發展與完善，為對外貿易戰略按照市場經濟規律演進奠定了重要基礎。

　　世界經濟復甦艱難曲折、「逆全球化」思潮湧動，保護主義和內顧傾向上升，世界經濟和全球經濟治理體系進入調整期。在此背景下，推動中國經濟由高速增長階段向高質量發展階段轉變、實現質量變革、效率變革和動力變革，需要對外開放領域的進一步主動作為。中共十八大報告提出要「全面提高開放型經濟水準」「適應經濟全球化新形勢，必須實行更加積極主動的開放戰略，完善互利共贏、多元平衡、安全高效的開放型經濟體系」，並從轉變對外經濟發展方式、創新開放模式、推動對外貿易平衡發展、加快「走出去」步伐等方面進行了闡釋。習近平明確指出：「我們的事業是向世界開放學習的事業。關起門來搞建設不可能成功。我們要堅持對外開放的基本國策不動搖、不封閉、不僵化，打開大門搞建設、辦事業。」中共十九大報告進一步強調：「要以『一帶一路』建設為重點，堅持引進來和走出去並重，遵循共商共建共享原則，加強創新能力開放合作，形成陸海內外聯動、東西雙向互濟的開放格局。」這一重大部署，既包括開放範圍擴大、領域拓寬、層次加深，也包括開放方式創新、佈局優化、質量提升，具有深遠戰略意義。習近平指出：「世界經濟的大海，你要還是不要，都在那兒，是迴避不了的。想人為切斷各國經濟的資金流、技術流、產品流、產業流、人員流，讓世界經濟的大海退回到一個一個孤立的小湖泊、小河流，是不可能的，也是不符合歷史潮流的。」要準確把握經濟全球化新趨勢和中國對外開放新要求，努力在經濟全球化中

搶占先機。開放發展的核心是解決發展內外聯動問題，目標是提高對外開放質量、發展更高層次的開放型經濟。以開放促改革、促發展、促創新，以對外開放的主動贏得經濟發展的主動、贏得國際競爭的主動。此外，面對經濟全球化條件下各國「一榮俱榮、一損俱損」的新態勢，要主動處理好對外開放同維護經濟安全的關係，堅持底線思維，注重風險防控和評估，在擴大開放中動態地謀求更高層次的總體安全。堅持全面開放，推動形成陸海內外聯動、東西雙向互濟的開放格局。追求全面開放是提高開放水準的必然。習近平指出，中國將繼續全面對外開放，推進同世界各國的互利合作。全面開放體現在開放空間上，就是優化區域開放佈局，加大西部開放力度，改變中國對外開放東快西慢、沿海強內陸弱的區域格局，逐步形成沿海內陸沿邊分工協作、互動發展的全方位開放新格局；體現在開放舉措上，就是推進「一帶一路」建設，堅持自主開放與對等開放，加強「走出去」戰略謀劃，統籌多邊雙邊和區域開放合作，加快實施自由貿易區戰略；體現在開放內容上，就是大幅度放寬市場准入，進一步放開一般製造業，有序擴大服務業對外開放，擴大金融業雙向開放，促進基礎設施互聯互通。推進全面開放，還要求協同推進戰略互信、經貿合作、人文交流。

因此，這一時期新的背景和條件推動了中國對外貿易戰略的進一步多元化，使之表現為涵蓋互利共贏戰略、創新驅動戰略、積極的進口促進戰略、「引進來」「走出去」戰略、對外經濟貿易協調平衡可持續發展戰略在內的多元化對外貿易戰略。多元化對外貿易戰略，是中國長期改革開放實踐經驗的思想昇華，是中國特色社會主義對外貿易思想創新發展的體現，是平等互利、合作共贏、協調平衡可持續發展原則及目標的融合。在未來的改革開放進程中，中國的對外貿易戰略將隨發展環境、條件、任務、目標的變化，朝著多元化的方向不斷完善。

第二節　新中國貨物貿易戰略和服務貿易戰略的演進與調整

在對外貿易總體戰略創新發展的進程中，中國的對外貿易基礎戰略發生了極大轉變。改革開放前，中國對外貿易經歷了向社會主義陣營「一邊倒」戰略到地理方向多元化戰略的變化歷程，對外貿易商品戰略也有所調整，貿易的商品結構有較大改善。但是，從總體上看，出口以初級產品為主、進口以工業製成品為主的格局始終沒有改變。進入改革開放後，中國的貨物貿易戰略呈現出類別多元化的特徵，服務貿易戰略也逐漸得到重視。貨物貿易戰略和服務貿易戰略在對外貿易發展中的引領作用逐漸加強。在對外貿易迅速發展、國際環境和國內發展條件發生深刻變化的形勢下，中國發展對外貿易的基本理念發生了重要變化。在國民經濟和社會發展「十三五」規劃中，中國提出了優進優出戰略，同時強調要促進貨物貿易和服務貿易融合發展。在對外貿易發展「十三五」規劃中，中國進一步明確要大力實施優進優出戰略，實現貨物貿易與服務貿易互動發展。依據這樣的指導思想，中國發展貨物貿易和服務貿易的具體戰略也涵蓋了新的目標。

一、中國貨物貿易戰略的演進與調整

（一）出口貿易戰略的演進與調整

1. 出口商品戰略

中國的對外貿易商品戰略主要反應在各個歷史時期制定的國民經濟和社會發展五年計劃（規劃）中。其中，出口商品戰略是根據資源稟賦、經濟發展水準和國際市場的供需狀況等因素對出口商品的種類、結構、數量等內容所做的規劃。[1]

---

[1] 徐復. 中國對外貿易概論 [M]. 3版. 天津：南開大學出版社，2012：102-103.

在「六五」時期，中國的出口商品戰略強調發揮資源豐富的優勢，大力推進礦產品、農產品、土特產品出口；發揮傳統技藝精湛的優勢，發展工藝品和傳統輕紡織品出口；發揮勞動力眾多的優勢，發展來料加工；發揮已有工業基礎的作用，發展機電產品、稀有金屬加工產品的出口。這種偏重資源型初級產品、勞動密集型輕紡產品的出口商品結構安排，與中國當時落後的產業結構和生產技術狀況密切相關。

經過五年的發展，中國在「七五」計劃中提出了兩個轉變，一是逐步實現由主要出口初級產品向主要出口工業製成品轉變，二是由主要出口粗加工製成品向主要出口精加工製成品轉變。到「七五」計劃末，中國基本實現了第一個轉變，因此「八五」計劃強調要逐步實現由粗加工產品出口為主向以精加工產品出口為主的轉變，努力增加附加值高的機電產品、輕紡織品和高技術產品的出口，鼓勵那些在國際市場上有發展前景、競爭力強的拳頭產品的出口。根據這個規劃，中國在「八五」期間確立了以機電產品為主導，以輕紡產品為骨幹，以高技術產品為發展方向，同時繼續保持某些礦產品和農副產品出口的目標。

「八五」計劃末，機電產品取代輕紡織品在中國出口貿易中的地位成為大宗出口商品，但是，以勞動密集型產品為主的出口商品結構仍然沒有改變。針對這種狀況，中國提出要努力實現出口增長由數量型向效益型轉變。《中華人民共和國國民經濟和社會發展「九五」計劃和 2010 年遠景目標綱要》指出，要進一步優化出口商品結構，著重提高輕紡產品的質量、檔次，加快產品升級換代，擴大花色品種，創立名牌，提高產品附加值，進一步擴大機電產品、特別是成套設備的出口，發展附加值高和綜合利用農業資源的創匯農業。

進入 21 世紀後，世界經濟發生了巨大變化，傳統勞動密集型產品市場份額不斷縮小，以技術為核心的高新技術產品的市場佔有率日益提高，尤其是電子產品、生物產品等成為世界市場上最具活力和競爭力的產品，中國缺乏具有國際競爭力的高新技術產品的問題更加凸顯。在這個背景下，中國在「十五」時期圍繞轉變對外貿易增長方式加大了優化出口商品結構的工作力

度。在此基礎上,「十一五」「十二五」規劃進一步提出要提升勞動密集型產品的質量和檔次,擴大機電產品和高新技術產品出口。此外,「十二五」規劃還提出要嚴格控制高耗能、高污染、資源性產品出口,培育出口競爭新優勢。在對外貿易發展「十三五」規劃中,中國除強調抑制高污染、高耗能和資源類產品出口外,還強調要優化商品結構,在穩定傳統優勢產品出口的同時,提高品牌、高技術含量產品出口在對外貿易中的比重。

2. 以質取勝戰略、出口市場多元化戰略、科技興貿戰略和創新驅動戰略

在20世紀90年代初,中國提出了全面提高產品質量和全民質量意識的構想。在《中華人民共和國國民經濟和社會發展「九五」計劃和2010年遠景目標綱要》中,中國明確了提高產品質量、工程質量和服務質量總體水準的重要性,強調在對外貿易中要貫徹以質取勝戰略。在《質量發展綱要(2011—2020年)》中,中國提出要把以質取勝作為質量發展的核心理念,發揮質量的戰略性、基礎性和支撐性作用,依靠質量創造市場競爭優勢,增強中國產品、企業、產業的核心競爭力;到2020年,中國要在建設質量強國方面取得明顯成效,形成一批擁有國際知名品牌和核心競爭力的優勢企業。

在強調以質取勝的同時,中國提出了出口市場多元化戰略。出口市場多元化戰略是關於出口貿易市場格局的規劃。早在「二五」計劃時期,中國就提出要與不同社會制度的國家、特別是亞非各國發展經濟合作、貿易往來、文化和技術交流,這是中國關於市場多元化戰略的早期構想。在「八五」時期,中國正式啟動出口市場多元化戰略的主要目的是通過有重點、有計劃地調整出口產品市場結構,解決出口貿易過於集中在主要發達國家市場的問題。因此,從總體上講,實施出口市場多元化戰略,要求中國在繼續鞏固、擴大發達國家市場的同時,重視開拓發展中國家特別是周邊國家和地區市場,逐步形成以新興市場為重點、以周邊國家為支撐、發達國家和發展中國家市場合理分佈的市場格局。

繼以質取勝戰略、市場多元化戰略之後,中國在1999年年初提出了科技興貿戰略。科技興貿戰略是中共十五大提出的科教興國戰略在對外貿易領域的具體體現。為了更好地實施科技興貿戰略,中國在2001年發布了《科技興

貿「十五」計劃綱要》，對「十五」期間實施科技興貿戰略的主要目標、重要任務和保證措施做了規劃，強調要促進高新技術產品出口和用高新技術改造傳統出口產業，提高出口產品的技術含量和附加值。在「十一五」時期，中國對擴大高新技術產品出口、完善高新技術產品出口體系、增強企業自主創新能力等做了明確規劃。在「十二五」時期，中國圍繞培育出口競爭新優勢細化了科技興貿的戰略目標，強調要依託對外貿易轉型升級示範基地、科技興貿創新基地、船舶汽車出口基地，打造重點出口產業集聚區，同時強調要推進戰略性新興產業國際化，引導加工貿易繼續向產業鏈高端延伸。伴隨著中國創新驅動發展戰略的實施和「一帶一路」倡議的深入推進，中國在對外貿易發展「十三五」規劃中結合新形勢正式提出要走創新驅動的對外貿易發展道路，深化與「一帶一路」沿線國家的貿易合作，並在深耕發達國家傳統市場的同時加大新興市場開拓力度，推動市場多元化。

以質取勝戰略、出口市場多元化戰略、科技興貿戰略和創新驅動戰略，是中國長期實踐經驗積澱的成果。可以預見，在全面深化改革開放新時期，中國的出口貿易戰略將圍繞優化國際市場佈局、加快轉換對外貿易發展動力、加快培育對外貿易競爭新優勢等目標，進一步向著科學化、多元化的方向發展。

（二）進口貿易戰略的演進與調整

中國制定進口貿易戰略的主要依據是生產需求和消費需求，重點在於進口的商品結構和市場結構安排。在進口貿易戰略不斷發展的過程中，中國提出了進口促進戰略。

1. 進口商品戰略

進口商品戰略是對進口商品的構成、數量等內容所做的規劃。在20世紀50年代，中國的進口商品戰略是大力組織國家經濟建設所必需的機器設備、工業器材和原料以及其他重要物資的進口。這對打破中國面對的禁運封鎖，恢復和發展國民經濟，增強生產能力，改善人民生活，穩定市場價格有重要作用。在20世紀60年代，根據當時的特殊情況，中國將糧食排在急需物資進口的首位，其後依次是化肥、農藥、油脂、工業原料、設備等。在20世紀

第四章　新中國對外貿易戰略的調整與轉變

70年代,中國調整了進口商品戰略,但受「文化大革命」的影響,進口商品戰略目標沒能全面實現。

「六五」至「九五」時期,中國的進口原則沒有明顯變化,進口結構相對比較穩定,先進技術、關鍵設備和國內生產建設所需物資,尤其是短缺物資的進口,始終是進口商品戰略的重點。在此前提下,「六五」時期強調「以進養出」物資的進口,對中國能夠製造和供應的設備,特別是日用消費品,主張不盲目進口;「七五」時期強調引進軟件;「八五」時期強調農用物資的進口,同時強調要防止盲目引進和不必要的引進,主張發展進口替代產品的生產,減少國內能夠生產供應的原材料和機電設備的進口,嚴格控制奢侈品、高檔消費品和菸酒等產品的進口;「九五」時期強調要提高先進技術、高科技、設備及原材料的進口比例。[①]

隨著產業結構的調整,國內供需平衡狀況變化加劇。同時,隨著市場化改革和對外開放的推進,特別是入世過渡期後,中國的市場准入度和貿易自由化程度大幅度提高,按市場需求規劃進口的方式逐步取代了國家統一制訂進口計劃的做法。在這樣的背景下,中國在「十五」時期強調要引進先進技術和設備,保證重要能源、資源和加工貿易物資的進口,要根據市場開放承諾擴大消費品進口;在「十一五」時期強調要擴大先進技術、關鍵設備及零部件和國內短缺能源、原材料進口,促進資源進口多元化。其間,受2008年金融危機的影響,中國根據世界總體需求大幅下降等情況調整了進口貿易戰略。到「十二五」時期,中國提出要提升進口綜合效益,優化進口商品結構,積極擴大先進技術、關鍵零部件、國內短缺資源和節能環保產品進口,適度擴大消費品進口。2012年,國務院《關於加強進口促進對外貿易平衡發展的指導意見》強調要穩定和引導大宗商品進口,鼓勵開展直接貿易,增強穩定進口的能力。此後,中國圍繞加強進口促進對外貿易平衡發展採取了一系列舉措。中共十九大召開後,隨著國際政治經濟格局的調整和中國對外貿易結構的變化,中國根據消費升級和供給提質的需要,在支持與人民生活密切相

---

① 徐復.中國對外貿易概論[M].3版.天津:南開大學出版社,2012:122-126.

關的日用消費品、醫藥和康復、養老護理等設備及農產品、資源性產品和有助於轉型發展的技術裝備進口方面加大了政策力度，這對統籌國內國際兩個大局、促進對外貿易平衡發展、優化產業結構、促進經濟發展、滿足人民美好生活需要具有重要意義。

總體而論，進口商品戰略的調整對繁榮中國的國內市場，補充國內供給不足的生產、生活必需品，改善人民生活，促進社會穩定和經濟增長有重要促進作用。在未來的進口商品戰略調整中，中國將根據促進產業結構調整和優化升級及解決資源約束等問題的需要，繼續鼓勵先進技術設備和關鍵零部件等產品的進口，穩定資源性產品進口，合理增加關係民生的消費品進口。此外，中國將通過推動企業「走出去」開展境外資源能源開發、加工生產以及多方面的國際合作，實現互利共贏戰略目標。

2. 進口市場多元化戰略

進口市場多元化戰略是指在安排商品進口、特別是大宗商品進口時，要考慮從更多的國家和地區進口，避免長期集中在某一個或少數市場。在「十五」計劃中，中國就明確提出要努力實現大宗產品和重要資源進口來源多元化。「十二五」規劃指出，要發揮巨大市場規模的吸引力和影響力，促進進口來源地多元化。《關於加強進口促進對外貿易平衡發展的指導意見》強調，要進一步優化進口國別和地區結構，在符合多邊貿易規則的條件下，鼓勵自最不發達國家的進口，擴大自發展中國家進口，拓展自發達國家進口。對外貿易發展「十三五」規劃強調要優化國際市場佈局，在鞏固傳統市場的同時，提高「一帶一路」沿線國家等新興市場在中國對外貿易中的比重，推動進出口市場結構從傳統市場為主向多元化市場全面發展轉變。

可見，實施進口市場多元化戰略的直觀意義在於改善進口市場結構，穩定進口來源。在更廣泛的層面上，實施進口市場多元化戰略有利於中國與世界各國、各地區發展經濟貿易關係，促進中國與多數國家和地區的貿易平衡，減少貿易摩擦，有利於中國利用不同出口國家之間的價格競爭和買方市場的有利地位，提高進口貿易效益，有利於配合中國的外交戰略，推動中國的外交工作，改善中國的國際環境，為中國和平崛起創造條件。

第四章　新中國對外貿易戰略的調整與轉變

3. 進口促進戰略

隨著資源環境約束日益強化、人民生活水準不斷提高和對進口的積極作用認識不斷加深，中國關於促進進口的思想逐漸形成。「十五」時期，中國提出要擴大消費品進口，「十一五」時期中國提出要積極擴大進口，發揮進口貿易在國內經濟發展和產業結構調整中的帶動作用，提升產業競爭力，以促進出口貿易新優勢的培育和提升。「十二五」時期，中國強調要發揮進口對宏觀經濟平衡和結構調整的重要作用，優化貿易收支結構。根據《關於加強進口促進對外貿易平衡發展的指導意見》的有關精神，加強進口，促進對外貿易平衡發展，對於統籌利用國內外兩個市場、兩種資源，緩解資源環境瓶頸壓力，加快科技進步和創新，改善居民消費水準，減少貿易摩擦，具有重要的戰略意義，是實現對外貿易科學發展、轉變經濟發展方式的必然要求；在促進進口的過程中，要遵循的基本原則是堅持進口與出口協調發展，促進對外貿易基本平衡，保持進出口穩定增長，堅持進口與國內產業協調發展，促進產業升級，維護產業安全，堅持進口與擴大內需相結合，推動內外貿一體化，促進擴大消費，堅持進口與「走出去」相結合，拓寬進口渠道，保障穩定供應，堅持市場機制與政策引導相結合，充分發揮市場主體作用，完善促進公平競爭的制度和政策。

中共十八大以來，為了全面提高開放型經濟水準，促進國內經濟轉型和產業結構升級，中國一再重申進出口協調發展的重要性。2014 年 11 月，《國務院辦公廳關於加強進口的若干意見》明確提出要實施積極的進口促進戰略，指出加強技術、產品和服務進口，有利於增加有效供給、滿足國內生產生活需求，提高產品質量，推進創業創新和經濟結構優化升級，有利於用好外匯儲備，促進國際收支平衡，提升開放合作水準。基於進口的重要作用，對外貿易發展「十三五」規劃強調要實行積極的進口政策，通過完善進口貼息政策、加大進口信貸支持力度等措施擴大先進技術設備等商品進口。2017 年 5 月，習近平在「一帶一路」國際合作高峰論壇上宣布，中國將從 2018 年起舉行國際進口博覽會。2018 年 7 月，商務部等部委在《關於擴大進口促進對外貿易平衡發展的意見》中從四個方面提出了擴大進口促進對外貿易平衡發

展的政策舉措：一是優化進口結構促進生產消費升級；二是優化國際市場佈局；三是積極發揮多渠道促進作用；四是改善貿易自由化便利化條件。2018年11月5日至10日，首屆中國國際進口博覽會在國家會展中心（上海）舉行，這是迄今為止世界上第一個以進口為主題的國家級博覽會。中國國際進口博覽會作為中國擴大進口的重要平臺，與2018年年初以來進口關稅調降等措施一脈相承，是主動擴大進口政策的重要內容。中國國際進口博覽會的舉辦，表明中國主動開放市場的意願與行動，彰顯了中國進一步擴大開放、促進全球貿易、合作發展的決心與信念。習近平在首屆中國國際進口博覽會開幕式上更是指出，中國主動擴大進口，不是權宜之計，而是面向世界、面向未來、促進共同發展的長遠考量。中國將順應國內消費升級趨勢，採取更加積極有效的政策措施，促進居民收入增加、消費能力增強，培育中高端消費新增長點，持續釋放國內市場潛力，擴大進口空間。

進口促進戰略的提出和實施，標誌著中國的進口貿易戰略及對外貿易戰略進入了新的階段。這不僅對中國對外經濟貿易發展方式的轉變及中國經濟社會的和諧發展有重大意義，還為中國的貿易夥伴提供了重要機遇，有利於推動國際貿易自由化和世界經濟發展。

二、中國服務貿易戰略的演進與調整

在中國對外貿易戰略中，服務貿易戰略長期缺位。1994年，「大經貿」戰略將商品、資金、技術、服務相互滲透、協調發展作為重要目標，這標誌著中國從對外貿易戰略的角度明確了發展服務貿易的重要性。在「九五」時期，中國提出要有步驟地開放金融、商業、旅遊等服務領域。

入世以後，根據服務部門開放承諾和中國服務業開放水準不高、競爭力不強、服務貿易逆差較大的發展狀況，「十五」時期圍繞加快發展服務業、努力擴大服務出口、逐步縮小服務貿易逆差推進了服務貿易工作。在此基礎上，「十一五」規劃綱要明確指出要擴大工程承包、設計諮詢、技術轉讓、金融保險、國際運輸、教育培訓、信息技術、民族文化等服務出口，鼓勵外資參與

第四章　新中國對外貿易戰略的調整與轉變

軟件開發、跨境外包、物流服務，建設若干服務業外包基地，有序承接國際服務業轉移，積極穩妥擴大服務業開放，建立服務貿易監管體制和促進體系。「十二五」規劃提出要促進服務出口，提高服務貿易在對外貿易中的比重，強調在穩定和拓展旅遊、運輸、勞務等傳統服務出口的同時，努力擴大文化、中醫藥、軟件和信息服務、商貿流通、金融保險等新興服務出口，大力發展服務外包，擴大金融、物流等服務業對外開放，穩步開放教育、醫療、體育等領域，引進優質資源，提高服務業國際化水準。

依據「十二五」規劃綱要，中國制定了《服務貿易發展「十二五」規劃綱要》（以下簡稱《綱要》），強調要確立服務貿易的戰略地位，把發展服務貿易作為經濟工作的重要戰略任務，以科學發展為主題，以加快轉變經濟發展方式為主線，以國際市場需求為導向，以有效利用兩個市場、兩種資源為目標，科學合理規劃服務貿易發展，夯實服務貿易發展基礎。根據《綱要》的有關精神，發展服務貿易的主要任務是推動重點行業服務出口，有序擴大服務貿易領域的對外開放，加快服務貿易企業「走出去」步伐，培育具有較強國際競爭力的服務貿易企業，推進服務貿易領域自主創新，促進服務貿易區域協調發展，加快發展與戰略性新興產業相配套的服務貿易；需要注重的原則是堅持市場調節與政府引導相結合，遵循服務貿易發展規律，充分發揮市場在服務貿易領域資源配置中的基礎性作用，堅持服務貿易發展與服務業發展相結合，以國內產業特別是服務業發展為依託，大力發展服務貿易，努力擴大服務出口，實現服務貿易與服務業有機融合、互動發展，堅持服務貿易和貨物貿易協同發展的戰略思想，發揮服務貿易高附加值優勢，提高貨物貿易技術含量和附加值，延長貨物貿易價值鏈，同時發揮貨物貿易總量優勢，帶動服務貿易協調發展，提高服務貿易在對外貿易中的比重，堅持總量增長與結構優化相結合，正確處理環境保護與經濟發展和社會進步的關係，發揮服務貿易在建設資源節約型和環境友好型社會、促進經濟發展方式轉變中的積極作用，推進服務貿易各行業全面發展，實現服務貿易總量穩步增長，進出口基本平衡，重點發展現代服務貿易，規範提升傳統服務貿易，實現服務貿易結構優化。

除了明確闡述發展服務貿易的指導思想、基本原則、主要任務外,《綱要》還闡述了服務貿易發展中需要重點培育的領域和發展服務貿易的保障措施,指出要選擇中國具有比較優勢的傳統服務貿易領域,鞏固優勢;選擇符合國際服務貿易發展趨勢的新興服務貿易領域,重點培育。至此,中國形成了較為系統的服務貿易發展戰略,使開放及服務貿易和貨物貿易協同發展、服務出口與服務進口基本平衡成為中國服務貿易發展的戰略重點。在此基礎上,中國根據客觀情況的變化,進一步明確了服務貿易進口的重要意義。2014年,《國務院辦公廳關於加強進口的若干意見》指出,要大力發展服務貿易進口,積極擴大國內急需的諮詢、研發設計、節能環保、環境服務等知識、技術密集型生產性服務進口和旅遊進口。

2015年,中國根據經濟新常態進一步闡述了發展服務貿易的戰略意義和主要目標。《國務院關於加快發展服務貿易的若干意見》指出,大力發展服務貿易有利於穩定和增加就業、調整經濟結構、提高發展質量和效率、培育新的增長點,是擴大開放、拓展發展空間的重要著力點;強調要適應經濟新常態,加快發展服務貿易,創新服務貿易發展模式,加快服務貿易自由化和便利化,培育「中國服務」的國際競爭力,進一步提升服務貿易佔對外貿易的比重,逐步實現國際市場佈局均衡,穩步提升「一帶一路」沿線國家在服務出口中的佔比,到2020年,力爭服務進出口額超過1萬億美元。

經過「十二五」時期的發展,中國的服務貿易邁進了全面貫徹創新驅動發展戰略的新時代。在這樣的背景下,服務貿易發展「十三五」規劃在強調牢固樹立和貫徹落實創新、協調、綠色、開放、共享發展理念的基礎上,明確指出要積極推動服務貿易技術創新和商業模式創新,要注重服務貿易與服務業、貨物貿易、國際投資合作協調發展,要促進服務出口與進口協調發展,緩解服務貿易逆差,要推進服務貿易各領域協調發展,大力促進知識技術密集型服務出口,著力優化服務貿易結構;要進一步鞏固服務貿易大國地位,加快服務貿易強國建設進程。在此基礎上,中共十九大報告進一步強調了擴大服務業對外開放的目標與任務。2018年6月國務院批覆了《深化服務貿易創新發展試點總體方案》,同意在服務貿易創新發展試點基礎上延續兩年,並

將原來的 15 個試點區域擴大至 17 個，強調在借鑑各種開放政策和經驗的基礎上，積極探索更多服務領域的深度開放，進一步探索適應服務貿易創新發展的體制機制，搭建平臺，創新模式，提升服務貿易便利化水準，促進服務貿易高質量發展。

可見，中國在制定服務貿易戰略方面起步較晚，但發展較快。在關於服務貿易的規劃中，不僅有明確的數量目標，還有相應的質量目標和富有創新的發展理念，這進一步體現了中國對外貿易戰略的多元化特徵和戰略重點的調整。在全面深化改革的進程中，中國將根據全面建成小康社會和全面建設社會主義現代化強國的各項目標，適時調整服務貿易戰略，進一步完善服務貿易市場規劃和服務業對外投資戰略，改革和完善服務貿易管理制度，充分發揮市場在服務貿易領域資源配置中的決定性作用，推動服務貿易協調、持續發展。

第三節　新中國對外貿易戰略的重大轉變與演進規律

新中國成立以來，伴隨著國內政治經濟環境與條件的變化，中國對外貿易戰略不斷調整，總體來看，其逐步實現了三大方面的重要轉變：一是在戰略屬性上，實現了從近乎封閉向全方位開放的轉變；二是在戰略手段上，實現了從保護主義向有管理的自由貿易的轉變；三是在戰略目標上，實現了從單一向多元目標的轉變。這三個方面相互交織，共同推動新中國成立以來尤其是改革開放以後中國對外貿易的規模擴大和結構優化，並形成了具有自身特色的演進規律。

一、新中國對外貿易戰略的重大轉變

（一）戰略屬性從近乎封閉向全方位開放轉變

新中國成立 70 年來特別是改革開放 40 多年來，全國各族人民在中國共產黨領導下，堅定不移地擴大對外開放，從貿易到投資，從貨物貿易到服務貿易，逐漸形成了全方位、多層次、寬領域的對外開放格局，實現了從封閉半封閉到全方位開放的偉大歷史轉折。

在這一過程中，中國經濟體制經歷了從「較強的內向型」體制到「較強的外向型」體制的轉變。中國對外貿易戰略也逐漸由過去的全面進口替代戰略逐步調整為融合進口替代和出口導向兩種戰略成分的相對中立的綜合戰略，並進一步調整擴展了開放的領域、層次，推進形成了多層次的全面開放對外貿易戰略總體格局。[1] 從貨物貿易戰略來看，逐步由「獎出限入」等以出口促進為主的貨物貿易戰略轉向堅持進出口並重、推進進出口平衡發展的貨物貿易戰略；由重視進出口貿易規模向注重進出口貿易質量、科技含量與創新驅動的貨物貿易戰略轉變。貨物貿易戰略的開放性、全面性不斷增強。從服務貿易戰略來看，從長期缺位到確立服務貿易戰略，從主要重視貨物貿易到強調服務貿易與貨物貿易協同發展，戰略目標從鞏固服務貿易大國向建立服務貿易強國轉變。在服務貿易戰略歷經從無到有，從有到優的快速發展過程中，中國服務貿易的開放領域擴大，開放水準大大提升。

綜合來看，新中國成立 70 年來，中國的對外貿易戰略發生了重大變革，開放程度越來越高，中國特色社會主義自由貿易制度的特徵在貿易戰略層面日益強化。對外貿易戰略的轉變，使中國不僅在貿易開放的進程中走在了發展中國家的前列，還成為當前推動全球貿易開放與自由化的重要力量。

（二）戰略手段從保護主義向有管理的自由貿易轉變

新中國成立後，中國逐步確立了大一統的計劃經濟體制，與之相應，中

---

[1] 殷德生，金培振.改革開放40年中國對外貿易變革的路徑、邏輯與理論創新［J］.上海經濟研究，2018（10）：116-128.

第四章　新中國對外貿易戰略的調整與轉變

國的對外貿易制度逐漸形成了大一統的保護貿易制度；後伴隨國內外環境與經濟條件的變化，市場的作用得到越來越多的重視，並被提升到決定性作用的高度，而中國的對外貿易戰略也在這一過程中由保護主義向有管理的自由貿易轉變。

雖然現有文獻關於貿易自由化的內涵尚未形成一個統一的界定，但根據世界銀行出版的關於發展中國家貿易自由化的研究，貿易自由化不僅包括貿易政策中的反出口傾向削弱，價格機制作用增強，而且還意味著對貿易干預程度的降低。與此相應，在戰略手段上，中國對外貿易戰略由保護主義向有管理的自由貿易的轉變實際主要體現在兩個方面：一是關於進出口貿易關係、貨物貿易與服務貿易關係為代表的貿易政策中性化的轉變；二是政府與市場關係為代表的價格機制和政府干預機制的轉變。具體而言，一方面，從中國對外貿易總體戰略、貨物貿易戰略和服務貿易戰略來看，新中國成立70年來，總體上中國對外貿易戰略歷經低出口鼓勵和高進口限制相結合的進口替代戰略、高出口鼓勵和高進口限制相結合的混合貿易戰略、高出口鼓勵與低進口限制相結合的出口導向貿易戰略、低出口鼓勵和低進口限制的進出口平衡發展以及積極的進口促進戰略，中國對外貿易實現從自主單向開放向相互多邊開放轉變，從貨物市場自由化延伸到服務市場自由化，在提升貿易政策中性化方面成效顯著[1]；另一方面，從政府與市場關係來看，新中國成立以來到改革開放前中國主要採用的是完全排斥市場的大一統計劃經濟方式，在這一時期政府在資源配置過程中起著決定性作用。然而，自改革開放以來，伴隨著國內經濟政治環境的變化和改革的不斷深入，市場作用從無到有，並實現了從「允許」到「輔助作用」到「基礎性作用」，再到決定性作用的演變，而政府對資源的配置則從「決定」到「為主」再到「服務和矯偏」的作用轉變。[2] 市場與政府關係的轉變充分體現在中國對外貿易戰略的調整過程中，尤其是在作為中國對外貿易發展全局性抉擇、服務於社會主義建設目標的中

---

[1] 孔慶峰，王冬. 中國外貿發展戰略的演變及其動因分析 [J]. 山東大學學報（哲學社會科學版），2009（6）：22-30.

[2] 張長生. 政府與市場關係的重構：從政府決定到市場決定 [J]. 探求，2016（4）：84-89.

對外貿易總體戰略上的體現更為顯著。從高度集中計劃經濟時期政府發揮決定性作用對中國對外貿易實行統制模式的進口替代戰略，到有計劃商品經濟制度時期政府與市場主輔結合進行調節的混合發展戰略，到建立和完善社會主義市場經濟制度時期充分肯定並發揮市場對資源配置基礎性作用的「大經貿」戰略和互利共贏戰略，再到新時代發揮市場決定性作用的多元化戰略，中國對外貿易戰略的調整與轉變過程，充分反應了政府與市場關係的不斷調整以及由此所呈現的貿易領域價格機制與政府調控機制的自由化，實現了從保護主義向有管理的自由貿易的轉變。

（三）戰略目標從單一目標向多元目標轉變

中國對外貿易戰略是國民經濟整體發展戰略的重要組成部分，服從並服務於國內經濟發展目標。伴隨著國內經濟的發展和國際經濟環境的不斷變化，中國對外貿易戰略目標在不同的經濟發展階段存在不同的特點，並在總體上呈現出由單一目標向多元目標轉變的重大趨勢。

從對外貿易戰略總體目標來看，從新中國成立初期以排斥進口、優先發展重工業為目標的進口替代戰略到進口替代戰略與出口導向戰略相結合的混合發展戰略，到強調商品進出口貿易基礎上的資金、技術、服務等多種對外貿易形式融合發展的「大經貿」戰略，到注重「引進來」與「走出去」雙向並重、國內利益與國外利益協調的互利共贏戰略，再到創新驅動戰略、積極進口促進戰略、全面開放戰略等齊頭並進、相互協作的多元化對外貿易戰略，中國對外貿易戰略總體目標的範圍由商品拓展至服務、技術、資本，由規模延伸至質量、效益、創新，由國內利益拓展至國際利益，從而由單一目標轉變為涵蓋多層次、多領域的多元目標體系。從具體戰略來看，貨物貿易戰略和服務貿易戰略的目標同樣融入了以質取勝、創新驅動發展的戰略目標，進一步拓展並充實了貨物與服務貿易戰略目標。其中貨物貿易戰略中的市場多元化戰略更是結合中國進出口貨物貿易發展實際，將優化進出口市場佈局、改善進出口市場結構融入貨物貿易發展戰略目標之中，服務貿易戰略則從中國服務貿易發展現狀出發，將服務貿易進出口平衡發展尤其是促進服務貿易進口發展納入目標體系中，從而形成了有所側重、獨具特色的、多元的貨物

貿易戰略目標和服務貿易戰略目標。

從近乎封閉走向全方位開放、從保護主義走向有管理的自由貿易、從單一戰略目標走向多元戰略目標，中國經濟體制和對外貿易制度在不斷探索、嘗試、調整、改革的偉大歷程中不斷演進，共同構成了新中國成立70年尤其是改革開放40餘年來中國經濟與對外貿易發展史上的重要內容，推動中國經濟和對外貿易發展逐步走向更具可持續性的全面發展新格局。

二、新中國對外貿易戰略的演進規律

（一）中國對外貿易戰略轉變的必要性

各種貿易戰略模式，無論是外向型還是內向型，只能適用於一國發展的一定階段。對對外貿易在經濟發展中的地位的評判必將強烈地影響到一國的政策選擇。但是必須注意到，對外貿易在經濟發展中的重要性和貿易政策應用的條件是常常變化的，貿易戰略必須予以調整以適應不同的目標，貿易政策也必須發生相應變化。[①] 因此，中國國內外政治經濟環境的變化，往往促成了對外貿易戰略調整與轉變的必要性。

具體來說，新中國成立初期的進口替代戰略是計劃經濟的產物，是「重工業優先發展」經濟戰略的需求。但計劃體制與內向發展戰略並未達到理想效果，而且日益呈現出難以為繼的局面。在此背景下，中國於1978年開始了改革開放。但一方面受國內經濟發展水準低、企業生產效率低、市場競爭不足、制度不完善等條件的限制，中國對外貿易戰略無法直接由內向型轉向外向型；另一方面，從國際環境看，20世紀80年代正是國際經濟大調整時期，全球新一輪的生產結構轉換和轉移為中國融入國際分工提供了新的機遇。同時東亞增長奇跡的出現則對中國產生了很強的示範效應，從而使推進對外開放、促進對外貿易發展在中國贏得更多共識。改革開放初期國內國際政治經濟條件的限制與轉變，促成中國對外貿易戰略由進口替代調整為融合進口限

---

① 莫蘭瓊. 改革開放以來中國對外貿易戰略變遷探析 [J]. 上海經濟研究，2016（3）：35-40.

制和出口鼓勵的混合發展戰略。① 1992年後，尤其是鄧小平發表南方談話後，國內的制度變遷阻力變小，總體發展水準提高，企業積極性增強，因此對更大的自主經營權和更靈活的市場體制產生需求。對外貿易發展的優勢開始凸顯，從而進一步拓展對外貿易的廣度與深度、推動對外貿易與其他對外經濟形式的融合發展開始成為政府和企業的現實訴求。在此背景下，「大經貿」戰略取代混合發展戰略成為這一階段中國對外貿易戰略的主要內容。中國對外貿易尤其是出口貿易快速發展，並在中國加入世界貿易組織後得到進一步大幅高速增長。與此同時，高速增長、粗放式發展的中國對外貿易也開始產生一系列問題，如出口商品缺乏核心競爭力、對外貿易發展高度依賴外需和外資、人民幣升值壓力巨大、對外貿易摩擦頻發等問題。② 其中較為突出的是以下三個問題：一是對外開放並不平衡。從對外貿易發展的領域來看，主要集中於貨物貿易發展，而服務貿易領域開放與發展均嚴重滯後；從對外貿易地域看，國內不同地區的開放政策千差萬別，同一領域中不同地區的外貿、外資企業享受不同的政策待遇，從而造成了企業之間的不平等競爭；從國際市場來看，中國對外貿易的分佈相對比較集中，從而導致對某些或某類國家的對外貿易關係嚴重依賴。二是出口導向部門與進口替代部門的分隔，造成出口導向部門在國內的產業鏈過短，技術含量較低、附加值低等不足；進口替代部門則由於保護過度、競爭不足等問題導致其競爭力依然低下。三是對外貿易摩擦頻發。由於中國對外出口主要依賴美國和歐盟等發達經濟體的市場，因此中國對外貿易發展面臨的主要挑戰之一就是來自發達國家的新貿易保護主義。尤其是包括反傾銷、反補貼和保障措施在內的新型貿易保護手段和工具的應用，往往具有更強的針對性和歧視性，成為影響中國對外貿易健康發展的一個重要因素。除此之外，中國對外貿易發展還面臨一個更大更艱鉅的問題，那就是對外貿易增長方式的轉變問題。改革開放以來，中國出口貿易迅速增長，但與中國巨大出口規模相伴隨的是「中國製造」的低廉價格，即

---

① 黃靜波. 中國對外貿易改革的總體評價和展望 [J]. 經濟評論, 2000 (4): 59-63.
② 李坤望. 改革開放三十年來中國對外貿易發展評述 [J]. 經濟社會體制比較, 2008 (4): 35-40.

第四章　新中國對外貿易戰略的調整與轉變

中國出口增長更多依賴於價格競爭優勢，這種對外貿易發展模式事實上難以持續。而改變中國出口增長模式，根本的方法還是提高自主創新能力，調整企業經營戰略。因此，在這一系列問題的推動下，中國對外貿易戰略日益多元化，並融合互利共贏戰略、創新驅動戰略、積極進口促進戰略、全面開放戰略等形成了獨具特色的中國對外貿易戰略體系。由此可見，各階段中國對外貿易戰略的調整與轉變是特定階段政治經濟發展實際推動的產物，是必要且重要的選擇。

(二) 中國對外貿易戰略轉變的根本原因及規律

1. 中國特色社會主義制度的保障

新中國成立以來，中國共產黨領導全國各族人民一直在探索適合中國發展的現代化模式。「以蘇為師」優先發展重工業模式成為新中國成立初期經濟發展的主要模式。1957年年末，隨著「大躍進」的開始，疊加各種複雜因素的影響，與對現代化的探索發生背離，中國內向型經濟發展趨向愈加明顯，並最終導致中國現代化進程的中斷和較為嚴重的危機。中共十一屆三中全會重新確立了「解放思想，實事求是」的思想路線，做出了把工作重心轉移到社會主義現代化建設上來的戰略決策，實行改革開放並逐步形成以市場經濟為經濟運行形態的基本形式，遵循經濟體制改革中「摸著石頭過河」的經驗，由易到難，最終促成了中國社會主義現代化建設的全面啟動。在這一過程中，充分融合中國特色社會主義經濟建設發展的實踐性、時代性和價值性相統一的邏輯，在中國共產黨的領導下適時、有力地提出推動中國特色社會主義制度完善與發展的綜合方案，這為不同時期中國對外貿易戰略的調整與轉變提供了最根本和最強大的制度保障。

2. 社會主義市場經濟體制的完善

如何處理政府與市場的關係一直貫穿於中國經濟發展的過程中，並成為各階段中國對外貿易戰略制定的重要依據。從高度集中的計劃經濟體制到改革開放後社會主義市場經濟體制的逐步確定與發展，極大地解放和發展了社會生產力，深刻改變了人們對經濟發展基本規律的認知。1979年11月，鄧小平率先發出「社會主義為什麼不可以搞市場經濟」的疑問後，中國共產黨人

147

開始探索、建立和完善社會主義市場經濟體制的偉大實踐。從中共十二大正式使用「計劃經濟為主、市場調節為輔」的提法,十二屆三中全會正式提出社會主義經濟是公有制基礎上的「有計劃的商品經濟」,到中共十四大明確提出建立社會主義市場經濟體制的目標,到中共十七大提出「從制度上更好發揮市場在資源配置中的基礎性作用」,再到中共十八屆三中全會進一步提出「使市場在資源配置中起決定性作用和更好發揮政府作用」,中共十九大提出建立「市場機制有效、微觀主體有活力、宏觀調控有度」的經濟體制,中國建立和完善社會主義市場經濟體制的認識不斷深化,實踐探索不斷深入,社會主義市場經濟體制更加完善和成熟。在此過程中,中國對外貿易戰略逐漸融入了越來越多的開放元素與發揮市場作用的理念,不斷打破對進口貿易、服務貿易、雙向投資等多方面的限制,推動中國對外貿易戰略朝著更包容、更開放、更自由、更多元的方向持續調整轉變。由此可見,社會主義市場經濟體制的完善為中國對外貿易戰略的調整與轉變提供了強大動力和體制支持。

3. 經濟發展水準的演進

中國經濟發展的現實需要以及經濟發展水準的演進,構成了中國對外貿易戰略轉變和調整的關鍵參照。實際上,中國不同發展階段的對外貿易戰略均和當時的經濟環境和國內要素需求密切相關。經濟貿易轉型的最終目的是實現經濟的可持續發展。在不同經濟發展階段,中國外貿戰略的重點不同,從主要集中於出口貿易到關注並鼓勵進口貿易、從貨物貿易拓展至服務貿易、從貿易領域進一步延伸至投資領域、從單一目標提升至多元目標,等等,其實現轉變與拓展的核心動力之一便是經濟發展階段和現實發展訴求的調整與改變。而且對外貿易發展戰略的演變具有連續性,與當時經濟社會發展情境相適配的對外貿易戰略將在一定時期內充分發揮對經濟發展的促進作用,但與此同時發展到一定階段的經濟水準又會導致一些影響因素發生變化,進而引致新的需求與發展目標,這又進一步推動中國對外貿易發展戰略的演變。因此,事實上,中國經濟發展水準的階段性演進與中國對外貿易戰略的轉變與調整呈螺旋互動關係,是引致中國對外貿易戰略轉變的核心動力因素。

本章參考文獻

鄧敏，顧磊，2016. 中國對外貿易概論［M］. 成都：西南財經大學出版社.

黃靜波，2000. 中國對外貿易改革的總體評價和展望［J］. 經濟評論（4）：59-63.

孔慶峰，王冬，2009. 中國外貿發展戰略的演變及其動因分析［J］. 山東大學學報（哲學社會科學版）（6）：22-30.

李坤望，2008. 改革開放三十年來中國對外貿易發展評述［J］. 經濟社會體制比較（4）：35-40.

莫蘭瓊，2016. 改革開放以來中國對外貿易戰略變遷探析［J］. 上海經濟研究（3）：35-40.

曲如曉，2019. 中國對外貿易概論［M］. 4版. 北京：機械工業出版社.

徐復，2012. 中國對外貿易概論［M］. 3版. 天津：南開大學出版社.

殷德生，金培振，2018. 改革開放40年中國對外貿易變革的路徑、邏輯與理論創新［J］. 上海經濟研究（10）：116-128.

張長生，2016. 政府與市場關係的重構：從政府決定到市場決定［J］. 探求（4）：84-89.

中國對外貿易制度變遷

第五章
新中國對外貿易體制的改革與轉變

對外貿易體制是對外貿易戰略得以實施的重要載體，是新中國對外貿易制度轉變的關鍵。新中國成立以來，對外貿易體制的建立和調整，特別是其改革創新，對中國對外貿易制度體系的完善，對中國對外貿易及社會經濟的發展，都產生了重要推動。

第一節　新中國對外貿易體制的建立與調整

在新中國成立初期，由於對開展社會主義經濟事業缺乏經驗，加之在眾多資本主義國家中孤立無援，中國經濟體制基本參照蘇聯的斯大林模式，採用了高度的全民所有制和高度集中的計劃經濟模式，經濟運行排斥市場規律，資源配置和產品分配均由國家通過指令性計劃統一進行。對於一個國家而言，對外貿易體制是經濟體制的重要構成。因此，新中國成立之初建立的對外貿易體制也是以指令性計劃、統負盈虧、高度集中為特徵的。在此基礎上，中國根據經濟發展的需要調整了對外貿易體制。

一、高度集中對外貿易體制的形成

毛澤東在中共七屆二中全會上提出，「人民共和國的國民經濟的恢復和發展，沒有對外貿易的統制政策是完不成的」。因此，新中國成立之初的對外貿易體制是高度集中的、國家統治的外貿體制，具體表現為國家統一領導和管理，外貿各專業公司統一經營，企業的盈餘和虧損均由中央財政承擔。[1] 為了推進中國對外貿易體制的建立，中國建立了高度集中的對外貿易行政管理機構體系，通過除舊革新全面建立起中國社會主義的對外貿易經營主體，並在此基礎上建立起全國統一的對外貿易管理制度以及相配套的外匯管理制度和對外貿易監督管理系統。

（一）設立對外貿易行政管理機構

為統一管理全國外貿工作，1949 年 11 月，中國成立了中央人民政府貿易部。隨著中國國內外貿易規模的迅速擴大，1952 年 8 月，貿易部劃分為中央人民政府商業部和中央人民政府對外貿易部，分別開展國內貿易和對外貿

---

[1] 孫玉琴. 中國對外貿易史 [M]. 北京：清華大學出版社，2008：254-258.

工作。中央人民政府對外貿易部的主要職能在於統一領導和管理對外貿易，具體表現為：編製進出口貿易計劃及對外貿易外匯收支計劃並組織和檢查其執行；負責與其他國家發展經濟貿易和技術合作的聯繫方案和談判事宜；領導海關工作，起草對外貿易管理法規和海關管理法規，簽發進口、出口和過境貿易的許可證，加強貨物監管和政治經濟保衛工作。

與中央政府領導機構設立相對應，中國組建了地方貿易管理機構。中央貿易部成立後，中國在各大行政區設立了貿易部，在中國省市由商業廳（局）監管對外貿易，在口岸省市設立了對外貿易管理局，劃歸中央貿易部直接領導，之後改為中央和地方雙重領導。對外貿易部成立後，中國在各大行政區和口岸設立了對外貿易部特派員辦事處，受對外貿易部和地方政府雙重領導。1954年各大行政區撤銷後，中國在一些省市設立了對外貿易局，由此形成了「條塊結合，條條為主」的高度集中的對外貿易行政管理機構體系。

（二）建立中國社會主義的對外貿易經營主體

在對外貿易經營主體上，新中國通過除舊革新全面建立起中國社會主義的對外貿易經營主體，主要措施包括：廢除帝國主義在中國的一切特權，沒收對外貿易中的官僚資本，改造私營進出口企業，建立國營對外貿易企業。

1. 廢除西方列強國家在中國的特權

新中國成立前，在帝國主義列強的不斷侵略下，中國的主權和領土完整遭遇了嚴重破壞，對外貿易也喪失了獨立自主的地位，完全依附於帝國主義，淪為半殖民地性質的對外貿易。新中國成立後，中國立即廢除了帝國主義在中國的一切特權，取消了他們對外匯、金融、航運、保險及商檢等方面的壟斷，摧毀了他們對外貿的控制。對於外國在中國的外貿企業，沒有實施沒收，允許其在遵守中國政府法令的條件下繼續經營。但由於它們都是依靠帝國主義特權起家的，在特權取消以後難以經營，因此大都申請歇業或作價轉讓給中國政府。從此以後，外國資本在中國開設的進出口企業基本上停止了經營活動。1950年，在中國境內有洋商540多家，進出口額占中國對資本主義市場進出口總額的6.52%；到1955年年底，只剩下28家，在全國對資本主

市場貿易中的比重下降為0.005%。①

2. 沒收對外貿易中的官僚資本

官僚資本是帝國主義的總買辦,它依靠國際壟斷資本的勢力,憑藉反動政權的權利,控制了舊中國的金融業、工業、交通運輸業、國內外貿易。從對外貿易來看,官僚資本獨占了中國絕大部分商品的進口和出口。因此,在廢除帝國主義一切特權的同時,沒收官僚資本也是必要的政策措施。在全國範圍的沒收官僚資本活動中,新中國接管了中央信託局、輸出入管理委員會等舊政府的外貿機構,沒收了蔣、宋、孔、陳四大家族官僚資本的外貿企業。官僚資本的外貿企業擁有的主要資產是外匯,但在人民解放戰爭取得勝利的過程中,這些外匯資產已全部被官僚資產階級卷逃或匯出。因此,新中國沒收所得的官僚資本外貿企業的資產十分有限。

3. 改造私營進出口企業

新中國成立初期,全國各口岸共有私營進出口企業4,600戶,從業人員35,000人,資本約13億元(按1955年3月1日起發行的新人民幣折算),經營額約占全國外貿總額的三分之一,其中出口額約占全國出口總額的一半。②私營進出口企業是建立在生產資料私人所有制基礎上的,因此新中國成立後,國家對它們採取了利用、限制和改造的政策:利用它們與國外廠商的貿易關係,經營進出口業務的經驗和專長,對資本主義市場的熟悉和瞭解,以及對許多出口商品的產銷、加工、保管及運輸等方面的豐富知識,限制它們的剝削和盲目經營,制止它們的投機違法活動,通過國家資本主義的道路,逐步把私營進出口企業改造成為社會主義對外貿易企業。

經過改造和代替,到1955年年底,私營進出口商戶減少到1,083家,從業人員減少到9,994人,資產下降到4,993萬元,其進出口額在全國進出總額

---

① 中國外貿體制改革的進程、效果與國際比較課題組. 中國外貿體制改革的進程、效果與國際比較[M]. 北京:對外經濟貿易大學出版社,2007.

② 資料來源於2012年度(第十屆)中國法經濟學論壇論文集。

中的比重從 1950 年的 31.6% 下降到 0.8%。[①] 1956 年，在全國公私合營高潮中，中國對私營進出口企業實行了全行業公私合營。合營後，參照國營對外貿易企業的制度，按行業成立了專業性的公私合營公司。通過改造，這些公司的所有制發生了根本變化，資本家原來佔有的資產轉由國家使用，他們除了拿定息之外，不能支配這些資產，也不再以資本家的身分掌握經營管理權和人事調配權。至此，中國在對外貿易領域基本完成了對生產資料私有制的社會主義改造。

4. 建立國營對外貿易企業

新中國成立後，為了適應革命形勢和恢復國民經濟、發展對外貿易的需要，中國依靠國家政權和整個社會經濟的力量，在東北、華北、華東等解放區對外貿易的基礎上逐步建立了國營對外貿易企業，其中包括經營與社會主義國家貿易的中國進口公司，經營對資本主義國際貿易的中國進出口公司，以及中國畜產、油脂、茶葉、蠶絲、礦產等國營外貿公司。1953 年，通過對原有國營外貿公司進行調整，中國組建了 14 個專業進出口公司和 2 個專業運輸公司。為了改善經營分工，中國對這些公司進行了調整重組，並在各地設立了分支公司。這些企業一經建立，就在對外貿易經營中起著主導作用。1950 年，國營外貿企業的進出口額占全國進出口總額的比重達 68.4%，1952 年上升到 92.8%，1955 年更是高達 99.2%。[②]

到 1956 年生產資料的社會主義改造完成後，新中國的對外貿易全面由國營外貿公司集中經營。1958 年 8 月中共中央在《關於對外貿易必須統一對外的決定》中明確規定：「除對外貿易部所屬總公司和口岸分公司外，任何地方、任何機構不允許做進出口買賣。」自此，全國的進出口貿易活動，完全由十幾家國營專業進出口公司分商品大類壟斷經營，其他任何機構都不得經營進出口買賣。這十幾家對外貿易專業公司實際上是對外貿易管理部門的進出

[①] 中國外貿體制改革的進程、效果與國際比較課題組.中國外貿體制改革的進程、效果與國際比較 [M].北京：對外經濟貿易大學出版社，2007.
[②] 張興華.國有外貿企業戰略轉型分析 [D].北京：對外經濟貿易大學，2007.

口計劃的執行機構。各外貿專業總公司和分公司按經營分工統一負責進出口貿易的對外談判、簽約、履約等業務活動,其他任何機構都無權經營進出口業務,中國省市分公司、支公司僅參與出口貨源的組織、收購、調撥、運輸等對內經營活動。

(三) 建立全國統一的對外貿易管理制度

高度集中外貿體制最核心的部分即是單一的直接計劃管理體制,國營專業外貿公司壟斷整個外貿行業的經營。國家相關部門編製和下達外貿收購、調撥、出口、進口、外匯收支等指令性計劃,外貿專業公司作為接收指令的一方,負責執行計劃,完全按照計劃進行日常經營,如需修改要逐級上報,交由國務院核批。由此,國家下達的外貿計劃框住了整個外貿經營,既成為集中調節外貿經營的單一槓桿,又成為集中進行外貿管理的主要手段。

在外貿對外經營環節,一方面,唯有國營專業外貿總公司及各分公司擁有進出口經營權,另一方面,各外貿公司的經營活動受到以行政機構為主的多方面干預和約束,此時的經營體製表現出「政企不分」的特徵。在外貿對內經營環節,國家主要施行出口收購制和進口撥交制①,這一環節基本由各省、市外貿分、支公司負責。出口收購制是指外貿公司在出口貿易中以買斷方式從其上游的生產者那裡購進商品以供出口,進口撥交制則是指外貿公司在進口貿易中按照指令性計劃的要求完成貨物的進口,再調撥給其下游的用貨公司。雖然按照「收購制」和「撥交制」,外貿企業擁有對其上、下游企業的主動選擇權,但外貿公司的上游生產者對出口商品的適銷性、價格、盈虧不承擔責任,下游用貨者不承擔進口質量和效益的責任,外貿企業本身也不自負盈虧,「責、權、利」不統一,最終使得「產、供、銷」嚴重脫節。在進出口業務中,本為主體的生產企業成了對外貿易的客體,而作為客體的外貿企業倒成了主體,這打擊了生產企業出口創匯的積極性。隨著中國經濟體制改革逐步推進,「收購制」和「撥交制」愈發難以適應外向型經濟的發展需求,但也為中國的外貿經營體制過渡到之後的進出口代理制打下了深厚基礎。

---

① 裴長洪. 中國對外開放與流通體制改革30年研究 [M]. 北京:經濟管理出版社,2008: 50.

第五章　新中國對外貿易體制的改革與轉變

在外貿定價方面，當時的外貿定價制度從實質上割斷了國內外市場價格的聯繫，對中國外貿經營活動形成制約。在這種定價制度下，按照內外有別、分別作價的原則[①]，出口商品貨源按國內計劃價格收購，進口商品的內銷按國內調撥價供應客戶，而出口商品的外銷和進口商品的購進則按國際市場價格作價，從而造成國內外價差並隨著時間的推移而不斷擴大，形成國內外價格割裂。

此階段，財務管理體制體現出「高度集中、統負盈虧」的特點，進出口盈虧首先由各外貿專業總公司核算，然後上報至外貿部進行統一核算和綜合平衡，最終盈虧均由中央財政一力承擔。除此之外，外貿專業公司的流動資金也均由財政部統一核撥。

(四) 外匯管理制度的設立

新中國成立之時設立了中國人民銀行總行，下設中國銀行等金融機構，由中國銀行在總行領導下統一管理全國的外匯業務，以調節和扶助進出口貿易。在當時，一方面，布雷頓森林體系還未宣告結束，國際貨幣體系仍以美元為中心，實行可調整的盯住匯率制度；另一方面，中國國內經濟體制屬於100%公有的單一計劃經濟體制，進出口貿易由各外貿專業公司按照國家下達的指令性計劃統一經營，因此，匯率在當時的中國並不承擔調節進出口貿易的職能，國家實行的是穩定人民幣匯率的方針，人民幣匯率長期固定不動。

(五) 外貿監督管理系統的設立

1950年，中國設立了海關總署，逐步接管和改造了各地的舊海關，收回了中國的海關主權。全國海關直接服從海關總署的管理，實行集中統一的垂直管理體制。海關的主要職責包括貨運監管、關稅徵收、走私緝查等。1953年，海關總署與對外貿易部的對外貿易管理總局合併為新的海關總署，劃歸對外貿易部領導。各口岸對外貿易管理局及其分支機構亦與當地海關合併，統稱海關。1960年至1979年期間，海關建制層層下放，海關職能逐漸被削弱。

此外，進出口商品檢驗制度是國家對涉外經濟活動實行監督管理的一個

[①] 廖慶薪，廖力平. 現代中國對外貿易概論 [M]. 廣州：中山大學出版社，2000：105.

重要方面。1949年10月，在中央貿易部對外貿易司設立了商品檢驗處，收回商檢主權。1952年，中央對外貿易部成立後，又設立商品檢驗總局，統一領導和管理全國的進出口商品檢驗工作。1954年10月，外貿部明確提出商檢工作方針，為商檢工作進一步明晰職責和方向，即通過細緻而系統的商檢工作，提高國內生產產品的質量，樹立信譽，加強內外交流，保護和支持國家經濟建設。

綜上所述，中國的高度集中外貿體制形成於特定的客觀歷史條件下，派生於單一集中的計劃經濟體制，在當時的背景和形勢下，這種外貿體制在宏觀調控和總體協調方面起到的積極作用不可忽視。通過高度集中的計劃管理，由國家統一經營對外貿易，能更好地調度國內外資源，將資源配置到重點位置，配合新中國成立初期經濟建設的總體需求。在政治外交方面有利於上下統一，集全國之力一致對外，打破資本主義國家的聯合「封鎖」，為國際經濟合作打開缺口，配合和平外交工作，捍衛國家的政治和經濟獨立。

二、高度集中對外貿易體制的弊端和調整

高度集中對外貿易體制在特定歷史時期為建設中國社會主義事業起到了積極的推動作用。但是，隨著國內經濟迅速發展，指令性計劃常常無法與市場的實際情況相吻合，固有的外貿體制顯得過於死板，顯然無法適應新的形勢需要，束縛了對外貿易的發展。為了更好地促進對外貿易和經濟發展的需要，中國對外貿體制做了一些局部調整。

（一）高度集中外貿體制的弊端

隨著經濟發展和形勢變化，高度集中的外貿體制的弊端也日益顯現，主要體現在以下三個方面：

（1）獨家經營，產銷脫節。通過外貿專業公司獨家經營對外貿易，缺乏競爭，使得各地各生產部門對對外貿易缺乏主觀能動性，造成工貿隔離、產銷脫節，對外貿易商品的國際競爭力難以得到提高。

（2）統得過死，缺乏自主經營權。國家通過指令性計劃以及行政包攬和干預，對企業限制過多，各方面都被固定和安排，忽視經濟調節，造成政企

職責不分，未能使其充分發揮自主經營的能力，成長速度特別緩慢。

（3）統負盈虧，缺乏激勵。外貿專業公司不負盈虧，無競爭壓力，無後顧之憂，企業沒有進行自主創新的激勵，缺乏主動改善經營管理的積極性。

（二）高度集中對外貿易體制的調整

高度集中對外貿易體制的種種弊端，凸顯於權力的過度集中，這使對外貿易部事實上成了獨攬全國對外貿易的大企業，在掌握全國對外貿易行政管理權的同時佔有對外貿易企業的所有權和經營權。針對這種情況，中國對對外貿易體制做了一些局部調整，下放了一些權利。在1974年的對外貿易體制調整中，中國主要開展了以下工作：除原有的上海、廣州、大連、青島、天津5個口岸直接經營遠洋、近洋、港澳地區的進出口貿易，北京、福建、河南、湖北、湖南、江西、安徽、廣西、雲南9個省、自治區、直轄市經營港澳地區和其他地區部分商品出口業務外，增加江蘇、浙江、河北三省為直接經營對外貿易的口岸；除西藏外，中國其他省、自治區可以直接向港澳發運出口物資；內地省、自治區外貿專業分公司經外貿專業總公司批准，可以經營遠洋貿易；輕工業部、建築材料工業部、農業機械工業部、石油化學工業部、冶金工業部等工業部門分別成立出口供應公司，負責對外交貨或向外貿公司供貨；第一機械工業部成立產銷結合的機械設備出口公司。

在外匯管理方面，20世紀70年代初期，因美元危機與美國經濟危機的頻繁爆發，布雷頓森林體系最終難以為繼，其後各國貨幣紛紛實行浮動匯率。在繼續維持人民幣匯率相對穩定的方針指導下，中國為了應對各國匯率頻繁變動帶來的影響，保持人民幣匯價的相對合理性，開始實行定期調整匯價的辦法。調整匯價的參考對象主要是不同時期具有代表性的堅挺貨幣升降的平均幅度，以及同期美國國內消費物價水準的變動情況。

這些調整措施對發展對外貿易起到一定的積極作用。但是，限於對外貿易體系內部的圍繞經營權的局部調整難以觸及高度集中、獨家經營的對外貿易體制的基本框架和運行機制，國家高度壟斷對外貿經營活動內在規律的破壞依然制約著對外貿易的發展及其積極作用的發揮，對外貿易體制的改革勢在必行。

第二節　新中國對外貿易體制改革

在計劃經濟體制下，中國對外貿易實行高度集中的壟斷經營方式，經營權高度集中，政企不分，責、權、利不明。外貿企業缺乏應有的激勵機制及硬預算約束，企業經營積極性不高，效益低下。伴隨著國內經濟與對外貿易的發展，原有計劃經濟時期的外貿體制難以滿足日漸擴大的外貿需求與經濟體量，如此高度集中、無所不包的外貿計劃體制亦不利於國民經濟的恢復和發展，貿易體制改革勢在必行。1979年10月4日，鄧小平在中央召開的各省、市、自治區第一書記座談會上說：「過去我們統得太死，很不利於發展經濟。有些肯定是我們的制度卡得過死，特別是外貿。好多制度不利於發展對外貿易，對增加外匯收入不利。」與總體經濟體制改革相一致，中國對外貿易體制改革也是始於試驗的漸進式改革，是在沒有經驗可以借鑑的基礎上的「摸著石頭過河」。進入改革開放後，在漸進式改革思路下，對外貿易體制改革成為整體改革的先鋒。

一、有計劃商品經濟制度建設時期對外貿易體制改革的探索（1979—1992年）

改革開放初期，對外貿易體制改革的主要舉措有：下放外貿經營權、推行進出口代理制和外貿承包經營責任制；改革單一的指令性計劃管理體制，開始實行進出口貿易的指令性計劃、指導性計劃和市場調節相結合的管理體制；建立自負盈虧經營機制，等等。通過這些改革舉措，打破了對外貿易的國家壟斷經營。

（一）外貿行政管理體系改革

1. 簡化外貿行政管理機構

根據簡政放權、推動外貿體制改革和發展對外貿易的需要，改革了對外

第五章　新中國對外貿易體制的改革與轉變

貿易領導機構。1982年3月，原有的國家進出口管理委員會、對外貿易部、對外經濟聯絡部和外國投資管理委員會四個單位合併，成立中華人民共和國對外經濟貿易部，簡化原有的管理機構，全國對外經濟貿易工作自此由對外貿易部統一領導和管理。對外經濟貿易部在黨中央和國務院的政策指導下，對內負責規劃、管理和協調各地區及各部門的對外貿易經濟活動，對外積極發展與他國的貿易及經濟技術合作，解決對第三世界國家的經濟技術援助相關問題，同時統一組織政府間綜合性的對外經濟貿易活動，為中國社會主義現代化建設和對外戰略服務。

2. 完善外貿行政管理體系

從1980年開始，中國重新恢復和逐步建立起新的外貿行政管理體系，包括：進出口許可證、外匯配額管理、對設立對外貿易企業的審批管理、對出口商品商標的協調管理等。並在此基礎上加強了對外經濟貿易部的行業綜合管理職能，重新設立了駐口岸的特派員辦事處機構，加強了海關、商檢、外匯管理等外貿行政管理機構的職能。

1988年之後，經貿部根據國務院授權，行使全國外貿行政歸口管理職能，各地方經貿廳（委、局）則在當地政府領導下行使本地區外貿行政歸口管理職能。各級外貿行政部門均實行政企職責分開，不再干預外貿企業的正常經營活動。為加強外貿行政管理，除已建立的5個特派員辦事處外，經貿部進一步加強了特派員辦事處建設工作。經貿部及其特派員辦事處、各地方經貿廳（委、局）分別按照職權範圍，改進和加強出口配額和進出口許可證的管理。

在總結對外貿易體制改革試點經驗的基礎上，1990年12月，國務院《關於進一步改革和完善對外貿易體制若干問題的決定》（以下簡稱《決定》）出抬，部署了繼續貫徹執行治理整頓、深化改革方針的舉措。在行政管理方面，中國進一步改善了對出口商品的計劃、配額和許可證管理。經貿部對出口商品繼續實行分類和計劃列名管理，對計劃列明管理的出口商品全部實行出口許可證管理，由經貿部門嚴格按計劃核發出口許可證，非計劃列名的出口商品，可根據需要實行出口許可證管理。對實行主動配額或被動配額的商品，

繼續實行配額加許可證管理。實行主動配額管理的出口商品和出口市場，由經貿部根據國際市場的變化情況適時調整。繼續鼓勵和扶持外商投資企業發展出口，對外商投資企業生產的實行計劃、配額和許可證管理的出口商品，根據經貿部批准的生產規模和實際生產能力，安排出口計劃和出口配額。

3. 調整外貿行政管理職能和手段

自1979年確立改革開放政策之後，為了擺脫過於集中的經濟體制，促進商品經濟的發展，中國將商品的經營權下放，建立了一批進出口貿易公司，實行政企分開，打破以往外貿企業由國家經營的局面。主要使用法律、經濟、政策等手段，輔以必要的行政手段來強化對外貿的宏觀管理，弱化微觀管理，以市場為取向，給予企業更多自主經營權，釋放外貿相關部門的活力。

與此同時，對外經濟貿易部將若干項外貿行政管理權力下放至地方政府，包括部分對外貿企業的審批權限。外貿行政管理實行歸口管理和分級管理的原則，對外經濟貿易部根據國務院授權，行使全國外貿行政歸口管理的職能，各地方政府對外經貿廳（委、局）行使本地方的外貿行政歸口管理的職能。

（二）改革外貿經營權制度，建立外貿經營新機制

1. 下放外貿經營權，擴大對外貿易經營渠道

國有外貿企業是傳統體制的微觀基礎，也是改革難點。按照趨易避難的原則，外貿體制改革先從體制外開始，即通過外貿經營權制度改革在國有企業之外培育新的經營主體。

1978—1987年是中國的對外貿易經營體制改革的初步探索階段。下放外貿經營權是外貿體制改革第一階段的核心與主攻。1984年9月，根據中共十二屆三中全會「關於經濟體制改革的決定」，在社會主義有計劃的商品經濟思想指導下，中國確定了「把對外開放作為長期的基本國策，按照既要調動各方面的積極性、又要實行統一對外的原則改革外貿體制」的基本方向。為了貫徹有關精神，國務院批准並轉發了對外經濟貿易部《關於外貿體制改革意見的報告》，提出了「政企職責分開，實行進出口代理制，工貿結合、進出結合」的外貿體制改革原則。

按照改革部署，中國逐步下放外貿進出口總公司的經營權，擴大地方的

外貿經營權,以調動地方和生產企業發展外貿的積極性。採取的主要措施有:各地方經過批准可以成立地方外貿公司,北京、天津、上海、遼寧、福建等省、市分別成立了外貿總公司;針對一些經濟較發達省份,尤其是廣東和福建兩省,中共中央和國務院實行了一些特殊政策和靈活措施,相應擴大這兩省的外貿經營權,其產品除個別品種外,全部由省外貿公司自營出口;批准19個中央有關部委成立進出口公司,如機械設備進出口總公司、船舶進出口公司等,這些公司主要是由對外貿易部所屬的外貿專業公司分散到有關部門組成,將一些商品的外貿經營權分給相對應的生產部門,使產銷結合更為緊密的同時擴大了外貿經營渠道;陸續批准一些大中型生產企業經營本企業產品的出口業務和生產所需的進口業務;批准成立了一些經營範圍較廣的綜合性貿易公司,如中信貿易公司、北京光大實業公司等,這類公司除經營本系統內的進出口業務外,還經營某些商品和代理國內單位的進出口業務;成立一些經濟技術開發公司,負責其所在地區的技術引進和新產品出口等方面的業務。此外,除了對外經濟貿易部,其他如科技、體育、文化等部門及其相關學會、協會等團體組織也成立了專門經營某些類別商品進出口業務或者從事對外廣告宣傳、展覽、諮詢等服務性業務的公司,進一步擴大了對外貿易的經營渠道。這些措施打破了對外貿易獨家經營的局面。據統計,自1979年下半年至1987年,全國共批准設立各類外貿公司2,200多家。1979年以來成立的眾多「三資」生產企業也擁有本企業產品出口和有關原材料進口的經營權。

1988年,為了保證對外貿易經營體制的正常運轉,中央政府部門又相繼下放了部分權力。主要包括:下放經營外貿企業的審批權,放寬沿海經濟區域吸收外資的審批權,減少配額和許可證的分配權,放寬進料加工的審批權和「三來一補」的品種限制,放寬地方和企業在外匯平衡、自負盈虧前提下與蘇聯、東歐國家易貨貿易的經營權,下放在國外設立企業分支機構的審批權和出國貿易團組的審批權,等等。

下放外貿經營權調動了地方和部門及企業發展外貿的積極性,也為發展外向型經濟創造了良好環境。但與此同時也產生了一些問題,宏觀放開,微

觀失控，行政管理及協調機制建設滯後等因素加重了經濟秩序混亂，影響了外貿企業經濟效益和創匯能力，擴大了外貿發展的地區差距。

2. 開展工貿結合試點，推行進出口代理制

針對前述「產銷脫節」問題，為了提高生產企業積極性和出口產品質量，中國開展了工貿結合試點。工貿結合的初級形式是「四聯合，兩公開」。「四聯合」即聯合辦公、聯合安排生產、聯合對外洽談、聯合派小組出國考察；「兩公開」則是指出口商品價格對工業部門公開以及工業生產成本對外貿部門公開。[①] 還有一種工貿結合方式是工貿聯合公司，即工業企業和外貿企業共同提供資金和人員，共同進行經營的公司，如上海玩具公司、北京地毯公司等全國性的工貿聯合公司。

與開展工貿結合試點的出發點類似，為了充分體現社會分工的意義，合理配置國內資源，1984 年對外經濟貿易部發布了《關於外貿體制改革意見的報告》，提出採用進出口「代理制」代替原有的「收購制」。進出口代理制是指外貿公司只代理進出口，收取手續費，進口的最終用戶自行通過計劃渠道解決國內外市場價差問題；在出口方面，則擯棄傳統的由外貿公司收購出口的經營方式，由生產商承擔國際市場風險並負擔盈虧。這種代理制是先由代理人（有外貿經營權的企業）和被代理人（沒有外貿經營權的組織或個人）簽訂委託代理協議，代理人再以自己的名義對外簽訂合同開展貿易。貿易代理制最先在西方興起並得到很好的發展，它是市場經濟不斷發展與完善的產物，隨著中國經濟逐漸轉型，貿易代理制的採用成為形勢所需。但是，這種貿易代理制仍具有較強的行政干預色彩，因為企業的外貿經營權是由國家進行審批後確定的。

3. 推行對外貿易承包經營責任制

基於前期以政企分開、放權搞活為重點的改革，1988—1990 年，中國以全面推行對外貿易承包經營責任制為基本內容，加快和深化了對外貿易體制改革。在此之前，中國對外貿專業公司於 1987 年開始實行了出口承包責任

---

① 傅自應. 中國對外貿易三十年 [M]. 北京：中國財政經濟出版社，2008：91.

制。承包的方式是：由經貿部發包，各外貿專業總公司向經貿部承包出口總額、出口商品換匯成本、出口盈虧總額三項指標，外貿專業總公司總承包後再按公司系統逐級分包到各分公司、子公司，然後落實到基層；各類外貿公司內部的處、科、室，也推行各種形式的責任制，把公司經營好壞同公司的發展及職工的利益緊密掛勾；適當擴大外貿專業總公司的經營自主權和業務範圍，允許它們引進技術和關鍵設備；開展進料加工、來料加工、補償貿易，在生產領域舉辦中外合資經營企業；開展期貨貿易、對銷貿易、租賃、諮詢等業務。

在進行承包經營責任制實驗的基礎上，中國根據中共十三大和1988年2月頒布的《國務院關於加快和深化對外貿易體制改革若干問題的規定》的有關精神，全面推行了外貿承包經營責任制，並在輕工、工藝、服裝三個行業進行自負盈虧試點。1988—1990年承包方案的基本要點是：各省、自治區、直轄市、計劃單列市人民政府和各外貿專業總公司，各工貿總公司三個渠道分別向中央承包出口收匯、上交外匯額度和經濟效益指標，承包指標三年不變；各外貿專業總公司和部分工貿總公司的地方分支機構與總公司財務脫鉤，同時與地方財政掛勾，中央財政負責撥付上繳外匯基數、各承包單位出口收匯基數內的人民幣補貼，各承包單位超基數收匯部分則與中央按比例分成；企業自負盈虧，其增盈資金在1987年的基礎上擴大了使用範圍，經過批准可將其中不超過25%的金額專用於職工集體福利。此次承包方案的實行為解決責權不統一狀況起到了積極作用，更充分地調動了各地方、各部門以及各外貿企業擴大出口和改善管理的積極性。

外貿承包經營責任制的實行，意在打破以往由中央財政統收統支、統負盈虧的財務體制，發揮各外貿專業公司出口創匯、減虧增盈的積極性，增強公司主動改進經營管理的責任感。這種承包經營責任制將更多責任劃歸到經營企業，由各外貿專業總公司向對外經貿部承包出口額、出口成本、出口盈虧三項指標，並由上而下落實至各分公司，實行超虧不補，減虧留用，增盈

對半分成，最終以所承包的三項指標其完成情況兌現出口獎勵①。

該制度的實行初步解決了出口創匯與外貿虧損同步增長的難題，使出口額得到有效的大幅度增長，但它也存在一些問題。首先，承包制保留了出口補貼，尚未建立起完全由企業自負盈虧的機制；其次，出口補貼標準與外匯留成比例存在地區差異和企業差異，加劇不平等競爭，出現「抬價搶購、削價競銷」問題，造成外貿經營秩序的混亂；最後，承包期固定為三年，易使企業或地方因追求承包期內的目標完成而缺乏長遠眼光及積極性，阻礙中國外貿事業的健康發展。

針對上述問題，中國在 1991 年開始的新一輪三年承包上進一步做出改變，取消原有的出口補貼，調整了外匯留成的地區差異，對出口收匯實現全額留成，初步建立起由各外貿專業公司自負盈虧的體制。值得一提的是，對外貿易承包經營責任制雖在經濟轉型過程中起到了積極的推動作用，但其並非弱化而是強化了行政部門對企業經營的干預傾向，且承包基數的確定很可能無法與瞬息萬變的市場情況相匹配，從一定程度上限制了市場經濟的長遠發展，未能充分利用供求關係，妨礙了出口商品的結構優化。因此，承包制只是外貿體制轉軌期的一種過渡形式，在市場經濟體系尚未建成和完善的條件下，用以約束傳統體制的某些弊端，它顯然不是社會主義市場經濟條件下中國外貿體制改革的終極目標。

4. 建立自負盈虧外貿經營新機制

1988 年開始全面推行外貿承包經營責任制後，在一定程度上打破了原來由中央財政統負盈虧的財務體制，但仍屬於在接受中央財政定額補貼基礎上的承包經營。由於出口補貼和外匯留成水準不一致的不平等競爭條件尚未消除，外貿企業的自負盈虧機制基本沒有建立，外貿公司過多、過濫，助長了外貿經營秩序的混亂，外貿領域存在的抬價搶購、低價競銷、肥水外流等問題沒有根本解決，圍繞建立新的外貿經營機制深化對外貿易體制改革迫在眉

---

① 朱國興，王壽椿，張利，等. 中國對外經濟貿易體制改革全書 [M]. 北京：對外經濟貿易大學出版社，1995：82-83.

睫。國務院《決定》強調，必須在繼續發揮中央、地方和企業三方面積極性的前提下進一步改革和完善對外貿易體制，從建立外貿企業自負盈虧機制入手，使對外貿易逐步走上統一政策、平等競爭、自主經營、自負盈虧、工貿結合、推行代理制的良性發展軌道。

（1）取消財政補貼，建立自負盈虧機制

1990年年末，國務院決定進一步深化外貿體制改革，並於1991年開始實施。此次改革決定，按照國際通行做法取消國家對外貿出口的財政補貼，要求各級各類外貿企業盡快建立健全各項管理制度，建立並完善外貿企業自我發展、自我約束機制，讓外貿企業綜合運籌，自主經營，自負盈虧。這個舉措意味著外貿經營機制的重大轉變，是向有計劃商品經濟前進中的一個重要步驟。唯有如此，外貿企業才能在激烈的國際競爭中不斷改善經營管理，獲得持續性發展的能力。

（2）理順財務關係，加強外貿企業財務管理

按照責、權、利相一致的原則，國務院規定，經貿部所屬各專業總公司的財務關係，隸屬經貿部，其他部門所屬進出口公司的財務關係不變，各地方所屬外貿專業公司的財務關係，隸屬經貿廳（委、局），並分別納入中央和地方財政預算管理。地方其他各類外貿企業的財務隸屬關係，由各地方人民政府確定。

國務院要求，各級各類外貿企業必須切實加強成本核算，努力降低出口成本，採取綜合運籌措施，調整出口商品結構，以盈補虧，積極完成承包任務；經貿部、財政部和各地方的經貿廳（委、局）、財政廳（局）應在貫徹國家產業政策的前提下，對企業盈利或虧損相互調劑，綜合運籌。

（3）改革進出口經營機制

在實行少數商品統一經營與多數商品分散經營相結合，對進出口商品分三類進行經營管理的基礎上，國務院《決定》對進出口經營和管理規則做了調整。一方面，在保持進口商品分類經營和管理辦法基本不變的情況下，國務院強調進口商品按照自主經營、自負盈虧的原則實行分類經營、分級管理。另一方面，為了改善出口經營，加強協調管理，聯合統一對外，國務院對第

一類、第二類、第三類出口商品的經營機制及相關管理辦法做了進一步規定。其中，大米、棉花等 21 種第一類出口商品由指定的一家或幾家專業總公司統一經營，統一管理，或由專業總公司與地方外貿專業公司聯合經營，統一成交。

經過上述改革，中國在建立自負盈虧對外貿易機制方面取得了突破性進展，更便於中國參與國際分工和國際交換。

（三）改革外貿計劃體制

這一改革的目的：在國家計劃指導下給生產企業和外貿企業以更大的生產經營自主權。改革的內容主要包括三個方面：

1. 擴大外貿計劃的承擔主體

隨著外貿經營權下放，中國改變了外貿計劃全部由外貿專業總公司承擔的局面，規定凡經批准經營進出口業務的單位和企業，都要承擔國家出口計劃任務。自 1984 年起，中國對部分中心城市的外貿計劃在國家計劃中實行單列，視同省一級計劃地位，享有省級外貿管理權限。

2. 縮小外貿計劃管理範圍，簡化外貿計劃內容

在推進外貿計劃體制改革的過程中，中國改革了單一的指令性計劃管理，實行指令性計劃、指導性計劃和市場調節相結合。

自 1985 年起，外經貿部不再編製和下達出口收購計劃及進口調撥計劃，大幅度縮減指令性計劃範圍，擴大指導性計劃範圍，注意發揮市場調節的作用。在出口方面，國家只下達出口總額指標作為指導性計劃，在具體的商品出口數量指標上，國家只針對計劃列名管理的少數幾種重要商品下達指令性計劃，其他出口商品則放開經營，由企業根據市場情況自行調節貿易規模。在進口計劃方面，與出口計劃的情況大致相同，外經貿部只針對少數幾種關係國計民生的大宗商品、大型成套設備和技術引進項目，以及同協定國家的貿易下達指令性計劃並指定公司經營，其餘商品進口則均不再下達分商品的進口計劃。

1988 年後，中國進一步調整了計劃和市場的關係。出口商品中受指令性計劃控制的第一類商品下降到 21 種，其他出口商品由各省、自治區、直轄市

和計劃單列市直接向中央上報計劃,大部分由有進出口經營權的企業按國家有關規定自行進出口。在 1991 年的又一輪改革中,幾乎所有的指令性計劃都取消了。①

3. 重視運用經濟手段管理進出口貿易

對於一般性的進出口商品,注重通過稅收、價格、信貸、利率、匯率等手段進行管理和控制,以發揮各經濟手段在對外貿易中的調節作用。

(四) 改革外匯管理制度,發揮匯率在對外貿易中的調節作用

在匯率管理體制改革進程中,中國通過一系列舉措,發揮了匯率在對外貿易中的調節作用。

1. 匯率雙軌制改革

1979 年 8 月,為了解決出口換匯成本與國家外匯牌價差額不斷擴大的問題,獎出限入,國務院對當時的匯率制度進行了重大改革,決定從 1981 年起,在保留原有公開外匯牌價的基礎上,另外制定內部結算匯率,這就形成了所謂的「匯率雙軌制」。一是公開外匯牌價,適用於非貿易外匯的兌換和結算,仍沿用一籃子貨幣加權平均的計算方法;二是內部結算匯率,用於進出口貿易外匯的結算,按照 1978 年出口平均換匯成本加 10% 的利潤計算而得。②採用內部結算價與公開外匯牌價並行的匯率制度,初期兩種匯率的價差高達 1.3 元人民幣,在一定程度上使出口變得有利,提高了出口企業的積極性,推動了中國貿易的發展,但因為當時中國的財政體制仍是由中央財政統收統支、統負盈虧,內部結算價使得進口成本增加而進口商品的國內調撥價並未改變,可能導致進口項目由盈利變為虧損,增加中央財政的負擔,因此其積極作用是有限的。同時,國內市場環境尚未成熟,企業缺乏有效約束,造成「對內抬價搶購,對外削價競銷」的局面,不利於中國經濟的健康發展。此外,在國際層面上,雙重匯率意味著雙重價格雙重標準,不利於經濟核算和內外交流。由此可見,雙重匯率只是在計劃經濟體制下不能準確反應外匯供求時的

---

① 尹翔碩. 加入 WTO 後的中國對外貿易戰略 [M]. 上海:復旦大學出版社, 2001:130.
② 黃漢民,錢學鋒. 中國對外貿易 [M]. 修訂版. 武漢:武漢大學出版社, 2010:182.

一項過渡措施，它的局限和缺陷不容忽視。為了進一步貫徹改革開放政策，與國際接軌，雙重匯率並軌乃大勢所趨。1980年開始，美元匯率逐年上升，人民幣公開外匯牌價亦受到影響而不斷上升，進而使得內部結算價與公開牌價間的差異不復存在。政府遂在1984年年底取消內部結算價，恢復原有的單一官方公開外匯牌價。

2. 實行和改革外匯留成制度，加強出口外匯管理

1979年，中國開始實行外匯留成制度，外匯不再全部上交國家，而是按各種不同比例（因地區、部門、行業而異），撥出一部分外匯額度分配給出口生產企業、出口公司和地方政府，供其自由使用。意在將用匯與創匯聯繫起來，調動地方政府和創匯企業的積極性。在此制度基礎上，留成的外匯額度除了按照規定使用外，節餘部分可以進入衍生出的外匯調劑市場，在外匯調劑市場上按照市場供求狀況形成的調劑匯率進行調劑。調劑匯率有兩種，一種是現匯調劑匯率，另一種是額度調劑匯率；前者是市場匯率，後者是市場匯率與牌價匯率間的差額。從而再次形成雙重匯率：公開牌價與調劑價。

1988—1990年，在實行外貿承包責任制後，在承包指標內的外匯收入，中國對不同地區、不同行業、不同商品，按規定實行差別外匯留成比例；對超過承包指標的外匯收入，除部分商品外，基本上統一外匯留成比例，為外貿企業平等競爭創造條件。地方、部門和企業分得的留成外匯，可以按照國家的規定自主支配和使用。

外匯留成制度的出現，促進匯率走向市場化，使得政府得以通過調整匯率和擴大調劑匯率適用範圍的方式，推動外貿進出口逐步走向自主經營、自負盈虧的改革進程，初步建立以間接調控為主的宏觀調控體制。但是，因為外匯留成比例存在地區、部門、行業差異，對市場秩序造成了一些負面影響。1991—1992年，為了消除地區間的不平等競爭，維護市場秩序的良性發展，中國開始針對外匯留成比例做出調整，將以往按地區實行不同比例留成改為按大類商品統一比例留成，外貿企業的留成外匯主要用於外匯調劑和自營進口，以補償出口虧損。同時加強出口收匯管理，通過實行按出口核銷單、報關單進行核銷的出口收匯制度，由外匯管理部門與結匯銀行實行跟蹤結匯，

防止逃匯、套匯現象。

3. 建立外匯調劑中心，促進對外貿易發展

1988 年起，中國在各省、自治區、直轄市、計劃單列市、經濟特區和沿海城市建立了一批外匯調劑中心，地方、部門、國營和集體企業事業單位，外商投資企業均可在外匯調劑中心買賣外匯。調劑價格按照外匯供求狀況實行有管理的浮動。外匯調劑中心的發展，外匯調劑價格控制的放寬，加大了留成外匯在對外貿易中的促進作用。

（五）建立外貿經營協調服務機制

在對外貿易逐步走向開放經營和政府轉變職能的改革中，迫切需要有一個介於政府和企業間的組織來負責企業進出口的協調工作。1988 年、1989 年，中國先後建立了食品土畜、紡織服裝、輕工工藝、五礦化工、機電、醫藥保健六個行業的進出口商會及若干商品分會。進出口商會承擔諮詢服務、信息交流和部分協調管理工作。

此後，在清理、整頓外貿公司的基礎上，國務院對各專業進出口總公司和各進出口商會在出口協調管理中的作用做了更明確的規定，強調要繼續發揮各專業總公司和各進出口商會的作用，加強對進出口商品的協調管理，維護正常的外貿經營秩序，做到聯合統一對外。這些舉措有利於建立正常的外貿經營秩序。

經過這段時期的改革，中國的對外貿易管理實現了體制上的突破，對外貿易企業經營開始走向自負盈虧。但是，由於對計劃與市場是姓「社」還是姓「資」等問題的爭論束縛了改革開放實踐，中國的外貿經營機制僅僅開始轉變，對外貿易管理權、經營權集中，企業粗放經營的問題仍然十分突出，平等競爭的環境仍不完善，承包額度的主觀隨意性，地方政府和外貿企業一起承包出口額度，按商品大類實行統一外匯留成及上繳中央外匯任務分配不盡合理產生的新的不平等因素，制約著外向型經濟的發展。

二、建立社會主義市場經濟制度時期的對外貿易體制改革（1993—2001年）

1992年，中共十四大明確提出中國經濟體制改革目標是建立社會主義市場經濟體制。1994年1月11日，國務院頒布《國務院關於進一步深化對外貿易體制改革的決定》，提出中國對外貿易體制改革的目標是：統一政策、開放經營、平等競爭、自負盈虧、工貿結合、推行代理制，建立適應國際經濟通行規則的運行機制。這標誌著中國的對外貿易體制改革進入了以建立社會主義市場經濟制度為導向的新階段。在這段時期，中國圍繞使市場在資源配置中起基礎性作用不斷深化對外貿易體制改革，通過以經濟手段管理對外貿易，不斷加強法制建設，創造平等競爭環境，創新對外貿易發展戰略並用於指導對外貿易活動，參與區域經濟合作，極大地推動了對外貿易及國民經濟的發展，加快了加入世界貿易組織的談判進程，促進了社會主義市場經濟制度建設。

（一）外貿行政管理改革

1993年，中華人民共和國對外經濟貿易部更名為對外貿易經濟合作部。外經貿部機構改革的指導思想是：轉變職能，理順關係，加強宏觀調控和協調、服務、管理、監督等職能。在上述指導思想下，中國政府深化了外貿計劃管理體制改革，轉變了政府在對外貿易領域的行政管理職能，改革了許可證、配額等方面的管理機制。

自1993年11月黨的十四屆三中全會通過了《中共中央關於建立社會主義市場經濟體制若干問題的決定》之後，中國對管理外貿的行政手段進行了重大調整，從1994年開始，中國不再給各省、自治區、直轄市及計劃單列市和進出口企業下達外貿承包指令性計劃指標，對進出口總額、出口收匯和進口用匯實行指導性計劃；對企業的經營目標進行引導；對少數關係到國計民生的、重要的大宗進出口商品實行配額總量控制，協調平衡內外銷關係；配額、許可證商品按效益、公正和公開的原則，實行配額招標、拍賣等規範化管理。

通過這些措施減少了行政干預，建立起適應國際經濟通行規則的運行機制，推動了中國對外經濟貿易的進一步發展。

(二) 深化外貿經營管理體制改革

1. 外貿經營權制度改革

對外貿易經營權制度改革同時從宏觀和微觀兩個層面漸次展開。宏觀層面主要是將外貿經營管理權和行政審批權下放、分散。微觀層面主要是賦予各類企業外貿經營權。在計劃經濟體制下，國家僅授權少數專業外貿公司壟斷進出口貿易，將廣大的生產經營企業排除在外，人為地割斷了生產企業與國際市場之間的直接聯繫，導致外貿發展與國內經濟運行脫節，出口商品結構問題突出，國際競爭能力嚴重低下。改革開放後，中國打破對外貿易壟斷經營，逐步放開對外貿易經營權，通過對外貿易企業審批制，對符合條件的企業賦予外貿經營權。從發展進程看，對外貿易經營權審批的尺度不斷放寬。改革開放以來，外貿經營權首先在行政級別及行業部門方面實現突破，以後又在所有制方面逐步實現突破。[1] 在這個階段，中國加快了賦予具備條件的國有生產企業、商業物資企業和科研單位外貿經營權的步伐。

1993年，賦予一批科研院所自營進出口權，並在商業、糧食、物資和供銷等內貿企業中實行賦予外貿經營權的試點。1996年9月，外經貿部頒布了《關於設立中外合資對外貿易公司試點暫行辦法》，規定外國公司、企業可以與中國的公司、企業在上海浦東新區和深圳經濟特區試辦中外合資外貿公司。外商不僅在生產領域，而且可以在流通領域進行合資合作經營。1997年，國家經濟貿易委員會和對外貿易經濟合作部聯合發出《關於進一步推動生產企業自營進出口工作有關問題的通知》，據此加快了對生產企業進出口權的審批進度；同年，中國對深圳等5個經濟特區的生產企業試行自營進出口權登記制。到1998年年底，自營進出口的生產企業已有一萬多家，占中國外貿出口總額20%以上，成為中國外貿出口的一支生力軍。同時，中國於1998年開始賦予私營生產企業和科研院所自由進出口權。私營企業獲得進出口經營權是

---

[1] 孫玉琴. 外貿經營權改革與外貿經營主體的變化 [J]. 國際貿易問題, 2004 (10): 13-16.

中國外貿體制改革的又一次重大突破，標誌著對外貿易國家壟斷制的廢除。由此開始形成了中國對外貿易領域多種所有制共同發展的局面。同年，中國對國家確定的1,000家重點企業實行進出口經營權登記備案制，1999年又將登記備案制擴展到6,800多家大型工業企業。2001年7月10日，外經貿部頒布了《關於進出口經營資格管理的有關規定》，外貿經營權制度由審批制改為登記核准制。①

放開外貿經營權是貿易自由化的基礎和核心，也是中國外貿發展的客觀需要，更是世界貿易組織關於自由貿易的基本原則。通過分階段放寬對生產企業經營對外貿易業務的審批標準和經營主體逐步實現多元化，中國為加入世貿組織做好了準備。但在這個階段，中國外貿經營權尚未完全放開，外商需要通過外貿公司進行代理才能與中國用戶直接簽訂進口協議，國內生產企業也需通過外貿企業來進行出口。

2. 轉換外貿企業經營機制

在深化對外貿易體制改革的進程中，中國加快了轉換外貿企業經營機制的步伐，使之由國家計劃的單純執行者真正轉變為國家宏觀政策指導下的進出口商品經營者；從單純追求創匯數額，轉向重視效益；從單一經營轉向一業為主、多種經營；從傳統的收購制度轉向服務型的代理制；從分散經營轉向規模經營；走實業化、集團化、國際化的道路，培育以貿易為龍頭和以生產企業為核心的集團公司。

3. 經營主體多元化格局形成

隨著對外貿易經營權制度的改革，中國對外貿易經營主體多元化格局逐漸形成。其標誌一是國有外貿企業構成的變化，二是所有制形態的多元化。

20世紀90年代以後，隨著大中型國有生產企業、商業企業、具備條件的科研院所逐步獲得自營進出口權，國有外貿企業數量迅速增加。到2001年年底，中國有各類國有和國有控股的外貿自營及進出口生產企業大約16,000家。由此在中國國有外貿經營主體內部出現了外貿專業總公司（包括工貿總

---

① 孫玉琴. 中國對外貿易體制改革的效應 [D]. 北京：對外經濟貿易大學，2004.

公司)、自營進出口生產企業等各種形式的從事外貿活動的企業。

從所有制形態的變化來看,隨著外貿經營權管理由審批制向登記制逐步過渡及賦予非國有企業外貿經營權試點逐步推進,獲得外貿經營權的不同所有制性質的企業數量迅速增加。從各類企業的貿易占比來看,2001年,國有企業在中國進出口、出口、進口中的占比均為42.5%,外資企業在中國進出口、出口、進口中的占比分別為50.8%、50.1%、51.7%,其餘為集體企業和其他企業的貢獻。

在對外貿易體制改革等因素的推動下,中國的對外貿易迅速發展,世界地位快速上升。到2001年,中國在世界出口中的位置由1992年的第11位上升到第6位。

(三) 深化外匯制度改革,完善對外貿易宏觀調控體系

1. 外匯管理體制改革

1994年1月1日起,根據國務院決定,開始對中國外匯管理體制進行重大改革,實行銀行結匯、售匯制度,取消外匯留成和上繳,實現匯率並軌,建立以市場供求為基礎的,有管理的單一浮動匯率制。[①] 在統一規範的外匯市場形成以前,中國人民銀行將按前一日全國各外匯調劑商場的調劑價的加權平均數作為中國人民銀行牌價的中間價。除之此外,原來因為人民幣高估、匯價不合理和國內可供商品匱乏而不得已對境外人員發行的外匯券被取消,因為人民幣匯率已在調劑匯率的基礎上並軌,加之國內商品供應日益豐富,外匯券的存在已無必要。

匯率並軌及其相關的一系列措施體現了政府進行外貿體制改革的決心,對中國對外貿易的發展具有深遠意義。它更有效地發揮了匯率對外貿的調節功能,改善了吸引外資的宏觀環境,為國內外貿企業的公平競爭創造了機會,也符合關貿總協定和國際貨幣基金組織對成員國匯率制度的要求,對中國改革開放與貿易發展均有正向影響。不僅如此,雙重匯率的並軌還有利於人民幣在將來成為可兌換貨幣。值得一提的是,在取消指令性計劃以後,出口規

---

① 魏龍.中國對外貿易論 [M].武漢:武漢理工大學出版社,2002:105-113.

模和出口商品結構都會發生變化，這是資源配置進一步優化的表現，但在這個變化過程中，對於新的外匯管理體制來說，存在一個關鍵挑戰，即能否維持外匯供求基本平衡和匯率基本穩定。

2. 縮小計劃價格的範圍，發揮市場的價格調節作用

隨著改革開放進程的推進，中國擴大了進出口商品之間國內外市場價格的聯繫，高度集中的價格管理體制發生根本轉變，出現了計劃價格、指導價格和自由價格三種形式並存的格局，而且計劃價格的範圍逐漸縮小，指導價格和自由價格即市場調節價格的範圍不斷擴大。國家通過縮小政府直接定價的範圍，擴大政府指導價和市場調節價的範圍，進一步放開進出口商品價格，此時市場機制在價格形成中已經起到主導作用。此外，國家還逐漸減少了對進出口商品價格的財政補貼，尊重市場供求關係，只在必要時候進行行政干預。

3. 加強經濟和法律手段對外貿的促進作用

為了使對外貿易按客觀經濟規律運行，充分利用國際國內兩個市場、兩種資源，優化資源配置，中國圍繞加強法律、經濟手段調節作用完善了對外貿易宏觀管理體系。在強化經濟手段方面，除改革匯率制度和價格管理制度外，中國還加強了運用關稅、利率等調節對外貿易的力度。中國通過降低進口關稅水準，取消部分進口減免稅的方式來促進外貿體制與國際通行規則接軌；通過改革所得稅制度，完善出口退稅制度，實行有利於出口的信貸政策等手段來強化經濟手段對出口的促進作用。

此外，1994年《中華人民共和國對外貿易法》的實施標誌著中國外貿發展開始進入法制化軌道，為在社會主義市場經濟體制下對外貿進行宏觀調控提供了法律依據，促使外貿經營管理向國際通行規則靠攏，保證中國對外貿易事業持續、穩定、健康地發展。

(四) 推進國有貿易企業改革，建立現代企業制度

從1995年起，國有外貿企業的改革成為外貿體制改革的中心，改革圍繞建立現代企業制度、經營制度、管理制度展開。中國外經貿企業逐步建立起既符合社會主義市場經濟要求，又適應國際經濟規則的現代企業制度。

第五章　新中國對外貿易體制的改革與轉變

1. 企業制度的現代化轉型

企業制度的改革是國有外經貿企業改革的基礎和前提。根據十四屆三中全會《中共中央關於建立社會主義市場經濟體制若干問題的決定》的精神，依照《中華人民共和國全民所有制工業企業法》《全民所有制工業企業轉換經營機制條例》，中國開始致力於在國有外貿企業建立適應市場經濟需求，產權清晰、權責明確、政企分開、管理科學的現代外貿企業制度，使企業真正成為自主經營、自負盈虧的法人實體和市場主體。國營貿易企業圍繞國有資產保值、增值和科學管理，推進現代企業制度建設。首先，對國有外經貿企業進行清產核資，正確評估國有資產；其次，承認國有外經貿企業擁有全部法人財產權；最後，在具體界定中央和地方、地方與地方之間的產權關係的基礎上，按現代企業制度改造企業的經營組織，使多數外經貿企業形成多元化的產權主體。在市場經濟體制下，只有產權明晰才能讓企業為了謀取經濟利益而進行實質性的交換，只有多元化的產權主體才能實現國有資產的有效運用和配置。實現產權明晰和多元化經濟主體之後，不但有利於形成產權之間的競爭和監督，還從另一層面上促使政府部門對經營主體的干預變得更為靈活多樣。

1994年開始，中國積極推進了外貿企業股份制改革試點。實行企業股份制改革，即把全部資本分為等額股份在企業內部或公開發行股票，或通過認購而建立一種資本組織形式，可設立有限責任公司、股份有限公司、股份合作制企業。具備條件的外貿企業逐步改變為規範化的有限責任公司或股份有限公司。1997年黨的十五大召開，會議決定，對全國國有企業實行「抓大放小」的改革。對於小型外貿企業，主要以租賃經營、股份合作制或者委託管理的方式進行改革。而針對大中型骨幹國有企業，則以股份制改革為主要方向，且這種股份制是以公有制經濟為主體，控股權掌握於國家，有助於維護社會主義公平正義的原則。1999年，外貿專業總公司和工貿公司按照國家統一部署，與主管部門脫鈎，外貿企業建立現代企業制度的進程進一步加快。

2. 經營制度改革

經營制度的改革是國有外經貿企業改革的核心，經過轉換外貿企業經營

機制，中國基本建立了自負盈虧的對外貿易經營機制。企業本質的特點是具有營利性，在傳統的外貿體制被打破之後，盈餘與虧損不再由國家財政承擔，沒有效益企業亦難以為繼。經營制度改革之後，國有貿易企業開始擺脫原來的計劃執行者身分，逐漸獲得更多自主經營空間，在創匯的同時更加注重企業自身所能獲得的效益，國有外貿企業從計劃經濟體制下國家計劃的執行者轉變為社會主義市場經濟條件下自主經營、自負盈虧、自我約束、自我發展的經營者。隨著現代企業制度和自負盈虧外貿經營體制的建立，外貿企業經營模式也從原來的靠廉價商品擴大市場規模轉變成通過提升商品質量的方式佔據更大份額的市場，經營方向和貿易方式也由單一變得多元，積極利用外資，注重企業的長遠發展。

3. 管理制度改革

外貿企業的管理制度改革同樣是國有外經貿企業改革的關鍵問題之一。根據外經貿部有關文件指示，各外貿企業開始以財務管理為中心，以資金管理為重點，強化效益分配管理，建立和完善企業內部分配的激勵機制、約束機制和監督機制。具體表現為：

（1）將企業工資總額與經濟效益掛勾，在堅持工資總額增長幅度低於本企業經濟效益增長幅度、職工平均收入增長幅度低於本企業勞動生產率增長幅度的條件下，由企業自主確定工資獎金的分配辦法和水準；

（2）在按勞分配的原則下企業進行工資分配，發揮工資獎金的激勵作用，獎懲分明；

（3）在人事制度方面，按照國家的法規和政策，全面實行勞動合同制，在招聘中由企業與員工進行雙向選擇，建立適應社會主義市場經濟要求的新型勞動關係，打破原有的「鐵飯碗」制度，充分調動職工的積極性、主動性和創造性。

（五）強化進出口商會職能，完善外貿經營的協調服務機制

進出口商會是經政府批准，由從事進出口貿易的各類型企業依法聯合成立的行使行業協調、為企業服務的自律性組織。其主要職責是：維護進出口經營秩序和會員企業的利益；組織對國外反傾銷的應訴；為會員企業提供信

息和諮詢服務；調解會員之間的貿易糾紛；向政府反應企業的要求和意見，並對政府制定政策提出建議；監督和指導會員企業守法經營；根據政府主管部門的授權，參與組織進出口商品配額招標的實施；參與組織出口交易會、出國展覽會；對外開展業務交流與聯絡，進行市場調研；向政府有關執法部門建議或直接根據同行協議規定，採取措施懲治違反協調規定的企業；履行政府委託或根據會員企業要求賦予的其他職責。

從實踐情況來看，1988年、1989年先後成立的6個行業的進出口商會充分發揮了其在外貿經營活動中的協調指導、諮詢服務作用。在這些進出口商會的基礎上，按主要經營商品分類改組建立全國統一的各行業進出口商會，強化進出口商會的協調服務職能，使有外貿經營權的企業（包括外商投資企業）均服從進出口商會協調，有利於對外貿易有序發展。

為了規範各行業進出口商會的發展，國務院規定，進出口商會不得兼營進出口業務，外經貿部對進出口商會的工作要給予支持和指導，同時對進出口商會的工作進行監督、檢查。

此外，中國還通過建立、完善社會仲介服務體系，發揮各研究諮詢機構和各學會、協會的信息服務功能，形成全國信息服務網絡。通過建立法律、會計、審計事務所，為企業提供有關外經貿方面的服務，並對企業的經營進行社會監督。同時，還制定了一系列維護正常秩序和查處違法經營的制度和措施。

三、完善社會主義市場經濟制度時期對外貿易體制改革的深化（2002—2013年）

2001年12月11日，中國成為世界貿易組織第143個成員。加入世界貿易組織之後，中國需要按照完善社會主義市場經濟體制的要求和履行世界貿易組織規則創新外貿體制。在這個階段，中國的對外貿易體制改革的重要目標是其既符合國際貿易規範又符合中國國情。在這樣的新形勢下，中國圍繞入世過渡期和入世過渡期後不同的任務重點，全面深化了對外貿易體制改革。

在入世過渡期，中國根據履行入世承諾、提高對外開放水準的要求加強了適應性調整，重點包括改革關稅和非關稅措施、開放貿易經營權、開放服務業市場、清理法律法規、確保貿易政策在全國統一實施、保護知識產權等。入世過渡期後，中國根據開放型經濟的新特點，在中國特色社會主義理論指導下，以完善開放型經濟體系、提高開放型經濟水準為重點，加強了運用世貿組織規則、積極參與全球經濟治理及促進貿易投資自由化、便利化，促進貨物貿易、服務貿易平衡發展，促進對外貿易與引進外資、對外投資互動發展，促進內外貿協調發展的制度和機制建設。

(一) 深化改革外貿經營管理體制

加入世界貿易組織後，中國認真履行各項入世承諾，努力做到使本國外貿經營管理制度與世界貿易組織的規則及國際通行的做法相一致。

1. 改革對外貿易經營者資格管理，實行備案登記制

自加入WTO之後，中國的對外貿易進入飛速發展階段，原有的審批外貿代理制帶有計劃經濟色彩，無法適應新的外貿環境，也有違入世承諾與世貿組織規則。2001年7月10日，外經貿部發布了《關於進出口經營資格管理的有關規定》，對進出口經營資格實行登記和核准制，對各類所有制企業進出口經營資格實行統一的標準和管理辦法，並根據登記或核准的經營範圍，將企業的進出口經營資格按外貿流通經營權和生產企業自營進出口權實行分類管理。至2003年，中國擁有進出口經營權的內資企業已經增加到11萬家。

2003年1月，外經貿部發布《關於設立中外合資對外貿易公司暫行辦法》，進一步向外商開放了外貿經營權。在2004年頒布的《中華人民共和國對外貿易法》中，考慮到入世時簽署的《中華人民共和國加入世界貿易組織議定書》和《中國加入工作組報告書》中「在貿易權方面應給予所有外國個人和企業並不低於給予在中國的企業的待遇」的承諾，在劃定外貿經營者的範圍時首次以法律的形式明確規定自然人也屬於對外貿易的經營主體。

2004年7月，為了履行入世後3年內全面放開對外貿易經營權的承諾，中國實施了《對外貿易經營者備案登記辦法》，將外貿企業的經營權由審批制改為備案登記制，這意味著中國長期實行的外貿經營權審批制度的終結和對

外貿易經營權的完全放開。自此，審批制外貿代理制被登記制外貿代理制所取代，外貿壟斷被成功打破，在中國境內的所有企業、其他組織和個人，只要依法獲得從業手續並按規定辦理備案登記，都可以從事對外貿易經營活動。

隨著外貿經營准入制度的放寬，外貿經營主體形成了國有企業、外資企業和民營企業並存的多元化格局，為中國對外貿易的發展注入了新鮮血液。這一舉措符合市場經濟發展的內在要求和發展規律，具有重要的現實意義。

2. 完善國營貿易管理制度

《中華人民共和國加入世界貿易組織議定書》第一部分第6條規定：中國應保證國營貿易企業的進口購買程序完全透明，並符合《世貿組織協定》，且應避免採取任何措施對國營貿易企業購買或銷售貨物的數量、價值或原產國施加影響或指導，但依照《世貿組織協定》進行的除外；作為根據GATT1994和《關於解釋1994年關稅與貿易總協定第17條的諒解》所作通知的一部分，中國還應提供有關其國營貿易企業出口貨物定價機制的全部信息。根據世界貿易組織有關規定和入世承諾，中國改革了國營貿易管理制度，對國營貿易管理貨物的進出口業務實行授權經營，實行國營貿易管理的貨物目錄和授權經營企業名單由商務部會同國務院其他有關部門確定、調整並公布。通過國營貿易管理進出口經營範圍，有利於國家對關係國計民生的重要進出口商品進行有效的宏觀調控。

3. 優化經營主體結構，營造公平的對外貿易環境和機制

《對外貿易發展「十二五」規劃》強調要優化對外貿易經營主體結構。根據做強大企業，扶持中小企業發展的有關精神，中國積極鼓勵行業龍頭企業向產業鏈兩端延伸，開展國際化經營，支持中小企業開展專業化經營，引導上下游生產企業之間、生產企業與流通企業之間加強協作與整合。這些舉措對培育具有全球資源整合能力的跨國企業，提高整體競爭力發揮了重要作用。

與此同時，為了給各類對外貿易經營主體創造公平的、可預見的對外貿易環境，中國強化了政府服務企業的功能，積極營造國營、民營、外資等各類企業平等參與、公平競爭、優勝劣汰的體制環境。此外，中國還加強了對外貿易誠信經營和退出機制建設，積極構建對外貿易誠信體系，加強信用數

據徵集,建立信用監督和失信懲戒制度;完善對外貿易經營資格年檢制度、規範對外貿易企業行為;依法對違法違規的企業予以處罰,嚴格限制其法定代表人行業准入資格,維護公平、自由的對外貿易秩序。

(二) 深化改革外貿行政管理機構和管理制度

1. 外貿行政管理機構改革

2003年,第十屆全國人大第一次會議通過了國務院機構改革方案,決定取消外經貿部和國家經貿委,組建商務部。商務部主管國內外貿易和國際經濟合作,隸屬於國務院。它承擔了一系列管理國內外貿易和國際經濟合作的職責,包括擬訂國內外貿易和國際經濟合作的發展戰略、政策,起草國內外貿易、外商投資、對外投資和對外經濟合作的法律法規,提出中國經濟貿易法規之間及其與國際經貿條約、協定之間的銜接意見,擬定規範市場運作和流通秩序的政策,負責制定進出口商品、加工貿易管理辦法,擬訂促進外貿增長方式轉變的政策措施,擬訂並執行對外技術貿易、出口管制以及鼓勵技術和成套設備進出口的貿易政策,牽頭擬訂服務貿易發展規劃並開展相關工作,組織開展國際經濟合作和對外援助,負責組織和協調反傾銷、反補貼、保障措施及其他與進出口公平貿易相關的工作,等等。

商務部的組建,結束了中國內外貿分立的管理體制,結束了多年來內外貿分割、國內外市場分割的不利局面,適應了經濟全球化和中國加入世界貿易組織的新形勢,有利於中國在更大更廣闊的領域和更高的層次上參與國際經濟技術的合作與競爭,有利於深化流通體制改革,建立健全統一、開放、競爭、有序的現代市場體系,有利於更好地利用國際國內兩個市場、兩種資源。

2. 優化外貿管理制度

為了履行加入世貿組織的有關承諾,適應外貿發展新形勢的需要,充分運用世貿組織規則,促進對外貿易持續健康發展,中國依據市場經濟規律和世貿組織規則,從強化法律手段、經濟手段、優化行政手段等方面改革了對外貿易管理制度,擴大了市場准入,提高了貿易、投資自由化程度。通過對禁止進出口貨物、限制進出口貨物和自由進出口貨物的分類管理,中國完善了進出口商品管理制度,同時通過管理手段創新,運用資質、信用、技術、

節能、環保、社會福利、勞動安全標準等准入手段，加強了對敏感商品的管理。為適應世貿組織「非歧視性原則」，中國逐步放寬對進出口商品的數量限制，較大幅度減少實行進出口配額許可證管理商品的範圍，相應地擴大了企業可經營進出口商品的範圍，且為實現世貿組織所倡導的透明化和公開化，在配額分配中實行了投標競爭機制。

為了進一步增強對外貿易主管部門的服務職能，中國加快了政府信息服務體系建設，加強了商務、海關、質檢、稅務、外匯、銀監、保監、統計等部門間及其與省市間的協調配合與信息共享，推進了商（協）會等行業仲介組織的發展，增進了地方和中央各部門的積極性、創造性。為了提高貿易摩擦應對能力，中國加強了貿易摩擦應對機制建設。

3. 加強政府行為透明度和公開度

加入世貿組織後，中國政府政策的透明度進一步大幅提高，各級政府加大了政府信息公開的力度，完善了相關制度。2003年新頒布的《中華人民共和國行政許可法》，對政府行為的透明度提出了嚴格、具體的要求。為從技術上推動政府信息公開，96%的中央政府部門和大多數的地方政府開通了官方網站。中國政府網站（www.gov.cn）也於2006年1月1日開通。政府信息公開在各級政府和部門全面推行。

中國還按照加入世貿組織的承諾，設立了中國政府世貿組織通報諮詢局，提供有關中國貿易政策的信息。此外，公眾還能夠通過《中國對外經濟貿易文告》獲悉與貿易有關的法律、法規、規章。

4. 加強參與全球經濟治理的平臺和制度建設

履行承諾、遵循規則、運用規則維護合法權益，是中國在世界貿易組織框架下發展對外經濟貿易的重要原則。通過如期履行入世承諾、學習、掌握世界貿易組織規則，利用世界貿易組織規則維護自身利益，中國逐步奠定了參與全球經濟治理的基礎；通過積極參與世界貿易組織的部長級會議、推動談判的其他會議及其對各成員的貿易政策審議，推動建立均衡、普惠、共贏的多邊貿易體制，反對各種形式的保護主義，積極參與、推動國際貨幣金融體系改革，通過積極推進自由貿易區戰略及推動國際投資領域的合作和制度

建設，中國廣泛參與了全球經濟治理平臺，逐步推進了參與全球經濟治理的制度和機制建設，在推動國際經濟規則改革、參與構建多層次的世界經濟治理架構和機制安排方面發揮了重要作用。

（三）進一步完善外貿間接調控體系

通過外匯、稅收、金融、與貿易有關的投資措施等方面的制度和機制建設，中國完善了對外貿易的間接調控體系。

1. 人民幣匯率市場化及外匯管理制度改革

在完善對外貿易間接調控體系的過程中，中國深化了人民幣匯率形成機制及外匯管理制度改革。2005年7月21日，中國開始實行以市場供求狀況為基礎，同時參考一籃子貨幣進行調節的、有管理的浮動匯率制。與之前的浮動匯率制相比，此次匯率制度改革，進一步貫徹了市場化目標，即匯率跟隨市場供求關係變化而上下浮動，政府只是根據需要從旁管理；通過人民銀行對匯率的調整得以整合國內外市場和資源，優化資源配置，促進外貿企業轉變經營機制，貫徹以內需為主拉動經濟發展的戰略，還能改善因貿易順差過大造成外貿條件惡劣的情況，保持進出口水準的總體平衡；同時，增強貨幣政策的獨立性，將金融調控的有效性提高，從而更好地避免國際上的一些金融風險，優化利用外資結構，提高外資的利用效率。2010年6月，中國重啓人民幣匯率形成機制改革後，人民幣匯率彈性進一步增強。

在貿易外匯管理制度方面，中國本著風險管理與貿易便利化相結合的原則，改革、完善了貨物貿易銀行結售匯管理辦法和收付匯核銷制度。在一系列貿易改革試點的基礎上，中國自2012年8月1日起在全國實施了貨物貿易外匯管理制度改革，同時全面改革了貨物貿易外匯管理方式，調整了出口報關流程，簡化了出口退稅憑證和銀行為企業辦理收付匯的單證及流程。此外，中國還通過提升監管手段，加強部門聯合監管，提高了監管水準和防範外匯收支風險的能力。

隨著服務貿易的發展，中國建立並改革了服務貿易外匯管理制度。2013年9月1日起，中國實行了《服務貿易外匯管理指引》和《服務貿易外匯管理指引實施細則》，同時廢止了一系列文件，國家對服務貿易項下國際支付不

予限制。通過對服務貿易外匯管理制度的改革，中國的服務貿易外匯管理法規更具統一性和透明度，更有利於促進貿易投資便利化。

回顧自 1993 年 11 月中國在《中共中央關於建立社會主義市場經濟體制若干問題的決定》中提出「建立以市場為基礎的有管理的浮動匯率制度」以來的改革歷程，中國的人民幣匯率制度和外匯管理制度改革始終堅持了市場化方向。隨著改革的深入，人民幣匯率靈活性不斷增加，外匯管理制度更加科學，匯率對外貿發展和國際收支平衡的正向調節功能隨之增強。

2. 更好地發揮經濟手段的外貿促進作用

隨著對外貿易計劃控制的鬆弛，關稅的對外貿易調節、保護作用開始得到發揮。在復關入世的過程中，中國的關稅水準連續下降，數量限制手段也開始減少，法律手段的作用明顯加強。入世之後，為了遵守入世承諾，消減貿易障礙，推進貿易自由化進程，關稅被進一步下調[1]，並在 2004 年基本實現了降稅的入世承諾，即在 2005 年之前將關稅降至 10%左右的發展中國家平均水準。

此外，加入世界貿易組織後，原有的對外經貿支持手段受到嚴格約束或限制，通過加強金融服務，中國完善了對外貿易的金融支持體系。出口信用保險由於符合國際規則和慣例得到政府的關注和重視，國務院決定組建專門的機構來統一經營政策性出口信用保險業務，以更好地發揮其對外貿出口的促進作用。

綜上所述，加入世貿組織後，中國外貿體制改革以市場取向為改革目標，通過放開外貿經營權、加強外貿政策的透明度與公開度、降低關稅和非關稅壁壘、取消出口補貼、改革外匯形成機制與管理制度等一系列措施，放開國內市場、促進形成公平競爭的經營環境，解決了中國經貿體制與世貿組織多邊貿易體制的相容性問題。

---

[1] 中國世界貿易組織研究會. 中國世界貿易組織年鑒 2014（總第 8 期）[Z]. 北京：中國商務出版社，2015：366-370.

四、完善社會主義市場經濟制度新時期對外貿易體制的改革創新（2014年至今）

2013年11月，中共十八屆三中全會提出，要進一步完善社會主義市場經濟制度，切實發揮市場在資源配置中的決定性作用。中國在外貿管理體制上繼續推進市場化改革，以企業獲得感為出發點和落腳點，推動貿易和投資自由化便利化，打造符合國際投資貿易規則、內外資企業公平競爭的營商環境，加快培育國際競爭新優勢。為了更好發揮進口對滿足人民群眾消費升級需求、加快體制機制創新、推動經濟結構升級、提高國際競爭力等方面的積極作用，在穩定出口的同時進一步擴大進口，促進對外貿易平衡發展。

2015年5月，中共中央、國務院發布了《中共中央 國務院關於構建開放型經濟新體制的若干意見》，明確了構建開放型經濟新體制的基本原則、總體目標和重點任務。在推動構建開放型經濟新體制綜合試點試驗工作的過程中，創新對外貿易體制的重要性日益顯現。根據中共十八屆三中全會的有關精神及《中共中央 國務院關於構建開放型經濟新體制的若干意見》的有關內容，開放型經濟新體制是在中國開放型經濟體系不斷完善的基礎上提出的富有新的內涵的概念，是體現互利共贏、多元平衡、安全高效基本要求的一系列緊密聯繫、彼此協調的新機制組成的開放型經濟制度體系。在基本層面，開放型經濟新體制的內涵體現為兩個方面：一是促進國際國內要素有序自由流動、資源全球高效配置、國際國內市場深度融合的市場配置資源的新機制；二是體現國際化、法治化要求的開放型經濟運行管理新模式，包括與國際高標準投資和貿易規則相適應的管理方式，參與國際宏觀經濟政策協調的機制，企業履行主體責任、政府依法監管和社會廣泛參與的管理機制及有效維護國家利益和安全的體制機制。

在更具體的層面，開放型經濟新體制的主要內容體現為：以負面清單和准入前國民待遇為抓手、體現內外資法律法規統一性、包含不斷完善的事中事後監管體系的外商投資管理體制；體現新時期走出去國家戰略要求的，有利於提高境外投資便利化、創新對外投資合作方式、促進引進來和走出去有

第五章　新中國對外貿易體制的改革與轉變

機結合的，包含不斷完善的走出去服務保障體系的「走出去」戰略新體制；體現提高貿易便利化水準要求、以培育外貿競爭新優勢為核心目標的，包含健全的貨物貿易及服務貿易促進體系和出口管制體系、質量效益導向型的外貿政策及不斷完善的貿易摩擦應對機制的外貿可持續發展新機制；有利於鞏固和加強多邊貿易體制，加快實施自由貿易區戰略，推動完善全球貿易管理體制，支持聯合國、20國集團等發揮全球經濟治理主要平臺作用，提高新興市場和發展中國家在全球經濟治理領域發言權和代表性，增強中國在國際經貿規則和標準制定中話語權的參與全球經濟治理的機制；有利於擴大內陸和沿邊開放，打造沿海開放新高地，不斷優化對外開放區域佈局的對內對外開放新機制；有利於構建開放安全的金融體系，穩定、公平、透明、可預期的營商環境的體制機制及開放型經濟支持保障機制和安全保障體系。

圍繞構建開放型經濟新體制、發揮市場在資源配置中的決定性作用的要求，這一時期中國對外貿易體制改革側重深化改革和擴大開放的緊密結合，通過深化改革發展更高層次的開放型經濟，通過擴大開放倒逼國內深層次改革和體制機制創新，以開放促改革，以開放的主動贏得發展的主動、國際競爭的主動。具體而言，改革的措施主要體現在以下幾個方面：

（一）轉變政府職能，深化外貿管理體制改革

這一時期的外貿管理體制改革體現了以「放管服」為核心理念的政府職能轉變，通過簡政放權、放管結合、優化服務的一系列改革措施，政府的角色進一步從「管理」向「服務」轉變。

首先，外貿政策的制定更加規範化。2014年6月9日，國務院辦公廳印發了《關於進一步加強貿易政策合規工作的通知》，要求擬定貿易政策應評估其合規性，將合規性工作從事後集中清理為主轉變為事前評估把關、事中溝通完善為主。其後，商務部對合規工作的程序和時限要求進行了細化。加強貿易政策合規工作，使對外開放政策的穩定性、透明度和可預見性得以提升，也是履行中國入世承諾和建設開放型經濟新體制的實際行動和具體舉措。

其次，外貿管理體制改革繼續向縱深推進。2016年12月，商務部按照《中華人民共和國國民經濟和社會發展第十三個五年規劃綱要》和《商務發展

第十三個五年規劃綱要》的要求，制定了《對外貿易發展「十三五」規劃》（以下簡稱《規劃》）。《規劃》指出要進一步深化外貿管理體制改革：推進簡政放權、放管結合、優化服務，完善符合開放型經濟發展需要、有利於發揮市場配置資源基礎性作用的外貿管理體制。完善外貿政策協調機制，加強財稅、金融、產業、貿易等政策之間的銜接和配合。完善外貿促進政策。根據安全標準、環保標準、社會責任等要求，完善對敏感商品的進出口管理。加強外貿行政審批事項下放後的監管體系建設，強化事中事後監管。加強「兩用」物項和技術的出口管制，維護國家安全，履行國際義務。優化通關、質檢、退稅、外匯等管理方式，支持新型貿易方式發展。

根據《規劃》的要求，政府在減稅降費、提高外貿行政效率、完善外貿監管體系、加強外貿企業誠信體系建設、加強知識產權保護、完善重點行業進出口管理和競爭自律公約機制等方面採取了一系列措施，推動外貿管理體制改革，建立公平競爭的市場環境，優化營商環境，提升外貿企業的獲得感。

（二）進一步深化外貿經營管理體制改革

1. 推動各類外貿經營主體協調發展

2015年2月12日，國務院印發《國務院關於加快培育外貿競爭新優勢的若干意見》，指出要推動各類外貿經營主體協調發展。出抬一系列的鼓勵支持政策，鼓勵行業龍頭企業延長產業鏈，提高國際化經營水準；推動優勢企業強強聯合、跨地區兼併重組和對外投資合作；加快形成一批在全球範圍內配置要素資源、佈局市場網絡的具有跨國經營能力的大企業；鼓勵創新型、創業型和勞動密集型中小微企業發展，開拓國際市場；支持中小企業創新、制度創新、技術創新和管理創新，走「專精特新」和與大企業協作配套發展的道路。

2. 支持外貿綜合服務企業發展，完善外貿經營協調服務機制

2017年9月，商務部、海關總署、稅務總局、質檢總局、外匯管理局等五部門，聯合下發了《關於促進外貿綜合服務企業健康發展有關工作的通知》，首次明確了外貿綜合服務企業（以下簡稱「綜服企業」）的定義，為有關部門出抬政策措施提供了前提。為解決綜服企業反應集中的明確身分、

分清責任等問題，五部門按照穩中求進、責權相當、風險可控的原則，堅持問題導向，創新監管模式，提出推動信息共享和聯合監管、完善綜服企業出口退（免）稅管理辦法、加強信用分類管理等措施。還要求各地方有關部門，指導綜服企業強化責任意識，加強風險管控，強化貿易真實性審核，鼓勵綜服企業積極創新服務、產品和商業模式，提高服務水準。

3. 推動多元化的外貿經營方式發展

一是大力推動跨境電子商務發展。2015 年 6 月，國務院辦公廳發布《國務院辦公廳關於促進跨境電子商務健康快速發展的指導意見》，指出要加快建立適應跨境電子商務特點的政策體系和監管體系。2015 年以來，國務院決定先後兩批在杭州、天津等 13 個城市開展跨境電子商務綜合試驗區建設。商務部會同相關部門和地方，創新建立了以「六體系兩平臺」[①]為核心的政策框架，形成了一批成熟的經驗做法。在此基礎上，商務部繼續會同相關部門和地方，面向全國複製推廣成熟經驗做法，積極探索新經驗。圍繞推動「一帶一路」建設，鼓勵建設覆蓋重要國別、重點市場的「海外倉」。積極促進各綜合試驗區線上綜合服務平臺對接。推動跨境電商在更大範圍發展。

二是穩步推進市場採購貿易方式試點。2014 年以來，商務部等八部門先後分三批在浙江義烏等八家單位開展市場採購貿易方式試點，實現了增值稅「免徵不退」、允許簡化歸類申報等四方面政策突破，基本實現了「風險可控、源頭可溯、責任可究」的管理目標，三年來，市場採購貿易出口年均增速超過 30%。[②] 下一步，商務部將會同有關部門，進一步提升便利化水準，提高試點市場國際知名度。指導各試點市場結合自身特色，開展管理和服務創新，完善配套服務，探索形成新一批經驗做法，及時總結推廣。

（三）繼續深化外匯制度改革，推進人民幣國際化

中共十八大報告對深化金融體制改革、支持實體經濟發展，提出了明確

[①] 六體系：信息共享、金融服務、智能物流、電商信用、統計監測、風險防控；兩平臺：線上「單一窗口」，線下「綜合園區」。
[②] 中華人民共和國商務部. 培育貿易新業態新模式，推進貿易強國建設：中國共產黨十九大關於中國經濟對外開放政策方向系列之三 [EB/OL]. (2018-03-22) [2019-04-30]. http://www.mofcom.gov.cn/article/i/jshz/new/201803/20180302721932.shtml.

的要求。「十三五」規劃綱要又提出有序實現人民幣資本項目可兌換，提高可兌換、可自由使用的程度，穩步推進人民幣國際化，推進人民幣走出去。

2015年8月11日，中國人民銀行發佈《中國人民銀行關於完善人民幣兌美元匯率中間價報價的聲明》。這是中國對外匯形成機制進行的一次重大調整，是向浮動匯率轉變的一次有益嘗試。這次改革的主要內容，就是調整人民幣兌美元匯率中間價報價機制：人民幣兌美元匯率中間價報價，要參考上一個交易日的銀行間外匯市場收盤匯率。這一調整使得人民幣兌美元匯率中間價機制進一步市場化，有利於更加真實地反應當期外匯市場的供求關係。為了保持人民幣穩定，在2015年12月11日又發佈人民幣匯率指數，強調要加大參考一籃子貨幣的力度，以更好地保持人民幣對一籃子貨幣匯率的基本穩定。此後，在收盤價基礎上，進一步引入了一籃子貨幣以及逆週期因子，「收盤匯率+一籃子貨幣匯率變化+逆週期因子」的匯率形成機制有序運行，進一步穩定匯率預期，為進出口貿易形成有力保障。①

截至2015年5月末，人民銀行與32個國家和地區的中央銀行或貨幣當局簽署了雙邊本幣互換協議，協議總規模約3.1萬億元人民幣②，同時在15個國家和地區建立了人民幣清算安排，為人民幣成為區域化結算貨幣奠定了基礎。2015年10月8日，中國正式啟動了人民幣跨境支付系統（CIPS），當時有11家中國銀行以及8家外國銀行加入。人民幣跨境支付系統給外國市場參加者用人民幣直接同中國夥伴結算創造了條件，對促進貿易發展有顯著作用。

此外，中國還通過利率國際化改革、降低關稅、完善出口信用保險制度等措施進一步加強了經濟手段在外貿中的調節和促進作用，發揮了市場在資源配置中的決定性作用。

---

① 謝伏瞻．人民幣匯率形成機制改革：進程、成效和經驗 [EB/OL]．(2018-08-31) [2019-01-22]．https://mp.weixin.qq.com．
② 中國人民大學國際貨幣研究所．人民幣國際化報告（2015）[R]．北京：中國人民銀行，2015．

第三節　新中國對外貿易體制的轉變

經過40餘年的改革創新，中國的對外貿易體制實現了根本性轉變，不僅對外貿易管理機構設置更加科學，職能更加優化，對外貿易管理手段、對外貿易主體結構也發生了重大變化。作為一系列變化的集中體現，中國的對外貿易體制屬性呈現出顯著的自由貿易制度特徵。

一、對外貿易管理機構及其職能的轉變

首先，新中國的對外貿易管理機構設置經歷了由繁到簡的演變過程。圖5-1展示了中國對外貿易管理機構設置的沿革。

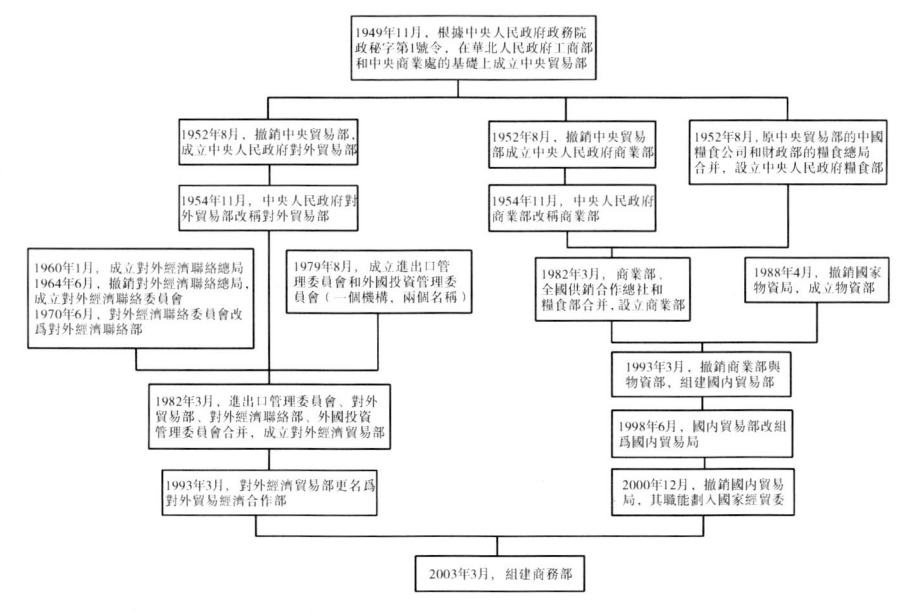

```
1949年11月，根據中央人民政府政務院政秘字第1號令，在華北人民政府工商部和中央商業處的基礎上成立中央貿易部
├── 1952年8月，撤銷中央貿易部，成立中央人民政府對外貿易部
│   └── 1954年11月，中央人民政府對外貿易部改稱對外貿易部
│       ├── 1960年1月，成立對外經濟聯絡總局
│       │   1964年6月，撤銷對外經濟聯絡總局，成立對外經濟聯絡委員會
│       │   1970年6月，對外經濟聯絡委員會改為對外經濟聯絡部
│       ├── 1979年8月，成立進出口管理委員會和外國投資管理委員會（一個機構，兩個名稱）
│       ├── 1982年3月，進出口管理委員會、對外貿易部、對外經濟聯絡部、外國投資管理委員會合併，成立對外經濟貿易部
│       └── 1993年3月，對外經濟貿易部更名為對外貿易經濟合作部
├── 1952年8月，撤銷中央貿易部成立中央人民政府商業部
│   └── 1954年11月，中央人民政府商業部改稱商業部
│       ├── 1982年3月，商業部、全國供銷合作總社和糧食部合併，設立商業部
│       ├── 1993年3月，撤銷商業部與物資部，組建國內貿易部
│       ├── 1998年6月，國內貿易部改組為國內貿易局
│       └── 2000年12月，撤銷國內貿易局，其職能劃入國家經貿委
└── 1952年8月，原中央貿易部的中國糧食公司和財政部的糧食總局合併，設立中央人民政府糧食部
    └── 1988年4月，撤銷國家物資局，成立物資部

2003年3月，組建商務部
```

圖5-1　商務部組織機構沿革[①]

---

① 圖片來源：http://bgt.mofcom.gov.cn/images/jigouyange.jpg。

從圖 5-1 可以看出，在新中國剛剛成立之時，外貿管理機構的設立與運作都處在探索階段，機構的設置和改變較為頻繁。隨著對外經濟交流和合作逐漸增多和外貿業務範圍的逐漸擴大，外貿管理機構在對外貿易部的基礎上又增設了對外經濟聯絡部、國家進出口管理委員會、國家外國投資管理委員會，管理機構繁多。到 1982 年，管理外貿事務的機構有四個之多，這四個部門在外貿領域上的職責劃分很細：對外貿易部負責進出口業務，同時也管理海關和商檢；對外經濟聯絡部，負責對外援助和國際經濟技術合作；國家進出口管理委員會和國家外國投資管理委員會負責跨部門的協調、管理以及戰略規劃性工作；國家外國投資管理委員會也負責利用外資的相關工作。1982 年，機構改革將四部委合併，成立對外經濟貿易部，把「外貿、外經、外資」三塊業務整合在一起，外貿管理機構設置得以簡化。2003 年，為了適應入世之後的形勢變化，中國組建了中華人民共和國商務部，主管國內外貿易和國際經濟合作，結束了中國內外貿分立的管理體制。

其次，在外貿管理組織架構的安排上，則是經歷了從單一、集中管理到分級管理的演變過程。改革開放前，與繁多的管理機構設置相反，管理組織結構上呈現出非常單一的集中管理和統一領導的特徵，宏觀管理的基本框架如圖 5-2 所示。

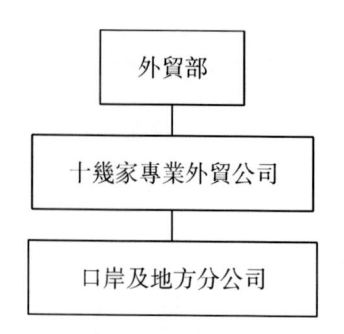

```
外貿部
  │
  ▼
十幾家專業外貿公司
  │
  ▼
口岸及地方分公司
```

圖 5-2　改革開放前中國對外貿易組織結構

開始改革開放後，計劃經濟體制的堡壘被打破，到 20 世紀 80 年代後期，中國逐步建立了對外貿易行政管理分級制，管理權逐步分散和下放，外經貿部對外貿經營由直接管理轉向間接管理為主。如圖 5-3 所示。

第五章　新中國對外貿易體制的改革與轉變

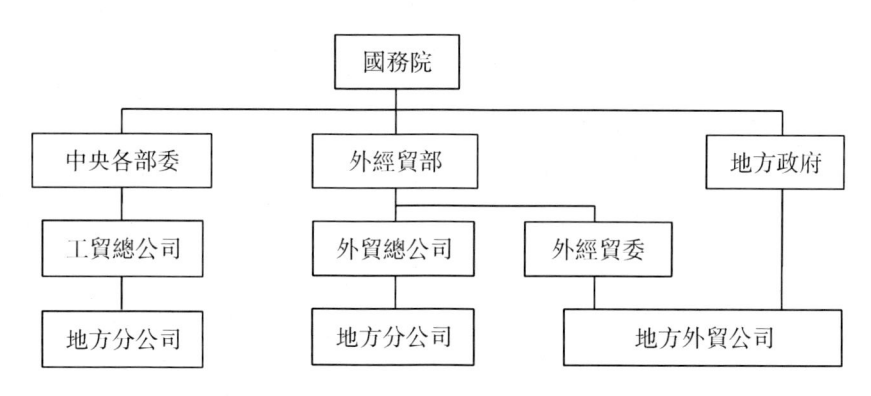

圖 5-3　20 世紀 80 年代中國對外貿易組織結構

20 世紀 90 年代以後，隨著市場經濟體制的逐步建立，無論是中央還是地方對對外貿易的行政管理都逐步弱化，特別是政企分開後，各級政府不再承擔微觀管理的職能，轉向對外貿易宏觀管理。[①]

2003 年組建商務部後，中國形成了商務部、國家發展和改革委員會、海關總署、國家質量監督檢驗檢疫總局、國家外匯管理局、國家稅務總局、國家知識產權局及其他相關部門分工協作的對外貿易管理機構體系。在這樣的組織架構下，中國按照精簡、統一、效能的原則和決策權、執行權、監督權既相互制約又相互協調的原則，進一步完善了運行機制，通過綜合運用外貿、通關、檢驗檢疫、外匯、金融、稅務、科技、環保、知識產權保護、勞動保障等領域政府監管職能和仲介組織資源，極大地促進了對外貿易管理機構職能從以行政領導為主向以服務為主轉變。

隨著中國經濟進入新常態，外貿管理組織結構按照「統一領導、分級管理、條塊結合、以塊為主」原則進行改革。在管理職能上，繼續深化「放管服」改革，在簡政放權上做「減法」，深化行政審批制度改革；在監管上做「加法」，改革外貿監管體制，強化事中事後監管；在服務上做「乘法」，提高行政辦事效率。進一步提高外貿政策制定和政府行政的合規合法性，推動了中國特色社會主義行政體制建設，提高了依法行政的能力。

---

① 孫玉琴.中國對外貿易體制改革的效應 [D].北京：對外經濟貿易大學，2004.

193

二、對外貿易管理手段的轉變

中國改革開放的進程,實際就是從計劃作為配置資源的主要手段逐漸變革成為市場成為配置資源的主要方式,市場經濟逐步確立,並不斷完善的過程。在這個進程當中,市場的力量從無到有、從弱小到壯大。政府對外貿的管理手段經歷了從計劃指令、到計劃指導、再到市場調控的過程,市場在資源配置中的作用逐漸加強,對外貿易逐步走向市場化和自由化體現了貿易體制漸進式改革的重要成效。

改革開放前,外貿政策的目標偏向於保護國內經濟和產業,因而對外貿的管理較為封閉和保守,採用指令性計劃實行單一的直接計劃管理。國家相關部門編製和下達各項進出口計劃,外貿專業公司完全按照計劃進行日常經營,且計劃不能隨意更改。通過壟斷經營和進出口計劃,對外貿易被完全置於國家控制之下,國家對外貿易計劃作為調控對外貿易活動的唯一槓桿,構成了改革開放前中國最堅固的貿易壁壘。[1] 這個時期的管理手段顯得強勢而固定,對外貿市場突發情況的應對能力有限。

改革開放後,中國開始逐步承認並致力發揮市場的作用,經濟體制先由單一的計劃經濟轉變為以計劃經濟為主、市場調節為輔,進而發展到有計劃的商品經濟、再到社會主義市場經濟。[2] 與之相適應,在對外貿易的管理手段上逐步縮小進出口商品指令性計劃的範圍,擴大指導性計劃和市場調節的範圍,直至1994年取消了所有進出口貿易的指令性計劃,國家只對外貿企業的進出口總額、出口收匯和進口用匯下達指導性計劃。政府對外貿的管理手段發生了從命令到指導的根本性轉變。

隨著對外貿易計劃控制的鬆弛,關稅的對外貿易調節、保護作用開始得到發揮,進出口許可證制度得到恢復,配額等數量限制手段開始實施,並在20世紀80年代呈逐漸強化之勢。20世紀90年代後,為了進一步貫徹改革開

---

[1] 孫玉琴. 中國對外貿易體制改革的效應 [D]. 北京:對外經濟貿易大學,2004.
[2] 同[1]。

第五章　新中國對外貿易體制的改革與轉變

放,同時為加入世貿組織做準備,中國開始轉向有自由化傾向的保護貿易政策,政企職責分開、放開外貿經營權、建立以市場為基礎的宏觀調控體系,更多地利用市場調節功能而非行政干預,關稅水準連續下降,數量限制等行政手段開始減少,經濟手段和法律手段的作用明顯加強。

　　加入世界貿易組織後,為了遵循世界貿易組織的基本原則,中國對外貿的管理進一步強調市場的作用,建立以市場為基礎的外貿調控體系。以出口退稅、出口信用保險、貿易融資等為主要內容的外貿促進體系日趨完善,行政許可事項明顯減少,許可證、配額、國營貿易等管理手段不斷完善,深化財政、稅收、金融、外匯等體制改革加強對外貿的間接調控,對外貿易管理逐步從行政手段為主到以法律和經濟手段為主、行政手段為輔轉變,管理目標從保護貿易、「獎出限入」到促進對外貿易平衡發展,推動貿易自由化、便利化轉變,從內外貿分離、貿易投資割裂到促進內外貿一體化、促進對外經濟協調發展轉變。在這些轉變中,特別值得一提的是,隨著進口促進戰略、服務貿易發展戰略和出口貿易科學發展理念的確立,中國逐步重視進口促進體系和服務貿易促進體系建設,同時對部分高耗能、高污染、資源性產品出口實施了限制措施。通過這些轉變,中國對外貿易領域的資源配置方式實現了重大轉變,市場配置資源的基礎性作用隨之增強。

　　中共十八屆三中全會之後,為了發揮市場在資源配置中的決定性作用和完善社會主義市場經濟制度,在外貿管理體制上繼續推進市場化自由化改革。通過「放管服」打造市場化、法治化的營商環境,保障公平競爭的市場環境;出抬各項政策激發外貿市場各經營主體的活力;推動外貿新業態發展促進外貿供給側結構性改革;構建完善綜合服務體系,為外貿企業提供融資、通關、退稅等各項服務;對外匯形成機制進行市場化改革。通過這些改革舉措形成了統一開放、公平有序的市場競爭環境,讓市場主體享有了經營自主權,由「治理」代替「管理」,切實實現市場在對外貿易領域中對資源配置的決定性作用。

195

三、對外貿易主體結構的轉變

改革開放前,在完全公有制經濟和單一計劃經濟體制的框架下,中國對外貿易業務掌握在十幾家國有的專業外貿總公司手中。

改革開放後,在社會主義有計劃商品經濟思想指導下,中國在外貿領域突破了單一的所有制結構,建立起以公有制為主體,多種所有制成分並存的格局。在商品經濟條件下,外貿市場的有效運行要求有足夠多的外貿企業作為競爭主體,形成自由競爭的市場環境。順應商品經濟的要求,外貿領域引入了其他所有制成分,各類外貿企業發展起來。自1979年下半年至1987年,全國設有各類外貿公司2,200多家。[①] 對外貿易單一的所有制結構發生顯著的轉變,三資企業和民營企業在對外貿易中開始取得發展,其中,1990年,外資企業進出口額在貿易總額的比重達到17.43%。[②]

隨著社會主義市場經濟制度的建設和完善,國家進一步放寬對生產企業經營對外貿易業務的審批標準,讓更多新鮮血液注入中國對外貿易事業,1995年全國各類外貿公司達到9,000多家,1999年達到2.6萬家。[③] 國有外貿企業進出口額在中國外貿總額中的占比從1990年的81.9%迅速下降到1997年的56.18%,到2000年,進一步下降到45.42%,[④] 外資企業和民營企業超過了國企在進出口總額中的比重。

在中國加入世界貿易組織之後,原有的對外貿易審批制度被備案登記制度所取代,且以法律形式規定自然人也可以是對外貿易的經營主體,對外貿易經營渠道進一步拓寬。隨著備案登記制的實施和對外貿易經營權的全面開放,居民個人及企業經備案登記後可以自由開展對外貿易,為包括外資企業在內的各類所有制企業提供公平的市場准入待遇日益受到重視,私營外貿企

---

① 中央財經領導小組辦公室,中央財經辦公室.中共中央關於制定國民經濟和社會發展第十個五年計劃的建議:學習輔導講座 [R].北京:人民出版社,2000:282.
② 數據來源:中華人民共和國商務部網站和《中國統計年鑒》。
③ 同①。
④ 同②。

第五章　新中國對外貿易體制的改革與轉變

業的發展由此得到極大促進，對外貿易經營主體格局進一步優化。如圖 5-4 所示，2002 年，國有企業、外商投資企業和其他企業出口額在總出口額中的占比分別是 37.73%、52.21%、10.05%，到 2010 年，國有企業的占比下降為 14.85%，外商投資企業和其他企業的占比分別上升為 54.65% 和 30.5%。2013 年，簡政放權、取消和下放大量行政審批事項等改革措施進一步激發了民營企業開展對外貿易的活力，民營企業進出口增長 22.3%，高出外貿總體增速 14.7 個百分點，占進出口總額的比重為 35.9%，較 2012 年提高 4.3 個百分點；單從出口來看，國有企業、外商投資企業的出口占比分別為 11.27% 和 47.27%，其他企業的占比達 41.46%。2015 年，民營企業出口額為 10,278.3 億美元，占比首次超過外資企業，達到 45.18%，成為出口的第一大主力軍。同年，外資企業出口占比為 44.16%，國有企業出口占比僅為 10.65%。此後，民營企業出口占比均居首位且比重呈上升趨勢，民營企業作為中國第一大出口經營主體的地位進一步鞏固。2002—2018 年，民營企業出口由 327.38 億美元增長到 11,941.3 億美元，增長了 35 倍多，出口占比由 10.05% 提高到 48.01%。

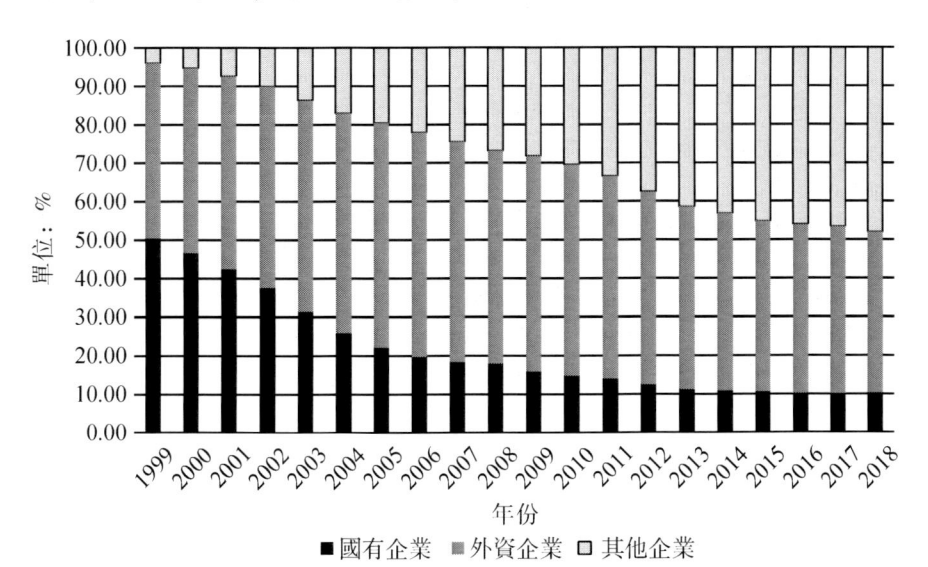

圖 5-4　不同所有制企業出口額占比變化（1999—2018 年）

數據來源：根據《中國對外貿易形勢報告》計算所得。

發展各類外貿企業、拓寬外貿經營渠道，改變了外貿體制的微觀基礎，為對外貿易的發展提供了新的動力源泉。這些「體制外」的外貿企業突破了傳統對外貿易體制的束縛，推動著中國對外貿易體制向市場化體制邁進。

四、對外貿易體制屬性的轉變

隨著中國經濟體制改革從計劃經濟體制、到社會主義有計劃的商品經濟體制、再到社會主義市場經濟體制的變遷，對外貿易體制也呈現出與之相對應的轉變。

改革開放前，中國對外貿易體制是高度集中的計劃經濟外貿體制，對外貿易所有制結構呈現單一的公有制。外貿經營管理體制上表現出「政企不分」的特徵，進出口按國家計劃進行，採用「出口收購制」和「進口撥交制」，由國家統一經營、統負盈虧。這種高度集中的對外貿易體制在當時特定的歷史條件和國際政治經濟環境下有其存在的合理性和必然性，但這樣高度集中、無所不包的計劃體制難以滿足日漸擴大的外貿需求與經濟體量，必須為適應新的形勢做出調整。

改革開放後，中國開始建立計劃與市場內在統一的外貿體制。改革單一的指令性計劃管理，將指令性計劃、指導性計劃和市場調節相結合；打破對外貿易壟斷經營的運行機制，開始實行進出口代理制度和對外貿易承包經營責任制，將經營權及更多責任歸屬下放至外貿經營企業；破除「大鍋飯」體制，建立自負盈虧的外貿經營機制，解決了權責利不統一的狀況；實現政企職責分開，讓企業逐步走向自主經營；所有制結構上轉變為以公有制為主體、多種經濟成分並存。

隨著經濟體制改革不斷深化，中國開始建立適應社會主義市場經濟體制和國際規範的外貿體制。在微觀層面，加快外貿企業經營機制轉換，推進國有貿易企業改革，建立起既符合社會主義市場經濟要求，又適應國際經濟規則的現代企業制度；履行入世承諾，全面放開外貿經營權，將外貿企業的經營權由審批制改為備案登記制，形成多元化的市場主體結構。在宏觀層面，

第五章　新中國對外貿易體制的改革與轉變

大大弱化政府的行政干預，向以經濟、法律手段實行宏觀間接調控為主的方向發展；結束中國內外貿分立的管理體制，適應經濟全球化和中國加入世界貿易組織的新形勢；改革外匯制度，建立以市場供求為基礎的、有管理的單一浮動匯率制；發揮匯率、關稅、稅收、利率等經濟手段對外貿的調節作用，加強市場在資源配置中的基礎作用；通過法律、法規、規章的立、改、廢工作，實現中國外貿制度與世貿組織規則相適應，完善外貿立法，將對外貿易納入法制化軌道，加強法律手段在外貿宏觀管理中的作用；提高政府政策的公開度和透明度，強化政府服務企業的功能，營造各類企業平等參與、公平競爭的體制環境。

2013年，中共十八屆三中全會對全面深化改革做出系統部署，強調「構建開放型經濟新體制」，這為對外貿易體制創新指明了方向，即建立中國特色社會主義市場經濟下的自由貿易體制。具體而言，一是進一步降低貿易壁壘，推進貿易便利化和自由化，促進要素、商品和服務的自由流動，實現市場對資源的優化配置作用；二是優化公平競爭的市場環境，培育外貿競爭新優勢，實現外貿的可持續發展；三是持續推進政府職能從管理型向服務型的轉化，實現政府與外貿企業之間的良性互動，建立市場主導型的政企關係模式；四是主動參與全球經濟治理、參與國際體系變革和國際規則制定，增強中國在國際經貿規則和標準制定中的話語權，推動國際經濟秩序朝著更加公正合理的方向發展，更好地維護中國的根本利益和人類的共同利益。

綜合而言，中國對外貿易體制的不斷發展和完善，是與中國整體經濟體制改革步驟相匹配、與中國改革開放目標的動態演進相適應的。中國的對外貿易體制改革是一個循序漸進的系統工程，先易後難、由點及面、由表相到本質，逐步向縱深推進。對外貿易體制改革不僅推動了貨物貿易、服務貿易的迅速發展，而且促進了對外貿易和經濟發展方式的改變，促進了經濟社會的科學發展，順利實現了中國經濟從封閉型到開放型的轉變，為中國的對外貿易乃至整體經濟的可持續發展奠定了基礎。

本章參考文獻

鄧敏，顧磊，2016. 中國對外貿易概論 [M]. 成都：西南財經大學出版社.

鄧敏，顧磊，2019. 中國對外貿易概論 [M]. 英文版. 北京：清華大學出版社.

郝璐，2017. 中國對外貿易制度研究 [D]. 長春：吉林大學.

胡靜靜，2013. 中國民營企業外貿競爭力研究 [D]. 武漢：華中科技大學.

黃漢民，錢學鋒，2010. 中國對外貿易 [M]. 修訂版. 武漢：武漢大學出版社.

黃曉玲，2009. 中國對外貿易概論 [M]. 2版. 北京：對外經濟貿易大學出版社.

傅自應，2008. 中國對外貿易三十年 [M]. 北京：中國財政經濟出版社.

江小涓，2008. 中國開放三十年的回顧與展望 [J]. 中國社會科學（6）：66-85.

李左東，2003. 中國對外貿易教程 [M]. 北京：北京大學出版社.

廖慶薪，廖力平，2000. 現代中國對外貿易概論 [M]. 廣州：中山大學出版社.

劉麗娟，2011. 中國對外貿易概論 [M]. 大連：東北財經大學出版社.

毛其淋，2009. 改革開放30年中國外貿出口與經濟增長：基於外貿體制改革的視角 [J]. 蘭州商學院學報，25（6）：39-44.

裴長洪，2008. 中國對外開放與流通體制改革30年研究 [M]. 北京：經濟管理出版社.

裴長洪，2009. 共和國對外貿易60年 [M]. 北京：人民出版社.

沈覺人，1992. 當代中國對外貿易（上、下）[M]. 北京：當代中國出

版社.

　　石廣生, 2013. 中國對外經濟貿易改革和發展史［M］. 北京: 人民出版社.

　　宋元明, 1999. 對外貿易迅速發展 外貿體制改革步步深入: 紀念改革開放 20 週年［J］. 國際貿易問題（1）: 8-15.

　　孫玉琴, 2004. 外貿經營權改革與外貿經營主體的變化［J］. 國際貿易問題（10）: 13-16.

　　孫玉琴, 2004. 中國對外貿易體制改革的效應［D］. 北京: 對外經濟貿易大學.

　　孫玉琴, 2008. 中國對外貿易史［M］. 北京: 清華大學出版社.

　　陶傳平, 2000. 中國外貿體制改革進程述評［J］. 外向經濟（6）: 4-7.

　　王德寶, 2017. 政策性出口信用保險功能的理論及實證研究——兼論中國政策性出口信用保險改革與發展［D］. 北京: 對外經濟貿易大學.

　　魏龍, 2002. 中國對外貿易論［M］. 武漢: 武漢理工大學出版社.

　　吳儀, 1991. 中國外貿體制改革的成效和方向［J］. 國際貿易（12）: 4-5, 1.

　　夏英祝, 金澤虎, 2009. 中國對外貿易學［M］. 合肥: 安徽大學出版社.

　　尹翔碩, 2001. 加入 WTO 後的中國對外貿易戰略［M］. 上海: 復旦大學出版社.

　　岳咬興, 2006. 國際貿易政策教程［M］. 上海: 上海財經大學出版社.

　　張生玲, 張麗平, 2008. 中國外貿體制改革三十年理論回顧［J］. 國際貿易（7）: 4-10.

　　張興華, 2007. 國有外貿企業戰略轉型分析［D］. 北京: 對外經濟貿易大學.

　　中國人民大學國際貨幣研究所, 2015. 人民幣國際化報告（2015）［R］. 中國人民銀行.

　　中國外貿體制改革的進程、效果與國際比較課題組, 2007. 中國外貿體制改革的進程、效果與國際比較［M］. 北京: 對外經濟貿易大學出版社.

仲鑫，2005. 中國外貿體制改革進程的特點與政策性思考 [J]. 產業經濟研究（1）：61-66.

朱國興，等，1995. 中國對外經濟貿易體制改革全書 [M]. 北京：對外經濟貿易大學出版社.

朱鐘棣，1999. 新中國外貿體制改革的回顧與展望 [J]. 財經研究（10）：39-45.

第六章
新中國對外貿易法律制度變遷

　　對外貿易法律制度是指一國對其外貿活動進行行政管理和服務的所有法律規範的總稱，它調整的是國家管理對外貿易的縱向法律關係，是一國對外貿易總政策的集中體現。

　　新中國對外貿易法律制度的變遷，是經濟體制改革、社會發展目標變動的結果。新中國成立以來，中國經濟體制逐步完成了從社會主義計劃經濟、社會主義有計劃商品經濟到社會主義市場經濟的變革，相應地，對外貿易法律意識也經歷了從封閉、管制到開放、參與的轉變過程，法律意識的變遷進一步推動了對外貿易法律運行的發展，法律意識和法律運行相互促進，推動了中國對外貿易法律制度體系的建立和完善以及營商環境的優化。

第一節　新中國對外貿易法律制度建設歷程

對外貿易法律制度的變遷是法律意識和法律運行相互影響、相互促進的結果，而某一階段法律意識和法律運行均由當時的社會總體經濟發展目標和水準所決定。中國對外貿易法律制度是自新中國成立以來得以逐步建立和完善的，是與中國總體經濟發展相適應的，其發展過程可劃分為五個歷史階段。

一、高度集中計劃經濟時期的法律制度建設（1949—1978年）

新中國成立初期，世界由社會主義和資本主義兩大對抗的陣營組成。由於意識形態的分歧，以美國為首的西方國家對新中國實行政治圍堵、經濟封鎖、外交孤立和軍事包圍，導致新中國被直接排除在關稅及貿易總協定（GATT）等多邊國際貿易體制之外。西方國家又通過巴黎統籌委員會（Coordinating Committee for Export to Communist Countries），對新中國實行貿易禁運。在這一時期，新中國實行蘇聯式高度集中的計劃經濟體制，具體反應到對外貿易方面，則是由國家統一下達進出口計劃和調撥資源，以致對外貿易活動被極大地限制。

封閉、高度集中的經濟體制和較為封閉的政治經濟環境決定了發展對外經濟關係不是這一階段社會經濟發展的重要內容，進而直接影響了這一階段的對外貿易法律意識。1954年，第一屆全國人民代表大會第一次會議通過了《中華人民共和國憲法》（以下簡稱「1954年《憲法》」），確立了社會主義原則和民主原則。在發展對外關係方面，1954年《憲法》提出「中國根據平等、互利、互相尊重主權和領土完整的原則同任何國家建立和發展外交關係的政策，已經獲得成就，今後將繼續貫徹。在國際事務中，中國堅定不移的方針是為世界和平和人類進步的崇高目的而努力」，但未對發展對外經濟關係進行闡述。隨著1966年「文化大革命」的爆發，對外關係領域出現了嚴重的

第六章　新中國對外貿易法律制度變遷

「左傾」錯誤，以至於中國對外貿易的開展愈加困難，1975年經重新修改制定的第二部憲法所涉及的對外關係的重點仍然集中在政治而非經濟領域。總體來看，這一時期中國的對外貿易法律意識較為落後。

法律運行方面，這一時期中國對外貿易法律制度的建立和完善缺乏基礎性的制度安排，外貿法律制度不成體系，規範的領域少，立法層次低下，主要以行政法規為主，尚無一部真正意義上的對外貿易法。1951年，中央人民政府政務院第七十七次政務會議通過了《中華人民共和國暫行海關法》（以下簡稱《暫行海關法》）。由於新中國剛成立，尚無專門的國家立法機關，《暫行海關法》兼具法律和行政法規的屬性，內容上也較為詳盡。此外，中共中央人民政府政務院第八十三次會議還頒布實施了《中華人民共和國海關進出口稅則暫行實施條例》和《中華人民共和國海關進出口稅則》，對《暫行海關法》形成了補充。《暫行海關法》的頒布在當時具有很強的政治意義，是新中國主權的象徵，受當時對外貿易限制的影響，《暫行海關法》所起的作用有限。此外，在服務和技術貿易、涉外金融、保險、擔保等眾多貿易相關領域，中國仍處於法律空白狀態。

由於意識形態的隔閡，中國主要與一些社會主義國家簽訂了雙邊貿易協定，例如1952年與錫蘭政府（今斯里蘭卡民主社會主義共和國）簽訂《中華人民共和國中央人民政府與錫蘭政府關於橡膠和大米的五年貿易協定》、1964年與尼泊爾簽訂《中華人民共和國政府和尼泊爾國王陛下政府貿易協定》。這些雙邊貿易協定數量少、所涉及的領域窄，以致這一時期的對外貿易法律制度缺乏國際法淵源。

1978年，第五屆全國人民代表大會第一次會議通過了中國第三部憲法（以下簡稱「1978年《憲法》」），明確規定「在國際事務中，我們要在互相尊重主權和領土完整、互不侵犯、互不干涉內政、平等互利、和平共處五項原則的基礎上，建立和發展同各國的關係」。儘管1978年《憲法》在發展對外關係的表述上較前兩部憲法有很大進步，但仍然未明確提出對外開放，對外法律制度的建設和完善仍然未在根本大法中得到體現。

二、建立有計劃商品經濟制度時期的法律制度建設
（1979—1992 年）

　　1978 年，中國撥亂反正，進入了全面經濟建設和改革開放的新時期，以鄧小平為核心的第二代領導集體大力推動實施對內改革、對外開放的政策。1979 年，黨中央、國務院批准廣東、福建在對外經濟活動中實行「特殊政策、靈活措施」，並決定在深圳、珠海、廈門、汕頭試點經濟特區，使得福建和廣東成為全國最早實行對外開放的省份之一。至此，對外開放成為中國的一項基本國策。與社會經濟發展狀況相適應，中國對發展對外貿易的看法和態度發生了巨大改變，法律意識也開始轉變為理解、包容和參與。與此同時，中國在對外貿易法律制度的認識方面有了巨大進步，並開始積極參與、維護、建設國際法律秩序。

　　法律運行方面，與開放、積極的法律意識相適應的是法律制度環境得到了巨大改善。1982 年，第五屆全國人民代表大會第五次會議通過了第四部憲法（以下簡稱「1982 年《憲法》」），提出「中國堅持獨立自主的對外政策，堅持互相尊重主權和領土完整、互不侵犯、互不干涉內政、平等互利和平共處的五項原則，發展同各國的外交關係和經濟、文化的交流」，首次將發展對外經濟關係明確寫入根本大法，並在第十八條中提出「允許外國的企業和其他經濟組織或者個人按照中華人民共和國法律的規定在中國投資，同中國的企業或者其他經濟組織進行各種形式的經濟合作。在中國境內的外國企業和其他外國經濟組織以及中外合資經營的企業，都必須遵守中華人民共和國的法律。它們的合法的權利和利益受中華人民共和國法律的保護」。1982 年《憲法》明確了發展對外貿易的主權原則，也為新時期對外貿易法律制度的制定和完善提供了基本準則。

　　在 1982 年《憲法》基本準則的指導下，這一時期的對外貿易法律法規數量大增，立法層次全面，對外貿易法律制度框架初步建立起來。在這一時期，中國的對外貿易法律制度建設取得了幾個重要成果。

　　（一）開始建立外國投資者在中國投資、經營的保護制度

　　為了規範合理利用外資、保護外國投資者合法權益，進入改革開放後，

中國開始積極制定規範外商投資領域的法律、法規。1979 年，第五屆全國人民代表大會第二次會議通過《中華人民共和國中外合資經營企業法》（以下簡稱「1979 年《中外合資經營企業法》」），依法保護外國合營者在合資企業的投資、應分得的利潤和其他合法權益。1990 年，第七屆全國人民代表大會第三次會議對《中外合資經營企業法》進行了修訂，加強了對外國投資者的權益保護，與 1979 年《中外合資經營企業法》相比，特別提出「國家對合營企業不實行國有化和徵收；在特殊情況下，根據社會公共利益的需要，對合營企業可以依照法律程序實行徵收，並給予相應的補償」，且企業董事長不再僅限於中方合營者擔任。為了保障《中外合資經營企業法》的順利實施，國務院於 1983 年發布《中華人民共和國中外合資經營企業法實施條例》，並先後在 1986 年、1987 年進行了修訂。

1986 年，第六屆全國人民代表大會第四次會議通過《中華人民共和國外資企業法》（以下簡稱「1986 年《外資企業法》」），允許外國投資者在中國境內舉辦外資企業，並著重對外國投資者的合法權益進行保障。1990 年，原對外經濟貿易部發布《中華人民共和國外資企業法實施細則》，以保障《外資企業法》的順利實施。

為了進一步擴大對外經濟合作和技術交流，中外合作建立企業的類型越來越多樣，「人合」企業大量出現。為了規範此類企業的經營以及保障合作者利益，1988 年，第七屆全國人民代表大會第一次會議通過了《中華人民共和國中外合作經營企業法》（以下簡稱《合作經營企業法》）。從具體內容來看，與中外合資企業相比，《中外合作經營企業法》給予中外合作經營者更大的自主經營權，明確提出「合作企業依照經批准的合作企業合同、章程進行經營管理活動。合作企業的經營管理自主權不受干涉」，還提出中外合作企業可以向國內外金融機構借款，以吸引更多的外國投資者。

（二）制定了系統的涉外經濟合同法規

為了適應國民經濟的發展，調整經濟活動中當事人的合法權益，1981 年，第五屆全國人民代表大會第四次會議通過《中華人民共和國經濟合同法》（以下簡稱《經濟合同法》）。《經濟合同法》是調整經濟合同關係的重要法律，

對於促進商品生產和流通起了積極的作用，但從其適用範圍來看，該法調整的是國內經濟合同關係，涉外商品和服務流通所產生的經濟合同關係，則不在該法的調整範圍內。

為了彌補這一缺失，促進對外貿易的發展，1985年，第六屆全國人民代表大會常務委員會第十次會議通過《中華人民共和國涉外經濟合同法》（以下簡稱《涉外經濟合同法》），這是中國第一部比較完整、系統的涉外經濟合同法規。《涉外經濟合同法》包括法的適用範圍、訂立合同原則、爭議適用法律、合同訂立、合同履行和違反合同的責任、合同的轉讓、變更、解除和終止、爭議的解決、提起訴訟或仲裁的期限等內容。至此，涉外經濟合同當事人合法權益的保障有法可依。為保障技術合同當事人的合法權益，維護技術市場秩序，1987年，第六屆全國人民代表大會常務委員會第二十一次會議通過《中華人民共和國技術合同法》（以下簡稱《技術合同法》），主要包括技術合同法的適用範圍、訂立技術合同的原則和技術成果的權屬；技術合同的訂立、履行、變更和解除；技術開發合同；技術轉讓合同；技術諮詢合同和技術服務合同；技術合同爭議的仲裁和訴訟等內容。自此，《經濟合同法》《涉外經濟合同法》和《技術合同法》成為保障國內經濟、技術和對外貿易領域內合同當事人合法權益的重要法律依據。

（三）建立了以海關法為核心的海關法律法規體系

海關法律法規體系是調整海關管理活動的法律的總稱，既包括專門的《海關法》，也包括所有的海關行政法規、規章和規範性文件，以及其他法律、法規中所涉及對海關管理的規定。中國對外貿易的迅猛發展，不可避免地帶來了諸多問題，而海關作為負責跨境貨物、物品的監管部門，對這些問題的接觸最為直接和敏感，如何應對和解決這些問題，就需要海關法予以明確規範，建立和完善海關法律法規體系，是中國對外貿易法律制度體系建設的重要內容。海關法律法規體系的建立和完善過程，是和中國對外貿易的發展水準相適應的，也反應了當時的政治、經濟環境特點。

1985年，國務院對1951年前中央人民政府政務院發布的《中華人民共和國海關進出口稅則暫行實施條例》和《中華人民共和國海關進出口稅則》進行修訂，頒布了《中華人民共和國進出口關稅條例》（以下簡稱「1985年

《進出口關稅條例》」）和《中華人民共和國海關進出口稅則》（以下簡稱「1985 年《進出口稅則》」）。1985 年《進出口關稅條例》對稅則委員會的組成、稅率的運用、完稅價格的審定、稅款的補納和退補、關稅的減免及審批程序、申訴程序等內容進行了規定，《進出口稅則》則是《進出口關稅條例》的組成部分。1985 年《進出口關稅條例》和《進出口稅則》進一步貫徹了國家的對外開放政策，對當時正在進行的經濟體制改革和促進對外貿易發揮了重要作用。

1987 年，第六屆全國人民代表大會常務委員會第十九次會議通過《中華人民共和國海關法》（以下簡稱「1987 年《海關法》」），1951 年《暫行海關法》廢止。1987 年《海關法》充分考慮了當時立法的現實需要，對海關的權力、法律適用範圍、海關人員的職責、進出境運輸工具、進出境貨物和進出境物品的監管、關稅、法律責任的認定和處理等內容進行了規定。同年，經國務院批准，海關總署發布《中華人民共和國海關法行政處罰實施細則》，國務院修訂並發布了《中華人民共和國進出口關稅條例》。加上 1985 年頒布實施的《中華人民共和國海關進出口稅則》以及隨後海關總署頒布實施的一系列辦法和規定，形成了以海關法為核心的海關法律法規體系。

（四）知識產權保護制度逐步建立，為服務和技術貿易的發展奠定了基礎

隨著社會經濟的發展以及知識產權保護的需要，中國分別於 1982 年、1984 年和 1990 年頒布了《中華人民共和國商標法》《中華人民共和國專利法》和《中華人民共和國著作權法》，推動形成了民事、行政、刑事「三位一體」的知識產權立體保護格局，知識產權保護制度逐步建成，為打造公平競爭的營商環境、促進服務和技術貿易奠定了基礎。

除了建立相關法律外，中國於 1985 年加入《保護工業產權巴黎公約》（Paris Convention for the Protection of Industrial Property，簡稱《巴黎公約》）；同年還加入了《商標國際註冊馬德里協定》（Madrid Agreement Concerning the International Registration of Marks，簡稱《馬德里協定》），積極參與國際知識產權的保護工作。

（五）其他外貿相關法律制度陸續建立

1989年，第七屆全國人大常委會第六次會議通過了《中華人民共和國進出口商品檢驗法》，標誌著進出口商品的商檢工作進入了法制管理的新階段。1992年，第七屆全國人民代表大會常務委員會第二十八次會議通過了《中華人民共和國海商法》，作為專門調整海上運輸法律關係的法律，對中國對外貿易的發展有重要意義。

（六）積極參與國際雙邊和多邊貿易協定，彌補了對外貿易法律制度的國際法淵源的不足

除了國內立法工作迅速發展外，這一時期中國積極參與、維護並建設國際法律秩序，與其他國家簽訂的雙邊協定數量迅速增長。例如，1980年，中國與科威特、阿曼蘇丹國分別簽訂了貿易協定；1981年，與塞浦路斯共和國、土耳其共和國政府分別簽訂了貿易協定；1985年，與阿拉伯聯合酋長國政府簽訂經濟、貿易、技術合作協定，與新加坡共和國政府、科威特政府分別簽訂關於促進和保護投資協定；1986年、1990年又分別與這兩國簽訂了對所得避免雙重徵稅和防止偷漏稅的協定。除此之外，中國還與一些國家在司法協助領域開展合作，例如，1987年，與法蘭西共和國簽訂了關於民事、商事司法協助的協定，與波蘭人民共和國簽訂了關於民事和刑事司法協助的協定；1989年，與蒙古人民共和國簽訂了關於民事和刑事司法協助的條約等。1981年9月，中國政府代表簽署《聯合國國際貨物銷售公約》，並於1986年12月交存核准書。正是從這一時期開始，中國對外貿易法律制度缺乏國際法淵源的情況開始改變。

除了與一些國家簽訂雙邊協定，中國積極尋求進入多邊國際貿易體制。1986年7月10日，中國政府正式提出恢復在關稅及貿易總協定中締約方地位的申請，開始了與關貿總協定締約國的雙邊談判。1986年7月至1992年2月，中國與主要締約方進行了十幾次磋商，並就一些核心問題基本達成了諒解。1992年，中國工作組基本結束了對中國經貿體制的審議，並進入了有關中國復關議定書內容的實質性談判。

1989年，計劃經濟思潮重新抬頭，使得經濟改革陷於停滯。為了指明發

展方向、鞏固人民發展社會主義市場經濟的信心，1992年年初，鄧小平視察武昌、深圳、珠海、上海等地，並就一系列重大問題發表了日後人們熟知的「南方談話」，提出「不堅持社會主義、不改革開放、不發展經濟、不改善人民生活，就是死路一條」，還提出「計劃和市場都是經濟手段」。同年10月，中共第十四次全國代表大會召開，在黨的歷史上第一次明確提出了建立社會主義市場經濟體制的目標。經濟體制的改革和復關進程的推進，對中國對外貿易法律制度建設提出了更高的要求。

三、建立社會主義市場經濟制度時期的法律制度建設（1993—2001年）

經歷了1989—1992年經濟體制改革的爭論，1993年，中共十四屆三中全會通過了《中共中央關於建立社會主義市場經濟體制若干問題的決定》，對社會主義市場經濟體制改革的具體要求和目標進行了闡述，勾勒出了中國特色社會主義市場經濟體制的基本框架。1995年，中共第十四屆中央委員會第五次全體會議通過了《中共中央關於制定國民經濟和社會發展「九五」計劃和2010年遠景目標的建議》，提出兩個根本性轉變：經濟體制從傳統的計劃經濟體制向社會主義市場經濟體制轉變；經濟增長方式從粗放型向集約型轉變。至此，計劃經濟體制逐漸退出歷史舞臺。1997年，中共十五次全國代表大會進一步明確了以公有制為主體、多種所有制經濟共同發展的基本經濟制度，指出非公有制經濟是社會主義市場經濟的有機組成部分，這解決了對外貿易體制改革中的所有制問題。

這一時期，中國恢復在關稅及貿易總協定中締約方地位的進程不斷推進，自1992年進入有關中國復關議定書內容的實質性談判後，1994年4月，中國簽署了烏拉圭回合最後文件和世界貿易組織協定；1995年1月1日，世界貿易組織正式成立，同年11月，關稅與貿易總協定中國工作組更名為世界貿易組織中國工作組。從此，中國從復關談判轉變成入世談判。2001年12月11日，中國正式成為世界貿易組織成員。

随著經濟體制改革的逐漸深入，通過行政手段維護對外貿易秩序的作用已經逐漸削弱，中國開始強化法律手段的運用，外貿立法意識逐漸增強，對外貿易法律法規的制定和完善提上了新的高度。同時，中國入世進程的推進，推動了中國對外貿易法律制度與國際貿易規範的接軌。這一時期對外貿易法律制度建設的主要成果有：

（一）1994年《對外貿易法》頒布並實施，結束了對外貿易領域無基本法的歷史

在從中國國情出發和與國際準則和慣例銜接的雙重要求下，歷經12年的醞釀、起草、反覆修改過程，1994年5月12日，第八屆全國人民代表大會常務委員會第七次會議通過《中華人民共和國對外貿易法》（以下簡稱「1994年《對外貿易法》」），結束了中國對外貿易領域長期沒有基本法的歷史。1994年《對外貿易法》從法律上確定了對外貿易的基本方針、基本政策和基本原則，構建起了對外貿易領域內的總體管理框架，為促進中國外貿體制改革、建立適應社會主義市場經濟和國際經濟通行規則的對外貿易制度、建立和完善對外貿易法律制度體系奠定了法律基石。

為了保障1994年《對外貿易法》的順利實施，中國相繼出拾了一系列配套法規和實施細則。1997年，國務院令第214號發布《中華人民共和國反傾銷和反補貼條例》（以下簡稱《反傾銷和反補貼條例》），其中包括了傾銷和補貼所造成的損害認定和評估、反傾銷調查流程、反傾銷措施、反補貼特別規定等內容，是《對外貿易法》相關條款的具體化。2001年，國務院第46次常務會議通過《中華人民共和國反傾銷條例》（以下簡稱《反傾銷條例》）、《中華人民共和國反補貼條例》（以下簡稱《反補貼條例》）和《中華人民共和國保障措施條例》（以下簡稱《保障措施條例》），以取代1997年頒布的《反傾銷和反補貼條例》，標誌著中國貿易救濟制度進入了實質性運行階段。

（二）實現了合同法的「三法合一」

中共十一屆三中全會以來，中國先後制定了《經濟合同法》《涉外經濟合同法》和《技術合同法》，以保障國內經濟、技術和對外貿易領域內合同當事

人的合法權益。由於三部合同法從形式到內容存在重複、交叉甚至相互矛盾的地方，且每部合同法的適用範圍太窄，1999年，第九屆全國人民代表大會第二次會議通過《中華人民共和國合同法》，結束了三法並立的局面，既保證了合同法的統一性、完備性和連續性，又保證了操作性，在完善社會主義市場經濟的法律體系方面具有重要意義。

（三）頒布《外匯管理條例》，為外匯管理體制的順利運行提供了法律保障

在計劃經濟體制下，中國外匯管理體制長期集中統一，且主要以行政手段進行管理。改革開放以來，中國外匯管理體制不斷進行改革，與對外貿易體制的改革形成了有效補充，例如，貿易及非貿易有關的對外支付可直接持有效憑證到外匯指定銀行進行兌付，使得貿易便利化程度大大提升。1996年，國務院第四十一次常務會議通過《中華人民共和國外匯管理條例》（以下簡稱「1996年《外匯管理條例》」），對外匯管理體制、經營體制和管理內容進行規範，進一步推進了人民幣可兌換進程，為對外貿易提供了良好的外匯金融環境，使得對外貿易企業的外匯收支管理實現了從直接控制、具體審批到間接監督管理的轉變。

（四）制定了一系列行政法規，外貿經營權逐步放開

中國外貿經營權的放開是一個漸進式過程。自新中國成立至1979年，中國外貿經營權主要由國營專業外貿公司壟斷；進入20世紀80年代以後，中國實行了一些簡政放權措施，將外貿經營權下放到地方政府，對國內企業進行放權讓利，從事對外貿易的企業數量大幅增長，在一定程度上打破了高度壟斷的局面。1996年，原對外經濟貿易部發布了《關於設立中外合資對外貿易公司試點暫行辦法》，允許中外合資公司從事對外貿易活動，外貿經營權開始向外資開放；1998年，發布了《關於賦予私營生產企業和科研院所自營進出口權的暫行規定》，私營企業和科研院所經審批具備自營進出口權。

外貿經營權的取得上，1996年，國務院下發了《關於經濟特區企業外貿經營權問題的批覆》，規定從1996年開始，海南、深圳、珠海、汕頭、廈門五個經濟特區的企業申請外貿經營權時，實行自動登記制，這標誌著中國外貿經營權從許可制開始向登記制過渡；2001年，原對外貿易經濟合作部（前

身為對外經濟貿易部）發布《關於進出口經營資格管理的有關規定》，正式提出進出口經營資格實行登記和核准雙制。

(五) 知識產權保護制度進一步建立和完善

隨著對外貿易的發展，中國對於知識產權的保護力度越來越大，相關的法律法規也不斷完善。1995 年，國務院頒布實施了《中華人民共和國知識產權海關保護條例》（以下簡稱《知識產權海關保護條例》），規定海關對與進出境貨物有關的知識產權進行保護，這是中國第一部專門規範知識產權海關保護的行政法規。

為了符合世界貿易組織規則中《與貿易有關的知識產權協議》（簡稱 TRIPS）的要求，中國於 2000 年 8 月對《中華人民共和國專利法》進行了第二次修訂，於 2001 年 10 月對《中華人民共和國商標法》進行了第二次修訂，並對《中華人民共和國著作權法》進行了第一次修訂。通過這次重大的修法行為，中國知識產權保護與 TRIPS 全面接軌。

通過一系列法律法規的修訂和頒布實施，中國根據建立社會主義市場經濟制度的要求和國際規範，在對外貿易法律基礎構建、對外貿易經營主體合法權益保護、貿易救濟、對外貿易經營權、知識產權保護等領域推進法律法規建設，基本形成了適應中國國情、符合國際多邊貿易規則的對外貿易法律體系，從而使中國的對外貿易管理基本具備了法制化、規範化和透明度特徵，為創造開放、統一、公平、可預見的市場環境提供了法制保障。

四、完善社會主義市場經濟制度時期的法律制度建設（2002—2013 年）

2002 年開始，中國進入了加強市場的基礎作用與完善社會主義市場經濟制度的新時期。2003 年，中共十六屆中央委員會第三次全體會議召開並通過了《中共中央關於完善社會主義市場經濟體制若干問題的決定》，提出建成完善的社會主義市場經濟體制和更具活力、更加開放的經濟體系，是這一時期的重要目標和任務；對外貿易方面，則提出「深化涉外經濟體制改革，全面

第六章　新中國對外貿易法律制度變遷

提高對外開放水準」，具體內容包括完善對外開放的制度保障、更好地發揮外資的作用以及增強參與國際合作和競爭的能力。完善更加開放的社會主義市場經濟體制、進一步深化改革對外貿易體制的目標和任務，均對中國對外貿易法律制度建設提出了更新、更高的要求。

此外，加入世界貿易組織也對中國對外貿易法律制度產生了深遠影響，由於世界貿易組織條約群是國際法的重要組成部分，中國對外貿易法律制度的國際法淵源體系更加完整。中國在《中華人民共和國加入世界貿易組織議定書》中承諾「將通過修改現行法規和制定新法的方式，全面履行世貿組織協定的義務」。具體而言，中國要確保世界貿易組織協議和加入議定書在全國範圍內得到統一實施；需要對照世界貿易組織規則和入世前做出的承諾，對貿易有關或能夠產生影響的法律、法規和其他政策措施進行全面清理，並根據清理結果，修改或者廢止與世界貿易組織協議或者中國承諾不一致的法律、法規和其他政策措施；根據世界貿易組織的要求，盡快制定新的法律、法規，進一步完善有關法律制度。

在完善社會主義市場經濟體制和全面履行入世承諾的要求下，這一時期中國的對外貿易法制建設工作有了很大進展並取得了重大成果，主要成果有：

（一）完成相關法律、法規及政策措施的清理工作

1999年11月，在中美簽署《中美關於中國加入世界貿易組織的雙邊協議》後，原對外經濟貿易合作部和國務院就開始制訂詳細的建立、修改、廢止計劃。2001年，中共中央辦公廳、國務院辦公廳印發《關於適應中國加入世界貿易組織進程清理地方性法規、地方政府規章和其他政策措施的方案》，確定了清理工作需要遵循法制統一原則、非歧視原則、公開透明原則，還提出清理需要依據的20條具體標準，並對清理工作的組織領導、分工、清理後的處理、清理的範圍和標準、工作要求等內容進行了詳細部署。

從2000年7月至2002年12月底，全國人大常委會制定、修改有關法律14項；國務院廢止行政法規12項，制定、修改有關行政法規38項，停止執行國務院有關文件34項；國務院有關部門制定、修改、廢止部門規章和其他政策措施1,000多項；廢止地方性法規、地方政府規章3,370項、修改1,126

215

項；決定停止執行省級政府及其部門和較大的市政府及其部門其他政策措施約 18.8 萬項。為兌現入世承諾，中國還對有關司法解釋也進行了清理，其中最高人民法院對有關的 1,200 項司法解釋或答覆進行了清理，分 6 批公布廢止了 120 多項，適時地新制定 10 多項；最高人民檢察院對單獨制定或與有關部門聯合制定的 780 多項司法解釋和規範性文件進行了清理，廢止了 140 項。①完成大規模清理工作之後，中國與世界貿易組織規則接軌的修法工作一直持續進行，個別法律、法規及政策措施的清理工作始終在進行。

(二) 修訂了一批重要的對外貿易法律法規

為了全面履行入世承諾，在這一時期，中國相繼修訂了一批與世界貿易組織規則不相符的外貿法律、法規。2002 年 4 月，第九屆全國人民代表大會常務委員會第二十七次會議修訂頒布了《中華人民共和國進出口商品檢驗法》，這是加入世界貿易組織後審議修訂的第一部法律。在法律法規修訂中，最為重要的是對外貿易基本法——1994 年《對外貿易法》的修訂，其中根據出現的對外貿易新情況，新增了建立對外貿易預警應急機制、建立公共信息服務體系、扶持和促進中小企業開展對外貿易等內容；根據世界貿易組織相關規則的要求，修訂後的《對外貿易法》對不相符的內容進行了修訂，例如將對外貿易經營者的範圍、外貿經營權的取得等內容進行了修訂，還新增了知識產權保護、對外貿易調查和貿易救濟等內容。

其他修訂的法律、法規還包括：2003 年 10 月 29 日，國務院第 26 次常務會議修訂通過《進出口關稅條例》；2003 年 11 月，國務院第 30 次常務會議修訂通過《知識產權海關保護條例》；2004 年 3 月對《反補貼條例》《反傾銷條例》和《保障措施條例》進行修訂等。

(三) 頒布實施了一批新的對外貿易法律、法規

除了對相關法律法規進行修訂外，中國還根據社會主義市場經濟及對外貿易發展的需要制定了一些新的法律、法規。例如，2003 年，通過了《中華人民共和國中外合作辦學條例》《中華人民共和國行政許可法》等影響對外貿

---

① 李立. 中國法規清理工作 10 年未曾間斷 [N]. 法制日報，2011-09-26.

易的法律法規；2004年7月，商務部頒布了《對外貿易經營者備案登記辦法》，標誌著中國外貿經營權全面放開，這是外貿體制改革的重要突破；加入世界貿易組織以後，中國海關相關法律對照世界貿易組織和世界海關組織的相關規定，積極與國際海關法接軌，2004年9月，國務院第61次常務會議通過《中華人民共和國進出口貨物原產地條例》（以下簡稱《進出口貨物原產地條例》），比1986年海關總署頒布的《中華人民共和國海關關於進口貨物原產地的暫行規定》的法律層級更高，與1992年國務院發布的《中華人民共和國出口貨物原產地規則》相比，其與國際通行規則的銜接更為緊密。

（四）根據發展中國特色社會主義的要求建設對外貿易法律制度

隨著改革的深入，中國對市場經濟規律的認識日益加深。2007年10月，中共第十七次全國代表大會提出「改革開放是決定當前中國命運的關鍵抉擇」，強調要通過改革開放來解決中國的現實問題，並提出要更加完善社會主義市場經濟體制，加快轉變經濟發展方式，這標誌著中國已從強調增長向強調全面協調發展轉變。根據中共十七大的有關精神，中國圍繞轉變貿易增長方式、促進進出口貿易協調發展、積極應對國際貿易的新形勢、建立健全對外貿易運行監控體系和國際收支預警機制、強化服務和監管職能等方面繼續推進對外貿易法律法規建設。

2012年11月，中國共產黨第十八次全國代表大會進一步提出全面提高開放型經濟水準，堅持出口和進口並重，提高利用外資綜合優勢和總體效益，加快走出去步伐，統籌雙邊、多邊、區域次區域開放合作，提高抵禦國際經濟風險能力。2013年9月，中國（上海）自由貿易試驗區正式啟動運行，其主要任務是「力爭經過兩至三年的改革，建設具有國際水準的投資貿易便利、貨幣兌換自由、監管高效便捷、法制環境規範的自由貿易試驗區」。圍繞這些目標和任務，中國繼續加大了對外貿易法律制度的建設工作，以滿足社會總體經濟和對外貿易發展的需要。

總體來看，在加強市場的基礎作用與完善社會主義市場經濟制度時期，通過對相關法律、法規和政策措施的清理，中國已建立起既符合社會主義市場經濟的需要，又符合世界貿易規則要求的，統一、完備、透明的對外貿易法律體系。

五、完善社會主義市場經濟制度新時期的法律制度建設（2014年至今）

2013年11月，中共第十八屆中央委員會第三次全體會議召開，會議通過《中共中央關於全面深化改革若干重大問題的決定》，提出「緊緊圍繞使市場在資源配置中起決定性作用深化經濟體制改革，堅持和完善基本經濟制度，加快完善現代市場體系、宏觀調控體系、開放型經濟體系，加快轉變經濟發展方式」，至此，中國進入了發揮市場在資源配置中的決定性作用與完善社會主義市場經濟制度的新時期。

圍繞構建開放型經濟新體制，中國進一步加強了對外貿易法律制度建設，這一時期取得的階段性成果有：

（一）統一的外商投資領域基礎性法律——《外商投資法》出抬

《中外合資經營企業法》《外資企業法》和《中外合作經營企業法》為中國利用外資提供了法律依據，但隨著外資入華規模的擴大以及入世承諾的要求，「外資三法」的現行規定已經不能滿足發展的要求，例如，「外資三法」確立的逐案審批制不利於激發市場活力，也不利於政府職能的轉變，故已經不再適應當前的發展要求；此外，相關內容與《中華人民共和國公司法》（以下簡稱《公司法》）及其他法律法規重複，甚至存在衝突。制定統一的外資基礎性法律則成為新時期進一步擴大對外開放、積極提高外資利用水準的迫切要求。2015年，商務部面向社會公開發布《中華人民共和國外國投資法（草案徵求意見稿）》（以下簡稱《外國投資法》），引起各方熱烈關注。2016年4月，全國人大常委會將《外國投資法》（修改「外資三法」，即中外合資經營企業法、外資企業法、中外合作經營企業法）列為當年立法的預備項目，統一的外商投資領域的基礎性法律呼之欲出。

為了進一步擴大對外開放，積極促進外商投資，保護外商投資合法權益，規範外商投資管理，推動形成全面開放新格局。2019年3月，十三屆全國人大二次會議表決通過了《中華人民共和國外商投資法》（以下簡稱《外商投資法》），該法自2020年1月1日起施行，共有四十二條，分為總則、投資促

第六章　新中國對外貿易法律制度變遷

進、投資保護、投資管理、法律責任、附則六章。《外商投資法》首先對外商投資的定義和範圍進行了明確規定，反應了外資區別於內資的獨特屬性；明確提出「國家實行高水準的投資自由化便利政策」「對外商投資實行准入前國民待遇加負面清單管理制度」，取消逐案審批制，對於禁止和限制外國投資者投資的領域，將以清單方式明確列出，這是此部法律最大的亮點之一；在「投資促進」專章裡，《外商投資法》對於外商投資企業的國民待遇、健全外商投資服務體系、加強投資領域的國際交流與合作、設立特殊經濟區域等內容進行規定，建立和完善外商投資促進機制，營造穩定、透明、可預期和公平競爭的市場環境；在「投資保護」專章裡，《外商投資法》對外國投資者合法權益的保護進行了規定，並要求建立外商投資企業投訴工作機制，及時處理外國投資者反應的問題和協調完善相關政策措施，這也是此部法律的亮點之一，這些有關徵收及補償、知識產權保護以及出資、利潤、資本收益等的自由轉出等規定，都是國際投資協定的重要內容，實現了與國際規則的銜接；在「投資管理」專章裡，對外商投資的項目核准、備案及其經營管理過程中適用法律進行規定，提出建立外商投資信息報告制度和外商投資安全審查制度；在「法律責任」專章裡，對外國投資者投資外商投資准入負面清單規定禁止投資的領域、違反外商投資准入負面清單規定的限制性准入特別管理措施、違反外商投資准入負面清單規定的處理措施進行了規定，還規定了未按照外商投資信息報告制度的要求報送投資信息及其他違法、違規行為的處理手段。

從內容上來看，《外商投資法》不是簡單的「三法合一」，還對與《合同法》《公司法》相複合的部分進行了清理。例如，《外商投資法》沒有對企業組織形式進行規定，相關內容由《公司法》進行規範；沒有對合同章程管理等進行規定，相關內容由《合同法》進行規範。

《外商投資法》是外商投資領域的基礎性法律，今後外商投資相關的立法及管理機制的出抬，均要以此作為基本依據。這部法律的出抬，表明中國外商投資管理體制發生了根本性變革，既符合中國的基本國情，又實現了與國際規範和規則銜接，一旦正式施行，將進一步放寬市場准入，切實實現對外

國投資者的經營保護，提高了中國外商投資環境的開放度、透明度和便利性，為推動形成全面開放新格局、吸引更多外資、提高外資利用水準提供了更有力且與時俱進的法律保障。

（二）海關法律法規體系的修訂和調整

目前，隨著「一帶一路」倡議的實施和《貿易便利化協定》的生效，中國海關面臨著全面深化改革，海關法的相關條文也面臨著修改。2013年6月和12月，全國人民代表大會常務委員會對《海關法》進行了兩次修訂，重點對一些批准事項進行了調整，簡化了審批流程和手續。例如，刪去第八十八條中的「和未取得報關從業資格」；還對報關過程中防止權力腐敗的內容進行了調整，明確了行賄可能承擔的法律責任。2015年6月，第十二屆人大常委會將《關稅法》列入立法規劃，由於現行關稅法律規範是以《進出口關稅條例》及其組成部分的《海關進出口稅則》等法規組成，當立法層級上升後，「面臨如何處理和海關法、稅收徵管法之間的關係，海關法律體系將面臨重大調整」①。

（三）負面清單管理模式的確定及相關法律、法規的修訂和調整

「負面清單」是國際通行的對外資准入的管理模式，這一管理模式的引入，是外商投資領域治理理念的重大轉變，外商投資准入實現了由「有承諾方可准入」到「法不禁止皆可為」的轉變，除負面清單明確載入的特別管理規定外，外商投資企業享受了真正意義上的「國民待遇」，大大提高了中國市場的對外開放程度。

2015年10月，國務院發佈《國務院關於實行市場准入負面清單制度的意見》，明確了實行市場准入負面清單制度的總體要求、主要任務和配套措施，全面落實市場准入前國民待遇，以實現與國際通行規則接軌。

基於上海自貿區在負面清單制度上的實踐經驗，2016年9月，第十二屆全國人民代表大會常務委員會第二十二次會議修訂通過了《中外合資經營企

---

① 陳暉. 中國海關法的歷史發展、貢獻和展望：紀念《中華人民共和國海關法》頒佈三十週年 [J]. 海關法評論，2017，7：3-44.

業法》《外資企業法》和《中華人民共和國臺灣同胞投資保護法》；2017年11月，第十二屆全國人民代表大會常務委員會第三十次會議修訂並通過《中外合作經營企業法》。這四部法律均提出「不涉及國家規定實施准入特別管理措施的，適用備案管理。國家規定的准入特別管理措施由國務院發布或者批准發布」，這四部法律的修訂，為外商投資全面實行負面清單管理模式奠定了初步的法律基礎。2017年7月，商務部和國家發展和改革委員會聯合修訂和發布《外商投資產業指導目錄（2017年修訂）》（以下簡稱「2017版《目錄》」），與2015版《目錄》相比，2017版《目錄》進一步減少了限制性措施，大幅放寬外商准入，並進一步提高了服務業、製造業、採礦業等領域的開放水準。此外，2017版《目錄》明確提出了外商投資准入特別管理措施，即外商投資准入負面清單。

2019年3月《外商投資法》出抬，規定中國對外商投資實行准入前國民待遇加負面清單管理制度，正式從全國人大立法層面對負面清單制度進行了確定，具有極其深遠的意義。

（四）貿易政策合規工作依法推行

2014年6月，國務院辦公廳發布《國務院辦公廳關於進一步加強貿易政策合規工作的通知》，提出國務院各部門、地方各級人民政府及其部門制定的有關或影響貨物貿易、服務貿易以及與貿易有關的知識產權的規章、規範性文件和其他政策措施應當符合《世界貿易組織協定》及其附件和後續協定、《中華人民共和國加入世界貿易組織議定書》和《中國加入工作組報告書》的要求，這為中國當前階段對外貿易法律制度的完善進一步確定了方向。

根據這一政策的要求，2014年12月，商務部公布了《貿易政策合規工作實施辦法（試行）》，對於世界組織成員對中國貿易政策合規問題的提出、受理和處理程序（第五條至第八條）、國務院有關部門和地方各級人民政府及其部門制定或擬定的貿易政策的合規性評估程序（第十條至第十五條）、商務部合規工作機制（第十六條至第十七條）等內容進行規定。

六、新中國對外貿易法律制度建設成就總結

　　從新中國對外貿易法律制度體系的建設歷程可以看出，隨著內外經濟、政治環境的變動，人們對於對外貿易的認知和情感不斷變化，希望通過制定相關規則來規範對外貿易活動的法律意識也不斷進行調整，反應在法律運行方面，即為對外貿易相關的法律、法規的數量不斷增多，規範的內容不斷調整並與國際規範接軌。袁仁輝（2013）提出，對外貿易「法律意識方面，完成了從批判、排斥、管制到接納、參與、包容和創新的轉變」，相應地，「法律運行方面，基本建成對外貿易法律體系和相應的司法救濟制度。」法律意識與法律運行相互影響，推動了中國對外貿易法律體系逐步建立和完善。

　　回顧新中國建立以來對外貿易法律制度體系的建設，主要成就有：制定了對外貿易領域的基本法——《對外貿易法》，為中國對外貿易法律制度體系的建設奠定了法律基石；制定了以《海關法》為核心的海關法律法規體系，為進出口監督管理和海關治理提供了法律依據，促進了對外貿易穩定發展；外國投資者在華投資、經營相關的法律法規不斷完善，外商投資領域的基礎性法律——《外商投資法》出抬；涉外經濟合同法規不斷調整，涉外經濟合同當事人合法權益的保障有法可依；知識產權制度逐步建立，形成了民事、行政、刑事「三位一體」的知識產權立體保護格局；充分履行入世承諾，全面清理與補充制定對外貿易相關的法律、法規，積極與國際通行規則接軌，等等。可以說，中國對外貿易法律制度體系的發展，是一個與時俱進的過程，現有體系能夠為中國對外貿易的健康、高速發展提供強有力的法律保障。

　　從目前的國際經濟、政治環境來看，經濟全球化帶來的機遇和挑戰並存，但中國堅持對外開放、更加深入地融入世界經濟的信念沒有變化，反應在對外貿易法律意識方面，不僅僅要包容、參與，還要積極創新，不但要建立與國際通行規則接軌的法律、法規體系，還要適應中國自身的發展情況和水準，以實現對外開放和國內經濟和統籌發展。而國內外經濟環境的快速發展，則為下一階段對外貿易法律制度體系的建設工作提出了更高的要求。

第二節 《中華人民共和國對外貿易法》的修訂與完善

改革開放以來，中國國民經濟取得了巨大的發展，對外貿易在國民經濟中的重要地位進一步凸顯出來，制定調整對外經濟貿易工作的基本法被提上議程。1994 年 5 月，第八屆全國人民代表大會常務委員會第七次會議通過《中華人民共和國對外貿易法》（以下簡稱《對外貿易法》），結束了對外貿易領域長期沒有基本法的歷史，為進一步確立社會主義市場經濟條件下的對外貿易體制、推動復關進程、維護對外貿易秩序等都起到了重要作用，也奠定了對外貿易法律制度體系的基石。2004 年 4 月，第十屆全國人民代表大會常務委員會第八次會議對《對外貿易法》進行了修訂，這次修訂具有重要的意義，修訂後的《對外貿易法》與世界貿易組織規則接軌，並具有積極的市場開拓和有效的貿易防禦功能。2016 年，第十二屆全國人民代表大會常務委員會第二十四次會議通過《關於修改〈中華人民共和國對外貿易法〉等十二部法律的決定》，對《對外貿易法》進行了第二次修訂。這次修訂的內容少，僅對第十條第二款內容進行了調整，《對外貿易法》的主體內容沒有發生變動，故本書就不在此進行贅述。

一、1994 年《對外貿易法》概述

1994 年《對外貿易法》從醞釀、起草到出抬，歷經 12 年之久，其制定既考慮到與中國外貿體制改革的銜接問題，又考慮到與國際規範的銜接問題，還要與關稅及貿易總協定的要求一致，是考慮多方因素的結果。《對外貿易法》作為對外貿易領域的基本法，規定了對外貿易的基本方針、基本政策和總體管理框架，其主要內容為：

（一）適用範圍

考慮到關稅及貿易總協定的要求和國際貿易發展趨勢，1994 年《對外貿

易法》的適用範圍包括貨物進出口、技術進出口和國際服務貿易,並確定中國對外貿易制度的基本特徵是統一、公平、自由,這為建設中國特色的自由貿易制度提供了法律依據。對於不同的領域,對外貿易制度的基本特徵得以體現的程度不同,具體來說,1994年《對外貿易法》准許貨物與技術的自由進出口,但對於國際服務貿易,僅提出「促進服務貿易的逐步發展」。

(二) 對外貿易經營主體

1994年《對外貿易法》第八條規定「本法所稱對外貿易經營者,是指依照本法規定從事對外貿易經營活動的法人和其他組織」。由此可見,自然人(包括個體戶)不屬於對外貿易經營主體。在當時市場經濟體制未最終確立的背景下,這一規定符合客觀現實。

(三) 進一步確定了對外貿易企業的經營自主權

1993年,中共十四屆三中全會通過了《中共中央關於建立社會主義市場經濟體制若干問題的決定》,進一步確定了中共十四大提出的建立社會主義市場經濟體制,提出政府不直接干預企業的生產經營活動、建立市場形成價格的機制。在國家總體發展方針的指引下,1994年《對外貿易法》第十一條提出「對外貿易經營者依法自主經營、自負盈虧」。對外貿易企業不再根據政府指令性計劃開展經營活動,而是自主定價、自主確定出口、自負盈虧。

(四) 實行對外貿易經營權的國家許可制度

1994年《對外貿易法》第九條規定了從事貨物進出口與技術進出口的對外貿易經營必須具備的條件,並要得到國務院對外經濟貿易主管部門許可。國家許可制度實質上仍然是對外貿易經營權審批制,僅在表述上進行了變動。

(五) 實行配額和許可證管理制度

1994年《對外貿易法》第十六條對國家限制進口或出口的貨物、技術進行了規定(共七項內容);第十七條對國家禁止進口或者出口的貨物、技術進行了規定(共四項內容);第二十四條對限制國際服務貿易的情況進行規定(共五項內容),第二十五條對禁止服務貿易的情況進行規定(共三項內容)。

對於限制進口或出口的貨物,國家實行配額或許可證管理制度;對於限制進口或出口的技術,國家實行許可證管理。《對外貿易法》確定了配額制度

的分配原則為「效益、公正、公開和公平競爭」，並根據關稅與貿易總協定的透明度原則，在《對外貿易法》第十八條中規定國務院對外經濟貿易主管部門應當會同國務院有關部門，經國務院批准，可以在本法第十六條、第十七條規定的範圍內，臨時制定、調整並公布限制或者禁止進出口的貨物、技術目錄。

（六）運用反傾銷、反補貼和保障措施對不正當進口行為進行制裁

1994年《對外貿易法》第二十九條、第三十條、第三十一條分別規定進口產品數量增加、產品低於正常價值的方式進口、進口產品直接或者間接地接受出口國給予的任何形式的補貼，且由此對國內相同產品或直接競爭產品的生產者、相關產業造成嚴重損害或實質損害的情況下，可以採取必要措施予以制裁。這些反制手段，改變了中國以往常用的依靠關稅和行政手段維持對外貿易秩序的做法，與國際通行做法相符。

（七）扶持對外貿易的特殊規定

在計劃經濟體制下，中國主要採取出口補貼來促進貿易。1994年《對外貿易法》則提出建立和完善為對外貿易服務的金融機構、設立對外貿易發展基金和風險基金、採取進出口信貸、出口退稅及其他外貿促進措施、扶持建立進出口商會和國際貿易促進組織、扶持和促進民族自治地方和經濟不發達地區發展對外貿易等。

總體來看，1994年《對外貿易法》充分體現了中國進一步擴大對外開放、全面與世界經濟接軌、積極爭取恢復在關稅及貿易總協定中締約方地位的決心。但由於中國當時社會主義市場經濟體制還未最終確立起來，對外貿易的發展還不充分，在制定《對外貿易法》時所面臨的情況和問題相對簡單。因此，1994年《對外貿易法》篇幅較少、原則性規定多而實際可操作性較差，這為《對外貿易法》後來的修訂工作埋下了伏筆。

二、2004年《對外貿易法》的主要修訂內容

修訂後的2004年《對外貿易法》共有11章70條，比1994年《對外貿易法》新增加了3章內容，多了26條條文，修訂後的《對外貿易法》擴大了

對外經營主體的範圍，減少了行政審批，完善了對外貿易促進措施，增設了與貿易有關的知識產權保護條款，健全了對外貿易調查和貿易救濟措施。具體內容有以下幾個方面：

（一）擴大了對外經營主體的範圍

根據1994年《對外貿易法》的規定，自然人（包括個體戶）不屬於對外貿易經營主體。由於這一規定違背了世界貿易組織貿易自由化原則，修訂後的《對外貿易法》第八條將自然人納入對外貿易經營主體的範圍。

（二）全面放開對外貿易經營權

為了控制對外貿易系統風險、維護對外貿易秩序，中國長期以來實行的是外貿經營權的審批制。1994年《對外貿易法》第九條規定，從事貨物進出口與技術進出口的對外貿易經營，必須經國務院對外經濟貿易主管部門許可。對外貿經營權的控制，既不符合中國建立現代企業制度的要求，也不符合「政府不直接干預企業的生產經營活動、建立市場形成價格的機制」的要求，限制了市場和競爭，同時也不符合貿易自由化原則，容易被世界貿易成員視為貿易壁壘。因此，全面放開對外貿易經營權，既符合中國經濟發展戰略的需要，也是履行世界貿易組織承諾的要求。

修訂後的《對外貿易法》第九條規定「從事貨物進出口或者技術進出口的對外貿易經營者，應當向國務院對外貿易主管部門或者其委託的機構辦理備案登記」，明確將對外貿易經營權的獲得由許可改為備案登記制，此外，還刪除了1994年《對外貿易法》關於經營資格的五項內容，對外貿易經營的准入門檻大大降低。

（三）新增了知識產權保護專章

在高新技術產品進出口迅猛增長的同時，一些知識產權糾紛事件數量呈上升趨勢，影響中外企業的合法權益，知識產權問題越來越成為中國對外貿易領域的焦點問題。根據世界貿易組織規則，同時借鑑美國、歐盟、日本等國外立法經驗，新修訂的《對外貿易法》增加了「與對外貿易有關的知識產權保護」一章，共三條，分別對進口貨物侵犯知識產權、知識產權權利人的濫用權利以及中國企業在國外的知識產權保護等三個方面內容進行了規範，

並規定國務院對外貿易主管部門可以分別採取必要的措施,以消除危害。

(四)增加了對法律責任的規制,加大處罰力度

修訂後的《對外貿易法》補充、修改和完善了有關法律責任的規定,對未經授權擅自進出口實行國營貿易管理的貨物、進出口屬於禁止進出口的貨物和技術、從事屬於禁止的國際服務貿易或者未經許可擅自從事屬於限制的國際服務貿易、違反對外貿易秩序管理規定非法從事對外貿易經營活動等行為的法律責任進行了詳細規定。處罰手段上,除了規定罰款、沒收違法所得的處罰外,還新增了3年內不受理從事國營貿易管理貨物進出口業務的申請、不受理配額或者許可證的申請、禁止從事有關對外貿易經營活動的處罰規定,並與刑法的有關規定進行了銜接。

(五)新增對外貿易調查內容

貿易調查是世界主要貿易大國開拓外部市場、肅清貿易壁壘、保護本國產業和市場秩序的重要法律手段。隨著中國對外貿易規模的進一步擴大,與他國的貿易糾紛越來越多,需要國家制定對外貿易調查相關的法律措施,以保護本國產業利益及經濟秩序。為此,新修訂的《對外貿易法》增設「對外貿易調查」章節,共三條,對調查事項、調查的程序、調查中的義務等內容進行了規定,對外貿易調查的結果則為採取貿易救濟措施提供了依據。

(六)完善對外貿易救濟制度

1994年《對外貿易法》第二十九條、第三十條、第三十一條對貿易救濟制度進行了規定,但內容較為簡單,隨著中國外貿摩擦增多,完善對外貿易救濟制度十分必要。為此,根據世界貿易組織的有關協定,修訂後的《對外貿易法》新增了第三國傾銷(第四十二條)、國際服務貿易的救濟措施(第四十五條)、貿易轉移(第四十六條)、對違反貿易協定的救濟(第四十七條)、進出口監控預警以及反規避(第四十九條和第五十條)等手段。這些條款對完善中國貿易救濟制度,為國內受到損害的產業提供及時的救濟措施,抵制西方主要國家對中國的歧視性貿易政策,都起到了重要作用。

(七)新增與對外貿易秩序有關的條款

修訂後的《對外貿易法》新增了限制對外貿易中的壟斷行為(第三十二

條)、不正當競爭行為（第三十三條），並提出危害對外貿易秩序的，國務院對外貿易主管部門可以向社會公告，即建立對外貿易中不良或違法經營者黑名單制度。

三、修訂後《對外貿易法》的主要特徵

從法律的功能來說，修訂後的《對外貿易法》具有多重特徵，可概括為適度的貿易管理、與社會主義市場經濟原則一致、與世界貿易組織規則一致以及積極的市場開拓和有效的貿易防禦功能。

（一）適度的貿易管理法

新修訂的《對外貿易法》的立法理念發生了改變，從功能上看，1994年《對外貿易法》基本上是一部「外貿管理法」，主要規定和強調了國家對外貿經營活動進行管理時的法律規則和依據，而在保護國內產業發展、維護國家經濟安全方面，缺乏作為一部規範外貿進出口經營活動的基本法律所應具備的服務功能，也就難以為正常的進出口貿易提供法律上的保障。修訂後的《對外貿易法》立法理念則從原來單純的政府管理職能轉為管理與服務職能並重。

同時，該法也進一步細化了對外貿易經營者的權利、義務，實現了權利和義務的協調統一。

（二）與社會主義市場經濟原則和世界貿易組織規則一致

修訂後的《對外貿易法》在內容上更加強調競爭的有效性和公平性，為國內各類外貿經營者創造平等條件、加快內外貿易一體化進程、進一步提高貿易自由和便利程度等方面做出了重大突破。按照國際通行做法，建立健全對外貿易運行監控體系和國際收支預警機制，通過貿易救濟制度合理保護國內產業和市場，維護國家經濟安全，這些都與中國建設社會主義市場經濟原則相一致。

修訂後的《對外貿易法》在第四條、第五條、第六條及第二十條分別對「國家實行統一的對外貿易制度」「維護公平、自由的對外貿易秩序」「中華人

民共和國根據平等互利的原則」促進和發展區域貿易關係、「給予對方最惠國待遇、國民待遇」「按照公開、公平、公正和效益的原則」分配進出口貨物配額等做了明確規定，在第三十六條、第三十八條還強調了對外公告義務。這些條款與世界貿易組織統一、透明、公開、公平、非歧視和自由貿易原則一致。

修訂後的《對外貿易法》與社會主義市場經濟原則和世界貿易組織規則的一致性，從對外貿易法律制度的層面體現了新中國對外貿易制度體系逐漸顯現的自由貿易制度特徵，強化了中國特色社會主義自由貿易制度建設的法律基礎。

（三）具備積極的市場開拓和有效的貿易防禦功能

市場開拓和促進功能方面，修訂後的《對外貿易法》新增對外貿易調查內容，這對開展貿易壁壘調查，消除針對中國的貿易歧視，增加市場准入機會，進一步擴大和維護中國出口市場提供了法律上的支持。此外，修訂後的《對外貿易法》新增了建立對外貿易公共信息服務體系、扶持中小企業等內容，從法律上為對外貿易的長期穩定發展構建了切實有力的促進機制。

貿易防禦功能方面，修訂後的《對外貿易法》對貿易救濟制度進行了完善，通過建立健全貿易防禦和貿易救濟措施的法律體系來保護中國國內產業的利益不受侵害。

第三節　新中國貿易救濟法律制度的建立與完善

丁喬穎和王花（2012）認為，貿易救濟可分為狹義、廣義和最廣義三個層次。狹義的貿易救濟，僅指世界貿易組織相關協定所明確規範的反傾銷、反補貼和保障措施，即泛稱的「兩反一保」。廣義的貿易救濟，是指一切針對本國進口商品實施的救濟或保障行為，包括反傾銷、反補貼、保障措施、支付平衡措施、技術性貿易措施、環境保護限制措施、國際貨物貿易和服務貿

易行政行為、與國際貿易知識產權有關及其他與國際貿易有關的行為等。最廣義的貿易救濟是指國際貿易領域內的所有政府行為,即政府保障貿易秩序、維護貿易相關方權益的所有立法、行政和司法行為。參照世界貿易組織的相關規定及中國目前的立法實際,本書採納貿易救濟的狹義概念,認為貿易救濟法律制度是中國為了適應經濟全球化的需要和維護正常的國際貿易秩序的要求,對傾銷、補貼和數量激增行為進行限制和調整的國內法和國際法規範的總稱,既包括核心法律法規,又包括相關行政訴訟法規和相應海關規則等貿易救濟制度保障體系。

一、新中國貿易救濟法律制度的發展歷程

新中國貿易救濟法律制度的建立比較晚,與中國經濟體制的變遷及對外貿易的發展過程息息相關,其建立和完善大體可分為三個階段:

(一)貿易救濟法律制度處於空白階段(1949—1993 年)

新中國成立以來很長一段時期,由於實行計劃經濟體制,主要依靠關稅和行政手段維持對外貿易秩序。在這段時期,由於對外貿易規模較小,所遭遇的貿易摩擦少。1978 年,中國進入了全面經濟建設和改革開放的新時期。隨著對外貿易規模不斷增大,中國遭遇的貿易摩擦數量不斷上升。但是,一直到 20 世紀 90 年代初期,中國尚處在打破舊的經濟體制、確立新經濟體制的時期,由於貿易救濟制度尚未建立,自然不存在貿易救濟措施的實施問題。以中美貿易為例,1978—1993 年,美國針對中國一共發起貿易救濟調查 46 起,其中反傾銷調查 43 起、反補貼調查 3 起,而中國未對美國開展任何貿易救濟調查,「處於以美國實施為主的『一邊倒』階段」。[①]

隨著對外貿易的不斷發展,以及恢復在關稅及貿易總協定中締約方地位進程的推進,建立貿易救濟制度以應對日益增長的貿易摩擦和與國際貿易規

---

① 羅琳,阿燃燃. 中美貿易救濟措施實施狀況:1978—2010 回顧與評析 [J]. 雲南財經大學學報,2012, 27(4):26-29.

則接軌,顯得十分重要。

(二)貿易救濟法律制度初步建立階段(1994—2001年)

1994年,中國第一部《對外貿易法》制定,其中規定對於傾銷、補貼等對中國相同產品或直接競爭產品的生產者、相關產業造成嚴重損害或實質損害的情況下,國家可以採取必要措施予以制裁,首次對中國在對外貿易過程中遭受不正當侵害應該採取的措施進行了原則性規定。

為了推動《對外貿易法》的順利實施以及加入世界貿易組織的進程,1997年,中國參照世界貿易組織《反傾銷協議》的規定發布了《反傾銷和反補貼條例》,其中規定了傾銷和補貼所造成的損害認定和評估、反傾銷調查流程、反傾銷措施、反補貼特別規定等內容。至此,中國正式引入以反傾銷和反補貼為基礎的貿易救濟制度。根據《反傾銷和反補貼條例》的規定,原對外貿易經濟合作部於1997年12月10日正式公告,決定對原產於加拿大、韓國和美國的進口新聞紙進行反傾銷調查,這是中國第一次運用貿易救濟措施。

對照世界貿易組織《反傾銷協議》,中國的《反傾銷和反補貼條例》仍然存在諸多不一致的地方,如法律條文過於模糊、缺乏操作性、程序欠缺透明度、缺乏司法復審的規定等,需要進行進一步修訂。為此,2001年,中國制定了《反傾銷條例》《反補貼條例》和《保障措施條例》,以取代《反傾銷和反補貼條例》,標誌著反傾銷、反補貼等貿易救濟措施進入了可實際運作階段。以《反傾銷條例》為例,該條例共分為六個章節,59個條文,比《反傾銷和反補貼條例》更加注重與世界貿易組織規則的接軌,對實體法方面的修訂和擴充的內容包括傾銷的認定、推定價格採用的情形、損害的認定等;對程序等方面的修訂和擴充內容包括反傾銷調查的實施、反傾銷調查的主管機關及其職責、反傾銷調查的申請人、反傾銷案件的期限、司法復審制度等內容,操作性更強。

(三)貿易救濟法律制度體系全面建立階段(2002年至今)

加入世界貿易組織後,中國的貿易救濟制度面臨嚴峻的挑戰。進口救濟方面,隨著中國市場的逐漸開放,外國產品和國內產品的競爭越來越激烈,為了搶占中國市場,外國產品選擇以傾銷和補貼方式進入中國的情況越來

多，對中國產業的衝擊後果也逐漸顯現。出口救濟方面，隨著出口貿易的迅猛發展，各國針對中國採取歧視性貿易措施和貿易壁壘的情況不斷發生。進出口貿易發展過程中面臨的新問題、新情況，均對中國貿易救濟制度的切實運行和完善提出了要求。

2002年2月，對外貿易經濟合作部頒布了《反傾銷調查立案暫行規則》《反補貼調查立案暫行規則》和《保障措施調查立案暫行規則》，對反傾銷、反補貼、保障措施的申請、申請人資格、立案流程等進行了規定。2002年9月，對外貿易經濟合作部又頒布了《對外貿易壁壘調查暫行規則》，明確對貿易壁壘調查工作的主體、貿易壁壘的概念及要件、調查申請人資格、申請流程、審查和立案、調查和認定等內容進行了規定，「在貿易和投資壁壘調查的具體做法及程序方面，既參考和借鑑了歐盟、美國等WTO成員的相關立法和實踐，又兼顧了中國出口貿易和對外投資發展的具體情況，以及國內企業、產業和相關仲介組織對貿易和投資壁壘問題的認知程度」[①]，將貿易和投資壁壘調查工作納入法制化、規範化的軌道。

其他配套規章方面，中國建立起了反傾銷、反補貼及保障措施調查的聽證會制度。2002年2月，對外貿易經濟合作部發布了《反傾銷調查聽證會暫行規則》《反補貼調查聽證會暫行規則》和《保障措施調查聽證會暫行規則》，對反傾銷、反補貼和保障措施調查聽證會的組織機構、申請流程、職權安排、各方的權利和義務、程序及其他事項進行了規定；2002年10月，國家經濟貿易委員會發布了《產業損害調查聽證規則》，專門對反傾銷、反補貼、保障措施調查程序中的產業損害調查聽證會的申請、組織流程、迴避制度、職權安排、義務、程序、中止和終止情況等內容做了規定。這四部規則對規範中國貿易救濟調查中的聽證會制度，維護利害關係方的合法權益，發揮了積極作用。

為了公正地審理反傾銷和反補貼案件，2002年11月，最高人民法院就反

---

① 商務部.《對外貿易壁壘調查暫行規則》釋義及說明［EB/OL］.（2006-08）. http://www.mofcom.gov.cn/article/zhengcejd/bl/200608/20060802913146.shtml.

傾銷、反補貼案件出具了司法解釋，分別為《最高人民法院關於審理反傾銷行政案件應用法律若干問題的規定》和《最高人民法院關於審理反補貼行政案件應用法律若干問題的規定》。

2004年4月，第十屆全國人民代表大會常務委員會第八次會議通過《對外貿易法》修正案。修訂後的《對外貿易法》新增了對外貿易調查章節，對調查事項、調查的程序、調查中的義務等內容進行了規定，確定對外貿易調查的結果是採取對外貿易救濟措施的依據，至此，貿易調查成為中國開拓外部市場、肅清貿易壁壘、保護本國產業和市場秩序的重要法律手段；完善了貿易救濟制度，新增了第三國傾銷、國際服務貿易的救濟措施、貿易轉移、對違反貿易協定的救濟、進出口監控預警以及反規避等條款，對為國內受到損害的產業提供及時的救濟措施、抵制西方主要國家對中國的歧視性貿易政策，都起到了重要作用。

除了《對外貿易法》外，2004年，國家還對《反傾銷條例》《反補貼條例》和《保障措施條例》進行了修訂，使得三個條例的內容與世界貿易組織的規定具有更強的一致性。為了進一步完善貿易救濟法律制度和改進貿易救濟調查實踐，商務部於2017年4月14日起草了《反傾銷和反補貼調查聽證會規則（徵求意見稿）》《反傾銷問卷調查規則（徵求意見稿）》和《傾銷及傾銷幅度期間復審規則（徵求意見稿）》，向社會公開徵求修改意見。

經過這一時期的發展，中國已經建立起以《對外貿易法》《反傾銷條例》《反補貼條例》和《保障措施條例》為核心，以相關部門規章和最高人民司法解釋為支撐，與世界貿易組織規則相一致的、較為完整的貿易救濟法律制度體系。

二、貿易救濟制度的主要內容

與國際通行規則一樣，中國貿易救濟制度的核心在於反傾銷、反補貼和保障措施三種手段的運用。

（一）反傾銷措施①

根據《反傾銷條例》第三條的規定，傾銷就是「正常貿易過程中進口產品以低於其正常價值的出口價格進入中華人民共和國市場」。這一行為的結果是對中國產業造成了損害。而反傾銷就是依照中國相關法律規定，對傾銷行為進行防止或者彌補，是一種面對不正當競爭壓力而採取的救濟措施。具體的反傾銷措施有：

1. 初裁與臨時反傾銷措施

臨時反傾銷措施是指商務部根據反傾銷調查結果，做出初裁決定並進行公告，若初步認定存在傾銷且傾銷給中國產業造成了損害，就會對反傾銷產品採取臨時反傾銷措施，具體包括徵收臨時反傾銷稅、提供保證金、保函或者其他形式的擔保等。臨時反傾銷措施的金額不超過初裁確定的傾銷幅度。

具體執行方面，臨時反傾銷稅的徵收由商務部提出建議，國務院關稅稅則委員會根據商務部的建議做出決定，海關予以執行。臨時反傾銷措施實施的期限為自決定公告規定實施之日起，不超過4個月，在特殊情形下，可以延長至9個月。

2. 價格承諾

傾銷進口產品的出口經營者在反傾銷調查期間，可以向商務部作出改變價格或者終止以傾銷價格出口的價格承諾。與此同時，商務部也可以向出口方提出價格承諾的建議。《反傾銷條例》第三十六條規定，出口經營者違反其價格承諾的，商務部做出肯定性的初裁決定前，可以立即決定恢復反傾銷調查。

3. 終裁與反傾銷稅

《反傾銷條例》第三十七條規定，終裁決定確定傾銷成立，並由此對國內產業造成損害的，可以徵收反傾銷稅。這是一種進口附加稅。反傾銷稅的徵收是由商務部提出建議，國務院關稅稅則委員會根據商務部的建議做出決定，由商務部予以公告，由海關予以執行。

---

① 內容主要來自《中華人民共和國反傾銷條例》。

《反傾銷條例》第四十二條規定，反傾銷稅稅額不超過終裁決定所確定的傾銷幅度。反傾銷稅的徵收期限和價格承諾的履行期限不超過 5 年，但是根據情況可以適當延長反傾銷稅的徵收期限。

(二) 反補貼措施①

根據《反補貼條例》的規定，補貼是指出口國（地區）政府或者其任何公共機構提供的並為接受者帶來利益的財政資助以及任何形式的收入或者價格支持。反補貼就是依據中國相關的反補貼法律制度，及時採取反補貼措施，對補貼行為進行防止或者彌補。

1. 初裁與臨時反補貼稅

對初裁決定確定補貼成立的，可以採取臨時反補貼措施。臨時反補貼措施採取以保證金或者保函作為擔保的徵收臨時反補貼稅的形式。第三十條規定，臨時反補貼措施由商務部提出建議，國務院關稅稅則委員會根據商務部的建議做出決定，由海關予以執行。

《反補貼條例》第三十一條規定，臨時反補貼措施實施的期限自臨時反補貼措施決定公告規定實施之日起，不超過 4 個月。

2. 承諾

在反補貼調查期間，出口國（地區）政府可以提出取消、限制補貼或者其他有關措施的承諾，或者出口經營者提出修改價格的承諾；商務部也可以向出口經營者或者出口國（地區）政府提出有關價格承諾的建議。

對違反承諾的，商務部可以立即決定恢復反補貼調查；根據可獲得的最佳信息，可以決定採取臨時反補貼措施，並可以對實施臨時反補貼措施前 90 天內進口的產品追溯徵收反補貼稅。

3. 終裁與反補貼稅

如果終裁決定認定補貼成立，並由此對國內產業造成損害的，可以徵收反補貼稅。徵收反補貼稅由商務部提出建議，國務院關稅稅則委員會根據商務部的建議做出決定，由海關予以執行。反補貼稅根據不同出口經營者的補

---

① 內容主要來自《中華人民共和國反補貼條例》。

贴金额分别确定，反补贴税税额不超过终裁决定确定的补贴金额。

反补贴税的征收期限和承诺的履行期限不超过 5 年；但是在特殊情况下，反补贴税的征收期限可以适当延长。

（三）保障措施①

根据《保障措施条例》第二条的规定，保障措施是指当进口产品数量增加，并对生产同类产品或者直接竞争产品的国内产业造成严重损害或者严重损害威胁的，中国政府可以采取保障措施。保障措施有两种形式：

1. 临时保障措施

根据《保障措施条例》第十六条的规定，有明确证据表明进口产品数量增加且将对国内产业造成难以补救的损害的紧急情况下，可以做出初裁决定，并采取临时保障措施。临时保障措施采取提高关税的形式。

《保障措施条例》第十七条规定，商务部对采取临时保障措施提出建议，国务院关税税则委员会根据商务部的建议做出决定，由海关予以执行。在采取临时保障措施前，商务部应当将有关情况通知世界贸易组织保障措施委员会。

《保障措施条例》第十八条规定，临时保障措施的实施期限为自临时保障措施决定公告规定实施之日起，不超过 200 天。

2. 保障措施

《保障措施条例》第十九条规定，终裁决定确定进口产品数量增加且对国内产业造成损害的，可以采取保障措施。保障措施可以采取提高关税、数量限制等形式，其中，若无其他理由或情况，采取数量限制措施的，限制后的进口量不得低于最近 3 个有代表性年度的平均进口量。

保障措施采取提高关税形式的，由商务部提出建议，国务院关税税则委员会根据商务部的建议做出决定，由商务部予以公告；采取数量限制形式的，由商务部做出决定并予以公告，由海关对保障措施予以具体执行。

---

① 内容主要来自《中华人民共和国保障措施条例》。

三、貿易救濟法律制度的發展特點及發展建議

中國的貿易救濟制度具有起步晚、起點高、發展快的顯著特點。起步晚，是指由於歷史的原因，在新中國成立後近半個世紀的時間裡，中國的對外貿易管理制度中都沒有貿易救濟的內容，直到 1994 年，中國才著手制定有關貿易救濟的法律法規；起點高，是指中國貿易救濟制度的建立借鑑了西方發達國家和地區立法的經驗並受到了世界貿易組織規則的影響，從一開始就幾乎與國際貿易規則保持了一致；發展快，是指中國在 1994—2004 年短短十年間，便完成了有關《對外貿易法》、反傾銷、反補貼、保障措施以及對外貿易壁壘調查等法規和規章的制定，並隨著對外貿易的發展實際和國際貿易規則的要求，在探索和總結的基礎上對這些法規和規章進行了修訂，從而確立了中國貿易救濟的法律制度體系。

面對國際貿易保護主義抬頭、貿易摩擦增加的新形勢，以及中國經濟轉型升級、國際合作不斷擴大和企業走出去的新要求，中國的貿易救濟法律制度還需進一步完善。

（一）完善貿易救濟法律制度需繼續堅持「自由貿易」的理念

貿易救濟作為貿易政策，必須在自由貿易和貿易保護之間找到平衡，如何在保護本國產業不受損害的基礎上，有力地保障自由貿易，這是完善貿易救濟法律制度體系的出發點。在貿易救濟等貿易措施和壁壘存在的情況下，國際貿易依然可以達到自由貿易的狀態，貿易救濟不僅是自由貿易和公平貿易的產物，而且是自由貿易和公平貿易的有力保障。

（二）貿易救濟法律的完善必須與國際貿易規則保持一致

由於貿易救濟的二重性以及容易異化為貿易保護主義的特點，為了堅持「自由貿易」的理念，在完善貿易救濟法律制度時，要堅持在世界貿易組織框架下進行，實現國內法規範和國際法規範的接軌，利用國際協議對貿易救濟進行法律規制。與此同時，還應進一步參與全球性、區域性貿易機制構建，爭取在制定有關貿易救濟規則中取得更大發言權，以充分維護中國的經濟利益和經濟安全。

(三) 提高貿易救濟立法的層級

貿易救濟法是非常複雜的法律制度體系。從西方主要國家來看，他們的貿易救濟法律立法層級很高。例如，美國和歐盟分別由其最高立法機關制定了效力較高的反傾銷、反補貼、保障措施基本法。而中國《反傾銷條例》《反補貼條例》《保障措施條例》以及相關部門規章的位階不高，要創造公平的貿易環境，就需要更強有力的法律手段來加以保障。因此，需要提高中國貿易救濟立法的層級，在條例的基礎上制定相應法律。

(四) 貿易救濟法律制度的完善需要統籌多方關係

貿易救濟措施的實施是一項非常複雜的工作。因此，在完善相關法律、法規及政策時，應該充分考慮多方因素的影響，建立健全政府、駐外經商機構、企業、商會和行業協會協調工作的「四體聯動」機制，統籌處理貿易救濟與貿易政策、公平貿易、自由貿易、貿易保護、市場經濟地位談判、技術壁壘等的關係。

第四節　新中國對外貿易法律制度建設與營商環境優化

加強對外貿易法律制度建設是完善社會主義市場經濟制度、全面推進依法治國、實現國家治理體系和治理能力現代化的需要，是全面提高開放型經濟水準、推動中國對外貿易持續有序發展的需要，進而是促進全面建成小康社會、全面建設社會主義現代化強國的需要。經過堅持不懈的改革開放，目前中國基本建立了符合國情和世界貿易組織規則的對外貿易法律體系，為中國對外貿易的有序發展提供了強有力的法律保障。

一、中國現行對外貿易法律制度概況

由於對外貿易活動涵蓋的範圍十分廣泛，調整對外貿易關係的法律規範本身就是一個龐大的體系。

(一) 中國對外貿易法律制度的適用範圍

在中華人民共和國國境內發生的對外貿易行為，原則上均適用《對外貿易法》。此外，根據關貿總協定和世界貿易組織的相關條款，單獨關稅區是指在主權國家內存在的、在處理對外貿易關係以及世界貿易組織協議和多邊貿易協議所規定的事務方面擁有完全自主權的地區。香港特別行政區、澳門特別行政區和臺灣地區被其列為「單獨關稅區」。因此，中國《對外貿易法》第六十九條規定「中華人民共和國的單獨關稅區不適用本法」，這既符合中國的國情，也符合世界貿易組織的規定。

(二) 中國對外貿易法律制度的層次結構

當前，中國的對外貿易法律體系是在《中華人民共和國憲法》的基礎上，以《對外貿易法》為中心所構建的四層次法律規範體系。

1. 憲法

憲法是中國的根本大法，它的規定擁有最高法律效力。憲法明確將「堅持改革開放」的基本國策寫入序言，並提出「堅持互利共贏開放戰略，發展同各國的外交關係和經濟、文化交流，推動構建人類命運共同體」。對外貿易具體法律制度的構建，是以憲法的條文和精神為最終依據的。同時，對外貿易制度涉及的很多現實和潛在問題也都不僅僅是對外貿易部門內的問題，而是會觸及憲法層面，要靠憲法及憲法精神（從制度角度）來加以根本解決的。

2. 法律

《對外貿易法》是中國對外貿易法律制度的基本法，具有特殊的地位和作用，是整個對外貿易制度的核心，它規定了對外貿易的基本方針和基本政策，並構建起對外貿易領域的總體管理框架。對外貿易法中關於外貿經營權、政府職能、國營貿易授權等諸多規定，都是憲法條文在對外貿易法律領域的進一步落實。

除了對外貿易法，國家還頒布了諸多配套法律，對《對外貿易法》形成了有力的支撐，對於維持對外貿易秩序、促進對外貿易發展起了重大的作用。中國現行的對外貿易配套法律包括《中華人民共和國海關法》《中華人民共和國進出口商品檢驗法》《中華人民共和國進出境動植物檢疫法》《中華人民共和國國境衛生檢疫法》《中華人民共和國外資企業法》《中華人民共和國中外合資經營企業法》《中華人民共和國中外合作經營企業法》《中華人民共和國專利法》《中華人民共和國商標法》《中華人民共和國著作權法》等。

3. 行政法規

對外貿易法律制度中一個重要的國內法淵源，就是由國務院頒布的大量行政法規，其內容涉及工商、海關、商檢、外匯、稅收、原產地、運輸等各方面，具體包括《中華人民共和國進出口關稅條例》《中華人民共和國商品檢驗法實施條例》《中華人民共和國進出境動植物檢疫法實施條例》《中華人民共和國知識產權海關保護條例》《中華人民共和國進出口貨物原產地條例》《中華人民共和國反傾銷條例》《中華人民共和國反補貼條例》《中華人民共和國保障措施條例》《中華人民共和國外匯管理條例》《中華人民共和國技術進出口管理條例》《中華人民共和國海關稽查條例》《中華人民共和國增值稅暫行條例》《中華人民共和國消費稅暫行條例》等。

4. 部門規章

與對外貿易有關的各部委，尤其是主管外經貿的商務部（原對外貿易經濟合作部），在處理對外貿易具體工作時，根據具體問題頒布了大量的專門的部門規章，例如《反傾銷調查立案暫行規則》《反補貼調查立案暫行規則》和《保障措施調查立案暫行規則》《對外貿易壁壘調查暫行規則》《反傾銷調查聽證會暫行規則》《反補貼調查聽證會暫行規則》《保障措施調查聽證會暫行規則》《貨物進口許可證管理辦法》等。

（三）中國對外貿易法律制度的國際法淵源

中國對外貿易法律制度的國際法淵源，包括與各國締結的有關貿易的國際雙邊和多邊條約、國際貿易慣例和他國國內有關貿易的立法。隨著中國對外貿易規模的增長和對外開放的深化，中國對外貿易法律制度的國際法淵源

逐漸增多。

　　中國目前所締結或者參加的各類國際條約主要有：加入世界貿易組織所簽訂的有關雙邊或多邊的各類貿易協定；《聯合國國際貨物銷售合同公約》（the United Nations Convention on Contracts for the International Sale of Goods）；《承認及執行外國仲裁裁決公約》（the New York Convention on the Recognition and Enforcement of Foreign Arbitral Awards，簡稱《紐約公約》）；《關於簡化和協調海關業務制度的國際公約》（International Convention on the Simplification and Harmonization of Customs Procedures，簡稱《京都公約》）；《瀕危野生動植物種國際貿易公約》（Convention on International Trade in Endangered Species of Wild Fauna and Flora，簡稱《華盛頓公約》）；《蒙特利爾破壞臭氧層物質管制議定書》（Montreal Protocol on Substances that Deplete the Ozone Layer，簡稱《蒙特利爾議定書》）；《聯合國禁止非法販運麻醉藥品和精神藥物公約》（United Nations Convention Against Illicit Traffic in Narcotic Drugs and Psychotropic Substances，簡稱《維也納公約》）；《成立世界知識產權組織公約》（The convention Establishing the World Intellectual Property Organization，簡稱 WIPO 公約）等。

二、中國對外貿易法律制度建設與營商環境優化

　　近年來，中國一直致力於營商環境的優化。2016 年 12 月，商務部印發《對外貿易發展「十三五」規劃》，提出要「營造法治化、國際化、便利化的營商環境」；2017 年 1 月，國務院發布《國務院關於擴大對外開放積極利用外資若干措施的通知》，進一步提出要創造公平的競爭環境，進一步加強吸引外資的工作。2017 年 10 月，中共第十九次全國代表大會報告進一步明確提出，推動形成全面開放新格局；對於營商環境優化，則提出「實行高水準的貿易和投資自由化便利化政策，全面實行准入前國民待遇加負面清單管理制度，大幅度放寬市場准入，擴大服務業對外開放，保護外商投資合法權益。凡是在中國境內註冊的企業，都要一視同仁、平等對待。優化區域開放佈局，

加大西部開放力度。賦予自由貿易試驗區更大改革自主權，探索建設自由貿易港」。2018年10月，國務院印發《優化口岸營商環境促進跨境貿易便利化工作方案》，強調深化「放管服」改革，進一步優化口岸營商環境，實施更高水準的跨境貿易便利化措施。

總體來看，中國營商環境的優化主要體現在持續完善對外貿易法律法規體系、優化公平競爭的市場環境、進一步提高貿易便利化程度、促進投資高度自由化等方面。

（一）持續完善符合中國國情和國際慣例的對外貿易法律法規體系

完善對外貿易法律法規體系，是促進營商環境優化的首要工作，具體來說，就是以《對外貿易法》為基礎，兼顧社會主義市場經濟原則和世界貿易組織規則，對各項法律法規進行完善。對外貿易法律法規及政策的制定和落實是一個「系統工程」，一個重要的趨勢是，一項對外貿易政策出抬的背後是多部門間的分工和協作，以2016年5月國務院下發的《國務院關於促進外貿回穩向好的若干意見》為例，此文件提出加強出口信用保險作用、加強銀貿合作、調整完善出口退稅政策、綜合運用財政、土地和金融政策支持加工貿易向中西部地區轉移、將邊貿政策與扶貧政策、民族政策相結合等措施，這些措施不僅僅涉及外貿部門，還需要財政、稅務、金融等部門的大力支持；又如，2018年7月，商務部、外交部、國家發展和改革委員會（以下簡稱「國家發改委」）等20個部門聯合出抬了《關於擴大進口促進對外貿易平衡發展的意見》，明確了關係民生的產品進口、發展服務貿易、增加有助於轉型發展的技術裝備進口、增加農產品、資源性產品進口、加強「一帶一路」國際合作、加快實施自貿區戰略、落實自最不發達國家進口貨物及服務優惠安排、辦好中國國際進口博覽會等各項具體工作的部門職責劃分及協作，其中加快改善國內營商環境的工作則由商務部、發展改革委、工業和信息化部、農業農村部、海關總署、市場監管總局、知識產權局等部門按職責分工負責。

完善對外貿易法律法規體系，還要健全和完善貨物進出口、服務貿易、貿易調查、貿易救濟、貿易促進以及與外貿有關的投資合作、知識產權、信用管理等領域的法律法規，加強各項外經貿立法之間的銜接。貨物進出口方

面，2018 年 11 月，國務院辦公廳發布《國務院辦公廳關於聚焦企業關切進一步推動優化營商環境政策落實的通知》，提出要降低進出口環節合規成本和推進通關便利化，要求財政部要會同市場監管總局、海關總署、商務部等部門建立並啟動相關工作機制，制定公布口岸收費目錄清單，進一步優化通關流程和作業方式，推動精簡進出口環節監管證件，完成進口許可管理貨物目錄調整；根據國務院的要求，商務部對相關規章進行了清理，例如，對《出口商品配額招標方法》《化肥進口關稅配額管理暫行辦法》《貨物自動進口許可管理辦法》等法規進行了修改。服務貿易方面，2016 年 2 月，國務院批准在天津、上海等 15 個地區開展服務貿易創新發展試點，並對服務貿易相關的法律法規和政策進行了完善。2017 年 3 月，商務部、中共中央宣傳部、發展改革委等 13 個部門聯合發布了《服務貿易發展「十三五」規劃》，對服務貿易的發展思路、戰略佈局、主要任務、保障措施等內容進行了闡述，並提出「優化服務貿易法制化環境。研究制修訂服務貿易、技術進出口等方面的法律制度，逐步建立和完善服務貿易各領域法律體系。規範服務貿易市場准入、經營秩序、投資促進等相關政策。清理和規範服務貿易相關行業規章，推進服務行業基礎性法律的制修訂工作，鼓勵有條件的地方出抬服務貿易地方性法規。制訂服務貿易重點專項領域促進辦法」。對外貿易調查和貿易救濟方面，中國目前實施的《對外貿易法》健全了對外貿易調查和貿易救濟措施，還建立起了以《反傾銷條例》《反補貼條例》和《保障措施條例》為輔助，以相關部門規章和最高人民司法解釋為支撐的貿易救濟法律制度體系。知識產權保護方面，中國建立起以《專利法》《商標法》和《著作權法》為核心的法律法規體系，並在相關法律法規及政策中對外貿領域的知識產權保護進行規定。

完善對外貿易法律法規體系，還需加強對外貿及產業政策的合規性評估。2014 年 12 月，商務部公布了《貿易政策合規工作實施辦法（試行）》，對於世界貿易組織成員對中國貿易政策合規問題的提出、受理和處理程序、國務院有關部門和地方各級人民政府及其部門制定或擬定的貿易政策的合規性評估程序、商務部合規工作機制等內容進行規定。2018 年 12 月結束的全國地方

WTO 工作會議上，國家要求「進一步推進貿易政策合規評估，繼續加強貿易政策通報等透明度義務履行，積極參與各項談判和新議題討論，為堅定維護多邊貿易體制、推動中國向貿易強國邁進做出新貢獻」[1]。

(二) 優化公平競爭的市場環境

《對外貿易發展「十三五」規劃》提出，要優化公平競爭的市場環境，就需要「加強外貿領域誠信體系建設，建立部門協調機制，加強對進出口企業信用評價體系的優化和推廣應用，打造進出口新型監管體制，推動實施聯合獎懲措施，以適當方式對外公布或推薦信用狀況良好的企業。」對外貿易領域誠信體系建設是社會信用管理體系建設的重要組成部分，涉及行政與司法機構、行業組織、企業和個人等各類信息主體，建設內容涉及信用信息、信用文化、信用制度、信用產品和信用服務等方面。2013年1月，國務院出抬了《徵信業管理條例》，為外貿企業信用信息採集、整理、保存、加工與使用的規範提供了法律依據。2014年6月，國務院進一步印發了《社會信用體系建設規劃綱要（2014—2020年）》，提出「推進對外經濟貿易信用建設，進一步加強對外貿易、對外援助、對外投資合作等領域的信用信息管理、信用風險監測預警和企業信用等級分類管理。借助電子口岸管理平臺，建立完善進出口企業信用評價體系、信用分類管理和聯合監管制度」。2016年10月，由國家發展改革委、人民銀行和海關總署牽頭，中共中央宣傳部、中央文明辦、商務部等40個中央部門聯合簽署的《關於對海關高級認證企業實施聯合激勵的合作備忘錄》（以下簡稱《合作備忘錄》）印發實施，這對加強進出口信用體系建設具有里程碑意義。《合作備忘錄》提出對海關高級認證企業進行聯合激勵，其能夠享受到國內國際海關給予的最充分的便利待遇，以此鼓勵更多市場主體加入高信用企業群體。為了進一步推進建立企業進出口信用管理制度，促進貿易安全與便利，2018年3月，海關總署發布《中華人民共和國海關企業信用管理辦法》，對海關註冊登記和備案企業以及企業相關人員

---

[1] 商務部新聞辦公室. 商務部在京召開2018年全國地方世貿組織（WTO）工作會議 [EB/OL]. (2018-12). http://www.mofcom.gov.cn/article/ae/ai/201812/20181202814067.shtml.

信用信息的採集、公示，企業信用狀況的認定、管理等方面進行規範，並對失信企業的管理措施做了較為詳細的規定。總體看來，中國對外貿易領域誠信體系在國家社會信用體系建設工作的推進下，已經初步建立起來了，外貿領域守信激勵失信懲戒機制基本形成。

要優化公平競爭的市場環境，就需要加強反壟斷執法，維護公平競爭的市場秩序。2016年6月，國務院出抬《國務院關於在市場體系建設中建立公平競爭審查制度的意見》，明確了建立公平競爭審查制度的總體要求和基本原則，提出公平競爭審查制度的審查對象、審查方式、審查標準，還明確了公平競爭審查工作機制及保障措施等內容，以維護公平競爭秩序，保障各類市場主體平等使用生產要素、公平參與市場競爭、同等受到法律保護，激發市場活力，提高資源配置效率。相應地，2017年10月，國家發展改革委、財政部、商務部、工商總局、國務院法制辦聯合出抬《公平競爭審查制度實施細則（暫行）》，對審查機制和程序、審查標準、例外規定、社會監督和責任追究等方面進行了詳細規定。2018年11月，國務院辦公廳發布《國務院辦公廳關於聚焦企業關切進一步推動優化營商環境政策落實的通知》進一步提出，要「清理地方保護和行政壟斷行為」，要求市場監管總局、國家發改委要組織各地區、各有關部門完成對清理廢除妨礙統一市場和公平競爭政策文件、執行公平競爭審查制度情況的自查，並向全社會公示，接受社會監督，還要求市場監管總局要牽頭負責清理廢除現有政策措施中涉及地方保護、指定交易、市場壁壘等的內容，查處並公布一批行政壟斷案件，堅決糾正濫用行政權力排除、限制競爭行為，還提出在2019年對《公平競爭審查制度實施細則（暫行）》進行修訂。這些政策和措施，都反應了國家對建立公平競爭市場環境的決心和重視程度。

（三）進一步提高貿易便利化程度

2013年12月，世界貿易組織巴厘島部長級會議上通過了《貿易便利化協定》。2015年9月，中國向世界貿易組織提交批准書，此協定於2017年正式生效。該協定規定了各成員在貿易便利化方面的實質性義務，涉及信息公布、預裁定、貨物放行與結關、海關合作等內容，共40項貿易便利化措施。對中

國而言，除在單一窗口、確定和公佈平均放行時間、出境加工貨物免稅復進口、海關合作等少量措施設定了過渡期外，包括簡化單證手續、規範進出口費用等方面的措施將立即付諸實施。①

為了落實《貿易便利化協定》的相關規定，2014年12月，國務院印發《落實「三互」推進大通關建設改革方案》，明確「大通關」建設工作的內容主要有：建立完善與推進國際物流大通道建設相適應的通關管理機制，建設多式聯運物流監管中心，改進監管方式；加強與「一帶一路」沿線國家口岸執法機構的機制化合作；加快自由貿易園（港）區和海關特殊監管區域監管制度創新與複製推廣，建立「自由貿易園（港）區-海關特殊監管區域-區外」的分級複製推廣機制；推動口岸管理相關部門共同簡政放權，完善事中事後監管；推動「單一窗口」建設；簡化口岸現場通關環節，除必要的執法作業環節外，其他通過屬地管理、前置服務、後續核查等方式將口岸通關非必要的執法作業前推後移，盡可能減少口岸通關現場執法內容；推行「聯合查驗、一次放行」的通關新模式，實施聯合登臨檢查等「一站式作業」；加快推進內陸沿海沿邊通關一體化和檢驗檢疫一體化，逐步取消許可證件指定報關口岸管理；廣泛實施口岸通關無紙化和許可證件聯網核查核銷；積極推進旅客自助通關等等措施。大通關建設和改革工作的目標是，到2020年，「跨部門、跨區域的內陸沿海沿邊大通關協作機制有效建立，信息共享共用，同一部門內部統一監管標準、不同部門之間配合監管執法，互認監管結果，優化通關流程，形成既符合中國國情又具有國際競爭力的管理體制機制」。國務院2018年10月印發的《優化口岸營商環境促進跨境貿易便利化工作方案》，則將下一階段的大通關建設和改革工作予以細化。

在參與促進貿易便利化議題的基礎上，2017年4月，中國率先在世界貿易組織提出投資便利化議題，創造性地將投資、貿易和發展三大領域融合，聚焦討論增強投資政策透明度、提升行政審批效率和加強國際能力建設合作

---

① 商務部新聞辦公室. 世貿組織《貿易便利化協定》正式生效 助力全球貿易與經濟增長［EB/OL］. (2017-02). http://www.mofcom.gov.cn/article/ae/ai/201702/20170202521961.shtml.

等領域，以及世界貿易組織如何通過制定投資便利化規則框架來提升成員的貿易能力和實現發展目標，由此中國朝著制定國際多邊投資規則的目標邁出了重要一步。

（四）促進投資高度自由化

中國促進投資高度自由化的主要手段是大力推行國際上廣泛採用的外資准入管理方式，即市場准入的負面清單制度。通過清單方式明確禁止和限制投資經營的行業、領域和業務，負面清單以外的行業、領域、業務等，各類市場主體皆可依法平等進入。

中國從 2015 年就開始為負面清單制度的建立做準備，2015 年 10 月，國務院發布《國務院關於實行市場准入負面清單制度的意見》，為了給全面實行負面清單制度奠定法律基礎，中國對相關法律進行了修訂，2016 年 9 月修訂通過了《中外合資經營企業法》《外資企業法》和《臺灣同胞投資保護法》，2017 年 11 月修訂通過《中外合作經營企業法》。2017 年 7 月，商務部和國家發改委聯合修訂和發布《外商投資產業指導目錄》，進一步減少了限制性措施，大幅放寬外商准入，並進一步提高了服務業、製造業、採礦業等領域的開放水準。2019 年 3 月出抬的《外商投資法》則正式從立法層面確定了負面清單制度。

負面清單制度的實行，既可以明確政府部門的權力和責任、進一步推動簡政放權、促進政府職能向服務型轉型，又可以打破各種形式的不合理限制和隱性壁壘，打造與國際接軌的營商環境，提升引進和利用外資的質量。

（五）加強知識產權保護

在中外合作迅速發展的同時，外商對知識產權保護的訴求越來越強烈，已經成為中國引進外資過程中的焦點問題。中國一直致力於知識產權制度的建立和完善，保護外國投資者的合法權益，並建立相關法律制度予以支持。1995 年，國務院頒布實施了《知識產權海關保護條例》，規定中華人民共和國海關對與進出境貨物有關的知識產權進行保護。為了符合世界貿易組織規則的要求，中國自 20 世紀 90 年代以來對《專利法》《商標法》和《著作權法》進行了多次修訂。根據世界貿易組織規則，同時借鑑美國、歐盟、日本

等國外立法經驗，在《對外貿易法》設專章對「與對外貿易有關的知識產權保護」進行規定。2019年新出抬的《外商投資法》也在「投資保護」專章中對外國投資者和外商投資企業的知識產權和商業秘密的保護進行了規定。

《國務院關於擴大對外開放積極利用外資若干措施的通知》提出，為了保護外商投資者的權益，將「依法依規嚴格保護外商投資企業知識產權。健全知識產權執法機制，加強知識產權執法、維權援助和仲裁調解工作。加強知識產權對外合作機制建設，推動相關國際組織在中國設立知識產權仲裁和調解分中心」。由此可見，中國對於外國投資者知識產權的保護力度將越來越大，發生損害後的救濟手段也將更加多樣化。

本章參考文獻

丁喬穎，王花，2012. 論中國貿易救濟法律制度的完善 [J]. 西部法學評論（3）：128-132.

覃紅，2008. 貿易救濟法律制度框架下地方政府定位的理論與實踐 [J]. 太平洋學報（2）：26-32.

丁偉，石儉平，2002. 中國反傾銷立法新近修改之評析 [J]. 華東政法學院學報（5）：3-8.

陳衛國，2004. 對外貿易法律制度的雙重法律基礎——憲法與世貿組織規則及其互動 [M]. //張千帆. 憲法學導論. 北京：法律出版社.

朱京安，2008. 中國外貿法律制度變遷研究 [M]. 北京：人民出版社.

沈四寶，2004. 第十屆全國人大常委會法制講座第六講講稿——對外貿易法律制度若干問題 [Z].

第七章
新中國貨物貿易管理制度的建立與改革

在對外貿易政策演進層面，貨物貿易管理制度的變遷極具代表意義。具體從貨物進出口行政管理制度、海關管理制度及關稅制度來看，其建立為新中國掌握對外貿易自主權提供了重要保障。其改革與發展涉及對外貿易自由化、便利化的主要領域，體現了新中國管理貨物貿易的政策措施的變化。

WTO對貨物貿易管理的規定主要體現在非關稅措施（包括貿易技術壁壘、檢驗檢疫、進口許可證、配額、外匯管理等）和關稅措施（包括關稅減讓、海關估價制度、裝運前檢驗、原產地規則等），以上構成了WTO貨物貿易管理的制度框架。本章也沿用這一分類體系，第一節將非關稅措施納入貨物貿易行政管理制度，分析其變遷與演進軌跡；第二節和第三節則分別關注海關管理制度和關稅制度。

第一節　新中國貨物進出口行政管理制度的建立與改革

貨物進出口行政管理制度是對對外貿易經營、貨物進出口以及貨物進出口配套環節進行管理與規範的法律制度和行政手段（行政法規和政策）。[①] 改革開放前，中國貨物進出口管理制度主要沿襲了蘇聯的基本思想和框架，即計劃經濟理論的基本思想。自改革開放以來，中國致力於發展市場經濟，擴大市場的作用，推進貿易自由化。從20世紀90年代中期開始，不斷對貨物貿易行政制度進行改革，下放企業進出口經營權，削減非關稅壁壘，簡化流程，提高管理效率，推進貿易便利化進程。

一、新中國貨物進出口行政管理制度概述

新中國成立至今，貨物進出口管理制度的變遷，同各時期的政治、經濟發展背景及國際環境密切相關。

改革開放前中國貨物貿易管理體制建立在計劃經濟理論和列寧的國家壟斷外貿思想的基礎上，中國根據成立初期的經濟形勢和特殊的國際政治經濟環境決定對外貿實行國家專營，並在1949年9月的《中國人民政治協商會議共同綱領》中規定了「對外貿易的國家統制」[②]。1950年12月頒布了《對外貿易暫行管理條例》，後來又頒布了《暫行海關法》。1951年2月，中央政府將全國各口岸已成立的外貿管理局收歸中央貿易統一領導，並在審批登記各類對外貿易企業和外商機構、實行進出口商品分類管理、推行進出口許可證制度、管制外匯及審核進出口價格等方面都作了統一規定。同時，著手組建

---

① 本章主要關注貨物進出口以及貨物進出口配套環節的管理制度，對外貿易經營權的相關內容詳見第五章《新中國對外貿易體制的改革與轉變》。

② 裴長洪（2009）：「新中國成立之初，受多年戰爭的影響，中國國民經濟處於一種半癱瘓狀態，亟待恢復和重建。同時，由於以美國為首的西方國家對中國實行封鎖、禁運，中國全力發展同蘇聯、東歐等社會主義國家的經貿關係。在冷戰狀態的國際背景下，這一時期對外貿易政策的出發點和落腳點都必須適應戰時經濟。」

第七章　新中國貨物貿易管理制度的建立與改革

國營外貿公司，直接經營外貿活動。1952年成立了對外貿易部，對對外貿易進行集中管理。由此，中國建立了高度集中、國家統制、國家專營、統負盈虧、政企合一的對外貿易體制。這種對外貿易管理體制在特定的歷史條件下有利於使中國在國際收支中避免出現逆差，達到保護民族幼稚工業、實現進口替代戰略的目的。

20世紀70年代初，外部環境開始發生有利於中國的變化，西方國家開始陸續同中國建交；1971年，中國恢復了在聯合國的合法席位；1972年，中美建交；1975年，中國與歐共體正式建立了經濟貿易關係。中國對外經濟關係格局發生了重大轉變，為了適應轉變，中國外貿管理體制開始了變革的嘗試。外貿部於1974年在一定範圍內實行下放外貿經營權的試點，在沿海地區原有的廣州、大連、上海、青島、天津五大對外口岸基礎上，新增江蘇、河北、浙江、廣西四省為外貿口岸，同時批准原第一機械工業部成立直屬機械設備進出口總公司，直接經營對外貿易。這個時期，對外貿易得到了較大的發展。1975年，進出口總額達到147.5億美元，創新中國成立以來最高水準，而且1970—1975年間年平均增長速度高達26.3%。[①]

改革開放後的30年，伴隨對外貿易體制改革不斷深化，貨物進出口管理制度方面主要經歷了下放外貿經營權改革、進出口商品計劃管理體制改革、外匯管理體制改革、關稅管理改革等在不同時期、不同內容的深刻變革（見表7-1），初步建立了社會主義開放型經濟體制的制度框架，有力地支撐了中國貨物貿易的快速發展。

表7-1　1979—2001年貨物進出口管理制度的主要改革

制度改革層面	時間	法律法規文件	改革內容
下放外貿經營權改革	1979年8月3日	《關於大力發展對外貿易增加外匯收入若干問題的規定》	向地方政府及微觀經營主體下放權力，試行工貿結合和外貿專業進出口公司代理制度
	1988年2月26日	《國務院關於加快和深化對外貿易體制改革若干問題的規定》	全面推行對外貿易承包經營責任制

[①] 裴長洪.中國對外貿易60年演進軌跡與前瞻[J].改革，2009（7）：5-12.

表7-1(續)

制度改革層面	時間	法律法規文件	改革內容
下放外貿經營權改革	1992年5月11日	《關於賦予生產企業進出口經營權有關意見的通知》	賦予大中型生產企業進出口經營權
	1994年5月12日	《對外貿易法》	確立了外貿經營權許可制度，使外貿經營權管理有了法律層級的規範
進出口商品計劃管理體制改革	1992年12月29日	《出口商品暫行管理辦法》	對出口配額管理、出口許可證管理、出口商品經營管理、出口商品協調管理予以規定
	1992年12月29日	《中華人民共和國對外經濟貿易部紡織品出口配額管理辦法》	使紡織品被動配額的管理走上了規範化的軌道
	1993年4月10日	《關於出口商品計劃配額管理的實施細則》	規定出口商品計劃配額管理的具體實施方案
	1994年7月19日	《進口商品經營管理暫行辦法》	確立進口商品的經營的管理原則及協調監督
	1995年4月11日	《關於出口商品主動配額管理暫行規定》	改進對主動配額商品的出口管理
外匯管理體制改革	1980年12月18日	《中華人民共和國外匯管理暫行條例》	境內機構進出口貨物，應當憑海關查驗後的進出口許可證或者進出口貨物報關單，檢查其外匯收支
	1994年1月11日	《關於進一步深化對外貿易體制改革的決定》	實行以市場供求為基礎的、單一的、有管理的人民幣浮動匯率制；實行外匯收入結匯制；實行銀行售匯制
關稅管理改革	1982年8月6日	《海關對加工裝配和中小型補償貿易進出口貨物監管和徵免稅實施細則》	加強對加工裝配和中小型補償貿易進出口貨物監管
	1985年3月7日（1985年3月10日實施）	《中華人民共和國進出口關稅條例》中華人民共和國《海關進出口稅則》（1985年修訂）	確定海關徵稅的法律依據及稅率設置等
	1992年1月1日	《中華人民共和國海關進口稅則》（1992年修訂）	以國際通用的《協調制度》為基礎編製稅則目錄；自主降稅
	1992年3月8日	《中華人民共和國出口貨物原產地規則》	對接國際規範，加強對出口貨物原產地工作的管理

資料來源：筆者自行整理。

對一個正在從計劃經濟轉向市場經濟的發展中國家而言，WTO 對中國的影響和衝擊更為直接和明顯。WTO 適用於貨物貿易管理的有關原則可以概括為：一是以市場經濟運作為基礎的「非歧視原則」，包括「最惠國待遇原則」和「國民待遇原則」；二是可預見性、透明度原則。中國傳統貨物貿易法律制度與以上原則存在較大衝突，因此為建立與 WTO 法律機制和制度相協調的貨物貿易管理制度，中國進行了貨物貿易相關法律法規規章的清理、修訂與制定。

（一）建立了統一的、符合 WTO 規則的貨物進出口管理制度

為了規範貨物進出口管理，維護貨物進出口秩序，促進對外貿易健康發展，根據 1994 年《對外貿易法》，中國於 2001 年 10 月 31 日在國務院第 46 次常務委員會上通過了《中華人民共和國貨物進出口管理條例》（以下簡稱《貨物進出口管理條例》），自 2002 年 1 月 1 日起施行，把進出口貨物分為不同的層次進行相應管理。與此同時，廢止 1984 年 1 月 10 日國務院發布的《中華人民共和國進口貨物許可制度暫行條例》；1992 年 12 月 21 日國務院批准、1992 年 12 月 29 日對外經濟貿易部發布的《出口商品管理暫行辦法》；1993 年 9 月 22 日國務院批准，1993 年 10 月 7 日國家經濟貿易委員會、對外貿易經濟合作部發布的《機電產品進口管理暫行辦法》；1993 年 12 月 22 日國務院批准，1993 年 12 月 29 日國家計劃委員會、對外貿易經濟合作部發布的《一般商品進口配額管理暫行辦法》；1994 年 6 月 13 日國務院批准，1994 年 7 月 19 日對外貿易經濟合作部、國家計劃委員會發布的《進口商品經營管理暫行辦法》。

《對外貿易法》及《貨物貿易管理條例》等一系列其他貨物管理制度的有關規定構成了中國政府如期履行入世承諾和嚴格依法執行 WTO 規則的法律基礎，並組成了中國對外貨物貿易管理的基本法律框架（見圖 7-1）。

```
                    ┌──────────────┐
                    │ 貨物貿易管理  │
                    │  制度體系    │
                    └──────┬───────┘
        ┌──────────────────┼──────────────────┐
┌───────┴───────┐  ┌───────┴───────┐  ┌───────┴───────┐
│ 貨物進出口管理 │  │ 貨物進出口流程 │  │ 維護外貿秩序法律│
│    制度       │  │ 各環節管理制度 │  │               │
└───────┬───────┘  └───────┬───────┘  └───────┬───────┘
┌───────┴───────┐  ┌───────┴───────┐  ┌───────┴───────┐
│《貨物進出口管理│  │進出口商品檢驗 │  │反傾銷制度、反補貼│
│  條例》及其配套│  │制度、海關管理 │  │制度、保障措施等 │
│  法規         │  │制度、外匯管理制度│ │               │
└───────────────┘  └───────────────┘  └───────────────┘
```

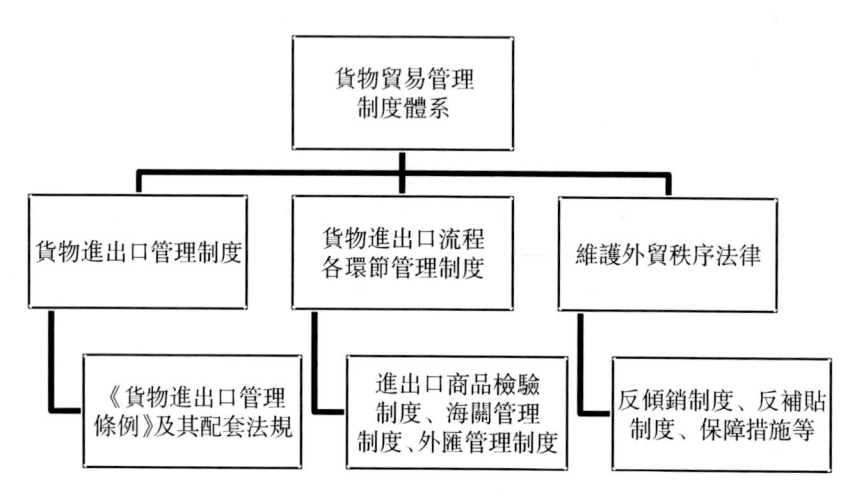

圖 7-1 中國在入世後構建的貨物貿易管理制度體系

(二) 中國逐步降低非關稅措施的運用

按照《對外貿易法》和《貨物進出口管理條例》，中國對貨物貿易實施分類管理。針對不同分類，具體的管理措施也不同（見表 7-2）。

表 7-2 中國一般進出口貨物的分類及管理措施

進出口貨物管理類型	進出口貨物的分類及管理措施			
一般貨物的進口管理	一、禁止進口貨物	二、有數量限制進口貨物 1. 配額管理 2. 許可證管理 3. 其他	三、自由進口貨物	四、關稅配額進口貨物
一般貨物的出口管理	一、禁止出口貨物	二、限制出口貨物 1. 配額管理 2. 許可證管理 3. 其他		

WTO 對貨物貿易管理的措施或非關稅措施的使用進行了限定。在加入 WTO 之前，中國有包括配額、許可證、特定招標管理等在內的非關稅措施 385 種，而 WTO 在貨物貿易方面，雖然允許關稅和非關稅措施存在，但要求

各成員規範非關稅措施的管理行為,避免對一種貨物實施除進口關稅外的多種貿易保護措施,不允許普遍使用非關稅措施。

按照中國的入世承諾,《中國加入世界貿易組織議定書》(以下簡稱《入世議定書》)和《中國入世工作組報告》(以下簡稱《工作組報告》)對非關稅措施作了如下規定:

《入世議定書》第7條。該條是關於非關稅措施的規定,中國承諾嚴格按照附件3規定的時間表,取消非關稅措施,同時在實施GATT1994第3條、第11條和《農業協議》的規定時,中國應取消且不得採取、重新採取或實施不能根據《WTO協定》的規定證明為合理的非關稅措施。

《入世議定書》第8條。該條對進出口許可程序進行了詳細規定。《工作組報告》第121段~第131段是關於進口數量限制包括禁止進口和配額的規定。報告指出,中國存在許多非關稅措施,它們起到了限制貿易和扭曲正常貿易的作用。因此要求中國承諾取消、不引入、不重新引入和不使用非關稅措施。同時,報告對地方政府實施的非關稅措施表示關注,中國承諾,只有中央政府才能頒布有關非關稅措施的規定,這些措施只能由中央政府或在中央政府授權下由地方政府執行或實施,地方政府無權制訂非關稅措施。

按照中國《入世議定書》的附件3——非關稅措施取消時間表,47類需要單一進口許可證的產品在加入時全部取消;377類承諾取消進口配額、進口許可證或特定商品進口招標等非關稅措施的產品中,162類產品在加入當時取消,隨後在2002年、2003年、2004年、2005年1月1日分別有80類、16類、84類和35類產品取消。加入WTO以來,中國嚴格按照承諾的時間表逐步接觸424個稅號(按8位稅號計)產品的非關稅措施。2005年,隨著汽車、機電產品、天然橡膠、彩色感光材料等產品非關稅措施的取消,中國「入世」時做的取消非關稅措施的承諾全部兌現。

二、新中國貨物進出口許可證制度的演進

進出口許可制度是國家管理貨物貿易的重要手段,指國家對一定數量和

範圍內的進口貨物進行進口許可證管理,是國家用行政干預手段對進口貨物實行管理的政策。中國的進出口許可制度始於新中國成立初期。中國進出口許可證制度變遷大體經歷了以下階段:

(一) 全面實行進出口許可證時期(1949—1978年)

1949—1958年,中國對進出口商品全面實行許可證管理。新中國成立之初,在對外貿易方面,實行國家外貿公司統一經營,進出口經營權僅授予各外貿專業總公司及其所屬口岸分公司[①];同時,由於以美國為首的西方國家對中國實行封鎖、禁運,中國全力發展同蘇聯、東歐等社會主義國家的經貿關係。面對這種情況,實行統制貿易、廢除不平等條約,是中國政府必然的政治選擇。1949年11月設立貿易部,部內設立對外貿易司。1956年以前,外貿管理的重點是私營外貿企業,外貿管理的目的是保護和發展民族工業,限制進口,擴大出口,節約外匯。[②]

1950年,國務院頒布了《對外貿易管理暫行條例》,其中明確規定:進出口廠商輸入或輸出任何貨品,均須向所在地區對外貿易管理局申領進口或出口許可證,對進出口的品種、數量、價格均進行審查,經核發後,方得憑以辦理其他進出口手續。進出口許可證是海關對進出口貨物監管驗放及銀行辦理結匯的依據。

1951年5月起對所有進出口商品全面實行許可證管理,組建國營外貿公司,直接經營外貿活動。1952年成立了對外貿易部,對對外貿易進行集中管理。

但在1959—1978年,進口許可證的作用相對縮小,因為對外貿易由當時外貿部所屬進出口專業總公司及分支公司經營,並一律按國家計劃組織進出口,外貿部根據中央批准進出口計劃所下達的貨單或通知代替進出口許可證。這一時期的進出口許可證制度,管理職能和業務經營融為一體,行政管理代替了許可證,缺乏一定的透明度和公平性。

[①] 朱國興, 王壽椿. 中國對外經濟貿易體制改革全書 [M]. 北京: 對外經濟貿易大學出版社, 1995.
[②] 裴長洪. 中國對外貿易60年演進軌跡與前瞻 [J]. 改革, 2009 (7): 5-12.

(二) 重新建立進出口許可證制度時期（1979—1992 年）

在外貿體制改革過程中，進出口業務由原來外貿部所屬進出口專業公司統一經營，擴大到各地區、各部門所屬進出口公司共同經營，企業逐漸自主經營、自負盈虧，鼓勵了發展外貿的積極性。但是也出現一些對內抬價爭購，對外削價競銷，大量進出口耐用消費品和盲目進口的現象，外貿正常秩序被擾亂。基於上述背景，中國決定重新建立健全進出口許可證制度管理對外貿易。

1980 年 6 月，國家進出口委員會、外貿部發布《出口許可制度的暫行辦法》，加強對出口商品的管理，規定實行出口許可證制度是為了加強對出口產品的管理、協調各地、各部門對外成交、出口，以利統一對外。經營出口業務的公司必須事先提出申請，經國家審批機關批准後，憑批件向所在地省級外貿局和有關海關登記後，才能經營出口業務。1982 年 2 月 1 日起，首先對十一類緊缺物資進行出口許可證管理，之後做了 7 次調整，到 1992 年，共有 185 種商品實行出口許可證管理。[1]

進口許可證制度方面，1980 年 10 月，制定了《對外貿易進口管理試行辦法》，恢復進口許可制度，實行進口許可證管理的商品有 20 種，主要是耐用消費品。1984 年 1 月 10 日，國務院頒布了《中華人民共和國進口貨物許可制度暫行條例》（以下簡稱《進口許可制條例》），外經部同海關總署於同年發布的《中華人民共和國進口貨物許可證制度暫行條例施行細則》（以下簡稱《施行細則》），確定實行許可證管理的進口商品為 30 種，1987 年調整為 45 種，1989 年調整為 53 種，主要為耐用消費品和重要原材料及一般機電產品。此《進口許可制條例》和《施行細則》成為改革開放早期管理進口貨物的綱領性文件及重要依據，是新中國成立以來在進口許可證管理方面的第一套較為完整的具有法律效力的行政法規。1987 年，開始在全國使用計算機簽發進出口許可證，1991 年試行全國進出口許可證計算機聯網，標誌著中國在進口

---

[1] 郭康慶.中國實行進出口許可制度的演變：進出口許可證講座第一講 [J]. 國際貿易，1991 (1): 54-55.

管理上開始步入現代化、規範化的軌道。

(三) 逐漸縮減進出口許可證管理的商品範圍 (1993—2001 年)

縮減進出口許可證管理的商品範圍，是該階段中國改革進出口管理的重要舉措，目的在於盡快地建立起符合國際貿易規範、以關稅為主要調節手段的進出口管理制度。

出口許可證制度方面，1993 年，中國實施了《出口商品管理暫行辦法》，大幅度削減了實行配額許可證管理的出口商品，由原來的 258 種減少到 138 種。對出口實行計劃配額（38 種商品）、主動配額（54 種商品）、被動配額管理（24 種商品）[1]，對關係國際民生的大宗資源型出口商品及中國出口中占重要地位的大宗傳統出口商品實行計劃配額管理；對中國在國際市場或某一市場占主導地位的重要商品以及外國要求中國主動限制出口數量的商品，實行主動配額管理，對國外對中國有配額限制的出口商品實行被動配額管理。另有 22 種商品實行一般出口許可證管理。

進口許可證制度方面，中國在 1992 年、1993 年、1995 年連續發布取消部分商品進口管理的公告，對實行進口配額、許可證管理的商品進行調整。1994 年，中國實行進口貨物許可證管理的商品共有 53 種，其中機電產品 24 種；原材料 28 種。[2] 1997 年，外經貿部發出通知，對實行進口許可證管理的商品進行調整，取消農藥、碳酸飲料的進口許可證管理，新增「光盤生產設備」為進口許可證管理商品，調整後實行進口許可證管理的商品供給 35 種，稅目 374 個，其中實行配額管理的一般商品為 13 種；實行配額管理的機電商品為 15 種；非配額管理的進口許可證商品為 7 種。[3]

(四) 逐步與國際管理體系接軌、提高貿易自由化程度的進出口許可證管理制度 (2002 年至今)

加入 WTO 以後，中國積極履行加入 WTO 承諾，進出口許可證管理體制日趨規範，貿易自由化程度逐漸提高。實踐證明，中國進出口行政管理制度

---

[1] 宋沛. 近年中國許可證管理制度的改革與發展 [J]. 國際商務，1997 (1)：18-21.
[2] 曲娩娩，孫吉娃. 談談中國的進口許可證管理制度 [J]. 廣東對外經貿，1994 (3)：24-25.
[3] 佚名. 國家對進口許可證管理的商品進行調整 [J]. 兩岸關係，1997 (1)：31.

第七章 新中國貨物貿易管理制度的建立與改革

與國家政策及宏觀指導計劃相協調，不斷變革，逐步與國際管理體系接軌，具有與時俱進的特點，不斷對實施許可證管理的進出口商品結構進行調整，促進國內技術進步，保護國內幼稚產業，促進能源資源的有效利用。

1. 健全進出口許可證管理的法律法規體系

這一時期，根據 WTO 規則，中國政府頒布了一系列進出口許可管理方面的法律和法規，使進出口許可制度更科學、規範和透明。這一時期出抬的《中華人民共和國對外貿易法》《中華人民共和國貨物進出口管理條例》《貨物進口許可證管理辦法》《貨物出口許可證管理辦法》《貨物自動進口許可管理辦法》等，逐步減少進出口管理商品種類，進出口許可證管理商品在進出口總額中的比例不斷下降（見表 7-3）。

表7-3 1999—2005 年許可證管理的商品進出口情況

年份	進口許可證管理商品金額/億美元	進口總額/億美元	占進口總額的比例/%	出口許可證管理商品金額/億美元	出口總額/億美元	占出口總額比例/%	許可證管理商品占進出口總額比例/%
1999	162	1,657	9.8	308	1,949	15.8	25.6
2000	154	2,251	6.84	381	2,492	15.2	22.1
2001	189	2,436	7.75	350	2,661	1,315	20.9
2002	122	2,952	4.13	236	3,255	7.2	11.3
2003	159	4,128	3.85	271	4,383	6.2	10.1
2004	111	5,613	1.98	284	5,934	4.8	6.8
2005	74	6,601	1.12	384	7,620	5.04	6.2

數據來源：李恒光. 中國進出口許可證問題的制度性分析［D］. 北京：北京郵電大學，2009.

2. 納入出口許可證管理的商品的種類減少

截至2018 年，出口許可證管理商品目錄列入目錄的貨物有 44 種，實行出口配額或出口許可證管理。實行出口許可證管理的貨物為：活牛（對港澳以外市場）、活豬（對港澳以外市場）、活雞（對港澳以外市場）、牛肉、豬肉、雞肉、天然砂（含標準砂）、礬土、鎂砂、滑石塊（粉）、氟石（螢石）、稀土、錫及錫製品、鎢及鎢製品、鉬及鉬製品、銻及銻製品、焦炭、成品油（潤滑油、潤滑脂、潤滑油基礎油）、石蠟、部分金屬及製品、硫酸二鈉、碳

化硅、消耗臭氧層物質、檸檬酸、維生素 C、青霉素工業鹽、鉑金（以加工貿易方式出口）、銦及銦製品、摩托車（含全地形車）及其發動機和車架、汽車（包括成套散件）及其底盤等。其中，對向港、澳、臺地區出口的天然砂實行出口許可證管理，對標準砂實行全球出口許可證管理。①

3. 大幅削減進口許可證管理的商品範圍

自 2002 年 1 月 1 日起，國家取消了對滌綸纖維、菸草及其製品、彩色電視機及其顯像管、彩色感光材料等 14 種商品的進口許可證管理，並取消了對汽車及其關鍵件、汽車輪胎部分編碼商品的進口許可證管理，實行進口許可證管理的商品種類從上年的 26 種減少到 12 種。

2003 年，隨著中國進一步開放市場和加入世界貿易組織承諾的兌現，中國實行進口許可證管理的商品種類，繼 2002 年從 26 種減少到 12 種後，2003 年繼續減少至 8 種。調整後，2003 年中國實行進口配額許可證和進口許可證管理的 8 種商品，總計 143 個 8 位商品編碼。其中，實行進口配額許可證管理的商品有成品油、天然橡膠、汽車輪胎、汽車及其關鍵件 4 種；實行進口許可證管理的商品有光盤生產設備、監控化學品、易制毒化學品和消化臭氧層物質 4 種。②

為了進一步開放市場和兌現加入世貿組織的承諾，從 2005 年 1 月 1 日起，中國取消了汽車及其關鍵件、光盤生產設備的進口許可證管理。至此，中國已全部取消普通商品的進口許可證管理，僅保留 3 種特殊商品（監控化學品、易制毒化學品和消耗臭氧層物質）的進口許可證管理，涵蓋 83 個 8 位 HS 編碼。③ 這是自 2001 年年底、中國加入世界貿易組織後，第 4 次減少進口許可證管理商品④。2008 年，實行進口許可證管理的貨物只有 1 種（消耗臭氧層物質）。

---

① 商務部，海關總署. 公布 2018 年出口許可證管理貨物目錄 [EB/OL]. (2017-12-22) [2019-07-22]. http://www.mofcom.gov.cn/article/b/e/201712/20171202690519.html.
② 佚名. 中國進口許可證管理商品今年減至 8 種 [J]. 中國產業經濟動態，2003 (19)：5-6.
③ 商務部，海關總署. 2005 年出口許可證管理貨物目錄 [EB/OL]. (2004-12-10) [2019-07-22]. http://www.mofcom.gov.cn/aarticle/b/e/200412/20041200317918.html.
④ 佚名. 中國 2005 年取消普通商品的進口許可證管理 [J]. 商務與法律，2004 (5)：39.

4. 推進許可證電子化進程，提升貿易便利化水準

為貫徹落實國務院關於支持外貿發展有關文件精神，進一步提升貿易便利化水準，推進許可證電子化進程，規範有關貨物進出口許可證電子證書的申請、簽發和使用行為，2015年商務部制定了《貨物進出口許可證電子證書申請簽發使用規範（試行）》，對貨物進口許可證件申領和通關實行無紙化作業。

三、新中國貨物貿易配額制度的演進與發展

配額管理是指一國政府在一定時期內對某些敏感商品的進口或出口進行數量或金額上的直接限制，是國家管理貨物進出口的非關稅措施之一。[1] 根據實行配額管理的商品範圍，配額管理可分為三大類：一是計劃配額管理；二是主動配額管理；三是被動配額管理。縱觀新中國成立以來貨物貿易配額制度的演進軌跡，中國進出口配額管理朝著自由化、市場化的方向邁進，配額管理的商品品種持續減少，配額分配日趨公平化、科學化。

（一）進出口配額管理制度的探索與初步建立（1949—1992年）

中國的進出口配額制度，尤其是出口商品配額，最初是被用以確保有效利用西方國家對中國紡織品出口施加的配額（主要是美國和歐共體）。因此，它在性質上是被動的。中國從1979年開始對紡織品出口實施配額管理，屬於被動配額管理。1986年對港澳地區出口的部分商品實行配額管理，則屬於主動配額，該制度探索起步於1953年，目的是確保對港澳市場的均衡供應。

（二）建立與中國社會主義市場經濟體制相適應的、科學的外貿配額管理制度（1993—2001年）

1. 奠定進出口配額制度的法律法規基礎

中國出口商品配額管理的基本法規是外經貿部1992年12月29日發布的

---

[1] 出口貨物配額管理與許可管理並列成為出口貨物管理的兩個主要非關稅措施，一般情況下，出口配額管理往往與出口許可證結合起來進行管理。

《出口商品管理暫行辦法》（1993年1月1日起施行）和《關於紡織品出口配額的管理辦法》等。

中國進口商品配額管理的基本法規是1993年10月7日國家經貿委和外經貿部發布的《機電產品進口管理暫行辦法》和1993年12月22日國家計委、外經貿部發布的《一般商品進口配額管理暫行辦法》及其實施細則。一般商品進口配額品種和年度進口配額總量及其調整，由國家計委會同有關部門提出意見後，報國務院批准後公布實行和分配下達。一般商品進口配額品種和年度進口配額總量則由國家機電產品進出口辦公室提出。

2. 削減實行配額管理的出口商品範圍

1993年，根據《出口商品管理暫行辦法》，大幅度削減了實行配額許可證管理的出口商品的種類，由原來的258種減少到138種，對出口實行計劃配額（38種商品）、主動配額（54種商品）、被動配額管理（24種商品）和一般出口許可證管理（22種）[①]，其中對關係國際民生的大宗資源型出口商品及中國出口中占重要地位的大宗傳統出口商品實行計劃配額管理；對中國在國際市場或某一市場占主導地位的重要商品以及外國要求中國主動限制出口數量的商品，實行主動配額管理，對國外對中國有配額限制的出口商品實行被動配額管理。

3. 試行配額有償招標

為了與建設中國社會主義市場經濟體制相適應，使出口商品配額管理更加科學、合理、公平、公開，適當引進競爭和監督機制，提升配額的分配效率，外經貿部試行了對部分出口商品配額的招標工作。1994年，首先對原木、蘭麻紗布、輕重燒鎂等出口金額較大、經營單位較多、國際市場敏感的、易於發生抬價搶購、低價競銷和國外反傾銷的商品，試行配額有償招標。1995年，進一步擴大了招標商品的範圍，實行招標的商品品種增加到24種，占實行計劃配額、主動配額管理商品品種的26.1%。此外，還對個別類別的紡織品配額試行有償分配和有償招標相結合的辦法。這一重大改革措施，向著建

---

① 宋沛. 近年中國許可證管理制度的改革與發展 [J]. 國際商務, 1997 (1)：18-21.

立與中國社會主義市場經濟體制相適應的、科學的外貿管理制度的方向邁進了一大步。①

4. 將關稅配額制度引入農產品貿易中

關稅配額是介於關稅措施和數量限制之間的一種進口商品管理制度。關稅配額制度是指對某些商品在某一特定時間內，在規定的數量（配額）內以低於一般關稅稅率的優惠稅率進口，而對超過規定的數量（配額）按一般進口關稅稅率進口。

1996 年，中國將關稅配額制度引入農產品貿易的管理中，頒布了《農產品進口關稅配額管理暫行辦法》，規定對小麥、玉米、棉花、食糖、豆油、棕櫚油、羊毛、毛條等重要農產品和化肥實行關稅配額管理。相對於配額限制，關稅配額是一種寬鬆型的貿易管制措施。引入關稅配額制度，對改革中國一些現行管理體制、保護本國農業生產、維護正常的貿易秩序有重要的積極意義。

（三）履行入世承諾、進一步自由化的進出口配額管理制度（2002 年至今）

根據加入 WTO 的承諾，中國配額管理商品的種類和數量在加入後將逐步縮減。中國加入 WTO 時，進口配額適用於許多產品，包括汽車、天然氣產品、天然橡膠等。根據中國《入世議定書》的承諾，這些進口配額應於 2005 年 1 月 1 日取消。2015 年 1 月 1 日，中國取消了這些進口配額，這些產品不受進口配額許可證的限制。在進口配額方面，中國已履行了入世時做出的承諾。例如，中國對原來實行多年的進口配額管理的機電產品以及汽車產品從 2005 年 1 月 1 日起實行進口自動許可管理。②

出口配額管理方面，覆蓋商品範圍截至 2018 年年底共 18 種，包括活牛（對港澳出口）、活豬（對港澳出口）、活雞（對香港出口）、小麥、玉米、大米、小麥粉、玉米粉、大米粉、甘草及甘草製品、藺草及藺草製品、磷礦石、

---

① 李東生.談中國進出口貿易管理體制改革［J］.外向經濟，1995（8）：6-8.
② 商務部公告 2004 年第 92 號《汽車產品自動進口許可證簽發管理實施細則》，2004 年 12 月 17 日發布；商務部、海關總署公告 2004 年第 94 號《2005 年自動進口許可機電產品目錄》，2004 年 12 月 10 日發布。

煤炭、原油、成品油（不含潤滑油、潤滑脂、潤滑油基礎油）、鋸材、棉花、白銀。

四、新中國商品檢驗管理制度的演進與發展

進出口商品檢驗是對外貿易中的一項重要程序，進出口商品的檢驗檢疫工作關係著國家主權和利益，其發展進程也是中國經濟社會制度變遷的一個側影和重要組成部分。

中國特色的商品檢驗工作體系是國家質檢總局為實現國家進出口貿易政策目標而進行的一項行政管理活動，圍繞著商品檢驗檢疫而頒布的各項法律制度、業務規章和工作規範保障了貿易公平競爭，維護了貿易各方的合法權益，保證了中國進出口商品檢驗工作的正常運行，為建設具有中國特色的標準化法制化的商品檢驗工作體系打下了堅實基礎。

（一）中國進出口商品檢驗與監管的基本制度概述

中國進出口商品檢驗以目錄內商品法定檢驗、目錄外商品監督抽查和檢驗機構監督管理為基本制度。

為了規範進出口商品檢驗工作，維護社會公眾利益和進出口各方的合法權益，促進對外經貿往來的和諧開展，根據商檢法及其實施條例的規定，中國進出口商品檢驗職能由國家質檢總局設立在全國各地的檢驗檢疫機構承擔，對列入《必須實施檢驗的進出境商品目錄》內的商品實施法定檢驗檢疫。

進口商品法定檢驗流程為三步，第一步是由報檢人（即貨主或其代理人）向入境口岸檢驗檢疫部門報檢；第二步是檢驗檢疫部門審核報檢材料，符合要求的，簽發通關單，獲得海關放行；第三步是報檢人向目的地檢驗檢疫部門申請檢驗，檢驗合格的，獲得入境貨物檢驗檢疫證明。出口商品檢驗流程也分為三步：第一步由報檢義務人在商品出口前向產地檢驗檢疫部門報檢；第二步經由產地檢驗檢疫部門檢驗合格的，獲得出口通關單，需要轉向其他口岸出口的，簽發「檢驗轉換憑證」；第三步是產地檢驗後轉向其他口岸出口

的，經口岸檢驗檢疫部門查驗合格後簽發通關單。①

中國商品進出口現行的檢驗監管模式主要有批批檢驗模式、抽批檢驗模式、分類管理模式、型式試驗模式、過程監管模式、免檢模式。依據的法律文件主要有：《中華人民共和國進出口商品檢驗法》及其實施條例、《邊境貿易進出口商品檢驗管理辦法》《中華人民共和國食品衛生法》等。

(二) 中國進出口商品檢驗制度的演進歷程

伴隨著中華人民共和國成立後中國進出口商品貿易量多層次、多領域、全方位的增量發展，中國的商品檢驗制度在經濟發展的各個階段不斷進行調整完善，逐步形成了適應中國經濟發展形勢及國際通行規則的進出口商品檢驗制度。

1. 高度集中計劃經濟制度時期的進出口商品檢驗制度（1949—1978年）

中華人民共和國成立後，逐步取消外商資本在對華貿易中的商品檢驗特權，停止外商檢驗機構的活動，建立起中國獨立自主的商檢機構。1949年10月，在中央貿易部國外貿易司內設立商品檢驗處；1952年對外貿易部成立後，下設商品檢驗總局，統一領導和管理全國的進出口商檢機構和商檢工作。與此同時，中國政府開始制定統一的商檢政策法規和工作制度。1950年3月，中央貿易部召開第一次全國商檢會議，制定了《商品檢驗暫行條例》，統一了全國進出口商品檢驗範圍和規章制度。1954年1月，公布《輸出輸入商品檢驗暫行條例》，將進出口商品檢驗管理納入國家行政管理軌道，為之後中國商檢事業的進一步發展奠定了基礎。

2. 有計劃商品經濟制度建設時期的進出口商品檢驗制度（1979—1992年）

改革開放成為中國的基本國策後，中國的出入境商品檢驗事業也隨之發展壯大。原有的《輸出輸入商品檢驗暫行條例》已不能滿足對外開放、貿易往來業務量增長的需要，因此，1989年2月21日，第七屆全國人民代表大會第六次常務委員會通過了《中華人民共和國進出口商品檢驗法》（以下簡稱

---

① 孫飛鏑. 從法檢目錄遵從到監管過程重塑——中國進出口商品質量監管制度改革研究 [D]. 南京：南京大學，2017：7-9.

《商檢法》），首次以立法的形式確定了商品檢驗工作的原則、主體、範圍、程序，標誌著中國進出口商品檢驗和監督管理工作步入法制建設軌道。《商檢法》於 1989 年 8 月 1 日正式實施。

3. 建立社會主義市場經濟制度時期的進出口商品檢驗制度（1993—2001 年）

該階段的進出口商品檢驗制度，基於機構改革，進一步理順了多頭管理的問題。具體而言：

1998 年 3 月，為適應市場經濟的發展，在第四次國務院機構改革中，將原國家進出口商品檢驗局、農業部動植物檢疫局和衛生部衛生檢疫局合併組建為國家出入境檢驗檢疫局。商檢、衛檢、動植檢「三檢」合一，實現了中國出入境檢驗檢疫工作「一口對外」[①]。

2001 年 4 月 10 日，為了進一步加強質量監督和檢驗檢疫執法，根據國務院的決定，將原來的國家質量技術監督局與國家出入境檢驗檢疫局合併組建為國家質量監督檢驗檢疫總局（以下簡稱國家質檢總局）。國家質檢總局的成立，標誌著中國進出口商品管理新體制的建立，形成了以國家質檢總局及其各地分支機構為行政執法主體、以國家質檢總局許可的第三方鑒定機構為補充的進出口商品檢驗監管新體制，為應對加入 WTO 和接軌國際創造了組織條件。

4. 完善社會主義市場經濟制度時期的進出口商品檢驗制度（2002—2013 年）

隨著中國社會主義市場經濟體制的逐步完善，以及履行加入 WTO 的相關承諾，中外合資、外商獨資等檢驗鑒定機構相繼成立，中國進出口商品檢驗體制開始適應市場化深入發展的要求，改革原有體制關係，進一步開放國內進出口商品檢驗領域。2002 年，第九屆全國人民代表大會通過了《中華人民共和國進出口商品檢驗法修正案》，以應對 WTO 為修訂的主要切入點，根據《技術性貿易壁壘協定》對接調整了法定檢驗的目的、內容和宗旨，將商品檢

---

① 徐建清. 中國的商品檢驗市場和檢驗事業 [J]. 當代中國史研究, 2004, 11 (1): 71-73.

驗檢疫業務的民事行為屬性與國家行政管理性質的鑒定工作界定開來，為商檢業務的市場運作提供了法律保障。

此外，根據對外貿易發展的需要，新《商檢法》對於實施進出口商品檢驗的目的，將原來商檢法第四條規定的「國家商檢部門根據對外貿易發展的需要」修改為「為了保護人類健康和安全、保護動物或者植物的生命和健康、保護環境、防止詐欺行為、維護國家安全」。對於實施商品檢驗的內容，由原《商檢法》規定的包括商品的數量、規格、重量等商業性條款修改為：「確定列入目錄的進出口商品是否符合國家技術規範的強制性要求和合格評定活動。」對商業性條款的修改使商檢法更加的符合 WTO 規則。

為貫徹落實國務院關於穩增長、調結構的要求，2013 年 8 月 15 日起，質檢總局和海關總署對 1,507 個海關商品編碼項下的一般工業製成品不再實行出口商品檢驗。這些出口商品涉及機電、輕紡和資化 3 大類 47 個子類、1,507 個海關商品編碼，占 2013 年列入法檢目錄中 2,141 個海關商品編碼的 70.43%。按 2012 年數據統計，擬減少的法檢商品種類共涉及 1,008.6 萬批次、4,463.6 億美元，占全部 5,412.3 億美元出口法檢貨值的 82.5%，是一次非常大的法定檢驗制度的調整，在很大程度上減輕了出口企業的成本負擔。

5. 完善社會主義市場經濟制度新時期的進出口商品檢驗制度（2014 年至今）

中共十八大召開之後，在全面深化改革和加快轉變行政管理方式的時代浪潮下，減少出口法檢商品種類，推進檢驗體制改革的呼聲逐漸加大。在該時期，機構設置上呈現極大變革，2018 年出入境檢驗檢疫職能由原國家質檢總局劃入海關總署，關檢融合。中國商品檢驗制度建設在該階段的著力點具體體現在以下幾個方面：

（1）服務國家宏觀調控和經濟發展大局

對進口煤炭實施逐批放射性、外來夾雜物和八項環保指標項目的檢驗監管，開展進口鐵礦石和原油中鉛、砷、汞等有毒有害元素監測，有效運用技術貿易手段服務國家宏觀調控。

嚴格進口廢物原料檢驗檢疫監管。已建立進口廢物原料註冊登記、裝運

前檢驗、口岸到貨檢驗檢疫和後續監督管理的事前、事中、事後監管的完整監管體系。[①]

(2) 構建檢驗監管體系

進出口商品質量安全風險監測體系基本形成。建立了基於問題導向的出口宏觀質量管理模式和基於風險監測的進口商品閉環管理模式。建成1個質量安全監測項目數據庫，成立6個風險監測國家分中心，形成1張多渠道風險信息收集網。基本建成「中國進出口商品質量安全風險預警和快速反應監管體系」(C-RAPEX)。

(3) 推進貿易便利化

2014年4月，國務院常務會議提出進一步減少出口法檢商品種類，全面推進海關和檢驗檢疫「一次申報、一次查驗、一次放行」合作機制，提高貿易便利化水準。原質檢總局[②]貫徹國務院會議精神，取消了對機電、輕紡、資化、汽車及食品接觸產品等1,722個海關商品編碼的出口法檢[③]。

(4) 支持新興業態

一是構建跨境電商檢驗監管新模式。建成全國跨境電子商務進出口工業產品風險監測中心，2015年制定並實施了《質檢總局關於加強跨境電子商務進出口消費品檢驗監管工作的指導意見》，構建了以風險管理為核心，以事前備案、事中監測、事後追溯為主線的跨境電商進出口消費品質量安全監管模式。

二是推動進境維修、再製造產業發展。目前已建成3個國家級高新技術產品維修/再製造產業質量安全示範區，支持20個直屬檢驗檢疫局和157家企業開展了入境機電料件維修、再製造業務。

(5) 以自貿試驗區為平臺開展檢驗檢疫制度創新

自貿試驗區是改革開放的制度創新高地，也是檢驗檢疫改革創新的重要

[①] 2014年9月9日發布的《國家質量監督檢驗檢疫總局關於進一步明確進口廢物原料檢驗檢疫監管有關問題的通知》(國質檢函〔2014〕438號)。

[②] 在2018年國務院機構改革中，原質檢總局撤銷，其出入境檢驗檢疫職能並入海關總署。

[③] 吳景賢. 中國進出口商品檢驗制度研究 [D]. 蘇州：蘇州大學，2014：18-19.

第七章 新中國貨物貿易管理制度的建立與改革

平臺。例如，廣東自貿區在全國首創「智檢口岸」模式，企業可享受「六零服務」；建設跨境電商的質量溯源體系，探索監管的「南沙模式」[1]，全球質量溯源體系通過採集商品從生產、貿易、流通直至消費者的全生命週期質量信息，實現商品質量溯源和口岸快速通檢，推動質效齊飛和產業集聚，贏得了國際社會的積極回應，為推進中國質量溯源體系建設提供了前沿範本，形成了從自貿區試驗向國際規則的轉變；創新「CEPA[2] 食品」檢驗監管模式；推動粵港澳檢驗檢測認證互認；首創市場採購出口商品檢管區模式。

天津自貿區探索「一次審批，分批核銷」模式，審批時限縮短至 3 個工作日，審批效率更高，審批成本更低；深化京津冀檢驗檢疫實現三通（報、檢、放）；完善直通模式；開展綠色供應鏈標準體系探索與建設。

上海自貿區構建跨境電子商務風險監控體系和質量追溯體系；創新推出「十檢十放」分類監管模式[3]，讓通關時間再次縮短；支持檢驗檢測認證機構發展；探索實施「互聯網+國檢」戰略，全國推進國檢信息化建設，積極推進國際貿易單一窗口制度。

當前，中國的進出口商品檢驗制度經歷著新一輪時代浪潮變革的洗禮，堅定走中國特色質檢工作之路。通過檢驗檢疫制度的完善，使商品檢驗工作從微觀質量檢驗向宏觀質量管理調整、從普遍檢驗向重點監管調整、從進出口檢驗監管並重向進口檢驗監管為主調整、從管檢一體向管檢分離調整，有助於中國企業實現產業升級，提高「中國製造」和「中國創造」在國際上的競爭力。

---

[1] 南沙自貿片區成功搭建了「一個平臺支撐（智檢口岸）、一條主線引領（全球質量溯源體系）、多種創新驅動」的監管體系改革架構，助力南沙打造高水準對外開放門戶樞紐。
[2] CEPA 指《內地與香港關於建立更緊密經貿關係的安排》，即 Closer Economic Partnership Arrangement.
[3] 即「先檢後放、通檢通放、即檢即放、少檢多放、快檢快放、空檢海放、外檢內放、他檢我放、邊檢邊放、不檢就放」。最嚴格的「先檢後放」到最寬鬆的「不檢就放」，根據產地國家、企業、商品和交易屬性四個維度考量，建立起信用等級從劣到優，監管力度從嚴到鬆，放行速度由慢到快的全方位、多層次、分梯度的監管模式。

五、新中國貨物貿易外匯管理制度演進

新中國貨物貿易外匯管理制度以進出口收付匯制度為核心，隨著經濟環境和國際貿易形勢的變遷，呈現出以下制度演進軌跡。

（一）高度集中、計劃控制的貨物貿易外匯管理體制（1949—1978年）

改革開放以前，高度集中的計劃經濟體制下，外匯短缺導致中國實行比較嚴格的外匯管制，外匯業務由中國銀行統一經營。國家對外貿和外匯實行統一經營，用匯分口管理。外匯收支實行指令性計劃管理，一切外匯收入必須售給國家，需用外匯按國家計劃分配和批給。國際收支平衡政策「以收定支，以出定進」，依靠指令性計劃和行政辦法保持外匯收支平衡。人民幣匯率作為計劃核算的工具，要求穩定，逐步脫離進出口貿易的實際，形成匯率高估。[1]

（二）貨物貿易外匯管理制度逐步完善（1979—1992年）

中共十一屆三中全會以後，中國開始實行改革開放的方針政策，對外經濟交往有了很大發展。對外貿易方式越來越靈活多樣，為適應新形勢下經濟發展的需要，國務院正式批准設立了外匯管理的主管機構國家外匯管理總局（現為國家外匯管理局），全面負責中國外匯管理工作。在這一階段，中國外匯管理進入逐步完善的時期。其中，涉及進出口貿易實行的政策主要有：

1. 實行外匯留成制度

為改革統收統支的外匯分配制度，調動外貿單位的積極性，擴大外匯收入，改進外匯資源分配，從1979年開始實行外匯留成辦法。在外匯由國家集中管理、統一平衡、保證重點的同時，實行貿易和非貿易外匯留成，區別不同情況，適當留給創匯的地方和企業一定比例的外匯，以解決發展生產、擴大業務所需要的物資進口。外匯留成的對象和比例由國家規定。[2] 留成外匯的

---

[1] 張新存. 中國外匯管理政策的演進 [J]. 對外經貿統計，2007 (1): 13-16.
[2] 1979年8月，國務院頒發《關於大力發展對外貿易增加外匯收入若干問題的規定》，規定留成外匯主要用於扶持產品生產，包括引進新技術和關鍵設備，有計劃地用於中小企業技術改造、設備更新；1985年3月29日，國務院出台了《出口商品外匯留成辦法》實行出口商品外匯留成，該辦法按不同出口行業、不同出口商品、不同地區劃分，採取的留成比例從3%到100%不等。

第七章　新中國貨物貿易管理制度的建立與改革

用途須符合國家規定，有留成外匯的單位如本身不需用外匯，可以通過外匯調劑市場賣給需用外匯的單位使用。1991年後，國家統一各地留成比例，取消了包干制留成、不同產品留成等留成額度，使企業用匯自主權得到進一步擴大。

2. 建立出口收匯核銷制度

該制度建立於1991年1月1日[①]，是經常項目外匯管理的一項主要內容，是以出口貨物的價值為標準，核對是否有相應的外匯收回國內的一種管理措施。通過出口收匯核銷監管，一方面在貿易背景真實的基礎上，防止外匯資金流失，促進中國對外貿易的發展；另一方面出口收匯核銷也促使貿易出口單位在擴大出口的同時注重收匯，有利於其加強經營管理，努力催收貨款，加快收匯速度，提高出口經營效益。作為一種事後管理制度，出口核銷制度的簡歷是對中國貨物貿易外匯管理的革新性變革，標誌著中國經常項目外匯管理方法進入了一個新的發展階段。

（三）建立以市場調節為主的貨物貿易外匯管理制度體系（1993—2001年）

1993年11月14日，中共十四屆三中全會通過的《中共中央關於建立社會主義市場經濟體制若干問題的決定》中明確要求，「改革外匯管理體制，建立以市場供求為基礎的、有管理的浮動匯率制度和統一規範的外匯市場，逐步使人民幣成為可兌換貨幣」。這為貿易外匯管理制度進一步改革明確了方向。為此，1994年以後，中國貿易外匯管理制度進行了重大變革[②]，主要包括：

1. 實行銀行結售匯制度，取消外匯上繳和留成，取消用匯的指令性計劃和審批

從1994年1月1日起，取消各類外匯留成、上繳和額度管理制度，對境內機構經常項目下的外匯收支實行銀行結匯和售匯制度。除實行進口配額管理、特定產品進口管理的貨物和實行自動登記制的貨物，須憑許可證、進口證明或進口登記表，相應的進口合同和與支付方式相應的有效商業票據（發

[①] 1990年12月18日，經國務院批覆，國家外匯管理局發布《出口外匯核銷管理辦法》。
[②] 1996年1月8日國務院第四十一次常務會議通過《中華人民共和國外匯管理條例》，自1996年4月1日起施行。其中，第二章第八條、第九條、第十條、第十一條對貨物貿易外匯管理方法下的銀行結售匯制度、進出口收付匯核銷制度進行了規定。

票、運單、托收憑證等）到外匯指定銀行購買外匯，其他符合國家進口管理規定的貨物用匯、貿易從屬費用、非貿易經營性對外支付用匯，憑合同、協議、發票、境外機構支付通知書到外匯指定銀行辦理兌付。為集中外匯以保證外匯的供給，境內機構經常項目外匯收入，除國家規定准許保留的外匯可以在外匯指定銀行開立外匯帳戶外，都須及時調回境內，按照市場匯率賣給外匯指定銀行。

1996年12月1日起，中國正式宣布接受《國際貨幣基金組織協定》第八條款，實現人民幣經常項目完全可自由兌換。至此，在銀行結售匯制度的基礎上，建立起以市場調節為主的管理模式，重視市場調節在外匯收支中的作用，對於促進對外貿易發展發揮了作用。

2. 開始構建以真實性審核原則為標準的、一一對應的貨物貿易外匯管理制度

（1）進口付匯核銷制度建設

1994年8月，中國開始實施進口付匯核銷制度。該制度是將付匯的金額與海關的數據進行配對，監督進口企業貨到付款的真實性。1997年3月1日，由國家外匯管理局直接辦理進口付匯核銷業務，並於1998年9月1日推出中國第一個政務系統——進出口報關單聯網核查系統，實現了報關單信息在國家外匯管理局、銀行、企業間聯網共享，有效地打擊了利用假報關單騙購外匯資金的行為。

（2）出口收匯核銷制度的完善

1996年之後，在出口收匯核銷單的基礎上增加「出口退稅專用聯」，將出口收匯核銷與出口退稅結合起來，保證了貿易真實性的同時激發企業出口創匯積極性；同時將出口收匯信息傳遞給國家各級財政、稅務部門憑以對企業進行財政補貼，初步實現了國家外匯管理局與國家財政部門、商務部門的數據共享和聯合管理。[1]

---

[1] 荊琴.改革開放三十年中國外匯管理法治化進程［EB/OL］.（2009-05-25）［2019-06-04］. http://www.china.com.cn/economic/txt/2009-05/25/content_17832486.htm.

(四）改革進出口收付匯核銷，促進貿易便利化（2002年至今）

建立於20世紀90年代的貨物貿易進出口核銷制度，結合了中國當時的經濟發展狀況，發揮了積極的作用，但隨著中國社會主義市場經濟的不斷發展，以「逐筆核銷、事前備案、現場審核、行為監管」①為主要特徵的核銷制度已經不能適應對外貿易的快速發展，迫切需要進行改革和優化。鑒於此，2011年12月，外匯局、海關總署與國家稅務總局在江蘇、山東等七省（市）聯合推出了貨物貿易外匯管理制度改革試點，改革貨物貿易外匯管理方式，優化升級管理部門間信息共享機制，加大聯合監管的力度。2012年8月1日起，貨物貿易外匯管理制度改革在全國範圍內實施，紙質核銷時代一去不復返。此項制度改革作為順應中國對外貿易規模、方式、主體發展變化和應對當前及未來一段時期內國際收支形勢的重要舉措，有利於降低社會成本，促進對外貿易的可持續發展。

改革後貨物貿易外匯管理制度的核心內容是總量核查、動態監測和分類管理，基本做法是依託全國集中的貨物貿易外匯監測系統全面採集企業進出口收付匯及進出口貨物流的完整信息，以企業主體為單位，對其資金流和貨物流進行非現場總量核查，對非現場總量核查中發現的可疑企業實施現場核查，進而對企業實行動態監測和分類管理。同時，加強監管部門間數據與信息交流的力度，強化協同機制，加強聯合監管。改革後貨物貿易項下的行政許可項目由原來的6項減少為2項，合規守法經營的企業進出口收付匯無需再辦理聯網核查和逐筆核銷手續，憑商業單證即可在銀行直接辦理，企業、銀行經營成本大幅降低。外匯監管資源主要集中於少數存在可疑及違規行為的企業，大大提升了監管效率和水準，取得良好效果。

2019年，海關總署和國家外匯管理局發布《關於取消打印報關單收、付匯證明聯的公告》，自2019年6月1日起執行。該規定深化通關作業無紙化改革，完善貨物貿易外匯服務和管理，進一步減少紙質單證流轉，全面取消

---

① 詳見2011年9月9日國家外匯管理局、國家稅務總局、海關總署《關於貨物貿易外匯管理制度改革試點的公告》（國家外匯管理局公告2011年第2號）。

報關單、付匯證明聯和辦理加工貿易核銷的海關核銷聯。企業辦理貨物貿易外匯收付和加工貿易核銷業務，按規定須提交紙質報關單的，可通過中國電子口岸自行以普通 A4 紙打印報關單並加蓋企業公章。

通過上述改革，貨物貿易外匯管理制度在持續提升貿易便利化程度方面發揮了重要作用。

第二節　新中國海關管理制度的建立與改革

海關是貫徹執行國家有關進出口政策、法律、法令的重要機構。做好海關監督管理、徵收關稅、查禁走私和編製海關統計等工作，對於保障國家經濟建設、維護國家主權、制止進出境的政治經濟破壞活動和違法行為、促進對外貿易、旅遊和科技文化教育等事業的發展、累積建設資金、促進社會主義現代化建設，都有積極作用。

一、新中國海關制度變遷情況概述

《中華人民共和國海關法》（以下簡稱《海關法》）第二條明確規定：「中華人民共和國海關是國家的進出關境（以下簡稱進出境）監督管理機關」，是海關管理的主體。海關依照《海關法》和其他有關法律、行政法規，監管進出境的運輸工具、貨物、行李物品、郵遞物品和其他物品，徵收關稅和其他稅、費，查緝走私，並編製海關統計和辦理其他海關業務。因此，中國海關管理的基本任務可劃分為四個部分：監管通關貨物、物品和運輸工具，徵收關稅和其他稅費，海關統計和海關緝私。

在新中國 70 年的經濟發展歷程中，中國海關在對外經濟的管理與服務職能方面發揮越來越重要的作用。改革開放前，海關稅收額較小，例如「一五」

第七章　新中國貨物貿易管理制度的建立與改革

期間總關稅收入為 15.51 億元，占全國稅收比重為 6.72%；「五五」期間總關稅收入也僅為 129.52 億元，占全國稅收比重為 5.17%，不具有顯著的、代表性的財政功能意義。[①] 表 7-4 給出了 1979—2017 年中國海關業務的開展情況，以徵收關稅和其他稅、費這項職能為例，從開放初期的 1.6 億美元增長至 2017 年的 18,967.8 億美元，增長迅速（見表 7-4）。

海關制度的建立、改革與創新是新中國成立以來海關建設的重要內容，既是中國整體改革和開放型經濟的一個重要組成部分，也是推動中國經濟和社會改革的動力之一。[②]

表 7-4　1979—2017 年中國海關業務開展情況

年份	進出口總值/億美元	進口總值/億美元	出口總值/億美元	關稅、進口環節稅/億美元
1979	—	—	—	1.6
1980	381.4	200.2	181.2	34.8
1981	440.2	220.1	220.1	59.8
1982	416.1	192.9	223.2	54.7
1983	436.2	213.9	222.3	63.9
1984	535.5	274.1	261.4	126
1985	696.2	422.5	273.6	350.5
1986	738.5	429.1	309.4	246.7
1987	827.3	432.4	394.9	250.3
1988	1,027.9	552.5	475.4	262.8
1989	1,116.3	591.4	524.9	339.3
1990	1,154.1	533.5	620.6	282.7
1991	1,357.0	637.9	719.1	338.4
1992	1,656.1	806.1	850	381
1993	1,957	1,039.6	917.4	447.8
1994	2,366.2	1,156.2	1,210.1	622.4
1995	2,808.6	1,320.8	1,487.8	680.1

[①] 數據來源：《中國財政統計年鑑》。
[②] 周衛前. 中國海關改革與現代化的回顧與展望 [J]. 海關與經貿研究，2015, 36 (5): 35-50.

表7-4(續)

年份	進出口總值/億美元	進口總值/億美元	出口總值/億美元	關稅、進口環節稅/億美元
1996	2,899.0	1,388.4	1,510.7	793.1
1997	3,250.6	1,423.6	1,827	853.1
1998	3,239.5	1,402.4	1,837.1	879
1999	3,606.3	1,657.0	1,949.3	1,590.7
2000	4,743.0	2,250.9	2,492.0	2,242.0
2001	5,096.5	2,435.5	2,661.0	2,492.4
2002	6,207.7	2,951.7	3,256.0	2,590.7
2003	8,509.9	4,127.6	4,382.3	3,711.6
2004	11,545.5	5,612.3	5,933.3	4,744.2
2005	14,219.1	6,599.5	7,619.5	5,278.5
2006	17,604.4	7,914.6	9,689.8	6,104.4
2007	21,761.8	9,561.2	12,200.6	7,586.0
2008	25,632.6	11,325.7	14,306.9	9,161.1
2009	22,075.4	10,059.2	12,016.1	9,213.6
2010	29,740.0	13,962.5	15,777.5	12,518.3
2011	36,418.6	17,434.8	18,983.8	16,142.1
2012	38,671.2	18,184.1	20,487.1	17,579.1
2013	41,603.3	19,502.9	22,100.4	16,641.0
2014	43,030.4	19,602.9	23,427.5	17,268.6
2015	39,569.0	16,819.5	22,749.5	15,091.1
2016	36,855.8	15,874.2	20,981.6	15,388.0
2017	41,045.0	18,409.8	22,635.2	18,967.8

數據來源：中國海關統計數據。

(一) 新中國海關制度框架的初步確立（1949—1978年）

新中國的誕生，結束了近代中國海關主權受不平等條約束縛的歷史，引領中國海關進入了一個嶄新的時期。1949年10月25日，新中國海關正式成立。1951年3月至5月先後頒布了《中華人民共和國暫行海關法》《中華人民共和國海關進出口稅則》和《海關進出口稅則暫行實施條例》，確立了中國海關法律體系的初步框架，為建立海關業務管理制度、開展海關監管職能發揮

第七章　新中國貨物貿易管理制度的建立與改革

了重要作用。

在新中國成立這一重大變革時期,中國海關著力恢復海關建制和職能,工作重心向服務於經濟建設進行調整。改革後,海關的組織及運行體制收歸中央並由海關總署統一管理。同時,中國各級海關逐步恢復組織建制並開始履行日常職能,這些職能主要包括:統一管理關稅的徵收和減免,編製海關數據統計,統一報關單申報格式等。同時,在開放經濟發展初期的不規範階段,廣東、福建、浙江等沿海一帶出現了大規模的走私潮,反走私鬥爭空前激烈。海關的四大職能(監管、徵稅、統計、打私)在這一階段逐漸顯現其雛形。

總體來說,在這一時期,由於國家政策的重心不是經濟建設,特別是對外經濟更沒有被提到重要的位置,海關的作用和地位有所弱化,海關管理制度的發展也幾乎處於停滯狀態。[1] 但伴隨中國改革開放政策的實施,海關的重要作用日益顯現,中國海關現代化進程也被提上日程。

(二) 中國現代化社會主義海關制度的基本確立(1978—2000 年)

1978 年後,國內經濟體制的深刻變革、國際經濟聯繫的日趨緊密和現代化信息技術的迅速發展,構成了中國海關所面臨的新的國內和國際環境,並強烈衝擊著中國海關傳統的管理模式,全面改革海關制度勢在必行。

1. 構建垂直管理體制

1980 年 2 月 9 日,公布《關於改革海關管理體制的決定》,決定將全國海關建制收歸中央統一管理,成立中華人民共和國海關總署,直屬國務院,統一管理全國海關機構及其業務,實行中央管理為主的垂直領導體制。該體制一直延續至今,在組織機構上分為 3 個層次:第一層次是海關總署,是中華人民共和國國務院下屬的正部級直屬機構,統一管理全國海關。海關總署現有 17 個內設部門、6 個直屬事業單位、管理 4 個社會團體(海關學會、報關協會、口岸協會、保稅區出口加工區協會);第二層次是廣東分署,天津、上海 2 個特派員辦事處,41 個直屬海關和 2 所海關學校;第三層次是各直屬海

---

[1] 楊明.論中國海關管理制度的歷史演變及其發展趨勢 [D]. 昆明:雲南大學,2006.

關下轄的562個隸屬海關機構和辦事處，通關監管點近4,000個。此外，在布魯塞爾、莫斯科、華盛頓以及香港等地設有派駐機構。同時海關的進出境監督管理職能得到充分明確，關稅徵收和減免由海關統一管理，編製海關統計，實行統一的報關單制度，對進出境貨物、人員物品實行監管查驗，履行打私職能等，充分保證了海關獨立行使職權。

2. 頒布《海關法》，確立海關法律地位

1987年7月1日正式實施《海關法》，標誌著海關的法制建設進入了一個嶄新的階段，以海關法為主體，逐步建立起由各項海關行政法規、規章所構成的海關法律體系，涵蓋了包括海關組織、監管、關稅、統計、查輯走私和處理違反海關規定行為的海關法律制度，從而保障了海關在履行海關職責時做到有法可依，違法必究。根據2000年7月8日第九屆全國人民代表大會常務委員會第十六次會議《關於修改〈中華人民共和國海關法〉的決定》，對《海關法》進行了修訂，專門增設執法監督一章，要求海關履行職責，必須以遵守法律，維護國家利益為基本原則，依照法定職權和法定程序嚴格執法，並接受各方監督。修訂後的海關法比較全面地體現了現代海關管理的基本法律原則，基本解決了影響海關打擊走私所遇到的法律問題，確立了海關緝私警察的設置和法律地位。

1998年，海關總署作出了《關於建立現代海關制度的決定》，勾勒出現代海關制度的基本框架，提出了建立現代海關制度兩步走發展戰略：用5年時間，在全國海關初步建立起現代海關制度的基本框架，然後再用5年左右的時間，到2010年前，建成比較完善的現代海關制度。

(三) 中國海關制度向縱深變革階段（2001年至今）

中國入世推動中國海關全面提高執法能力和通關效率。入世後中國的海關制度按時間維度呈現出以下明顯變化：

1. 制定《現代海關制度第二步發展戰略規劃》，全面建設現代化海關

在完成現代海關制度第一步發展戰略規劃目標基礎上，2003年年初，海關總署提出全面建設現代化海關、實現建立現代海關制度的第二步發展戰略目標，即以建立健全風險管理機制為中心環節，全面、協調地推進海關各項

改革與建設，到 2010 年，基本建立起與構建社會主義和諧社會相適應，與完善的社會主義市場經濟體制相配套，與國際通行規則相銜接，嚴密監管與高效運作相結合的現代海關制度，努力建設科學、文明、高效、廉潔、和諧的智能型海關，為促進對外經濟貿易發展，把中國建設成為富強民主、文明和諧的社會主義現代化國家作出更大的貢獻。

2. 建設智能型海關，提升貿易便利化水準

加入 WTO 後，海關以通關作業改革為突破口，努力建立以風險管理機制為中心環節，建設智能型海關，為實現建立現代海關制度第二步發展戰略不斷摸索創新。同時「電子海關」建設實現了升級換代，完成了 H883 系統到 H2000 系統的切換。H883 從 1986 年開始需求調查和原型試驗，1988 年 3 月在海關總署正式立項建設，1989 年完成系統設計，並在中國九龍海關投入運行，後來又相繼在廣州、天津、上海、北京等一批重點海關投入運行，是報關自動化專用系統。H2000 系統於 2001 年 11 月 30 日正式啟動試點工作，2003 年 4 月通過國家驗收，是以 H883 系統為基礎研發的又一個獨立的報關自動化系統。H2000 系統基本覆蓋了 H833 系統的所有功能，並根據業務需求對功能和流程進行了必要的修改和完善。

3. 關檢合併

2018 年 3 月 13 日，十三屆全國人大第一次會議通過了《國務院機構改革方案》，原國家質量監督檢驗檢疫總局的出入境檢驗檢疫管理職責劃入海關總署，關檢合併後口岸通關效率大幅提升，提高了貿易便利化水準，中國海關管理進入了一個嶄新的發展新階段。

4. 制定了《海關全面深化業務改革 2020 框架方案》，以「構建新型海關監管機制」為目標推動新一輪海關制度改革

2019 年，構建新型海關監管機制的各項改革舉措正在逐項落地。按照「整體設計、分步實施，試點先行、關聯推進」的原則，努力打造先進的、在國際上最具競爭力的海關監管體制機制。一是通過實施進口「兩步申報」，健全高效便捷的申報制度；二是通過安全風險防控「兩輪驅動」，健全協同優化的風險管理制度；三是通過實施監管「兩段准入」，健全銜接有序的監管作業

制度；四是通過科學劃分寄遞渠道和貨運渠道「兩類通關」，健全統一規範的通關制度；五是通過實施監管「兩區優化」，健全自由便利的特定區域海關監管制度。①

二、海關管理制度的便利化進程

鑒於海關管理的特殊性質，在依法實施對進出境貨物的有效監管的同時提升貿易便利化水準一直是各國海關的工作重點。中國海關一直重視海關貿易便利化改革，通過調整管理規範、革新管理技術、加強海關國際合作等多種路徑推進海關貿易便利化進程。

海關對貨物貿易進行直接管理的制度反應在報關通關制度上。報關是指進出口貨物裝船出運前，向海關申報的手續。中國海關法規定：凡是進出國境的貨物，必須經由設有海關的港口、車站、國際航空站，並由貨物所有人向海關申報，經過海關放行後，貨物才可提取或者裝船出口。通關即結關、清關，是指進出口貨物和轉運貨物，進出入一國海關關境或國境必須辦理的海關規定手續。只有在辦理海關申報、查驗、徵稅、放行等手續後，貨物才能放行，放行完畢叫通關。同樣，載運進出口貨物的各種運輸工具進出境或轉運，也均需向海關申報，辦理海關手續，得到海關的放行許可。貨物在結關期間，不論是進口、出口或轉運，都是處在海關監管之下，不準自由流通。

改革開放以後，中國報關通關制度的演進主要經歷了四個階段。

（一）自理報關到初步形成報關通關制度規範（1979—1992 年）

1980 年 1 月，中國海關正式恢復和實行對外貿易公司全國統一的報關制度。但在這一時期由於中國外貿管理體制的原因，報關主要是自理報關，分別包括地方外貿公司和工貿公司在地方口岸的自理報關以及國家所屬專業進出口總公司在北京的集中報關納稅。直到 1985 年，隨著中國對外貿易經營活

---

① 《瞭望》新聞周刊：構建新時代中國特色社會主義新海關 專訪海關總署署長、黨委書記倪岳峰［EB/OL］．（2019-05-20）［2019-06-20］．http://www.singlewindow.cn/xwdt/4731.jhtml.

第七章 新中國貨物貿易管理制度的建立與改革

動主體發生了很大變化以及貿易方式的多樣化,從而出現了大量的非外貿專業公司、個人加入報關服務的行列中。1985 年 2 月,中國海關發布了《海關對報關單位實施註冊登記制度的管理規定》,第一次將報關單位的規範納入了海關的法律體系範圍。這標誌著中國報關代理制度的初步確立。進一步地,1987 年《海關法》也對報關權進行了規範,並且明確了報關代理的法律地位。[1]

(二) 逐步對接國際規範的海關管理制度便利化進程 (1993—2001 年)

1. 實施 ATA 單證冊制度

這一時期,中國通過加入國際公約、推進報關通關信息化建設等路徑,逐步形成與國際規範、國際標準對接的現代化的報關通關制度。1993 年 8 月 27 日,中國正式加入《關於貨物暫準進口的 ATA 通關單證冊海關公約》(簡稱「ATA 公約」)、《關於貨物暫準進口公約》(簡稱「伊斯坦布爾公約」)和《展覽會和交易會公約》,1998 年 1 月 1 日正式實施 ATA 單證冊制度[2]。經國務院批准、海關總署授權,中國國際貿易促進委員會/中國國際商會是中國 ATA 單證冊的出證和擔保機構,負責中國 ATA 單證冊的簽發和擔保工作,為 ATA 單證冊持有人簡化通關手續、節約通關費用和時間、降低風險。

2. 確立電子數據合法性以及推動電子口岸建設

1998 年,海關總署和外匯管理局按照國務院關於要加快銀行、外匯管理局和海關之間的計算機聯網,加強對報關單和外匯進出口核銷工作的管理,從源頭上防止騙匯、逃匯違法活動發生的指示,聯合開發了「進口付匯報關單聯網核查系統」。由此得以推廣的口岸電子執法系統使企業只要通過互聯網,就可以在網上向海關、質檢、外貿、外匯、工商、稅務、銀行等國家行政管理機關申辦報關、出口退稅、結付匯和加工貿易備案等進出口手續,減少了企業直接到政府部門辦理業務的次數,節省了辦事時間,提高了貿易效率,

---

[1] 魏毅斐. 中國海關貿易便捷化改革研究 [D]. 成都:西南交通大學,2015.
[2] ATA 單證冊制度為暫準進口貨物建立了世界統一的通關手續,使暫準進口貨物可以憑 ATA 單證冊,在各國海關享受免稅進口和免予填寫國內報關文件等通關便利。因此,ATA 單證冊又被國際經貿界稱為貨物護照和貨物免稅通關證。

從而真正實現了政府對企業的「一站式」服務。

2000年,《海關法》經修訂後規定,「辦理進出口貨物的海關申報手續,應當採用紙質報關單和電子數據報關單的形式」,這樣就確立了電子數據的法律效力,即具有了合法性,同時也為電子口岸的發展提供了重要的法律保障。隨後,電子口岸於2001年在全國進行推廣,企業從那此便能夠通過互聯網辦理各種通關手續,成本與效率達到雙贏。

中國電子口岸是借助國家電信公網資源,在統一、安全、高效的計算機物理平臺上實現信息資源的共享和交換的專門系統。該系統將國家各個不同的行政管理機關(包括海關總署、商務部、中國人民銀行、國家外匯管理局、國家出入境檢疫局、國家稅務總局、國家工商局等)分別管理的進出口業務信息流、資金流、貨物流電子底帳數據集中存放到公共數據中心,使國家行政管理部門可以在網上進行跨部門、跨行業的數據核查和數據分析,並可在網上進行聯網運用項目下的常規業務管理,如登記、審批等。中國海關是推行電子口岸系統最多、最有成效的部門之一,該系統將陸續運用到報關通關、納稅、退稅、對出口加工區的管理、知識產權保護等諸多領域,目前已成為中國海關管理的主要技術手段。通過運用電子口岸系統,海關可以在網上接受申報,並在網上辦理各種審批手續。在公共數據中心支持下,進出口環節的所有管理操作,都有電子底帳可查,都可以按照職能分工進行聯網核查、核註、核銷,有利於海關增加管理綜合效能,建立現代化的管理模式。

3. 建設預歸類管理制度

預歸類管理制度是指在一般貿易的貨物實際進出口前,申請人以海關規定的書面形式向海關提出申請並提供商品歸類所需的資料,必要時提供樣品,海關依法作出具有法律效力的商品歸類決定的行為。預歸類管理制度在國際範圍內得到了比較普遍的採用,中國從2000年4月1日起依據中華人民共和國海關總署第80號令《中華人民共和國海關進出口商品預歸類暫行辦法》實行進出口商品預歸類管理制度。通過實施預歸類管理制度,能夠有效提高進出口商品歸類的準確性,避免因歸類不當而導致的各種不良後果,給依法進行進出口經營的單位或其代理人辦理海關手續提供方便,加速其貨物通關的進程。

4. 全面執行世界貿易組織《海關估價協定》

在海關估價方面，2000年7月8日，中國把東京回合①與《海關估價協定》②的原則方法寫入了《中華人民共和國海關法》，對進出口商品的完稅價格估算做出規定。2002年後，中國海關在全國範圍內執行世界貿易組織《海關估價協定》。

(三) 規範化、無紙化的海關制度探索與改進 (2002—2013年)

1. 對接國際通用商品編碼制度

為了提高進出口環境的公平透明化，中國海關按照世界貿易組織規則完善了中國的關稅體系，審查和簡化了國際貿易的關稅和稅金歸還程序。同時，2002年1月1日，中國海關進出口稅則和統計目錄開始採用世界海關組織制定發布的2002年版《商品名稱及編碼協調制度》，並據此制定了《海關總署商品歸類決定》和高級分類管理體系的具體條例，以便進出口企業及其代理人瞭解進出口貨物的協調制度歸類、準確申報以及方便貨物通關，簡化海關程序。

2. 實施通關作業無紙化改革

2012年7月4日，在全國海關深入推進通關作業改革動員部署會議上，海關全面推開分類通關改革啟動通關作業無紙化改革試點。③ 所謂通關作業無紙化，是指海關以企業分類管理和風險分析為基礎，按照風險等級對進出口貨物實施分類，運用信息化技術改變海關驗核進出口企業遞交紙質報關單及隨附單證辦理通關手續的做法，直接對企業通過中國電子口岸錄入申報的報

---

① 東京回合 (Tokyo Round) 是關稅與貿易總協定主持的第七輪多邊貿易談判。1973年9月總協定締約國部長級會議在東京發表「東京回合宣言」後開始談判，故稱為東京回合。共有99個國家和地區參加談判，1979年7月結束。東京回合的主要進展是提出了建立一個為各國接受的、形式統一、內容公平、中立於海關與商界之間的海關估價標準的建議，並指出「海關估價不應成為貿易的壁壘，應當禁止主觀武斷和虛構編造的價格在海關估價中出現，應與國際貿易現實協調相一致」，形成了WTO下的《海關估價協定》。

② 《海關估價協定》，其正式名稱為《關稅及貿易總協定第七條貫徹執行協議》(AGREEMENT ON IMPLEMENTATION OF ARTICLE VII OF THE GENERAL AGREEMENT ON TARIFFS AND TRADE 1994)。

③ 在北京、天津、上海、南京、寧波、杭州、福州、青島、廣州、深圳、拱北、黃埔12個海關的部分業務範圍內進行試點。

關單及隨附單證的電子數據進行無紙審核、驗放處理的通關作業方式。

無紙化通關試點的基礎是海關企業分類管理制度。為了提高管理效率，中國海關總署先後於1999年、2008年和2010年頒布有關海關企業分類管理的海關總署令，規範當期的海關企業分類管理行為。現行有效的法律規範是《中華人民共和國海關企業分類管理辦法》，根據該法令，海關根據企業遵守法律、行政法規、海關規章、相關廉政規定和經營管理狀況，以及海關監管、統計記錄等，設置AA、A、B、C、D五個管理類別，對適用不同管理類別的企業，制定相應的差別管理措施，其中AA類和A類企業適用相應的通關便利措施，B類企業適用常規管理措施，C類和D類企業適用嚴密監管措施。這一管理制度鼓勵企業誠信守法，既保障了國家安全，提升了海關執法的效果，又通過對守法企業的通關管理程序的簡化加速了貿易流通，促進了貿易發展。

(四) 探索制度創新進一步釋放便利化改革紅利（2014年至今）

1. 以通關一體化為牽引，深化海關制度變革，推動「關檢融合」和「兩步申報」通關模式改革

2014年後，海關便利化制度演進立足更加積極主動的對外開放戰略。2014年，國務院印發了《落實「三互」推進大通關建設改革方案》，強化跨部門、跨區域的內陸沿海沿邊通關協作，完善口岸工作機制，實現口岸管理相關部門信息互換、監管互認、執法互助（簡稱「三互」），提高通關效率，確保國門安全。

2018年8月1日起，進出口貨物通關政策發生巨變，全國所有關區全面切換為新報關單，報關單、報檢單將合併為一張報關單，即全國實現了「關檢融合」「五統一」——統一申報單證、統一作業系統、統一風險研判、統一指令下達、統一現場執法，企業在單一窗口平臺下能夠感受到明顯的時間壓縮和貿易便利性。

2019年8月24日起，在黃埔海關、深圳海關和青島海關三個直屬海關先行試點實施「兩步申報」通關模式改革。試點企業不需要一次性提交所有的申報信息及單證，整個提交過程可以分成兩步走：第一步，企業憑提單信息，

提交口岸安全准入申報需要的相關信息,進行「概要申報」。如果貨物不需要進一步查驗,可以馬上放行提離。涉稅的貨物在提供了稅款擔保以後,也可以放行提離。第二步,貨物在口岸放行以後的14天內,企業補充提交滿足稅收徵管、合格評定、海關統計等整體監管所需要的相關信息和單證。相比一次性提交所有相關信息,「兩步申報」可以降低企業申報過程中的風險,也保障了企業權益,企業可以在貨物提離14天以內,按照規定完成相關手續,從而降低了企業成本。

2. 基於自由貿易試驗區制度創新平臺,探索通關便利化改進機制

同時,中國積極探索制度創新,進一步釋放改革紅利。2014年以來最顯著的一項制度創新是設立自由貿易試驗區,各試驗區在海關管理、報關通關方面進行了卓有成效的制度探索與創新。國務院在全國範圍部署複製推廣的四批自貿試驗區改革試點經驗中,海關監管創新制度共46項,佔全部83項複製推廣試點經驗的二分之一以上。

最早成立的中國(上海)自由貿易試驗區(以下簡稱「上海自貿區」)於2013年9月29日正式掛牌營運,力圖破除貿易壁壘,推進中國貿易自由化和便利化。上海自貿區嘗試在整合口岸管理資源、實施單一窗口、簡化和協調進出口手續和單證、推進原產地規則便利化等方面進行突破,以系列貿易便利化制度建設為核心,推進自貿區貿易便利化進程。

中國(四川)自由貿易試驗區(以下簡稱「四川自貿區」)於2017年4月1日掛牌成立。四川自貿區結合自己的產業、區域及貿易優勢,探索有特色的制度創新,在同批自貿試驗區中走在前列,為內陸開放型經濟發展提供了有價值的經驗和實踐路徑。四川自貿區創新口岸服務機制,探索出口退稅預審快退服務模式、「江上申報、抵港驗放」作業模式等,極大地提高通關效率;以中歐班列為抓手,完成中歐班列集拼集運業務全流程測試,逐步形成常態化運行機制,加強與阿拉山口以及「蓉歐+」沿線海關的聯繫配合,順暢中歐班列通關流程,暢通國際開放通道;打造長江口岸現代航運服務系統和長江港口智能物流網絡,推進與沿海沿江口岸信息互聯互通,建設港口綜合服

務「單一窗口」；協同成都國際陸港公司搭建了多式聯運綜合物流服務和信息共享 EDI 平臺；在全國率先實施平行進口車關稅保函落地和海關特殊監管區域外異地委託監管互認，為全國同類型地區提供了可複製、可借鑒模式。

三、海關管理制度改革的貿易便利化效應

貿易便利化的本質就是以海關手續和程序的簡化為手段，降低進出口貨物、進出境人員的實際通關時間，使貿易界的交易成本最小化，加速各種貿易要素在國際間的流動，促進國際貿易的發展。簡而言之，就是對海關以及國際貿易制度、手續的簡化與協調。貿易便利化目的在於為國際貿易活動營造一種協調、透明和可預見的大環境，其以國際公認的標準和慣例為基礎，涉及各種手續和程序的簡化、基礎設施和設備的標準化以及促使各種適用法律和規定更趨協調。推行貿易便利化，對海關而言，實質上是一個海關制度與貿易便利相適應的變革問題，是一個改革舊制度建立新制度的制度變遷過程。[1]

世界銀行最新發布的《2019 年營商環境報告》顯示，中國跨境貿易排名從第 97 位提升至第 65 位，上升 32 位，說明中國的口岸營商環境得到了大幅的改善，通關便利化、貿易便利化水準得到很大提高。

（一）電子化海關管理技術的研發、運用和推廣，具有十分明顯的貿易便利效應

通過電子系統傳遞的各類信息的載體是電子文件，而非紙質文件，因此，信息的記錄和修改能夠方便、清楚、準確地在網上進行，這為企業的貿易行為提供了方便。以電子口岸為例，電子口岸以公網為信息傳遞的依託，以 Windows 操作系統為平臺，以普遍應用的 IE 等瀏覽器為工具，開放性好，能夠提供全天候、全方位服務，便於學習、掌握和普及。企業在經過備案申請取得用戶資格後，在 Windows 界面撥入 17999 電信公網，輸入用戶名和口令。

---

[1] 徐偉. 經濟轉型時期中國海關的政府治理與制度創新 [D]. 北京：對外經濟貿易大學，2014.

撥通後，啓動 IE 瀏覽器，在地址框內輸入中國電子口岸網址 www.chinaport.gov.cn，回車後就登錄到了中國電子口岸網站頁面，此後即可憑已授權的中國電子口岸企業 IC 卡進行相關業務操作，如報關、出口退稅、結售匯核銷等等。因此，企業在任何時候、任何地方只要撥打本地電話與 Internet 聯網，就可以通過數據中心辦理與進出境有關的各類申報審批手續。同時，由於電子系統的信息傳遞、交換和批覆即發即收，能夠大大縮短辦理任何海關手續所需要的時間，提高報關通關的效率。以通關作業無紙化改革為例，從通關時間來看，2013 年 1~7 月全國實行無紙化報關單，進出口貨物平均通關時間分別為 2.95 小時和 0.22 小時，而 2012 年全年全國海關整體進出口貨物平均通關時間為進口 15.96 小時、出口 1.59 小時。另外無紙化進、出口報關單 24 小時放行率分別為 96.51% 和 99.14%，也遠高於全國海關 67.61% 和 97.71% 的整體進、出口報關單 24 小時放行率。[①]

最新數據顯示，2018 年 12 月，全國進口整體通關時間 42.5 小時，比 2017 年壓縮 56.36%；出口整體通關時間 4.77 小時，比 2017 年壓縮 61.19%。

（二）自由貿易試驗區作為制度創新高地，以貿易便利化為重點的貿易監管制度有效運行，貿易便利化水準不斷提升

上海自貿區成立以來，海關、檢驗檢疫推出「一片區註冊、四片區經營」「空檢海放」等 32 項便利化舉措，啓動實施航運保險產品註冊制改革，貨物狀態分類監管試點擴大到保稅區所有物流企業，洋山進境水果指定口岸獲得批准，國際貿易「單一窗口」1.0 版上線運行。貿易便利化及其他方面的政策傾斜合併產生了良好的經濟效應。截止到 2014 年 9 月中旬，上海自貿區掛牌成立後共計新設企業 1.2 萬多戶，新設企業註冊資本金總量超過 3,400 億元，其中外資企業超過 1,600 家，90% 以上的新設外資企業通過備案制設立。2014 年 1~8 月，上海自貿區內企業進出口貨物總值 5,004 億元，同比增長 9.2%，其中進口總值 3,700.4 億元，同比增長 8.9%，出口總值 1,303.6 億元，同比增長 10.1%，自貿區進出口整體增速高於全國 8.6 個百分點，高於

---

① 數據來源於 http://www3.customs.gov.cn/tabid/50107/Default.aspx。

上海 4.6 個百分點。① 2014 年 9 月中旬，自貿區進口平均通關時間較區外減少 41.3%，出口平均通關時間較區外減少 36.8%；到 2015 年 9 月底，上海自貿區通關作業無紙化率已從成立時的 8.4% 提升至 80% 以上，70% 以上的報關單由計算機自動驗放，卡口智能化驗放率超過 50%，物流運輸能力提升 25% 至 50%。②

（三）降低進出口環節合規成本

中國海關致力於推動建立全國口岸收費監督管理協作機制，實行進出口環節收費公示制度，統一公布收費項目和收費標準等目錄清單，明碼標價，以信息公開倒逼規範經營服務性收費，切實降低進出口環節合規成本。根據《2019 年營商環境報告》的數據，中國進口、出口單證合規成本分別從 170.9 美元、84.6 美元降至 122.3 美元、73.6 美元，進口、出口邊境合規成本分別從 745 美元、484.1 美元降至 326 美元、314 美元。

基於上述海關管理體制和報關通關制度的改革可知，這些海關管理制度改革都是朝著便民利民的方向發展，簡化繁瑣的手續、上線電子系統、制定估價標準、優化辦事細節，這些舉措都是為了使整個海關的環境更加優化，海關辦事的公民和企業能享受到更好的服務。這些便利化制度極大地促進了中國對外貿易的發展，簡化了海關手續，減少了通關時間，降低了貿易成本，加快了貿易要素的跨境流動。

---

① 數據來源：新華社、中國上海網、上海市口岸辦官網、上海海關官網。http://www.thepaper.cn/newsDetail_forward_1268589_1。

② 數據來源：新華社、中國上海網、上海市口岸辦官網、上海海關官網。http://www.thepaper.cn/newsDetail_forward_1268589_1 http://news.ifeng.com/a/20150928/44749319_0.shtml。

第三節　新中國關稅制度的建立與改革

關稅制度是為徵收關稅頒布的海關法、關稅條例、進出口稅則等規定的總稱，是關稅徵收管理工作的準則和法律表現形式。新中國關稅制度的內容包括三個方面：①《海關法》及有關條款，構成關稅制度的框架和基本原則。②《中華人民共和國進出口關稅條例》和《中華人民共和國海關進出口稅則》（以下簡稱《進出口稅則》）。③由海關總署或由海關總署會同國務院的其他有關部門，為實施海關法、關稅條例和稅則而制定的具體規定。這三個層次的規定密切聯繫、相輔相成，形成了新中國的關稅制度。

一、高度集中計劃經濟制度時期的關稅制度：實施全面保護關稅政策（1949—1978年）

從新中國成立到改革開放的三十年間，中國一直實行高關稅水準的保護關稅政策，即「海關稅則必須保護國家生產，必須保護國內生產品與外國商品的競爭」。該時期的關稅保護政策在恢復和發展國內生產、累積財政收入和同帝國主義作鬥爭中所起的作用是不能忽視的，有效地保護了中國國民經濟和國內產業的成長和壯大，為中國社會主義革命和社會主義建設發揮了重要作用。

時間脈絡上來看，1949年新中國成立，中國海關管理權和關稅自主權得以獨立。1949年3月的中共中央七屆二中全會上，毛澤東主席做出「立即統制對外貿易，改革海關制度」[1]的指示。1949年9月通過的《中國人民政治協商會議共同綱領》中規定：「實行對外貿易管制並採用保護貿易政策」。根據這一規定，1950年1月，中央人民政府在召開第十七次政務會議時研究了建

---

[1] 毛澤東. 毛澤東選集：第四卷 [M]. 北京：人民出版社，1966：1436.

立新中國海關的問題，並在當月27日公布了《關於關稅政策和海關工作的決定》。該決定明確規定「海關稅則，必須保護國家生產，必須保護國內生產品與外國商品的競爭，必須以保護國家工業化為主」，同時明確了制定海關稅則的六項基本原則，這成為新中國制定海關稅則的重要依據。

1950年《關於關稅政策和海關工作的決定》指出，海關總署必須是統一集中的和獨立自主的國家機關，中國的關稅是統一的對外的關境關稅，海關機構統一執行中央制定的政策，同時確定了這段時期中國關稅政策的目標，即《進出口稅則》必須保護國家生產，必須保護國內生產品與外國商品的競爭，並確定了制定《進出口稅則》的六條原則，即「1.國內能大量生產或者暫時還不能大量生產但將來有發展可能的工業品及半成品，於進口同樣的這些商品時，海關稅率應規定高於該商品的成本與中國同樣貨品成本間之差額，以保護國家民族工業；2.對於一切奢侈品和非必需品，訂徵更高的稅率；3.在國內生產很少或者不能生產的生產設備器材、工業原料、農業機械和糧食種籽及肥料等，其稅率要低或者免徵關稅；4.凡一切必需的科學圖書與防治農業病蟲害等物品，以及若干國內不能生產的或國內藥品不能代替的藥品的輸入，免徵或減徵關稅；5.《進出口稅則》對進口貨品有兩種稅率，對凡與中華人民共和國有貿易條約或協定的國家，應該規定一般的正常稅率，對於凡與中華人民共和國沒有貿易條約或協定關係的國家，要規定比一般較高的稅率；6.為了發展中國出口貨物的生產，對於經由中央人民政府所獎勵的一切半製成品及加工原料的輸出，只訂很低的稅率或免稅輸出。」[1]

按照上述目標和原則，1951年5月4日，中華人民共和國政務院第83次政務會議通過了《進出口稅則》並於當月16日頒布實施。同時公布《中華人民共和國海關進出口稅則暫行實施條例》（以下簡稱《暫行條例》）作為關稅稅則的一部分，與關稅稅則同時實施。這是新中國的第一部關稅法則，也是中國自鴉片戰爭後第一次真正獨立制定的關稅稅則，它表明中國經濟大門的鑰匙已經安放在中國人民自己的口袋裡。

---

[1] 資料來源於《中華人民共和國海關法規匯編》。

第七章 新中國貨物貿易管理制度的建立與改革

第一部《進出口稅則》採用進出口合一制,將進口商品分為必需品、需用品、非必需品、奢侈品和保護品五大類。必需品適用稅率分為免稅、5%、7.5%、8%、10%、12%、12.5%、15%、17.5%、20%,共十級;需用品適用稅率分為25%、30%、35%、40%,共四級;非必需品適用稅率分為50%、60%、70%、80%、100%,共五級;奢侈品適用稅率分為120%、150%、200%,共三級;保護品適用稅率按國內商品批發價與進口商品到岸價格之間的差額適當加高的價格來核定。[①] 具體結構如表7-5所示。

表7-5 1951年新中國第一部《進出口稅則》稅率結構

類別	稅率(%)	主要商品	稅目數	所占比例(%)
必需品	免稅	農作物種子、金屬礦砂、棉花、報刊雜誌、書籍、有革命意義的印刷品、金銀、科學儀器等	39	2.03
	5	農藥、銅、飛機、航空器、機車等	35	1.82
	7.5	原油、特效藥品、化肥、鋼片、農業機械、開掘油井機器、發電機等	122	6.34
	8	教育用電影片等	1	0.05
	10	活植物、型鋼、鋁、發動機、機床、電機、電視機等	93	4.83
	12	電子管、半導體管等	1	0.05
	12.5	橡膠、加工出口抽紗原料、紙漿、紡織機械等	176	9.15
	15	三角鋼、採礦機器、冶金機器、壓縮機等	33	1.72
	17.5	大米、柴油、鉛管、橡膠促進劑、活性炭等	46	2.39
	20	磷、羊毛、工業用電冰箱、部分藥品、鐵皮等	117	6.08
需用品	25	小麥、縫紉機、馬口鐵、部分化工原料等	128	6.65
	30	木材、硝酸、生鐵、錄音機、立德粉、銅等	67	3.48
	35	染料、麻、木材、硫酸銅、普通鋼材等	47	2.44
	40	汽油、硫酸、塑料原料、印刷品、紙張、普通機器等	132	6.86

---

① 楊聖明. 中國關稅制度改革 [M]. 北京:中國社會科學出版社,1997:149-150.

表7-5(續)

類別	稅率(%)	主要商品	稅目數	所占比例(%)
非必需品	50	豆類、咖啡、可可、純鹼、紡織原料、收音機等	121	6.29
	60	木製品、棉布、普通照相機、手錶、小轎車等	152	7.90
	70	糖、蠶繭、木板條、鋁箔、風燈、繃帶等	56	2.91
	80	水果、肉類、食用油、鹽酸、酒精、塑料製品等	262	13.62
	100	茶、飲料、海產品、煤、蠶絲等	172	8.94
奢侈品	120	山貨、調味品、毛皮、化妝品等	60	3.12
	150	燕窩、巧克力、衣飾等	46	2.39
	200	菸、酒、迷信品等	18	0.94
保護品	按國內商品批發價與進口商品到岸價格之間的差額適當加高的價格核定			

資料來源：楊聖明. 中國關稅制度改革 [M]. 北京：中國社會科學出版社，1997：149-150。

新中國第一部《進出口稅則》的算術平均關稅水準為52.9%，其中農產品的算術平均關稅水準為92.3%，工業品的算術平均關稅水準為47.7%[1]。這充分體現中國改革開放前關稅的高稅率特點。之後，隨著經濟發展情況的變化，中國一直關注關稅稅率的適應度，並隨時調整關稅稅率。改革開放前，對關稅稅率共進行了18次局部調整，調整範圍和稅率調整幅度都不大。

綜上所述，該階段的關稅制度具有兩個顯著的特徵：一是具有鮮明的內向性，這與當時的國內外政治經濟環境相適應；二是採用高關稅作為保護工具，新中國成立初期，民族經濟基礎薄弱，需要通過保護性關稅制度來保駕護航。

二、建立有計劃商品經濟制度時期的關稅制度：從「內向型」走向「開放型」（1979—1992年）

1978年11月，中共中央召開了具有劃時代意義的十一屆三中全會，確定了以經濟建設為中心，堅持四項基本原則、改革開放的基本路線，中國經濟體制由產品經濟逐步轉為商品經濟，由計劃調節逐步改變為以市場調節為主，

---

[1] 楊聖明. 中國關稅制度改革 [M]. 北京：中國社會科學出版社，1997：149-150.

開始進行全面改革，此時關稅的調節作用有了充分發揮的客觀條件。改革開放為中國經濟注入了巨大的活力，為適應國家經濟體制改革和對外開放的需要，國家開始進行經濟、政治等各個領域的改革，關稅對經濟的調節作用和其組織財政收入的作用也重新被提到了重要的位置。①

(一) 關稅稅則調整

改革開放以後，國內外的社會、經濟情況發生了較深刻的變化，內向型的保護關稅制度已不能適應發展需要，1951 年的第一部《進出口稅則》和《暫行條例》到改革開放使用近三十年，不能適應發展的需要，具體體現在：關稅政策不能服務於開放經濟中對外貿易、引進外資等合作往來；關稅總體水準過高；關稅對消費類機電產品的保護相對不足；稅率結構不合理；稅則的商品分類目錄尚未與國際通用標準接軌，對中國參加國際關稅談判構成障礙。②

1981 年，國務院批准的《海關總署關於全國海關關長會議的報告》指出：「當前海關關稅工作存在的主要問題是《進出口稅則》實施三十多年來，雖然多次修改，仍然不能適應形勢發展，亟待全面修訂。」

1984 年國務院稅則領導小組正式提出了改革開放時期中國的關稅政策，即「貫徹國家的對外開放政策；體現鼓勵出口和擴大必需品的進口；保護和促進國民經濟的發展；保證國家的關稅收入」，這一政策目標下，形成了這一階段相對開放型的保護關稅政策。

1985 年，全面修改關稅稅則時，國務院又批准了一個六項原則③，代替了過去的六條原則。根據新六項原則，中國全面修改了 1951 年關稅稅則，制

---

① 曹泉. 中國關稅政策效應分析 [D]. 濟南：山東大學，2005：10-12.
② 裴洙燁. 論中國關稅制度改革 [D]. 北京：對外經濟貿易大學，2000.
③ 這六項原則包括：第一，對進口國家建設和人民生活所必需的，而且國內不能生產或者供應不足的動植物良種、肥料、飼料、藥劑、精密儀器、儀表、關鍵機械設備和糧食等，予以免稅或低稅；第二，原材料的進口稅率一般比半成品、成品要低，特別是受自然條件制約、國內生產短期內不能迅速發展的原材料，其稅率應更低；第三，對於國內不能生產的機械設備和儀器、儀表的零件、部件，其稅率應比整機低；第四，對國內已能生產的非國計民生所必需的物品，應制定較高的稅率；第五，對國內需要進行保護的產品和國內外價差大的產品，應制定更高的稅率；第六，為了鼓勵出口，對絕大多數出口商品不徵出口關稅，但對在國際市場上容量有限而又競爭性強的商品，以及需要限制出口的極少數原料、材料和半製成品，必要時可徵收適當的出口關稅。

定並通過了新中國第二部關稅稅則，即《中華人民共和國海關進出口關稅條例》。新的關稅稅則以國際通用的《海關合作理事會商品分類目錄》(Customs Co-operation Council Nomenclature，簡稱CCCN) 為基礎，結合中國經濟發展水準和進出口商品的實際情況，制定了符合中國關稅政策的進出口稅則。與第一部關稅相比，其主要變化在於大幅度地調整進口稅率並解決了稅級結構不合理的問題。

第二部關稅稅則降低了 1,151 個稅目（約占總稅目數 55%）的進口關稅稅率。對中國資源有限、國內生產不能有效供應的原材料，較大幅度地降低了關稅稅率，如：鋼鐵盤條稅率從 35% 降低到 15%；對新型材料、新技術產品和信息傳輸設施從低制定稅率，如：程控電話設備稅率從 12.5% 下降到 9%；對發展旅遊事業和改善人民生活水準需要的用品適當降低了稅率，如：魚翅、燕窩等高級產品從 150% 降至 60%；對從發展中國家進口的產品也降低了稅率，如：香蕉等熱帶水果從 25% 降低到 12%；同時降低了起點稅率，除免稅之外，最低稅率從 5% 降低到 3%。按 1982 年進口商品額為權重進行折算，其加權平均稅率下降了 10%。[①]

修改後的稅則，稅級從免稅到 150% 共 18 級。除免稅外，3%～150% 可分為四組：3%～15% 5 個稅級，級差 3%；20%～40% 5 個稅級，級差 5%；50%～80% 4 個稅級，級差 10%；100%～150% 3 個稅級，分別為 100%、120%、150%。普通稅率也設 18 級，最低為免稅，最高為 180%。這樣設置貫徹了稅率結構的平衡，同時保持了稅級之間的縱向平衡（原料、半成品、產成品的平衡）和橫向平衡（類似或同類原料之間的平衡）。1985 年之後，中國根據國內外情況的變化，不斷地調整關稅稅率，1986—1991 年，累計調低 83 種進口商品的稅率，調高 140 種商品的進口稅率。但是調整幅度仍然較小，到 1992 年自主降低關稅前，中國關稅的算術平均稅率仍然高達 47.2%。[②]

（二）取消進口調節稅

1985 年 7 月，中國對小汽車等 14 個稅號國內外差價大的商品，開徵 20%～

[①] 孫文學. 中國關稅史 [M]. 北京：中國財政經濟出版社，2003：434.
[②] 引自關貿總協定談判中國工作組第十次會議《關於中國外貿制度的補充文件》所提問題的答覆.

80%的進口調節稅，之後又進行了7次調整。進口調節稅實際上是進口關稅的附加稅種。至1991年，徵收進口調節稅的稅目達26個，包括甜蜜素、化妝品、肥皂、滌綸加工絲、化學纖維紡織物（包括長絲和短纖）、變色鏡及其鏡片、電子計算器、微機及其外圍設備、吸塵器、收音機、錄像機、攝像機、中小規模集成電路、汽車、摩托車、複印機、電子游戲機等。考慮到國內生產和價格情況已發生很大變化，進口中的一些混亂現象已有很大改變，同時，也為促進對外貿易的發展，推動早日恢復GATT締約國地位及中美市場准入談判，決定除將小汽車和攝像機的進口調節稅適當並入關稅外，其餘進口調節稅於1992年3月1日起全部取消①。

（三）其他關稅優惠政策與措施

中國主要的關稅優惠政策是在改革開放初期形成的。1979—1992年，中國共制定了40項關稅優惠措施，涉及優惠規定157項，平均每年出抬的優惠規定達11項之多。② 這些優惠規定主要表現在鼓勵利用外資、支持經濟特區發展、促進企業技術進步等幾個方面。

1979年，國務院決定對來料加工、進料加工和加工貿易實行進口稅收優惠政策，以鼓勵來料加工、進料加工和加工貿易在中國的發展；20世紀80年代初，中國決定對國際金融組織貸款和外國政府貸款項下的進口貨物給予進口稅收優惠以促進引進外資，此後不久國務院決定在廣東和福建設立經濟特區，而後又在海南島設立經濟特區並制定免徵進口關稅的優惠政策；20世紀80年代中期，中國又設立了14個沿海開放區，也同樣制定了同經濟特區類似的免徵進口關稅的優惠政策；1983年，中國通過免徵外資投資進口機器設備和物資的進口關稅來鼓勵外商來華投資；「七五」和「八五」計劃期間，為配合中國產業政策，又對企業引進技術進行技術改造進口的技術設備和一些重大項目的技術設備引進實行關稅優惠政策；1991—1992年，國務院又分別

---

① 財政部關稅司.中國關稅改革與發展系列講座第三講：中國關稅結構的優化和完善[J].預算管理與會計，2011（12）：45-48.
② 國務院關稅稅則委員會辦公室，中華人民共和國財政部關稅司.中國關稅：制度、政策與實踐[M].北京：中國財政經濟出版社，2011：171.

批准了邊貿優惠和從獨聯體、東歐國家易貨的關稅優惠政策。20世紀90年代初以來，中國已經開始進入重化工業階段，依靠勞動、土地等初級要素投入的比較優勢正在逐步喪失，而被資本、技術等要素取代。但是，中國這幾次重大的關稅調整卻沒有很好地注意有效保護結構的變化與中國動態比較優勢的變化相適應，從而更好地支持中國產業結構的調整和升級。①

（四）新中國的原產地規則開始制定與實施

此外，為了滿足實施兩種關稅稅率（即一般稅率和優惠稅率）的需要，海關總署於1986年12月頒布了《中華人民共和國海關關於進口貨物原產地暫行規定》（以下簡稱《暫行規定》），這是中國第一次在原產地規則領域制定的規章。《暫行規定》是通過參考1973年海關合作理事會制定的《京都公約》和國際通行的原產地規則做法，在試行的基礎上制定和頒布的。由於中國沒有多種關稅稅率和不針對國別實施歧視性貿易安排，所以關稅稅率簡單到只有普通稅率和最惠國稅率兩欄。事實上，最惠國稅率適用於所有進口貨物。因此，長期以來中國尚未制定出一套精確的原產地規則。《暫行規定》採用「完全獲得或生產」和根據品目號改變及增值標準確定「實質性加工或製造」標準，而不採用加工工序標準。②

1992年3月8日，國務院頒布了《中華人民共和國出口貨物原產地規則》（1992年5月1日起施行），同年4月1日外經貿部發布了《中華人民共和國出口貨物原產地規則實施辦法》，由此形成了與國際接軌的、國內各部門統一的原產地認定標準和規則。

綜上而言，在這段時期，雖然關稅水準仍然較高，但是與新中國成立初期的封閉式保護有很大不同，體現在：第一，在保護程度上開始從全面保護轉向有選擇的適度保護；第二，在進口貿易調節目標上，從限制進口轉向鼓勵適當進口。這一時期，中國關稅制度建設的指導思想是，貫徹中共十三屆五中、六中全會的精神，努力推進改革開放，充分利用關稅手段，適應治理

---

① 谷成．入世後優化中國關稅保護結構的再思考［J］．財貿經濟，2007（6）：79-81．
② 張嫦．完善中國原產地規則的對策與建議［D］．成都：西南財經大學，2004：28-31．

整頓、調整產業結構、發展國民經濟的需要，充分發揮關稅對國民經濟的宏觀調控作用，為實現國民經濟持續、穩定、協調發展作出貢獻；政策目標上追求促進對外開放和發展民族工業之間的平衡；同時在改革開放條件下注重發揮關稅調節進出口的經濟職能作用。

三、建立社會主義市場經濟制度時期的關稅制度：降稅優化，發揮經濟調節職能（1993—2001年）

1992年，中共十四大提出經濟體制改革的總目標是建立社會主義市場經濟體制；同樣，GATT也結束了對中國長達5年的「復關」申請審議。建立社會主義市場經濟體制和「復關——入世」談判都要求中國進一步調整和完善關稅制度，按照市場經濟規律和國際貿易通行規則，建立起以經濟調節手段為主的對外貿易管理模式。

這一時期的關稅政策調整的總體指導思想為：體現國家產業政策；有利於國家對國民經濟的宏觀調控；保持合理的稅率結構，有利於對民族工業的有效保護；考慮國家財政收入的需要，有利於開拓稅源、擴大稅基；符合國民經濟發展戰略的長遠要求，有利於提高國民經濟運行的整體素質，既保證結構合理又要考慮財政收入；既要對民族工業進行有效保護，又要平衡國內需求維持正常進口。總的來說，是在促進對外開放的大局下進行有效保護。在這一原則下，自1993年起，中國進行了以「降低關稅水準、調整關稅結構、清理關稅減免、擴大關稅稅基、實行國民待遇」為主要內容的關稅制度改革，同時對進口稅收優惠政策開始進行清理和調整。

（一）頒布以《商品名稱及編碼協調制度》為基礎的新中國第三部海關關稅稅則

進入20世紀90年代以後，隨著改革開放的不斷深入，科技水準不斷進步，生產水準日益提高，對外經濟貿易規模進一步擴大，進出口商品的結構也有了較大的變化，1985年制定的海關稅則呈現出不能適應經濟發展的要求了。於是中國開始醞釀新一輪的關稅政策改革。1987年，中國開始申請恢復

關稅及貿易總協定席位，為便於測算和比較，需要以《商品名稱及編碼協調制度》（以下簡稱《協調制度》）目錄作為減稅談判的基礎。為此，從1992年1月起，中國開始實行以《協調制度》為基礎的新中國第三部海關關稅稅則。新稅則根據中國進出口商品的實際結果和關稅政策的需要，在基本稅目的基礎上增加了部分子目，使稅則稅目總數增加到6,250個；在稅率方面的主旋律是降稅，總體稅率水準從47.2%降至42.5%。

（二）多次自主降低關稅稅率，優化進口關稅結構

1993年11月14日，中共第十四屆三中全會確立了社會主義市場經濟體制基本框架，使市場在國家宏觀調控下對資源配置起基礎性作用，計劃經濟體制正式向市場經濟體制過渡，中國的經濟體制改革進入了一個新的時期。為適應中國社會主義市場經濟發展需要和國際經濟通行規則，中國確定了新的關稅政策目標，即分步降低關稅稅率，「九五」期間降到發展中國家的平均水準；調整關稅結構，清理稅收減免，積極實行關稅配額的試點。①

烏拉圭回合談判結束後②，各參加國均按承諾實施關稅減讓計劃。中國政府自1992年起，在第三部關稅稅則的基礎上開始大幅度地進行自主降稅。

1992年12月31日起，中國開始實施第一次自主降稅。這次降稅的主要商品是：國內不能生產的先進技術產品和依賴進口的原材料，中美市場准入談判中承諾1992年年底降低的口香糖、一次成像照相機等四種商品及中國其他有較強競爭力或出口量大的出口商品。經過調整，中國的關稅總水準從42.5%下降到39.9%，其中涉及3,371個稅目，在進出口稅則稅目總數中占的比例超過50%。

第二次自主降稅於1993年12月31日正式開始。這次降稅使中國關稅總水準由39.9%降至36.4%，降稅幅度為8.8%，共涉及2,898個稅目。主要涉

---

① 1996年3月17日第八屆全國人民代表大會第四次會議批准的《中華人民共和國國民經濟和社會發展「九五」計劃和2010年遠景目標綱要》。
② 1986年9月在烏拉圭的埃斯特角城舉行了關貿總協定部長級會議，決定進行一場旨在全面改革多邊貿易體制的新一輪談判，故命名為「烏拉圭回合」談判。這是迄今為止最大的一次貿易談判，歷時7年半，於1994年4月在摩洛哥的馬拉喀什結束。

第七章　新中國貨物貿易管理制度的建立與改革

及商品有：為履行中美市場准入談判需降稅的若干水果、電動機、農藥、化妝品、感光材料等 217 項商品，國內短缺的木材、紙張、礦渣等，某些稅率過高的大宗出口商品如紡織品、甲酸、檸檬酸等。1994 年，中國又調整了部分小轎車、菸、酒等的關稅稅率，使得關稅總水準再次降到 35.6%。

第三次自主降稅。1995 年亞太地區經濟合作組織（APEC）大阪會議，中國宣布在 1996 年將進一步降低進口關稅，降稅幅度不低於 30%。為此，1996 年 4 月，國務院決定對中國進口關稅政策進行重大改革，分兩年將中國關稅總水準降低到 15% 左右。為落實這一部署，稅則委員會聯合其他部委通過對重點商品進行認真測算，提出降稅方案。方案實施後關稅水準由 35.6% 調整到 23%，降稅幅度達 35.9%，涉及稅目占 1996 年稅目總數的 75.8%。[1]

第四次自主降稅。1996 年 11 月，在菲律賓蘇比克灣 APEC 第四次領導人非正式會議上，江澤民宣布，「中國將在 2000 年把關稅總水準降低至 15% 左右」。為實現這一總體目標，稅則委員會對 2000 年前的降稅工作做出「均衡分佈降稅」的安排，並作為第一步，從 1997 年 10 月起，將關稅總水準降低 6 個百分點後至 17%。1998 年又對部分商品稅率進行了調整，使關稅總水準降為 16.7%，降稅商品主要是 APEC 承諾的玩具產品和林產品，以及中美紡織品協議涉及的商品。2001 年 1 月 1 日起，再次降低關稅總水準，使之降至 15.3%。[2]

此段時期大幅度的自主降低關稅，使關稅結構呈現優化傾向，逐步形成了按原材料、半製成品、製成品稅率上升的合理梯形結構。從具體商品來看，降低了冶金材料、化工原料、輕紡產品原料的關稅稅率，提高了有關製成品的有效保護率。此外，中國需求有缺口的商品，以及高科技產品的降稅幅度也較大，使整體稅率結構趨向合理。

（三）改革關稅減免制度

改革開放以來，為促進對外開放和經濟發展的需要，中國制定了一系列進口關稅減免政策，但由於減免稅規定過多、過濫，導致中國實際關稅率大

---

[1] 金祥榮，林承亮. 對中國歷次關稅調整及其有效保護結構的實證分析 [J]. 世界經濟，1999（8）：28-34.
[2] 孫文學. 中國關稅史 [M]. 北京：中國財政經濟出版社，2003：440-445.

大低於名義關稅率。例如1992—1994年實際關稅率分別僅為5.55%、5.89%和4.02%。此外,減免稅不僅使中國關稅稅基逐年萎縮減少了國家財政收入,而且在市場經濟條件下也不利於公平競爭,造成稅負不盡公平等問題。因此,從1993年開始中國在降低關稅的同時,開始清理各種減免稅政策並加強稅收徵管,逐步建立低稅率、寬稅基、硬稅制、嚴徵管的關稅制度。

1993—1996年,減免稅清理的對象主要是政策性特定減免。1993年12月,國務院同意關稅稅則委員會《關於清理政策性關稅減免文件的意見》,正式拉開了清理減免稅政策的序幕。此次清理減免稅優惠政策共涉及157個文件,其中98個明顯不符合社會主義市場經濟要求和國際慣例的文件需要盡快分步取消。1993年年底,共廢止文件27個,並對9個減免稅規定進行了調整。①

1994年12月,國務院發布了《國務院批轉關稅稅則委員會、財政部、國家稅務總局關於第二步清理關稅和進口環節稅減免規定意見的通知》,決定從1995年1月1日起,停止對利用國外貸款進口的貨物等五大類進口商品的關稅和進口環節稅減免優惠,對電視機、攝像機等20種商品進口一律依照法定稅率照章徵稅,並對一些針對特定企業、特定項目和特定區域的減免稅政策進行了調整。

1995年12月,《國務院關於改革和調整進口稅收政策的通知》出抬,開始了第三步對進口稅收優惠政策的清理,主要內容包括:對全國各類特定區域進口各類物資一律按法定稅率徵收關稅和進口環節稅,不再享受進口稅收減免政策;取消對周邊國家易貨貿易、新設立的外商投資企業進口的設備和原材料等方面的進口稅收優惠政策。

經過三步政策清理後,僅保留了外國政府、國際組織無償捐贈物資免稅,與小轎車和攝錄一體機國產化率掛勾的進口差別稅率,特定地域石油、天然氣勘探進口設備材料免稅,民航進口飛機減徵進口環節增值稅,駐外人員以

---

① 中華人民共和國財政部.中國關稅改革與發展系列講座第五講:進口稅收優惠政策工作走向法制化和規範化[EB/OL].(2012-04-16). http://gss.mof.gov.cn/zhuantilanmu/guanshuizhishi/201204/t20120416_643434.html.

及留學人員進口個人物品免稅，出境口岸免稅店以及《進出口關稅條例》中規定的進口減免稅等共7項政策。

1997年，亞洲金融危機爆發。在全面清理減免稅政策的基礎上，為抵禦亞洲金融危機對經濟的衝擊，進一步擴大利用外資，引進國外的先進技術和設備，中國及時對進口稅收政策進行了調整。1997年12月29日，國務院發布了《國務院關於調整進口設備稅收政策的通知》，決定自1998年1月1日起，對國家鼓勵發展的國內投資項目和外商投資項目進口設備，在規定的範圍內，免徵關稅和進口環節增值稅；1999年8月，國務院辦公廳下發了《國務院辦公廳轉發外經貿部等部門關於當前進一步鼓勵外商投資意見的通知》，規定外商投資企業從事技術開發和創新以及向中西部地區投資，可按國發〔1997〕37號文的有關規定享受進口稅收優惠。這些政策有力地促進了產業結構的調整和技術進步，推進了國民經濟持續、快速、健康發展。

四、完善社會主義市場經濟制度時期的關稅制度：與關稅減讓承諾相一致（2002—2013年）

（一）嚴格履行關稅減讓義務

2001年12月11日，中國正式加入了世界貿易組織。在與世界進行更多交流的同時，中國承諾入世後在全國範圍內實施統一的關稅制度，並在中國全部領土範圍內履行降稅義務。自此中國開始按照關稅減讓承諾，進入承諾降稅的關稅改革進程，中國承諾降稅的原則是：

（1）履行中國承諾的關稅減讓義務；

（2）履行中國與有關國家或地區簽訂的關稅協定；

（3）根據國家宏觀調控政策的基本取向和國內經濟運行的實際情況，以暫定稅率的形式對部分進出口商品的稅率進行調整，著重考慮支持農業和鼓勵高新技術發展、抑制個別過熱行業盲目發展等需要；

（4）根據加強進出口管理等實際需要，在必要、可行前提下，對稅則稅目進行了適當增減。

本著認真負責、信守承諾的原則，中國從 2002 年開始履行為加入 WTO 而承諾的關稅降稅義務，到 2011 年將關稅總水準降至 9.8%，與 2001 年的關稅總水準相比降幅為 35.9%。[1]

具體來說，這一階段的關稅減讓歷程體現在：

1. 2002 年大幅降稅，關稅總水準降至 12%

2002 年中國大幅度下調了 5,332 種商品的進口關稅稅率，使關稅總水準下降至 12%。2002 年 10 月 1 日起，針對入世後的新形勢，中國對部分進口稅收優惠政策進行了調整。主要調整內容包括：

（1）1996 年 3 月 31 日前批准的技術改造項目、重大建設項目、外商投資企業項目進口設備或原材料，不再沿用之前的關稅優惠，統一執行現行的關稅政策。

（2）「產品全部直接出口的允許類外商投資項目」中的進口設備，一律先按照法定關稅稅率徵收進口關稅和進口環節增值稅，經核查「產品全部出口」情況屬實的，5 年內每年返還納稅額的 20%。

（3）明確規定不再受理和審批個案減免進口稅項目。確需減免的，由財政部會同有關部門研究提出意見後報國務院審批。

2. 2003 年 1 月 1 日起，關稅總水準從 12% 降至 11%

2004 年，對 2,400 多個稅目的稅率進行不同程度的下調後，關稅總水準降低至 10.4%。國務院於 2004 年 8 月第六十一次常務會議通過了《中華人民共和國進出口貨物原產地條例》（以下簡稱「新《條例》」），2005 年 1 月 1 日起正式施行。這是中國入世後頒布的第一部非優惠性的貨物原產地的立法。新《條例》分別對立法宗旨、適用範圍、原產地確定原則、原產地證書簽發及核查、違反條例的法律責任等問題做了比較明確的規定，其體系嚴密，接近國際立法，將對中國的對外貿易實踐產生重要的促進作用。[2]

---

[1] 楊瑞. 新中國關稅政策的變遷及其經濟效應分析 [D]. 昆明：雲南財經大學，2009：30.
[2] 隋春豔. 原產地規則對中國對外貿易的影響及對策 [D]. 大連：東北財經大學，2007：51.

3. 2005 年 1 月 1 日起，關稅總水準由 10.4%降低到 9.9%

2005 年是中國履行 WTO 減稅承諾時較大幅度降稅的最後一年。2005 年 1 月 1 日起，進一步降低進口關稅稅率，關稅總水準由 10.4%降低到 9.9%。之後，在 2006 年，降低植物油、化工原料、汽車及汽車零部件等 143 個稅目的最惠國稅率後，關稅總水準仍為 9.9%。從 2007 年 1 月 1 日起，中國按照加入 WTO 的關稅減讓承諾，進一步降低鮮草莓、染料、美容品或化妝品及護膚品、ABS 樹脂、聚氯乙烯等 44 個稅目的進口關稅稅率，關稅總水準由 9.9%降至 9.8%。之後幾年，中國繼續履行加入 WTO 時的關稅減讓承諾，不斷降低進口關稅稅率，但是經過調整，關稅總水準始終保持在 9.8%，直到 2010 年降稅承諾全部履行完畢。2011 年，中國的最惠國稅率維持不變，只是適當地調整了少量商品的從量稅稅額。[1]

入世使中國的關稅政策從內向保護逐漸轉變為發展與保護有機結合。在入世之初，中國基本上確立了「通過保護促進發展，以發展的方式進行保護」的方針。總體來看，入世之後中國關稅政策的目標選擇是突出關稅的「發展」職能，而將關稅的「保護」職能作為非核心目標取向。[2]

（二）制定服務於增值稅改革和產業政策的關稅優惠政策

針對入世後的新形勢，2002 年中國對部分進口稅收優惠政策進行調整，主要內容包括：對 1996 年 3 月 31 前批准的技術改造項目、重大建設項目、外商投資企業項目進口設備或原材料，統一執行現行的進口設備稅收政策；調整了《外商投資產業指導目錄》中「產品全部直接出口的允許類外商投資項目」下進口設備稅收優惠政策的執行方式；並明確規定，今後一般不再受理和審批個案減免進口稅項目，確需減免進口稅的，由財政部會同有關部門研究提出意見後報國務院批准等。

---

[1] 國務院關稅稅則委員會辦公室，中華人民共和國財政部關稅司. 中國關稅：制度、政策與實踐 [M]. 北京：中國財政經濟出版社，2011：29-31.
[2] 李鋼，葉欣. 實施積極主動關稅政策、力促中國外貿平衡發展：中國入世後關稅政策的評估與展望 [J]. 國際貿易，2011（10）：9-12.

2008 年年底，為配合全國增值稅轉型改革，規範稅制，對部分進口稅收優惠政策進行相應調整：自 2009 年 1 月 1 日起，對《國務院關於調整進口設備稅收政策的通知》中國家鼓勵發展的國內投資項目和外商投資項目進口的自用設備、外國政府貸款和國際金融組織貸款項目進口設備、加工貿易外商提供的不作價進口設備以及按照合同隨上述設備進口的技術及配套件、備件，恢復徵收進口環節增值稅，在原規定範圍內繼續免徵關稅。對 2008 年 11 月 10 日以前獲得《國家鼓勵發展的內外資項目確認書》，並且於 2009 年 6 月 30 日及以前申報進口的設備及其配套技術、配件、備件，按原規定繼續執行免徵關稅和進口環節增值稅的政策；2009 年 7 月 1 日及以後申報進口的，一律恢復徵收進口環節增值稅，符合原免稅規定的，繼續免徵關稅。增值稅轉型改革後，針對外資研發中心、國際金融組織和外國貸款項目進口設備無法抵扣增值稅進項稅額等新的矛盾和問題，相應出抬了一些專項政策，這些政策的實施為順利推進增值稅改革奠定了基礎。

為應對國際金融危機對中國實體經濟的影響，2009 年，國家相繼出抬了裝備製造業、電子信息等十個重點產業調整和振興規劃。這次制定和實施重點產業振興規劃的一條主線，是加快結構調整，增強發展後勁，實現產業升級。面對經濟發展水準以及國內外投資環境發生的顯著變化，中國早在 2007 年就出抬了振興裝備製造業的進口稅收優惠政策，在國務院確定的 16 個重大技術裝備關鍵領域，將原來僅對進口整機設備免稅的政策調整為對國內生產企業為開發、製造重大技術裝備而進口的關鍵零部件和原材料所交納的進口稅款予以返還，並轉為國家資本金，專項用於研發。2009 年，根據《裝備製造業調整和振興規劃》，將重大技術裝備進口稅收政策的上述優惠方式調整為直接免稅，並實行「清單+額度」的免稅管理方式。到 2010 年，已出抬新型紡機、全端面隧道掘進機等 10 多個專項稅收政策，有 200 多家裝備製造業企業申請享受該政策。

五、完善社會主義市場經濟制度新時期的關稅制度：與構建開放型經濟新體制的要求相符合（2014 年至今）

法律框架方面，全國人大常委會於 2015 年 6 月 1 日正式將《中華人民共和國關稅法》（以下簡稱為《關稅法》）列入一類立法項目，這將是中國的第一部《關稅法》。《關稅法》的立法啓動，標誌著中國關稅制度改革進程明顯加快。[1] 關稅立法是在已有《海關法》對關稅的基本制度安排上進行的設計，目的是優化關稅結構，應對複雜多變的貿易摩擦及世界貿易壁壘的變化。

關稅稅則方面，2018 年以來，中國在以下原則下，陸續出抬了一系列自主降低關稅的新措施，關稅總水準將由上年的 9.8%降至 7.5%。[2]

第一，堅持擴大開放，關稅保護的水準要適度。中國貨物貿易規模全球第一，已經具備了進一步擴大開放的經濟基礎，但貿易發展質量和效益與發達經濟體相比尚有差距，因此應適當降低關稅總水準。關稅是合規的保護手段，關稅水準應與產業競爭力相適應，要鼓勵良性競爭，過度保護不利於產業發展和提高質量。

第二，稅率調整要統籌兼顧，降稅商品要突出重點。關稅稅率調整要兼顧生產需要和消費需求。重點降低國內需求較大、有助於產業轉型升級的商品稅率，努力增加人民群眾需求比較集中的特色優勢產品進口，不斷增強企業和公眾獲得感，滿足產業結構和消費結構的升級需要。

第三，降稅安排量力而行，統籌平衡好各方利益，促進經濟協調發展。降稅力度要兼顧財政收入和產業發展的可承受能力。在具體降稅商品和降稅幅度的選擇上要統籌協調好國內外兩個市場、上下游兩個方面、生產和消費兩個關係，維護中國經濟穩中向好的發展勢頭。

第四，中國主動降低進口關稅總水準是根據中國自身實現高質量發展需

---

[1] 蘇鐵. 新時代中國關稅保護職能的歷史擔當：《關稅法》立法中一個不容迴避的問題 [J]. 國際稅收, 2018 (12): 32-37.
[2] 歐洲時報. 中國關稅總水準將由上年的 9.8%降至 7.5% [EB/OL]. (2018-10-01). http://www.oushinet.com/china/chinanews/20181001/302185.htm.

要作出的重大舉措，有利於統籌利用國際國外兩種資源，促進國內供給體系質量提升，滿足人民群眾消費升級需要。這一行動和舉措表明中國將堅定不移奉行互利共贏的開放戰略，堅定支持經濟全球化，堅決維護自由貿易原則和以 WTO 為核心的多邊貿易體系，繼續從「向世界開放」中汲取發展動力，也讓中國發展更好惠及世界。

此次自主降低關稅的措施包括：

一是全面降低藥品關稅。2018 年 5 月 1 日藥品全面降稅，將包括抗癌藥品在內的所有普通藥品和具有抗癌作用的生物鹼類藥品、有實際進口的中成藥等共 28 個稅目的進口關稅調整為零，同時還較大幅度降低了抗癌藥品生產、進口環節增值稅稅負。

二是相當幅度降低汽車進口關稅。2018 年 7 月 1 日對 218 個稅目的汽車及零部件降稅。降稅後，中國汽車整車稅率已低於發展中國家的平均水準，符合中國汽車產業實際，將推動行業結構調整和資源優化配置，有望在一定程度上推動汽車價格調整，讓消費者得到更多實惠。

三是較大範圍降低日用消費品關稅。2018 年 7 月 1 日對 1,449 個稅目的日用消費品降稅，平均降稅幅度達 56%，直接讓廣大消費者受益，促進國內產業提高競爭力，滿足人民美好生活需要。

四是較大範圍降低部分工業品等商品關稅。2018 年 11 月 1 日對 1,585 個稅目的機電設備、零部件及原材料等工業品實施降稅。此舉有助於吸引更多外資，增加國內有效供給，助力產業升級，助力企業在全球範圍內配置資源，降低生產成本。

縱觀新中國關稅制度從無到有、從封閉走向開放的變遷軌跡，可以看到，中國現代關稅制度作為整體經濟制度的一個重要組成部分，有力地維護、保障和促進了中國經濟發展所需要的出入境環境。同時，經濟發展的內外部環境構成了關稅制度演進的驅動力。針對國內社會經濟發展需要和國際經濟形勢變化情況，與時俱進的關稅制度科學、精細地調整關稅稅率、稅目，對接國際規則，能夠充分發揮關稅的調控宏觀、增加財政收入、促進外貿發展的功能，關稅職能得到有效發揮。

本章參考文獻

蔡建敏，2004. WTO 與中國對外貨物貿易管理制度的改革 [J]. 上海對外經貿大學學報 (11): 1-7.

曹泉，2005. 中國關稅政策效應分析 [D]. 濟南：山東大學.

谷成，2007. 入世後優化中國關稅保護結構的再思考 [J]. 財貿經濟 (6): 79-81.

郭康慶，1991. 中國實行進出口許可制度的演變：進出口許可證講座第一講 [J]. 國際貿易 (1): 54-55.

佚名，1997. 國家對進口許可證管理的商品進行調整 [J]. 兩岸關係 (1): 31.

國務院關稅稅則委員會辦公室，中華人民共和國財政部關稅司，2011. 中國關稅：制度、政策與實踐 [M]. 北京：中國財政經濟出版社.

金祥榮，林承亮，1999. 對中國歷次關稅調整及其有效保護結構的實證分析 [J]. 世界經濟 (8): 28-34.

李鋼，葉欣，2011. 實施積極主動關稅政策、力促中國外貿平衡發展：中國入世後關稅政策的評估與展望 [J]. 國際貿易 (10): 9-12.

毛澤東，1966. 毛澤東選集：第 4 卷 [M]. 北京：人民出版社.

裴長洪，2009. 中國對外貿易 60 年演進軌跡與前瞻 [J]. 改革 (7): 5-12.

曲婉婉，孫吉娃，1994. 談談中國的進口許可證管理制度 [J]. 廣東對外經貿 (3): 24-25.

蘇鐵，2018. 新時代中國關稅保護職能的歷史擔當：《關稅法》立法中一個不容迴避的問題 [J]. 國際稅收 (12): 32-37.

隋春艷，2007. 原產地規則對中國對外貿易的影響及對策 [D]. 大連：東北財經大學.

孫飛鏑，2017. 從法檢目錄遵從到監管過程重塑：中國進出口商品質量監管制度改革研究［D］. 南京：南京大學.

孫文學，2003. 中國關稅史［M］. 北京：中國財政經濟出版社.

商務部，海關總署，(2004-12-10). 2005年出口許可證管理貨物目錄［EB/OL］. http://www.mofcom.gov.cn/aarticle/b/e/200412/200412003,17918.html.

商務部，海關總署，(2017-12-22). 公布2018年出口許可證管理貨物目錄［EB/OL］. http://www.mofcom.gov.cn/article/b/e/201712/20171,202690519.html.

商務部科技發展和技術貿易司，2003. 2002年國外技術性貿易壁壘對中國出口影響的調查報告［R］.

吳景賢，2014. 中國進出口商品檢驗制度研究［D］. 蘇州：蘇州大學.

魏毅斐，2015. 中國海關貿易便捷化改革研究［D］. 成都：西南交通大學.

徐建清，2004. 中國的商品檢驗市場和檢驗事業［J］. 當代中國史研究（1）：71-73.

徐偉，2014. 經濟轉型時期中國海關的政府治理與制度創新［D］. 北京：對外經濟貿易大學.

楊瑞，2009. 新中國關稅政策的變遷及其經濟效應分析［D］. 昆明：雲南財經大學.

楊聖明，1997. 中國關稅制度改革［M］. 北京：中國社會科學出版社.

朱國興，王壽椿，1995. 中國對外經濟貿易體制改革全書［M］. 北京：對外經濟貿易大學出版社.

周衛前，2015. 中國海關改革與現代化的回顧與展望［J］. 海關與經貿研究，36（5）：35-50.

張嫦，2004. 完善中國原產地規則的對策與建議［D］. 成都：西南財經大學.

第八章
新中國貨物貿易促進制度的演進與發展

　　貨物貿易促進制度的政策目標在於促進貨物出口和進口。在其形成、發展的初始階段，促進出口是主要目標。隨著對進口與經濟社會發展關係的認識的深化，尤其是在實施積極的進口促進戰略的背景下，促進進口日益成為重要的政策目標。基於促進出口的目的，貨物貿易促進制度會呈現出明顯的貿易保護特徵；從促進進口的角度，則要求推進貿易自由化便利化。很顯然，保護主義的出口促進制度既不符合多邊貿易體制的規則要求，也不符合新中國對外貿易制度改革的總體目標。因此，新中國的貨物貿易促進制度的演化必定表現為傳統的出口促進政策如出口補貼等財稅政策的根本改變，一些國際通行的出口促進措施如政策性貿易金融在符合規則的前提下充分運用，以及進口方面的財稅政策等政策措施的變化。從實踐情況看，新中國貨物貿易促進制度的演化發展具有明顯的貿易自由化便利化趨勢，以促進貨物進出口的財稅政策、政策性貿易金融及跨境貿易人民幣結算來看，這些方面的制度演進除了體現出貿易自由化便利化效應外，還在促進對外貿易綠色發展、優化對外貿易結構等方面發揮了重要作用。

第一節　新中國促進貨物進出口的財稅政策的調整與改革

新中國成立到改革開放時期，中國對外貿易政策長時間處於國家統一管理的階段。自 1992 年鄧小平南方談話，中共十四大明確「社會主義市場經濟」的性質以來，對外貿易的發展和國內外新情況的出現，使得貿易促進制度發生了較大的改變。中國出口補貼政策建立以後，出口結構問題一直沒有得到有效改善，直到 1987 年，國家決定實行對外貿易承包經營責任制，出口貿易財政政策逐漸豐富，包括進出口差價補貼、出口供貨獎勵等。經歷出口結構調整及國際金融危機後，中國的出口退稅政策不斷調整。同時，中國對進口稅收優惠政策的改革成效頗豐，尤其是在 2008 年經濟危機之後，中國實行結構性減稅政策以及《營業稅改增值稅試點方案》的出抬，在促進進口的同時，解決了服務業重複徵稅的問題。新中國促進貨物進出口的財稅政策從新中國成立初期的擴大再生產補充手段到近年來的戰略決策，體現了中國從出口導向到進出口並重的轉變。促進對外貿易的「國六條」、自由貿易試驗區建設、「一帶一路」倡議、對外貿易發展「十三五」規劃等，濃縮了這一階段中國促進進出口貿易的重要步伐。

一、新中國促進貨物出口的財稅政策演進

（一）出口補貼政策的演進

新中國成立至 1978 年改革開放期間，中國絕大多數對外貿易是由國家統一管理、國有外貿企業統一經營。外貿企業由國家財政統負盈虧，因此主要的出口補貼形式是建立專項資金以鼓勵出口產品的貨源生產，這些資金一部分撥付給生產單位，一部分直接撥付給外貿基地以做週轉資金。在出口政策的調整下，中國出口產品結構有所改善，農副產品和輕工業產品出口占比由 1953 年的 82%下降到 1978 年的 75%，但出口產品主要集中在初級產品方面的

第八章　新中國貨物貿易促進制度的演進與發展

狀況仍然沒有太大改變。

　　開始改革開放之後，中國對出口補貼政策進行了改革，但在 1987 年年底對外貿易體制全面改革之前，中國依舊實行統一管理政策，對外貿易企業由國家財政統負盈虧，因此補貼情況較為簡單，主要是與出口商品貨源相關的鼓勵政策等。由於中國出口商品受到國內生產能力的制約，以農副產品為主，一直存在出口商品貨源、尤其是適銷對路的出口商品貨源不足的矛盾，因此在國家補貼政策框架下，中國建立了扶持出口商品生產專項資金、扶持對外貿易發展商品生產的商貿週轉金等專項資金。

　　由於計劃經濟體制的影響，加之當時對於對外貿易企業的考核只看重貿易額、收匯額，導致進出口額逐年增加而對外貿易企業效益卻下降。1987 年，中國決定實行對外貿易承包經營責任制，以實現「外匯企業有效益，國家有外匯」的目標。承包內容包括對出口商品的出口總額、出口換匯成本和出口盈虧總額實行「超虧不補，減虧留用，增盈對半分成」，並據以發給出口獎勵的鼓勵辦法。同時制定了一系列促進對外貿易，尤其是促進出口貿易的財政政策，包括進出口差價補貼、記帳貿易順差占款利息補貼、出口供貨獎勵等。

　　考慮到對外貿易體制改革後出口補貼不一致造成不平等競爭狀態，以及對外貿易企業沒有建立自負盈虧機制，國務院於 1991 年 1 月 1 日發布了《國務院關於進一步改革和完善對外貿易體制若干問題的決定》，原則上取消出口補貼，讓對外貿易企業自負盈虧；改變外匯流程辦法，將原來的按地區實行不同留成比例改為按大類商品實行統一留成比例。同時國務院、財政部出抬了出口紡織品生產專項補貼、對外貿易企業出口優惠貸款利率等鼓勵出口的政策。

　　加入世界貿易組織之後，中國必須依照入世承諾對各項貿易政策進行清理和規範，中國出口補貼政策改革也隨之進入了合規性調整階段。根據《中華人民共和國加入世界貿易組織議定書》，中國應取消屬《補貼與反補貼措施協定》第三條範圍內的所有禁止性補貼，其中即包括各項直接、間接的出口補貼。因此，中國依據承諾採取了一系列措施。2006 年，中國向世界貿易組織提交了 2001—2004 年實施的補貼項目通知，其中包括 78 項補貼，主要涉及

外商投資企業的稅收優惠，廢棄物再生產企業的稅收優惠，科研機構的稅收優惠，受災害地區企業的稅收優惠，部分農業產業化企業的稅收優惠，中小企業技術革新基金，國家重點水利、土壤保持建設項目補貼，科學和教育目的進口的稅收優惠等。

至 2008 年，中國基本取消了議定書中承諾的禁止性補貼，同時積極利用可訴補貼和不可訴補貼，調整補貼的形式與規模，在規則允許的範圍內合理實施補貼措施。2011 年，中國向世界貿易組織提交了 2005—2008 年實施的補貼項目通知，該通知所列 93 項補貼中，包括 63 項稅收優惠和 30 項財政撥款，涉及多種對外資企業、中小企業、機電和高技術產品設備貿易、農業、照明工業、紡織品貿易等企業、產業的扶持。

（二）出口退稅政策的演進

中國曾於 1966 年實行過出口退稅政策，1974—1984 年停止執行，1985 年開始恢復了出口退稅制度。隨後，中國在 1988 年確立了「徵多少、退多少，未徵不退和徹底退稅」的原則，在 1991 年確立了退稅同承擔國家創匯任務掛勾、同上繳國家外匯掛勾的原則。1994 年稅制改革後，中國基本上確定了「徹底退稅」的指導思想。2000 年前後，中國根據經濟發展狀況和國際經濟形勢對於進出口稅收做出了一系列改革，並主要體現在商品、服務的稅率上。實踐證明，出口退稅政策對於中國對外貿易的發展有很大的促進作用。[①]

從具體歷程來看，在新中國成立之初，面對經濟方面的巨大的困難，中國強調集中國家財力發展國民經濟，統一全國稅政，增加稅收收入，公營企業一律按照《全國稅政實施要則》進行徵稅。同時，中國本著平等互利的原則，實施國家管制和貿易保護政策，力圖突破帝國主義的封鎖禁運，發展對外貿易。為了促進對外貿易發展，1950 年 6 月，政務院財經委員會提出照顧出口無利的商品，經批准後可以退還出口貨物稅。同年 12 月，中國頒布《貨物稅暫行條例》，其中的實施細則再次明確了出口退稅政策。這是中國首次執

---

① 張倫俊，祝遵宏. 中國稅收對出口貿易的影響分析：兼談出口退稅政策調整的效應［J］. 國際貿易問題，2005（4）：25-29.

第八章　新中國貨物貿易促進制度的演進與發展

行出口退稅政策。《貨物稅暫行條例》規定，已稅貨物輸出國外，經公告准許退稅者，可由出口商向稅務機關申請退還貨物稅稅款。這段時期的出口退稅政策主要針對出口少利或無利的產品，並根據虧損程度設置不同的退稅率，如鞭炮、玻璃製品等退還全部稅款，化妝品、香皂等退還 1/2 稅款等。

　　此後，經過社會主義改造，中國初步奠定了社會主義公有制的基礎，進出口貿易完全由國有企業經營，對外貿易盈虧完全由國家財政統一收支，出口退稅政策因失去其原有作用而廢止。1973 年，伴隨著工商稅制全面改革，中國實行了進口貨物不徵稅，出口貨物不退稅不免稅的管理辦法，出口退稅政策也就隨之失效。這一階段的出口退稅政策基本處於停滯狀態。

　　1978 年後，隨著改革開放的推進，中國逐步改變了原來的計劃管理體制，進出口也從完全由國有企業經營變成了可以由多種類型的企業共同參與，對外貿易也得到了發展。在這樣的情形下，中國原有的稅收管理體制呈現對出口貿易限制過多、不利於擴大出口的問題，亟需調整。1980 年起，財政部規定，出口商可以向當地稅務機關申請出口稅收的減徵或免徵。出口稅收政策主要是以免稅的方式鼓勵出口商品以不含稅價格進入國際市場。但此時的出口退稅僅針對最後環節的工商稅，生產過程中的環節稅依然照章繳納，由此並未完全解決出口商品稅收方面的真正矛盾。針對這種情況，國務院於 1983 年出拾了《關於鐘表等十七種產品實行出口退（免）稅和進口徵稅的通知》，規定對鐘、表、自行車、縫紉機、照相機等 17 種產品的出口免徵中間生產環節的增值稅及最後生產環節的工商稅。繼 17 種商品實施完全的出口退免稅之後，為鼓勵出口創匯，進一步加快對外貿易發展，1985 年，國務院又擴大了出口退稅商品的範圍，規定對外貿易單位和其他單位出口的已稅產品，除原油和成品油以外，在報關出口後應將產品稅或增值稅稅款退還給出口企業。該規定標誌著中國進口徵稅、出口退稅的進出口稅收制度的正式建立。當年的退稅率為煤炭和農產品 5%~7%，工業品 10%，其他產品 14%。

　　1993 年以前，中國的出口退稅制度雖已正式建立，但由於當時產品稅與增值稅並行，導致在計算出口退稅的退稅率時容易出現重複退稅或退稅不足的問題。1994 年，中國推行了新中國成立以來規模最大、範圍最廣的工商稅

制改革，基本形成了以增值稅為主，消費稅、營業稅並行的流轉稅制。配合稅改，國務院於 1994 年 2 月出抬了《出口貨物退（免）稅管理辦法》，對新稅制下的出口退稅範圍、計算辦法等做出了詳盡的規定，施行過程中還逐步推行了電子化管理。

新的出口退稅規定中，出口貨物適用 17% 和 13% 兩檔退稅率。退稅率的上調刺激了中國的出口貿易，當年出口首次突破了千億美元。但中央財政的壓力也隨之而來。自 1988 年起，應退稅款從中央與地方共同負擔改為一律由中央負擔，經過幾次調整後中央仍舊要負擔 80%。快速增長的出口量使得年出口退稅額超過了政府年初預算，1995 年，中國首次出現了出口退稅的欠退稅現象。為緩解這一問題，中國從 1996 年開始下調了出口退稅率，平均退稅率從 17% 左右降至 8.29%。

退稅率的下調減緩了出口增長速度，隨後又爆發亞洲金融危機，中國實施外匯政策干預以維持人民幣幣值，導致出口形勢逐漸變得嚴峻。為了刺激出口，自 1998 年起，中國相繼九批次調高了出口退稅率，紡織品和紡織機械最先恢復到了 17%，多次調整後的出口退稅率約為 15%。

入世之後，中國的出口退稅政策經歷了從整體調整到分產業具體調整的變化。2002 年，為了改進出口退稅的管理制度，《財政部、國家稅務總局關於進一步推進出口貨物實行免抵退稅辦法的通知》出抬，對生產型企業的自營和委託出口的貨物實行「免、抵、退」稅的管理辦法。同時，1999—2002 年，受出口退稅率上調的影響，中國的出口貿易大幅度增長，出口退稅額也隨之增加，年均增長 36.8%，但同期中央財政收入年均增長卻只有 21.1%。財政收入無法彌補出口退稅的巨大空缺，導致中國再一次出現了大面積欠退稅問題。2003 年，國務院發布《關於改革現行出口退稅機制的規定》，以「新帳不欠、老帳要還、完善機制、共同負擔、推進改革」為原則對出口退稅制度進行了調整，退稅率平均下調約 3%，中央和地方分別負擔 75% 和 25%。新的分擔機制效果顯著，2004 年，中國基本消除了欠發的「老帳」。2004 年 11 月開始，中國提高了部分 IT 產品的退稅率，同時又針對 20 多類高耗能、高污染、資源性產品陸續調低、或取消了出口退稅率，反應了中國利用出口

第八章　新中國貨物貿易促進制度的演進與發展

退稅槓桿影響出口產品結構調整的思路，體現了可持續發展的思想。

另一方面，這樣的分擔機制也存在一些問題：由於各地區發展水準不同，導致其負擔超基數部分出口退稅的財政能力差距較大，財力較弱的地區及時足額退稅存在困難，這種壓力在 2005 年集中爆發。同時，中國又面臨著能源、原材料等產品價格大幅上漲、供應緊張，出口快速增長引發貿易摩擦的對外貿易局面。在這樣的形勢下，自 2005 年起，中國針對不同產業進行了結構性調整，逐步調低或取消「高能耗，高污染，資源性」產品的出口退稅，降低易引起貿易摩擦的勞動密集型產品的出口退稅率，提高了重大技術裝備、生物醫藥等高技術產品的出口退稅率。這些政策在一定程度上優化了中國的出口商品結構，限制了「兩高一資」產品的生產和出口，鼓勵了高科技產品和技術的投資與出口。此外，2005 年，國家稅務總局出抬了《出口貨物退（免）稅管理辦法（試行）》，這標誌著中國出口貨物退免稅管理制度的規範化。

2008 年，美國經濟危機的爆發嚴重影響了中國的出口形勢。為了應對金融危機，應對出口貿易的大幅度萎縮，出口退稅被用作擴張性的財政政策。從 2008 年 8 月到 2009 年，中國先後七次調整了出口退稅率，綜合退稅率提高至 13.5%，部分商品已近乎於完全退稅，這在一定程度上緩解了金融危機的衝擊，保護了出口企業。2008 年 12 月，中國提高了勞動密集型出口商品的退稅率，意在通過提高出口退稅率擴大出口產品定價空間，增加與外方談判籌碼，增強佔有國際市場的能力。

2010 年，國際經濟形勢有所緩和，中國陸續對部分產品的退稅率進行了回調，取消了四百多種商品的出口退稅，以求抑制「兩高一資」產品的生產，調整產業結構實現升級。2010 年 6 月，中國取消了部分高耗能產業的出口退稅，意在保持中國經濟可持續發展。此後，中國的出口退稅政策不斷完善，形成了系統、規範的出口退稅制度體系。2012 年國家稅務總局整編了歷年的退稅政策，對其進行了系統的規整。

隨著《營業稅改增值稅試點方案》的出抬和實施，中國進一步完善了出口退稅政策。在「營改增」以前，由於營業稅存在多環節重複徵稅的問題，

315

對出口服務實行營業稅免稅政策的免徵範圍也僅為出口環節的營業稅,服務出口企業在出口環節以前的其他國內環節所承擔的營業稅稅款得不到退還。而「營改增」之後,一方面,服務性企業在國內環節承擔的稅款可以進行進項抵扣,對服務行業重複徵稅的問題得到瞭解決;另一方面,出口服務被納入出口零稅率範圍,出口退稅制度向服務貿易領域延伸。

在對外貿易形勢複雜嚴峻、不確定不穩定因素增多、下行壓力不斷加大的背景下,2016年5月,國務院發布的《國務院關於促進外貿回穩向好的若干意見》對調整完善出口退稅政策、優化出口退稅率結構做了部署,要求對照相機、攝影機、內燃發動機等部分機電產品按徵多少退多少的原則退稅,確保及時足額退稅,同時提出要完善出口退稅分類管理辦法,逐步提高出口退稅一類企業比例,發揮好一類企業的示範帶動作用。此後,根據形勢的變化,特別是在國際貿易摩擦加劇的情況下,中國根據具體情況進一步調整了出口退稅政策。2018年10月,中國的出口退稅率由七檔減為五檔,以期通過提高退稅率應對較大規模的貿易摩擦。①

根據出口退稅政策確立與調整的實踐判斷,中國的出口退稅政策旨在擴大商品出口需求及增加就業,同時也與可持續發展理念相關。但出口退稅也帶來了稅收收入減少、財政(特別是中央財政)負擔沉重等消極影響,如何平衡中國出口退稅政策所帶來的收益與衝擊,是中國出口退稅制度改革的重要方向。

二、新中國進口稅收優惠政策的建立與改革

(一)進口稅收優惠政策的建立(1949—1992年)

新中國成立初期,由於沒有全國統一的關稅法規,各地分別執行自行制定的或沿襲舊中國的進出口稅則。1951年5月,中國頒布了新中國第一部完

---

① 劉鬱蔥,周俊琪. 出口退稅四十年:回顧和展望[J]. 廈門廣播電視大學學報,2019,22(1):1-5.

整獨立的關稅法規——《中華人民共和國海關進出口稅則》，才統一了中國的關稅制度。該稅則將所有進出口貨物分為17類89組，進口關稅稅率按與中國有無貿易互利條約或協定分為普通稅率和最低稅率，其算術平均稅率為52.9%。此時中國急需發展民族工業，僅對科教用品、技術設備等少數進口品實行免徵關稅的優惠，仍然對大部分進口商品實施高關稅保護政策，通過稅收抑制商品進口。由於之後進出口業務均由國有的貿易公司經營，1973年，中國一度實行了不對進口貨物徵稅的政策，該政策在改革開放之後被終止。

隨著經濟體制逐步由計劃經濟體制向商品經濟體制轉變，中國開始注重吸引外資，促進國際貿易，鼓勵建立經濟特區。關稅制度相應地進行了一些改革，稅率普遍有所下降，同時制定了多項進口稅收優惠政策。1979—1992年，中國共制定了約50項優惠政策，涉及「三來一補」貿易，國際金融組織和外國政府貸款項下貨物、經濟特區和沿海開放區、技術設備引進等多個方面，各個經濟特區也設立了種類繁多的區域進口稅收優惠政策。

在諸多優惠鼓勵政策的促進下，中國的進口貿易大幅增長。到1991年，中國的進口規模達到637.9億美元，比1978年增長486倍。

(二) 進口稅收優惠政策的改革（1993—2001年）

1993年以前，中國的進口稅收優惠措施多而雜，不符合建立社會主義市場經濟體制和國際規則的要求，且經常出現地區、企業不公平競爭的情況。因此，為了規範進口優惠政策體系，同時也為建立符合世界貿易組織規則的社會主義市場經濟體制，自1993年起，中國開始逐步對進口優惠措施進行清理。1993年12月，國務院發布了《國務院批轉國務院關稅稅則委員會關於清理政策性關稅減免文件意見的通知》，共廢止進口政策性減免文件27個，清理的減免稅政策涉及文件157個。1994年和1995年又相繼發文對其進行了進一步的清理和規範。經過多次政策清理後，關稅優惠政策僅餘外國政府、國際組織無償捐贈物資免稅，與小轎車和攝錄一體機國產化率掛鈎的進口差別稅率，特定地域石油、天然氣勘探進口設備材料免稅，民航進口飛機減徵進口環節增值稅，駐外人員以及留學人員進口個人物品免稅，出境口岸免稅店及《進出口關稅條例》中規定的進口減免稅7項。

1997年起，亞洲金融危機爆發，國務院先後發布了《國務院關於調整進口設備稅收政策的通知》等多項文件，再次對進口稅收優惠政策進行規範和調整，以求引進國外先進技術和設備，擴大外資利用，在宏觀經濟形勢緊張的環境中保持國民經濟健康發展。1998年1月1日起，中國對鼓勵發展的國內投資項目和外商投資項目進口設備在規定範圍內，免徵進口關稅；1999年8月起，中國對已設立的鼓勵類和限制類外商投資企業、先進技術型和產品出口型外商投資企業及外商投資設立的研究開發中心進口設備在規定的範圍內免徵進口關稅，並鼓勵外商向中國中西部投資。2000年，中國通過提高進口商品的技術指標、技術規格和增加不予免稅的商品數量，縮小了國內投資項目進口設備的免稅範圍。此外，為規範加工貿易的管理，設立出口加工區並對從境外進入加工區的貨物制定了一些稅收優惠政策。

同時，中國在這段時期還多次下調了關稅水準，僅1994年的調整就涉及稅目2,898項，平均降幅在50%左右。1997年，進行了以「降低關稅水準、調整關稅結構、清理關稅減免、擴大關稅稅基、實行國民待遇」為核心的關稅制度改革。至2000年，中國關稅總水準下降至16.4%。

(三) 進口稅收優惠政策的完善 (2002年至今)

這一時期，中國的社會主義市場經濟體制已經建立並逐步完善，政府與市場的關係也逐步理順，政府在國民經濟運行中的任務更多的是彌補市場失靈，以達到穩定物價、充分就業和保持經濟穩定與發展的宏觀調控目標。

同時，在已經加入世界貿易組織的情況下，國際貿易規則對中國產生了硬性約束。按照中國加入世界貿易組織時的承諾，為了更加符合世界貿易組織規則和國際慣例，中國進一步降低關稅，規範進口稅收優惠政策。2000—2005年，中國逐年下調關稅總水準，同時對稅目結構進行了諸多調整，除了使關稅制度在稅率、結構等方面都更適應國內經濟發展的需要外，中國的進口稅收優惠政策也有所調整，比如，清理了2000年年底到期的13項進口稅收優惠政策。

金融危機爆發後，一方面為了配合開始實施的增值稅的轉型改革，另一方面為了應對國際金融危機，加快產業調整和振興，國務院在2009年制定了

許多方面的進口支持政策，包括支持科學教育事業發展和企業技術進步的政策，如：對國內不能生產的科技重大專項進口、國家鼓勵發展的內外資項目設備進口免徵進口關稅和進口環節增值稅；支持特定產業發展的專項稅收政策，如，進口國內不能滿足所需的石油、天然氣勘探開發和支持煤層氣勘探開發相關的設備和材料，在規定的免稅進口額度內免徵進口關稅和進口環節增值稅；支持特定區域發展的專項稅收政策，如，滿足特定條件的加工貿易進口代徵稅退還，部分邊境貿易進口關稅與環節稅稅率減免，等等。

此後，中國實行結構性減稅政策以提高經濟活力，其中在對外貿易促進政策上主要是減免部分環節的進口關稅。隨著進口促進戰略的實施，在對外貿易協調平衡可持續發展理念及增加人民群眾在對外貿易領域獲得感的思想指導下，中國加大了包括關係民生的產品在內的一些商品的降稅力度。2018年，中國下調了1,449個稅目進口關稅，涉及8類日用消費品平均降幅55.9%。①

三、新中國促進貨物進出口的財稅政策的轉變

新中國成立初期，中國將對外貿易看做是社會擴大再生產的補充手段，局限於互通有無、調劑餘缺的作用，此階段中國促進貨物進出口的財稅政策主要依據新中國成立前的進出口稅則，根據具體情況進行適當調整，例如，為扶持生產、保障原材料供應，降低生產成本，在國產棉花不足的情況下對進口棉花免稅；對國內可以生產保證市場供應的鐵釘等調高進口關稅。

改革開放後，中國對對外貿易的重視程度空前提高，對外貿易體制改革極大地促進了對外貿易的發展。這一時期，中國建立並完善了中國特色的自由貿易制度。在這個過程中，中國形成了比較健全的貨物進出口貿易促進制度體系，其中的財稅政策也發生了重要轉變。具體分析，新中國促進貨物進出口的財稅政策的轉變及其所依據的因素，首先體現在中國深化改革開放、

---

① 海關總署. 中國將下調1,449個稅目進口關稅 [R/OL]. (2018-06-04) [2019-03-28]. http://www.customs.gov.cn/customs/302249/mtjj35/1873427/index.html.

發展對外貿易的需要所推動的制度演化。

回溯中國的出口補貼、出口退稅及進口稅收優惠政策的改革與調整歷程，是市場化改革的深化、開放水準的提高推動了貿易自由化的進程，使對外貿易制度的自由貿易制度特徵逐漸顯現，出口補貼、出口退稅及進口稅收優惠政策呈現了與之相一致的演進趨勢。在這樣的趨勢下，對外貿易戰略的變化、各時期的實際情況往往決定著相關政策措施的具體調整。

從戰略層面看，隨著出口導向戰略向對外貿易平衡協調發展戰略轉變，中國實施了積極的進口促進政策，並明確提出了進口促進戰略。對外貿易發展「十三五」規劃還明確提出要完善進口貼息政策，及時調整《鼓勵進口技術和產品目錄》。為推進對外貿易可持續發展戰略，中國多次調整了出口退稅政策。2016年7月，中國取消部分鋼材等高耗能、高污染和資源性「兩高一資」產品出口退稅，抑制鋼材、水泥等高耗能污染性行業的生產與出口。對外貿易發展「十三五」規劃強調要堅持綠色發展，提高對外貿易持續發展能力，並明確提出要抑制高污染、高耗能和資源類產品出口，鼓勵緊缺性資源類產品進口，努力打造綠色貿易。隨著自由貿易區戰略的實施，中國的進口稅收進一步下調。2015年，中澳簽訂自貿協定，約85%的澳洲進口商品實現零關稅。2018年，中國根據多個自貿協定和相關外貿政策，使8,000多種商品實現了進口零關稅。[①]

在對外貿易創新發展的層面，業態創新等與貨物進出口財稅政策的轉變具有相互促進的關係。以促進外貿綜合服務企業發展的財稅政策為例，2013年出拾的促進外貿發展「國六條」明確提出「支持外貿綜合服務企業為中小民營企業出口提供融資、通關、退稅等服務」，為外貿綜合服務企業明確了身分。根據2014年國家稅務總局發布的《關於外貿綜合服務企業出口貨物退（免）稅有關問題的公告》，中國擴大了出口退稅的產品類型。2017年，外貿綜合服務也被納入出口退稅的範圍，並逐漸完善對其管理。此舉大大降低了

---

① 新浪網. 這8,000多種產品零關稅 很多「代購」要哭了 [EB/OL]. (2018-01-20) [2019-03-28]. http://news.sina.com.cn/o/2018-01-20/doc-ifyqtycx0897771.shtml.

外貿服務企業的營運成本。

在更具體的層面，根據國內國際經濟形勢的變化，有時也會針對一些產品對出口退稅政策等做必要的調整。在 2008 年金融危機衝擊下，中國為了促進對外貿易，穩定進出口行業，適當增加了出口退稅。近兩年，隨著國際貿易摩擦的加劇，中國也對相關政策做了一定調整。2018 年，中國還分檔上調了部分產品的退稅率，對天然氣等部分商品的進口稅收優惠也進行了調整。

近年來，隨著中國經濟的穩定增長，中國的貨物進出口促進政策更加注重自身的轉型升級，提高中國標準，使「中國製造」更具有其本身的經濟價值，不斷提升中國進出口貨物的質量，努力實現產業轉型以提高中國的產品競爭力，已成為政策調整的主要導向。

除去上述因素，促進貨物進出口的財稅政策的轉變，也體現了中國對堅決維護多邊貿易體制、推動構建開放型世界經濟的擔當和作為。自加入世界貿易組織以來，根據入世協議，中國切實履行了取消出口補貼的入世承諾，中國的進出口貿易開放度進一步擴大，提出了按照國民待遇原則統一內外資企業所得稅，並對內資企業所得稅負事實上存在的不公平待遇（如上市公司通過先徵後返辦法所享受的 15％的所得稅）予以盡快取消；進一步完善個人所得稅制，消除稅制本身和徵管方面存在的不公平、不合理現象，以刺激民間投資增長，加大對居民收入分配格局的調節力度。[1] 中國以實際行動維護了多邊貿易體制的主渠道地位，為推動經濟全球化、貿易自由化做出了貢獻。尤其是在逆經濟全球化風潮和貿易保護主義加劇的形勢下，中國按照國際規則調整出口退稅，降低進口關稅，實施積極的進口促進政策，以實際行動宣布了對貿易自由化、便利化的堅持，這對開放型世界經濟的構建具有重要意義。

由上可見，自改革開放以來，中國一直堅持不斷擴大進出口貿易，堅定推進貿易自由化，從最初「摸著石頭過河」的進出口財稅政策體系的建立，到入世後進出口財稅政策體系的進一步優化，再到中國不斷滿足國際標準後

---

[1] 劉溶滄. 中國入世後的財政政策調整與政策創新 [J]. 財政研究，2002（6）：26-31.

實現「中國標準」的對外貿易戰略轉變，中國的進出口財稅政策體系不斷完善、轉變，進而體現出對外貿易的自由化和規範化趨勢。

第二節　新中國政策性貿易金融體系的建立和發展

關於對外貿易的政策性金融，即政策性貿易金融，是政策性金融的一種。政策性金融是在一國政府支持和鼓勵下，以國家信用為基礎，運用種種特殊融資手段，嚴格按照國家法規限定的業務範圍與經營對象，以優惠存貸利率或其他優惠條件，為貫徹、配合國家特定經濟和社會發展政策而進行的一種特殊金融活動。[①] 政策性貿易金融，是以促進對外貿易發展進而服務國家的經濟社會發展目標為宗旨的金融形式。在運行中，這種金融形式的組織架構、融資模式、運行機制及所遵循的規章等，構成了政策性貿易金融體系。從基本內涵講，促進對外貿易、尤其是促進出口貿易，意味著政策性貿易金融具有保護貿易的屬性，但事實上，它卻是貿易自由化的結果。國際貿易發展的歷史早已證明，「進出口政策性金融機構的產生是以自由貿易和各國間的經濟關係的日益緊密為前提的」[②]。在貿易自由化進程中，尤其是在多邊貿易體系下，出口補貼等支持措施受到限制，世界各國普遍接受的貿易促進措施如政策性貿易金融，便逐漸發展。從中國的具體情況來看，政策性貿易金融體系是在改革開放之後逐步建立的，其演進發展的歷程，與中國的貿易自由化進程十分吻合。在這個過程中，中國進出口銀行和中國出口信用保險公司的建立和發展，對中國對外貿易及經濟社會的發展，發揮了重要作用。

---

① 白欽先，徐愛田，歐建雄. 各國進出口政策性金融體制比較 [M]. 北京：中國金融出版社，2003：4.
② 白欽先，徐愛田，歐建雄. 各國進出口政策性金融體制比較 [M]. 北京：中國金融出版社，2003：39.

第八章　新中國貨物貿易促進制度的演進與發展

一、新中國政策性貿易金融體系的演進

從貿易戰略演進的角度講，進口替代戰略在本質上是內向的，反自由貿易的，這種內向的策略在很大程度上隔離了一國與世界經濟的聯繫，也就很難產生以促進出口為目的的、外向的、迎合自由貿易的政策性貿易金融；而出口導向戰略的本質是外向的，在一定程度上也是主張自由貿易的，從而也就為政策性貿易金融的產生提供了前提條件，隨著貿易商品結構的變化，或者在優化貿易商品結構的政策推動下，政策性貿易金融將應運而生；貿易自由化戰略是在生產的國際化和資本的國際化，以及各國經濟相互聯繫、相互依賴不斷加強的形勢下出現的，是經濟全球化、金融全球化的必然要求，在這樣的戰略模式下，發展政策性貿易金融的重要性更加凸顯。[1] 所以，在中國，政策性貿易金融體系的建立、發展與對外貿易戰略的演進軌跡具有一致性。

在更深的層面，政策性貿易金融是市場經濟的產物。一方面，如前文所述，貿易自由化的實質是以市場機制代替有礙公平競爭的行政干預；另一方面，在市場經濟條件下，商業性金融基於利潤最大化目標的選擇必定形成其不願或無力涉足的領域，由此所產生的市場失靈需要政府建立專門的機構，通過持續的干預，在商業性金融不能發揮作用的領域發揮補充和輔助作用。因此，中國的政策性貿易金融體系是伴隨著市場化改革的進程而建立並逐步完善的。在這個過程中，商業性金融和政策性貿易金融的作用，體現了市場和政府在對外貿易領域配置金融資源的作用，二者的結合，推動了貿易金融的發展，並使其在對外貿易發展中發揮了重要作用。

從具體的演進歷程來看，中國的政策性貿易金融體系經歷了探索與起步、建立政策性金融機構實現專業化管理、改革完善政策性貿易金融體系並逐步開放貿易金融市場三個階段。

---

[1] 白欽先，徐愛田，歐建雄. 各國進出口政策性金融體制比較 [M]. 北京：中國金融出版社，2003：39-46.

(一）政策性貿易金融體系的探索與起步（1978—1994 年）

在改革開放前，中國實行高度集中的計劃經濟制度和保護貿易制度，對外貿易處於調劑餘缺的地位，對外貿易戰略屬於典型的封閉型進口替代戰略。在這樣的條件下，中國不具備構建政策性貿易金融體系的條件。

開始改革開放後，有計劃商品經濟制度建設、外向型經濟的發展、出口導向戰略的實施、復關工作的推進以及對外貿易的發展，對開展政策性貿易金融業務提出了要求，也創造了一定的條件。因此，在這段時期，中國開始利用國外的出口信貸來引進發達國家的先進技術和設備，支持基礎設施、教育等重點項目建設。1981 年，中國同國外銀行簽署了出口信貸轉貸協議。更為重要的是，中國邁出了試辦政策性貿易金融的步伐。

在改革開放初期，由於受到生產能力的限制，中國的出口商品主要集中在農副產品方面，大部分都是附加值較低的初級產品、原材料等。為了改善出口商品結構，促進大型機電設備出口，中國開始涉足出口信貸業務。作為外匯外貿專業銀行，中國銀行是最早辦理出口信貸業務的銀行。1980 年，中國首次辦理出口賣方信貸業務，中國銀行對機電產品出口企業發放了政策性低利率貸款。1985 年，國務院做出鼓勵機電產品出口的決定，同年，中國銀行成立出口信貸處，為出口商提供人民幣賣方信貸。1988 年，中國銀行與阿根廷簽訂了出口買方信貸總協議。1992 年，中國銀行辦理了第一筆出口買方信貸業務，用於支持中國交通公司對斯里蘭卡的大型客車出口業務。相較於出口賣方信貸，出口買方信貸對出口商更為有利。對出口買方信貸的嘗試，在中國出口信貸的發展歷程中有象徵意義。但總體來講，在發展出口信貸的初期，出口賣方信貸通常占主要地位。到 1994 年年底，中國銀行共辦理出口賣方信貸項目 289 個，累計發放貸款 163.5 億元人民幣，貸款餘額為 93.4 億元。

從中國的出口信用保險業務試辦情況來看，最早可以追述到 20 世紀 80 年代中期。當時，基於對出口信用保險在促進出口方面的重要性的認識，也考慮到出口信用保險的風險承擔等因素，中國人民保險公司做了嘗試。1985 年 12 月和 1986 年 1 月，中國人民保險公司的上海分公司和天津分公司辦理了

出口信用保險業務，這是新中國最早的出口信用保險業務。之後，隨著改革開放的深入，為了適應調整出口商品結構、提高產品國際競爭力、提升出口創匯能力的需要，出口信用保險作為配套措施之一被提上了議事日程。1988年8月，國務院正式決定由中國人民保險公司負責出口信用保險業務，同年10月，中國人民保險公司成立出口信用保險部，專門負責出口信用保險的推廣和管理，這意味著中國的出口信用保險正式起步。1989年，中國人民保險公司在廣西、上海、寧波、天津等地的分公司開始試辦以機電產品出口為主要支持對象的出口信用保險業務。到1990年年底，中國人民保險公司在28個省、自治區、直轄市和計劃單列市的分公司及部分支公司開辦了短期出口信用保險業務。1994年4月，國務院組建成立中國進出口銀行，由此開啓了中國人民保險公司和中國進出口銀行共同承辦出口信用保險業務的新階段。

(二) 政策性貿易金融機構的建立及專業化管理的實現（1994—2001年）

在起步階段，新中國的政策性金融業務由無到有，這是具有劃時代意義的。同時，這一階段的實踐探索，也為組建政策性貿易金融機構、實現政策性貿易金融的專業化管理奠定了重要基礎。在這個基礎上，隨著建立社會主義市場經濟體制這一改革目標的確立，隨著對外貿易戰略的調整，隨著機電產品出口的增加和企業對出口信貸的需求逐漸擴大，以支持對外貿易發展為主旨的國有政策性銀行——中國進出口銀行應運而生。作為專業化的政策性貿易金融機構，中國進出口銀行的成立標誌著中國的政策性貿易金融開始進入由專門機構進行專業化運作並進行專業化管理的階段。在業務營運中，中國進出口銀行除了開展出口信貸業務，還承辦出口信用保險。所以，中國進出口銀行成立後，便和中國人民保險公司共同承擔起了中國的出口信用保險業務。

中國進出口銀行是在經濟體制改革的市場化取向逐漸明確的背景下，為實現政策性金融與商業性金融相分離建立起來的政策性銀行之一。為了深化金融體制改革，中國逐步加強了關於銀行業管理的制度建設，其中也包括與政策性銀行相關的管理規則。2000年1月10日，國務院第25次常務會議通過了《國有重點金融機構監事會暫行條例》（中華人民共和國國務院令第282

號)。該條例是為健全國有重點金融機構監督機制,加強對國有重點金融機構的管理,根據《中華人民共和國商業銀行法》《中華人民共和國保險法》等有關法律的規定制定的,自發布之日起施行。根據該條例第二條,國有重點金融機構是指國務院派出監事會的國有政策性銀行、商業銀行、金融資產管理公司、證券公司、保險公司等(以下簡稱國有金融機構);根據該條例第三條,國有金融機構監事會由國務院派出,對國務院負責,代表國家對國有金融機構的資產質量及國有資產保值增值狀況實施監督。此外,該條例還對國有金融機構監事會的職責等做了具體規定。由該條例的有關規定可以看出中國進出口銀行業務營運所依據的法律規章及其監事會設置等組織架構。

隨著相關管理制度建設的推進和中國進出口銀行的業務開展,出口信貸和出口信用保險的發展條件都有所改善。從出口信用保險業務的開展情況來看,1994—2001年,中國人民保險公司和中國進出口銀行合作承保的短期險累計超過110億美元。從分工情況來看,中國人民保險公司主要承保普通商品進出口信用保險,而中國進出口銀行則承保船舶、成套設備、機電產品等高價值商品的進出口信用保險。[①] 但是,由於中國人民保險公司的體制特徵,加上其他因素的影響,中國的出口信用保險業務始終無法擴大。為了深化保險體制改革,理順出口信用保險制度,規範出口信用保險的經營行為,拓展出口信用保險業務,國務院於2001年5月印發通知,批准組建中國出口信用保險公司,同年12月18日,中國出口信用保險公司正式掛牌。在遵循規則方面,《國務院關於組建中國出口信用保險公司的通知》規定,中國出口信用保險公司按國務院批准的《中國出口信用保險公司組建方案》和《中國出口信用保險公司章程》營運。

在中國剛剛入世的背景下,中國出口信用保險公司參照國際慣例成立,這不僅標誌著中國的政策性貿易金融模式具有了出口信貸與出口信用保險相分離的特徵,也意味著中國的政策性貿易金融市場迎來了逐步開放的時期。

---

① 中華人民共和國駐保加利亞共和國大使館經濟商務參讚處. 中保兩國出口信用保險政策簡評 [EB/OL]. (2005-07-18) [2019-06-07]. http://bg.mofcom.gov.cn/article/ztdy/200507/20050700151451.shtml.

(三) 政策性貿易金融體系的改革及貿易金融市場的逐步開放（2002年至今）

政策性貿易金融是國際上通用的貿易促進手段。歷史上，各國基本都把政策性貿易金融機構「作為國際競爭的工具」，所以從這個層面講，自各國建立起政策性貿易金融機構那天起「就必然涉及它們之間的關係的國際協調問題」，歷史也表明各國「為此付出了巨大的努力」[1]。從伯爾尼協會到經濟合作與發展組織的「君子協定」，再至世界貿易組織的反補貼規則，無不體現出政策性貿易金融國際協調的難度，同時也更顯示出其重要性。在世界貿易組織的《補貼與反補貼措施協定》中，有關條款不僅明確了政策性貿易金融構成禁止性補貼的可能，其附件1「出口補貼例示清單」第（j）項和第（k）項還明確規定了政策性貿易金融構成出口補貼的情況，即：政府（或政府控制的特殊機構）提供的出口信貸擔保或保險計劃、針對出口產品成本增加或外匯風險計劃的保險或擔保計劃，保險費率不足以彌補長期營業成本和計劃的虧損；政府（或政府控制的和/或根據政府授權活動的特殊機構）給予的出口信貸，利率低於它們使用該項資金所實際應付的利率（或如果它們為獲得相同償還期和其他信貸條件且與出口信貸貨幣相同的資金而從國際資本市場借入時所應付的利率），或它們支付的出口商或其他金融機構為獲得信貸所產生的全部或部分費用，只要這些費用保證在出口信貸方面能獲得實質性的優勢。[2] 同時，第（k）項也表明：如果一成員屬於一官方出口信貸的國際承諾的參與方，且截至1979年1月1日至少有12個本協定創始成員屬於該國際承諾的參加方（或創始成員所通過的後續承諾），或如果一成員實施相關承諾的利率條款，則符合這些條款的出口信貸做法不得視為本協定所禁止的出口補貼。

由上可見，在已經加入世界貿易組織的條件下，中國的政策性貿易金融必須和國際接軌。同時，從中國完善社會主義市場經濟體制、提高開放型經

---

[1] 白欽先，徐愛田，歐建雄. 各國進出口政策性金融體制比較 [M]. 北京：中國金融出版社，2003：73.
[2] 石廣生. 中國加入世界貿易組織知識讀本（二）[M]. 北京：人民出版社，2002：321.

濟水準的角度講，按國際規則開展貿易金融活動也具有必然性。因此，自2002年開始，中國根據國內國際的情形變化，改革完善了政策性貿易金融體系，逐步推進了貿易金融市場的開放。

1. 改革政策性貿易金融機構

中國的政策性貿易金融機構成立較晚，經驗相對不足，其體制機制的改革創新一直是重中之重。從中國進出口銀行的情況來看，其改革之路是沿著遵循市場一般規則、按照現代銀行經營規律開展經營活動的方向邁進的，特別是自2015年國務院批准中國進出口銀行改革方案以來，中國進出口銀行圍繞建設現代政策性金融企業，全力落實全面深化改革的戰略部署，將市場原則與政策性金融特性緊密結合，通過改革創新，建立了規範的治理結構和決策機制，強化了內部管控，走上了建設現代金融企業的轉型發展之路。

從中國出口信用保險公司的情況來看，自成立開始，關於構建企業框架、制定完善內部規章制度的工作就積極有效地鋪開了。隨著政策性出口信用保險發展過程風險補償機制缺乏、外部監管體制有待改善等問題逐步顯露，中國在2009年推動了政策性出口保險體制改革，建立和完善了出口信用保險財政風險補償機制。在此後的改革歷程中，2011年，中央決定將其領導班子列入中央管理，2012年，國務院批准其進行改革注資、確立其政策性保險機構性質，特別具有象徵意義。隨著體制機制上的破舊立新，加上公司內部的改良創造，中國出口信用保險公司改變了成立之初既缺經驗又缺人才、缺技術的狀況，逐步實現了「從模仿跟隨向創新創造轉變，在實踐中探索出了一條具有中國特色的出口信用保險發展之路」，並成為了「全球出口信用保險機構的領跑者」[1]。

總體而論，「發揮市場作用是政策性金融改革發展的重要方向」「與國際接軌是政策性金融與時俱進的重要途徑」[2]。在改革政策性貿易金融機構的過

---

[1] 王廷科. 不忘初心 勇於擔當 為服務國家新一輪改革開放作出更大貢獻 [J]. 保險研究，2018 (12)：62-67.

[2] 胡曉煉. 承前啓後 奮發有為 為推動新時代改革開放增添助力 [J]. 清華金融評論，2018 (12)：28-30.

程中，中國一直遵循市場化這一基本導向。《服務貿易發展「十三五」規劃》明確提出，鼓勵開發性、政策性金融機構結合自身業務範圍，在市場化運作的基礎上加大對服務貿易企業開拓國際市場的支持力度。事實證明，正是按照市場化路徑、依據國際規則持續改革，中國進出口銀行的「兩會一層」治理結構才得以建立並不斷完善，中國出口信用保險公司也在成立董事會和監事會的基礎上完善了組織架構。

2. 開放貿易金融市場

開放貿易金融市場的必要性，既在於中國深化改革開放、發展對外經濟貿易的需要，也與國際規則相關。所以，中國以加入世界貿易組織為契機，對出口信貸機構的業務進行分化，形成了中國進出口銀行與中國出口信用保險公司兩大政策性貿易金融機構，並隨著入世承諾的履行和中國改革開放的深入，隨著政策性金融市場化改革的推進，逐步開放了中國的貿易金融市場。

從中國出口信貸市場的情況來看，在2001年，中國銀行發布了《中國銀行出口賣方信貸辦法》和《中國銀行出口買方信貸辦法》，重新規範了包括機電產品出口賣方信貸在內的進出口信貸業務。以其為首，中國工商銀行、建設銀行等商業銀行也開始試辦出口信貸。隨著開放的逐步推進，不僅中國的商業性金融機構的出口信貸業務明顯擴大，外資銀行也逐漸進入了中國的出口信貸領域，這使中國的出口信貸供給主體呈現出明顯的多元化特徵。從2006年的數據來看，在中國的出口信貸業務中，中國進出口銀行的市場佔有率為77%，包括中國銀行、中國工商銀行、中信銀行在內的國有商業銀行的市場份額為13%，外資銀行的市場份額為10%。[1] 隨著對促進進口的重視，中國的進口信貸業務逐步發展，信貸市場的開放隨之擴大至進口信貸領域。

2012年2月，商務部等十部委聯合發布《關於加快轉變外貿發展方式的指導意見》，明確提出要鼓勵國內商業銀行按照風險可控、商業可持續原則，開展進出口信貸業務；4月，《國務院關於加強進口促進對外貿易平衡發展的指導意見》強調要鼓勵商業銀行開展進口信貸業務，同時還提出要鼓勵商業

---

[1] 鄒小燕，張璇. 出口信貸 [M]. 北京：機械工業出版社，2008：8-9.

保險公司根據企業需要，研究開展進口信用保險業務，推出有利於擴大進口的保險產品和服務。這既體現出進一步開放對外貿易貸款的方向，也意味著開放進出口信用保險業務的需要明顯擴大。隨著短期出口信用保險需求的增加，基於進一步擴大出口信用保險覆蓋面、加強對小微企業的支持與服務的需要，2013年，中國的出口信用保險市場進入了試點開放階段。隨著中國人民財產保險股份有限公司、中國平安保險股份有限公司、中國太平洋保險股份有限公司、中國大地財產保險股份有限公司試點開展短期出口信用保險業務，中國的出口信用保險供給主體呈現出多元化的趨勢。

政策性貿易金融市場的開放，為政策性貿易金融與商業性貿易金融的合作與交融提供了重要平臺，有利於二者展現各自的特色與優勢，增強互補合作的關係，強化政策性貿易金融與商業性貿易金融優勢互補的基本特點，借助商業性貿易金融更好地發揮市場在對外貿易領域配置金融資源的作用；在市場作用不充分的特定領域，則可以憑藉政策性貿易金融的優勢發揮引領帶動作用，在特殊時期還可以發揮政策性貿易金融的逆週期調節作用。

3. 建立協調與合作機制

中國進出口銀行與外經貿主管部門的合作——銀貿合作，和中國出口信用保險公司與外經貿主管部門的合作——信貿合作，對各部門協同配合、共促貿易經濟發展具有重要意義。因此，銀貿合作機制及信貿合作機制的建設在這段時期逐步加強，並取得了重要成效。

從基本進程來看，在2002年的時候，《對外貿易經濟合作部、中國出口信用保險公司關於進一步推動出口信用保險業務開展有關問題的通知》（外經貿計財函〔2002〕第521號）明確提出，各級外經貿主管部門、各進出口商會與中國出口信用保險公司及其分支機構要密切聯繫，加強協調、溝通與合作；2005年，商務部、中國出口信用保險公司關於實行出口信用保險專項優惠措施支持個體私營等非公有制企業開拓國際市場的通知提出，各級商務主管部門和中國出口信用保險公司各營業機構要建立有效的工作協調機制；2007年，商務部與中國出口信用保險公司簽署了《支持服務貿易發展全面合作協議》，根據該協議，商務部將鼓勵服務貿易企業利用出口信用保險等金融工具提高

信用風險管理水準,支持中國服務貿易協會利用信用評價體系開展服務貿易促進工作,向中國出口信用保險公司擇優推薦服務貿易出口企業,中國出口信用保險公司也將加強與中國服務貿易協會的合作;2011年,商務部、中國出口信用保險公司關於發揮出口信用保險政策性優勢加快轉變外貿發展方式的通知指出,2009年以來,各地商務主管部門、各商會加強與中國出口信用保險公司的全面協作,逐步建立出口信用保險協調促進機制,對中國成功應對金融危機、保持對外貿易穩定健康發展發揮了積極作用,同時強調各地商務主管部門和中國出口信用保險公司各營業機構要進一步完善、加強出口信用保險協調促進機制;2016年,《對外貿易發展「十三五」規劃》明確指出要以《對外貿易法》為基礎,加強各部門制定、實施涉及外貿領域政策措施的協調,強調要改進金融服務,加強銀貿合作。

十多年的認識深化和實踐探索,為政策性貿易金融機構與相關部門加強合作機制建設累積了寶貴的經驗。在全面貫徹中共十九大精神的背景下,中國進出口銀行和中國出口信用保險公司於2018年1月23日分別與商務部簽署了《關於建立合作機制的框架協議》,這對深化政策性貿易金融機構改革,建立健全銀貿、信貿合作機制,充分發揮商務部的政策協調優勢和政策性貿易金融機構在信貸支持、風險保障等方面的優勢,促進對外經濟貿易高質量發展,具有十分重要的意義。

4. 加強政策引導和規制建設

在加強政策引導和規制建設方面,前述指導意見、發展規劃等都有明確體現。2002年10月,中國對外貿易經濟合作部頒布《關於進一步推動出口信用保險業務開展有關問題的通知》指出,中國出口信用保險公司已經做出的努力將對深入實施中國的「科技興貿」「市場多元化」和「走出去」等戰略起到更加積極的促進作用,這是中國關於政策性貿易金融發展導向的一種體現。2003年,《關於進一步實施科技興貿戰略的若干意見》更是明確強調中國進出口銀行要按照人民銀行確定的優惠出口信貸利率提供出口信貸,加大對高新技術產品出口的支持力度,有關部門要抓緊研究建立高新技術產品出口買方信貸利率風險補償機制,鼓勵企業以保證、抵押、質押和定金等多種

擔保方式獲得出口信貸，盡快研究通過提供政策性貸款和貸款貼息，鼓勵出口企業引進國外先進技術和關鍵設備，同時強調要發揮出口信用保險對擴大高新技術產品出口的積極作用，鼓勵中國出口信用保險公司開展具有融資功能的短期出口信用保險，按照出口信用保險政策規定，對高新技術產品投保出口信用保險的保費費率予以適當浮動，為高新技術產品出口「量身訂做」新的險種，積極提供高新技術產品出口的收匯保障，為企業提供信用保險項下的融資便利。

2004年，新修訂的《對外貿易法》第九章專門就對外貿易促進做了規定，第五十三條的內容是：「國家通過進出口信貸、出口信用保險、出口退稅及其他促進對外貿易的方式，發展對外貿易。」由此，中國以法律的形式確立了政策性貿易金融在促進對外貿易發展中的地位。此後，根據對外經濟貿易形勢變化、對外貿易戰略調整等因素，中國關於對外貿易的各種指導意見、發展規劃等，基本都會明確提出發揮政策性貿易金融作用的相關要求。2012年，商務部等十部門發布《關於加快轉變外貿發展方式的指導意見》，提出要利用進口信貸、進口擔保，為企業擴大進口提供融資便利，同時，《對外貿易發展「十二五」規劃》明確強調要發展政策性進口信用保險業務，支持重要原材料和關鍵技術設備的進口。由此可見，中國的政策性貿易金融在促進出口的同時加大了對進口支持的重視力度，這對促進中國對外貿易平衡協調可持續發展有重要意義。自2015年開始，中國的政府工作報告連續五年強調政策性貿易金融的作用，並針對促進進口、促進服務貿易、促進對外貿易平衡發展、促進大型成套設備出口、服務小微企業等，提出「對大型成套設備出口融資應保盡保」等要求。

隨著政策性貿易金融體系改革的深入和新形勢下政策性貿易金融的發展，進一步加強政策性貿易金融法規建設的緊迫性日益加強。2015年國務院批覆同意《中國進出口銀行改革實施總體方案》，其中由銀監會牽頭研究制訂審慎性監管規定並實施監管是改革方案的重要內容。但是，多年來，銀監會一直是參照商業銀行監管制度和相關規範性文件對中國進出口銀行進行監管，監

第八章 新中國貨物貿易促進制度的演進與發展

管制度的針對性較弱。所以，基於全面深化改革的需要，也為了彌補監管制度短板，2017 年，《中國進出口銀行監督管理辦法》（以下簡稱《辦法》）正式公布，並自 2018 年 1 月 1 日起施行，由此，中國的政策性貿易金融管理制度掀開了新的一頁。

《辦法》對中國進出口銀行的市場定位、公司治理、風險管理、內部控制、資本管理等做了具體規定。根據有關規定，中國銀行業監督管理委員會及其派出機構依法對中國進出口銀行實施監督管理，中國進出口銀行應當遵守市場秩序，堅持依法合規經營，依託國家信用，緊緊圍繞國家戰略，堅守政策性金融定位，根據依法確定的服務領域和經營範圍開展政策性業務和自營性業務，與商業性金融機構建立互補合作關係，充分發揮政策性金融機構在支持國民經濟發展方面的重要作用。同時，《辦法》規定，中國進出口銀行的監事會依照《國有重點金融機構監事會暫行條例》等有關法律法規設置和管理，由國務院派出，對國務院負責。由這些規定可以看出，《辦法》既保持了相關管理制度的連續性，突出了中國進出口銀行的政策性銀行特色，同時又根據市場化改革等因素，強調政策性銀行也必須遵循銀行經營管理的一般規律，要求中國進出口銀行堅持市場化運作。可見，《辦法》的制定和實施，對中國進出口銀行公司治理架構的完善及其依法合規發展，對其更好發揮支持對外經濟貿易、促進國際合作、推動「走出去」等方面的作用，都具有極為重要的意義。

總體來看，自 2002 以來，中國的政策性貿易融資體系已逐步完善，政策性金融機構的業務營運也逐漸與國際接軌。2008 年，中國進出口銀行首次實現了保本微利。在這個過程中，政府有關部委出抬的一系列政策措施，包括全國性的政策辦法和在此基礎上具體細化的地方性操作指導等，都對完善中國政策性貿易金融體系、規範與推動政策性貿易金融發展，進而在促進中國貿易結構和產業結構優化中發揮了重要作用。

二、中國進出口銀行的業務發展及其貿易促進作用

在政策引導等多方因素的推動下，中國進出口銀行的業務領域從初期的對外貿易貸款發展到對外貿易貸款、跨境投資貸款、對外合作貸款、境內對外開放支持貸款、優惠貸款及國際結算、擔保、貿易融資等領域，多元化的服務使中國進出口銀行在中國開放型經濟發展中發揮著日益重要的作用。單從對外貿易貸款來看，其業務模式和領域的變化也是極為顯著的，不僅出口信貸由最初的出口貨物賣方信貸擴展到了出口貨物買方信貸，進口貨物貸款和進出口服務貸款也逐漸發展起來，由此極大地拓展了中國進出口銀行的發展目標和業務模式，進而對優化對外貿易商品結構、促進對外貿易平衡發展等，都發揮了重要作用。

（一）貨物貿易貸款與對外貿易發展

貨物貿易貸款對對外貿易發展的促進作用是多方面的，從其對優化對外貿易商品結構的作用來講，主要源自進出口貨物貸款的投向。以歷史最悠久的出口貨物賣方信貸為例。自試辦時起，中國的出口信貸就有明確的投向，當時是以調整對外貿易商品結構、促進機電產品出口為主要目標。隨著客觀情況的變化，中國進出口銀行逐漸擴展了支持範圍，由前文關於「加大對高新技術產品出口的支持力度」「對大型成套設備出口融資應保盡保」的敘述，足以證明。再從業務創新情況來看，中國進出口銀行於1995年開始承辦了援外優惠貸款業務，援外貸款由無息改為低息，用於支持中國的機電產品、成套設備出口以及受援國家的經濟建設，於1996年、1997年先後開辦了出口買方信貸和加工貿易貸款，於1999年開始對高新技術產品出口提供貸款支持，並在2000年開辦了境外投資貸款業務，以服務「引進來」與「走出去」相結合的戰略，帶動設備、技術出口。2006年，中國進出口銀行開展了多項業務創新，在支持範圍擴展方面，開辦了農產品出口賣方信貸。此後，隨著實踐的發展，中國進出口銀行又順勢而為，不斷推進了業務創新。在2013年，中國進出口銀行圍繞以開放促發展、加快轉變經濟發展方式的戰略要求，推出了節能環保貸款、農業產業化發展貸款和境外中資企業貸款——以適應其境

第八章　新中國貨物貿易促進制度的演進與發展

外投資方式和手段日益多樣化的需要。經過持續發展，中國進出口銀行的出口信貸投向呈現出多元化狀態，其中，出口貨物賣方信貸實際發放額投向比例如表 8-1 所示。

表 8-1　2006—2014 年中國進出口銀行出口賣方信貸實際發放額投向比例一覽

單位：%

年份	設備出口	船舶出口	高科技產品出口	一般機電產品出口	對外承包工程	境外投資	農產品出口	其他
2006	5.40	22.90	32.90	9.70	28.00	1.10	5.40	—
2007	7.27	13.16	36.55	12.13	9.00	18.98	2.91	—
2008	6.78	7.13	28.80	12.88	9.07	28.82	3.19	3.26
2009	30.90	9.27	7.26	31.20	3.21	1.82	7.87	8.47
2010	30.39	8.56	5.84	33.22	3.60	3.82	5.60	8.96
2011	30.14	12.85	9.80	23.94	2.50	4.78	6.96	9.03
2012	7.10	10.50	35.30	14.50	7.20	14.60	3.80	7.00
2013	6.38	9.86	36.79	10.47	7.60	17.65	3.38	7.87
2014	6.73	19.80	29.86	10.60	7.95	15.22	1.09	8.75

數據來源：中國進出口銀行官網。

從表 8-1 中數據可見，2006—2014 年，設備出口、船舶出口、高新技術產品出口和一般機電產品出口一直是出口賣方信貸實際發放貸款的主要投向，這四項合計占比多在 60% 以上。由此可見，出口信貸提供的融資便利對這些產品出口的支持力度，對貨物貿易貸款在優化中國對外貿易商品結構中的作用也可見一斑。

從進口貨物貸款的發展情況來看，其試辦也主要源於 2006 年中國進出口銀行的業務創新。當時，為了滿足國內經濟發展的需要，也為了促進國際收支平衡、推動結構調整和產業升級，中國進出口銀行試點辦理了此類業務，主要用於支持關鍵技術、重大技術裝備等產品進口。此後，中國進出口銀行的進口貨物貸款餘額便一路上漲（見圖 8-1）。

從圖 8-1 中數據可見，自 2006 年以來，進口貨物貸款餘額只在 2017 年有所下降，其餘年份均保持了增長。由於進口貨物貸款業務一開始就與中國

的進口促進目標直接相關，因此，其持續增長對優化進口商品結構、促進進口貿易發展的作用，以及對貨物進出口平衡發展、對外貿易平衡協調發展的作用是不言而喻的。

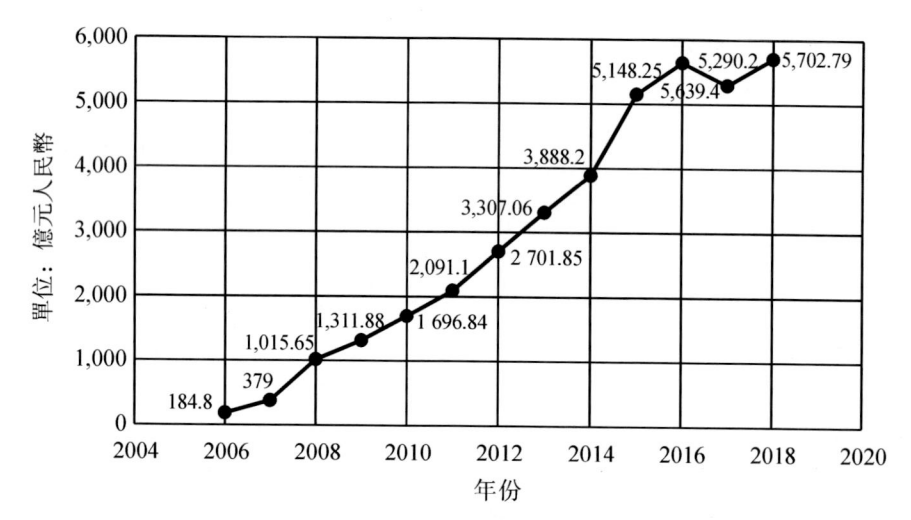

圖 8-1　2004—2018 年中國進出口銀行進口貨物貸款餘額一覽

數據來源：中國進出口銀行官網。

(二) 服務貿易貸款與對外貿易發展

從整個對外貿易平衡發展的角度講，服務貿易貸款的情況十分重要。隨著對發展服務貿易重要性的認識，中國將服務貿易納入了對外貿易發展戰略。在促進服務貿易發展的各項措施中，政策性貿易金融具有舉足輕重的地位。因此，為了回應大力發展服務貿易、轉變對外貿易增長方式的政策號召，中國進出口銀行於 2007 年將支持範圍從機電產品、高新技術產品進一步延伸到了農產品、文化產品及旅遊等服務貿易領域，由此推進了服務貿易貸款的發展。從 2015—2018 年的情況來看，服務貿易貸款餘額處於較快增長狀態①（見表 8-2）。

---

① 2017 年，中國進出口銀行對服務貿易貸款統計口徑做了調整，將服務貿易流動資金貸款、其他租金保理等業務由對外貿易貸款調整至境內對外開放支持貸款，這對 2017 年服務貿易貸款的統計數據有直接影響。

表 8-2　2015—2018 年中國進出口銀行服務貿易貸款餘額一覽 單位：億元

年份	出口服務貸款餘額	進口服務貸款餘額	服務貿易貸款餘額
2015	196.26	83.17	279.43
2016	326.59	119.32	445.91
2017	108.05	64.63	172.68
2018	143.4	111.1	254.5

數據來源：中國進出口銀行官網。

進一步分析，出口服務貿易貸款具體包括出口賣方信貸、出口買方信貸和貿易融資，但出口買方信貸微乎其微。從 2017 年、2018 年的統計數據來看，這兩年的出口服務貿易貸款由出口賣方信貸和貿易融資構成。其中，出口賣方信貸餘額分別是 75.12 億元、94.89 億元，貿易融資餘額分別為 32.94 億元、48.51 億元。

結合服務貿易貸款對文化服務、服務外包等領域的支持，以及出口服務貸款的具體構成可見，出口服務的賣方信貸、貿易融資及進口服務貸款在優化服務貿易商品結構、促進服務貿易發展和對外貿易平衡發展方面的作用更為突出。

(三) 金融服務延伸與開放型經濟發展

作為中國支持對外開放的專門安排，在成立之初，中國進出口銀行主要為擴大機電產品和成套設備等資本性貨物出口提供政策性金融服務。隨著改革開放深入發展，中國的對外經濟貿易戰略經歷了從積極擴大「引進來」到穩步實施「走出去」，再到堅持「引進來」和「走出去」並重的演進，在這段歷程中，中國進出口銀行應勢而變，通過延伸金融服務，在促進開放型經濟發展中發揮了重要作用。

首先，通過調整業務範圍和支持重點，中國進出口銀行將支持領域從出口延伸到進口，支持範圍從側重資本品進出口延伸到信息技術、通信郵電、物流運輸、文化教育等服務貿易領域，支持手段從信貸延伸到投資、擔保、資金、諮詢、中間業務等綜合金融服務，在推動形成範圍更廣、領域更寬、層次更高的開放新格局方面發揮了重要作用；其次，順應全球供應鏈產業鏈

價值鏈深度融合的發展趨勢，在支持對外貿易、跨境投資、國際合作的同時，通過將支持環節內向延伸至擴大境內對外開放領域，將支持對外貿易的著力點從對外貿易鏈條中的交易環節，延伸到從產品研發創新到生產技術改進再到海外營銷體系建設等對外貿易全產業鏈的各個環節，為推動對外開放縱深發展發揮了重要作用；最後，中國進出口銀行還通過提供綜合性金融解決方案，支持企業以境外投資、工程承包、技術合作、裝備出口等方式開展對外合作，還圍繞國際產能和裝備製造合作等重點領域服務「一帶一路」建設……。① 正是通過多向的金融服務延伸，中國進出口銀行在推動開放型經濟發展中發揮了重要作用，並在中國參與全球經濟治理方面，貢獻了一份力量。

三、中國出口信用保險公司的業務發展及其貿易促進作用

中國出口信用保險公司成立晚，卻發展快。自成立至 2018 年，中國出口信用保險公司的業務範圍已經覆蓋全球 228 個國家和地區，業務規模從 2002 年的 27.5 億美元發展到 2018 年 11 月末的 5,000 多億美元，年均增長率超過 40%，累計承保金額 3.9 萬億美元，向企業支付賠款超過 120.6 億美元，服務對外經貿企業超過 14 萬家，保險規模及主要險種規模穩居全球官方出口信用保險機構第一位，用短短十幾年的時間，走過了發達國家同業機構上百年的發展歷程。② 2018 年，中國出口信用保險公司全年承保金額首次突破 6,000 億美元，達 6,122.3 億美元，同比增長 16.7%，服務支持客戶 10.5 萬家，增長 21.7%，支付賠款 19.5 億美元，增長 42.5%，支持企業獲得銀行融資 3,269.1 億元人民幣，增長 1.8%。③

業務的快速發展，使中國出口信用保險公司在對外經濟貿易和社會經濟

---

① 胡曉煉. 承前啟後 奮發有為 為推動新時代改革開放增添助力 [EB/OL]. (2019-05). http://www.eximbank.gov.cn/info/circus/201905/t20190529_9205.html.
② 出口信用保險助力中國高水準對外開放 [EB/OL]. http://www.financialnews.com.cn/bx/jg/201812/t20181222_151711.html.
③ 新浪財經. 中國信保承保突破 6,000 億美元 [EB/OL]. (2019-01-18). finance.sina.com.cn/roll/2019-01-18/doc-ihrfqziz8762972.shtml.

發展中的貢獻進一步擴大。2018年9月發布的《中國出口信用保險公司政策性職能履行評估報告》顯示，2017年，中國出口信用保險公司的出口信用保險拉動中國出口金額超過6,000億美元，占同期出口總額的26.6%，對GDP的貢獻率為4.9%，當年拉動就業超過1,500萬人。這些顯著成就，是多方面因素合力作用的結果，其中，業務的創新，領域的拓展，加上出口信用保險的逆週期調節，形成了重要的推動。

（一）業務領域拓展與作用路徑多元化

回溯中國出口信用保險公司走過的路，伴隨著業務創新與拓展，目前已經形成包括出口信用保險、海外投資保險、進口預付款保險、融資擔保、應收帳款管理及信息諮詢業務在內的多元化的服務產品。由於業務領域的擴大，發揮作用的路徑也隨之多元，出口信用保險、進口預付款保險、融資擔保等等，都對應著重要的作用渠道。具體從出口信用保險來看，其業務主要包括中長期出口信用保險、短期出口信用保險和短期出口特險。其中，中長期出口信用保險涉及出口信用保險和出口信貸有機結合的業務模式，如出口賣方信貸保險、出口買方信貸保險，主要是為金融機構、出口企業或融資租賃公司收回融資協議、商務合同或租賃協議項下應收款項提供風險保障，保險期限一般在2~15年，短期出口信用保險為以信用證、非信用證方式從中國出口的貨物或服務提供應收帳款收匯風險保障，承保業務的信用期限一般為一年以內，短期出口特險主要向出口機電產品、成套設備、高新技術產品、船舶的企業提供風險保障，為期一到兩年。除了風險保障功能，這三類出口信用保險還可以通過差異化融資安排，實現信用保險融資功能。實際上，截至2017年年底，與中國出口信用保險公司建立全面合作關係的銀行有85家，有實際業務合作的銀行累計251家，信用保險累計支持企業獲得銀行融資超過3萬億元人民幣。其中，短期險項下保單融資金額1.6萬億元人民幣。由此，出口信用保險的功能也具備了多元化特徵。

進一步分析，出口信用保險的風險保障功能主要體現在三個方面：一是在接到企業報損後通過法律手段迫使進口方履行合同義務以實現賠前減損；二是損失補償，這包括根據保單約定對已經出口的貨物及時給予賠付，也包

括對已經生產尚未出運的貨物，在企業投保了附加出運前風險保險的情況下，對企業出運前的成本損失給予補償；三是賠後追償。

出口信用保險作為融資工具的功能主要體現在信保融資等方面，目前包括通過賠款轉讓、應收帳款轉讓或融資銀行直接投保信用保險三種模式，為企業提供保險項下融資服務。其一，在賠款轉讓模式下，出口商（銷售商）在中國出口信用保險公司投保並將賠款權益轉讓給銀行後，銀行向其提供融資，在發生保險責任範圍內的損失時，中國出口信用保險公司根據《賠款轉讓協議》的約定，按照保險單約定理賠後將應付給出口商（銷售商）的賠款直接全額支付給融資銀行。其二，在應收帳款轉讓模式下，出口商（銷售商）在中國出口信用保險公司投保並將保險單項下形成的應收帳款轉讓給銀行，銀行向其提供融資，並成為轉讓範圍內的保險單項下的被保險人，在發生保險責任範圍內損失時，中國出口信用保險公司根據保險單及《應收帳款轉讓協議》的約定，將賠款支付給融資銀行。其三，在融資銀行直接投保信用保險模式下，由銀行作為投保人和被保險人，將其持有的債權直接向中國出口信用保險公司投保，在發生保險責任範圍內的損失時，中國出口信用保險公司根據保單約定，對銀行承擔相應的賠償責任。

從中國出口信用保險公司的業務領域全面分析，功能的多元化還體現在資信服務等方面，包括為國內外用戶提供的資信調查、信用評級、行業風險分析、國別信息、信用管理諮詢與培訓，等等。其中，資信報告是在深入分析企業經營發展和財務狀況的基礎上，對其進行資信評估，以期向客戶提供企業全面、準確的綜合信用信息，幫助客戶核實企業合法身分、信用情況、交易情況，以及幫助客戶在交易活動中做出有效判斷，防範信用風險。中國企業評級是指，對影響經濟主體的信用風險因素進行分析，就其償債能力和意願做出綜合評價，並用簡明的信用等級符號進行表示，幫助客戶在交易或投融資雙方之間搭建一座橋樑，消除信用信息不對稱，這有利於交易各方識別信用風險，保障經濟活動的順利進行。企業信用風險管理諮詢及培訓是指，幫助客戶建立健全信用風險管理體系，實現客戶與其合作夥伴交易的全流程管理和控制，幫助客戶查找信用風險管理漏洞，解決客戶在信用風險控制方

面的難題，提高客戶的信用風險識別能力和信用風險管理水準。至今，中國出口信用保險公司在信用風險管理領域深耕細作，成立了專門的國別風險研究中心和資信評估中心，資信數據庫覆蓋5,000萬家中國企業數據、超過一億家海外企業數據、3.4萬家銀行數據，擁有海內外資信信息渠道超過300家，資信調查業務覆蓋全球所有國別、地區及主要行業。[①]

在趨勢上，隨著社會經濟的發展及業務領域、業務模式的進一步拓展，作用路徑和功能將更加多元，進口信用保險、服務貿易保險的地位將更加突出。

(二) 逆週期調節與對外貿易增長

政策性貿易金融的主旨，使逆週期調節成為其必然的功能。就出口信用保險而言，商業風險和政治風險的特性更強化了它的逆週期調節作用。從具體情況來看，自2008年以來，國際金融危機、全球需求不振、中國經濟進入新常態、國際貿易摩擦加劇，這一系列因素，都使出口信用保險的逆週期調節作用更加明顯。統計數據顯示，2008年，在國際金融危機的影響下，中國的出口規模同比降幅超過15%，中國出口信用保險公司根據政策要求，採取具有針對性的差異化承保措施，擴大承保規模和保單融資規模，有效緩解了企業「有單不敢接，有單無力接」的難題。《2009年國務院政府工作報告》提出擴大出口信用保險覆蓋面，國務院第六十六次常務會議將完善出口信用保險政策作為進一步穩定外需六項政策措施的第一條，同年，中國出口信用保險公司承保規模首次突破1,000億美元，達到1,166億美元，同比增長86%。從2009年以來的整體情況來看，在2002—2018年11月累計實現的3.9萬億美元承保金額中，2009—2018年11月的承保金額就達3.8萬億美元，佔了總承保金額的96%。除此之外，出口滲透率和一般貿易滲透率也持續提高（見圖8-2），由此足以顯示出口信用保險的逆週期調節作用。

---

① 根據中國出口信用保險公司官方網站數據整理。

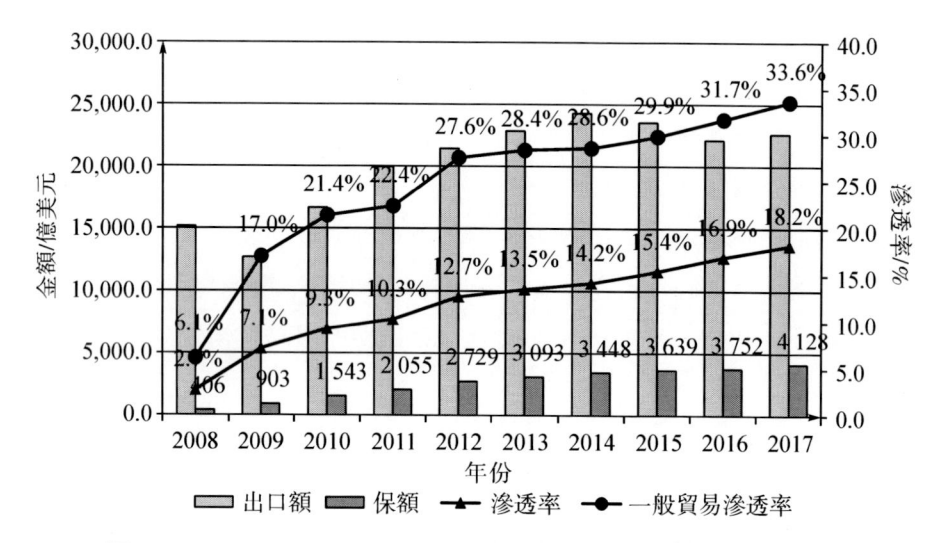

图 8-2　2008—2017 年中國出口信用保險公司出口信用保險及滲透率一覽

數據來源：承包額出自中國出口信用保險公司年報，滲透率據中國出口信用保險公司和中國海關數據計算。

很顯然，出口信用保險的逆週期調節是推動中國對外貿易持續發展的重要因素。從具體的效果來看，這種推動作用主要體現在對外貿易規模的擴大和結構的優化方面。但是，由於客觀情況的變化，在不同的歷史時期，這兩方面效應的高低及結構優化的具體表現有所不同。在經濟規模速度型粗放增長的歷史時期，規模效應顯得特別重要，在經濟發展方式轉向質量效率型集約增長的背景下，經濟結構的戰略性調整、經濟增長動能的轉換以及對外貿易創新協調可持續發展的內在要求，都會提升結構效應的重要程度，再加上深化改革開放等因素的影響，結構優化的具體表現也會有所不同。從近年來的情況看，出口信用保險在優化對外貿易商品結構、方式結構、主體結構和市場結構方面都發揮了重要作用。

一方面，通過不斷加大對擁有自主品牌、自主知識產權產品出口的支持力度，實施自主品牌重點客戶名單制管理，積極支持機電產品、高新技術、節能環保以及新能源、新材料、生物醫藥等戰略性新興產業出口，出口信用保險在優化對外貿易商品結構、支持對外貿易企業參與更高層次國際價值鏈

第八章　新中國貨物貿易促進制度的演進與發展

分工方面發揮了重要作用。統計數據顯示，2013—2018 年 11 月，中國出口信用保險公司支持機電產品、高新技術、船舶、汽車、輕工等八大重點行業 1.78 萬億美元，中長期出口信用保險對大型成套設備出口融資應保盡保，累計實現承保金額 1,197.6 億美元；2014—2018 年 6 月，支持中國服務貿易出口 1,021 億美元，支付賠款 1.03 億美元，風險保障覆蓋了物流運輸服務、建築與工程服務、信息通信服務、技術貿易、知識產權服務、文化和娛樂服務、商務服務、旅遊服務等多個領域。這些數據表明，出口信用保險對優化對外貿易商品結構、促進對外貿易發展有重要的支持作用。另一方面，中國出口信用保險公司積極支持跨境電商、外貿綜合服務平臺、海外倉等外貿新業態，針對外貿新業態的特點創新業務模式，在 2013—2018 年 6 月累計承保外貿新業態達 268.6 億美元，支付賠款 1.5 億美元；積極支持民營企業、小微企業發展，隨著民營企業轉型升級和「走出去」步伐加快，改變了主要採用短期出口信用保險的做法，擴大了中長期出口信用保險及海外投資保險對民營企業的支持作用，2018 年，中國出口信用保險公司服務企業客戶 10.5 萬家，其中民營企業占比近 70%；在支持小微企業方面，早在 2012 年中國出口信用保險公司就率先推出了「小微企業信保易」專屬產品，在 2013—2018 年 11 月，累計支持小微企業出口 3,063.9 億美元，服務小微企業超過 11 萬家。由此可見，出口信用保險在促進對外貿易業態創新、優化貿易主體結構中具有重要作用。此外，中國出口信用保險公司還大力支持企業開拓多元化市場，2013—2018 年 11 月，支持中國企業向「一帶一路」沿線國家出口和投資累計 6,743 億美元，業務覆蓋所有沿線國家，承保項目 2,119 個，覆蓋了交通運輸、石油裝備、電力工程等多個領域；2019 年上半年，中國出口信用保險公司支持中國企業對新興市場出口和投資 1,257 億美元。

出口信用保險多元的作用，不僅促進了對外貿易穩定增長，推動了其轉型升級，還在穩定社會就業方面發揮了積極作用。《中國出口信用保險公司政策性職能履行評估報告》的數據顯示，2013 年以來，中國出口信用保險公司通過履行政策性職能，每年拉動或保障與對外貿易出口相關的就業人數 1,500 萬左右，約占中國對外貿易行業從業人員的十分之一。總體而論，中國出口

信用保險公司通過防範風險、促進融資、補償損失、推動貿易等多重功能作用的全面發揮，在服務開放型經濟發展、促進開放水準全面提高方面發揮了重要作用，通過服務「一帶一路」建設，積極參與出口信貸新國際規則談判，積極參加伯爾尼協會的多雙邊交流，搭建全面覆蓋國別、行業、企業和銀行的風險評估體系，為中國參與、推動全球經濟治理作出了重要貢獻。

第三節 跨境貿易人民幣結算的探索與發展

隨著中國對外貿易的發展，以人民幣計價的跨境貿易人民幣結算需求逐漸旺盛。以人民幣結算跨境貿易，能為貿易的開展帶來很多好處：人民幣的使用能為貿易企業有效節省換匯成本，規避匯率變動所帶來的風險，方便企業不同帳目之間的協調管理；貿易中使用人民幣結算，在很大程度上還能增強人民幣在世界上的影響力，促進貨幣政策與貿易經濟形勢協調一致；對於邊境地區生活的人民而言，以人民幣結算跨境貿易還能提供許多方便。

跨境貿易人民幣結算經歷了長時間的探索，起初開展人民幣結算是為了緩解外幣貶值對貿易企業的衝擊。2009年後，中國相繼開放各地區進行跨境貿易人民幣結算試點，並出抬了相應的政策，這有利於提升金融機構服務實體經濟、服務「一帶一路」建設的能力，有利於推進更深層次、更高水準的對外開放。

一、關於跨境貿易人民幣結算的早期探索（1949—2008年）

早在1968年，中國就曾開展過一次人民幣計價結算的試點。進行這次試點的重要原因是，1968年以前中國對外貿易主要使用英鎊作為計價結算貨幣，但由於英鎊出現大幅貶值，給貿易企業造成了不小衝擊，因此中國銀行開始

第八章　新中國貨物貿易促進制度的演進與發展

針對港澳地區試行人民幣計價結算。1969 年，人民幣跨境結算範圍又擴大到西歐。至 1976 年，已擴大到 120 個國家和地區。

改革開放後，跨境貿易人民幣結算首先經歷了從貿易計價到邊境貿易結算的演進過程。

改革開放之初，中國重新收緊了跨境貿易的人民幣結算，僅因個人交易的需要逐步放寬了公民個人可攜帶出境的人民幣金額限額。公民可攜帶人民幣出境限額由 1987 年的 200 元提升到 1990 年亞運會期間的 2,000 元，再到 1993 年擴大為 6,000 元，該金額直至 2005 年元旦起被提升為 2 萬元。隨著跨境貿易中人民幣業務需求的快速增長，1993 年 5 月，中國人民銀行與越南國家銀行簽署《關於結算與合作的協定》，建立了邊境貿易人民幣結算安排，揭開了銀行業機構跨境人民幣清算的序幕。之後，中國又相繼與多國央行簽訂了人民幣清算的協作安排，大大保障了跨境貿易的健康發展。

隨著中國對外出口的快速增長，中國商品逐漸在周邊國家市場中占據了優勢。早在 20 世紀 90 年代，人民幣就已經逐漸成為中俄、中緬、中越、中蒙邊境地區小額現鈔貿易的交易貨幣。1997 年東南亞金融危機爆發後，由於中國政府堅持人民幣不貶值，人民幣現鈔在周邊東亞、東南亞國家獲得了更加廣泛的使用。人民幣逐漸在周邊國家建立了良好的聲譽，奠定了人民幣離岸發展的民眾基礎。

加入世界貿易組織後，中國使用人民幣進行貿易業務的信心得到了加強。2003 年 3 月，國家外匯管理局發布的《關於境內機構對外貿易中以人民幣作為計價貨幣有關問題的通知》，正式明確境內機構簽訂出口合同時可以採用人民幣作為計價貨幣，結算時境內機構按照結算當日銀行掛牌匯價，將合同中約定的人民幣金額折算成為銀行掛牌貨幣對外支付，並按照相關規定辦理出口收匯和進口付匯核銷手續；10 月實施的《邊境貿易外匯管理辦法》規定，邊貿企業[1]或個人與境外貿易機構進行邊境貿易時，可以用可自由兌換貨幣、毗鄰國家貨幣或者人民幣計價結算。為方便貿易結算、減少換匯中產生的交

---

[1] 邊貿企業包括中國的邊境小額貿易企業和對外經濟技術合作企業。

易成本,中國先後與越南、蒙古、老撾、尼泊爾、俄羅斯、吉爾吉斯斯坦、朝鮮和哈薩克斯坦的中央銀行簽署了有關邊境貿易本幣結算的協定。2010年3月,中國出抬了邊境地區一般貿易和邊境小額貿易出口貨物以人民幣結算準予退(免)稅的政策。

二、跨境貿易人民幣結算的試點與發展(2008年至今)

隨著改革開放的深入,一方面,中國的綜合國力不斷增強,對外經濟貿易聯繫日益密切,外匯儲備逐漸充裕,人民幣幣值總體表現穩定,這為跨境貿易人民幣結算試點創造了條件;另一方面,受國際金融危機影響,美元、歐元等主要國際結算貨幣匯率大幅波動,中國及周邊國家和地區的企業在貿易結算中面臨較大的匯率風險。隨著中國與東盟國家及內地與港澳地區的貿易、投資和人員關係迅速發展,以人民幣作為支付手段的呼聲越來越高。在這樣的背景下,中國適時推進了跨境貿易人民幣結算試點。

(一)結算試點的制度演進

2009年4月,國務院決定在上海、廣州、深圳、珠海、東莞5市開展跨境貿易人民幣結算試點,境外試點地域包括港、澳和東盟地區。為了保障跨境貿易人民幣結算試點工作順利進行,規範試點企業和商業銀行的行為,防範相關業務風險,中國人民銀行、財政部、商務部、海關總署、稅務總局、銀監會共同制定了關於跨境貿易人民幣結算的基礎性規則——《跨境貿易人民幣結算試點管理辦法》,於2009年7月1日公布實施。該辦法規定,國家允許指定的、有條件的企業在自願的基礎上以人民幣進行跨境貿易的結算。為了貫徹落實該辦法,中國人民銀行於2009年7月3日制定了《跨境貿易人民幣結算試點管理辦法實施細則》,對試點地區的企業以人民幣報關並以人民幣結算的進出口貿易結算管理辦法做了規定。至此,跨境貿易人民幣結算試點全面啓動。

進入2010年後,隨著企業對跨境貿易人民幣結算的需求增加,跨境貿易人民幣結算試點迎來了逐漸擴大的階段。2010年6月,中國人民銀行等六部

第八章　新中國貨物貿易促進制度的演進與發展

委下發《關於擴大跨境貿易人民幣結算試點有關問題的通知》，將跨境貿易人民幣結算的境外區域由港澳、東盟拓展到所有國家和地區，境內試點區域拓展到 20 個省（自治區、直轄市），業務範圍擴大到服務貿易和其他經常項目人民幣結算。為了配合跨境貿易人民幣結算試點，便利銀行業金融機構和境內機構開展境外直接投資人民幣結算業務，2011 年 1 月 6 日，中國人民銀行出抬了《境外直接投資人民幣結算試點管理辦法》，以此為標誌，境外直接投資人民幣結算試點正式啓動。該辦法規定，境內機構——在跨境貿易人民幣結算試點地區內登記註冊的非金融企業，可以將其所得的境外直接投資利潤以人民幣匯回境內；8 月 22 日，中國人民銀行等六部委聯合發布《關於擴大跨境貿易人民幣結算地區的通知》，將跨境貿易人民幣結算境內地域範圍擴大至全國，但出口貨物貿易人民幣結算仍然只適用於試點企業。

為了貫徹國民經濟和社會發展「十二五」規劃綱要關於擴大人民幣跨境使用的有關精神，2012 年 2 月 3 日，中國人民銀行等六部委聯合發布《關於出口貨物貿易人民幣結算企業管理有關問題的通知》，對出口貨物貿易人民幣結算企業實行重點監管名單管理，這意味著參與出口貨物貿易人民幣結算的主體不再限於列入試點名單的企業，跨境貿易人民幣結算推廣至所有具有進出口經營資格的企業，只要符合相關要求，所有企業均可以人民幣進行貨物貿易、服務貿易及其他經常項目結算。

回溯關於跨境貿易人民幣結算試點的政策措施（見表 8-3）可以發現，在歷經啓動（2009 年 7 月—2010 年 6 月）、擴大（2010 年 6 月—2012 年 2 月）兩個階段後，跨境貿易人民幣結算試點完成了三方面的擴展：其一，在空間上，境內地域由最初的 5 個城市擴展到全國，境外地域由東盟等地區擴展至所有國家和地區；其二，對貿易主體，經由試點企業管理到重點監管名單管理，面向所有企業開放；其三，貿易領域方面，由貨物貿易擴展到貨物貿易、服務貿易及其他經常項目結算。在此基礎上，跨境貿易人民幣結算進入了全面推開階段。

表 8-3　跨境貿易人民幣結算試點主要政策措施

時間	措施
2009 年 4 月 8 日	國務院決定跨境貿易人民幣結算試點境內城市為：上海、廣州、深圳、珠海、東莞；境外區域為：港、澳地區和東盟地區
2009 年 7 月 1 日	《跨境貿易人民幣結算試點管理辦法》，規定操作模式、結算流程等具體內容
2009 年 7 月 3 日	《跨境貿易人民幣結算試點管理辦法實施細則》
2009 年 7 月 6 日	《關於跨境貿易人民幣結算中國際收支統計申報有關事宜的通知》
2009 年 7 月 13 日	《關於跨境貿易人民幣結算國際收支統計申報有關事宜的通知》，明確跨境貿易人民幣結算產生的人民幣流量和存量信息屬於國際收支申報內容
2009 年 8 月 25 日	《關於跨境貿易人民幣結算出口貨物退（免）稅有關事項的通知》
2009 年 8 月 27 日	《關於跨境貿易人民幣結算試點有關問題的通知》
2009 年 9 月 8 日	《海關總署監管司關於跨境貿易人民幣結算試點有關問題的通知》
2010 年 3 月 8 日	《跨境人民幣收付信息管理系統管理暫行辦法》
2010 年 6 月 17 日	《關於擴大跨境貿易人民幣結算試點有關問題的通知》，境內試點範圍擴大至 20 個省區市，境外範圍擴大至所有國家和地區，業務範圍增加服務貿易及其他經常項目人民幣結算
2011 年 1 月 6 日	《境外直接投資人民幣結算試點管理辦法》，以配合跨境貿易人民幣結算，便利銀行業金融機構和境內機構開展境外直接投資人民幣結算業務
2011 年 8 月 22 日	《關於擴大跨境貿易人民幣結算地區的通知》，跨境貿易人民幣結算境內地區擴大至全國
2012 年 2 月 3 日	《關於出口貨物貿易人民幣結算企業管理有關問題的通知》，對出口貨物貿易人民幣結算企業實行重點監管名單管理

（二）跨境貿易人民幣結算政策的完善

在跨境貿易人民幣結算的制度設計中，有幾個基本原則，包括嚴格貿易背景真實性審核、採取市場化管理方式、加強事後監管和信息共享、有效防範風險等。在跨境貿易人民幣結算全面推開的背景下，在堅持各項基本原則的基礎上，相關部委出抬了一系列完善政策措施的規定。

2013 年 7 月，中國人民銀行發布了《關於簡化跨境人民幣業務流程和完善有關政策的通知》，該通知自發布之日起實施。為進一步提高跨境人民幣結算效率，便利銀行業金融機構和企業使用人民幣進行跨境結算，該通知簡化

了經常項目業務環節。根據有關規定,境內銀行可以在「瞭解你的客戶」「瞭解你的業務」「盡職審查」三原則的基礎上直接辦理跨境結算,企業經常項目下人民幣結算資金需要自動入帳的,境內銀行可以先為其辦理入帳,再進行相關貿易真實性審核。此外,該通知明確提出要鼓勵境內銀行開展跨境人民幣貿易融資業務。2014年3月,銀監會聯合人民銀行、財政部、商務部、海關總署及國家稅務總局下發了《關於簡化出口貨物貿易人民幣結算企業管理有關事項的通知》,對出口貨物貿易人民幣結算流程做了重點強化和進一步簡化要求。

進入2014年以後,隨著自由貿易試驗區在各地的相繼建設,各自由貿易試驗區都在擴大金融業對外開放方面採取了具體措施,監管層也加強了政策引導。為了支持在自由貿易區內開展各項跨境人民幣業務創新試點,鼓勵和擴大人民幣跨境使用,2014年2月,中國人民銀行授權上海總部發布《關於支持中國(上海)自由貿易實驗區擴大人民幣跨境使用的通知》。圍繞服務實體經濟、便利跨境投資和貿易,該通知簡化了試驗區經常項目和直接投資項下人民幣跨境使用流程,明確規定上海地區銀行在「展業三原則」基礎上,只需憑區內機構提交的收付款指令,就可以直接辦理相關業務,區內個人也可以辦理經常項目下跨境人民幣結算業務。此外,該通知還明確了人民幣境外借款規模與使用範圍及跨境電子商務結算和人民幣交易服務等創新業務。隨著自由貿易實驗區各項金融服務的創新發展,大部分人民幣跨境業務創新都已經在全國複製推廣。

在世界經濟曲折復甦,中國經濟發展進入新常態、對外貿易發展的國際環境和國內條件發生深刻變化的背景下,2016年1月印發的《對外貿易發展「十三五」規劃》將改進金融服務位列發展對外貿易的保障措施之中,並明確提出要擴大人民幣在跨境貿易和投資中的使用,鼓勵金融機構開發適應對外貿易發展需要的避險產品和風險管理工具,幫助企業有效規避匯率風險。2017年8月,《國務院關於促進外資增長若干措施的通知》明確提出,境外投資者在中國境內依法取得的利潤、股息等投資收益,可依法以人民幣或外匯自由匯出。為了進一步貫徹落實有關要求,2018年1月,中國人民銀行發

布了《關於進一步完善人民幣跨境業務政策促進貿易投資便利化的通知》，這對完善和優化人民幣跨境業務政策，營造優良營商環境，服務「一帶一路」建設，推動形成全面開放新格局有重要意義。

除了上述方面，中國還推出並完善了一系列與跨境人民幣業務相關的配套政策和措施。以人民幣跨境支付系統（CIPS）建設為例。2015年10月，CIPS一期成功上線運行，在整合已有人民幣跨境支付結算資源渠道的基礎上，為提高跨境清算效率和安全性，滿足各主要時區的人民幣業務發展需要創造了有利條件。2018年4月，為了規範CIPS業務行為，防範支付風險，明確對CIPS參與者的管理要求，保障CIPS營運機構和參與者合法權益，中國人民銀行制定了《人民幣跨境支付系統業務規則》。該規則以國際通用業務術語為基準，有利於CIPS國際業務推廣。2018年5月，CIPS二期全面投產，符合要求的直接參與者同步上線。與CIPS一期比較，CIPS二期在功能特點上進行了改進和完善，包括豐富結算模式、延長系統對外服務時間、完善報文設計、拓展直接參與者類型，等等。從實踐情況來看，中國人民銀行基於CIPS整體設計，在充分考慮國際通行作法的基礎上不斷完善制度規則，保持CIPS制度體系的完整性和一致性，CIPS的功能也逐漸完善，這對擴大跨境人民幣業務具有重大推動作用。數據顯示，2017年，CIPS累計處理人民幣跨境支付業務125.91萬筆，金額14.55萬億元，同比分別增長97.92%和233.67%。截至2018年5月，CIPS共有直接參與者31家，間接參與者724家，參與者範圍覆蓋全球六大洲、87個國家和地區，業務實際覆蓋全球150個國家和地區，2,381家法人金融機構。

（三）跨境貿易人民幣結算的發展

統計數據顯示，隨著試點範圍逐步擴大，制度體系不斷完善，以人民幣結算的跨境貿易總額在全行業中的占比穩步快速增長，結算總金額從2009年的35.8億元到2015年的52,300億元[①]，6年間增長了1,400多倍（見表8-4）。

---

① 數據來源於《中國人民銀行金融數據統計報告》。

表 8-4　2009—2017 年經常項目人民幣結算金額一覽①

單位：億元

年份	貨物貿易	服務貿易及其他	合計
2009	32	4	36
2010	4,380	683	5,063
2011	15,606	5,202	20,808
2012	20,617	8,764	29,381
2013	30,189	16,109	46,298
2014	58,974	6,565	65,539
2015	63,911	8,432	72,343
2016	41,209	11,066	52,275
2017	32,657	10,908	43,565

數據來源：中國人民銀行。

從表 8-4 中數據可見，2009—2015 年，經常項目人民幣結算金額一路快速上漲，僅在 2016 年、2017 年有所回落。但是，中國人民銀行《貨幣政策執行報告》顯示，2018 年，跨境人民幣業務快速增長，收支基本平衡，跨境人民幣收付金額合計 15.85 萬億元，同比增長 46%；經常項目下跨境人民幣收付金額合計 5.11 萬億元，同比增長 18%。其中，貨物貿易收付金額 3.66 萬億元，服務貿易及其他經常項收付金額 1.45 萬億元。進入 2019 年，跨境人民幣業務繼續保持增長，收支基本平衡。上半年，跨境人民幣收付金額合計 9.29 萬億元，同比增長 19.6%；經常項目下跨境人民幣收付金額合計 2.8 萬億元，同比增長 22%。其中，貨物貿易收付金額 2.02 萬億元，服務貿易及其他經常項收付金額 0.78 萬億元。

與規模的擴大相一致，與中國發生人民幣跨境收付業務的區域也不斷拓寬，企業明顯增加。《2018 年人民幣國際化報告》顯示，截至 2018 年 3 月，與中國發生人民幣跨境業務的國家和地區 242 個，發生業務的企業超過 34.9 萬家，銀行超過 386 家，137 個國家和地區的境外銀行在中國境內共開立了

---

① 趙蓉. 擴大經常項下跨境人民幣結算 [J]. 中國金融，2018（12）：64-66.

5,028個同業往來帳戶。2017年，與香港地區的人民幣跨境收付金額占比為49.7%，之後分別是新加坡占比9%，德國占比5.6%，日本占比近5%。其中，新加坡、德國、日本、韓國、英屬維爾京群島、荷蘭、馬來西亞等國家和地區的收付金額占比較2016年均有大幅上升。同時，隨著「一帶一路」建設的推進，中國與沿線國家的人民幣業務也迅速發展。2017年，中國與「一帶一路」沿線國家辦理人民幣跨境收付金額超過1.36萬億元，占同期人民幣跨境收付總額的14.7%，其中貨物貿易收付金額6,309.6億元，直接投資收付金額1,307.9億元，其他投資收付金額2,671.5億元，跨境融資收付金額2,607.2億元。截至2017年末，中國與22個沿線國家簽署了本幣互換協議，在7個沿線國家建立了人民幣清算安排，有5個沿線國家獲得人民幣合格境外機構投資者額度，人民幣與8個沿線國家貨幣實現直接交易，與3個沿線國家貨幣實現區域交易。

三、跨境貿易人民幣結算的貿易便利化效應

隨著人民幣跨境業務的發展，人民幣的國際地位顯著提高。2017年，人民幣已連續7年位居中國第二大國際收付貨幣。2018年1月，根據環球同業銀行金融電信協會（SWIFT）統計，人民幣在國際支付貨幣中的份額為1.66%，位居全球第五大支付貨幣。這足以證明，人民幣作為支付貨幣的功能正穩步增強，作為投資貨幣的功能正不斷提升，作為儲備貨幣的功能逐漸顯現，作為計價貨幣的功能實現突破，人民幣在全球貨幣體系中保持了穩定地位。

在一般意義上，一國貨幣成為國際貨幣的條件包括政治和經濟兩個方面，其中政治條件表現為具有強大的政治權力並得到國際合作的支持，經濟條件則包括外部經濟條件和內部經濟條件。所以，人民幣在全球貨幣體系中的地位提升，與中國的大國地位相輔相成。從對外貿易的角度講，中國貿易大國地位的鞏固與跨境貿易人民幣結算的快速發展是彼此促進的，而跨境貿易人民幣結算的貿易便利化效應，則具體體現了其鞏固中國貿易大國地位的貢獻。

第八章　新中國貨物貿易促進制度的演進與發展

從跨境貿易人民幣結算試點及至其全面開放以來的發展歷程來看，跨境貿易人民幣結算對貿易便利化的促進，首先來源於跨境貿易人民幣結算政策措施的推動，其次是以本幣計價結算的效應與作用。另外，人民幣在跨境投資中的使用所產生的投資便利化效應，也通過投資對貿易的帶動，促進了對外貿易的發展。

（一）政策推動效應

自 2009 年推出跨境貿易人民幣結算試點以來，中國堅持市場驅動原則，根據市場主體需要不斷完善人民幣跨境業務政策，便利市場主體開展跨境貿易和投融資活動，幫助市場主體規避匯率風險，降低財務成本，進而促進了對外貿易的發展。

早在 2009 年 7 月，《跨境貿易人民幣結算試點管理辦法》開篇第一句就表明制定該辦法是「為促進貿易便利化」。事實上，促進貿易便利化一直是中國推動跨境貿易人民幣結算的原則和重要目標，在出抬關於跨境貿易人民幣結算的政策時，一般都會明確提出貿易便利化要求，並圍繞相關要求出抬具體措施，簡化業務流程，如規定所有出口貨物的貿易企業均可享受出口退稅政策，包括延期付款、預收貨款在內的人民幣形式的對外負債不占用外債指標，以真實交易背景為依據管理跨境人民幣業務，強調事後而非事前監管等等。2018 年 1 月中國人民銀行發布的《關於進一步完善人民幣跨境業務政策促進貿易投資便利化的通知》，更是將促進貿易便利化作為關鍵詞直接命名，並且明確規定：凡是依法可以使用外匯結算的跨境交易，企業都可以使用人民幣結算，銀行應以服務實體經濟、促進貿易投資便利化為導向，根據跨境人民幣政策，創新人民幣金融產品，提升金融服務能力，充分滿足客戶真實、合規的人民幣跨境業務需求；對個人其他經常項目人民幣跨境結算業務，銀行可以在「瞭解你的用戶」「瞭解你的業務」「盡職審查」三原則基礎上辦理；支持境外投資者以人民幣參與境內碳排放權交易。這些政策的實施，有利於進一步提高貿易投資便利化水準，提升金融機構服務實體經濟、服務「一帶一路」建設的能力，有利於推進更深層次、更高水準的對外開放。

(二) 強大的市場需求及本幣結算效應

隨著中國經濟實力的不斷增強，中國與周邊國家的經貿關係緊密，人民幣幣值穩定，境外居民對人民幣的真實需求，這些都為開展跨境人民幣業務提供了堅實的基礎；同時，國際金融危機的爆發和主權債務危機的蔓延，凸顯了國際貨幣體系的內在缺陷和系統性風險，為人民幣「走出去」提供了契機。[①] 隨著跨境人民幣業務的發展，隨著市場需求的增加，人民幣交易規模的擴大為降低交易成本創造了條件。

站在企業的層面，跨境人民幣業務能為其提供一個自由選擇結算幣種的權利，便於其規避匯率風險，特別是有進出口雙向業務往來的企業，既可以減少貨幣錯配風險，也可以降低費用成本。因為，在以外幣結算的情況下，企業往往需要承擔套期保值費用和匯兌成本，在人民幣兌部分小幣種時，一般還要承擔兩次匯兌成本。以人民幣結算時，則可以簡化手續和操作流程，節省匯兌成本和為規避匯率風險所產生的費用。這是以本幣結算的意義體現。

(三) 貿易便利化效應與投資便利化效應

投資便利化是開展跨境人民幣業務的另一個原則和目標，關於跨境貿易人民幣結算的政策措施往往都會涉及投資便利化，針對跨境投資人民幣業務的政策措施更少不了投資便利化。在某些時候，貿易投資便利化就是一個組合詞，如在《關於進一步完善人民幣跨境業務政策促進貿易投資便利化的通知》中一般，結合應用。

事實上，在貿易投資一體化的背景下，中國日益重視對外貿易和跨境投資的依存關係，強調外商直接投資和對外直接投資對對外貿易的帶動作用及貿易投資的協調發展，在相關發展規劃、條例規章中，通常也會對此作出明確規定，在針對跨境人民幣業務的政策措施中，這樣的目標和要求也十分明確。因此，跨境人民幣業務對投資便利化的促進，必定產生貿易便利化效應，進而促進對外貿易發展。同時，跨境貿易人民幣結算對貿易便利化的促進，也會提高投資的便利化程度，有利於跨境投資的發展。

---

① 績彩虹. 跨境貿易人民幣結算對中國國際貿易的影響研究 [J]. 中國商論，2018 (5): 86-87.

第八章　新中國貨物貿易促進制度的演進與發展

從跨境人民幣業務促生投資便利化效應的路徑來看，政策的推動和本幣結算的便利，也是基本的作用渠道。總體上講，各項跨境人民幣業務的發展都有利於貿易便利化效應和投資便利化效應交互作用，共同提升。實踐情況也證明，各項跨境人民幣業務都有效滿足了實體經濟的合理需求，給相關企業和金融機構帶來了實實在在的好處，契合了中國提高對外開放水準的目標，有力促進了對外經濟貿易平穩發展。

在未來的發展中，隨著中國改革開放的全面深化，隨著高水準的貿易和投資自由化便利化政策的不斷完善，跨境貿易人民幣結算及其他跨境人民幣業務的發展，將在中國從貿易大國邁向貿易強國的進程中發揮重要推動。

本章參考文獻

白欽先，徐愛田，歐建雄，2003. 各國進出口政策性金融體制比較［M］. 北京：中國金融出版社.

胡曉煉，（2019-05）. 承前啓後 奮發有為 為推動新時代改革開放增添助力［EB/OL］. http://www.eximbank.gov.cn/info/circus/201905/t20190529_9205.html.

劉溶滄，2002. 中國入世後的財政政策調整與政策創新［J］. 財政研究（6）：26-31.

劉鬱蔥，周俊琪，2019. 出口退稅四十年：回顧和展望［J］. 廈門廣播電視大學學報，22（1）：1-5.

潘功勝，（2019-01-21）. 外匯管理改革發展的實踐與思考：紀念外匯管理改革暨國家外匯管理局成立40週年［EB/OL］. http://www.safe.gov.cn/safe/2019/0121/11225.html.

石廣生，2002. 中國加入世界貿易組織知識讀本（二）［M］. 北京：人民

出版社：321.

王廷科, 2018. 不忘初心 勇於擔當 為服務國家新一輪改革開放作出更大貢獻［J］. 保險研究（12）：62-67.

續彩虹, 2018. 跨境貿易人民幣結算對中國國際貿易的影響研究［J］. 中國商論（5）：86-87.

張倫俊, 祝遵宏, 2005. 中國稅收對出口貿易的影響分析：兼談出口退稅政策調整的效應［J］. 國際貿易問題（4）：25-29.

鄔小燕, 張璇, 2008. 出口信貸［M］. 北京：機械工業出版社.

中華人民共和國駐保加利亞共和國大使館經濟商務參讚處,（2005-07）. 中保兩國出口信用保險政策簡評［EB/OL］. http://bg.mofcom.gov.cn/article/ztdy/200507/20050700151451.shtml.

趙蓉, 2018. 擴大經常項下跨境人民幣結算［J］. 中國金融（12）：64-66.

第九章
新中國服務貿易制度的演進與發展

　　世界服務貿易首先是伴隨貨物貿易的發展而發展的。貨物貿易發展，必然帶動運輸、通信、倉儲、金融、保險、信息、諮詢等為買賣雙方服務的各種服務行業的發展。其次是資本過剩的國家或地區在異國他鄉尋找新的投資場所，與此相關的金融、保險、會計審計、資信評估、律師事務等行業的服務貿易開始發展起來。再次是人員交往增多，特別是旅遊成為富裕階層大多數人的必須消費，因而使旅遊業成為不少國家的支柱產業。最後是本國和本地區服務市場狹小，而服務生產能力大，開拓境外服務市場的活動日益增加。

　　世界服務貿易的產生、發展，顯示了服務貿易的重要性。中國是一個貿易大國，卻不是貿易強國。要從貿易大國成功轉向貿易強國，服務貿易的發展至關重要。服務貿易的發展，需要多方因素合力推動，其中，制度建設與制度創新是極為重要的因素，中國服務貿易制度的不斷完善為服務貿易的發展提供了有力的保障。

第一節　新中國服務貿易制度的建立與改革

服務業的現代化是一國經濟現代化的重要標誌，在現代經濟活動中幾乎成為國民經濟的中心。但中國的服務業底子薄，起步晚，總體發展水準較低，以服務業發展為基礎的服務貿易發展水準不高，服務貿易制度建設也相對滯後，不同時期來看呈現出不同特點，具體而言分為以下幾個時期：

一、高度集中的計劃經濟時期（1949—1978年）

新中國成立後，中國首先在經濟領域進行了社會主義的三大改造，初步建立起社會主義的計劃經濟體制。對外貿易體制方面，在中共七屆二中全會確立的「對內節制資本，對外統制貿易」基本政策的指導下，建立了以指令性計劃為基礎的對外貿易國家統制制度，把全國對外貿易活動置於國家集中領導、統一管理之下，統一地進行對外經濟活動，採用貿易保護政策。同時，為了盡快恢復長期遭受戰爭破壞的出口商品生產，中共中央十分強調對外貿易工作要認真貫徹執行「發展經濟，保障供給」的方針，立足於生產，大力促進生產發展。在此後很長一段時間，重生產、輕流通、更輕服務的小生產觀念占據上風，認為服務業不創造價值，只參加社會價值的分配，第三產業這一概念被當作資產階級概念加以批判，甚至擔心服務生產多了會影響實物生產，要求各行各業支援工業，服務行業大量縮減，以服務業為基礎的服務貿易發展也一直處於低谷。

1949—1978年，中國服務進口項目主要是國內基礎建設工程和技術的引進。1949—1960年，西方資本主義國家在政治、經濟和軍事上封鎖、孤立新中國，中國只能選擇和蘇聯結盟，政治和經濟上都實行「一邊倒」的政策，這一時期引進的技術主要來自蘇聯和東歐地區。20世紀六七十年代，中蘇關係惡化，蘇聯切斷了對中國的技術援助，但中國與西方國家關係有所緩和，

且1971年中國在聯合國的合法席位得以恢復。在這一階段，中國主要引進西方的技術和服務。

在服務輸出方面，1958年10月29日，中共中央批准陳毅、李富春《關於加強對外經濟、技術援助工作領導的請示報告》，並在批示中指出「認真做好對外經濟、技術援助工作，是一項嚴肅的政治任務，也是中國人民對兄弟國家和民族主義國家的人民應盡的國際主義義務」，確立了對外經濟的援助方針。這一階段，中國的服務出口多為對亞非拉民族國家的無償工程和技術援助。項目多為工程承包和勞務，著名的工程援助有坦讚鐵路等。目的主要是打破西方等勢力對中國的全面封鎖。

總的來說，改革開放前，在社會主義計劃經濟體制下，中央高度集權的對外貿易體制使中國的對外貿易僅僅發揮了調劑國內市場餘缺的職能，僅看重有利於促進工業化和發展生產的貨物貿易。而在服務貿易方面，計劃經濟主導下的社會觀念認為第三產業（服務業）主要是服務性的部門，不是生產性的部門，不創造價值，不創造國民收入。這種觀念導致人們輕視第三產業，使中國第三產業長期處於落後狀態，以服務業發展為基礎的服務貿易也基本止步不前。僅有的工程和技術援助也主要是為政治交往和工業發展服務，並沒有單獨的服務貿易制度建設。

二、建立有計劃商品經濟制度時期（1979—1992年）

1978年12月，中共十一屆三中全會在北京召開，做出把工作重點轉移到社會主義現代化建設上來的戰略決策，從此中國進入了改革開放和社會主義現代化建設的歷史新時期。要實現社會主義現代化，就必須大幅度提高生產力，在多方面改變同生產力不相適應的生產關係和上層建築，改變一切不適應的思想方式、經營方式和管理方式，改革經濟體制，實行「有計劃的商品經濟」。作為中國經濟體制的重要組成部分，對外貿易體制的改革既是中國整體經濟體制改革的重要組成部分，又是對外開放的必然要求。中國的對外開放包括對外貿易、利用外資、引進技術、對外援助及對外工程承包等諸多內

容，其中大部分都涉及了服務貿易的內容，再加上中共十一屆三中全會確立了「解放思想、實事求是」的思想路線，國內因循守舊的陳腐思想開始逐漸轉變。服務業在國民經濟中的地位日益凸顯，輕視服務業、抵制服務業發展的落後觀念逐漸改變，服務貿易所涉及的領域也在逐步擴大，國際旅遊、銀行及保險、對外工程承包和勞務合作、技術貿易等都取得了較快的發展。因此，中國的服務貿易制度建設也被提上了日程。

20世紀七八十年代，經濟全球化進程加速，國際貿易自由化趨勢不斷強化，大批發展中國家紛紛進行貿易自由化改革，中國為了更好地融入世界經濟發展潮流，也必須推進對外貿易體制的改革和完善，推動中國貿易體制與國際規則接軌。因此，中國服務貿易制度建設的開端一方面是國內強烈的發展對外貿易以推動國民經濟發展願望的自主行為；另一方面，是在實施對外開放中，外資特別是跨國公司投資企業的進入、中國與國際經濟組織聯繫的加強、雙邊及多邊政府間經濟協定的簽署使中國的貿易體制與不同國家的法律、政策以及貿易慣例相互碰撞，從而不斷調適的結果。

1979—1983年，中國先後頒布了開展來料加工、補償貿易，興辦中外合資、合作與獨資企業等改革措施，開始從根本上動搖了新中國幾十年形成的對外貿易壟斷經營的局面。1984年，中國明確提出對外貿易體制改革的基本原則是：政企職責分開、經貿部專門管理；外貿經營實行代理制；工貿結合，技貿結合，進出結合。[①] 1988年2月，國務院頒布《國務院關於加快和深化對外貿易體制改革若干問題的規定》，對加快和深化對外貿易體制改革作了認真的部署，推動了對外貿易體制的進一步改革。1992年10月，江澤民在中共十四大報告中指出：「深化外貿體制改革，盡快建立適應社會主義市場經濟發展的、符合國際貿易規範的新型外貿體制。」這為中國對外貿易體制改革指明了正確的方向和最終目標。在這一階段，中國採取的主要改革措施有：

第一，調整對外貿易管理機構，明確政府部門對外貿的管理關係。1982年3月，第五屆全國人民代表大會作出決議，成立對外經濟貿易部，統一領

[①] 劉恒，謝曉堯. 中國對外貿易法律制度 [M]. 廣州：中山大學出版社，1996：8.

導和管理全國的對外貿易和對外經濟合作事務。1992 年，中共十四大以後，為了貫徹深化外貿行政管理體制改革的要求，中國進一步轉變外貿行政管理職能，強化外貿的宏觀管理，弱化微觀管理。為適應行政職能的轉變，外經貿部的機構也進行了適當調整，增加宏觀管理的機構，減少微觀管理的機構。增設的宏觀管理機構有：經貿政策和發展司、經濟協調司和外貿儲運協調司；撤銷的微觀管理機構有進出口司。

第二，逐步下放外貿經營權，極大調動各地方、各微觀企業經營外貿的積極性。在中央，經批准，國務院所屬的工業部門先後成立了一批外貿公司和對外承包工程公司，對外從事外貿活動，打破過去由外貿部獨家壟斷的局面；在地方，將各外貿專業進出口總公司的業務逐步下放，擴大地方的外貿經營權，結束過去由中央一級經營外貿的歷史。外貿經營權的下放增強了企業的競爭活力，使其更加積極主動地參與國際市場競爭。到 1988 年，中國開始推行對輕工業品、工藝品、服裝三個行業的外貿企業實行自負盈虧的試點改革。輕工業品、工藝品、服裝三個行業的出口收匯，大部分留成給外貿企業、生產企業和地方，小部分上繳國家，外貿企業實行完全的自負盈虧，這對企業擴大出口、提高效益起了積極作用。

第三，鼓勵外國經營者到中國境內開辦中外合營企業，擴大國際經濟合作和技術交流。1979 年正式施行的《中華人民共和國中外合資經營企業法》中明確規定，允許外國經營者在中國境內同中國經營者共同舉辦合營企業，並鼓勵外國合營者將可匯出的外匯存入中國銀行。這一規定不僅有助於引進國外的先進技術和外匯資本，促進中國技術服務貿易和金融服務貿易的發展。更重要的是，外資的進入大大拓展了人們的視野，思想觀念、意識形態隨之發生變化，也增進了對國外先進制度安排的瞭解，有助於中國借鑑、學習外部先進的服務貿易制度，通過示範效應和制度效應，推動中國服務貿易的制度建設。

第四，建立海外貿易機構，擴大對外貿易銷售。1980 年，對外貿易部在日本東京、英國倫敦、法國巴黎、聯邦德國漢堡設立了中國進出口公司代表處，負責對外銷售工作。1982—1985 年，分別在美國紐約、阿聯酋迪拜、巴

拿馬和聯邦德國漢堡設立四個貿易中心，在海外還設立了許多貿易公司，主要開展對外推銷、進口訂貨、市場調研、建立與客戶的聯繫等工作。海外貿易機構的設立，不僅有利於促進國內外企業的合作，擴大銷售，而且有利於就地學習西方發達國家的對外貿易體系和制度，加快中國的對外貿易制度改革和完善的進程。

第五，調整對外援助政策，更加注重經濟功能的發揮。20世紀80年代，面對新的國際和國內形勢，中國對外援助政策也進行了相應調整，開始重視對外援助的經濟功能。在1980年的外經工作會議上提出了「平等互利、形式多樣、講求實效、共同發展」的對外援助新理念。在新理念的指導下，自1983年起，中國在繼續給發展中國家提供無息貸款，實施承建成套項目的同時，開始和發展中國家開展多種形式的經濟技術合作，如承包工程、提供勞務、技術服務、合作管理等。自1981年起，中國政府還與聯合國計劃開發署合作，在國內為發展中國家舉辦各種實用技術培訓班，之後還擴展到學歷培訓、官員培訓等，不斷推動對外人力資源合作發展。[①] 對外援助的新理念推進中國對外經濟技術和人力資源等方面的發展，是服務貿易制度建設在對外經濟技術領域和人力資源合作方面的開端。

第六，開始重視服務業的發展和服務貿易的進出口事項。在現代社會中，市場經濟的一切活動都是在社會服務的基礎上運行的。商品生產和交換的整個過程，或者以社會服務為載體，或者以社會服務為條件，每時每刻都同服務經濟緊密聯繫在一起。正是這樣，沒有發達的服務經濟或第三產業，便沒有發達的市場經濟。[②] 1992年6月，中共中央、國務院頒布《中共中央 國務院關於加快發展第三產業的決定》，這是促進服務業發展的第一個重要文件。1992年第十四次全國代表大會明確指出「還要按照產業政策，積極吸引外商投資，引導外資主要投向基礎設施、基礎產業和企業的技術改造上，投向資金、技術密集型產業，適當投向金融、商業、旅遊、房地產等領域」。

---

① 於欣力，鄭蔚. 中國高校參與教育援非的多視角分析［J］. 學園，2010（5）：77-81.
② 白仲堯. 中國服務貿易方略［M］. 北京：社會科學文獻出版社，1998：15.

第九章 新中國服務貿易制度的演進與發展

1979—1992 年,中國在對外貿易體制方面的改革,改變了傳統對外貿易體制僵化的模式,對外貿易企業擁有更多自主經營權,對外援助也更加注重經濟功能的發揮,同時逐步放開對外資進入的限制,允許外資適當投向金融、商業、旅遊、房地產等服務行業,更加重視服務業的地位。這些與服務貿易息息相關的制度建設和變遷,有力地促進了中國服務貿易的發展。到 1992 年,中國服務貿易進出口出現了明顯增長,旅遊、建築、保險、通信服務等成為中國傳統優勢出口項目,其中旅遊服務更是多年保持了順差。但總體來看,中國的服務貿易總額在世界服務貿易額中所占比重仍十分有限(見表 9-1,表 9-2)。

表 9-1 1982—1992 中國服務貿易進出口額及占世界比重

年份	中國進出口額 金額/億美元	同比增長/%	占世界比重/%	中國出口額 金額/億美元	同比增長/%	占世界比重/%	中國進口額 金額/億美元	同比增長/%	占世界比重/%
1982	44	—	0.6	25	—	0.7	19	—	0.5
1983	43	-2.3	0.6	25	0.0	0.7	18	-5.3	0.5
1984	54	25.6	0.7	28	12.0	0.8	26	44.4	0.7
1985	52	-3.7	0.7	29	3.6	0.8	23	-11.5	0.6
1986	56	7.7	0.6	36	24.1	0.8	20	-13.0	0.4
1987	65	16.1	0.6	42	16.7	0.8	23	15.0	0.4
1988	80	23.1	0.7	47	11.9	0.8	33	43.5	0.5
1989	81	1.3	0.6	45	-4.3	0.7	36	9.1	0.5
1990	98	21.0	0.6	57	26.7	0.7	41	13.9	0.5
1991	108	10.2	0.6	69	21.1	0.8	39	-4.9	0.5
1992	183	69.4	1.0	91	31.9	1.0	92	135.9	1.0

數據來源:中國服務貿易指南網《中國服務貿易統計 2013》。

表 9-2　1982—1992 中國各項服務貿易進出口差額

單位：億美元

年份	1982	1983	1984	1985	1986	1987	1988	1989	1990	1991	1992
服務差額	5.63	5.81	0.4	6.22	17.5	19.52	12.54	6.92	15.03	28.58	-1.85
出口	25.87	25.75	28.97	31.45	40.26	44.37	48.58	46.02	58.55	69.79	92.49
進口	20.24	19.94	28.57	25.23	22.76	24.85	36.04	39.1	43.52	41.21	94.34
1. 運輸差額	-0.74	-1.86	-2.77	-4.93	-5.09	-4.48	-6.64	-13.9	-10.2	-9.91	-26.6
出口	11.73	11.67	10.44	10.31	10.11	11.93	16.12	13.61	22.26	15.17	16.62
進口	12.47	13.53	13.21	15.24	15.2	16.41	22.76	27.52	32.45	25.08	43.25
2. 旅遊差額	7.77	8.88	9.81	9.36	12.23	14.58	16.14	14.31	17.48	23.29	14.35
出口	8.43	9.41	11.31	12.5	15.31	18.45	22.47	18.6	22.18	28.4	39.47
進口	0.66	0.53	1.5	3.14	3.08	3.87	6.33	4.29	4.7	5.11	25.12
3. 通訊服務差額	0.21	0.13	0.25	0.05	0.01	-0.02	0.13	1.02	1.46	2.06	2.77
出口	0.27	0.22	0.32	0.12	0.15	0.12	0.24	1.18	1.59	2.21	3.49
進口	0.06	0.09	0.07	0.07	0.14	0.14	0.11	0.16	0.13	0.15	0.72
4. 建築服務差額	0.75	0.96	0.86	0.91	1.99	0.51	0.35		0.53	0.52	0.74	0.4
出口	0.75	0.96	0.86	0.91	1.99	0.51	0.35	0.53	0.52	0.74	0.6
進口	0	0	0	0	0	0	0	0	0	0	0.2
5. 保險服務差額	1.13	0.93	1.03	1.28	1.47	1.1	1.31	1.45	1.33	1.28	2.12
出口	2.02	2.03	2.24	1.96	2.29	2.52	3.45	3.32	2.27	3.42	4.86
進口	0.89	1.1	1.21	0.68	0.82	1.42	2.14	1.87	0.94	2.14	2.74
6. 其他商業服務差額	-2.26	-1.82	-6.83	0.88	7.25	7.29	2.65	5.38	5.75	11.81	6
出口	2.31	1.33	3.52	4.35	8.26	8.8	4.58	7.27	8.66	18.7	26.04
進口	4.57	3.15	10.35	3.47	1.01	1.51	1.93	1.89	2.91	6.89	20.04
7. 別處未提及的政府服務差額	-1.23	-1.41	-1.95	-1.33	-0.36	0.54	-1.4	-1.86	-1.32	-0.69	-0.86
出口	0.36	0.13	0.28	1.3	2.15	2.04	1.37	1.51	1.07	1.15	1.41
進口	1.59	1.54	2.23	2.63	2.51	1.5	2.77	3.37	2.39	1.84	2.27

數據來源：由國家外匯管理局《中國國際收支平衡表》整理得到。

三、建立社會主義市場經濟制度時期（1993—2001年）

1993年中共十四屆三中全會通過《關於建立社會主義市場經濟體制的若干問題的決定》，再次明確指出：「進一步改革對外經濟貿易體制，建立適用國際經濟通行規則的運行機制。」中國外貿法律制度體系建設進入了一個新的階段，服務貿易制度也有了較大的發展。

市場經濟是法制經濟，尊重國際慣例、借鑑國外的立法經驗是中國參與國際市場競爭和對外開放市場中不可忽視的一個重要方面。在服務貿易領域，已有一些國際規則和其他國家的立法可供參考。隨著中國對外服務貿易的增長，服務貿易立法的必要性不斷增強，服務貿易法律制度已成為中國市場經濟法律制度中的一個不可缺少的重要組成部分。[①] 在中共十四大以後，中國服務貿易立法工作逐步走上正常軌道。

1994年頒布的《中華人民共和國對外貿易法》，是中國第一部比較全面、系統的對外貿易法。作為中國外貿領域的基本法，《對外貿易法》將國際服務貿易納入了中國外貿法的調整範圍。該法第二條規定：「本法所稱對外貿易，是指貨物進出口、技術進出口和國際服務貿易。」因此，《對外貿易法》不僅調整貨物進出口、技術進出口，還調整服務的進出口。從立法內容來看，《對外貿易法》將貨物貿易和技術貿易合在一起，而對服務貿易進行了專門的規定。第四章（第二十二條–第二十六條）專門規定了服務貿易的原則、國家限制和禁止服務進出口等問題，而第三章則規定了貨物貿易和技術貿易的原則、國家限制和禁止進出口等一系列問題。從適用原則上看，貨物貿易和技術貿易是以自由進出口為原則。但對國際服務貿易，並未如同貨物和技術貿易那樣規定要實行自由化。第二十四條和第二十五條還規定，出於某些特殊原因，國家可以限制或者禁止國際服務貿易。從適用行業和主體上看，服務貿易涉及十幾個行業，中國實行的是由各個不同部門分別管理的體制，各個行業都制定了各自不同的行業管理的法律、行政法規，辦法各不相同。所以，《對外

[①] 孫南申. 中國對外服務貿易法律制度研究 [M]. 北京：法律出版社，2000：24.

貿易法》要求不同行業的國際服務貿易企業和組織的設立要依照該行業管理的法律、行政法規的規定辦理。[1]《對外貿易法》第二十六條規定：「國務院對外經濟貿易主管部門和國務院有關部門，依照本法和其他有關法律、行政法規，對國際服務貿易進行管理。」因此，調整國際服務貿易的法律亦不僅限於對外貿易法，還需要其他有關法律、法規來調整。《對外貿易法》用法制的形式確立了服務貿易管理的基本制度，標誌著中國的服務貿易發展開始進入規範化、法制化的軌道。

　　為了健全服務貿易涉及的十幾個行業的貿易體制，自1992年開始，《中華人民共和國廣告法》《中華人民共和國海商法》《中華人民共和國商業銀行法》《中華人民共和國證券法》《中華人民共和國保險法》等一系列法律的相繼出抬，推動了各類市場的發育和市場體系的形成，為加快第三產業和服務貿易的發展創造了有利條件。同時為了規範服務貿易市場主體和行為，中國還頒布了《外商投資企業法》《中外合資經營企業合營期限暫行規定》《中華人民共和國公司法》《指導外商投資方向暫行規定》《外商投資產業指導目錄》《關於設立外商投資股份有限公司若干問題的暫行規定》等法律法規，這些法律、法規和規定主要是從宏觀管理角度，規範市場主體的存在形式、投資方向、市場行為等一系列問題。1994年中國還進行了計劃、財稅、金融、外匯、外貿以及投資體制等方面的重大改革，為中國服務業和服務貿易發展提供了良好的宏觀環境和有力的保障。

　　區域經濟組織和多邊貿易組織的興起和發展也對中國服務貿易體制的發展和改革產生了重要影響。1989年，亞太經合組織（Asia-Pacific Economic Cooperation，APEC）在澳大利亞堪培拉正式成立，中國於1991年加入。亞太國家（地區）在發展水準、收入狀況、供需結構、資源稟賦等方面具有明顯的層次性，加入APEC有利於中國加強和亞太地區的經濟合作和貿易往來，便於中國利用美國和亞洲「四小龍」的雄厚資金和豐富的技術經驗促進產業結構的調整、管理體制的變革，實現服務業和服務貿易的跨越式發展。與此

---

[1] 孫南申. 中國對外服務貿易法律制度研究 [M]. 北京：法律出版社，2000：25.

第九章　新中國服務貿易制度的演進與發展

同時，全球多邊貿易組織出現突破，服務貿易作為新議題之一首次被納入烏拉圭回合多邊貿易談判，最後達成了第一套有關國際服務貿易的具有法律效力的多邊協定——《服務貿易總協定》（GATS），並於1995年1月正式生效。GATS為國際服務貿易提供了一套初步的總體規則框架，並給予發展中國家適當照顧，有利於各國在服務貿易方面的合作和交流。GATS對中國服務貿易制度的發展特別是促進服務貿易的自由化產生了深遠影響。中國積極配合復關和之後的入世談判要求倒逼國內的貿易體制做出相應調整和改革，國內的服務貿易體制已經向GATS的相關條款靠攏。GATS的宗旨之一是在透明度和逐步自由化的條件下擴大服務貿易，因此中國國內根據市場化改革目標和入世的需要逐步完善了信息公布制度，不斷下放服務外貿企業的自主經營權。1999年，外經貿部發布了《關於調整企業申請對外承包勞務經營權的資格條件及加強後期管理等問題的通知》，進一步放寬了企業申請對外承包勞務經營權資格條件，並將原來對外承包經營權審批制改為核准制。

鄧小平的對外開放思想孕育的「走出去」戰略也是中國建立社會主義市場經濟制度時期服務貿易制度不斷發展的重要推動力之一。2000年3月，江澤民在全國人大九屆三次會議上將「走出去」戰略提高到國家戰略層面，服務貿易相關部門也在管理體制方面鼓勵服務貿易企業「走出去」。2000年4月，國務院批准的外經貿部、外交部、國家計委、國家經貿委、財政部、人民銀行等部委發布的《關於大力發展對外承包工程的意見》指出，國際工程承包已經成為貨物貿易、技術貿易和服務貿易的綜合載體，要把發展對外承包工程作為貫徹落實中央關於「走出去」開放戰略的重要措施切實抓出成效，加大對外承包工程開拓國際市場的力度，促進工程承包和勞務合作實現跨越式發展。

1993—2001年，中國根據服務貿易市場化、法制化的要求完善服務貿易的法律法規體系，為中國服務貿易發展提供了良好的宏觀環境和有力的保障。在建設社會主義市場經濟的過程中，中國還特別注重尊重國際慣例、借鑑國外的制度經驗，逐步促進服務貿易自由化，不斷下放外貿企業的自主經營權，服務貿易制度自由化、便利化特徵不斷加強，開始形成了既具有中國特色又

與國際規則接軌的服務貿易制度架構。這些制度變化進一步調動了服務貿易企業的積極性和創造性。從 1993 年起，中國第三產業發展穩步上升，中國經濟政策調整對就業人員形成了一次轉移，第一產業就業人員在這十年明顯下降而第三產業逐漸吸收了大量就業人員，推動了中國服務業發展。在第三產業中，傳統服務行業規模不斷擴大，新興服務行業亦有突破性進展。改革開放為以建築業、交通運輸及倉儲、郵電通信、銀行、批發和零售貿易、旅遊以及餐飲業為主體的傳統服務行業注入了新的活力，讓這些投資少、見效快、盈利多的傳統服務行業獲得了前所未有的巨大發展。傳統服務行業的增加值占到第三產業增加值的 65% 左右，就業人數占到第三產業全部就業人數的 50% 以上[①]，構成了國內服務業的主體；新興服務行業如保險、諮詢信息、科技服務與技術貿易、包裝、大眾傳媒等從無到有，從小到大，有了突破性發展。

四、完善社會主義市場經濟制度時期（2002—2013 年）

2001 年 12 月 11 日，中國成功加入世界貿易組織，成為世界貿易組織第 143 個成員，標誌著對外開放進入新階段，開啟了中國全面參與國際競爭與合作的新時期。在此後的 10 年時間，中國全面融入多邊貿易體系，深入參與國際分工與交換，中國的對外貿易、雙向投資及對外經濟合作快速發展，確立了中國社會主義市場經濟體制。在這一時期，中國的服務貿易制度建設主要體現在降低服務市場准入門檻、減少貿易壁壘和行政干預、擴大服務業開放、完善服務貿易法律體系建設，鼓勵服務業「引進來」和「走出去」。

全面放開外貿經營權，建立和完善對外貿易促進機制，進一步促進中國服務貿易蓬勃發展。根據 2004 年新修訂的《對外貿易法》，自 2004 年 7 月起，中國政府對企業的外貿經營權由審批制改為備案登記制，所有對外貿易經營者均可以依法從事對外貿易。取消外貿經營權審批促進了國有企業、外

---

① 數據由國家統計局《中國統計年鑒 2002》整理得到。

商投資企業和民營企業多元化外貿經營格局的形成。《對外貿易法》第九章對外貿易促進明確要求國家制定對外貿易發展戰略，建立和完善對外貿易促進機制。具體要求包括：國家根據對外貿易發展的需要，建立和完善為對外貿易服務的金融機構，設立對外貿易發展基金、風險基金；國家建立對外貿易公共信息服務體系，向對外貿易經營者和其他社會公眾提供信息服務；國家採取措施鼓勵對外貿易經營者開拓國際市場，採取對外投資、對外工程承包和對外勞務合作等多種形式，發展對外貿易；中國國際貿易促進組織按照章程開展對外聯繫，舉辦展覽，提供信息、諮詢服務和其他對外貿易促進活動等。全面放開對外貿易經營權和完善對外貿易促進機制，進一步強化了中國服務貿易制度自由化、便利化特徵，推動中國服務貿易制度與國際高水準要求接軌。

2007年12月，商務部發布中國服務貿易領域首個發展規劃——《服務貿易發展「十一五」規劃綱要》，明確了「十一五」期間中國建設鼓勵服務貿易發展的各項政策措施，進一步落實了《對外貿易法》中建立和完善對外貿易促進機制的要求。同年11月，商務部與出口信用保險公司簽署了《支持服務貿易發展全面合作協議》，雙方希望該協議的簽訂，能夠為服務貿易企業「走出去」提供貿易收匯安全和融資便利的途徑，防範和化解金融風險，促進服務貿易的快速健康發展。進入「十二五」發展時期，中國經濟也進入了深化改革開放、加快轉變經濟發展方式的攻堅時期。商務部會同有關部門制定了《服務貿易發展「十二五」規劃綱要》，確立了服務貿易的戰略地位，並在加大金融財稅支持力度、加強知識產權能力建設、建立健全服務貿易促進體系、健全服務貿易統計體系等方面提出具體的規劃和指導意見，促進中國服務行業有效利用兩個市場、兩種資源，推動服務行業健康發展，夯實服務貿易發展的基礎。

入世承諾的逐步履行推動了中國服務業全面加快開放。入世前3年，中國主要在關稅減讓、非關稅措施取消和服務業市場的適度開放等方面做出了承諾。到2004年，中國全面認真地履行了有關承諾，清理修改了2,300多項法律、法規，廢除了其中800多項；公布了所有與貿易有關的法律、法規，

使各項法律規章的實施更加透明。按照《服務貿易具體承諾減讓表》承諾，在金融、保險、電信、法律、會計、建築、旅遊、教育、運輸等各個服務貿易領域實現了進一步開放，外國服務供應者進入上述領域的條件大大改善。在世界貿易組織服務貿易分類的 160 個分部門中，中國開放了 100 個，開放範圍已經接近發達國家的平均水準。[1] 以金融行業為例，中國加入世貿組織時承諾逐步擴大外國銀行經營本幣業務的地域範圍，並在入世後 5 年內取消地域限制。因此，中國於 2002 年 2 月 1 日頒布實施新修訂的《外資金融機構管理條例》，允許外資金融機構在滿足審慎性准入的前提下，在中國境內任何城市申請設立營業性機構。並在 2003 年修訂《商業銀行法》，將《外資金融機構管理條例》的內容寫入法律，使市場准入權利得到了法律保障。到 2010 年，中國服務業新設立外商投資企業 13,905 家，實際利用外資 487 億美元，占全國非金融領域新設立外商投資企業和實際利用外資的比重分別為 50.7% 和 46.1%。

對外簽署自由貿易協定提升了中國服務貿易制度開放的層級。加入世界貿易組織後，中國也在積極實施自由貿易區戰略。截止到 2013 年年底，中國同東盟、巴基斯坦、新西蘭等 7 個國家和地區簽署了自貿協定。在自貿協定中，中國新增了娛樂服務的開放，對 10 大類服務領域進行了承諾。研發服務、市場調研等是主要的新增開放部門。其中，中國—巴基斯坦自由貿易協定中新增開放了 12 個分部門。通過提高外資持股比例等措施深化了近 20 個子部門的開放承諾。在一國兩制下，中央政府通過與香港地區、澳門地區分別簽署《關於建立更緊密經貿關係的安排》（以下稱「CEPA」），進一步深化了服務業開放。在 CEPA 框架下的服務貿易開放措施多達四百餘項，服務業承諾開放的超過 140 個分部門，承諾的分部門覆蓋率超過 90%，達到發達國家承諾開放水準。[2]

加入世界貿易組織後，中國服務貿易進入新的發展階段，規模迅速擴大，

---

[1] 數據來源：《中國的對外貿易》白皮書。
[2] 數據來源：《中國的對外貿易》白皮書。

結構逐步優化，排名也進入世界前列。旅遊、運輸等領域的服務貿易增勢平穩，建築、通信、保險、金融、計算機和信息服務、專有權利使用費和特許費、諮詢等領域的跨境服務以及承接服務外包快速增長。中國服務貿易佔世界服務貿易的份額從 2002 年的 2.7% 上升到 2012 年的 5.6%。

隨著中國服務貿易制度不斷完善，服務貿易結構逐步優化，服務貿易的實現形式也在不斷豐富，國外服務的商業存在方式已經進入了中國的金融、保險、諮詢、法律和會計、旅遊、交通運輸、倉儲、建築、商業等多個服務行業；而中國在境外的服務型企業的經營活動也已經涉及金融、保險、信息諮詢和招商、交通運輸、餐飲、文化教育和醫療衛生服務等行業；以自然人流動方式進入中國的外國服務人員和從中國輸出的服務人員數量也在逐漸增多。

五、完善社會主義市場經濟制度新時期（2014 年至今）

2013 年 11 月，中共十八屆三中全會通過了《中共中央關於全面深化改革若干重大問題的決定》，為新的時期中國服務貿易制度建設指明了方向和道路。中共十八大以來，中國開始更加重視服務業和服務貿易的發展，發布了一系列有關促進服務貿易發展的政策文件和重大舉措，有力地推動了新時期中國服務貿易市場化和便利化發展。

2013 年 9 月以來，中國同意與美國按照「准入前國民待遇＋負面清單」模式開啟 BIT 談判，並在上海、天津、廣東、福建等地開展自由貿易區試點，自主擴大服務業開放持續深入推進，服務貿易自由化和便利化水準不斷提高，為服務貿易的發展創造了良好環境。2014 年初中央領導就服務貿易發展問題做出專門批示，2015 年初國務院發布《國務院關於加快發展服務貿易的若干意見》，提出要以深化改革、擴大開放、鼓勵創新為動力，著力構建公平競爭的市場環境，促進服務領域相互投資，完善服務貿易政策支持體系，加快服務貿易自由化和便利化。在加強規劃引導、完善財稅政策、創新金融服務、提高便利化水準、打造促進平臺方面提出了具體的政策措施。為了貫徹落實

該意見精神,加強對服務貿易工作的宏觀指導和部門間協調配合,2015年8月,經國務院同意,建立了由國務院領導同志牽頭負責的國務院服務貿易發展部際聯席會議制度。該聯席會議由商務部、外交部、貿促會等39個部門和單位組成,要求各單位要按照職責分工,深入研究服務貿易發展中的重大問題,制定相關配套政策措施或提出政策措施建議,切實發揮聯席會議作用,促進產業政策、貿易政策、投資政策的良性互動,積極營造大力發展服務貿易的政策環境。

2016年是中國經濟建設「十三五」規劃的開局之年,服務業和服務貿易在中國經濟發展中的戰略地位更加突出,服務貿易與投資合作的廣度和深度也在不斷拓展,再加上數字化時代服務貿易創新不斷加快,中國政府愈加重視拓展服務貿易發展領域,積極推動服務貿易技術創新和商業模式創新。年初國務院常務會議通過了《國務院關於同意開展服務貿易創新發展試點的批覆》,同意在天津、上海、海南、深圳、杭州、武漢、廣州、成都、蘇州、威海和哈爾濱新區、江北新區、兩江新區、貴安新區、西咸新區等省市(區域)開展服務貿易創新發展試點。這一措施有利於充分發揮地方在發展服務貿易中的積極性和創造性,推進服務貿易領域供給側結構性改革,健全服務貿易促進體系,探索適應服務貿易創新發展的體制機制和政策措施,著力構建法治化、國際化、便利化營商環境,打造服務貿易制度創新高地。同時為了貫徹落實《中華人民共和國國民經濟和社會發展第十三個五年規劃綱要》《國務院關於加快發展服務貿易的若干意見》的精神和工作部署,大力推動服務貿易創新發展,2017年3月商務部還會同有關部門制定了《服務貿易發展「十三五」規劃》,在優化營商環境、完善促進體系、健全合作體系、強化人才支撐、加強統計考核方面提出保障措施。

「十二五」以來,服務貿易在對外貿易總額中的比重不斷提高,由2010年的10.9%上升至2015年的15.3%,在貨物貿易下行壓力不斷加大的背景下,服務貿易已經成為對外貿易新的增長點。近年來,中國的服務貿易不斷發展,通過積極擴大服務業對外開放,中國服務產業基礎得到不斷增強。根據世界貿易組織統計,2015年中國服務貿易出口額與進口額的全球佔比分別

為 4.9% 和 9.6%，位居全球第五位和第二位。2015 年中國服務業增加值占比已上升至 56.9%，服務業吸收外資金額占中國實際利用外資總額的 67.6%。當前，中國已經逐步進入了以服務業為主導的經濟發展新常態階段，服務貿易在國民經濟和社會發展中的戰略性地位進一步凸顯，在世界服務貿易中的大國地位得到加強。

根據商務部統計，2014—2017 年服務貿易進出口額從由 6,520 億美元增長到 6,957 億美元，年均增長 2.2%。其中服務出口從 2,191 億美元增長至 2,281 億美元，年均增長 1.3%，服務進口從 4,329 億美元增長至 4,676 億美元，年均增長 2.5%。尤其是進入「十三五」以來，中國服務貿易平均增速高於全球，2018 年服務貿易進出口額達到了 7,918 億美元，同比增長了 13.8%，已經連續五年位居世界第二（見表 9-3）。服務貿易占對外貿易的比重從 2012 年的 11.1%，提高到 2018 年的 14.7%。

表 9-3　2014—2018 年中國服務貿易進出口貿易額一覽

單位：億美元

年份	中國進出口額 金額	中國進出口額 同比/%	中國出口額 金額	中國出口額 同比/%	中國進口額 金額	中國進口額 同比/%
2014	6,520	21.3	2,191	5.9	4,329	30.9
2015	6,542	0.3	2,186	−0.2	4,355	0.6
2016	6,616	1.1	2,095	−4.2	4,521	3.8
2017	6,957	5.1	2,281	8.9	4,676	3.4
2018	7,918	13.8	2,668	16.9	5,250	12.3

資料來源：根據商務部公布數據整理。

2019 年以來，得益於各項支持服務貿易發展的政策措施深入貫徹落實的推動，中國服務貿易穩步發展，規模持續擴大。2019 年上半年，中國服務貿易總額達到 26,124.6 億元，同比增長 2.6%。其中，出口 9,333.7 億元，增長 9%；進口 16,790.8 億元，下降 0.6%；逆差 7,457.1 億元，下降 10.5%。

作為一個服務貿易有巨大發展空間和開放前景的服務貿易大國，中國需要抓住服務貿易快速發展的機會，從而轉身為服務貿易強國。為此，中國加

快了深化改革的步伐，加強了政策創新部署，在提高服務業發展質量和水準的前提下，把擴大服務業開放作為新一輪對外開放的重點，並取得了顯著效果。一方面，擴大市場准入試點取得了新的成果，上海、廣州、北京等自貿試驗區都推出了金融、醫療、文化等新興服務貿易領域的試點舉措，這些舉措的示範效應在貿易、產業和投資方面都有所體現，將來會在更多行業和地域進行推廣；另一方面，服務業利用外資保持著良好的增速，服務業已經成為中國利用外資的主體。在未來的發展中，中國將進一步完善服務貿易制度，不斷擴大市場准入，提升服務業開放質量，促進服務貿易創新協調可持續發展，使之成為中國對外貿易轉型升級的重要支撐、培育經濟發展新動能的重要抓手和大眾創業、萬眾創新的重要載體。

第二節　中國傳統服務貿易制度的演進與發展

一、中國旅遊服務貿易制度的發展歷程

（一）高度集中計劃經濟時期的旅遊服務貿易制度（1949—1978 年）

中國的現代旅遊業最早是作為外事接待工作的一部分。1949 年 10 月 17 日，以接待海外華僑為主旨的廈門華僑服務社成立，這是新中國創辦的第一家旅行社，為海外華僑架起了一座連接僑居地與新中國的橋樑。此後又在泉州、深圳、汕頭、拱北、廣州等地成立了華僑服務社，中國旅行社的框架體系開始形成。中國政府為了促進社會主義國家間的友好交往，決定組建國際旅行社，負責接待外國來華旅行者和組織中國人出國旅行。[①] 1953 年 6 月 20

---

① 範鐵權，王素君. 旅行、政治與外交：新中國成立初期的出國旅行（1956—1965）［J］. 河北學刊，2018，38（2）：78-84.

日，周恩來批准了中共中央國際活動指導委員會《關於籌組國際旅行社的報告》，1954年4月15日，經政務院批准，分別在北京、上海、西安、桂林等14個城市成立了中國國際旅行社（CITS），負責接待訪華外賓的食、住、行、遊等事務，這是新中國經營國際旅遊業務的第一家全國性旅行社。

1957年4月，中國華僑旅行服務總社成立，由其統一領導和協調全國僑胞和港澳臺同胞的接待服務。為了加強對全國旅遊工作的領導，1964年成立了中國旅行遊覽事業管理局（國家旅遊局前身），明確旅遊發展的方針是「擴大對外政治影響」「為國家吸取自由外匯」。1966年「文化大革命」開始，由於受政治因素的影響和衝擊，正在成長中的中國旅遊業受到了嚴重的干擾和破壞，旅遊接待被錯誤地批判為是為資產階級服務的。舉國不安定的混亂局面，直接影響了海外旅遊者的入境。旅遊接待成為單純的政治接待，不計接待成本、不講經濟效益。到20世紀70年初，毛澤東提出要「著眼於人民，寄希望於人民」，要求做好國際交流工作。在周恩來的直接關心和領帶下，旅遊事業逐步恢復。

（二）建立有計劃商品經濟制度時期的旅遊服務貿易制度（1979—1992年）

1978年的中共十一屆三中全會確定將國家的工作重點向社會主義現代化建設轉移，旅遊業開始了從外事接待部門向經濟產業的轉變，中國的旅遊業也因此進入了新的發展時期。轉變的起點是1978年3月中共中央批轉了《關於發展旅遊事業的請示報告》，建議「將目前的中國旅行遊覽事業管理局改為直屬國務院的中國旅行遊覽事業管理總局」，這意味著新成立的中國旅行遊覽事業管理總局不再隸屬於外交部，也不再是準外交行政管理機構，而是旅遊經濟的管理部門。隨後，鄧小平指示：「搞旅遊要把旅館搞起來，下決心要快，第一批可以找僑資、外資，然後自己發展。」按照鄧小平的指示，國務院成立了以主管副總理為首的旅遊工作領導小組，各地政府也相繼成立領導小組。自此中國的旅遊產業走上了開放的軌道。1979年5月，國務院批准北京等四個城市利用僑資、外資建造了6座旅遊飯店。

1978—1980年，中國入境旅遊人數高速增長，但旅行社系統仍然歸政府部門直接管理，無法實現自主經營和自主決策，難以滿足日益旺盛的市場需

求。1981年3月,中央書記處和國務院提出了旅遊管理體制改革的重要指導思想,要求中國旅行遊覽事業管理總局作為旅遊管理機構,必須和國際旅行社實行政企分開,國際旅行社總社統一經營外國旅遊者來華的旅遊業務。1982年7月17日,中國旅行遊覽事業管理總局和國際旅行社總社正式分家,標誌著旅遊業向著統一領導,分散經營,政企分開的管理體制邁進。

在接待外國遊客的管理體制方面,1981年以前,全國具有外聯權的旅行社只有國旅總社和中旅總社兩家。1984年,國務院辦公廳轉發的《關於開創旅遊工作新局面幾個問題的報告》指出,旅行社業務要打破獨家壟斷的思想,允許國旅、中旅和青旅等單位開展競爭。之後,青旅被正式批准獲得外聯權和簽證通知權。從1985年開始,中國的旅遊貿易行業經歷了一個外聯權充分下放的時期。1985年,《旅行社管理暫行條例》將中國的旅行社分為一類、二類和三類社,其中一、二類社為國際旅行社,但是只有一類社享有外聯權。在這一時期,中國旅行社數量激增,批准成立了一大批一類社。1996年10月15日,《旅行社管理條例》出抬,進一步將旅行社類別調整為國際和國內兩類,取消了一類社和二類社的界限,至此,外聯權得以充分下放。

在居民出國遊方面,改革開放後,中國逐步嘗試開放中國公民邊境遊和出國遊。1986年12月25日,經國務院批准發布了《中國公民因私事往來香港地區和澳門地區的暫行管理辦法》,為公民前往境外旅遊開啓了政策的一端。1989年9月23日,國家旅遊局頒布了《關於中蘇邊境地區開展自費旅遊業務的暫行管理辦法》,同日還公布了《關於與蘇方聯合開展第三國和港澳地區旅遊團(者)跨國旅遊業務的暫行管理辦法》,規定開展跨國旅遊業務的對象,只限於與中蘇兩個均有外交關係的第三國及港澳地區,這實際上是出抬了公民邊境旅遊的政策。幾乎與此同時,出國旅遊的政策也在研究出抬之中。1989年3月24日,國務院批准國家旅遊局《關於擬同意廣東省試辦中國公民赴新加坡探親旅遊業務的請示》;1990年10月30日,國家旅遊局頒布《關於組織中國公民赴東南亞三國旅遊暫行管理辦法》,規定赴東南亞三國旅遊業務由全國9家指定的旅行社辦理。這樣,中國公民出境旅遊終於艱難地邁出了

第一步①。

(三) 建立社會主義市場經濟制度時期的旅遊服務貿易制度(1993—2001年)

1997年7月1日,國務院批准的《中國公民自費出國旅遊管理暫行辦法》的發布和實施,標誌著中國旅遊貿易行業所面臨的旅遊市場開始從入境和國內的二元市場轉向出、入境和國內遊的三元市場。

2001年,中國加入世界貿易組織,旅遊業是中國國民經濟和社會發展的重要產業,也是中國服務貿易的重要組成部分,中國入世對旅遊行業的開放和旅遊貿易發展產生了深遠影響。在入世前夕,為了使國內法規與世界貿易組織規則接軌,國家旅遊局配合國務院法制辦研究修訂了旅遊業的相關法規。中國早在1993年就允許在國家旅遊度假區內開辦中外合資旅行社,1998年發布的《中外合資旅行社試點暫行規定》,已不再限定合資試點的地域範圍。2003年6月,國家旅遊局、商務部聯合發布《外商控股、外商獨資旅行社暫行辦法》,提前兌現了允許設立獨資旅行社的承諾;2007年又提前取消對外商投資旅行社設立分支機構的限制,對外資旅行社的註冊資本實行國民待遇。至2009年末,獲得國家旅遊局批准的外商投資旅行社共計38家,其中外商獨資旅行社21家,外商控股合資旅行社8家,中方控股合資旅行社9家。

(四) 完善社會主義市場經濟制度時期的旅遊服務貿易制度(2002—2013年)

進入新世紀以後,中國更加重視旅遊行業的戰略地位,就加快旅遊業的發展做出了一系列重大部署,出抬了一系列政策。結合2011年12月28日發布的《國務院關於旅遊業發展工作情況的報告》的內容來看,主要分為四個方面:一是把發展旅遊業納入國家戰略體系。2009年國務院召開常務會議進一步研究國際金融危機背景下加快旅遊業發展問題,出抬了《國務院關於加快發展旅遊業的意見》,提出要把旅遊業培育成國民經濟戰略性支柱產業和人民群眾更加滿意的現代服務業,並在「十二五」規劃綱要中把旅遊業確立為服務業發展的重點產業,將加快發展旅遊業作為促進發展方式轉變、推進經濟結構調整的重要措施,並列出專門段落進行部署。二是優化旅遊業發展環

---

① 高舜禮.中國旅遊業對外開放戰略研究[M].北京:中國旅遊出版社,2004:5.

境。「十一五」時期，中央財政投入 90 億元，用於旅遊宣傳促銷和支持中西部地區旅遊基礎設施建設。同時還提出促進旅遊發展的制度安排。1999 年，國家開始實行長假制度，2007 年國務院調整法定節假日安排，增加了法定節假日時間，中國職工每年非工作日已達 115 天，同時出抬了《職工帶薪年休假條例》，推動落實職工帶薪休假制度。三是加強法規和標準化建設。國務院公布了《旅行社條例》《中國公民出國旅遊管理辦法》等法規，全國 31 個省、自治區、直轄市都公布了《旅遊管理條例》或《旅遊業條例》等地方性法規。截至 2011 年，發布了旅遊業國家標準 22 項、行業標準 18 項、地方標準 200 多項，標準化範圍基本覆蓋旅遊業各主要領域和重點環節。四是提升旅遊業對外開放水準，不斷擴大國際旅遊交流與合作。截至 2011 年年底，中國已批准 140 個國家和地區為中國公民出境旅遊目的地，實施 111 個。「十一五」期間中國政府與外國政府共簽訂旅遊合作協議 3 份，與其他國家的旅遊部門簽署的合作協議、協定和備忘錄共 53 份，與美國、俄羅斯、澳大利亞、日本和韓國等多個國家和地區建立旅遊合作機制；結合北京奧運會、上海世博會等重大活動，在全球廣泛開展國家旅遊形象宣傳；還與法國、義大利、印度、韓國、俄羅斯等互辦了旅遊年，進一步促進中國旅遊「走出去」。[1]

「十二五」期間，旅遊業全面融入國家戰略體系，走向國民經濟建設的前沿，成為國民經濟戰略性支柱產業。2013 年 10 月 1 日，《中華人民共和國旅遊法》（以下簡稱《旅遊法》）開始施行，促進旅遊業現代治理體系初步建立。《旅遊法》突出了規劃引領作用，第十七條明確提出：國務院和縣級以上地方人民政府應當將旅遊業發展納入國民經濟和社會發展規劃。第十八條至第二十條中對旅遊發展規劃的編製內容提出了細緻的要求。

（五）完善社會主義市場經濟制度新時期的旅遊服務貿易制度（2014 年至今）

為貫徹落實《中華人民共和國旅遊法》，加強部門間協調配合，促進中國旅遊業持續健康發展，2014 年 9 月，國務院批准建立部際聯席會議制度。同

---

[1] 姚延波. 中國旅行社業發展歷程回顧與展望 [N]. 中國旅遊報，2017-09-05（003）.

時還出抬了《國民旅遊休閒綱要（2013—2020 年）》《國務院關於促進旅遊業改革發展的若干意見》等文件，各地出抬了旅遊條例等法規制度，形成了以旅遊法為核心、政策法規和地方條例為支撐的法律政策體系。

2016 年 12 月，國務院印發了《「十三五」旅遊業發展規劃》，進一步提出開放合作，構建旅遊開放新格局的要求。開展「一帶一路」國際旅遊合作，推動建立「一帶一路」沿線國家和地區旅遊部長會議機制。拓展與重點國家旅遊交流，推動大國旅遊合作向縱深發展，深化與周邊國家旅遊市場、產品、信息、服務融合發展，加強與中東歐國家旅遊合作，擴大與傳統友好國家和發展中國家的旅遊交流，推動與相關國家城市締結國際旅遊夥伴城市。完善雙邊、多邊旅遊對話機制，推動建立更多合作平臺，倡導成立國際旅遊城市推廣聯盟，引領國際旅遊合作。同時有序發展出境旅遊，推動出境旅遊目的地國家和地區簡化簽證手續、縮短簽證申辦時間，擴大短期免簽證、口岸簽證範圍。將旅遊業「走出去」發展納入國家「走出去」戰略，制訂旅遊業「走出去」戰略規劃。推進自由貿易協定旅遊服務貿易談判，推動旅遊業雙向開放。

二、中國運輸服務貿易制度的發展歷程

運輸服務貿易當中的國際空運服務貿易和國際海運服務貿易兩部分統稱為航運服務貿易，航運服務貿易是運輸服務貿易的重要組成部分。本書以航運服務貿易為例探討中國運輸服務貿易及相關制度的發展歷程。

（一）高度集中計劃經濟時期的運輸服務貿易制度（1949—1978 年）

空運貿易，又稱國際空運服務貿易，是指締約國承運人為另一締約國客戶提供航空運輸及相關服務，其範圍包括國際航空運輸服務與空運輔助服務，一般由各國根據雙邊航空協約的約定，由各方指定的航空公司執行。目前，規範空運服務的國際性法規主要有國際民航組織的相關文件，其中包括 1929 年制定的《華沙公約》以及 1999 年制定的《蒙特利爾公約》。依照民航組織相關文件的規定，航空運輸服務應該包括客運、貨運、包機出租、飛機維修

以及空運支持服務等方面。但各國之間在國際航空運輸概念的界定以及公約適用範圍等基本方面還存在爭議，世界貿易組織對於空運貿易概念的界定一直比較模糊，這些原因使得國際上關於空運服務的概念難以統一。各國對於空運服務的數據統計和市場管理都難以做到透明化和公開化。

新中國成立初期，中國十分重視民航事業的建設，早在中華人民共和國成立前夕召開的第一屆中國人民政治協商會議制定的《共同綱領》中，就提出要「有計劃、有步驟地建造各種交通工具和創辦民用航空」。根據中央軍委、政務院《關於整編民用航空的決定》，1952年7月7日，新中國創辦的第一個國營民用航空運輸企業——中國人民航空公司在天津正式成立，這是新中國民航在創建時期實行政企分開所進行的第一次有益嘗試。① 在國際航空方面，1949年12月6日至1950年3月4日，毛主席第一次跨出國門，訪問蘇聯。新中國民航建設是此次兩國會談的一個重要議題，在兩國政府會談簽訂的7個合作項目中，其中一項就是兩國合資經營民用航空公司。3月27日，中蘇兩國政府在莫斯科簽訂了《關於創辦中蘇民用航空股份公司的協定》，同年7月1日，中蘇民用航空股份公司正式成立。並開闢北京—赤塔、北京—伊爾庫茨克、北京—阿拉木圖三條國際航線，新中國民航國際航線就此開通。民用航空股份公司的成立，不僅打破了帝國主義對新中國的對外空中交通的封鎖，便利了中國與世界各國的友好往來，溝通了首都北京與東北、西北地區的航空聯繫，也為新中國民航初步建立了一套經營管理制度，配備了比較完善的技術設備，培養了導航、空管、維修等各類技術業務人員，對協助新中國民航事業的建設做出了一定貢獻。②

新中國成立至改革開放前，中國民用航空總的管理機構共經歷了6次大的調整，中國民航也在體制調整和權力逐步下放的過程中曲折地成長，國際航線發展、飛機機型更新和國內機場建設都取得了較大進步。1971年11月19日，國際民航組織驅逐了國民黨政權的代表，承認了中華人民共和國在國

---

① 李永，梁秀榮，盛美蘭．中國民航發展史簡明教程［M］．中國民航出版社，2011（7）：47．
② 中國民用航空局．中國民航局60週年檔案展：艱苦創業篇［EB/OL］．http://www.caac.gov.cn/website/old/D1/60years/jkcy/rmhk/．

第九章　新中國服務貿易制度的演進與發展

際民航組織的唯一合法地位。中國也在 1974 年宣布決定承認 1944 年的《國際民航公約》，加入有關修正議定書，並恢復在國際民航組織中的活動。這一決定有利於中國發展國際航空，加強與第三世界國家的團結、反對航空霸權主義、推動國際民航事業進步。到 1976 年年底，中國民航的國際航線已發展到 8 條，通航里程達 40,933 千米，占通航里程總數的 41%；國際運輸總週轉量達到 3,948 萬噸千米，比 1970 年增長 23 倍多，由占全部運輸總週轉量的 3% 上升到 21%。

海運貿易，又稱國際海運服務貿易，是指服務提供者使用船舶或其他運輸工具，通過海上航線運送貨物和旅客，獲取收益的運輸服務方式，以及與這種運輸服務方式相關的輔助活動的總稱，其範圍包括旅客及貨物的國際班輪與租船運輸服務、港口設施服務、各種輔助性服務、在境外設立船運服務機構或代理機構、海員雇傭服務等。《服務貿易總協定》規定，通常人們將海運服務貿易劃分為國際海上運輸服務、國際海運輔助服務和港口服務三部分。與空運服務貿易不同，海運服務貿易概念的界定已經為世界所普遍認可，《關於海運服務的附件》中已經對海運服務貿易作出了翔實的規定。同時海運服務市場自由化問題已引起了世貿組織成員國的廣泛關注，海運服務貿易國際市場自由化進程已經取得較大進展。

1949—1978 年，中國海運事業緩慢發展，初具規模。新中國成立之初，由於國民黨政權對海港及海運設施的大肆破壞，當時只留下 23 艘輪船，總噸位 3.4 萬噸。1950 年 3 月，政務院發布《關於 1950 年航務工作的決定》，規定了海洋和內河航務工作的方針、政策和中心任務；成立全國航務機構。第一個五年計劃期間，中國政府取消了海港、航運分管制度。1958 年，中國的海運管理體制進行了大調整。交通部將設在各地的管理局所屬海港和海運船隊分開管理，並把一大批原為交通部直屬的港口、船舶及附屬單位下放給地方。進入 20 世紀 70 年代後，由於內外貿易海運的發展，海港建設比例失調的情況突出地暴露出來，港口壓船、壓貨十分嚴重。為此，周恩來批示外貿、交通兩部「扭轉這一形勢」，隨後在中國沿海進行了較大規模的港口建設工作。在國際航運方面，從 20 世紀 50 年代開始，中國就採取多種形式，積極

381

開展國際合作發展遠洋運輸。從1951年6月中國與波蘭合辦中波輪船公司起，又先後與捷克、阿爾巴尼亞、坦桑尼亞等國成立聯合海運公司或輪船股份公司。20世紀70年代以來，中國遠洋運輸公司還先後與外國私營公司合營「跨洋輪船代理公司」（鹿特丹）、「考斯菲爾航運代理公司」（安特衛普）、「五星航運代理獨占股份有限公司」（悉尼）、「中鈴海運服務公司」（橫濱、神戶）、「漢遠船舶服務中心」（漢堡）等。除此以外，與中國訂有「通商航海條約」的國家5個，交換「航運互惠換文」的國家5個，簽訂「海運協定」的國家32個。中國自開展遠洋運輸以來，還陸續承認並參加了國際海運公約的修約、訂約，先後參加了《政府間海事協商組織公約》等公約十餘個。[1]

（二）改革開放後到加入世界貿易組織前的運輸服務貿易制度（1979—2001年）

1980年5月17日，國務院、中央軍委《關於民航管理體制若干問題的決定》發布，明確提出，民航總局是國家管理民航事業的行政機構，統一管理全國民航的機構、人員和業務，逐步實現企業化的管理。隨後，中國民航的企業化改革就在政企分開、減少管理層次、簡政放權的原則下逐步推進。為了保障民用航空活動安全和有秩序的進行，1996年3月1日，《中華人民共和國民用航空法》（以下簡稱《航空法》）開始施行。此後，以《航空法》為核心，覆蓋行政規則、航空器、航空人員、空中交通管理等民航業所有領域的政策體系不斷完善。截止到2008年，民航法規體系已有法律1部、行政法規和法規性文件27部、規章114部。在利用外資和對外開放方面，1980年誕生了中國第一家民航運輸領域的外商投資企業——北京航空食品有限公司。1994年和2002年民航總局兩次頒布了外商投資民航業的相關規定，允許外資投資於除空中交通管理以外的民航業所有領域。截至2018年12月，中國批准加入26個國際民航多邊條約，通過外國政府貸款、中外合資、外商獨資、融資租賃、海外上市等方式，民航累計利用外資約600億美元。中國還與126

---

[1] 彤新春. 試論新中國海運事業的發展和變遷（1949—2010）［J］. 中國經濟史研究, 2012 (2): 127-137, 145.

個國家和地區簽署了雙邊航空運輸協定,其中近90%是在1978年改革開放以後新訂立的。現在每週有15,684個定期客運航班和1,894個定期貨運航班往返於中國與世界主要國家之間,民航企業通過加入航空聯盟,開展代碼共享、股權合作等方式,積極主動地參與世界航空運輸的競爭。2004年以來,中國已經連續5屆在國際民用航空組織當選第一類理事國。

與此同時,隨著改革開放政策的執行,中國經濟快速增長,海運大國地位也逐漸建立。1979年,交通部直屬的幾個港口增加了42個萬噸級深水泊位,吞吐能力比1972年增加了62%;遠洋運輸船隊也有很大發展,1979年,中國遠洋船隊由1970年居世界第28位,上升到第14位。1981年交通部召開計劃會議,提出了振興中國水運事業的工作任務,在發展遠洋船隊、建設港口、開展對外經營業務、發展集裝箱運輸等方面提出要求和指示。到1982年,中國開闢了天津港、上海港至美國的全集裝箱班輪航線,新開闢的國際集裝箱運輸航線也多達15條,更好地適應了中共十一屆三中全會以來外貿雜貨的運輸需要。在此期間,中國也頒布了一系列的海運政策和法規。1990年3月2日,為了適應發展對外貿易和國際海運的需要,交通部發布《國際船舶代理管理規定》。1992年7月交通部提出了《深化改革、擴大開放、加快交通發展的若干意見》,同年11月,國務院發布了《國務院關於進一步改革國際海洋運輸管理工作的通知》,對從事國際海洋運輸業務的行業及部門的限制條件進一步放寬。1993年7月1日,《中華人民共和國海商法》正式實施;1999年,《海事訴訟特別程序法》頒布,為強化海上運輸法制環境提供了法律保障。[①]

(三)加入世界貿易組織以來的運輸服務貿易制度(2001年至今)

2000年以來,中國空運貿易發展迅速。2000—2007年,空運貿易進口額年均增長率為27%,出口額年均增長率為30%,但這段時期中國空運貿易始終處於逆差狀態。2007年中國航空貿易總額為112.44億美元,其中進口額為61.27億美元,出口額為51.17億美元,貿易逆差為10.1億美元,占2007年

---

① 肜新春.試論新中國海運事業的發展和變遷(1949—2010)[J].中國經濟史研究,2012(2):127-137,145.

總空運貿易總額的 8.9%。截至 2008 年，中國空運貿易總額為 151.32 億美元，同比增長 34.6%。其中，空運貿易進口額為 70.67 億美元，同比增長 15.3%，出口額為 80.65 億美元，同比增長 57.6%，並且首次由空運貿易逆差轉為貿易順差。造成逆差的主要原因是中國航空企業對國際航線的開闢速度遲緩，國際航線數量低。由於航空運輸業與國家安全緊密相關，各國對於航空業一直實行高度的政府管制。當前，國際航線開闢的主要依據為各國政府之間簽訂的雙邊航空自由化協定，且中國民用航空航線分配仍處於政府管制狀態，國外企業尤其是歐美國家航線開闢能力遠遠高於中國企業。

　　在這一時期，中國也在不斷向海運強國轉變。中國加入世界貿易組織之後，一系列海運法規出抬，海運業加快進入國際航運市場。2001 年 12 月 11 日，《中華人民共和國國際海運條例》（以下簡稱《國際海運條例》）發布，反應了中國加入世界貿易組織的海運服務承諾，促進了海運市場的改革與開放。2003 年，國家著手制定《中國船舶工業發展政策》，目標鎖定打造第一船舶大國。2004 年 2 月 25 日，交通部、商務部聯合發布《外商投資國際海運業管理規定》，作為《國際海運條例》的配套規章。2006 年 3 月，船舶工業發展列入國家「十一五」規劃；8 月，國務院通過《船舶工業中長期發展規劃》，再一次表明國家對船舶工業的重視和支持，對於加快中國船舶工業結構調整和產業升級，使之成為帶動相關產業全面參與國際競爭的強勢產業，對推進中國創建世界造船大國強國具有重大意義。「十二五」規劃把發展海洋運輸列為發展海洋經濟的重要內容。2010 年，《國務院關於加快培育和發展戰略性新興產業的決定》將高端裝備製造列入其中，其中就有海洋工程。2016 年，國務院對外公布了第二次修訂的《國際海運條例》，進一步為維護國際海上運輸市場秩序，保障國際海上運輸各方當事人的合法權益提供法律保障。同時中國在保障國際海運安全方面也做出了很大的貢獻。2008 年中國海軍開始在印度洋、亞丁灣海域執行護航行動。截至 2018 年 10 月，中國海軍護航行動整整十年，已完成 1,181 批次 6,573 艘船舶的護航任務。[①]

---

① 中國交通新聞網.40 年・見證：中國水運發展前所未有的四十年［EB/OL］.（2018-12）. http://guancha.gmw.cn/2018-12/19/content_32201947.htm.

第三節　中國新興服務貿易制度的演進與發展

2017年全球服務貿易大會上，商務部副部長錢克明表示，數字化時代服務貿易創新不斷加快，大數據、雲計算、物聯網、區塊鏈、人工智能等技術運用，極大提高了服務可貿易性，服務貿易企業形態、商業模式、交易方式發生深刻變革。商務部國際貿易經濟合作研究院在大會上發布的《中國服務貿易創新發展報告》顯示，全球服務貿易新興行業增長迅猛，通信、計算機和信息服務在2009—2016年平均增長率為6.35%，增速超過了總服務出口發展速度，也超過其他細分行業服務出口增長。

本節主要從中國文化服務貿易、信息技術服務貿易以及服務外包制度三個方面闡述中國新興服務貿易制度的發展概況。

一、中國文化服務貿易制度的演進與發展

隨著經濟全球化的發展，文化貿易已經成為國際貿易的重要組成部分。聯合國教科文組織的統計資料顯示，過去20年間，全球文化貿易一直在以驚人的速度持續增長，其中文化服務全球貿易的增長也十分迅猛。但是，在世界貿易組織框架下，文化貿易（包括文化服務貿易）卻是一塊模糊不清的領域。從《1947年關稅與貿易總協定》簽訂至今，關於貿易和文化問題的爭論一直不斷，特別是美歐雙方在視聽部門的開放問題上爭鬥激烈，在烏拉圭回合談判中也未能得到解決。迄今為止，世界貿易組織協議並沒有就文化產品和服務貿易達成專門的協議，只是將其列入一般產品和服務中加以考慮，並受到《1994年關稅和貿易總協定》、GATS和《與貿易有關的知識產權協議》的規範。

根據《中國文化服務進出口統計目錄（2015）》標準，中國文化服務的核心層類別包括出版服務、新聞服務、廣播影視製作服務、廣播影視授權服

務、廣播影視對外工程服務、文藝創作與表演服務、文化遺產保護服務、圖書館與檔案館服務、文化藝術培訓服務，互聯網信息服務、電信信息服務、廣播電視傳播服務。

中國文化服務貿易發展歷程較短，加入世界貿易組織後，中國逐步履行關於開放國內文化市場的承諾，國內文化產業的發展面臨著新的機遇和挑戰，中國高度重視運用政策指導文化產業發展。在文化對外貿易和文化產業「走出去」方面，中國主要是鼓勵企業「走出去」，鼓勵文化產業擴大出口，並在財政、金融、人才等各方面給予政策支持。2001年3月，全國人大九屆四次會議通過了《國民經濟和社會發展第十個五年計劃綱要》，其中明確提出要深化文化體制改革，整頓和規範文化市場，推動有關文化產業發展，進一步發展文學藝術、新聞出版、廣播影視等各項事業。2003年9月文化部頒布的《文化部關於支持和促進文化產業發展的若干意見》中明確提出文化產業實施「走出去」的發展戰略，發展外向型文化產業成為中國文化產業的發展戰略。2005年1月，為扭轉中國文化貿易逆差、推動文化產品出口，文化部發布《國家文化產品出口示範基地認定管理辦法（暫行）》，文化部和各級文化主管部門將對出口示範基地實行政策傾斜。2006年8月，文化部出抬了《關於鼓勵和支持文化產品和服務出口的若干政策》，為推動中國文化產品和服務更好地進入國際市場制定了具體政策。2009年7月，國務院出抬的《文化產業振興規劃》明確規定今後一個時期文化產業的重點工作之一是擴大對外文化貿易，要求落實國家鼓勵和支持文化產品和服務出口的優惠政策，在市場開拓、技術創新、海關通關等方面給予支持，形成鼓勵支持文化產品和服務出口的長效機制，重點扶持具有民族特色的文化產品和服務出口。2012年5月，文化部發布的《文化部「十二五」時期文化改革發展規劃》指出，要著力培育一批具有自主知識產權和較強國際競爭力的大型文化企業，培育外向型企業和仲介機構，鼓勵文化企業通過多種方式參與國際文化市場競爭，促進文化產品和服務走出去。

在利用外資方面，中國文化產業的整體特徵是存在一定的限制，在維護國家文化安全的基礎上逐步放開。2003年12月由文化部、商務部發布的《中

外合作音像製品分銷企業管理辦法》，規定中國合作者在合作企業中所擁有的權益不得低於51%，並對設立中外合作音像製品分銷企業的程序、經營內容做了具體規定。2009年的《文化產業振興規劃》中明確提出要降低資本准入門檻，通過吸收外資、社會資本等多種成分進入文化市場，以獨資、合資、合作等形式實現文化資本的多元化。2012年2月，美國動畫公司「夢工廠」與華人文化產業投資基金等單位簽署協議，聯合上海東方傳媒集團有限公司等公司在中國上海合資組建「上海東方夢工廠影視技術有限公司」，這是《國家「十二五」時期文化改革發展規劃綱要》發布後的首個文化產業領域的國際合作，表明中國文化產業將以更加開放的姿態面向國際市場。

進入經濟發展新常態以來，中國在加快推進中國文化產業供給側結構性改革、推動文化產業轉型升級方面加大了工作力度。2013年，中共十八屆三中全會報告提出「建立健全現代文化市場體系」這一總方針，以「文化市場」取代文化產業，成為中國最高政策文件中有關文化政策部分的第一主題詞，這標誌著中國文化發展的基礎和動力機制的轉換——從以產業政策推動為主，市場內生動力為輔的階段，走向以開放市場、調動市場內生動力為主，以產業政策干預推動為輔的新階段。[①] 2017年12月，國務院發布《「十三五」國家戰略性新興產業發展規劃》，首次將「數字創意產業」納入其中。2018年1月，文化部出抬首個專門針對數字文化產業的文件《關於推動數字文化產業創新發展的指導意見》，全面推動「互聯網+文化」的新業態、新模式、新趨勢的發展。

目前，中國在廣播影視製作、新聞出版、互聯網文化經營領域限制和禁止外資進入。另外，文化產業在利用外資方面仍存在以下三點限制：第一，在文化產業外資所佔比重方面有限制。許多開放的文化產業領域外資所佔比重不得超過49%。第二，文化企業外資進入形式也有所限制。除大型主題樂園和體育場館經營、健身、競賽表演及體育培訓和仲介服務外，其他鼓勵或限制類的文化領域都要求外資採取合資或合作的方式。其中廣播電視節目以

[①] 張曉明. 中國文化產業發展之歷程、現狀與前瞻 [J]. 山東社會科學, 2017 (10)：44-49.

及電影製作僅限於中外合作的形式。第三，外資進入文化產業程序方面存在限制，採取特別許可制即從嚴發放許可證。

二、中國電信、計算機和信息服務貿易制度的演進與發展

電信、計算機和信息服務是指居民和非居民之間的通信服務以及與計算機數據和新聞有關的服務交易，但不包括以電話、計算機和互聯網為媒介交付的商業服務。貸方記錄本國居民向非居民提供的電信服務、計算機服務和信息服務。借方記錄本國居民接受非居民提供的電信服務、計算機服務和信息服務。

中國的電信、計算機和信息服務行業基本都是在20世紀90年才開始大規模發展起來的。其中，中國電信業的發展主要是在20世紀的後20年，尤其是90年代至今才真正實現了電信的「起飛」。在這一過程中，中國不斷推進了國內電信產業的市場化進程。世紀之交，為了適應技術革命和社會發展的需要，中國決定對通信管理體制進行重大調整。1998年3月，在撤銷郵電部和電子部的同時，在兩部的基礎上組建了信息產業部。1998年4月，新成立的信息產業部下發《郵電分營指導意見》。國家郵政局正式掛牌，郵電開始分離，為下一步通信產業發展打下了基礎，並對通信體制進一步市場化改革起到了基礎性的作用。1999年2月，中國開始對電信行業進行「縱向切割」的拆分重組，將中國電信拆為中國移動、中國電信和中國衛星通信。2001年國務院又批准了信息產業部成立後的第二次《電信體制改革方案》，提出「打破壟斷，公平競爭，優化配置，加強監管」的指導方針，將原中國電信按地域切分，重新組建了新的中國電信集團公司和中國網絡通信集團公司，並為網通、吉通、鐵通頒發電信營運許可證。經過改革重組，基礎電信各個業務領域都同時有兩家以上企業經營，市場競爭格局初步形成。

入世後，中國利用世界貿易組織的有關條款，逐步對外開放市場。1998年開始生效的世界貿易組織《全球基礎電信協議》在服務領域的開放上允許成員根據其承諾的開放日程分業務、分階段逐步開放。中國基礎的電信服務

市場的對外開放也是分階段進行的。第一階段，2001 年以前，積極配合中國加入貿易組織的需要，明確了電信業可以對外開放，並確定了逐步開放的時間表。第二階段，2003 年開始，中國允許外資在增值和尋呼業務服務業占 50%的股份。2005 年後允許外資在移動電話和數據服務業占 49%的股份。2006 年後允許外資在國際和國內長途電話服務業占 49%的股份，並於 2010 年完成所有的開放承諾。第三階段是高於世界貿易組織框架的開放承諾推進階段；第四階段是對標國際深度開放階段。當前，中國電信服務業開放階段正處於第二階段向第三階段過渡時期，以混合所有制改革為突破口的國企改革，將在新興業務領域、國際化擴張、產業鏈垂直合作、外資控股等方面進行有效探索，推動電信服務市場自內而外形成新的競爭格局。[①] 同時，為加強電信建設的統籌規劃和行業管理，促進電信業健康、有序發展，國務院和國家工信部從 2000 年開始相繼頒布了《中華人民共和國電信條例》《電信服務質量監督管理暫行辦法》《電信服務規範》《電信服務質量監督管理暫行辦法（2014 修正）》《工業和信息化部關於進一步規範電信資費營銷行為的通知》等法律條例，確保中國電信服務業的對外開放和市場化進程。

2008 年，工信部、國家發改委、財政部三部委聯合發布《三部委關於深化電信體制改革的通告》，其指導思想是以第三代移動通信為契機，重新合理配置現有電信網絡資源，對市場競爭的態度是既要防止壟斷，又要避免過度競爭，這輪重組形成中國電信、中國聯通和中國移動三分天下的局面。[②]

進入 21 世紀以來，中國針對計算機和信息服務行業出抬了一系列鼓勵軟件產業和集成電路產業發展的若干政策，軟件行業步入快速發展階段。2000 年國務院發布了《關於鼓勵軟件產業和集成電路發展的若干政策》，對軟件產業在投融資、稅收、出口、收入分配、知識產權保護以及行業管理方面的問題制定了全面、系統的鼓勵性措施。相關部委出抬了《軟件企業認定標準及管理辦法》《軟件產品管理辦法》《關於軟件出口有關問題的通知》和《國家

---

① 湯婧. 五方面推進電信服務貿易發展 [N]. 經濟日報，2017-08-16 (016).
② 張麟. 縱向分權與國有基礎產業部門的市場化：以國家推動電信產業改革為例 [J]. 公共管理評論，2016 (1)：42-56.

軟件基地管理辦法》等，進一步明確了國家發展軟件產業的方針政策。2002年11月，國務院批准了信息化工作辦公室制定的《振興軟件產業行動綱要（2002—2005年）》，明確指示中國要充分利用加入世界貿易組織的機遇，以更加積極的姿態，擴大開放，大膽吸收和借鑑符合國際慣例的生產經營方式和管理方法，增強軟件產業創新能力和國際競爭力。2000—2005年，中國計算機和信息服務貿易出口從3.6億美元提高到18.4億美元，年均增長38.6%，占服務貿易出口額的比重由1.2%增長到2.5%；計算機和信息服務貿易進口額從2.7億美元提高到16.2億美元，年均增長43.1%，占中國服務貿易進口總額的比重從0.7%增長到2.0%，中國計算機和信息服務貿易2005年順差2.2億美元。[①]

  2008年金融危機以後，全球經濟出現放緩趨勢。危機影響下企業對成本、效率的要求更高，對軟件及信息服務的需求反而增加，產業面臨較好的發展機遇，中國仍是全球軟件和信息服務業發展的熱點區域。2008年工業和信息化部成立後，中國大力推進信息化和工業化融合，加快發展信息服務業。2010年10月，國務院發布了《國務院關於加快培育和發展戰略性新興產業的決定》，將高端軟件和信息服務列入戰略性新興產業，決定從科技創新、人才培養、市場培育、產業環境等方面對其給予政策支持。2011年2月，國務院發布《進一步鼓勵軟件產業和集成電路產業發展的若干政策》，決定從財稅、投融資、研發、進出口、人才、知識產權、市場七個方面對軟件業和集成電路產業發展給予政策扶持。2012年4月，按照《國民經濟和社會發展第十二個五年規劃綱要》的總體部署，落實《工業轉型升級規劃（2011—2015年）》《信息化發展規劃（2011—2015）》和《信息產業「十二五」發展規劃》的總體要求，做大做強軟件和信息技術服務業，工業和信息化部制定了《軟件和信息技術服務業「十二五」發展規劃》，提出了包括信息安全軟件、信息系統集成服務、服務外包、新興信息技術服務等在內的十大重點發展領域，並在產業政策、企業創新、人才培養、產業國際化等八個方面規劃了保障措施。

[①] 數據來源於《計算機和信息服務行業發展報告2006》。

第九章　新中國服務貿易制度的演進與發展

進入「十三五」時期後，在全球新一輪科技革命和產業變革持續深入、國內經濟發展方式加快轉變的背景下，軟件和信息技術服務業迎來了更大的發展機遇。為深入貫徹《中國製造 2025》《國務院關於積極推進「互聯網+」行動的指導意見》《國務院關於深化製造業與互聯網融合發展的指導意見》《促進大數據發展行動綱要》《國家信息化發展戰略綱要》等國家戰略，2017 年年初，工信部編製了《軟件和信息技術服務業發展規劃（2016—2020 年）》，提出中國的軟件和信息服務業要堅持開放創新，把握「一帶一路」等實施機遇，統籌利用國內外創新要素和市場資源，加強技術、產業、人才、標準化等領域的國際交流與合作，鼓勵地方從政策、資金、項目等方面加大對產業國際化發展的支持和推進力度。同時在完善政策法規體系、健全行業管理制度、加大財政金融支持等五方面制定了強有力的保障措施。

在多方因素的推動下，2011—2015 年，中國電信、計算機和信息技術服務貿易出口由 139 億美元增長至 245 億美元，年均增長 15.2%，占世界出口比重由 3.6%增至 5.2%（見表 9-4）。

表 9-4　2011—2015 年中國在世界電信、計算機和信息服務出口中占比

年份	世界出口（億美元）	中國出口（億美元）	比例（%）
2011	3,837	139	3.6
2012	4,078	162	4.0
2013	4,407	171	3.9
2014	4,835	202	4.2
2015	4,726	245	5.2

資料來源：WTO 數據庫。

2016—2018 年，中國電信、計算機和信息服務貿易進出口都有所增長，但順差額呈現下降趨勢。2019 年一季度電信、計算機和信息服務進出口額達 919 億人民幣，同比增長 15.8%；其中出口 514 億人民幣，同比增長 14.8%（見圖 9-1）。

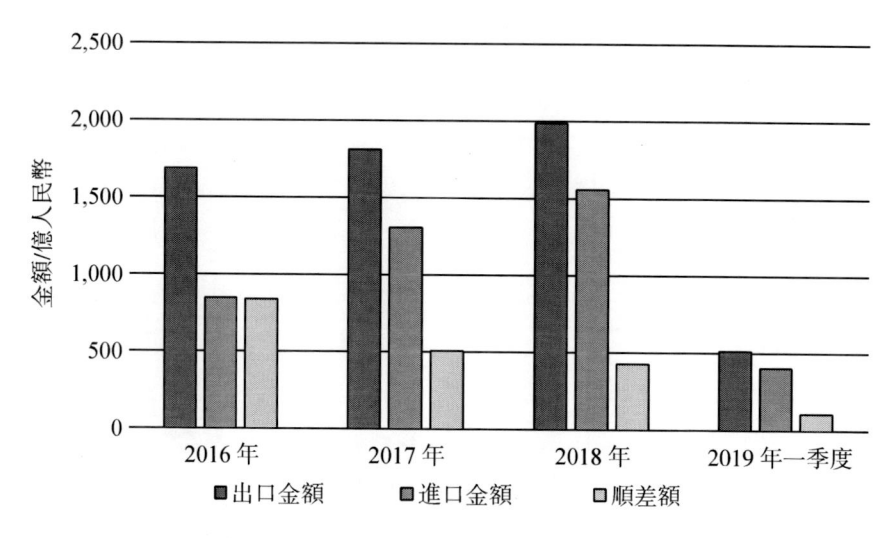

图 9-1　2016—2019 年(一季度)中國電信、調腦、資訊服務貿易進出口金額及順差額
資料來源：根據國家外匯管理局《國際收支平衡表》整理。

當然，中國電信服務貿易行業也存在一些不足。首先，電信服務業壟斷現象依然較嚴重，技術投入較低，整體競爭力偏低。中國電信、中國聯通擁有近 1.7 億用戶，並且在當地形成了一定規模的覆蓋面和影響力，其壟斷寬帶市場的局面較難打破。在三大營運商所形成的壟斷格局裡，民營寬帶僅發揮補充作用。在這種壟斷格局下新興電信服務業營運商的准入和發展都受到了阻礙。這種傳統電信營運商的壟斷與新興電信服務業營運商發展困難的局面，影響了中國電信市場的活躍度，拉低了整體電信服務業的競爭力。其次，電信企業的創新投入強度不夠，技術水準較為落後。再則，中國電信服務業法律法規不夠完善。《中華人民共和國電信條例》徘徊在行政法規、部門條例的階段，而且，電信服務業受內外管制較多。這些因素都影響了中國電信服務貿易的發展。

三、中國服務外包制度的演進與發展

服務外包指客戶單位（可以是企業、政府、學校、醫院、軍隊等各類機

構）依託於信息技術將原在內部完成的某些流程或職能轉移給外部的服務提供商去完成，並以合同形式為這些服務支付相應的費用；服務外包按交付方式可分為國內外包和國際（離岸）外包兩類；按照國家統計局批准的《服務外包統計報表制度》，目前服務外包的統計範圍為跨境服務外包。[1] 從發展情況來看，中國的服務外包起步較晚但發展較快，特別是近年來，中國服務外包規模和總量不斷擴大，領域不斷拓寬，正在逐漸成為一個新興的全球外包中心。回顧服務外包的發展歷程可以發現，制度建設在其中發揮了不可替代的作用。

2006年，《國民經濟與社會發展第十一個五年規劃綱要》首次將發展服務外包列入國家規劃，提出要「建設若干服務外包基地，有序承接國際服務業轉移」。同年10月，商務部等四部委聯合發布《關於實施服務外包「千百十工程」的通知》，拉開了大力推進中國服務外包產業發展的序幕。到2007年，商務部、信息產業部、科技部已共同認定大連、西安、成都、深圳、上海、北京、天津、南京、濟南、武漢、杭州11個城市為「中國服務外包基地城市」。同時，為了加強服務外包人才隊伍建設，2008年商務部、教育部、人力資源和社會保障部聯合發布《關於推動服務外包人才網絡招聘工作的若干意見》，共同負責服務外包人才網絡招聘工作的宏觀指導，積極支持服務外包基地城市和示範區加快發展服務外包產業，扶持服務外包企業做大做強。

2009年1月，為貫徹落實中央經濟工作會議「保增長、擴內需、調結構」的精神，積極應對金融危機，大力承接國際服務外包，切實轉變經濟、貿易發展方式，擴大高校畢業生就業，國務院印發了《關於促進服務外包產業發展問題的復函》，公布了19項鼓勵服務外包產業發展政策。其中包括稅收減免、員工培訓補貼、創業資金支持、財政貼息等優惠政策，國家有關部委也陸續制定並實施了一系列促進產業快速發展的政策和措施，地方配套政策及時跟進。2010年，《國民經濟社會發展第十二個五年規劃綱要》再一次

---

[1] 中華人民共和國商務部網站. 中國國際服務外包產業發展規劃綱要（2011—2015）（附錄）[EB/OL].（2013-01）. http://www.mofcom.gov.cn/article/b/xxfb/201301/20130108513700.shtml

明確提出「大力發展服務外包,建設若干服務外包基地」。

2010—2013年,中國相繼發布了《關於鼓勵服務外包產業加快發展的復函》《中國國際服務外包產業發展規劃綱要(2011—2015)》《關於進一步促進服務外包產業發展的復函》《關於促進服務外包產業加快發展的意見》等鼓勵服務外包產業發展壯大的政策文件,國務院有關部委和地方政府相繼出抬了一系列落實國家鼓勵政策的具體措施。支持服務外包發展的政策體系日趨完善,鼓勵政策和措施涉及稅收優惠、人才補貼培訓、公共服務平臺資金支持、資質認證、特殊工時、融資保險、政府採購、外匯管理、通信基礎設施、出入境管理、知識產權保護、海外市場開拓等。這些政策和措施有力地推進了服務外包產業的發展壯大,使其成為新時期中國戰略型新興產業的重要組成部分。

2016年6月,為了進一步明確服務外包產業發展導向,培育對外貿易競爭新優勢,商務部會同財政部、海關總署等有關部門發布《服務外包產業重點發展領域指導目錄》,共涉及24個重點發展領域。其中,10個領域屬於信息技術外包(ITO)範疇、6個領域屬於業務流程外包(BPO)範疇,8個領域屬於知識流程外包(KPO)範疇。2017年,商務部等五部門共同印發《國際服務外包產業發展「十三五」規劃》(以下簡稱《規劃》),要求根據《中共中央 國務院關於構建開放型經濟新體制的若干意見》中提出的「促進服務外包升級、提升服務跨境交付能力」的建設目標,加快發展服務外包產業,推進經濟結構調整,形成產業升級新支撐、外貿增長新亮點、現代服務業發展新引擎,擴大就業新渠道。《規劃》主要突出了完善體制機制、政策框架、促進體系和發展模式,有利於推進服務外包向價值鏈高端延伸、優化國際市場和國內區域佈局,培育壯大市場主體,充分發揮服務外包在現代服務業中的引領和驅動作用,為建設貿易強國作出更大貢獻。

2018年3月,商務部等九部門聯合印發《中國服務外包示範城市動態調整暫行辦法》,規定了對示範城市進行動態調整的工作原則,強調形成主動作為、競相發展的良好局面,充分發揮示範城市在產業集聚、引領示範、創新

第九章　新中國服務貿易制度的演進與發展

發展方面的積極作用，激發產業發展活力，促進中國服務外包產業實現高質量發展。

進入 2019 年，為貫徹中共十九大關於「培育貿易新業態新模式」的精神，落實《國務院關於促進服務外包產業加快發展的意見》（國發〔2014〕67 號）關於「定期發布《服務外包產業重點發展領域指導目錄》」的要求，明確服務外包產業發展導向，1 月，商務部財政部、海關總署會同有關部門結合產業發展情況，在 2016 年發布《服務外包產業重點發展領域指導目錄》（以下簡稱《指導目錄》）基礎上，又發布了《指導目錄（2018 年版）》，共涉及 23 個重點發展領域。其中，8 個領域屬於信息技術外包（ITO）範疇，6 個領域屬於業務流程外包（BPO）範疇，9 個領域屬於知識流程外包（KPO）範疇。最新發布的《指導目錄（2018 年版）》中納入了更多信息技術外包範疇和知識流程外包範疇的重點領域，有利於引導中國服務外包向知識密集型行業和資本密集型行業轉型升級，深化服務外包行業內的供給側結構性改革。

從整體來看，中國服務外包市場規模巨大，增長穩定，以 ITO 為主，BPO 為輔。到目前為止，中國的服務外包已經形成了以北京、上海、大連、成都、合肥等 21 個服務外包示範城市為樣板，以大連軟件園、安徽服務外包軟件產業園等 84 個服務外包示範園區為主力，以東軟、海輝、華信等企業為龍頭，動漫、軟件、物流、金融、生物醫藥等多領域同步發展的多元化、全面化發展的格局。從地方發展來看，服務外包行業已經成為各地實現產業結構調整與實現發展方式轉變的重要推手。如：大連通過大力發展以軟件行業為特色的服務外包行業，現在已經成為中國重要的服務外包中心和軟件中心，有中國的「班加羅爾」之稱；成都目前也已經走出一條以高新區為重點，以軟件研發、服務外包、硬件製造等 IT 行業為主導的產業發展之路，使成都成為中國 IT 行業的第四極。中國領先的軟件外包企業發展前景廣闊，行業集中度將繼續提高。中國領先的軟件外包企業大部分都是上市公司，行業集中度提高是大的趨勢，優秀服務商的內生性增長和併購式增長將同時進行，品牌

效應和質量效應將日漸突出,更加有利於行業內的整合。

經過10多年的發展,服務外包從概念到商業模式在中國開始廣為人知,一批優秀的服務外包企業成長起來,國際競爭力得到提升,不僅中國服務的國家品牌逐步樹立,而且服務外包正成為發展數字經濟和促進創新增長的重要引擎。

統計數據顯示,2008—2014年,中國服務外包企業承接離岸服務外包執行額從47億美元增加到559億美元,在世界服務外包市場佔有率從7.7%增加到接近30%。2014年,中國服務外包合同額首次超過1,000億美元,達到1,072.1億美元,執行金額813.4億美元,分別同比增長12.2%和27.4%。其中,承接離岸合同金額718.3億美元,執行金額559.2億美元,分別同比增長15.1%和23.1%。服務外包規模的不斷擴大也帶動了就業的增長。2014年年底,服務外包企業共28,127家,從業人員607.2萬人,達到萬人及以上的企業數量16家。

2015—2018年,中國服務外包金額持續遞增。2018年全年中國共簽訂服務外包合同金額2,028.1億美元,同比增長8.6%;完成服務外包執行金額1,424.1億美元,同比增長12.9%。如表9-5、圖9-2所示。

表9-5　2015—2018年中國各項服務外包合同簽訂額與執行金額

單位:億美元

年份	總合同額	總執行金額	離岸外包合同額	離岸外包執行金額	在岸外包合同額	在岸外包執行金額
2015	1,309.3	966.9	872.9	646.4	436.4	320.6
2016	1,472.3	1,064.6	952.6	704.1	519.7	360.5
2017	1,867.5	1,261.4	1,121.12	796.7	755.38	464.7
2018	2,028.1	1,424.1	1,203.8	886.5	824.3	537.6

資料來源:根據中國商務部公布數據整理得到。

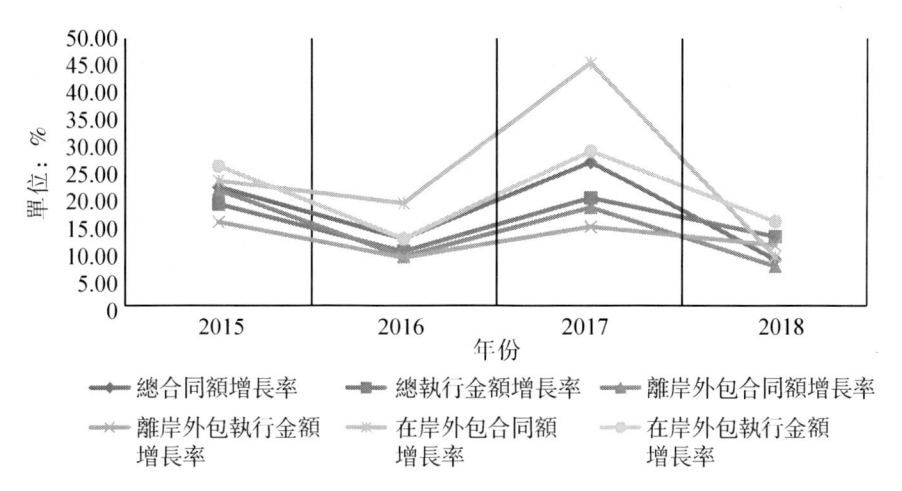

图 9-2　2015—2018 年中國各項服務外包合同簽訂額與執行金額增長率

資料來源：根據中國商務部公布數據整理得到。

　　2019 年以來，在嚴峻複雜的國際形勢下，中國服務外包發展仍然保持了穩中向好的勢頭。上半年企業簽訂服務外包合同額 7,099.8 億元人民幣（幣種下同），執行額 4,059.4 億元，同比分別增長 29.3% 和 11.5%。其中離岸服務外包合同額 4,649.2 億元，執行額 2,424.7 億元，同比分別增長 34.6% 和 7.9%。上半年新增服務外包企業 1,800 家，新增從業人員 22.5 萬人。截至 2019 年 6 月底，服務外包產業已累計吸納就業 1,091 萬人，其中大學生以上學歷 704 萬人。服務外包的業務結構也在不斷優化，檢驗檢測、電子商務平臺服務等生產性服務外包離岸執行額同比增長超過 40%。雲計算、人工智能、大數據等服務外包新業態新模式不斷湧現，有力地促進了產業數字化轉型。

本章參考文獻

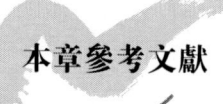

白仲堯,1998. 中國服務貿易方略[M]. 北京：社會科學文獻出版社.

《當代中國》叢書編委會,1989. 當代中國的對外經濟合作[M]. 北京：中國社會科學出版社.

範鐵權,王素君,2018. 旅行、政治與外交：新中國成立初期的出國旅行(1956—1965)[J]. 河北學刊,38(2)：78-84.

國務院新聞辦公室,2011.《中國的對外貿易》白皮書[Z].

高舜禮,2004. 中國旅遊業對外開放戰略研究[M]. 北京：中國旅遊出版社.

李鋼,2015. 中國對外貿易史(下)[M]. 北京：中國商務出版社.

李俊,2017. 中國服務貿易：理論、政策與實踐[M]. 北京：時事出版社.

李亞亞,2013. 中國文化貿易競爭力問題研究[D]. 北京：首都經濟貿易大學.

李永,2011. 中國民航發展史簡明教程[M]. 北京：中國民航出版社.

劉東升,2009. 國際服務貿易概論[M]. 北京：北京大學出版社.

劉恒,謝曉堯,1996. 中國對外貿易法律制度[M]. 廣州：中山大學出版社.

陸文雄,2013. 管理學大辭典[M]. 上海：上海辭書出版社.

邵望予,1999. 淺論亞太經合組織與中國對外經濟貿易的發展[J]. 國際商務研究(2)：21-25.

孫南申, 2000. 中國對外服務貿易法律制度研究 [M]. 北京: 法律出版社.

孫玉琴, 2005. 中國對外貿易體制改革的效應: 貿易制度創新與貿易增長、經濟增長研究 [M]. 北京: 對外經濟貿易大學出版社.

湯婧, 2017-08-16. 五方面推進電信服務貿易發展 [N]. 經濟日報 (016).

肜新春, 2012. 試論新中國海運事業的發展和變遷 (1949—2010) [J]. 中國經濟史研究 (2): 127-137+145.

肖燕春, 2012. 中國文化產業對外開放政策研究 [D]. 南昌: 南昌大學.

楊逢珉, 2006. 中國對外貿易概論 [M]. 北京: 中國商務出版社.

楊李煉, 等, 1996. 國際服務貿易與中國第三產業 [M]. 廈門: 廈門大學出版社.

姚延波, 2017-09-05. 中國旅行社業發展歷程回顧與展望 [N]. 中國旅遊報 (003).

於立新, 馮永晟, 2011. 中國服務貿易研究報告 [M]. 北京: 經濟管理出版社.

於維香, 何寧, 何茂春, 1995. 國際服務貿易與中國服務業 [M]. 北京: 中國對外經濟貿易出版社.

佚名, 2005. 中國服務業發展報告 No.4: 中國服務業的對外開放與發展 [R]. 北京: 社會科學文獻出版社.

張麟, 2016. 縱向分權與國有基礎產業部門的市場化: 以國家推動電信產業改革為例 [J]. 公共管理評論 (1): 42-56.

張曉明, 2017. 中國文化產業發展之歷程、現狀與前瞻 [J]. 山東社會科學 (10): 44-49.

中國民用航空局. 中國民航局60週年檔案展：艱苦創業篇［EB/OL］. http://www.caac.gov.cn/website/old/D1/60years/jkcy/rmhk/.

中國交通新聞網,（2018-12）. 見證：中國水運發展前所未有的四十年［EB/OL］. http://guancha.gmw.cn/2018-12/19/content_32201947.htm.

第十章
新中國技術貿易制度的演進與發展

　　技術貿易有特定的內涵、內容和不同於其他商品貿易的特點，與知識產權保護密切相關，受制度影響程度較大。技術貿易是當今國際貿易的重要組成部分。技術貿易的發展推動了生產要素在國家之間的轉移，縮短了經濟現代化和科技現代化的進程。技術在國家之間的轉移、擴散及外溢帶來了科技創新的優化配置。

　　當前，世界經濟形勢正處於深刻變革之中，國家之間的綜合國力競爭日益激烈，創新成為全球經濟增長最重要的驅動力。中國在經歷40餘年的改革開放之後，經濟發展方式也在發生根本性轉變。中共十九大報告指出，中國經濟已由高速增長階段轉向高質量發展階段。在當前的經濟發展階段，在構建全面開放新格局的關鍵期，技術創新作為引領發展的第一動力，是建設現代化經濟體系的戰略支撐，也是推進供給側結構性改革，推動經濟發展質量變革、效率變革、動力變革的核心要素。在此背景下，回溯新中國的技術貿

易制度演進，探討與技術貿易有關的知識產權保護制度，不僅有利於推動中國的技術貿易發展，優化貿易結構，促進對外貿易提質提效，也可以在彌補中國科技短板的同時帶動國內企業自主創新，進一步推動供給側結構性改革，促進產業結構調整與建立現代化經濟體系目標的實現。

第一節　技術貿易的內涵與特點

一、技術貿易的內涵與內容

國際技術貿易是指通過貿易、投資或者經濟技術合作的方式，跨國界轉移技術的行為。一個國家從外國購買技術即為技術進口，或稱技術引進；一個國家向外國出售技術為技術出口，或稱技術輸出。在國際上，通常把國家之間的技術進出口活動，統稱為技術轉移。

技術貿易的交易對象是無形的技術知識。根據聯合國技術轉讓行動守則會議對技術的定義，技術是關於製造一項產品，應用一項工藝或提供一項服務的系統知識，但不包括只涉及貨物出售或只涉及貨物出租的交易。因此，技術貿易是關於製造產品、應用生產方法或提供服務的系統知識的轉讓。在具體內容上，技術貿易主要包括專利權、商標權以及專有技術和商業秘密的轉讓。

二、技術貿易的特點

技術是沒有特定形狀的商品，在技術貿易行為發生之前，技術的擁有方往往不披露技術的真實內容，其技術的潛在收益具有不確定性，只有實施技術並生產出產品之後，才能最終判斷技術的特性。

第十章　新中國技術貿易制度的演進與發展

技術貿易通常為技術使用權以及使用該技術生產產品、銷售產品權利的轉移，很少發生技術所有權的轉移，而商品貿易則多為所有權的轉移。技術貿易往往不是一次性的簡單的交易行為，而是伴隨著長期的合作關係。技術貿易的雙方，往往是同一技術產品的生產者、銷售者，既是合作夥伴，又是競爭對手，潛伏著利益衝突。

技術貿易受技術貿易制度的影響極大，對技術的進口和出口，特別是對高端技術的出口，有的國家甚至基於政治的目的加以限制。此外，技術貿易還受諸多條件的制約，特別是技術的擁有方是否願意提供先進技術，技術的進口方是否能夠消化、掌握該技術，是實施技術貿易的先決條件。而技術的擁有方通常又處於決定性地位，還往往受到技術擁有方所在國家政策的左右，這更增加了技術貿易的難度。

第二節　新中國技術貿易制度的建立與創新

1949年新中國成立後，中國實行高度集中的計劃經濟政策。在此階段，中國否定了技術成果的商品屬性和商品價值，中國的技術創新和技術轉移受到了較大影響，中國的技術貿易制度建設則基本處於空白狀態。

自1978年實行改革開放後，中國經濟體制逐漸由計劃經濟體制轉向市場經濟體制。在這個過程中，中國經濟建設速度不斷加快，對技術進口的需求不斷加大，技術貿易隨之產生，技術貿易制度隨之萌芽。隨著改革的深入和技術貿易的發展，中國的技術貿易制度逐步完善。

一、建立有計劃商品經濟制度時期技術貿易制度的初步建立（1979—1992年）

1979年年底，中國科學技術協會組織一些科學技術人員為企業進行技術

諮詢服務，參與諮詢的專家每月獲得諮詢費約 30 元人民幣。1980 年 10 月，中國科學學院物理研究所研究員李春先等 7 人在北京中關村成立了第一家民辦技術貿易機構，同年瀋陽市在全國率先開辦了技術市場，建立了「技術服務公司」，調查技術成果供求情況，推動技術有償轉讓，充當了科研與生產之間的橋樑。1981 年，北京、瀋陽、武漢等城市舉辦了最早的技術貿易洽談，初步體現了技術成果的商品屬性。上述活動被公認為中國技術貿易產生的標誌。

1980 年 10 月，國務院頒布《國務院關於開展和保護社會主義競爭的暫行規定》，指出對發明創造重要成果要實行有償轉讓，並首次提出了反壟斷問題，這是對技術貿易制度的初次探索。

隨著中國對外開放程度加大，人們逐漸看到了國外經濟發展中科學技術所起的重大作用，逐步認識到中國由於技術落後而存在的差距，進而認識到加強相關制度建設促進技術進步的重要性。1984 年 3 月 12 日，第六屆全國人民代表大會常務委員會第四次會議通過《中華人民共和國專利法》（以下簡稱《專利法》），從此揭開了中國專利事業以至整個知識產權事業發展史上的一個新篇章，推動了技術貿易制度的發展。

1985 年後，國民經濟的高速發展、經濟體制改革以及相關的立法活動都成為了技術貿易的推動力，使得技術貿易沿著法制化軌道發展。1985 年中央決定，明確技術市場「是中國社會主義商品市場的重要組成部分」，是「中國科技體制改革的突破口」。國務院提出技術市場要實行「放開、搞活、扶植、引導」的方針。為回應此號召，中國制定了一系列相關政策。1985 年 1 月 10 日國務院發布了《國務院關於技術轉讓的暫行規定》，1 月 19 日，國務院批准了《中華人民共和國專利法實施細則》，5 月 24 日，國務院發布了《中華人民共和國技術引進合同管理條例》。為貫徹「經濟建設必須依靠科學技術，科學技術工作必須面向經濟建設」的戰略方針，為加強技術市場的管理，促進技術成果轉化為生產能力，按照有關法規、政策，1986 年 12 月 18 日國務院發布了《技術市場管理暫行辦法》。這一系列舉措，使尚處在萌芽時期的中國技術市場步入了新的發展軌道。

1987年6月23日，第六屆全國人民代表大會常務委員會第二十一次會議通過《中華人民共和國技術合同法》，自1987年11月1日起實施。這部具有中國特色的技術成果商品化的法律，規定了技術市場的基本準則，為中國技術市場的發展創造了重要的制度條件。1987年中共十三大報告指出「社會主義市場體系，不僅包括消費品和生產資料等商品市場，而且應當包括資金、勞務、技術、信息和房地產等生產要素市場；單一的商品市場不可能很好發揮市場機制的作用」。由此中國進一步明確了發展技術貿易、推動技術貿易制度建設的重要性。

繼《中華人民共和國技術合同法》及其實施條例出抬以後，中國相繼出抬了一系列規定。1988年2月27日，國務院批准了同年3月21日國家科委發布的《技術合同管理暫行規定》；1990年9月7日，第七屆全國人民代表大會常務委員會第十五次會議通過了《中華人民共和國著作權法》（以下簡稱《著作權法》）；1990年12月30日，國務院批准了《技術合同仲裁機構管理暫行規定》；同年12月7日，中華人民共和國國家科學技術委員會令第10號發布施行《技術交易會管理暫行辦法》；1991年6月4日，國務院第八十三次常務會議通過了《計算機軟件保護條例》。與此同時，全國許多省份、自治區、直轄市政府都制定了多項政策，旨在促進科技進步，規範、協調技術市場行為，建立相關的技術合同認定登記制度。這些規定都是中國技術貿易制度規範化、專業化的助推器。

二、建立社會主義市場經濟制度時期技術貿易制度的完善（1993—2001年）

1993—2001年，是中國技術市場快速發展的時期，同時也是技術貿易制度不斷健全和完善的時期。主要表現在有關技術市場的法律、法規逐步修改完善，政府對技術市場的行政干預逐漸減少，市場經濟及法律逐漸成為調節技術市場的主導。因此在這一時期中，技術貿易制度演進出現了規範化、專業化的特徵。

1993年7月2日，中華人民共和國第八屆全國人民代表大會常務委員會第二次會議通過了《中華人民共和國科學技術進步法》，並公布自1993年10月1日起施行。制定科學技術法是為了促進科學技術進步，發揮科學技術第一生產力的作用，實現科技與經濟相結合。同年，第八屆全國人大常委會第三次會議通過了《中華人民共和國反不正當競爭法》（以下簡稱《反不正當競爭法》），主要內容包括界定不正當競爭行為的性質，指出凡是在市場交易中違反誠實經營的競爭關係即構成不正當競爭行為；規定從事市場交易的經營者都必須遵守《反不正當競爭法》；規定了不正當競爭行為類型和法律禁止的不正當競爭行為。《反不正當競爭法》促進了社會主義市場經濟健康發展，鼓勵和保護了公平競爭，同時也保護了經營者和消費者的合法權益，為技術貿易提供了良好的市場環境。

1993年11月14日，中共十四屆三中全會審議並通過了《中共中央關於建立社會主義市場經濟體制若干問題的決定》，明確指出：「發揮市場機制在資源配置中的基礎性作用，必須培育和發展市場體系。當前著重發展生產要素市場，規範市場行為，打破地區、部門的分割和封鎖，反對不正當競爭，創造平等競爭的環境，形成統一、開放、競爭、有序的大市場。」根據該決定的有關精神，1994年4月21日，國家科委、國家體委印發的《關於進一步培育和發展技術市場的若干意見》，為進一步完善中國技術市場的規模、結構和市場秩序，對培育農村技術市場和技術市場的宏觀調控管理等提出了針對性意見。文件提出，在深化改革中應當「堅持科學技術是第一生產力的戰略思想」，按照「穩住一頭，放開一片」的方針，在推進科技系統人才分流、機制轉換和結構調整的改革過程中，把培養和優先發展技術市場放在重要的位置。同年7月1日，中國實施了《中華人民共和國對外貿易法》。該法第二條規定，對外貿易「是指貨物進出口、技術進出口和國際服務貿易」；第十五條指出，「國家准許貨物與技術的自由進出口」。這些規定從法律層面確定了技術進出口的地位，而且表明技術進出口將呈現自由化趨勢，技術貿易制度將呈現自由貿易制度的特徵。

1995年5月，全國科技大會公布《中共中央 國務院關於加強科學技術進

步的決定》，提出了「科教興國」戰略。1996年的5月15日，第八屆全國人大常委會第十九次會議通過了《中華人民共和國促進科技成果轉化法》。這部法律是規範中國科技成果轉化活動內容比較全面的一部法律，是實施「科教興國」的需要和推動「科教興國」的重大舉措。1996年9月，國務院發布《國務院關於「九五」期間深化科技體制改革的決定》；10月，國家科委發布《「九五」全國技術市場發展綱要》，這是中國開放技術市場以來，第一部以規劃的形式制定的指導性文件，對中國技術市場的發展具有較強的指導意義。

為了加強對標準出版活動的管理，保護標準出版單位的合法權益，保護知識產權，1997年8月8日，國家技術監督局和國家新聞出版署聯合制定了《標準出版管理辦法》。

1999年初，中國提出並實施了科技興貿戰略。技術引進和技術出口是科技興貿戰略的核心內容。中國的技術引進開始於1950年，截止到2001年9月，全國引進技術45,344項，合同總金額15,877億美元。中國的技術出口起步於1980年，截止到2000年年底，技術出口已經超過10,000項，合同總金額達44,331億美元。隨著科技興貿戰略的實施和技術引進及技術出口的發展，為了規範技術進出口管理，維護技術進出口秩序，促進國民經濟和社會發展，根據《中華人民共和國對外貿易法》及其他有關法律的規定，2001年10月31日，國務院第四十六次常務會議通過了《中華人民共和國技術進出口管理條例》，並公布自2002年1月1日起施行。

三、完善社會主義市場經濟制度時期技術貿易制度的發展（2002—2013年）

2002—2013年，中國處於加強市場的基礎性作用與完善社會主義市場經濟制度的時期，同時也處於履行入世承諾、提高開放型經濟水準的關鍵期。這對中國的技術貿易制度建設提出了新的要求。在這段時期，中國根據完善社會主義市場經濟制度、履行入世承諾及實現技術貿易體制改革目標和任務的需要，從加強關於技術市場調整和技術轉移的相關制度建設等方面，推動

了技術貿易制度的發展。

（一）關於技術市場調整的制度建設

1995—2002年，中國技術市場成交合同金額從268億元上升到884億元，中國技術產權交易正變得日益活躍，不斷推動技術成果的轉化。為促進技術交易，維護技術市場秩序，保障技術交易當事人的合法權益，推動技術進步和經濟發展。2001年10月31日，國務院第四十六次常務會議通過了《中華人民共和國技術進出口管理條例》，自2002年1月1日起施行。這是中國加入世貿組織後，為了促進技術貿易發展，規範技術進出口管理而制定的一個重要的行政法規。該條例的頒布一方面鼓勵了先進、適用的技術進出口，推動了國內技術市場的發展，另一方面也為後期技術市場調整的制度建設提供了有力保障。

2002年7月18日，北京市人大常委會通過了《北京市技術市場條例》，自2002年11月1日起實施。該條例是在中國加入世貿組織、社會主義市場經濟體制日趨完善的背景下頒布的。這個條例不僅對於北京技術市場發展具有里程碑的意義，而且也在各地技術市場地方性法規修訂過程中產生了重大的影響。

隨著技術產權交易的壯大，各地區紛紛召開技術市場發展研討會，總結各地區技術市場發展的成功經驗與問題，研究技術市場工作在科技體制改革不斷深化、科技創新不斷發展的環境中新的創新、發展思路，這一舉措加快了關於技術市場規範的法律出抬。2007年12月29日，第十屆全國人民代表大會常務委員會第三十一次會議修訂通過《中華人民共和國科學技術進步法》（以下簡稱《科學技術進步法》）。其中第二十七條規定，國家培育和發展技術市場，鼓勵創辦從事技術評估、技術經濟等活動的仲介服務機構，引導建立社會化、專業化和網絡化的技術交易服務體系，推動科學技術成果的推廣和應用。修訂《科學技術進步法》，進一步加速了中國技術市場的調整發展，不僅對於實施科教興國戰略，建設創新型國家具有十分重要的意義，同時是技術貿易制度發展法律化和規範化的重要體現。

在為實現技術貿易體制改革目標、國家加強技術市場建設的大背景下，

各省市地區為回應國家號召也推出了一系列的規範條例。2008年7月11日，成都市出抬了《成都市人民政府辦公廳關於加快推進成都技術市場建設若干意見》。文件提出了進一步落實國家稅收優惠政策、著力打造區域網上技術市場建設、培育技術經紀人隊伍等6項重點工作。2009年3月20日，「武漢市技術市場工作聯席會議」召開。武漢市科技局、工商局、地稅局、國稅局、質監局、知識產權局等八個聯席會議成員單位參會。會議通過了《武漢市技術市場工作聯席會議2009年主要工作》，對武漢市技術市場未來的發展做出了規劃。2013年，浙江省印發《培育技術市場和促進技術成果交易專項行動五年計劃（2013—2017年）》，確定了今後五年技術市場發展的總體目標、主要任務和政策舉措。

（二）關於技術轉移的制度建設

技術轉移是中國實施自主創新戰略的重要內容，是企業實現技術創新、增強核心競爭力的關鍵環節，是創新成果轉化為生產力的重要途徑。新中國成立初期是中國技術轉移的萌芽時期，這一階段主要是通過從國外引進先進的技術來實現經濟的高速增長；20世紀六七十年代是技術轉移的起步時期，中國從日本、英國、美國、德國等一些發達國家進口成套設備來實現技術轉移，技術轉移達到了歷史上新的高峰；但主要發展階段是從20世紀80年代開始的，這一時期堅持技術引進與企業技術改造結合的方針，經過20多年的發展，中國已經初步建立起了相對完整的技術轉移體系。

2002—2013年，隨著技術轉移體系的不斷發展，中國關於技術轉移的制度規則也逐步完善。這段時期，中國在技術轉移的發展過程中實施了一系列政策法規，這些政策包括技術創新政策、財政稅收政策等，具體的一些政策法規如下：

為貫徹落實《國家中長期科學和技術發展規劃綱要（2006—2020年）》，配合「國家技術轉移促進行動」的實施，開展技術轉移示範工作，加強技術轉移機構建設，2007年9月10日，科技部研究制定了《國家技術轉移示範機構管理辦法》。該辦法進一步推進了科技進步和自主創新，加速了中國的知識流動和技術轉移，促進了技術轉移機構的健康發展，規範了技術轉移機構的管理。

長期以來，技術轉移是中國國家創新體系建設中的薄弱環節，缺乏良好的體制、機制和政策環境，成為提高中國企業自主創新能力的重大障礙。為充分發揮政府、大學、科研機構、仲介機構和企業等各方面的作用，努力探索和完善國家技術轉移體系和技術轉移的有效運行機制，加快知識流動和技術轉移，2007年9月19日，科技部頒布了《國家技術轉移示範機構管理辦法》。該辦法貫徹落實了《國民經濟和社會發展第十一個五年規劃綱要》和《國家中長期科學和技術發展規劃綱要（2006—2020年）》，建立了以企業為主體、市場為導向、產學研相結合的技術創新體系，推動了技術市場的發展，為建立良好的技術轉移機制奠定了基礎，促進了知識流動和技術轉移。

　　在此階段，政府還發布了一系列的技術創新政策，進一步完善了技術貿易制度。2002年4月2日，為規範和加強國家基礎科學人才培養基金（以下簡稱「基金」）項目資助經費的管理，加快理科基礎科學本科人才的培養，根據《科學事業單位財務制度》和《國家自然科學基金財務管理辦法》的有關規定，結合國家基礎科學人才培養基金管理工作的特點，財政部制定了《國家基礎科學人才培養基金項目資助經費管理辦法》。2005年3月2日，為進一步規範和加強科技型中小企業技術創新基金的管理，支持科技型中小企業的技術創新，提高自主創新能力，科技部制定了《科技型中小企業技術創新基金項目管理暫行辦法》。為了規範和加強國家傑出青年科學基金項目管理，根據《國家自然科學基金條例》，2009年9月27日國家自然科學基金委員會常務會議通過了《國家傑出青年基金實施管理辦法》。

　　隨著經濟體制改革的逐漸深入，中國開始意識到應強化法律手段的運用。通過對技術市場、技術轉移等方面的制度建設，中國對於技術貿易相關的法律、法規的制定和完善達到了新的高度。在此階段，中國技術貿易制度體現了多樣化與專業化相融合的特點，總體來說，中國已建立起了一套相對完備、統一的技術貿易制度。

四、完善社會主義市場經濟制度新時期技術貿易制度的創新（2014年至今）

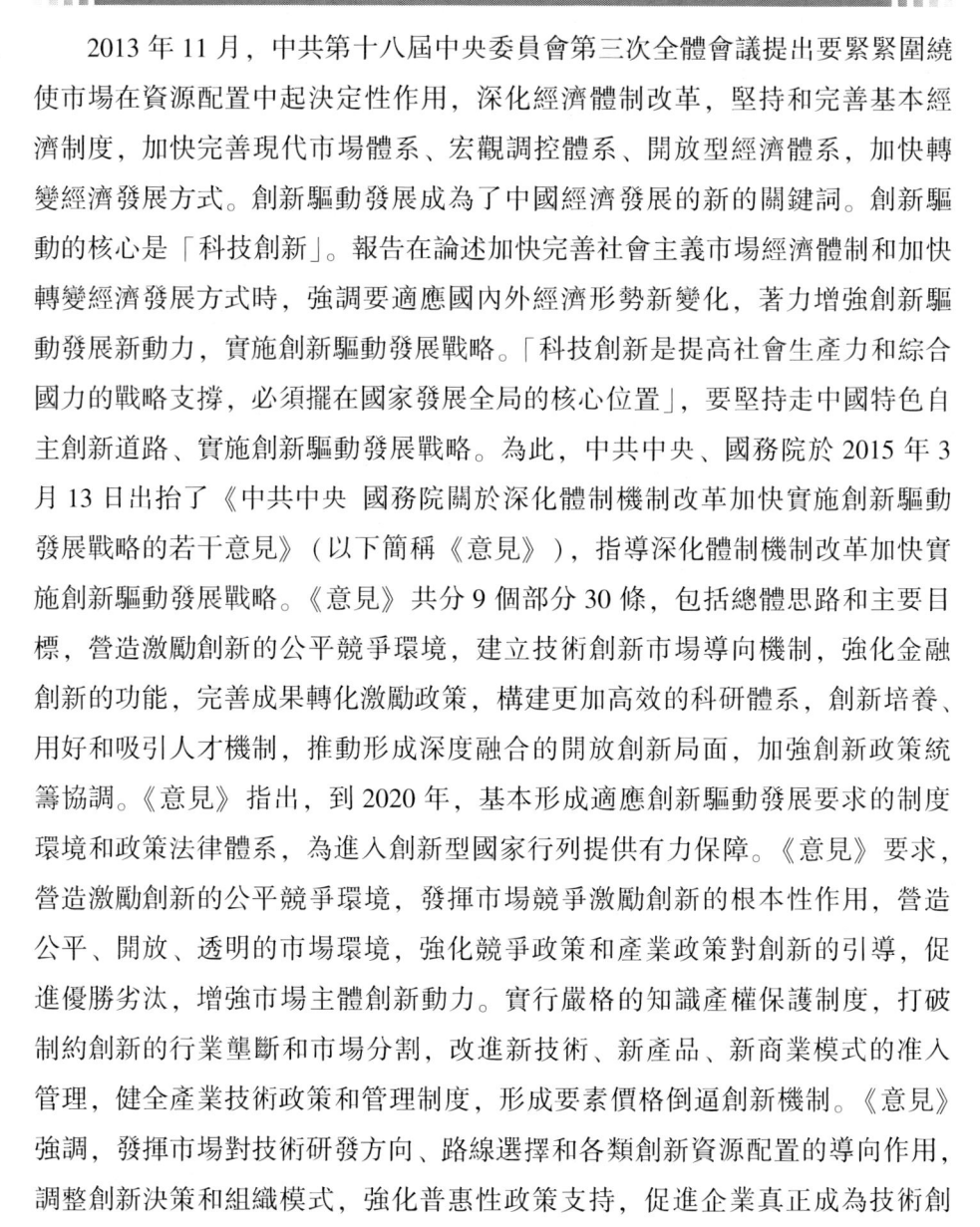

2013年11月，中共第十八屆中央委員會第三次全體會議提出要緊緊圍繞使市場在資源配置中起決定性作用，深化經濟體制改革，堅持和完善基本經濟制度，加快完善現代市場體系、宏觀調控體系、開放型經濟體系，加快轉變經濟發展方式。創新驅動發展成為了中國經濟發展的新的關鍵詞。創新驅動的核心是「科技創新」。報告在論述加快完善社會主義市場經濟體制和加快轉變經濟發展方式時，強調要適應國內外經濟形勢新變化，著力增強創新驅動發展新動力，實施創新驅動發展戰略。「科技創新是提高社會生產力和綜合國力的戰略支撐，必須擺在國家發展全局的核心位置」，要堅持走中國特色自主創新道路、實施創新驅動發展戰略。為此，中共中央、國務院於2015年3月13日出抬了《中共中央 國務院關於深化體制機制改革加快實施創新驅動發展戰略的若干意見》（以下簡稱《意見》），指導深化體制機制改革加快實施創新驅動發展戰略。《意見》共分9個部分30條，包括總體思路和主要目標，營造激勵創新的公平競爭環境，建立技術創新市場導向機制，強化金融創新的功能，完善成果轉化激勵政策，構建更加高效的科研體系，創新培養、用好和吸引人才機制，推動形成深度融合的開放創新局面，加強創新政策統籌協調。《意見》指出，到2020年，基本形成適應創新驅動發展要求的制度環境和政策法律體系，為進入創新型國家行列提供有力保障。《意見》要求，營造激勵創新的公平競爭環境，發揮市場競爭激勵創新的根本性作用，營造公平、開放、透明的市場環境，強化競爭政策和產業政策對創新的引導，促進優勝劣汰，增強市場主體創新動力。實行嚴格的知識產權保護制度，打破制約創新的行業壟斷和市場分割，改進新技術、新產品、新商業模式的准入管理，健全產業技術政策和管理制度，形成要素價格倒逼創新機制。《意見》強調，發揮市場對技術研發方向、路線選擇和各類創新資源配置的導向作用，調整創新決策和組織模式，強化普惠性政策支持，促進企業真正成為技術創新決策、研發投入、科研組織和成果轉化的主體。

2014—2018 年，世界科技革命和產業變革加速推進，產業跨界融合發展愈發明顯，新模式、新業態層出不窮，產品更新步伐加快，科技創新從科學到技術到市場的演進週期縮短，成果轉化更加迅捷。在此階段中，為推進技術貿易的發展，國家更加注重科技創新與科技成果的轉化，並不斷推動技術貿易制度的創新發展。2016 年 1 月 29 日，根據《中華人民共和國企業所得稅法》及其實施條例有關規定，經國務院批准，中國科技部、財政部、國家稅務總局發布了《高新技術企業認定管理辦法》的通知，該辦法加大了對科技型企業特別是中小企業的政策扶持，有力推動了大眾創業、萬眾創新，培育創造新技術、新業態和提供新供給的生力軍，推動技術與經濟的結合。

「十二五」期間，在政策的引導和科技計劃的支持下，中國實施技術標準戰略取得顯著成效，標準化發展進入新階段。中國技術標準總體水準明顯提升，對制定國際標準的貢獻顯著增加，科技和標準化互動支撐能力明顯增強，技術標準在推動科技創新產業化、市場化過程中發揮著越來越重要的作用，已經成為促進中國科技和經濟緊密結合、提升國際競爭力的有力抓手。進入「十三五」時期，隨著技術創新和標準研製日益融合發展，世界各國紛紛利用技術、標準、專利等資源稟賦優勢，加快創新佈局，爭奪標準制定主導權，搶占產業競爭制高點，確立競爭新優勢。在此背景下，中國圍繞深入貫徹落實《國家創新驅動發展戰略綱要》《深化標準化工作改革方案》《深化科技體制改革實施方案》和《國家標準化體系建設發展規劃（2016—2020 年）》等戰略部署和政策規劃，全面實施技術標準戰略，並於 2017 年 6 月 23 日制定了《「十三五」技術標準科技創新規劃》，提出了五方面的重點任務：一是以科技引領技術標準水準提升，加強新興和交叉領域技術標準研製，推動基礎通用與公益和產業共性技術標準優化升級，加強技術標準研製過程中的科技支撐；二是以技術標準促進科技成果轉化應用，加強對科技計劃中研製技術標準的服務，推動科技計劃成果轉化為技術標準，創新技術標準服務模式；三是培育中國標準國際競爭新優勢，提高中國對國際標準的技術貢獻，以科技創新推動中國標準「走出去」；四是激發市場主體技術標準創新活力，提升企業的技術標準創制能力，增強社會團體的技術標準創新活力；五是健全技術

標準創新協同推進機制，健全技術創新、專利保護與標準化互動支撐機制，健全軍民標準融合發展機制。

技術轉移服務業是中國科技服務業的重要組成部分，是促進中國科技與經濟深度融合的重要紐帶。近年來，中國高度重視技術轉移工作，促進科技成果轉移轉化「三部曲」、《國家技術轉移體系建設方案》陸續出抬，中國技術轉移服務業呈現機構類型多元化，服務內容豐富化，服務模式多樣化，服務需求個性化的良性發展態勢。2017年9月29日，國家質檢總局、國家標準委批准發布《技術轉移服務規範》國家標準，並於2018年1月1日實施。這是中國首個技術轉移服務推薦性國家標準。《技術轉移服務規範》以《合同法》為重要依據，按照《國家標準管理辦法》和《標準化工作導則》的要求，規定了包括範圍、規範性引用文件、術語和定義、一般要求、通用流程、服務評價與改進、技術轉移服務主要類型等共12章，著重突出了兩大特點：一是進一步明晰了技術轉移概念，指出技術轉移是指製造某種產品、應用某種工藝或提供某種服務的系統知識，通過各種途徑從技術供給方向技術需求方轉移的過程。技術轉移的內容包括科學知識、技術成果、科技信息和科技能力等。二是規定了七類社會關注度高且已形成較成熟模式的技術轉移服務類型，包括技術開發服務、技術轉讓服務、技術服務與技術諮詢服務、技術評價服務、技術投融資服務、信息網絡平臺服務等，提出了差異化的服務內容、服務要求和服務流程。其中，技術評價服務、技術投融資服務、信息網絡平臺服務力求引導技術轉移服務與互聯網技術、金融資本深度融合，向專業化、市場化、高端化方向發展。國家標準的發布和實施對傳播技術轉移理念，指導技術轉移實踐，引導技術轉移服務規範化發展，帶動中國技術轉移體系結構優化，提升技術轉移體系整體效能，促進技術市場與資本、人才等要素市場加速融合，激發經濟社會發展新動能具有重要意義。

第三節　新中國與技術貿易有關的知識產權保護制度

一、知識產權保護與技術貿易

（一）知識產權的概念

知識產權是指公民或法人對其在科學、技術、文化、藝術等領域的發明、成果和作品依法享有的專有權，也就是人們對自己通過腦力活動創造出來的智力成果所依法享有的權利。知識產權包括工業產權和著作權。

在世界知識產權制度的發展歷程中，1970年世界知識產權組織（WIPO）的成立和1994年TRIPS的簽署是兩次具有里程碑意義的重要事件。TRIPS建立了知識產權與國際貿易融為一體的新機制，將知識產權與國際貿易掛鉤，設定了成員國必須接受的知識產權保護最低標準並通過世界貿易組織爭端解決機制作為實施的後盾，TRIPS和WIOP管理的諸多國際條約一起構成了現行國際知識產權保護制度的基本框架。

當前的國際知識產權規則也正在發生重大升級和變革。2008年啟動的《反假冒貿易協定》（ACTA）談判，歷經三年，最終於2011年開放簽署，這一協定弱化了現有的知識產權多邊保護體系，把關注的重點從實體權利完全轉移到執法實踐，體現了TRIPS-plus的特點。此外，以美國為首的發達國家對外簽署的自由貿易協定（FTA）也在逐步增加若干TRIPS-plus條款，比如：締約方放棄TRIPS中的靈活性規定，禁止使用強制許可，禁止平行進口等條款。跨太平洋夥伴關係協定（TPP）、美歐跨大西洋貿易與投資夥伴關係協定（TTIP）以及日本-歐盟的經濟夥伴關係協定（EPA）等區域協定也開始在知識產權議題上制定諸多TRIPS-plus標準的相關規則。

在發展中國家中，隨著其知識產權保護意識的強化，對TRIPS的爭論開始從貿易轉向更大範圍的公共健康、農業、公平、可持續發展和人權等方面。隨著全球化進程的深入發展和發展中國家在世界經濟治理體系中話語權的提

高，國際知識產權制度開始向更加均衡的後 TRIPS 時代邁進。近年來，《生物多樣性公約》《保護和促進文化表現形式多樣性公約》等成果的締結體現了發展中國家參與國際知識產權保護標準制定的重要作用。

(二) 知識產權保護與國際技術貿易的關係

隨著國際貿易的內容和方式發生越來越多的變化，知識產權的所有權和使用權的交易也已經成為國際技術貿易的重要組成部分。例如，許可貿易是技術貿易中使用最為廣泛的貿易方式。通過技術許可協議等手段，知識產權所有者可以將專利、商標等的使用權轉讓給技術接受方，從而獲得技術使用費；而通過版權許可合同，版權人就可以獲得版稅收入。對外技術貿易中依法進行知識產權保護，是技術的轉讓方與受讓方的共同需要。顯而易見，一國如果擁有較高水準的知識產權保護，不僅有利於提高其技術水準、促進其經濟發展，還能增加其出口收入，改善其在國際貿易中的地位。

同時，在經濟全球化的大背景下，國際貨物貿易的正常發展也離不開對知識產權的保護。標有馳名商標，或者來自著名產地或者外觀設計非常精美的商品很容易產生未經權利人允許而任意冒用該馳名商標、著名產地標誌或者外觀設計的現象，這些冒牌商品一旦進入貿易渠道，就會嚴重影響正常的貿易，使知識產權權利人的利益受到損害。

國際技術貿易在長期的實踐中也形成了一些一般原則和特點：①技術和知識產權同屬無形財產權範圍，具有專有性、地域性、時間性等特點。②在國際技術貿易中，知識產權保護越來越受到各國重視，相關的國際公約、條約對各成員國內立法有相當廣泛的影響力。③國際貿易中的貿易自由化、透明度、非歧視、公平競爭和貿易法律政策的統一性等基本原則也同樣適用於技術貿易，但是技術貿易更加強調限制措施實施中的非歧視和透明度原則。④在具體限制措施方面，國際通行慣例是採取國家許可和契約許可手段。⑤在技術貿易中的知識產權保護方面則呈現保護範圍逐漸擴大、保護力度逐漸增強的特點。這些原則和特點都體現在 WTO《與貿易有關的知識產權協定》以及其他國際公約中。

鑒於知識產權對各國的對外貿易利益產生了越來越多的影響，知識產權

保護也開始與對外貿易掛勾。這樣,知識產權領域就成為世界貿易組織在烏拉圭回合談判中新拓展的重要領域。世界貿易組織《與貿易有關的知識產權協定》在引言中指出:「認識到保護知識產權的國家體制基本的公共政策目標,包括發展和技術方面的目標;還認識到最不發達國家成員在國內實施法律和法規方面特別需要最大的靈活性,以便它們能夠創造一個良好和可行的技術基礎……」可見技術發展是世界貿易組織《與貿易有關的知識產權協定》的制度基礎之一。世界貿易組織《與貿易有關的知識產權協定》第七條表明其目標:「知識產權的保護和實施應有助於促進技術革新及技術轉讓和傳播,有助於技術知識的創造者和使用者的相互利益,並有助於社會和經濟福利及權利與義務的平衡。」第八條規定其原則為:①在制定或修改其法律和法規時,各成員可採用對保護公共健康和營養,促進對其社會經濟和技術發展至關重要部門的公共利益所必需的措施,只要此類措施與本協定的規定相一致。②只要與本協定的規定相一致,可能需要採取適當措施以防止知識產權權利持有人濫用知識產權或採取不合理地限制貿易或對國際技術轉讓造成不利影響的做法。該協定對知識產權的範圍確定為:①版權與鄰接權;②商標權;③地理標誌權;④工業品外觀設計權;⑤專利權;⑥集成電路布圖設計(拓撲圖)權;⑦未披露過的信息(商業秘密)專有權。

二、新中國知識產權保護制度的演進與發展

(一)高度集中計劃經濟制度時期知識產權制度建設的初步嘗試(1949—1978年)

新中國成立初期,雖然在高度集中的計劃經濟之下國家技術貿易制度還未發展,但對於知識產權的立法工作國家還是予以高度重視。

首先,在版權保護方面,早在1950年政務院出版總署第一屆全國出版會議就通過了《關於改進和發展出版工作的決議》,該決議強調要保護作者的經濟利益和精神利益,規定:出版業應尊重著作權及出版權,不得有翻版、抄襲、篡改等行為發生。稿酬辦法應在兼顧著作家、讀者及出版方三方面的利

益的原則下與著作家協商決定。之後在 1953 年針對河南、湖北、江西、江蘇、山東、廣西等地出現的侵害出版者及著作者版權現象，出版總署又發布《關於糾正任意翻印圖書現象的規定》，並在該規定中強調「一切機關團體不得擅自印刷出版社出版的書籍、圖片，以重版權」。雖然這些規定尚不屬於著作權法規定，但是也為後期知識產權制度的建設打下了基礎。

其次在商標權保護方面，1950 年政務院第四十三次政務會議批准了《商標註冊暫行條例》，這是中華人民共和國第一部商標法立法。《商標註冊暫行條例》制定於國民經濟恢復階段，考慮到當時的國民經濟中存在多種經濟成分，政務院根據《中國人民政治協商會議共同綱領》確定「公私兼顧、勞資兩利、城鄉互助、內外交流」的新民主主義建設方針制定了該條例。《商標註冊暫行條例》並不排除對私營經濟的保護，如《商標註冊暫行條例》規定「一般公、私、商、合作社對自己所生產、製造、加工或揀選的商品，需要用商標時，應依照條例的規定，向政務院市政經濟委員會中央私營企業局申請註冊」。《商標註冊暫行條例》明確其立法目的是「保障一般工商業商標的專用權」。除此之外，《商標註冊暫行條例》還就商標註冊的具體程序作了規定。但隨著社會主義改造的完成，原先的私營經濟不復存在，《商標註冊暫行條例》不再適用。1963 年，全國人大常務委員會第九十一次會議批准《商標管理條例》的同時廢止了《商標註冊暫行條例》。《商標管理條例》明確其立法目的是為了加強商標的管理，促進企業提高和保證產品的質量。具體而言，《商標管理條例》明確規定「商標是代表商品一定質量的標誌，工商行政機關應該會同有關部門對商品的質量進行監督和管理」。可見《商標管理條例》並非是為了保護企業的商標權，而是為了確保商品的質量。這是中華人民共和國知識產權立法碩果中僅存的商標制度，但這唯一的商標制度也未將商標看作一種「財產權」，而是將商標權看作監督商品質量的工具。

總體上講，從 1949 年新中國成立到 1979 年改革開放前，中國曾有過知識產權的立法嘗試，但並未真正建立和實施一套完整的知識產權制度。

(二) 建立有計劃商品經濟制度時期知識產權制度的基本形成 (1979—1992年)

1978年召開的十一屆三中全會做出了實行改革開放的重大決策，中國從此進入了社會主義現代化建設的新時期。1979年1月，鄧小平應美國總統卡特邀請，率領中國代表團赴美國訪問，兩國領導人簽署了中美恢復邦交後的第一個政府間合作協定《中華人民共和國政府和美利堅合眾國政府科學技術合作協定》。隨後，中美簽訂了《中華人民共和國國家技術委員會和美利堅合眾國能源部在高能物理領域進行合作的執行協議》和《中美貿易協定》。在這兩份文件的簽訂過程中，美方以總統指示為由，執意在協定中加入「知識產權保護條款」。儘管中方代表對知識產權制度知之甚少，但因此萌發了研究知識產權、建立知識產權制度的意識。1979年3月，國家科學技術委員會受國務院委託成立專利法起草小組，中華人民共和國的知識產權法制建設逐步拉開了序幕。

在改革開放之初，儘管有一些不同的聲音，但多數意見認為，對知識產權的保護有利於吸引國外投資、引進國外技術。但在當時，受計劃經濟思維和左傾思潮的影響，要將長期具有公共產品屬性的知識產權納入私法保護範疇，存在很多觀念上的障礙。因而在此階段，一方面要完善立法，另一方面更要破除既有觀念。其目的是為深化改革、擴大開放進行知識產權立法。

1982年，第五屆全國人大常委會第二十四次會議通過了《商標法》，這是中國在改革開放之後制定的第一部知識產權法律。儘管這部法律存在缺陷，如不保護服務商標，未對馳名商標進行特殊保護，也沒有對優先權做出規定，但其一改過去重商標質量監管作用、輕經營者權益保護的錯誤觀念，對經營者的私有權提供了保護，因此在中國知識產權立法史上有著極其重要的地位。

1982年國務院召開專門會議決定，中國應該建立專利制度。隨後，第五屆全國人民代表大會第五次會議批准的《關於第六個五年計劃的報告》明確提出，要制定和施行專利法。1983年8月，經過二十多次研究修改的專利法草案經國務院常務會議審議通過。1984年《專利法》得以通過，《專利法》的頒布表明，中國承認了技術的商品屬性，國家鼓勵發明創造。這部法律對

於吸引國外技術，促進改革開放，發揮了不可替代的作用。1990年9月7日，第七屆全國人民代表大會常務委員會第十五次會議通過了《中華人民共和國著作權》。

中國在1980年加入世界知識產權組織後，1985年加入了《保護工業產權巴黎公約》，1989年加入了《商標註冊馬德里協定》，1992年加入了《保護文學藝術作品伯爾尼公約》《世界版權公約》。至此，在突破既有觀念的基礎上，中國的知識產權保護體系基本形成。

(三) 建立社會主義市場經濟制度時期知識產權制度的完善 (1993—2001年)

1992年10月，中共第十四次全國代表大會召開，大會提出了加快改革開放，建立社會主義市場經濟體制的宏偉目標。此時，隨著冷戰結束，全球政治經濟格局發生改變，世界各國都將發展經濟作為提升本國國際地位的戰略手段。在此背景下，一方面，經濟全球化成為國際共識，隨著各國之間經濟的相互依賴性增強，國際貿易成為各國經濟發展的重點；另一方面，發達國家在全球一體化的進程中仍然掌握話語權，企圖通過控制國際貿易規則特別是知識產權規則的制定權為本國企業爭取競爭優勢。於是，保護知識產權成為最敏感的問題，知識產權成為各國交往的核心問題。因此，無論是關稅及貿易總協定（General Agreement on Tariffs and Trade，GATT），還是取而代之的世界貿易組織（World Trade Organization，WTO），均強調知識產權保護的重要性。中國要建設社會主義市場經濟，就必須融入全球貿易，就必須加入關貿總協定或取而代之的世界貿易組織，也應該服從關貿總協定或者世界貿易組織制定的知識產權規則。

於是自1994年1月1日起，中國正式成為《專利合作條約》(PCT) 成員國，中國專利局正式成為PCT的受理局、指定局和選定局、國際檢索單位和國際初步審查單位，中文成為PCT的正式工作語言之一。從此，中國可以用中文通過PCT途徑直接申請外國專利。《專利合作條約》是繼《保護工業產權巴黎公約》之後專利領域的最重要的國際條約，是國際專利制度發展史上的又一個里程碑。該條約於1970年6月19日由35個國家在華盛頓簽訂。《專利合作條約》的立法宗旨，在於簡化國際專利申請的手續和程序，強化對發

明創造的國際保護。自此之後中國又相繼簽訂了一系列的完善知識產權制度的條約和規定。1995年加入《國際承認用於專利程序的微生物保存布達佩斯條約》，1996簽訂《建立工業品外觀設計國際分類洛伽諾協定》，1997年簽訂《國際專利分類斯特拉斯堡協定》，1999年加入《國際植物新品種保護公約（1978年文本）》。

隨著技術和知識在經濟發展中的地位和作用的日益凸顯，越來越多的無形產品走向國際市場，全球技術貿易蓬勃發展，知識產權轉讓頻繁發生，大大超過一般商品貿易增長速度，即使在有形商品貿易中，涉及知識產權的內容也日趨增多，諸如商品的專利問題、商標問題以及商業秘密問題等。知識產權與國際技術貿易的緊密發展，是知識產權保護從國內走向國際化的經濟基礎。TRIPS將知識產權與國際技術貿易緊密地結合起來。2001年，中國參與TRIPS，在TRIPS規則的引導和約束下，中國對知識產權的認識產生了新的飛躍，對知識產權的保護更加自律，這有利於消除國外投資者和產權所有者的疑慮，增強其產權技術輸出的信心，從而促進與技術貿易有關的投資的增長。

另外，中國開始對國內的知識產權法律進行修訂。中國於1993年通過《反不正當競爭法》，首次將商業秘密列為保護對象。2001年，中國又對《商標法》進行了修改，增加了對地理標誌的保護。同年，為解決網絡環境下的版權保護問題，對《著作權法》進行了修改。此次對《著作權法》的修訂細化還增設了著作權人的權利，特別是將信息網絡傳播權納入著作權人的權利範圍。

從復關到入世，歷時15年。在此期間，中國對知識產權法律進行了系統的修改完善，這一系列的知識產權法律修改，儘管客觀上有國際壓力的原因，但總體上是為了適應建立社會主義市場經濟體制的需要。通過修法，中國的知識產權保護制度進一步向國際標準靠攏，為建立社會主義市場經濟體制奠定了堅實的法律基礎。

（四）完善社會主義市場經濟制度時期知識產權制度的發展（2002—2013年）

改革開放後知識產權立法，一方面是西方知識產權強國影響的結果，但

在另一方面也有基於中國現實的需要而主動進行立法完善。在 2005 年之後，中國的知識產權立法水準已經達到了主要知識產權國際條約的要求。2005 年 6 月 30 日，國務院副總理、國家知識產權戰略制定工作領導小組組長吳儀主持召開國家知識產權戰略制定工作領導小組第一次會議，正式啟動國家知識產權戰略制定工作。

加強知識產權制度建設，大力提高知識產權創造、管理、保護、運用能力，是增強自主創新能力、建設創新型國家的迫切需要，是完善社會主義市場經濟體制、規範市場秩序和建立誠信社會的迫切需要，是增強企業市場競爭力、提高國家核心競爭力的迫切需要，也是擴大對外開放、實現互利共贏、加強技術貿易制度建設的迫切需要。因此，2006 年 12 月 29 日，第十屆全國人民代表大會常務委員會第二十五次會議決定中國加入《世界知識產權組織版權條約》，該條約由世界知識產權組織於 1996 年 12 月 20 日在瑞士日內瓦召開的關於版權和鄰接權若干問題的外交會議上通過。同時，中國聲明：在中華人民共和國政府另行通知前，《世界知識產權組織版權條約》不適用於中華人民共和國香港特別行政區和澳門特別行政區。2007 年 3 月 6 日，中國政府向世界知識產權組織正式遞交加入書。同年 6 月 9 日，《世界知識產權組織版權條約》在中國正式生效。

2008 年，《國家知識產權戰略綱要》正式實施，這標誌著中國的知識產權制度建設從被動接受、倉促應付轉為主動創新、揚長避短，是一種積極的戰略轉變。同年，《專利法》修改，此次《專利法》修法不但將「相對新穎性標準」提高為「絕對新穎性標準」，賦予外觀設計專利權人許諾銷售權，還為保障執法加大了對違法行為的處罰力度，增加了訴前證據保全制度。2013 年的《商標法》修改也有類似的特點，除禁止搶註因業務往來等關係明知他人已經在先使用的商標外，還從完善執法的角度增加了商標侵權懲罰性賠償的規定，加重了侵權人的舉證責任。這兩部法律的修改表明，中國知識產權的立法目的不再是為了引進外資技術或者符合某種國際標準，而是為了切實發揮知識產權制度的作用，通過知識產權的保護，「增強自主創新能力、建設創新型國家」。

(五）完善社會主義市場經濟制度新時期知識產權制度的創新（2014年至今）

習近平主席強調「改革開放只有進行時，沒有完成時」。創新是引領發展的第一動力，是深化改革的重要保障。圍繞構建開放型經濟新體制，促進技術貿易的進一步發展，中國在強調發揮市場的決定性作用、完善社會主義市場經濟制度時期加強了知識產權制度建設，推動了其創新發展。

在此階段，國家對曾出抬的知識產權法律作了修改。2014年3月12日，國家知識產權局通過了關於修改《專利審查指南》的決定；2015年5月29日，國家知識產權局決定對《專利行政執法辦法》（2010年12月29日國家知識產權局令第60號發布）予以修改，自2015年7月1日起施行；2017年2月28日，國家知識產權局通過了關於修改《關於規範專利申請行為的若干規定》的決定，自2017年4月1日起施行。2017年2月28日，國家知識產權局通過了《專利審查指南》的修改決議，自2017年4月1日起施行。

為深入實施知識產權戰略，深化知識產權領域改革，嚴格知識產權保護，加強知識產權運用，提升知識產權質量和效益，擴大知識產權國際影響力，加快建設中國特色、世界水準的知識產權強國，2017年1月13日，經李克強簽批，國務院發布了《「十三五」國家知識產權保護和運用規劃》（以下簡稱《規劃》），明確了「十三五」知識產權工作的發展目標和主要任務，對全國知識產權工作進行了全面部署。這是知識產權規劃首次列入國家重點專項規劃。《規劃》指出，到2020年，知識產權重要領域和關鍵環節的改革取得決定性成果，建成一批知識產權強省、強市，知識產權保護環境顯著優化，知識產權運用效益充分顯現，知識產權綜合能力大幅提升。每萬人口發明專利擁有量從2015年的6.3件增加到12件，國際專利申請量從2015年的3萬件增加到6萬件，知識產權使用費出口額從2015年的44.4億美元提高到100億美元。《規劃》提出了七個方面的重點工作：一是完善知識產權法律制度。加快推動專利法、著作權法、反不正當競爭法等法律法規建設，健全完善商業模式和實用藝術品、「互聯網+」、電子商務、大數據等相關法律制度和規則。二是提升知識產權保護水準。發揮知識產權司法保護作用，強化知識產權刑

事保護，加強知識產權行政執法體系建設，強化進出口貿易知識產權保護，加強傳統優勢領域、新領域新業態和民生領域知識產權保護。三是提高知識產權質量效益。實施專利質量提升工程，實施商標戰略，打造精品版權，加強地理標誌、植物新品種等領域知識產權工作。四是加強知識產權強省、強市建設。促進區域知識產權協調發展，做好知識產權領域扶貧工作。五是加快知識產權強企建設。提升企業知識產權綜合能力，培育知識產權優勢企業，完善知識產權強企工作支撐體系。六是推動產業升級發展。推動專利導航產業發展，完善「中國製造」知識產權佈局，促進知識產權密集型產業發展，支持產業知識產權聯盟發展，深化知識產權評議工作，推動軍民知識產權轉移轉化。七是促進知識產權開放合作。加強知識產權國際交流合作，積極支持創新企業「走出去」。

為深入實施國家知識產權戰略，加快建設知識產權強國，推動專利代理行業專業化、規範化和國際化發展，擴大行業規模，提升行業綜合服務能力，根據《國家知識產權戰略綱要》《國務院關於新形勢下加快知識產權強國建設的若干意見》和《「十三五」國家知識產權保護和運用規劃》的總體要求，2017年2月27日，國家知識產權局制定了《專利代理行業發展「十三五」規劃》。

2017年，中國全年發明專利申請量達138.2萬件，連續七年位居世界首位，全年知識產權使用費出口額47.86億美元，同比增長超過300%。面對當前國際貿易合作形勢以及推進「一帶一路」建設等擴大對外開放的政策導向，無論是企業、投資人還是政府，都需要極為重視在知識產權上的戰略佈局，共同降低在世界經濟大潮中的侵權風險。2017年4月，為貫徹落實《推動共建絲綢之路經濟帶和21世紀海上絲綢之路的願景與行動》，發揮知識產權在「一帶一路」建設中的重要作用，國家知識產權局制定了《國家知識產權局推進「一帶一路」建設工作方案》，旨在推動構建開放包容、和諧共贏、平等互利的知識產權國際合作關係。2017年5月在「一帶一路」國際合作高峰論壇期間，國家知識產權局代表中國政府與世界知識產權組織簽署了加強「一帶一路」知識產權合作協議，被列為論壇重要成果之一，成為中國與世界知識

產權組織開展面向「一帶一路」沿線國家知識產權合作的指導性文件。近兩年來，中國還與塔吉克斯坦政府以及越南、老撾、菲律賓、孟加拉國、吉爾吉斯斯坦、哈薩克斯坦、亞美尼亞、阿爾巴尼亞、保加利亞、拉脫維亞、立陶宛、埃及等國知識產權主管部門簽署了知識產權領域合作諒解備忘錄。截至目前，中國已與沿線近 40 個國家建立知識產權雙邊合作關係，與海灣阿拉伯國家合作委員會（GCC）、東南亞國家聯盟（ASEAN）、歐亞專利局（EAPO）等地區組織簽訂了合作協議。

2018 年是中國知識產權的「強保護」元年。在 2018 年博鰲亞洲論壇年會上，習近平將加強知識產權保護作為擴大開放的四個重大舉措之一，並強調加強知識產權保護是完善產權保護制度最重要的內容，也是提高中國經濟競爭力最大的激勵。2018 年 6 月，國務院新聞辦公室發表《中國與世界貿易組織》白皮書，提到中國將建立健全知識產權法律體系，執法力度不斷增強。2018 年 9 月，國務院新聞辦公室發表的《關於中美經貿摩擦的事實與中方立場》白皮書中，將中國近年來保護知識產權付出的巨大努力和取得的成效做了詳細說明。隨著「知識產權強保護」最先而來的一系列新舉措新措施，支撐著一系列改革新舉措落地的則是中國作為世界知識產權大國的自信。

科技創新特別是知識產權保護是中國高質量發展的重要保障，建立「一帶一路」各省（市、區）執法協作機制既是加強知識產權保護、激勵創新創業的需要，也是回應「一帶一路」倡議、構建知識產權大保護格局的有效舉措。為此在 2018 年 6 月 1 日，「一帶一路」沿線各省（區、市）知識產權執法協作工作研討交流活動在廣西舉行。同年 6 月，由福建省知識產權局指導，廣東—獨聯體國際科技合作聯盟等機構參與組織的福建省「一帶一路」知識產權國際合作論壇暨福建製造 2025 知識產權成果對接會於「6/18」首日在福州舉行。活動聚焦福建省優勢產業對國際人才、技術、項目、知識產權的需求，特別邀請了來自烏克蘭國家科學院的高層次專家團隊就新材料等領域最新知識產權成果進行推介，積極推動福建企業、高校、科研單位與「一帶一路」沿線國家開展專利技術轉移、科技項目和人才合作，達成了眾多合作意向，這有助於促進福建省製造業創新轉型、提質增效，實現雙方互惠共贏。

第十章　新中國技術貿易制度的演進與發展

為深化「一帶一路」知識產權國際合作，由國家知識產權局、國家版權局、商務部、北京市人民政府和世界知識產權組織共同舉辦的 2018 年「一帶一路」知識產權高級別會議於 2018 年 8 月 28 日至 29 日在北京舉辦。會議旨在交流當前國際知識產權發展的新態勢，討論「一帶一路」沿線各國面臨的知識產權問題，共同探討未來合作願景。會議設置了「有效利用知識產權促進產業轉型升級，推動『一帶一路』沿線國家經濟發展」，「發展全球知識產權體系及共同策略，應對數字時代全球知識產權體系面臨的新挑戰——法律、最佳實踐及合作」「加強作為關鍵無形資產的知識產權的商業化及運用，激勵創新」「加強知識產權保護，探索適合『一帶一路』沿線國家國情的知識產權保護模式，營造良好創新和營商環境」「有效保護傳統知識、遺傳資源、民間文藝——各國法律制度及最佳實踐」「持續推進知識產權多邊合作，支持創新創造」等議題，進一步推動了「一帶一路」沿線國家知識產權制度建設。

在轉變經濟發展方式、實現創新驅動發展的新形勢下，加強知識產權工作已經成為中國自身發展的需求。中國知識產權制度融入社會發展的自覺性和主動性成了這一階段的主要特徵。在此階段，一方面，中國對曾出抬的知識產權法律做出修改，緊跟時代步伐不斷完善知識產權法律體系；另一方面，隨著國家知識產權戰略的不斷深入，中國制定了一系列加強知識產權的政策規範，為實現「建設知識產權強國」的宏偉目標提供了有力支撐。

本章參考文獻

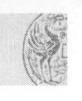

曹文澤，王遷，2018. 中國知識產權法制四十年：歷程、特徵與展望 [J]. 法學（11）：3-16.

崔豔新，2018. 創新驅動與貿易強國：基於技術貿易的視角 [M]. 北京：知識產權出版社.

鄧力平，張定中，2000. 入世：理性透視 [M]. 合肥：安徽人民出版社.

國家統計局，2014. 2014 年中國科技統計年鑒 [Z]. 北京：中國統計出版社.

李詩，李計廣，2008. 中國對外經濟貿易概論 [M]. 北京：北京師範大學出版社.

雷慶西，張賢模，1999. 中國技術市場 [M]. 武漢：湖北人民出版社.

林耕，董亮，傅正華，2016. 超越與夢想：中國技術市場發展戰略研究 [M]. 北京：知識產權出版社.

全毅，2001. 中國入世：體制改革與政策調整 [M]. 北京：經濟科學出版社.

蘇科伍，2013. 新編中國對外經濟貿易概論 [M]. 上海：上海財經大學出版社.

王玉清，2013. 國際技術貿易 [M]. 北京：對外經濟貿易大學出版社.

張軍旗，2002. WTO 監督機制的法律與實踐 [M]. 北京：人民法院出版社.

張幼文，伍貽康，2001. 跨越時空：入世後改革開放的新階段 [M]. 上海：上海社會科學院出版社 & 北京：高等教育出版社.

第十一章
新中國引進外資及對外直接投資制度的演進與發展

　　國際貿易與國際直接投資不僅是一國參與世界經濟的兩條重要途徑，也是世界經濟增長的兩大支柱。20世紀90年代以來，隨著跨國公司的全球化擴張，國際投資發展迅速。作為國際投資的主體，跨國公司通過在全球範圍內配置和利用資源，使國際貿易和國際直接投資，圍繞著跨國公司國際生產的價值鏈，相互依存，共生增長。2000年以來，跨國公司的投資額占世界投資總額的近90%，跨國公司內部貿易額占據世界貿易額的比重也超過60%，國際貿易與國際直接投資呈現出相互融合的趨勢，貿易投資一體化逐漸成為推動經濟全球化的重要力量。貿易和投資機制的完善已經成為提高國家競爭力的決定因素。

　　世界各國的實證分析表明，隨著經濟全球化和一體化的逐漸加深，貿易和投資的替代或相互競爭關係已經被逐步弱化，而貿易和投資的互補是多數

國家經濟國際化的出發點。各國在經濟發展過程中根據不同的發展目標制定了不同的投資和貿易政策,隨著國際投資在世界經濟中的作用不斷增強、貿易與投資一體化程度加深,各國政府也制定出許多與貿易有關的投資措施。在世界貿易組織的規則體系中,《與貿易有關的投資措施協議》直接將投資措施與貿易聯繫起來,成為投資與貿易政策國際協調方面最具影響力的協議。鑒於貿易與投資之間緊密的相互關係,一個國家所制定的貿易和投資政策也往往是相互關聯和牽制的。若貿易政策與國際投資政策各自為政,相互矛盾,則可能導致貿易與投資相互抵消、相互起反作用。所以,協調國際直接投資和國際貿易制度具有十分重要的意義。把握中國國際直接投資制度的動態演進過程,理清中國國際直接投資政策貿易促進目標的變化趨勢,有利於實現對外貿易政策和國際直接投資政策之間的相互協調,創造一個公平、統一的投資與貿易環境,推動中國的改革開放和全球經濟一體化繼續向更深的層次邁進。

第一節 新中國外商直接投資制度的演進與發展

自新中國成立以來,尤其是改革開放以來,隨著中國綜合國力增強和國際競爭力的提升,中國政府不斷調整國民經濟發展政策。在中國經濟不斷發展、結構逐漸變遷的過程中,中國吸收外資的階段和引資目標也在不斷發生改變,外商直接投資政策作為中國開放型經濟政策的重要組成部分必然相應地經歷不同階段的演變。

一、高度集中計劃經濟時期的外資政策演變(1949—1978年)

從新中國成立直到改革開放前,中國基本實行的是以國有和集體所有制

第十一章　新中國引進外資及對外直接投資制度的演進與發展

經濟為基礎的計劃經濟體制。囿於當時的歷史條件和國際政治環境，中央決定採取自力更生為主、爭取外援為輔的方針。在新中國成立初期，中國對外資的利用採取了積極謹慎的態度，一方面肯定了在當時經濟發展落後、外匯極度匱乏的背景下，外資對於經濟發展的積極作用和重要性；另一方面又考慮到中國當時所處的國際政治環境，對外資的利用十分謹慎，盡可能避免其可能造成的危害。

（一）對外資企業的限制、清理和初步改造（1949—1952年）

新中國成立後，中國將外資企業的生產、經營管理納入全國統一的計劃經濟管理體制中。

1. 設立外資企業管理部門

1949年，中共中央在政務院財政經濟委員會下設立外資企業管理局，專門負責國內外資企業的管理問題。並且規定，凡中央有關部門和地方政府與外國洽談或簽訂條約，必須事先報告中財委與外交部，不得擅自行動或簽約。遵守中國法令的外資企業，受到中國政府的保護。

2. 取消帝國主義國家在華特權

新中國成立後，取消了帝國主義國家在舊中國享受的由不平等條約帶來的特權，將外資企業與中國的私營企業同等對待。1949年1月，中共中央頒布的《關於外交工作的指示》指出：「我們對於一切資本主義國家政府的和私人的在華經濟特權、工商企業和投資，均不給與正式的法律承認。」

3. 對外資企業進行初步改造

從1949年開始，人民政府對外國在華企業採取了「按照國籍系統、行業等各種不同的具體情況，進行個別處理和區別對待」的方針，有計劃、有步驟、有重點地予以清理。[①]

1949—1952年，國家工商管理部門對外資企業仿照國內私營企業的登記辦法進行了臨時登記註冊，其稅負也仿照國內私營企業。同時，中央規定：不批准成立新外資企業；外資企業不得加入工商聯，不得購買土地；國營企

[①] 裴堅章. 中華人民共和國外交史（1949—1956）[M]. 北京：世界知識出版社，1994：264.

業也不得擅自收購外資企業資產；外資企業歇業與國內私營企業一樣，須經過政府工商主管部門批准；外資企業的勞資糾紛須按照勞動部指定的勞資糾紛調解仲裁程序進行，政府頒布的勞動保護法令也需貫徹執行；外國在華銀行的經營範圍基本被限於外匯業務。

4. 朝鮮戰爭爆發後外資政策的變化

1950年6月朝鮮戰爭爆發後，中美關係惡化，美國政府正式宣布對中國實行封鎖禁運。對此，中國政府對美在華企業財產採取徵用、代管、徵購、管制，即按照輕重緩急對美國在華資產進行清理。① 但是，它們中的大多數仍被允許繼續進行正當的生產和經營活動。中國政府對守法外資企業實行保護的政策，反應了新中國對守法外資企業寬容友好的態度和對在華企業的財產所有權和經營自主權的尊重。②

由於以美國為首的西方資本主義國家對中國實行封鎖政策，因此中國決定把利用外資的著眼點放在與中國制度相同的蘇聯等東歐國家身上。1950年2月，毛澤東親自率代表團到莫斯科與蘇聯政府談判，並簽訂了蘇聯貸款給中國的協定。③ 此外，中國還利用直接投資形式與蘇聯等東歐國家建立了合資企業。④ 在經營管理方面，這些公司沒有拘泥於外國股份不超過49%和不允許對方擔任公司領導的慣例，而實行股份平等和公司領導輪換的做法。

（二）對外資企業的徹底改造（1953—1962年）

1952年過渡時期總路線提出後，中國將消滅資本主義私有製作為實現社會主義的重要手段，社會主義改造全面展開。

---

① 中共中央《關於處理美國在華財產的指示》，1951年5月15日。
② 1952年7月5日，中國外交部《就英國有關中英貿易問題的照會的聲明》指出：「中國政府願與各外國的政府和人民在平等和互利的基礎上恢復和發展國際間的通商貿易關係；一切遵守中國政府的法令的外僑外商，都可得到各級人民政府的保護。」對在中國境內的各英國公司廠商，「只要他們遵守中國政府的法令，各級人民政府仍當予以保護。如果他們自願結束其業務，則不論他們採取何種方式結束，都可以向各地人民政府分別進行申請」。
③ 該協定規定：蘇聯政府以年利1%的優惠條件給予中國3億美元的貸款。20世紀50年代，中國共從蘇聯獲得折合14.27億美元的盧布的貸款，用於引進156項成套設備。
④ 1950—1951年，與蘇聯成立了中蘇石油股份公司、中蘇有色稀有金屬股份公司、中蘇民用航空股份公司、中蘇造船股份公司，與波蘭成立了中波輪船股份公司。

第十一章　新中國引進外資及對外直接投資制度的演進與發展

這一時期，朝鮮戰爭結束，國際局勢趨於緩和，對外資企業的改造從行政命令轉變為以對價轉讓為主。如 1953 年上海市政府確立改造外資企業的工作原則就要求根據企業的不同國別，「有理、有利、有節」地採取不同的改造方式，並認為「對我們最有利的處理方式是對價轉讓，此方式應成為今後處理外商企業的基本方式，必須用盡一切方法盡可能促成之」，「對未建交國家如英美法等國較大型企業以對價轉讓為基本處理方式，對已建交資本主義國家企業，也盡可能促成對其對價轉讓」。[①]通過轉讓，政府以一定的代價解決了企業的所有權。到 1956 年年底，美國在華產業得到全部清理，英國在華企業總資產的 93.1% 得到了清理。到 1962 年，最後一批外資企業歇業。

（三）社會主義改造完成後的外資政策（1963—1978 年）

20 世紀 60 年代初，蘇聯單方面中斷了對中國的援助、撤走專家，大批項目被迫中止。加上「大躍進」運動和嚴重自然災害，中國經濟發展遇到了前所未有的困難，建設資金極度匱乏。隨著美、英、法、日等西方資本主義國家與中國關係的逐漸緩和，中國決定將引進先進技術設備的來源地轉向西方國家，利用出口信貸和延期付款方式大規模引進外國先進技術和成套設備，但不允許利用外國貸款和外國直接投資這兩種形式。

1963 年，為了完成技術和設備的引進，中共中央和國務院專門成立了成套設備進口五人小組，就各部門提出但外貿部和其他部門所不能解決的有關政策和工作問題提出意見。[②]由於農業和輕工業的生產大幅度下降，為首先解決人民的「吃、穿、用」問題，石油化工、成套化肥設備等與民生相關的項目是 20 世紀 60 年代技術引進的重點。

20 世紀 70 年代，西方發達國家紛紛同中國建交，這為中國大規模引進成套設備和技術提供了前所未有的條件和機遇。1973 年 1 月 2 日，國家計委《關於增加設備進口、擴大經濟交流的請示報告》建議在三五年內引進 43 億

[①] 張侃. 新中國成立初期上海外資企業改造中的轉讓 [J]. 中共黨史研究, 2007 (6): 88-93.
[②] 國家計委關於從西歐國家進口成套設備工作的進展和工作部署（1963 年 8 月 12 日）[A] // 中國社會科學院、中央檔案館. 1958—1965 年中華人民共和國經濟檔案資料選編·固定資產投資與建築業卷 [M]. 北京: 中國財政經濟出版社, 2011: 366.

美元的成套設備,即「四三方案」。該報告提出了進口設備的六條原則:一是堅持獨立自主、自力更生的方針,集中力量,切切實實地解決國民經濟中幾個關鍵問題;二是針對有人提出「一批二改三用」的「左」的做法,強調「一學、二用、三改、四創」;三是有出有進,進出平衡;四是新舊結合,節約外匯;五是當前與長遠兼顧;六是進口設備大部分放在沿海,小部分放在內地。該報告還建議採取分期付款的方式和成立進口設備領導小組。這是繼「一五」計劃從蘇聯引進項目的「156 工程」後第二次大規模的引進國外先進技術設備。

在這一時期,技術和設備的引進均是在中央的統一計劃和部署下以中央政府為主體來完成的,主要是由國家計委協同科委等部門制定引進計劃和報告、再由國務院進行批示。這一時期從西歐、日本等資本主義國家引進的大量先進技術和成套設備為中國冶金、石油、化工、機械、電子、輕工業等部門的建設奠定了堅實的基礎,加快了中國的工業化和科技發展,極大地幫助了國民經濟的恢復和發展。

總體說來,在改革開放前,因國內政治和國際政治環境的影響,中國經濟發展以「自力更生、自給自足」為基本方針,這一時期的外資政策存在著以下問題:一是外資政策常常因為政治環境的變化而朝令夕改;二是實行了非常嚴格的計劃審批制度,幾乎所有的投資項目都要經過中央政府的審批,審批速度慢、程序複雜,外商投資發展緩慢;三是形式單一,規模有限,利用外資的方式主要就是出口信貸和延期付款;四是基於當時薄弱的工業基礎和落後的經濟發展水準,外資的引進目標主要是獲取國內急需的技術和成套設備。這一時期的利用外資,主要是以出口信貸和外匯借款來引進國外技術和設備,在一定意義上不能算是直接利用外商投資。

二、有計劃商品經濟制度建設時期外商直接投資制度的建立與調整(1979—1992 年)

中共十一屆三中全會把對外開放確立為基本國策,其宗旨是:積極發展

第十一章　新中國引進外資及對外直接投資制度的演進與發展

對外經濟技術合作、交流和貿易往來，吸收利用外國資金和先進技術，發展生產力，加速中國社會主義現代化建設進程。吸收外商投資成為中國對外開放政策的重要組成部分。

在改革開放初期，中國經濟基礎薄弱、現代化水準低，自身累積的建設資金非常有限，外匯缺口和資金缺口非常嚴重。根據工業化和經濟發展的階段性要求，政府以彌補中國儲蓄和外匯的雙缺口為目的，積極擴大利用外商投資規模和引導鼓勵出口導向型外商投資企業的進入。

1979—1992 年，中國外商直接投資政策主要發生了以下幾方面的變化：第一，構建了從中央到地方的外資管理體系，建立了專門的歸口部門對外資進行統合管理，提高瞭解決問題的效率；第二，頒布了一系列與外商投資相關的法律法規，確定了外商投資的合法地位，為外商投資提供了良好的投資環境；第三，開始逐步下放外商投資的審批權，逐步放寬對外商經營、所有權、投資領域的限制；第四，對外商提供稅收等方面的優惠政策以吸引外資，鼓勵多元化、全方位地引進外資。

（一）外資管理體制的建立與調整

1. 構建外資管理體系

改革開放後，為了更好地吸引外資，中國首先在外資的管理機構上進行了一系列的安排與調整。

1979 年 7 月 30 日，設立了專門負責利用外資歸口管理的工作機構——外國投資管理委員會，對中國的外國投資方面的工作進行指導、監督和管理。各省、區、市也隨之建立了相應機構，建立針對外資的分級管理體制，形成了從中央到地方較為完整的外資管理體系。之後，為統籌對外經濟貿易發展的全面工作，外經貿系統的機構在 1982 年和 1986 年又進行了兩次調整，對外資的管理工作分工更為明確。

1987 年 11 月，國家有關部門又批准成立了中國外商投資企業協會。協會由外資企業自願參加成為會員，傳送政府政策，積極為外商投資企業服務，反應外資企業的訴求，幫助它們協調解決生產經營中遇到的困難，成為各級政府與外資企業溝通的橋樑。

2. 改革外資管理機制，減少行政干預

改革開放之初，中國對外商投資項目的控制和審批非常嚴格，所有的項目都要上報外國投資管理委員會批准。雖然外國投資管理委員會將一部分項目委託給省市政府批准，但一般 300 萬美元以上的項目還是要由中央政府審批，地方政府的審批權十分有限。經過 1983 年、1985 年、1988 年幾次調整，國務院逐步擴大了地方政府自行審批外商投資的自主權。按有關規定：限額以上的項目，或供產銷等需要全國綜合平衡的項目，由國家計委、經貿部會同有關部門審批項目建議書、可行性研究報告、合同和章程；限額以下的項目分別由各省、自治區、直轄市、計劃單列市、經濟特區、沿海開放城市人民政府或國務院有關部門審批。地方和部門的審批權限是：生產性項目，其中天津、北京、上海、遼寧、河北、山東、江蘇、浙江、福建、廣東、廣西、海南等沿海省市以及深圳、珠海、廈門、汕頭經濟特區投資總額在 3,000 萬美元以內，其他省、自治區以及國務院各部委投資總額在 1,000 萬美元以內。非生產性項目，除需要全國綜合平衡的項目和國家限制發展的項目以外，不受投資總額的限制，由地方政府和國務院各部委自行審批。①

在下放投資審批權限的同時，對外資的其他限制也在逐步放鬆，行政干預大大降低。1986 年，國務院制定《國務院關於鼓勵外商投資的規定》及 22 個實施細則，對稅費繳納、補貼、出口便利化、保障外商投資企業自主權等方面做了細緻規定，此後投資環境得到改善，外商投資更加法治化、便利化。1986 年 4 月，《外商獨資企業法》取消了對外資所有權的限制。1990 年春，對《合資企業法》進行了修改，放鬆了對外資企業的限制，包括取消外國人不能擔任企業經理的規定，不再規定合資企業的期限，對合資企業不實行國有化等。1992 年政府放寬了對外商投資領域的限制。過去列為禁止的商業、外貿、金融、保險、航空、律師、會計等，允許開展試點投資；過去限制投資的土地開發、房地產、賓館、飯店、信息諮詢等逐步放開。②

---

① 劉向東. 中國對外經濟貿易政策指南 [M]. 北京：經濟管理出版社，1993：926-927，932.
② 汪海波. 對發展非公有制經濟的歷史考察：紀念改革開放 40 週年 [J]. 中國經濟史研究，2018 (3)：46-62.

管理和審批上的逐步放鬆、投資手續的逐步簡化，有利於縮短審批時間、提高審批效率，為之後的便利化改革奠定了基礎。

(二) 構築外商投資法律的基本框架

通過制定相關法律法規，構建了利用外資的制度保障，增強了外商來華投資的信心和安全感。

1979年7月8日，中國出抬第一部外商投資法《中華人民共和國中外合資經營企業法》，標誌著中國外商投資立法的開始，這也是中國第一部規範的涉外經濟法。

1980年又先後出抬《中華人民共和國中外合資經營企業所得稅法》《中華人民共和國外匯管理暫行條例》以及《中華人民共和國中外合資經營企業登記管理辦法》；1982年4月，第五屆人大常委會把中國吸收外國投資的政策寫入憲法修正草案，並在同年正式通過。從而，在根本上確立了外商投資企業在中國的法律地位，為外商企業來華投資提供法律保障。

1983年，國務院又發布《中華人民共和國中外合資經營企業法實施條例》，對合資企業申請設立、經營管理等進行明確規定。此後頒布的重要法律法規還有：1986年的《中華人民共和國外資企業法》和《國務院關於鼓勵外商投資的規定》；1988年的《中華人民共和國中外合作經營企業法》和《國務院關於鼓勵臺灣同胞投資的規定》；1990年的《國務院關於鼓勵華僑和港澳同胞投資的規定》；1992年《稅收徵收管理法》統一了對內外稅收的徵管制度，基本上實現了內外稅法的統一。這些有關外資的法律法規的頒布為外資提供了一個良好的投資環境，改善了外商投資企業的生產和經營條件。

至此，中國初步形成了以《中外合資經營企業法》《外資企業法》和《中外合作經營企業法》為基礎，以相關經濟法、民商法為配套，以行政法規、部門規章和地方性法規為補充的體系完備的外資法律體系，適應了中國對外開放初期引進外資和對外經濟、技術合作的需要。

(三) 引資政策的確立與調整

由於中國多年封閉的原因，導致當時外商對中國的投資環境不熟悉，對外資政策心存疑慮，很多企業不敢貿然進行投資。為了改變這種狀況，中國

的外資政策以提供「超國民待遇」的優惠政策為主,且優惠水準比較高。在所得稅方面,對外資企業實行了「免二減三」政策。在工商統一稅和關稅方面,外商投資企業享受遠高於國內企業的減免稅優惠,在進口機器設備和原材料以及出口產品時,還享受免稅待遇。同時國家還給予外資企業外貿進出口自營權、報關權等權利,以及比國內企業多得多的經營自主權。[1]

1. 對外商投資企業的優惠政策

為了更好地吸收外商投資,中國在外商投資三部基本法律的基礎上制定外商投資優惠政策法規,從區域和產業方面強化對外商投資的引導,最突出的是對外商投資企業的稅收優惠。1986年10月,國務院發布了《關於鼓勵外商投資的規定》,對外商投資企業,特別是先進技術企業和產品出口企業在稅收、土地使用費、勞務費、利潤再投資、生產經營外部條件等方面給予特別優惠,並保障企業享有獨立的經營自主權,按照國際上通行的辦法進行經營管理。按照該規定,對於符合產品出口以及先進技術型外商投資企業給予特別優惠,按照現行稅率減半繳納企業所得稅;已經按15%的稅率繳納企業所得稅的出口企業,符合前款條件的,減按10%的稅率繳納企業所得稅。

1991年,國家公布《中華人民共和國外商投資企業和外國企業所得稅法》,實現了外商投資企業所得稅法的統一,外商投資企業的企業所得稅稅率統一為30%,地方所得稅稅率為3%。在此基礎上,對設在經濟特區、沿海經濟開放區的外商投資企業,以及設在沿海經濟開放區和經濟特區、經濟技術開發區所在城市的老市區的部分外商投資項目實行了稅收減免政策,對生產性外商投資企業進行「兩免三減半」的稅收優惠[2]。

2. 全方位地利用外資

在改革開放前,中國主要局限於延期付款等一兩種外資的利用形式。改革開放後的一大轉變就是利用外資的形式開始多元化。但在剛剛開始改革開放之時,由於「左」的思想影響尚未肅清,中國仍不允許利用外國貸款和舉

---

[1] 吳彥豔,趙國杰,丁志卿. 改革開放以來中國利用外資政策的回顧與展望 [J]. 經濟體制改革,2008(6):13-16.

[2] 即第一年和第二年免徵企業所得稅,第三年至第五年減半徵收企業所得稅。

第十一章　新中國引進外資及對外直接投資制度的演進與發展

辦合資企業這兩種利用外資的形式。1978 年 4 月 22 日，中國外貿部長在講到中國現在可以採取補償貿易、來料加工、來樣加工、分期付款、延期付款等利用外資形式之後明確指出：對於借款和合資經營兩種形式，「我們是堅決不干的」①。

随著大量引進國外設備和技術，外匯不足的問題使得「兩個不干」的政策迅速得到了修正。1978 年 12 月 15 日，中國外貿部長正式對外宣布：中國可以接受外國政府貸款和允許外商在中國投資，基本上國際慣用的做法都可以干。1984 年，中共十二屆三中全會上更是提出要「利用外資，吸引外商來中國舉辦合資經營企業、合作經營企業和獨資企業」②。1992 年中共十四大報告又指出：必須進一步擴大對外開放，更多更好地利用國外資金、資源、技術和管理經驗。對外開放的地域要擴大，形成多層次、多渠道全方位開放的格局。利用外資的領域要拓寬。

從而，中國利用外資的形式開始靈活多樣，包括外商直接投資、外國政府和國際金融機構貸款、出口信貸、補償貿易、對外加工裝備、發行國外債券，等等。在這些利用外資的形式中，外商直接投資特別是合營企業逐步成為利用外資的重點，認為這種形式既可以彌補國內建設的資金不足，又不會增加債務負擔，還可以引進國外先進技術和學到國外先進管理經驗，資金的來源渠道也得到拓展。1992 年，政府開始在上海、深圳試行股份制外商投資企業，批准舉辦了約 20 家中外雙方投資的股份有限公司，一些企業獲準通過發行 B 股股票來籌集資金。此外，這一時期利用外資政策的轉變還體現在外資的來源地也呈現多元化、全方位發展的態勢。不論是社會主義國家還是資本主義國家，不論是第一世界、第二世界還是第三世界國家，不論是外國人還是華僑，都可以成為利用外資的對象。

3. 外資政策的優化調整

1984 年下半年開始，中國出現了經濟過熱的跡象，國家信貸失控、基本

---

① 1978 年 4 月 22 日李強同廣交會各交易團負責人談話。
② 中國共產黨第十二屆中央委員會第三次會議.中共中央關於經濟體制改革的決定 [M]. 北京：人民出版社，1984：4.

建設急遽膨脹，再加上20世紀80年代初西方各國政府和金融機構為中國提供了相當數額的外債援助資金，加劇了外商在華投資的盲目性。同時，隨著外資的引入和外資效益的顯現，各地各部門為吸引和「爭奪」外資，競相出抬各種各樣的優惠政策，出現了「外資優惠的競爭」。

面對外商在華投資的盲目性和各地方政府短視、不顧效果的引資行為，1986—1992年，中國對引進和利用外資的政策和實踐進行了重大調整，調整的重點就是明確引進和利用外資的原則、目的和方式。各級政府在通過優惠政策引進外資的同時，開始利用產業政策來引導外商投資的方向，通過改善投資產業的結構，力求將外資經濟的發展納入宏觀經濟發展管理範圍之內。

1986年10月，國務院發布《國務院關於鼓勵外商投資的規定》，標誌著中國的外資政策由初創投資環境到有重點、有計劃地吸引外資的導向性轉變。自此，中國外資政策進入積極調整外資結構的初步發展階段，即根據工業化和經濟發展的總體戰略目標，有步驟地、合理地吸引和引導外資流向。

1987年3月第六屆人大五次會議通過的《政府工作報告》提出利用外資重點是出口創匯企業、進口替代企業和先進技術企業；利用外資要講求經濟效益和注意外債結構合理；引進和利用外資的目的是要彌補資金、技術和管理缺口，要把利用外資的方式從間接引資為主轉變為外商直接投資為主。[①]

1992年中共十四大報告又指出，要按照產業政策，積極吸引外商投資，引導外資主要投向基礎設施、基礎產業和企業的技術改造，投向資金、技術密集型產業，適當投向金融、商業、旅遊、房地產等領域。[②] 1992年《國務院外資領導小組第十六次會議紀要》指出：「要採取以市場換技術的方針，吸引外國大企業來華興辦技術水準高、投資規模大的項目，以提高中國利用外資的整體水準。」「市場換技術」戰略的提出說明中國對外資的利用水準有了更高的要求，也表現出中國對外資的需求開始從資金向技術和管理轉變。

總的來說，這一階段中國的外資政策發生了顯著的變化。通過自上而下

[①] 中共中央文獻研究室．十二大以來重要文獻選編（下）[M]．北京：人民出版社，1986：1135．
[②] 中共中央文獻研究室．十四大以來重要文獻選編（上）[M]．北京：人民出版社，1996：22-23．

第十一章　新中國引進外資及對外直接投資制度的演進與發展

地制定並推行對內改革和對外開放的經濟發展戰略，打破了長期以來自我封閉、思想禁錮的狀態。在指導思想上確立了積極利用外資的觀念，由排斥外資轉向積極主動地引進和利用外資，對外資的限制不斷減少，允許外資進入的規模和領域不斷擴展。鼓勵措施和優惠政策明顯增多，激勵的重點由間接投資轉向直接投資，逐漸形成了全國統一的外資政策體系。面對引進和利用外資過程中存在的一哄而上、不求經濟效益的短期政策行為進行了必要的糾正，也為後來的引資工作打下了良好的基礎。

三、建立社會主義市場經濟制度時期的外商直接投資制度改革（1993—2001年）

中共第十四次全國人民代表大會上正式確立了社會主義市場經濟體制的改革目標，其後，中國的改革開放和經濟發展進入了一個新階段，利用外資的實踐也進入從慢行到快速發展的軌道，外商投資開始步入大規模、系統化的投資階段。

一方面，之前存在的儲蓄和外匯缺口已逐步消失，而技術、管理和人才等方面的缺口日漸突出，中國政府明確提出了「以市場換技術」的戰略和政策，以達到更好地彌補技術和管理缺口，而不是資金缺口的目的；另一方面，針對在前一個階段的外資引進中出現了力度不夠、重複引進、結構不合理等問題，中國強調要「積極合理有效地利用外資，對外商投資企業逐步實行國民待遇。以吸收直接投資為重點，改善環境，拓寬領域，引導投向，優化結構，增闢融資渠道，加強國內配套。鼓勵外商參與重點經濟建設項目和現有企業的技術改造」[1]。

這一時期，外商直接投資成為中國利用外資的主要形式，外商投資政策以規範外商直接投資、優化外資結構、提高利用外資水準為重要目標。在戰略思想上，中國逐步從鼓勵和優惠政策向互利共贏的開放戰略轉變，形成互

---

[1] 資料來源於《中共中央關於制定國民經濟和社會發展「九五」計劃和2010年遠景目標的建議》。

利雙贏的戰略思維,這既符合中國的根本利益,又能促進共同發展。在戰略轉變的過程中,一是繼續積極有效地利用外資,著力提高利用外資的質量,加強對外資的產業和區域投向引導;二是對外資實行國民待遇,規範稅制、公平稅負,引入競爭機制,為中外企業創造平等競爭條件,即不再以各種政策優惠來吸引外商,而是按照國際慣例和建立社會主義市場經濟體制的要求,創造條件逐步對外資實行國民待遇。[1]

(一) 外資管理體制改革

1. 完善外資行政管理體系

1994 年,中國決定成立全國外資工作領導小組,任命李嵐清(時任國務院副總理)為組長,小組成員單位包括國家計委、外經貿部、國家經貿委、國家體改委、財政部、勞動部、中國人民銀行、國家稅務總局、國家工商行政管理局、國家土地管理局、海關總署、國務院法制局、國務院特區辦、國家外匯管理局。全國外資工作領導負責組織協調各部門的意見,便於對外資進行統合管理,從最高層統一配置資源,對中國的外資管理起到了一定的積極作用。

但在 1998 年 3 月,第九屆全國人大一次會議又撤銷了全國外資工作領導小組,其工作改由外經貿部承擔。這使得外資的管理職能分散在十餘個行政機關,即由多個政府部門根據各自的管理權限和規章流程對外資進行多元行政管理。

2. 制定監管措施,規範「三資」企業行為

1994 年 11 月 3 日,國家工商行政管理局、對外貿易經濟合作部發布了《關於進一步加強外商投資企業審批和登記管理有關問題的通知》,主要為了解決地方舉辦外商投資企業過程中的幾個突出問題。1995 年 6 月 9 日,對外貿易經濟合作部頒布了《外商投資企業進口管理實施細則》,對外商投資企業投資額內進口的配額商品、外商投資企業為生產內銷產品而進口的商品和外

---

[1] 巫雲仙. 改革開放以來中國引進和利用外資政策的歷史演進 [J]. 中共黨史研究,2009 (7): 24-32.

第十一章　新中國引進外資及對外直接投資制度的演進與發展

商投資企業為生產出口產品而進口的商品的管理作了明確的規定。1997年，對外貿易經濟合作部、國家工商行政管理局、國家經貿委、財政部、國家外匯管理局、國家稅務總局、海關總署七部門開始了對外商投資企業進行聯合年檢。

(二) 加強對外資的產業引導和區域引導

隨著外商投資規模的擴大，為了優化外商投資的產業結構，1995年6月，國務院發布了《指導外商投資方向暫行規定》和《外商投資產業指導目錄》，明確了外商投資的領域，加強了以產業、技術引進和地區為導向的「差別性優惠政策」。這兩個法規的頒布標誌著中國對外商投資管理思路上的轉變，從單純引進資金向技術引進和促進產業結構調整以及產業升級的方向傾斜，從行政審批為主的管理方式開始向產業指導、市場調控的方向轉變。從此，對外商投資指導走向常規化。其後，《外商投資產業指導目錄》又經歷了幾次修訂，都是結合了國家宏觀經濟政策、產業政策的要求而做出的調整。

對外資在稅收等優惠待遇的安排上，也能體現出宏觀經濟調控和產業結構優化的思路及目標。1996年，隨著大幅降低進口關稅，中國取消了對外資企業進口設備免徵進口稅的優惠待遇，而只對符合產業政策和國家鼓勵進口的自用設備免徵進口稅。1997年年底，為抵消亞洲金融危機對中國經濟的不利影響，又恢復對外商投資鼓勵類項目在投資總額內進口自用設備免徵關稅和進口環節增值稅。1999年海關總署下發《關於進一步鼓勵外商投資有關進口稅收政策的通知》，對已設立的鼓勵類和限制乙類外商投資企業、外商投資研究開發中心、先進技術型和產品出口型外商投資企業五類企業的技術改造，在原批准的生產經營範圍內進口國內不能生產或性能不能滿足需要的自用設備及其配套的技術、配件、備件，可按有關規定免徵進口關稅和進口環節稅。2000年，外經貿部下發《關於外商投資設立研發中心有關問題的通知》，通過稅收等方面的優惠政策鼓勵外商來華設立研發中心。

此外，為結合「西部大開發」的區域發展戰略，中國政府還在2000年發布了一系列優惠政策以鼓勵外資到中國中西部地區投資：發布《中西部地區外商投資優勢產業目錄》，納入目錄的項目可享受外商投資鼓勵類優惠政策；出台《關於外商投資企業境內投資的暫行規定》，規定「外商投資企業向中西

部地區投資,被投資公司註冊資本中外資比例不低於百分之二十五的,可享受外商投資企業待遇。」

(三)「市場換技術」外資戰略的推進和發展

通過「市場換技術」戰略的實施,中國引入了大量外資,開辦了大批合資企業,然而這一戰略也遭到了很多質疑和反對。因為在實施過程中,一方面外方為了保持自身的技術優勢通常會進行技術鎖定、防止技術溢出,另一方面中方又存在技術吸收和消化能力不足的問題。實際引進中,先進技術較少,中小規模的項目居多,技術外溢作用並不顯著,反而導致中國企業對國外技術形成一定的依賴性,造成了「引進──落後──再引進」的惡性循環狀況。伴隨著社會主義市場經濟制度的建設,「市場換技術」戰略也在實施中不斷進行調整。

1993年,中國提出「引導外資重點投向基礎設施、基礎產業、高新技術產業和老企業的技術改造……發揮中國資源和市場的比較優勢,吸引外來資金和技術」。1994年出抬《90年代國家產業政策綱要》將「市場換技術」與保護幼稚產業、振興支柱產業的產業政策結合起來。可以看出,「市場換技術」的戰略也開始強調對產業進行引導。1998年,「市場換技術」戰略的實施範圍進一步擴大,《中共中央 國務院關於進一步擴大對外開放,提高利用外資水準的若干意見》指出:「繼續實行以市場換技術的方針……通過與跨國公司的合作,引進先進適用的技術、資金、管理經驗和營銷方式,並進入其國際生產、銷售和服務網絡。」

(四)取消外商投資企業的「超國民待遇」

中共十四大的召開,要求「採取更加靈活的方式,繼續完善投資環境,為外商投資經營提供更方便的條件和更充分的法律保障」,先要「創造條件對外商投資企業實行國民待遇」[1],通過「對外商投資企業逐步實行國民待遇」,做到「依法保護外商投資企業的權益,實行國民待遇」。

1994年稅制改革統一了內外資企業適用的增值稅、消費稅和營業稅條例。

---

[1] 資料來源於《中共中央關於建立社會主義市場經濟體制若干問題的決定》。

1996 年將外商投資企業的外匯收支納入銀行結售匯體系,實現了外商投資企業經常項目下的人民幣可兌換。

為適應世界貿易組織規則和履行中國入世談判做出的承諾,1999 年年底,中國外經貿部完成對《中外合資經營企業法》《中外合作經營企業法》和《外資企業法》修正案(草案)的報告,第九屆全國人大常委會會議於 2000 年和 2001 年通過上述三部法律的修正案。修訂後的三部法律取消了關於外匯平衡的要求、當地化要求、出口實績要求、企業生產計劃備案等不符合國民待遇要求的內容,對在一定範圍內的投資活動、投資財產保護、司法行政救濟、安全生產、勞動保護、環境保護、生產質量標準、商品檢驗、衛生檢疫等方面基本上賦予了外資國民待遇。

綜上所述,20 世紀 90 年代,中國引進和利用外資的實踐出現了新的變化:一是減少國家和地方政府的行政干預,市場機制的作用逐漸增強,通過《外商投資產業指導目錄》積極引導外資產業結構進行調整;二是外資政策積極向國際通用規範靠攏,增加了引進外資政策的透明度,對外商投資企業實行國民待遇,為中國加入世界貿易組織作準備。

總的來說,隨著外商直接投資的飛速增加和外資總量結構的日益優化,在對待外資的問題上,中國已不再單純追求數量上的絕對增長,而是著眼於提高國民經濟的質量和效益,增強綜合國力和國際競爭力。把引進和利用外資看做是「充分利用國際國內兩個市場、兩種資源,優化資源配置。積極參與國際競爭與國際經濟合作,發揮中國經濟的比較優勢,發展開放型經濟,使國內經濟與國際經濟實現互接互補」的重要途徑[1]。

四、完善社會主義市場經濟制度時期外商直接投資制度改革的深化(2002—2013 年)

在社會主義市場經濟制度已基本建立的基礎上,2001 年年底,中國加入

---

[1] 中共中央文獻研究室. 十四大以來重要文獻選編(上)[M]. 北京:人民出版社,1996:539.

世界貿易組織，開啓了全面融入世界經濟體系的進程，中國的對外開放進入一個新的歷史時期。為了適應國際國內經濟形式發展的需要，中國對外商投資制度繼續深化改革。一方面，中國履行開放市場的承諾，按照世界貿易組織的最惠國待遇、透明度、統一性等原則，完善一系列政策，繼續擴大對外開放，放寬限制條件，為外資企業進入中國市場營造更寬鬆和便利的投資環境；另一方面，為了加強市場在資源配置中的基礎性作用和完善社會主義市場經濟制度，外資制度在改革上不斷強化市場化的管理手段和實現內外資公平的市場競爭環境。進一步深化改革外資審批制，通過修訂《外商投資產業指導目錄》積極引導外資進行結構調整，提高外商投資的質量和效益。取消外資在中國的「超國民待遇」，中國政府主要通過營商環境的改善而不是利用稅收優惠吸引外商投資，對外商直接投資便利化的改革步伐大大加快。經過這一階段的改革，中國引進外資制度上實現了三個方面的戰略轉變：一是由政策優惠的吸引轉為提供良好的競爭秩序和投資環境；二是由「超國民待遇」和「非國民待遇」轉為「國民待遇」；三是由注重吸引資金轉為注重引進技術。這些轉變充分體現出中國遵守世界貿易組織規則、與國際接軌和加強市場基礎作用的經濟體制改革目標。

（一）外商投資審批體制改革

2002年以來，中國商務部積極推動外商投資審批體制改革，不斷簡化審批程序，下放審批權限。取消了外商投資企業設立境內分公司審批以及外商投資企業名稱、投資者、法定地址變更的審批，將大部分商務部審批的外商投資企業變更事項和股份有限公司、創業投資企業、投資性公司的審批權以及部分服務貿易領域的審批權下放到省級和國家級經濟技術開發區商務主管部門。

2009年3月，《商務部關於進一步改進外商投資審批工作的通知》在審批權限上進一步做出調整，提高了審批效率。主要措施有：一是取消對外商投資企業進口設備提前解除監管的審批許可，對外商投資企業設立境內分公司（專項規定明確需審批的除外）改為備案管理，由企業向註冊地方商務主管部門直接辦理備案手續。二是鼓勵類且不需要國家綜合平衡的外商投資

企業（含股份公司）設立、增資、合同/章程及其變更事項，交由省級商務主管部門和國家級經濟技術開發區審核。三是經商務部批准設立的外商投資企業，除由國家發展改革委核准的限額以上增資事項和控股權由中方向外方發生轉移的股權轉讓事項外，其他變更事項均由地方商務主管部門審核。

2013年10月起，中國在上海自貿試驗區率先試行准入前國民待遇加負面清單管理模式，大幅減少行政審批，為外資管理體制的下一步改革探索累積經驗。

（二）履行入世承諾，按照《TRIMs協議》修訂外資法規

加入世界貿易組織的前後，為了使中國的外資立法、政策與國際接軌，中國在修訂和完善法律法規方面做了大規模的工作，共清理與外經貿業務有關的法律法規達2,300多件。

《與貿易有關的投資措施協議》（Trade-Related Investment Measures，簡稱《TRIMs協議》）是世貿組織就投資問題達成的第一個協議。《TRIMs協議》嚴格禁止當地含量要求、貿易平衡要求、出口業績要求等投資措施。因此，在加入世貿組織前，中國首先按照《TRIMs協議》對三部外商投資的基本法律做出了修訂，修改內容主要集中在以下方面：第一，刪去外匯收支平衡的要求。修正案刪去《中外合作經營企業法》第二十條「合作企業應當自行解決外匯收支平衡。合作企業不能自行解決收支平衡的，可以依照國家規定申請有關機關給予協助」。《外資企業法》也作了類似修改。第二，修改當地含量的要求。《中外合資經營企業法》修正案將原法第九條第二款「合營企業所需原材料、燃料、配套件等，應盡先在中國購買，也可由合營企業自籌外匯，直接在國際市場購買」修改為「合營企業在批准的經營範圍內所需的原材料、燃料等物資，按照公平、合理的原則可以在國內市場或在國際市場購買」。《中外合作經營企業法》和《外資企業法》也作了類似的修改。第三，取消出口實績的要求。將《外資企業法》原法第三條第一款「設立外資企業，必須有利於中國國民經濟的發展，並且採用先進的技術和設備，或者產品全部出口或者大部分出口」修改為「設立外資企業，必須有利於中國國民經濟的發展。國家鼓勵舉辦產品出口或者技術先進的外資企業」。隨後，國務院對

《中外合資經營企業法實施條例》《外資企業法實施細則》也作出了相應的修改。

除了按照《TRIMs 協議》對外商投資的基本法進行修訂，中國還出抬和完善了一系列與外商投資配套的法律法規，完善了服務貿易領域吸收外商投資的法律法規。

此外，《中美 WTO 協議》規定中央政府和地方政府的引資政策不再要求技術轉讓條款和從事研究與開發條款，外國公司可以分銷在華製造的產品。強制性技術轉移措施的取消和內銷限制的取消，使「市場換技術」的戰略實施也由政府主導開始轉向市場引導。

（三）把利用外資同國內經濟結構調整結合起來

中共十六大報告指出：「通過多種方式利用中長期國外投資，把利用外資與國內經濟結構調整、國有企業改組改造結合起來。」具體調整方針為：一是堅持以拓展國際市場為目標，有選擇地強化資本密集和技術密集型產業；二是堅持外向型經濟發展戰略，積極廣泛地參與國際分工和國際投資，提高利用外資的效益；三是以服務業為重點吸引外資，促進第三產業的發展；四是鼓勵外商投資高新科技產業，鼓勵外商轉讓先進適用技術和管理手段。

為了把吸引外資同經濟結構調整結合起來，2002 年，國務院頒布新修訂的《指導外商投資方向規定》，以行政法規的形式明確吸收外商直接投資的產業導向。2002 年、2004 年、2007 年、2011 年中國對《外商投資產業指導目錄》進行了 4 次修訂，進一步增加鼓勵類條目、減少限制類條目，放寬外商投資的股比限制，積極引導外資產業結構調整：一是將更多的高新技術行業加入「鼓勵類」條目，鼓勵外資投向中高端製造業，培育戰略性新興產業，改造和提升傳統製造業；二是擴大服務業開放，引導外資投向服務業，服務外包和現代物流進入「鼓勵類」；三是鼓勵跨國公司增加在華研發投入，設立研發中心，與內資企業開展研發合作，促進利用外資與增強中國自主創新能力相結合；四是著力推進節能減排，資源節約型行業和新能源、環保類行業進入「鼓勵類」，「兩高一資」類外商投資項目進入「限制類」和「禁止類」。其中，2002 年、2004 年和 2007 年的修改，主要是履行中國加入世貿組織承諾，以及結合中國國民經濟發展、產業結構調整的需要，減少限制、放寬要

第十一章　新中國引進外資及對外直接投資制度的演進與發展

求。2011年的修改則緊緊圍繞「十二五」規劃綱要確定的總體要求，通過利用外資結構調整促進國民經濟平衡發展，充分體現了積極主動的開放戰略和推進服務業開放、鼓勵外資參與戰略性新興產業的政策導向。可見，這一時期，引進和利用外資的目的是為了借助其獨特的資金、技術和管理制度等方面的優勢來調整中國的經濟結構，而彌補資金缺口的目的則進一步弱化。外資政策由注重吸引資金轉為注重引進技術，利用外資調整中國產業結構的目標更加明確。

此外，為促進各區域經濟協調發展，鼓勵外商到中西部地區投資，中國在2004年、2008年修訂了《中西部地區吸收外商投資優勢產業目錄》，促進外資投向西部地區的基礎設施、礦產資源、旅遊資源開發、生態環境保護、農牧業產品加工、現有生產能力的改造、新型電子元器件開發製造等科技項目，有效發揮西部地區的資源優勢和經濟優勢。出抬支持西部地區發展的稅收優惠政策，將西部地區鼓勵類項目享受15%所得稅優惠稅率的期限延長到2020年。

（四）促進內外資企業公平競爭

這一時期，為了更好地遵守世界貿易組織規則和發揮市場基礎作用，中國開始逐漸取消外商投資的超國民待遇，將內外資放到同等的競爭地位，增加市場競爭的公平性。2007年中國首次將外商投資企業納入城鎮土地使用稅的徵收範圍。同年，《中華人民共和國企業所得稅法》頒布，新稅法參照國際通行做法，體現了「四個統一」：內資、外資企業適用統一的企業所得稅法；統一併適當降低企業所得稅稅率；統一和規範稅前扣除辦法和標準；統一稅收優惠政策，實行「產業優惠為主、區域優惠為輔」的新稅收優惠體系。

（五）推動國際雙邊和多邊合作

加入世貿組織後，自由貿易區成為中國開展區域經濟合作的重要形式，而自貿區的合作措施中常常也包含投資多方面的內容。2009年，中國與東盟10國共同簽署了中國—東盟自貿區投資協議。該協議包括27個條款，涉及國民待遇、最惠國待遇、投資公平公正待遇和損失補償等方面內容，力主逐步實現投資體制自由化，加強投資領域的合作，促進投資便利化。

總的來說，加入世貿組織後，隨著中國加入全球化程度的加深和國際地位的提高，中國在引進和利用外資的問題上更加自主和自信，相關的政策也更加成熟和完善；並運用統籌兼顧、和諧社會建設以及和諧世界經濟秩序構建的理念，把引進和利用外資的各項政策措施上升到科學發展觀的理論高度來認識；對待外資的態度由盲目引進向理性引進轉變，由重視資金引進向重視產業導向和技術引進轉變，強調提高利用外資的質量和水準；增強參與經濟全球化和維護國家經濟安全的能力。隨著社會主義市場經濟制度的建立與完善，市場體系更加完備和成熟，通過培育內外資公平競爭的市場環境，市場對資源配置的基礎作用逐漸強化。

五、完善社會主義市場經濟制度新時期外商直接投資制度的改革創新（2014年至今）

著眼於中國適應經濟全球化新形勢，加快培育國際經濟合作和競爭新優勢，中共十八屆五中全會通過的《中共中央關於制定國民經濟和社會發展第十三個五年規劃的建議》提出了形成對外開放新體制的新要求和新任務。該建議提出，「全面實行准入前國民待遇加負面清單管理制度，促進內外資企業一視同仁、公平競爭」，為這一時期的外商投資政策改革指明了方向。2017年，國務院接連出抬兩個重要的利用外資文件：《國務院關於擴大對外開放積極利用外資若干措施的通知》和《國務院關於促進外資增長若干措施的通知》，推出了擴大開放、創造公平競爭環境、加強招商引資一共40多條具體的政策措施。這一時期，中國外商管理制度上做出了重大變革：從「審批制」改為了「備案制」；明確對外商投資實行准入前國民待遇加負面清單的管理制度，准入管理模式和相關法律法規與國際接軌。

（一）外商投資的備案制和負面清單制

構建開放型經濟新體制，其中一個任務就是創新外商投資管理體制，完善外商投資監管體系，形成以「負面清單」為主體的外商投資管理制度，外資准入條件放寬或限制減少。負面清單通過提前列明外商投資的禁止和限制

第十一章　新中國引進外資及對外直接投資制度的演進與發展

領域，顯著提高了外商投資的效率。

負面清單管理模式的實施首先在自由貿易試驗區內進行試驗。自貿試驗區負面清單的頒布和實施，完成了由正面清單向負面清單的過渡，且負面清單的開放度、透明度以及與國際通行規則的銜接度不斷提高。按照自貿區負面清單的規定，所屬行業不在自貿區負面清單中的項目僅需備案，限制性行業才需要取得政府審批。

為貫徹落實負面清單管理模式，兌現擴大開放的承諾，2016年9月，全國人大常委會修改《外資企業法》等四部法律，將不涉及國家規定實施准入特別管理措施的外商投資企業的設立和變更，由審批改為備案管理。2016年10月8日，商務部發布了《外商投資企業設立及變更備案管理暫行辦法》，進一步細化了「備案制」的管理辦法。2017年7月30日又將不涉及特別管理措施的外資併購納入備案範圍。97%以上外商投資企業的設立或變更通過備案方式完成，辦理時限由20多個工作日縮減到3個工作日以內，外商投資的便利化、規範化水準及透明度顯著提升。[①] 2018年6月，國家發改委和商務部公布了《外商投資准入特別管理措施（負面清單）(2018年版)》，正式在全國範圍內實行負面清單管理制度，負面清單之外的投資領域基本實行備案管理。2018年版的負面清單將限制措施縮減近四分之一；將清單內投資總額10億美元以下的外資企業設立及變更，下放至省級政府審批和管理；簡化外國人才來華工作許可程序，在中國境內註冊企業選聘符合條件的外國人才可在2個工作日內獲發簽證。

(二) 放寬投資准入和限制

不斷修訂《外商投資產業指導目錄》和《外商投資准入特別管理措施（負面清單）》，大幅度放寬市場准入。2015年，國家發改委和商務部再次修訂了《外商投資產業指導目錄》，透明度和開放度進一步提升。首先，此前幾版的目錄中所列各類行業的清單要受制於其他國務院專項規定或產業政策的

---

① 彭森.中國改革年鑒：深改五週年（2013—2017）專卷[J].北京：中國經濟體制改革雜誌社，2018：307.

規定,「國務院專項規定或產業政策另有規定的,從其規定」,而這一表述在 2015 年目錄中被刪除。其次,此次修訂是中國放開幅度最大的一次,限制類條目從 2011 版的 79 條減少到 38 條,放開外資股比限制,「合資、合作」條目從 2011 版的 43 條減少到 15 條,「中方控股」條目從 2011 版的 44 條減少到 35 條。

2018 年新版負面清單長度由 63 條減至 48 條,共在 22 個領域推出開放措施。行業開放集中在交通工具製造(特別是汽車,也包括飛機)、金融、基礎設施、農業、礦產資源等,同時還取消了一些行業的外資股比限制。

(三)內外資企業平等待遇

繼續在各個方面促進內外資企業公平競爭,例如「中國製造 2025」政策、科技計劃項目、政府採購、標準制定等方面都給予內外資企業平等待遇。

2019 年 3 月,《中華人民共和國外商投資法》正式出抬,取代了「外資三法」(《中外合資經營企業法》《中外合作經營企業法》和《外資企業法》),成為新時代中國利用外資的統一的基礎性法律。該法案明確對外商投資實行准入前國民待遇加負面清單的管理制度,正式實現了與國際通行的外商投資准入管理模式的接軌,並通過多個條款落實內外資平等競爭的基本原則。該法案還設立了專門的章節規範投資促進和投資保護制度,加強了對外資企業的產權保護,尤其是知識產權保護,特別加入了不得利用行政手段強制技術轉讓、外商投資企業平等參與標準化工作、公平參與政府採購、平等享受國家支持企業發展等政策內容。

2018 年 6 月,中國銀行保險監督管理委員會發布《中國銀行保險監督管理委員會關於廢止和修改部分規章的決定(徵求意見稿)》,取消中資銀行和金融資產管理公司外資持股比例限制,實施內外資一致的股權投資比例規則,廢止《境外金融機構投資入股中資金融機構管理辦法》,遵循國民待遇原則,不對外資入股中資金融機構作單獨規定,中外資適用統一的市場准入和行政許可辦法。

(四)推進投資便利化

推動投資便利化是新時期中國構建對外開放新體制的重要內容。一方面,

第十一章　新中國引進外資及對外直接投資制度的演進與發展

對內加強了簡化行政手續、提高行政效率相關改革的步伐；另一方面，對外積極倡導國際間的投資便利化合作，提出了「投資便利化」中國方案。

首先，進一步簡化外商投資企業設立的手續，2018年6月30起中國開始施行外商投資企業商務備案與工商登記「單一窗口、單一表格」受理，推動投資便利化水準進一步提升。這一政策貫徹落實了國務院關於加快推進「多證合一」改革的有關要求，通過簡化外資企業設立程序來降低企業成本、刺激市場活力。進一步簡化企業生產經營相關行政審批，壓縮消防、環評、用地審批、水電氣接入、進出口通關的時間。此外，利用自由貿易試驗區試點，中國在投資便利化方面進行了一系列制度創新，為在全國範圍內乃至其他發展中國家範圍內推廣和實施提供了有意義的借鑑。例如，實行境外投資者主體資格證明承諾制、探索差別化土地供應新模式、社會投資類建設工程項目審批管理新模式，等等。

其次，中國也是全球治理變革中投資便利化議題的積極倡導者。2016年9月，在中國的大力促成下，G20杭州峰會終於達成了多邊首份關於投資政策的綱領性文件——《G20全球投資指導原則》，該原則涵蓋投資便利化議題，指出投資促進政策應與促進透明的便利化舉措相配合，有助於投資者開創、經營並擴大業務。在此基礎上，中國在世貿組織提出投資便利化議題，創造性地融合投資、貿易和發展三大領域，並且牽頭巴西、阿根廷、尼日利亞等16個發展中國家世貿組織成員組成「投資便利化之友」，聯合開展推動工作。「投資便利化」中國方案建議聚焦討論增強投資政策透明度、提升行政審批效率和加強國際能力建設合作等領域，開展非正式對話。該方案的重要意義在於，借助各方共識度較高的投資便利化問題，結合世貿組織在近年來通過談判達成《貿易便利化協定》的積極勢頭，打破了世貿組織十餘年來一直未能討論投資議題的禁錮，朝著制定國際多邊投資規則的目標邁出了重要一步，充分展現了大國風範與責任擔當。[①] 2017年9月，在金磚國家廈門會晤中提出並通過《金磚國家投資便利化合作綱要》，綱要目標包括增強政策透明度、

---
① 田豐. 投資便利化：發展趨勢與中國角色 [J]. 中國外資, 2018 (15): 42-43.

提高行政效力、提升金磚五國在投資方面的合作水準。這些議題的提出為國際間投資政策的協調性起到了極大的推動作用。

總的來說，新中國外商直接投資制度的變化與中國經濟體制改革的進程相適應，經歷了從計劃到市場、從政府主導到企業主導、從引進資金為目的到引進技術和管理為目的的循序漸進的改革過程。通過改革，外商在中國的投資規模快速增長，中國已成為世界第二大外商直接投資國。2018年，在全球外商直接投資大幅下滑的背景下，中國實際使用外資卻同比增長了3%，達到1,349.7億美元的歷史新高。產業結構得到了優化調整，服務貿易領域吸收外資的速度快速增長，高科技企業、技術附加值和資金附加值較高的企業在外商投資中的比例顯著提高。同時，外資的進入極大促進了中國對外貿易的發展，到2002年，外資企業出口占中國總出口的比例超過了一半，達到52.2%。接下來，我們要繼續考慮和研究過去的相關政策、實踐和理論以及改革中存在的問題，全面協調外商直接投資制度與包括外貿制度在內的其他經濟制度之間的關係，發揮好外貿與外資、內資與外資的互補作用，使引進和利用外資得到持續、健康和富有成效的發展。

第二節　新中國對外直接投資制度的演進與發展

新中國成立初期，由於中國生產水準較低，經濟發展落後，外匯極度匱乏，對外直接投資政策體系的基本指導思想是限制中國企業進行海外投資。在改革開放以前，中國企業在海外的投資活動主要是為了給進出口貿易提供必要的支持，各專業外貿總公司先後分別在巴黎、倫敦、東京、紐約等國際大都市設立了海外分支機構。同時，中國政府批准在境外投資設立一些貿易、金融和遠洋運輸的企業。由於國家經濟實力等原因，這些企業數量不多、業務範圍非常狹窄，投資規模也不大。在外匯管理方面，對這些企業實行的是

第十一章　新中國引進外資及對外直接投資制度的演進與發展

嚴格的外匯集中計劃管理，所有的外匯收入必須售給國家，用匯實行計劃分配。鑒於當時的政治和經濟情況，國家在制定經濟發展政策時並沒有重點考慮對外直接投資。

直到改革開放後，中國才在政策上明確要發展對外直接投資，從而才開始有了真正意義上的對外直接投資。中國對外直接投資制度的演進與中國經濟體制的改革開放歷程一樣，也是在「摸著石頭過河」的原則指引下，一步步漸進式循序發展形成的。多年來，中國政府對待企業對外直接投資的政策在多次的「放開—收緊」過程中逐步形成，2000年「走出去」戰略提出並得以不斷完善，最終形成了以直接投資核准制度、對外直接投資鼓勵政策、對外直接投資監督與服務政策三部分組成的政策體系。從宏觀來看，中國對外直接投資的制度演進隨同中國經濟體制的改革開放歷程經歷了以下發展階段。

一、有計劃商品經濟制度建設時期對外直接投資制度的建立（1979—1992年）

1979年8月13日，中國在《關於經濟體制改革十五項措施》中首次正式提出要出國辦企業，明確規定「批准在國外建立公司」。之後，中國明確提出「要走出去做生意」，試圖通過推動一些具有進出口經營權的專業外貿公司和省屬經濟技術企業跨出國門進行海外投資來促進中國出口、增加外匯收入。這是自新中國成立以後，第一次把對外直接投資的發展以政策的形式確立起來。這一時期，對外直接投資的定位是輔助國內進出口，絕大多數的對外直接投資仍由政府主導，在管理上實行了較為嚴格的審批制度，外匯管制也十分嚴格。

（一）境外投資審批制度的建立

改革開放初期，受制於國內經濟水準和國家外匯儲備規模，中國對境內企業開展對外投資實行了非常嚴格的審批制度，所有的對外直接投資要上報到國務院進行審批，投資活動受到嚴重的限制。這種情況一直延續到1983

年，國務院指定要對外經濟貿易合作部來管理中國企業的對外直接投資審批工作。[①] 其後，為了更加規範審批流程，政府又陸續頒布了一系列的政策法規——1984年頒布了《關於在境外開辦非貿易性合資經營企業的審批程序權限和原則的通知》，1985年又頒布了《關於在境外開辦非貿易性企業的審批程序和管理辦法的實行規定》。之後的審批工作由國家計委和對外貿易經濟合作部雙牽頭，會同地方綜合部門負責對投資項目進行審核。根據國務院有關規定，中方投資額在100萬美元以上的項目，以及雖在100萬美元以下但需國家綜合平衡的項目，報國家計委審批；中方投資額在3,000萬美元以上的項目，由國家計委初審後報國務院審批；其餘項目由國務院各有關部門或各省、自治區、直轄市及計劃單列市指定的綜合部門審批；其中前往未建交國家，港澳及其他敏感地區投資的項目，送外經貿部會同有關部門審批，報國家計委備案。在境外設立金融機構的項目，由中國人民銀行審批。

1991年，原國家計委頒布《關於加強海外投資項目管理意見》（以下簡稱《意見》），成為此階段對中國對外直接投資影響最大的政策法規，為之後十餘年中國對外直接投資政策定下基調。《意見》指出中國尚不具備大規模到海外投資的條件，對外直接投資工作要必須嚴格按規定的審批程序辦理。

（二）對境外投資的外匯管理制度

這一時期，中國政府對境外投資還實施了嚴格的外匯管制。

1980年12月，國務院發布《中華人民共和國外匯管理暫行條例》，按該條例規定，設在外國和港澳等地區的企業、事業單位從事經營所得的利潤，除按照國家批准的計劃可以留存當地營運者外，都必須按期調回，賣給中國銀行。一切駐外機構不得自行為境內機構保存外匯。

為了加強境外投資外匯管理，1989年、1990年，國務院又分別批准了《境外投資外匯管理辦法》和《境外投資外匯管理辦法實施細則》，規定由國家外匯管理局負責對外投資的外匯風險審查和外匯資金來源審查，對企業對外直接投資所需外匯的使用、所賺外匯的管理等方面也進行了詳細的規定，

---

① 張默含. 中國對外直接投資：總體趨勢與政策變遷 [J]. 經濟研究參考，2014（64）：60-65.

第十一章　新中國引進外資及對外直接投資制度的演進與發展

要求以現匯投資的境內投資者按照匯出外匯資金數額的 5% 繳存匯回利潤保證金，投資所得利潤 5 年內境內投資者可全額留成，5 年後依照國家有關規定計算留成；指出用於境外投資的外匯資金限於境內投資者的自有外匯；未經國家外匯管理局批准，不得使用其他外匯資金。

　　總的來說，改革開放後形成的對外直接投資制度，為當時企業對外直接投資及政府管理提供了基本的法律依據，初步建立起對外投資及外匯使用的管理體制，但是還很不成體系，也存在很多的問題，包括：對外投資審批速度慢、程序複雜，外匯管制嚴格等，使其難以有效的起到促進對外直接投資快速發展的作用。在這一階段，中國的對外投資雖有一定發展，但增長十分緩慢。[①] 根據聯合國貿易暨發展會議（UNCTAD）的統計資料顯示：1982 年，中國的對外投資額僅占世界國際直接投資流出量總額的 0.161%，1991 年該比例也僅僅上升到 0.457%。

二、建立社會主義市場經濟制度時期對外直接投資制度的戰略性調整（1993—2001 年）

　　改革開放後很長一段時間，中國面臨的是儲蓄短缺和外匯短缺同時並存的「雙缺口」格局，從而中國在國際資本市場上的定位一直是資本輸入國，國際直接投資政策以鼓勵引進外資、限制對外投資為主要特徵。吸引外資可以同時彌補這兩個缺口，而限制對外投資可以同時防止這兩個缺口擴大。20 世紀 90 年代中後期，隨著外資規模的迅速擴大和出口貿易換得的外匯大量累積，「雙缺口」格局得到改變，並逐漸轉變成儲蓄過剩和外匯過剩的「雙過剩」局面。在「雙缺口」基礎上形成的鼓勵吸引外資和限制對外投資的邏輯均已經不存在了。[②] 1997 年，中國限制境外投資的政策開始鬆動，外資政策從限制對外投資逐漸向放鬆管制和鼓勵境外投資轉變，到 2000 年又明確提出

---

① 劉利利.改革開放以來中國對外直接投資政策與效果分析［D］.北京：首都經濟貿易大學，2013.
② 姚枝仲，李眾敏.中國對外直接投資的發展趨勢與政策展望［J］.國際經濟評論，2011（2）：127－140+6.

了實施「走出去」戰略。隨著市場化改革的展開、對外開放進程加快和「走出去」戰略的實施,為實現政府關於境外投資的政策目標,國務院下屬相關各部門制定了大量的政策。

(一) 明確對外投資的戰略定位

1992 年,中共十四大明確提出中國建立社會主義市場經濟體制的重要目標,是要「積極擴大中國企業的對外投資和跨國經營」,中國對外直接投資的地位大大提升。1997 年,中共十五大報告中進一步提出,應鼓勵能夠發揮中國比較優勢的對外直接投資,以更好地利用國內國外兩個市場、兩種資源。

在以上戰略思路的轉變下,從 2000 年開始,中國開始實施「走出去」戰略:鼓勵有實力的企業到海外投資,通過境外加工裝配、就地生產就地銷售或向周邊國家銷售,帶動國產設備、技術、材料和半成品的出口,擴大對外貿易。由境外加工貿易而引發的海外投資成為此後中國海外投資的一個新的增長點,這種類型海外投資的加快發展還導致海外投資主體、方式和行業結構出現新的變化。

2001 年 3 月,《國民經濟和社會發展第十個五年計劃綱要》正式把「走出去」戰略列入國家發展規劃綱要,使其上升為國家戰略,國內企業對外直接投資進入一個快速增長時期;提出要健全對境外投資的服務體系,要求要為「走出去」戰略創造條件,並完善與其適應的境外投資企業的法人治理結構和內部約束機制,規範對外投資的監督。

(二) 境外投資外匯管理制度變革

在國家外匯管理體制改革的基礎上,通過制定實施細則,明確了境外投資外匯管理的審批程序和標準,使境外投資的外匯管理更為規範。1993 年,國家外匯管理局發布了《境外投資外匯風險及外匯資金來源審查的審批規範》,明確了境外投資外匯管理的審批程序。1994 年,國家外匯管理逐步進入開放性改革階段。為配合外匯管理體制改革,國家外匯管理局於 1995 年 9 月 14 日又發布了關於《境外投資外匯管理辦法》的補充通知,規定了以人民幣購匯進行境外投資的審批標準。1996 年國家外匯管理局發布的《結匯、售匯及付匯管理規定》,對境外投資的外匯管理作了更為詳細的規定。

第十一章　新中國引進外資及對外直接投資制度的演進與發展

然而，這一時期在境外投資的外匯管理上依然採取的是比較嚴格的審批制度。1996 年發布的《中華人民共和國外匯管理條例》再一次重申：境內機構向境外投資，要由外匯管理機關審查其資金來源，經批准後，按照國務院關於境外投資外匯管理的規定辦理有關資金匯出手續。1997 年，國家外匯管理局出抬《境外外匯管理規定》，規定未經外管局批准不得以個人或者其他法人名義在境外開立外匯帳戶。

從這個階段的中國對外投資政策的變化來看，規範性的政府管理職能和管理制度政策改革都明確表達了政府正在積極調整政策，鼓勵開拓海外投資。國內企業獲得了更多的經營自主權，開始有意識地實施和擴大對外直接投資。但是此階段對外直接投資管理依然採取的是嚴格的高層審批制，並且大多數企業的對外直接投資受偶然因素和短期利益目標的驅動明顯，缺乏清晰的投資目標和長遠的戰略定位。

三、完善社會主義市場經濟制度時期對外直接投資制度改革的進一步深化（2002—2013 年）

在「走出去」戰略的實施和中國成為世貿組織成員的背景下，中國企業對外直接投資面臨嶄新的國際與國內形勢，為適應對外直接投資過程中呈現的新問題，中國對外直接投資政策方面的推進工作全面而迅速地開展，國務院和相關部委出抬一系列政策支持企業對外直接投資，建立了更為完備的政策框架體系。2004 年《關於投資體制改革的決定》，2006 年《關於鼓勵和規範中國企業對外投資合作的意見》《關於鼓勵支持和引導非公有制企業對外投資合作的若干意見》和《境外投資管理辦法》等一系列政策和法規的頒布明確了中國政府鼓勵、支持對外投資的態度；對境外投資企業提供的全方位服務以及相應的審批、管理辦法，對加強境外投資的監管，防範投資風險，促進中國對外投資迅速增長有重要作用。

（一）境外投資管理辦法上的重要變革

隨著「走出去」戰略的實施，中國企業境外投資的規模顯著增加，對境

外投資的便利化改革也逐漸提上日程。對境外投資在管理辦法上的一個重大變革是從「審批制」變成了「核准制」。通過審核權限的下放、審查程序的簡化和審核週期的縮短，對外投資便利化水準得到極大提升。

2004 年 10 月 1 日，商務部在總結境外投資審批改革試點的基礎上，制定下發了《關於境外投資開辦企業核准事項的規定》，對境外投資實施透明管理，下放和簡化相關審查程序。此外，為促進中國企業赴香港、澳門投資，商務部與國務院港澳辦於 2004 年 8 月 31 日下發了《內地企業赴香港、澳門特別行政區投資開辦企業核准事項的規定》。這兩項規定是中國對外投資的歷史上第一次公開頒布的管理性文件。與以往中國政府制定的境外投資管理文件相比，上述文件具有鮮明的市場經濟色彩，體現了各種所有制企業的平等原則、市場化原則、便利化原則和投資體制改革的精神，也體現了依法行政的要求、政府職能轉變的要求和健全對境外投資監管機制的要求，標誌著中國對外投資便利化取得突破性進展。[1]

根據 2004 年《境外投資項目核准暫行管理辦法》規定，對中國企業的境外投資實施統一、公開、透明的「核准制」。為進一步簡化審核程序，規章將境外投資者分為中央企業和其他企業，分別由商務部和省級商務主管部門核准，對外直接投資項目的審批權限方面有了很大的放寬。

2009 年 3 月，商務部又發布了《境外投資管理辦法》，繼續推進和完善境外投資審批改革，提升對外投資的便利化。首先，下放了核准權限。中方投資額在 1 億美元以上的由商務部核准，1,000 萬美元到 1 億美元的地方企業投資由地方商務主管部門核准。其次，簡化了境外投資核准程序和企業申報材料，縮短了核准時限，企業絕大多數境外投資只需按要求填寫並提交「境外投資申請表」即可在 3 日內獲得「企業境外投資證書」。最後，減少了徵求駐外使（領）館經商處室意見的境外投資事項，中央企業境外投資改由商務部徵求意見，地方企業一般境外投資事項不再徵求意見。

此外，在行政效率上也有很大的提升。2004 年 11 月 1 日，商務部啟用了

---

[1] 張麗萍，朱紅兵.「走出去」常見問題解答（3）[J].大經貿，2007（9）：74-75.

第十一章　新中國引進外資及對外直接投資制度的演進與發展

境外投資批准證書網上發放系統。通過該系統，企業利用互聯網就可辦理投資核准手續，憑商務部頒發的境外投資批准證書即可辦理外匯、海關、外事等相關手續，極大地方便了企業，提高了政府工作效率，對外投資便利化水準得到進一步提升。2009 年頒布的《境外投資管理辦法》，較 20 世紀 90 年代的政策也更注重政府的工作效率，政府批覆時間由原來的 60 天縮減為 20 個工作日，對外直接投資項目審核週期大大縮短。

(二) 放鬆境外投資外匯管制、簡化審批方式和流程

首先，企業境外投資用匯限制有所放鬆。2002 年 11 月，國家外匯管理局在 24 個省、自治區、直轄市進行境外投資外匯管理改革試點工作，給予試點地區一定的境外投資購匯額度，優先支持國家鼓勵的境外投資項目用匯。2003 年，國家外匯管理局正式取消了境外投資外匯風險審查和境外投資匯回利潤保證金制度等兩項行政審批，放寬了企業購匯對外投資的限制並且簡化了境外投資外匯管理審批手續。2005 年，國家外匯管理局在總結 2002 年以來在部分地區開展境外投資外匯管理改革試點經驗的基礎上，將試點擴大到所有地區；增加境外投資的用匯額度，總額度從原有的 33 億美元增加至 50 億美元；擴大試點地區外管局的審查權限，其對境外投資外匯資金來源的審查權限從 300 萬美元提高至 1,000 萬美元[1]。2006 年 6 月，國家外匯管理局進一步發布《關於調整部分境外投資外匯管理政策的通知》，取消境外投資購匯額度規模限制。

其次，對境外投資的資金來源放寬了限制。2004 年 11 月，國家外匯管理局出拾《關於跨國公司外匯資金內部營運管理有關問題的通知》，允許中外資跨國公司調劑區域、全球外匯資金，外匯資金境內營運可以通過自身財務公司進行，也可以由境內成員企業相互之間通過銀行委託放款的方式進行，境內外匯資金境外營運可以通過自身財務公司進行，也可以由境內成員公司委託境內銀行向境外成員公司提供放款。2009 年，國家外匯管理局規定外管局對境內機構境外直接投資外匯資金來源由「事先審查」改為「事後登記」。

---

[1] 國家外匯管理局. 關於擴大境外投資外匯管理改革試點有關問題的通知 [Z]. 2005.

且 2009 年出拾的外匯管理政策進一步放寬了對外匯來源的限制，簡化了登記及核准程序，靈活化境外直接投資項下的資金匯入及結匯。

最後，簡化外匯管理審批方式和流程，增強管理辦法的規範度、透明度。2008 年 8 月新修訂的《中華人民共和國外匯管理條例》，簡化了對境外直接投資外匯管理的行政審批，增設境外主體在境內籌資、境內主體對境外證券投資和衍生產品交易、境內主體對外提供商業貸款等交易項目的管理原則。2009 年 8 月，國家外匯管理局公布實施《境內機構境外直接投資外匯管理規定》和《關於境內企業境外放款外匯管理有關問題的通知》，整合了境外直接投資外匯管理政策的各項措施，結合國家外匯管理局直接投資外匯管理信息系統的上線運行，對境外直接投資外匯管理方式和程序進行了簡化和規範。

到 2009 年，中國企業境外直接投資的用匯自由度大大提高。不過企業用匯的自主性主要體現在自有外匯資金和境外投資所得利潤上，而在外匯貸款和直接用人民幣購匯等方面還需要外管局核准。中國對境外直接投資的外匯需求，仍然是存在資本管制的。

（三）加強對對外投資的指導和服務工作

2004 年 7 月，商務部、外交部聯合發布了《對外投資國別產業導向目錄（一）》（以下簡稱《目錄》）。《目錄》列入了 67 個國家有投資潛力的領域，凡符合導向目錄，並經核准持有對外投資批准證書的企業，優先享受國家在資金、外匯、稅收、海關、出入境等方面的優惠政策。《目錄》的發布為企業開展對外投資提供了有益的指導。

2004 年 11 月，商務部制定下發了《國別投資經營障礙報告制度》。該報告制度是指中國駐外使（領）館經商機構、境外中資企業等，以撰寫年度報告和不定期報告的形式，集中反應境外中資企業在東道國（地區）投資經營中遇到的各類問題、障礙和壁壘，商務部定期公布有關報告內容，提醒企業規避投資風險，並通過多雙邊機制，維護中國企業的合法權益。

2009 年修訂發布的《境外投資管理辦法》明確了商務部的服務職能和服務內容，說明商務部不僅僅是管理部門了，而且還要為中國企業的對外投資活動提供「護航」服務。按照新辦法的規定，這些護航工作主要包括：發布

《對外投資合作國別（地區）指南》，幫助企業瞭解東道國（地區）投資環境；發布《對外投資國別產業導向目錄》，引導企業有針對性地到東道國（地區）開展境外投資；通過政府間多雙邊經貿或投資合作機制等協助企業解決困難和問題；建立對外投資與合作信息服務系統，為企業開展境外投資提供統計、投資機會、投資障礙、預警等信息服務。

上述變化極大體現了中國對對外投資管理的市場化特徵在逐步加強。伴隨著市場化改革的深入和社會主義市場經濟制度的完善，對外直接投資的管理也與之相適應：逐步放鬆政府管制，開始發揮企業投資決策的自主性，強化政府的服務功能，強調建立服務體系和支持體系，政府功能從管理向服務逐漸轉換，市場的基礎作用漸漸加強，這一系列變化推動了對外直接投資的發展。

四、完善社會主義市場經濟制度新時期對外直接投資制度的完善和優化（2014年至今）

在這一時期，中國遵循深化改革、簡政放權、落實企業對外投資主體地位的思路，對現有管理體制進行了大膽改革，管理模式從「核准制」轉換為「備案為主、核准為輔」，在此基礎上推行「鼓勵發展+負面清單」的管理辦法和加強事後監管，並結合企業「走出去」過程中出現的問題，加強了對企業境外投資行為的指導和規範。

（一）落實企業對外投資主體地位

2014年8月19日商務部審議通過《境外投資管理辦法》，首次明確企業開展境外投資，依法自主決策、自負盈虧，並取消了「企業應當在其對外簽署的與境外投資相關的合同或協議生效前，取得有關政府主管部門的核准」的要求，切實落實了企業對外投資主體地位。

（二）境外投資管理制度的優化調整

在不斷推進對外投資體制改革的進程中，根據加快培育外貿競爭新優勢和構建開放型經濟新體制的需要，2014年發改委頒布實施了《境外投資項目核准和備案管理辦法》及《境外投資管理辦法》，對境外投資項目實行「備案為主、

核准為輔」的管理模式，取消了對特定金額以上境外投資、在境外設立特殊目的公司實行核准的要求。2015年，中國根據加快培育外貿競爭新優勢和構建開放型經濟新體制的需要，強調要深化對外投資管理體制改革，實行備案為主的管理模式，提高對外投資便利化水準，建立促進走出去戰略的新體制。

2017—2018年，中國政府又陸續發布《關於進一步引導和規範境外投資方向的指導意見》《企業境外投資管理辦法》《對外投資備案（核准）報告暫行辦法》等一系列規章制度，進一步強調要創新體制機制，深入推進簡政放權、放管結合、優化服務改革，在原有管理體制基礎上進一步提升了對外投資便利程度及對其的監管力度。

一方面推行「鼓勵發展+負面清單」的管理辦法，明確限制類投資領域，引導和規範企業境外投資方向，加強對外投資政策的透明度和引導性，便於企業對外投資業務的開展；另一方面，堅持以備案制為主的境外投資管理方式，通過建立分級分類管理體制、實行對投資最終目的地備案（核准）、規範對外投資企業備案（投資）後定期報告制度、採用「重點督查」加「雙隨意、一公開」的事後監管，並結合同期對信息服務平臺的建設，全面提高對對外直接投資活動的管理力度和效率。[①]

（三）境外投資外匯管理的簡化和改進

2015年，國家外匯管理局下發《國家外匯管理局關於進一步簡化和改進直接投資外匯管理政策的通知》，對境外直接投資的外匯管理在以下方面做出了調整：

（1）取消了境內直接投資項下外匯登記核准和境外直接投資項下外匯登記核准兩項行政審批事項。

（2）簡化部分直接投資外匯業務辦理手續，包括簡化境內直接投資項下外國投資者出資確認登記管理，取消境外再投資外匯備案，取消直接投資外匯年檢，改為實行存量權益登記。

---

① 郭凌威，盧進勇，郭思文.改革開放四十年中國對外直接投資回顧與展望［J］.亞太經濟，2018（4）：111-121.

（3）強化事後監管，外匯管理局對銀行辦理直接投資外匯登記合規性及內控制度的執行情況開展事後核查和檢查。

可以說，中國對外直接投資是經濟發展到一定階段的產物，在中國經濟發展的不同階段，中國對外直接投資制度經歷了從改革開放初期的限制、到20世紀90年代中後期的逐漸放鬆和鼓勵、再到現階段的規範和大力推進的循序漸進的調整過程，中國對外直接投資制度的每一次變革都與相應的經濟發展變革相關聯。隨著中國改革開放的不斷深入和對外直接投資的迅速發展，中國對外直接投資的管理政策逐步細化和規範，下放了境外投資審批權限、簡化了審批手續，放寬了境外投資外匯管理限制，出抬了一系列的鼓勵政策，政府的服務和指導功能不斷加強。但由於改革開放之初的戰略目標是擴大出口和利用外資，使得對外直接投資制度的改革一直相對滯後於外貿制度和外商投資制度的改革，對外投資的發展與外貿、外資的發展極度不匹配，從而造成資本項目和經常項目「雙順差」，國際收支失衡。在繼續深化改革開放，加快實施「走出去」戰略的過程中，中國對外直接投資制度和政策變革仍存在滯後現象，政策與法制管理有待進一步健全，管理制度有待進一步優化，服務體系也需要不斷完善。因而，在未來的改革中，還需要大力推動中國企業走出去，緩解中國國際收支不平衡的狀況；進一步完善監督管理，加強對外直接投資法制建設；改善服務和保障，提高財稅金融政策扶持的效率，完善海外投資保險制度；更加主動地參與和發起雙邊或者多邊投資協定的談判和簽訂，保護中國企業的對外投資，獲得市場准入，促進投資的便利化。

第三節　新中國引進外資及對外投資制度改革的貿易促進目標

綜觀中國引進外資及對外投資制度的演進歷程，促進對外貿易一直是引進外資及對外投資制度建設的重要目標，只是在不同的歷史階段這個目標的

具體表現有所不同。改革開放之初,引進外資為中國的工業生產解決了資本匱乏的問題,從而為對外貿易的快速發展奠定了良好基礎,外資的產業結構也極大影響了中國的對外貿易商品結構。隨著改革開放進入新的階段,中國的國際直接投資政策轉變為「引進來」與「走出去」並重,引進外資、對外投資與對外貿易一起,成為中國對外開放和經濟交流的重要渠道。在中國經濟體制改革不斷深化的過程中,引進外資和對外投資制度的貿易促進目標隨著經濟發展階段的演進經歷了「帶動出口」到「產業結構優化」再到「進出口平衡發展」的轉變。

一、引進外資制度改革的貿易促進目標

(一)以出口為導向的外資政策

改革開放初期,中國外匯儲備極度缺乏,從而採取了出口導向的發展戰略以解決巨大的外匯缺口。相應的,在引進外資制度上也採取了「獎出限入」的出口導向政策,鼓勵外資企業出口、限制進口。1986年《中華人民共和國外資企業法》明確規定,「設立外資企業,必須有利於中國國民經濟的發展,並且採用先進的技術和設備,或者其產品全部出口或者大部出口」。1986年,國務院發布的《關於鼓勵外商投資的規定》也明確表示對先進技術和產品出口的外商投資企業,在稅收、土地使用費、勞務費、利潤分配、生產經營的外部條件等方面給予特別優惠。1987年3月,第六屆人大五次會議通過的《政府工作報告》強調利用外資一定要用在生產建設上,重點是出口創匯企業、進口替代企業和先進技術企業。這些政策的頒布都充分體現了中國以外資促出口的戰略思路。

改革開放之初,通過大力推進加工貿易使得中國實現了在外資政策和外貿政策目標上的統一。1979年,中國開始正式實施「三來一補」的加工貿易政策,既擴大出口、同時又充分利用了中國低成本的勞動力優勢吸引外資。在外資政策上,對外商投資企業給予出口免稅優惠政策以促進出口、換取外匯;在外貿政策上,則對外資企業實施鼓勵來料加工和進料加工的貿易政策以吸引外資。

第十一章 新中國引進外資及對外直接投資制度的演進與發展

在出口導向型外資政策和加工貿易優惠政策的鼓勵下,外商直接投資快速增加,而這些以利用中國廉價勞動力為目的的成本導向型的外資又迅速帶動了中國進出口貿易,特別是加工貿易的發展。在 20 世紀 90 年代,外商投資企業的進料和來料加工貿易成為其對外貿易的主要方式,以中國企業為主體的加工貿易漸漸轉變為以跨國公司和外商投資企業為主。據海關統計資料計算,1995 年外商投資企業加工貿易出口占其總出口比重為 89.7%,占中國加工貿易出口比重為 57.1%。同年,外商投資企業加工貿易進口占其總進口比重為 58.9%,占中國加工貿易進口比重為 63.5%。中國加入世貿組織以後,隨著進出口貿易壁壘降低和市場經濟環境改善,外資繼續大量湧入,「三資」企業、尤其是外商獨資企業的加工貿易業務量更是迅速增長,在中國對外貿易總量中占據了絕對優勢。到 2004 年,外商投資企業加工貿易進、出口總額占中國全部加工貿易進、出口的比重甚至超過了 80%,並一直維持在這一水準之上(見圖 11-1)。

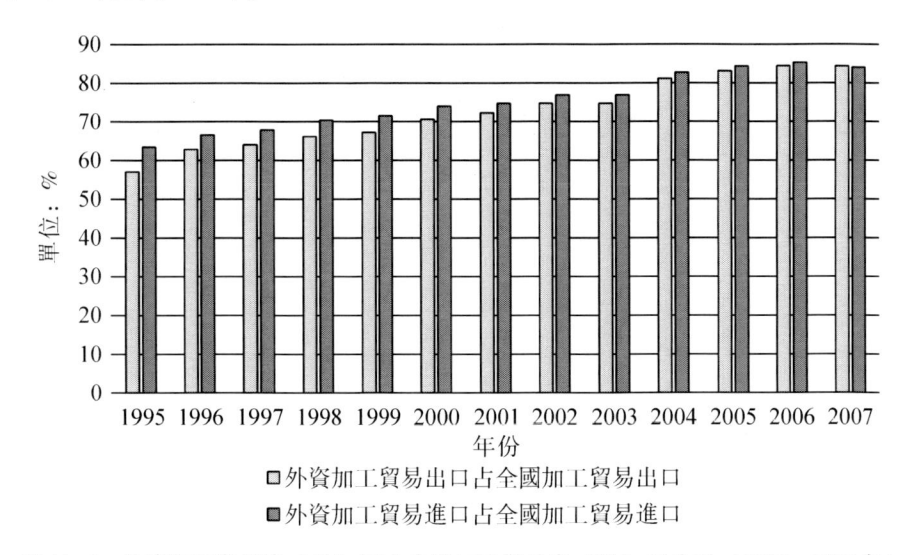

圖 11-1 外資加工貿易出(進)口占全國加工貿易出(進)口比重(1995—2007 年)

數據來源:根據歷年中國海關統計整理得出,轉引自黃曉玲(2009)。

外商投資企業的貿易方式之所以以加工貿易為主,有其必然性。首先,到中國大陸投資的企業大多是來自日本及東南亞等國家和地區的中小企業,它們

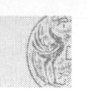

在其資本輸出源地本來就是出口加工型的——從國際和本地市場購置原材料和零部件，加工裝配後再出口到北美、歐洲市場。這些企業因本地勞動力、土地成本的上升而轉移到中國東南沿海地區後，仍然以出口加工為主。其次，由於中國的產品結構、生產運輸條件、生產技術水準以及體制和政策上的障礙，原材料、零部件的供應在技術標準、質量和交付時間等方面尚不能滿足外商投資企業出口加工的需要，所以，它們不得不從其原來的供貨渠道進口原材料和零部件，從而使進料、來料加工貿易成為其主要貿易方式，形成一種「兩頭在外」的格局，並由此導致中國大陸從這些企業的投資源地的進口大量增加。

改革開放後，以外資為主導的加工貿易對於推動中國對外貿易發展、促進經濟增長和解決勞動就業，發揮了重要的作用。從圖 11-2 可以看出，加工貿易出口在 2011 年之前一直是中國出口的最主要的形式，其占比在 2011 年以後才被一般貿易出口超過。到 2018 年，加工貿易出口占比仍然超過 30%。但是，隨著加工貿易規模的擴大，這一貿易方式存在的一些問題，如附加值低、相關產業帶動作用有限、「兩高一資」項目比較普遍等，也逐漸暴露出來。面對轉變經濟增長模式、優化產業結構的要求，引進外資的貿易促進目標也逐漸發生了轉變。

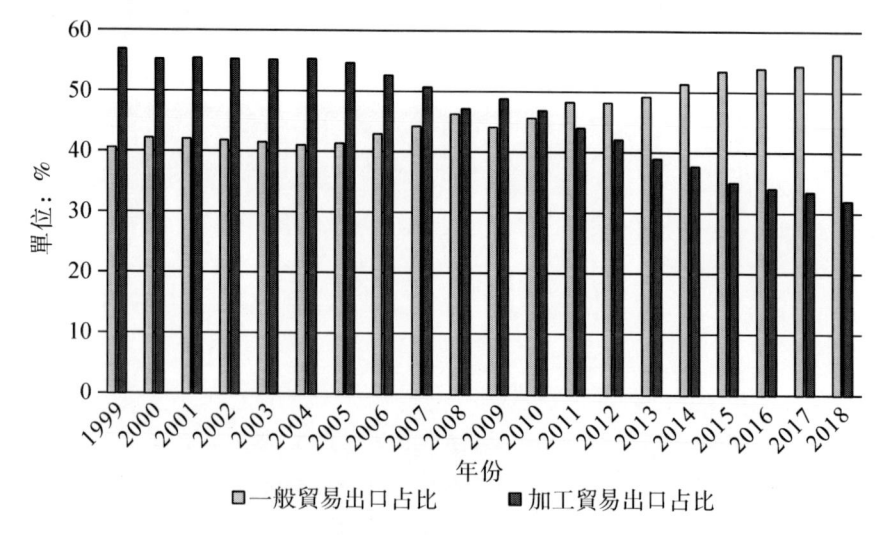

圖 11-2　一般貿易和加工貿易出口占比（1999—2018 年）

數據來源：根據歷年《中國對外貿易形勢報告》整理所得。

第十一章　新中國引進外資及對外直接投資制度的演進與發展

（二）從「帶動出口」到「促進出口產業升級」的目標轉變

從 20 世紀 90 年代中後期開始，中國外資政策的目標開始轉向優化外資結構、提高利用外資水準。1995 年國務院發布的《指導外商投資方向暫行規定》和《外商投資產業指導目錄》開始加強以產業、技術引進和地區為導向的「差別性優惠政策」，體現出外資的貿易促進目標開始從單純的「帶動出口」向「促進出口產業升級」進行轉變。並且，加入世貿組織前後，中國根據《TRIMs 協議》的原則在外商直接投資的相關法律中也取消了出口實績的要求，將設立外資企業必須「產品全部出口或者大部分出口」修改為「國家鼓勵舉辦產品出口或者技術先進的外資企業」。

按照科學發展觀和「十一五」規劃的要求，中國開始「轉變對外貿易發展方式」，與此相對應，中國外資政策的首要任務就是推動利用外資從「量」到「質」的根本轉變，引導外商投資產業結構優化和升級。規劃要求，「通過引進先進適用技術、設備和管理改造國內傳統產業，引進外資發展中國具有比較優勢的勞動密集型產業、出口加工業」。同時，為推動中國服務貿易發展，在外資政策上積極穩妥地推進服務業開放，發揮外資在先進經營理念、管理經驗和服務手段等方面的溢出效應，提升中國服務產業的國際競爭力，推動服務貿易發展。

（三）「外資外貿良性互動」和「進出口平衡發展」的新目標

2012 年的《對外貿易發展「十二五」規劃》，提出要增強外貿與外資、外經的互動發展，「加強政策引導，提升利用外資質量和水準，促進中國出口產業升級」。此後外資制度的貿易促進目標進一步向促進外資外貿良性互動、產業升級、進出口平衡的方向轉變。在此基礎上，2016 年的《國務院關於促進加工貿易創新發展的若干意見》提出要「穩定外資政策預期，支持外資企業扎根中國。加大招商引資力度，著力吸引先進製造業和新興產業，進一步擴大服務業開放，鼓勵外資企業在華設立採購中心、分撥中心和結算中心，發展總部經濟」「延長產業鏈，提升加工貿易在全球價值鏈中的地位」，進一步強調了引進外資在促進產業升級等方面的作用，同時顯示出引進外資在促進貨物貿易與服務貿易協調發展方面的重要目標。

為貫徹落實中國關於推進互利共贏開放戰略的決策部署，2017年《對外貿易發展「十三五」規劃》和2018年《關於擴大進口促進對外貿易平衡發展的意見》強調要「提高利用外資的質量和水準」「持續發揮外資對擴大進口的推動作用。完善外商投資相關管理體制，優化境內投資環境。積極引導外資投向戰略性新興產業、高技術產業、節能環保領域，進一步發揮外資在引進先進技術、管理經驗和優化進口結構等方面的作用。促進加工貿易轉型升級和向中西部地區轉移。」

　　綜上，中國引進外資制度在改革開放之初，是單純的出口導向型的外資制度，這一目標維持了20多年。到20世紀90年代中後期，隨著中國外貿發展加快，對外貿易中的結構性問題日漸暴露，引進外資的制度改革也開始向促進產業結構的優化升級方向深化。而長期的出口導向戰略實施結果和入世後中國外貿規模的急速擴大，使進出口貿易發展不平衡所引發的嚴重的國際收支失衡以及貨物貿易和服務貿易發展速度不匹配等成為中國外貿發展中的新問題。為了更好發揮外資對外貿的促進作用，外資制度針對上述失衡問題又做出了新的調整，包括發揮外資對擴大進口的推動作用，發揮外資對提升服務貿易競爭力、促進服務出口的作用等，由此體現出中國引進外資制度在促進外資與外貿良性發展、促進對外貿易平衡發展等方面重要性。

二、對外直接投資制度改革的貿易促進目標

　　從中國對外直接投資制度的演進過程可以看出，中國對外直接投資的制度設計明顯體現出對貿易促進目標的重視，且伴隨對外貿易的不同發展階段呈現出不同的特徵。

　　中國的對外直接投資是在國家經濟體制改革的大背景下，伴隨著經濟開放以後才有的現象。但在中國第一次把對外直接投資的發展以政策的形式確立起來之時，就明確體現出促進出口的目標。1979年8月，國務院頒布《關於大力發展對外貿易增加外匯收入若干問題的規定》，其中第八條明確提出「要走出去做生意」，而走出去的主要形式則是「在主要市場逐步建立貿易公

第十一章　新中國引進外資及對外直接投資制度的演進與發展

司的常駐機構」，強調通過推動一些具有進出口經營權的專業外貿公司和省屬經濟技術企業跨出國門進行海外投資來促進中國出口、增加外匯收入。以1979年設立中國國際信託投資公司為標誌性事件，中國有了自己專業的對外投資企業。在當時，對外投資企業的經營範圍主要就是對外出口商品，為國家賺取外匯。之後，在改革開放的前20多年裡，中國對外直接投資主要都是作為服務出口、便利出口的重要手段而存在與發展的，其對中國對外貿易尤其是對出口的促進作用不言自明。

到20世紀末，由於儲蓄和外匯「雙缺口」的消失，中國對境外投資的政策從限制轉變成鼓勵，提出了「走出去」戰略。在2001年的「十五」規劃綱要中，強調實施「走出去」戰略，就要「鼓勵有競爭優勢的企業開展境外加工貿易，帶動產品、服務和技術出口」。這意味著，「帶動出口」是當時實施「走出去」戰略的一個主要理由和目的。

事實上，對外直接投資的快速發展進一步帶動了中國對外貿易規模擴大和結構優化。2005年以後，對外直接投資政策不再單純地突出「帶動出口」的重要性。2006年，中國政府在「十一五」規劃綱要中指出，「支持有條件的企業對外直接投資和跨國經營，以優勢產業為重點，引導企業開展境外加工貿易，促進產品原產地多元化」。將開展境外加工貿易「帶動出口」改為開展境外加工貿易「促進產品原產地多元化」。這一變化包含了兩層含義：一是仍然把國內加工貿易生產轉移至國外當作對外投資的主要方式之一；二是將加工貿易轉移當作帶動出口的手段改為了替代出口的手段。到2010年的政府工作報告中，則只談對境外轉移產能，而不強調這種轉移是不是加工貿易，更不強調這種產能轉移是帶動出口還是替代出口。

當前，對外直接投資與對外貿易的互動發展變得更加重要，通過對外直接投資發揮中國產業競爭優勢、帶動出口和進口雙向增長、推動中國對外貿易穩步發展，成為中國對外直接投資與對外貿易互動關係的重點。2017年，商務部發布的《對外貿易發展「十三五」規劃》明確提出要「推動對外投資合作和貿易相結合」「大力推動中國裝備『走出去』，推進國際產能合作，帶動中國產品、技術、標準、服務出口」「深化國際能源資源開發和加工互利合

作，穩步推進境外農業投資合作，帶動相關產品進口和出口」。在這次的規劃要求中，不僅明確了對外直接投資對出口的帶動作用，還明確了對外直接投資對進口的帶動作用，對外投資促進對外貿易平衡發展的目標更加凸顯。

三、引進外資及對外投資制度改革的貿易促進作用

（一）引進外資的貿易促進作用

外商直接投資對中國對外貿易的促進作用主要體現在兩點：一是使中國迅速進入全球分工體系，利用中國勞動力資源優勢帶動出口增長，促進了中國對外貿易規模的迅速擴大。二是提升了中國出口商品的國際競爭力。外商直接投資一方面推動了中國產業結構升級、提升了出口商品結構；另一方面通過其帶來的先進技術和管理經驗形成外溢效應，推動中國企業技術進步、產品升級和提升效率，從而提高了中國產品的國際競爭力。

1. 促進了對外貿易規模迅速擴大

由於國家實行鼓勵出口的外資政策，外商直接投資是中國改革開放後出口增長的重要源泉。如圖11-3所示，1989年以前，外商投資企業的出口占全國出口總額的比重不到10%，當時，全國出口的增長，主要依賴國營外貿公司收購國內貨源出口。1989年以後，國營外貿企業出口增長率明顯降低，而隨著港資、臺資企業的大量湧入，外商投資企業的出口急遽上升，其在當年全國出口增量中的比重在40%以上。相應地，其在全國出口中的地位也迅速提高，從1989年的9.12%升至1993年的27%，每年上升5個百分點。到2005年，外資企業出口占全國出口的比重甚至達到了58.3%；同年，外資企業進出口總額占全國進出口總額的比重為58.49%。這充分表明，外商投資企業的進出口貿易對中國外貿發展的促進作用已經超過了國有企業。雖然隨著民營外貿企業的快速發展，外資企業出口在全國的占比從2005年後開始逐漸下降，但是到2018年該比重仍高達41.65%，外資企業依然是中國對外貿易的一支主要力量。

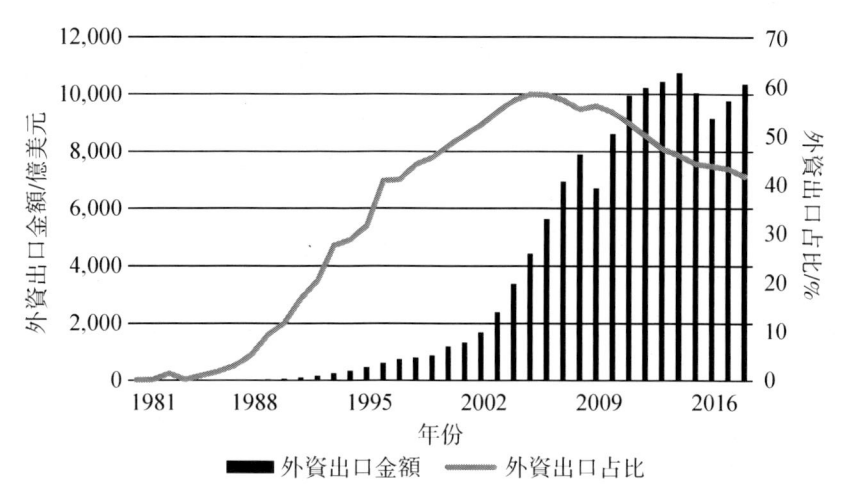

第十一章　新中國引進外資及對外直接投資制度的演進與發展

圖 11-3　外資企業出口金額及其占全國出口的比重（1981—2016 年）

數據來源：根據歷年《中國統計年鑒》和《中國對外貿易形勢報告》整理所得。

外商直接投資的大量流入之所以能帶動中國進出口貿易的發展，這與外商直接投資動機偏向市場尋求型和成本尋求型有關。一般而言，國際直接投資的動機可分為以下幾類：一是市場尋求型動機，這類直接投資以鞏固、擴大和開闢新市場為主要目的；二是成本尋求型動機，這類直接投資以利用東道國相對廉價生產要素、優惠引資政策，降低生產成本，提高經營效率，增強國際競爭力為主要目的；三是資源尋求型動機，此類直接投資以獲取長期穩定的戰略性資源的供應地為主要目的；四是技術知識尋求型動機，該類直接投資則以獲取和利用東道國的先進技術、高效管理模式、新型生產工藝和新產品設計等方面為目的。[①]

實踐中，跨國公司會根據東道國的特定比較優勢分割產品生產鏈，在全球範圍內優化與整合其資源，以達到利潤最大化的戰略目標。中國外資的來源地高度集中於周邊國家和地區，這些國家和地區由於本土資源匱乏，勞動力價格偏高，而中國又有廣闊的市場空間和大量鼓勵加工貿易發展的開放政策，於是這些投資國的跨國公司便把中國作為其海外生產基地和加工車間，

[①]　陳鑫.中國國際貿易與外商直接投資相互影響研究［D］.蘇州：蘇州大學，2013.

先把生產和組裝環節轉移至中國，然後再以中國為出口口岸向歐美地區輸出，最後少部分返銷回本國。這表明流入中國的外商直接投資明顯具有成本尋求型和市場尋求型特徵，從而使外商投資企業的出口比率遠遠高於國內其他企業。按當年官方匯率計算，1993年外商投資企業的出口額占其工業生產總值的48%，而國內其他企業的出口比率僅為7.67%。[①] 尤其在加工貿易上，1994年，外商投資企業加工貿易進出口總額占全國加工貿易進出口的比重為56.1%，到2004年，這一比重甚至超過了80%。由此可見，成本尋求型和市場尋求型的外商直接投資流入中國的結果必然是中國貿易進出口總量，特別是貿易順差額的大量增長。

但需要注意的是，亞洲地區的外資總體上技術含量有限，對中國技術引進吸收和貿易結構優化的促進作用較小，長期依賴於此類外資可能會陷入貧困化增長的困境。因此，積極探索吸引來自歐美發達國家和地區高技術密集型直接投資的方法與途徑，是中國未來利用外資工作的長期目標。

2. 提升了對外貿易商品競爭力

首先，就出口結構而言，全國出口商品的結構變動與外商投資企業出口商品的結構變動呈現出高度的一致性。在中國的出口結構中，機電產品、服裝紡織和皮革、文化用品、家用電器、塑料及金屬製品和電子通信設備等所占比重上升較快，而這些行業也正是外資進入較密集、外資企業出口比重高的行業。在引進外資制度的改革中，推動外資企業進入技術含量和附加值相對較高的行業，有力地拉動了中國經濟快速增長，在一定程度上促進了中國產業的更新換代。

其次，外商直接投資帶進的先進技術和管理經驗，通過發揮外溢效應，促進了中國企業的技術進步和產品升級，提高中國企業出口產品的國際競爭力。如外資企業提高了國內配套及相關產業產品的標準和質量，提高相關產品出口的國際競爭力；為國內企業提供營銷經驗和示範效應；幫助拓展國內產品出口的國際市場規模和銷售渠道，等等。但需要注意的是，外資企業為

---

① 隆國強. 外資企業在中國進出口貿易中的地位 [J]. 國際貿易，1994（12）：25-28.

第十一章　新中國引進外資及對外直接投資制度的演進與發展

保持自己的所有權優勢地位，通常會極力阻止外溢作用的發生，特別是以市場尋求和成本尋求為目的的外商直接投資，外溢作用非常有限。

最後，外商投資企業進出口的發展強化了外貿領域的競爭。它的貿易份額不斷擴大，使國有外貿企業等有了越來越強烈的危機感。這種競爭和危機感會迫使國有外貿企業和其他經營進出口業務的國內企業深化自身改革，改進經營管理，提高商品和服務質量，降低成本費用，形成優勝劣汰之勢。[1]

總的來說，在中國外向型外資制度的作用下，外商直接投資為推動中國外貿發展貢獻了巨大的力量。隨著經濟轉型升級，外商直接投資制度也引入了產業結構和出口結構升級的目標，在這樣的目標驅動下，外資推動了中國外貿商品結構升級、提高了對外貿易的商品競爭力。在新的發展階段，我們還需要認識到不同動機的外商直接投資對貿易和經濟結構的不同作用，從而對外資制度做出進一步的優化調整，培育國際競爭新優勢。

（二）對外直接投資的貿易促進作用

1. 規避貿易壁壘，確保出口持續增長

通過「走出去」戰略的實施，中國企業在境外開辦企業，開展生產和銷售活動，擴大了中國的出口規模。境外投資企業的經營能夠較為有效地繞過多種形式的貿易壁壘，促進中國出口發展。

經過改革開放40餘年來的實踐和變革，中國的投資格局目前處於流向發展中東道國的順梯度對外直接投資和流向發達東道國的逆梯度對外直接投資並存，資源尋求、市場尋求、效率尋求和戰略資產尋求等多種投資動機共生的階段。在這一階段，就中國對外直接投資而言，不同類型對外直接投資對中國對外貿易規模的影響不盡相同。其中，以尋求東道國自然資源為主要目的的中國對外直接投資不僅有助於擴大資源進口貿易規模、保障中國國內能源與礦產的供給安全，而且有利於帶動中國相關配套機器設備、零部件及相關實用新型技術出口到東道國，擴大有關產品出口貿易規模；以尋求海外市場為目標的對外直接投資則有助於增加中國原材料、中間產品、半成品和相關機器設備的出口，對擴大中國的出口貿易規模作用顯著；戰略資產尋求型

---

[1] 李健. 外資企業：中國外貿出口新的增長源［J］. 國際貿易，1996（10）：4-6.

對外直接投資通過尋求海外先進技術、設備、管理經驗、資源等有形和無形資產，將提升中國技術貿易和服務貿易的發展，增加國際技術許可數量，提升國內企業和產品的競爭力，並將最終帶動國內出口貿易規模的增大，同時對豐富國內資源供給有重要作用；效率尋求型對外直接投資有助於在轉移國內已經或即將失去競爭力的產業的過程中帶動中國相關機械設備和部分生產要素的轉移，然後又以製成品的形式由東道國再度出口至本國，因此效率尋求型對外直接投資可以同時帶動國內出口和進口貿易發展，提升中國的對外貿易規模。在實證研究中，中國對外直接投資與中國對外貿易的互補關係在宏觀層面已經得到了廣泛證實。① 即使從微觀層面來看，具有不同投資動機的對外直接投資對企業出口的作用路徑和具體作用效果雖然不同，但大多數企業的對外直接投資，尤其是中國企業的商貿服務型對外投資和對高收入東道國的投資，對擴大企業出口均具有重要作用②。

2. 優化了對外貿易結構

中國對外直接投資通過產品結構、市場結構和主體結構作用於中國對外貿易結構。

(1) 中國對外直接投資對優化外貿產品結構的作用

貿易結構的升級路徑與產業結構的升級路徑密切相關。當產業結構變化表現在產業間的結構轉化與升級時，進出口產品結構往往表現出跨行業的變化。當產業結構變化發生在產業內部時，出口的產品可能會向技術或資本密集的製成品方向擴大，也可能增加生產中所需的中間產品的進口，此時貿易結構的變化表現為同一行業內部不同產品進出口結構的變化，並呈現出產品質量垂直向上的發展路徑。③ 因此，實現中國對外貿易產品結構升級的關鍵在於國內產業結構升級，即推動國內主體產業由勞動密集型逐漸向資本和技術密集型轉變，實現生產要素由劣勢產業逐漸向新興優勢產業聚集。

在這一過程中，中國對外直接投資發揮作用的路徑主要有兩個：一是借

---

① 張春萍. 中國對外直接投資的貿易效應研究 [J]. 數量經濟技術經濟研究, 2012 (6): 74-85.
② 蔣冠宏, 蔣殿春. 中國企業對外直接投資的「出口效應」[J]. 經濟研究, 2014 (5): 160-173.
③ 隋月紅. 「二元」對外直接投資與貿易結構: 機理與來自中國的證據 [J]. 國際商務 (對外經濟貿易大學學報), 2010 (6): 66-73.

第十一章 新中國引進外資及對外直接投資制度的演進與發展

助戰略資產尋求型對外直接投資，帶動相關專利技術和高新技術產品進口，提升中國對外貿易的進口產品結構，同時通過引進戰略性資產提升國內研發、製造處於價值鏈較高層次產品的能力，進而推動中國的產業結構升級並促進對外貿易產品結構的高級化；二是通過效率尋求型對外直接投資，將國內逐漸喪失成本優勢的傳統產業轉移至成本更具競爭優勢的東道國，這樣不僅可以延長相關產業的生命週期，增加相關企業的利潤，而且有利於促進國內生產要素向更具比較優勢的傳統產業和新產業聚集，提升要素配置效率，帶動中國產業結構調整和貿易結構優化。

（2）中國對外直接投資對優化外貿市場結構的作用

與中國對外貿易市場主要集中於發達市場的狀況不同，中國對外直接投資所在的東道國市場目前主要聚集在發展中經濟體。《2013年度中國對外直接投資統計公報》的數據顯示，2013年中國流向發展中經濟體的投資達到917.3億美元，占當年流量的85.1%；2013年末，中國對發展中經濟體的投資存量也占到存量總額的八成以上，達到83.2%。這意味著對外直接投資對中國大力開拓新興市場，優化對外貿易市場結構有重要作用。

一方面，中國在發展中國家的直接投資多以尋求資源、市場和提升自身的經營效率為主，這些類型的投資本身具有帶動中國與發展中經濟體中間品進出口貿易發展的特徵，有助於提升中國與發展中經濟體的貿易聯繫；另一方面，由於對外直接投資是一種更高層次參與國際分工、進入東道國市場的形式，它對東道國市場的嵌入更具有長期性和穩定性，也更容易加深對東道國市場的熟悉程度和提升建立生產與銷售網絡的便利度，因此中國對外直接投資在發展中市場的聚集有助於增強中國投資者和貿易者對發展中東道國市場的信心，有利於更多企業建立或強化自身與東道國市場的貿易聯繫，提升發展中國家和新興市場在中國對外貿易市場結構中的地位。

實際上，伴隨著中國對外直接投資的高速、持續發展，中國對外貿易市場結構已開始穩步改變。如2014年中國在對歐盟和美國進出口貿易保持穩定的同時，進出口企業開拓新興市場取得新成效。其中，中國對東盟、印度、俄羅斯、非洲和中東歐國家進出口增速均快於整體增速，中國對東盟的進出

口額達到 4,803.9 億美元，占比 11.2%。中國進出口市場結構更趨平衡。

（3）中國對外直接投資對優化外貿主體結構的作用

對外直接投資有助於中國加快形成在全球範圍內配置要素資源、佈局市場網絡的具有跨國經營能力的綜合型貿易企業，提升對外貿易企業整體競爭優勢，優化對外貿易主體結構。

對外直接投資是中國企業直接接觸國際市場的重要方式，更是培育中國跨國公司的必由之路。一方面，通過對外直接投資，企業將自身置於競爭激烈的國際環境之中，面臨更為複雜多樣的產品和服務要求，這種來自國際經營環境中的競爭壓力和動力有助於倒逼企業不斷提升自身的生產、經營能力和國際競爭力；另一方面，在對外直接投資過程中，企業可以接觸國際先進技術、經營理念與管理方式，並在學習、模仿、消化和吸收的基礎上提升技術水準和管理能力，進而增強國際競爭能力。此外，通過示範效應和溢出效應，實施對外直接投資的企業在國際市場累積的知識、技術、管理經驗可以惠及相關行業內大企業和一些創新型、創業型及勞動密集型中小微企業，從而帶動更多企業提升自身現代化水準，激發企業活力和競爭力。這樣，通過對外直接投資，中國可以加快形成以跨國公司為重要載體的資本流動和商品流動格局，加速形成以跨國公司為主、多種所有制類型的企業共同發展的對外貿易主體新結構。

在當前全球經濟一體化進入深層次發展的階段，貿易與投資呈現出相互融合的趨勢。通過回顧新中國國際直接投資的制度改革歷程及其對貿易的促進目標變革過程，我們不難發現，中國的對外制度和國際投資制度是不可割裂來看待的。在未來的改革中，我們也應當繼續注重貿易制度和投資制度的協調性。根據當前中國經濟的發展階段和建立開放型經濟新體制的要求，在國際直接投資制度的改革上，應當繼續發揮雙向投資對貿易的促進作用，提高利用外資的質量和水準，加快對外貿易與對外投資有效互動。

第十一章 新中國引進外資及對外直接投資制度的演進與發展

本章參考文獻

陳俊聰，黃繁華，2014. 對外直接投資與貿易結構優化 [J]. 國際貿易問題（3）：113-122.

陳鑫，2013. 中國國際貿易與外商直接投資相互影響研究 [D]. 蘇州：蘇州大學.

程振聲，2004. 李先念與七十年代初的大規模技術設備引進 [J]. 中共黨史研究（1）：75-80.

鄧敏，顧磊，2019. 中國對外貿易概論 [M]. 英文版. 北京：清華大學出版社.

郭凌威，盧進勇，郭思文，2018. 改革開放四十年中國對外直接投資回顧與展望 [J]. 亞太經濟（4）：111-121+152.

郝紅梅，2016. 中國外商投資管理體制改革歷程回顧及深化改革的思考 [J]. 對外經貿（9）：35-38.

黃曉玲，2009. 中國對外貿易概論 [M]. 2版. 北京：對外經濟貿易大學出版社.

黎青平，1989. 對黨和國家利用外資政策的歷史考察 [J]. 中共黨史研究（2）：74-79.

李健，1996. 外資企業：中國外貿出口新的增長源 [J]. 國際貿易（10）：4-6.

李津津，2016. 外資負面清單管理模式與中國產業結構轉型升級研究 [M]. 上海：上海人民出版社.

李敬，冉光和，萬麗娟，2006. 中國對外直接投資的制度變遷及其特徵

[J]. 亞太經濟 (6): 81-84.

李述晟, 2013. 制度視角下的中國對外直接投資促進機制研究 [D]. 北京: 首都經濟貿易大學.

劉利利, 2013. 改革開放以來中國對外直接投資政策與效果分析 [D]. 北京: 首都經濟貿易大學.

劉敉舒, 2013. 中國對外直接投資的政策演變研究 [D]. 沈陽: 沈陽工業大學.

隆國強, 1994. 外資企業在中國進出口貿易中的地位 [J]. 國際貿易 (12): 25-28.

聶平香, 2016. 中國外商投資負面清單管理模式研究 [M]. 北京: 中國商務出版社.

牛建立, 2016. 二十世紀六十年代前期中國從西方國家引進成套技術設備研究 [J]. 中共黨史研究 (7): 46-56.

祁春凌, 2015. 中國對外直接投資: 基於投資動因、制度因素以及政治經濟學視角的分析 [M]. 北京: 對外經濟貿易大學出版社.

桑百川, 剗陽, 2019. 中國利用外資的歷史經驗與前景展望 [J]. 經濟問題 (3): 1-7.

商務部研究院, 2008. 中國吸收外資30年 [M]. 北京: 中國商務出版社.

佘少峰, 2006. 中國外資立法政策導向的回顧和反思 [A] //海大法律評論. 上海: 上海社會科學院出版社: 413-441.

宋仲福, 1990. 建國初期黨和國家對外資在華企業的政策 [J]. 中共黨史研究 (4): 39-46.

孫文善, 2010. 貿易投資一體化趨勢下的中國外經貿政策研究 [D]. 太原: 山西財經大學.

孫玉琴, 2012. 建國初期中國對西方在華企業的政策演變及其效應 [J].

國際商務（對外經濟貿易大學學報）(6)：5-12.

田豐，2018. 投資便利化：發展趨勢與中國角色 [J]. 中國外資（15）：42-43.

王子先，2008. 中國對外開放與對外經貿 30 年 [M]. 北京：經濟管理出版社.

吳彥豔，趙國杰，丁志卿，2008. 改革開放以來中國利用外資政策的回顧與展望 [J]. 經濟體制改革（6）：13-16.

巫雲仙，2009. 改革開放以來中國引進和利用外資政策的歷史演進 [J]. 中共黨史研究（7）：24-32.

姚枝仲，李眾敏，2011. 中國對外直接投資的發展趨勢與政策展望 [J]. 國際經濟評論（2）：127-140+6.

曾華群，2001. 中國對外資實行國民待遇原則的法律實踐 [J]. 廈門大學學報（4）：77-80.

張弛，程君佳，2018. 關於中國對外直接投資管理模式的思考 [J]. 西南金融（6）：18-27.

張國勝，2015. 中國對外直接投資戰略與政策研究 [M]. 北京：經濟科學出版社.

張麗萍，朱紅兵，2007.「走出去」常見問題解答（3）[J]. 大經貿（9）：74-75.

張默含，2014. 中國對外直接投資：總體趨勢與政策變遷 [J]. 經濟研究參考（64）：60-65.

張瓊，2009. 改革開放以來中國外資政策調整研究 [D]. 武漢：湖北大學.

張旭東，2008. 新中國成立初期我黨對外資經濟的認識及政策 [J]. 湖湘論壇（4）：91-93.

中國·深圳綜合開發研究院, 2017. 中國對外直接投資戰略、機制與挑戰 [M]. 北京: 中國經濟出版社.

趙雲英, 2004. 論國際貿易與國際直接投資的相互融合趨勢 [D]. 長春: 吉林大學.

第十二章
新中國特殊經濟功能區的貿易投資制度演進

　　從經濟特區到自由貿易試驗區的穩步推進，新中國特殊經濟功能區詮釋著中國改革開放路徑與對外貿易制度變遷的演繹邏輯。作為中國對外開放的先行區，各類特殊經濟功能區相繼落地，主導中國對外開放戰略持續深化，引領著對外貿易制度由追求規模和數量發展方式向穩抓質量和效益方式轉變。經濟發展由先富帶動後富的錯位發展轉向縮小地區差距的均衡發展，是新中國特殊經濟功能區進一步深化改革開放的發展形勢。

第一節　新中國特殊經濟功能區的發展及其貿易投資制度

特殊經濟功能區是經國家政府部門授權或批准，設立在本國國境內、具備特定經濟功能、享受特殊優惠政策的區域。新中國特殊經濟功能區是自新中國成立以來設立的特殊經濟功能區，包括經濟特區、經濟技術開發區、國家級新區、保稅區、自由貿易試驗區（簡稱「自貿試驗區」）等形式。從制度演進脈絡來看，總體呈現由貿易投資制度的改革突破口（經濟特區）向改革開放進一步推進（國家級新區）和政策窪地（開發區、保稅區）邁進，再打造改革開放前沿高地（自由貿易試驗區），改革不斷深化，開放程度不斷提高，貿易投資制度不斷完善。

一、新中國經濟特區的發展及其貿易投資制度

經濟特區是新中國特殊經濟功能區的第一種形式，開啓了新中國貿易投資制度改革的新徵程。國際經驗表明，設立經濟特區是各國探尋經濟發展突破點的重要方式，並且成為全球性的主要實踐和共同路徑。[①] 最初，特殊經濟功能區帶有侵略性，主要是為了實施制度與經濟的強制輸出。但是，與國際上的特殊經濟功能區截然不同，新中國的經濟特區主要起源於中國經濟體制由計劃經濟探索向社會主義市場經濟改革轉軌的關鍵期[②]。中國圍繞著自身發展重大問題，設立經濟特區，探索並制定包含經濟、社會制度等內容的重要戰略決策。

（一）經濟特區的發展歷程

中國經濟特區誕生於 20 世紀 70 年代末，成長於 20 世紀 90 年代，在改革

[①] 袁易明. 中國經濟特區建立與發展的三大制度貢獻 [J]. 深圳大學學報（人文社會科學版），2018，35（4）：31-36.

[②] 袁易明. 中國經濟特區開放發展範式對「一帶一路」國家的啟示價值 [J]. 深圳大學學報（人文社會科學版），2016，33（6）：30-34.

第十二章　新中國特殊經濟功能區的貿易投資制度演進

開放 40 餘年中逐步形成具有廣泛啟示意義的經濟發展範式，是中國自主制定方案的重要內容之一。從發展歷程來看，經濟特區的設立經歷了三個不同階段，俗稱經歷「三代」：第一代經濟特區誕生於建立有計劃商品經濟制度時期（1979—1992 年），為 1980 年設立的深圳、珠海、汕頭、廈門特區和 1988 年設立的海南島；第二代經濟特區形成於建立社會主義市場經濟制度時期（1993—2001 年），包括上海浦東新區和濱海新區；第三代是加強市場作用與完善社會主義市場經濟制度時期（2002—2017 年）設立的新疆喀什特區等。

1. 建立有計劃商品經濟制度時期設立的經濟特區（1979—1992 年）

20 世紀 80 年代，中國設立第一代經濟特區——深圳、珠海、汕頭、廈門、海南五個特區，成為新中國對外開放的突破口，分別對接地理毗鄰的香港、澳門、臺灣以及其他海外地區。其中，深圳開展與香港的經貿合作，珠海主要負責與澳門的經貿互通，廈門加強海峽兩岸的經貿聯繫，汕頭負責對接有著廣大潮汕移民的海外地區，海南遙相呼應菲律賓、文萊和馬來西亞等東南亞國家。

但是，第一代經濟特區並未局限於空間地理區位的選擇，而是要通過不斷試錯為中國改革開放探索實踐樣本。深圳、珠海、汕頭、廈門、海南五個特區作為新中國改革開放的試驗田，按照「無論黑貓白貓，抓到老鼠的貓就是好貓」的理念，選擇「試驗—推廣—創新」的漸進式改革路徑。第一代經濟特區的設立，並非只是推進深圳、珠海、汕頭、廈門、海南五個特區的局部區域發展，而是要通過貿易、投資、金融等領域的大膽試驗最終形成全國可複製推廣的經驗，推動中國建立和完善全局性的經濟制度。

2. 建立社會主義市場經濟制度時期設立的經濟特區（1993—2001 年）

進入 20 世紀 90 年代，中國工業化實踐迅速開展，落後面貌基本得到改善，第一代特區政策紅利逐漸消失，建立社會主義市場經濟制度已成為共識，建設功能型經濟特區是主要改革方向。[①] 第二代經濟特區雖然延續了第一代經濟特區的地理區位選擇邏輯，但並不局限於制度功能，而是更加側重發展功

---

① 方寧生．進入第二代的中國經濟特區 [J]．特區經濟，1996（9）：10-12．

能。上海浦東新區、天津濱海新區從第一代經濟特區的制度功能向發展功能演變，從單項改革轉向系統改革，從初步改革向深入、配套、綜合、全面方向發展。①

3. 完善社會主義市場經濟制度時期設立的經濟特區（2002年至今）

2000年以後，中國改革開放的範圍向縱深發展，越來越多地關注中西部地區社會經濟發展中的重要戰略問題。第三代經濟特區建立於2000年以後，以問題為導向，其地理區位選擇呈多樣性特徵。例如，以城鄉協同發展為主題的成渝，以資源環境協同發展為主題的武漢—長株潭良性發展試驗區，以經濟、社會、文化、政治協同發展為主題的新疆喀什特區。②

第三代經濟特區建立與發展的依據在於前兩代經濟特區難以進行針對中西部地區發展過程中矛盾的試驗，亟需根據特定區域的具體問題設立經濟特區，以探尋解決問題的方向、思路，以及全局性問題、區域性問題的解決路徑。

可見，新中國經濟特區的發展呈現階段明顯的動態演化過程：在空間區域選擇上，由制度試驗導向到區域發展導向再到發展問題導向；在期望功能設定上，產生了全局性——戰略區域性——特定局部性的變化；從本質內涵上，形成了制度試驗——綜合實踐——路徑探索的演進過程。

（二）經濟特區的特徵

中國不同時期設立的經濟特區具有不同的特徵。由於第一代經濟特區對中國經濟體制轉變和改革開放具有先導性的重大戰略意義和歷史影響，通常直接稱為新中國經濟特區，而隨後產生的第二、第三代經濟特區通常採用上海浦東新區、天津濱海新區和新疆喀什特區等特定稱謂。這裡主要探討第一代經濟特區的特徵及其貿易投資制度。

1. 經濟實力在曲折中快速增長

從圖12-1中可以看到，五大經濟特區的GDP快速增長，雖然受到2008

---

① 孫長學. 深圳經濟特區的體制改革探索及其示範價值 [J]. 改革, 2018, 291（5）: 18-26.
② 袁易明. 中國經濟特區的動態演化與實踐使命 [J]. 特區實踐與理論, 2015（4）: 46-50.

第十二章　新中國特殊經濟功能區的貿易投資制度演進

年經濟危機的影響增速稍微有所下降，但是總體增長勢頭仍然強勁，尤其是深圳，無論 GDP 總量還是增速，深圳都遠強於其他四個經濟特區。

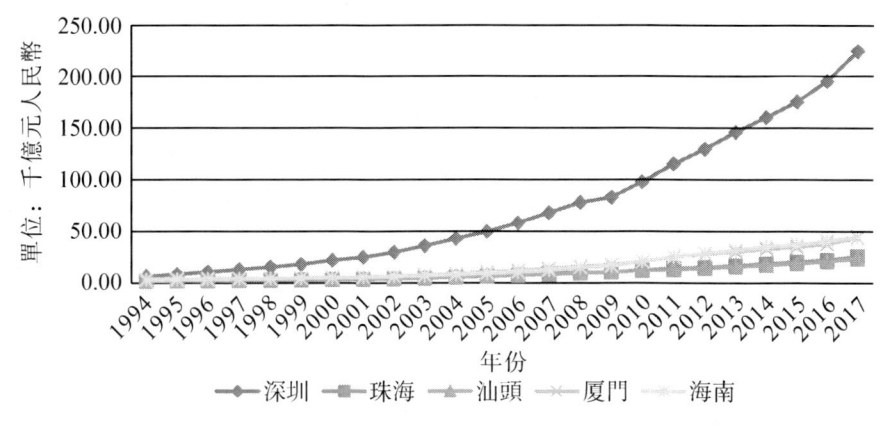

圖 12-1　五大經濟特區 GDP 增長趨勢

數據來源：國家統計局。

2. 產業結構漸趨優化

改革開放以來，五大經濟特區的產業結構處於快速優化之中，如圖 12-2 所示，第一產業的比重逐步減少，第三產業的比重逐步增加。

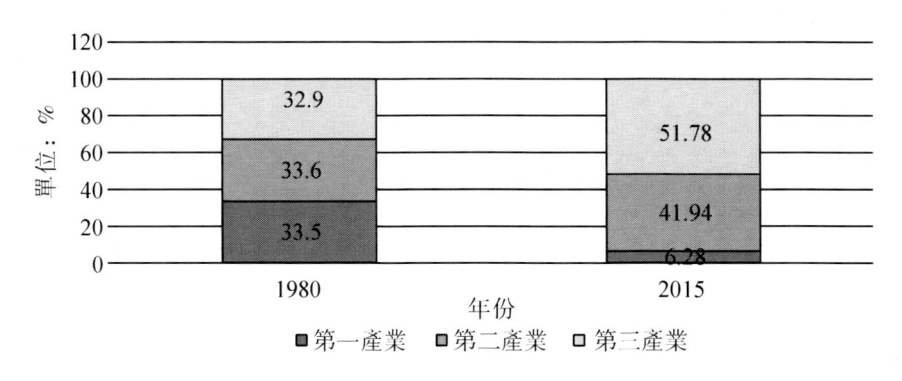

圖 12-2　五大經濟特區產業結構

數據來源：國家統計局。

3. 形式多樣，新舊並存

五大經濟特區作為中國首批進行對外開放的排頭兵，其發展模式為國家

級新區、經濟技術開發區、高新技術產業開發區以及自由貿易試驗區等特殊功能區的相繼設立提供了重要的經驗借鑑。在空間佈局上，三代經濟特區設立呈現由沿海到內陸，從東部向西部逐步深入的過程，形成以點連線、以線帶面的寬領域發展路徑；在時間演進上，各經濟特區體現由注重單一優勢集中開發向綜合優勢集成發展方向轉變等多層次發展軌跡。

(三) 經濟特區的貿易投資制度

中共十一屆三中全會提出以經濟建設為中心，實行改革開放，確立了經濟特區「以經濟體制創新為先導，以吸引和利用外資為需求，注重發展外向型經濟」的歷史使命。經濟特區通過推進貿易、投資領域的改革，加快營造良好的貿易投資環境，積極吸引外商投資、引進先進技術和管理經驗。

在建立初期，經濟特區的各項體制改革集中於土地制度、用工形式和企業所有制等領域，到20世紀90年代才逐漸擴大到貿易、投資等領域，尤其是中國加入WTO以後，經濟特區更加重視對接WTO的貿易投資規則。

中國經濟特區的貿易投資制度主要體現在對入駐區內外資企業和銀行實施經營所得和產品進出口稅收減免等優惠政策，包括「15%企業所得稅優惠稅率」「地產地銷產品減免稅政策」等特區稅收優惠政策；對標國際投資貿易規則，探索國際貿易「單一窗口」試點，按照信息互換、監管互認和執法互助的要求，構建統一開放的「大通關」平臺；實施原產地簽證清單管理制度；開展口岸綜合監管方案研究；加快外商直接投資審批制度改革，制定更加開放、與國際接軌的負面清單，形成短清單模式。

改革開放40餘年，中國經濟特區不斷探索優惠政策與WTO等國際通行規則的兼容機制，逐步從優惠政策優勢向體制機制優勢轉變，對接國際高標準的經貿規則，建立現代化的經濟制度和服務體系。

二、新中國經濟技術開發區的發展及其貿易投資制度

經濟技術開發區是中國吸引投資、增加就業、促進出口和經濟增長的重要載體，在發揮窗口、輻射、示範和帶動作用等方面效果顯著，在促進區域

第十二章　新中國特殊經濟功能區的貿易投資制度演進

經濟發展和產業空間結構演進中發揮著重要作用。經濟技術開發區更多發揮「政策窪地」功能，以政策優惠為主，主要圍繞體制機制改革推進貿易投資制度的完善。

（一）經濟技術開發區的發展歷程

1984 年，鄧小平視察深圳、珠海、廈門經濟特區後提出進一步開放沿海 14 個港口城市，並在有條件的地方興辦第一批國家級經濟技術開發區，推廣經濟特區的部分特殊政策。

1992 年，鄧小平再次視察南方特區並發表重要講話，提出中國實施擴大開放戰略。自此以後，經濟技術開發區在地域上從沿海地區逐漸擴展到沿江、沿邊和內陸省會城市，在開放領域上從生產領域擴大到金融、貿易等服務領域，逐步形成全方位對外開放態勢。

1999 年，中國開始實施西部大開發戰略，批准了中西部地區省會、首府城市設立國家級開發區，使國家級開發區和享受國家級開發區政策的工業園區增加到 53 個。

中共十六大以後，特別是科學發展觀提出以來，國家級經濟技術開發區開始步入科學發展階段。中國將開發區的發展方針調整為「三為主、二致力、一促進」，即「以提高吸收外資質量為主，以發展現代製造業為主，以優化出口結構為主，致力於發展高新技術產業，致力於發展高附加值服務業，促進國家級經濟技術開發區向多功能綜合性產業區發展」。

2016 年，中國僅國家級的經濟技術開發區已達 219 個，其中東部地區 107 個，中部地區 63 個，西部地區 49 個，區域分佈漸趨平衡。

2017 年，中共十九大報告提出，「深化科技體制改革，建立以企業為主體、市場為導向、產學研深度融合的技術創新體系，加強對中小企業創新的支持，促進科技成果轉化」。國家級經濟技術開發區認真貫徹領會習近平新時代中國特色社會主義思想，大力實施創新驅動發展戰略，全面深化改革擴大開放，已經邁出了堅實步伐，取得了轉型升級攻堅戰的階段性成果。

（二）經濟技術開發區的特徵

經濟技術開發區是中國經濟發展的重要空間載體。實踐經驗表明，經濟

技術開發區在產業基礎、科技創新、利用外資、對外貿易、生態環保等方面成效顯著，並且成為外商投資的熱點地區和外貿出口的主力軍[①]。概括來講，中國經濟技術開發區的特點主要體現在以下幾個方面[②]：

1. 對外開放的主要載體

經濟技術開發區作為中國對外開放的前沿，率先融入全球產業分工體系，是中國承接國際產業轉移的主要載體。中共十八大召開以來，南通經濟技術開發區作為中國最具投資價值的十大開發區之一，實際利用外資年均超過 7 億美元，累計達 38 億美元。到 2018 年，開發區內外商投資企業增加到 800 多家，總投資超過 180 億美元。

2. 經濟發展的重要引擎

改革開放 40 餘年，國家級經濟技術開發區在中國經濟增長中扮演著非常重要的角色，地區生產總值、稅收收入等主要經濟指標保持較快增長速度，並且大多高於全國平均增幅。2016 年，219 家國家級經開區的地區生產總值 8.2 萬億元人民幣，同比增長 8.5%，占國內生產總值的 11%。國家級經開區稅收收入占所在設區市稅收收入的比重為 11%，同比上升 1.4 個百分點。

3. 產業集聚的重要平臺

經濟技術開發區通常以資金密集型企業和新興產業為主，產業結構層次相對高於周邊地區。依託已有的產業基礎和資源稟賦，經濟技術開發區積極承接國內外產業轉移，產業集聚效應日益明顯，形成了以電子信息、汽車、裝備製造、化工、食品等產業為主導的產業體系，以及新能源、新材料、生物醫藥、節能環保等新興產業集群。例如，截至 2017 年，廣西—東盟經濟技術開發區已形成食品加工、機械製造、生物醫藥三大主導產業，並且大力發展節能環保、清潔能源、新材料等產業，建立新材料產業鏈。

4. 體制改革的試驗區域

經濟技術開發區積極推進體制機制創新，逐步完善管理模式，逐步優化

[①] 張曉平.中國經濟技術開發區的發展特徵及動力機制［J］.地理研究，2002，21（5）：656-666.
[②] 國務院辦公廳.《關於完善國家級經濟技術開發區考核制度促進創新驅動發展的指導意見》解讀［J］.中國外資，2016（9）：14-19.

營商環境。截至2016年年末，219家國家級經濟技術開發區中，171家建立了一站式政務服務大廳在線審批平臺，147家通過了ISO9001質量管理認證，分別占到全部國家級經濟技術開發區的78%和67%。

5. 轉型發展的示範基地

經濟技術開發區加快培育創新主體，大力推動科技創新，成為創新資源的重要載體和高新技術研發及成果轉化基地。截至2016年年末，國家級經濟技術開發區擁有1.4萬多家高新技術企業，占全國的13.7%；創造高新技術產品進出口貿易額占全國的24%；培育國家級孵化器和眾創空間超過320家，僅2016年新增發明專利授權就將近2.8萬件。經濟技術開發區重視創新驅動發展的同時，注重強化節能環保。2016年，國家級經濟技術開發區規模以上工業企業單位工業增加值能耗、水耗和主要污染物排放量均明顯好於全國平均水準。截至2016年年末，219家國家級經濟技術開發區有超過1.1萬家企業通過ISO14000認證。

（三）經濟技術開發區的貿易投資制度

經濟技術開發區的目標是增加區域經濟發展總量，積極吸引外資，進一步適應對外開放。改革開放40餘年來，中國經濟技術開發區積極推動體制機制創新，並且在推動貿易投資便利化方面陸續制定了一些政策安排。

1. 深化體制機制改革

（1）加大政府權力下放力度。推行權力清單制度，推進各級行政審批和政務服務平臺建設，積極推行網上審批、並聯審批和集中審批政策，提高辦事效率。

（2）進一步擴大市場准入。實行負面清單管理制度，對接國際通行規則，積極吸引外資。例如，取消或放寬交通運輸、商貿物流、專業服務等領域外資准入限制。

（3）強化事中事後監管。轉變監管理念，監管方式以抽查為主，通過信息共享加強部門間協同監管，保障投資者合法權益。

（4）探索實行同型經濟區管理體制整合模式。打破行政壁壘，對稱謂不同、功能相近的經濟區域，採取多區融合的行政管理模式，撤並、整合職能

相同、相近的行政管理部門，營造區域內簡明、便利、通用、高效的體制機制環境。①

（5）推動經濟技術開發區立法。明確國家級經濟技術開發區管理機構的法律地位、執法主體資格、管理職能、管理權限，賦予開發區管委會對區域內的土地依法進行管理的權力。

2. 制定金融財政政策

（1）提供融資便利。做優做強投融資平臺，提供園區開發建設資金保障。支持符合條件的國家級經濟技術開發區開發、營運企業上市和發行債券。引導經濟技術開發區整合政策性金融、開發性金融中長期融資優勢和投資、貸款、債券、租賃、證券等綜合金融服務優勢，加快區內主導產業發展和城市地下綜合管廊等基礎設施建設。

（2）強化財政支持。政府財政直接投入基礎設施建設，以支持經濟技術開發區內高新技術產業發展。制定投資於經濟技術開發區的企業所得稅減免政策，對區內部分高新技術企業在生產經營或限價經營過程中給予價格補貼，或對經營虧損企業給予一定幅度的虧損補貼。

3. 優化產業政策

（1）扶持區內企業提升自主創新能力。支持企業高新技術的研究開發、技術引進、革新，以及確立技術標準。扶持企業設立研發中心，著重提升企業原始創新能力、集成創新能力和引進消化吸收再創新能力。努力推動引進外資、引進技術與自主創新相融合。

（2）不斷完善知識產權保護。推進專利法等相關法律法規的修訂工作，提高知識產權侵權法定賠償上限。嚴厲打擊侵權假冒行為，加大對知識產權侵權違法行為的懲治力度。

4. 完善公共服務

（1）創新公共服務平臺建設。建設有助於企業研發的孵化器及相關公共服務平臺；引進第三方公共服務檢測平臺；加大科教文衛、社區服務和公共

---

① 張俊. 改革創新行政體制機制　再造開發區發展新優勢[J]. 中國行政管理, 2016（1）：150-152.

交通等生活公共服務配套的建設力度。

（2）完善基礎設施建設。積極完善區域道路交通、供水、供氣、供電、通信、網絡等公用服務設施，推動中國物流網絡建設與跨國企業投資要求相適應，以及完善配套生活設施和公共管理服務系統。

三、浦東新區的發展及其貿易投資制度

浦東新區是中國設立的第一個國家級新區，也是由國務院批准設立的以相關行政區、特殊功能區為基礎，承擔著重大發展和改革開放戰略任務的綜合功能區。浦東新區圍繞國際金融中心和國際航運中心的功能定位大膽改革探索，成為中國全面深化改革開放的先鋒，在貿易監管、投資管理等領域的改革探索取得了一定的成績，為中國深化貿易投資制度改革貢獻了鮮活的樣本。

（一）浦東新區的發展歷程

1990年，隨著改革開放的推進，黨中央決定進一步開發開放上海浦東。1992年，黨中央確定了浦東新區「一個龍頭，三個中心」的國家戰略目標地位。2005年，國務院批准在浦東新區進行國家首個綜合配套改革試點，上海市委、市政府明確了浦東新區「一個作用、三個區」的功能定位，標誌著浦東改革開放進入了新階段。2013年，中國（上海）自由貿易試驗區（簡稱「上海自貿試驗區」）在浦東新區掛牌成立，著力推進投資、貿易、金融、事中事後等領域的制度創新。隨著經濟持續快速地發展，浦東新區逐步建立了外向型、多功能、現代化的新城區框架，並且形成了以服務經濟為主體的產業結構和創新驅動為主導的發展模式，是促進上海經濟快速發展的重要驅動力。

自浦東新區成立以來，經濟保持持續快速發展的勢頭。1990—2016年，浦東新區國內生產總值由60.24億元人民幣上升至8,731.84億元人民幣，GDP占上海市的比重由8.3%上升至31.8%（圖12-3）。全社會固定資產投入額由1993年的164.56億元上升至2016年的1,825.74億元（圖12-4）。隨著

改革開放的持續深入，浦東新區不斷加大改革開放力度，探索發展了上海自貿試驗區和「四個中心」，即金融中心、航運中心、貿易中心和科創中心。

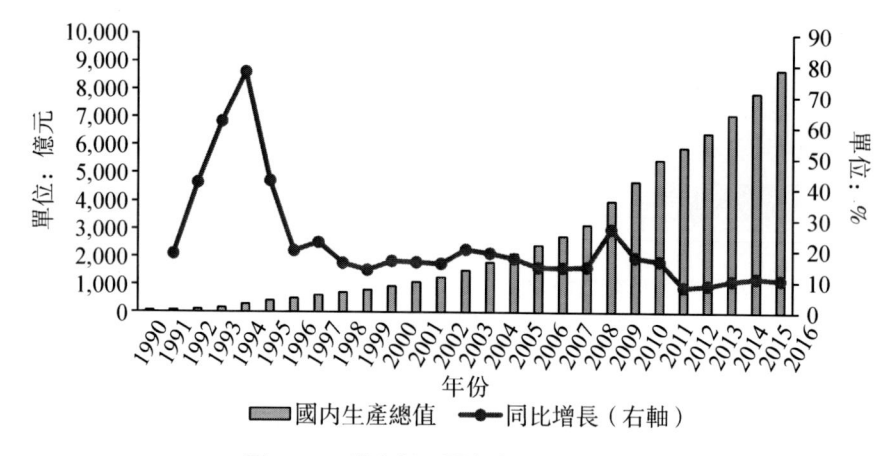

圖 12-3　浦東新區國內生產總值及增速

數據來源：國家統計局。

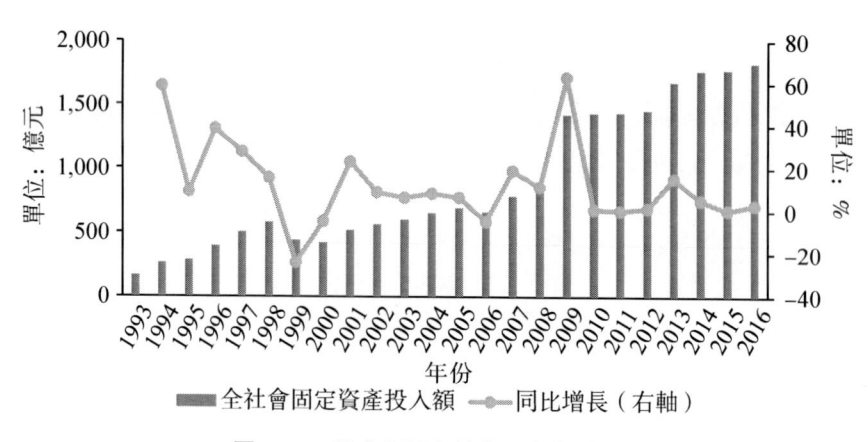

圖 12-4　浦東新區全社會固定資產投入

數據來源：《上海浦東新區統計年鑒》。

(二) 浦東新區的特徵

1. 始終體現發展戰略內涵的系統性

浦東新區開發開放 28 年來，其戰略與建設中國特色社會主義的需要密切聯繫在一起，與中國融入經濟全球化的過程密切聯繫在一起，與中國探索工

第十二章　新中國特殊經濟功能區的貿易投資制度演進

業化與城鎮化發展模式密切聯繫在一起，與長江流域的經濟發展密切聯繫在一起。浦東新區一直是市場監管、知識產權兩個「三合一」等重點改革領域的領頭羊。例如，全力打造高度開放的自由貿易試驗區，著重在投資、貿易、金融、事中事後等領域進行制度創新；全面貫徹國家創新驅動發展戰略，率先出抬「科創中心核心功能區 2020 行動方案」；圍繞產城融合、人才建設、功能創新、制度創新、科研結果轉化等方面，推動張江從高科技園區向科技城轉型升級。

2. 形成以服務經濟為主的產業結構

在國家級新區中，目前只有浦東新區已經形成以服務經濟為主的產業結構。第三產業成為拉動浦東新區經濟發展的主導力量，占浦東新區地區生產總值的比重已經超過第一產業和第二產業。在「十二五」期間，第三產業增長值占浦東新區 GDP 比重持續上升，到 2010 年為 56.1%，而 2015 年則上升至 72%，超出 2010 年約 16 個百分點（圖 12-5）。

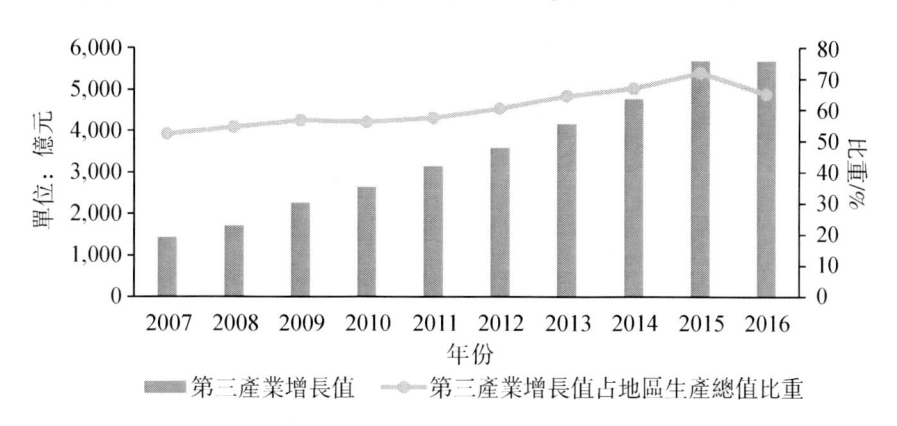

圖 12-5　浦東新區第三產業增長值

數據來源：《上海浦東新區統計年鑒》。

3. 突出發展重點區域，優化完善生產力佈局

28 年來，浦東新區肩負著國家戰略的歷史使命、龍頭功能、窗口作用。結合區域特點和優勢，重點建設發展了陸家嘴金融貿易區、金橋經濟技術開發區、張江高科技園區、保稅區、國際旅遊度假區、臨港地區、世博前灘地

區、航空城。依託一批功能各異、特色鮮明的國家級開發區和一批功能性、重量級的大項目,不斷優化完善生產力佈局,積極促進城市功能的轉型和提升,有力地推動了上海「四個中心」建設,發展形成了陸家嘴、金橋、張江等成熟區域,並不斷強化主導功能、完善配套功能、增加公共空間、提升文化內涵。

(三)浦東新區的貿易投資制度

浦東新區開創性地探索並試點「土地實轉、資金空轉」的土地開發模式、生產要素市場化配置、服務業領域對外開放、改革行政審批制度以及推動自由貿易試驗區。浦東新區的改革邏輯從要素領域到體制機制再到貿易投資領域,為全國全面深化改革和擴大開放探路。浦東新區的貿易投資制度主要體現在2013年上海自貿試驗區設立後圍繞貿易監管、投資管理等領域的制度創新舉措。

1. 持續深化以負面清單管理為核心的投資管理制度創新

2015年10月15日,國務院印發並對外公布《國務院關於實行市場准入負面清單制度的意見》,全國實施外商投資設立及變更備案管理模式。浦東新區及時回應國家政策,率先全面實行「准入前國民待遇加負面清單」管理制度,制定實施負面清單管理的具體方案。一是對外商投資試行准入前國民待遇,即引資國應就外資進入給予外資不低於內資的待遇,實行內外資統一的市場准入制度。二是除了國務院以清單形式明確列出禁止和限制投資經營的行業、領域、業務等,內外資均可依法平等進入,負面清單內的領域實行審批制、負面清單以外的領域實行備案制。這不僅體現了內外資管理的一致性,還增強了投資領域的透明度。三是持續深化以負面清單管理為核心的境外投資管理方式創新,完善境外投資備案管理制度,進一步推進境外投資便利化。

2. 積極探索以貿易便利化為重點的貿易監管制度

浦東新區致力於推動自貿試驗區成為企業走出去的平臺,堅持創新貿易監管、貿易流通等制度框架,切實提高事中事後監管的針對性、有效性,持續「一線放開、二線安全高效管住、區內自由」的貿易監管制度改革。建立健全企業信用檔案,實施以企業信譽評級制度為核心的差別化監管制度,促

進完善行業信用體系。加快實施貨物狀態分類監管模式，主動適應物流、加工等不同類型企業和各類新興業態的發展需求，擴大試點範圍和增加試點類型。盡量簡化貿易投資過程中的監管流程，積極探索貿易監管制度創新，創建具有國際先進水準的貿易監管制度。

3. 形成並不斷創新國際貿易「單一窗口」監管服務模式

上海國際貿易「單一窗口」由上海市口岸辦牽頭，並且在保稅區內率先實行。在口岸監管和國際貿易管理各環節，貿易運輸企業可通過「單一窗口」向監管部門一次性提交申報，監管部門通過「單一窗口」向企業反饋共享結果信息，實現一站式互聯互通。上海「單一窗口」在國內首創貨物報關報檢大表錄入方式，實現了申報模式的改革創新。2013—2018年，「單一窗口」模式進行過三次升級，目前 3.0 版已上線運行，實現了倉儲物流企業貨物狀態分類監管。

四、濱海新區的發展及其貿易投資制度

濱海新區依託京津冀、服務環渤海、輻射「三北」、面向東北亞，致力於建設成為中國北方對外開放的門戶、高水準的現代製造業和研發轉化基地、北方國際航運中心和國際物流中心。濱海新區在深化貿易投資制度改革尤其是促進投資和貿易便利化方面，為新中國貿易投資制度變遷貢獻了豐富的改革經驗。

(一) 濱海新區概況

濱海新區位於天津東部沿海，地處環渤海經濟帶和京津冀城市群的交匯點，是亞歐大陸橋最近的東部起點。目前，濱海新區下轄開發區、保稅區、高新區、東疆保稅港區、生態城 5 個經濟功能區，內陸腹地廣闊，輻射西北、華北、東北，優越的地理位置與良好的基礎設施建設使之成為連接國內外、聯繫南北方的重要樞紐。自成立以來，濱海新區的經濟實力不斷增強。1994—2004 年，地區生產總值由 168.66 億元增加到 1,250.18 億元，再到 2014 年地區生產總值增加到 8,760.15 億元，可見濱海新區經歷了二十多年的

經濟騰飛時期。而從地區生產總值的同比增速來看，在 2012 年之前，濱海新區的經濟發展平穩，增速都保持在 20% 左右（圖 12-6），之後幾年經濟增速逐漸放緩。

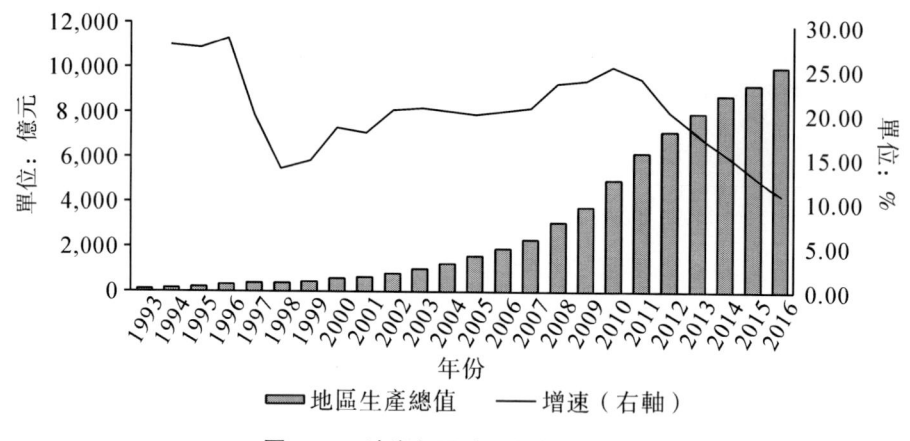

圖 12-6 濱海新區地區生產總值變化

數據來源：天津市濱海新區統計局。

（二）濱海新區的發展歷程

1984 年，天津被批准成為首批對外開放城市。經中央批准，天津經濟技術開發區作為第一批國家級經濟技術開發區在天津東部沿海建立。作為國內最大人工港，天津港的區位優勢愈發明顯，港口附近的產業集聚逐漸形成。

1986 年，《天津市城市總體規劃方案（1986—2000）》明確提出天津「兩極一軸」的空間結構。「兩極」即市區和濱海地區，「一軸」即海河，與近郊的衛星城鎮及遠郊縣鎮組成規模不等、功能不同、佈局合理的衛星城鎮。與此同時，市區原有工業開始轉向港口，強化了港口的轉運職能，推動形成了港城互動的經濟模式。1994 年，濱海新區正式成立，天津市委、市人民政府提出「用十年左右時間基本建成濱海新區」的要求，並且計劃到 2010 年，把濱海新區建設成為中國北方經濟發展的龍頭。港區的擴張引發了周邊地區的資源集聚效應，大大提升了濱海新區在整個區域中的經濟地位。

2005 年 10 月，中共十六屆五中全會通過「十一五」規劃，把濱海新區正式納入國家發展戰略。2006 年 5 月，國務院頒布《國務院關於推進天津濱

第十二章　新中國特殊經濟功能區的貿易投資制度演進

海新區開發開放有關問題的意見》，批准濱海新區為國家綜合配套改革試驗區，明確了濱海新區的發展目標和功能定位：依託京津冀、服務環渤海、輻射「三北」、面向東北亞，努力建設成為中國北方對外開放的門戶、高水準的現代製造業和研發轉化基地、北方國際航運中心和國際物流中心，逐步成為經濟繁榮、社會和諧、環境優美的宜居生態型新城區。

2014年12月，濱海新區獲批自由貿易試驗區，積極承擔制度創新工作，新形勢下發揮先行先試優勢，搶抓深化改革開放發展的重要「窗口期」，以開放的視野追求全面高質量發展，融入「一帶一路」建設。

（三）濱海新區的貿易投資制度

近年來，濱海新區積極開展綜合配套改革試驗，在匯聚資源、擴大對外開放等方面先行先試了一些重大舉措，推出「促進投資和貿易便利化」相關舉措，努力發揮增長極的輻射帶動作用。

1. 完善涉外經濟體制

濱海新區依託東疆保稅港區的龍頭作用，不斷深化涉外經濟體制改革，促進貿易投資便利化。例如，濱海新區實行國際船舶登記制度、國際航運稅收、國際金融業務和租賃業務試點；天津海關出抬保稅貨物自行運輸、統一備案清單、內銷選擇性徵稅等支持政策。在檢驗檢疫方面，第三方檢驗結果採信、檢驗檢疫通關無紙化、動植物及其產品檢疫審批負面清單等12條新政策，為濱海新區外貿貨物通關過檢提供更加便捷的通道。與此同時，創新型貿易模式也在濱海新區得到廣泛運用。東疆進口商品直營中心已在全國授權設立30家，覆蓋中國華北、西北、華東、西南等地區。東疆保稅港區成為中國唯一經國務院批准享受汽車轉口貿易進區保稅政策的區域，區內平行汽車可享受3個月保稅倉儲。這些體制改革促進了國際中轉、國際轉口貿易和進出口加工的發展，也吸引了更多的外商直接投資進入。

2. 金融創新助推投資便利化

濱海新區圍繞促進投資、聚集資源等方面積極開展金融創新。在融資租賃業方面，濱海新區不斷深化發展，推動租賃產業創新和落地。在股權投資基金發展方面，濱海新區設立了全國第一支渤海產業投資基金，並且成立了

濱海國際股權交易所、股權投資基金協會以及為中小企業服務的「創投之家」等第三方服務機構。在外匯管理體制方面，開展了小額歸還特許業務試點、進口付匯核銷與外資小額貸款公司資本金結匯試點、放寬個人持有境外上市公司股權外匯管理等業務。這些創新較好地發揮了金融支持經濟增長和促進結構調整的先導作用，提高了貿易投資便利水準，進而推動了濱海新區的經濟發展。

五、保稅區的發展及其貿易制度

保稅區是經國務院批准設在中國境內的、由海關實施封閉監管的特定區域。[①] 中國保稅區側重於貿易監管制度，是在借鑑國際上通行的自由貿易區做法的基礎上，結合中國國情形成的對外貿易特殊監管區域，屬於「有限的自由貿易區」[②]。保稅區有狹義和廣義之分，狹義的保稅區主要指保稅倉庫區，廣義的保稅區除包括保稅倉庫區，也涵蓋綜合保稅區、保稅港區和保稅物流園區等海關特殊監管區域，本部分主要探討廣義的保稅區。

（一）保稅區概況

保稅區通常具有國際貿易、出口加工和保稅倉儲三大功能。目前中國保稅區功能由傳統「保稅倉儲」向「現代物流」轉變，且後者逐步成為主導方向。隨著經濟全球化的深入推進，中國保稅區積極參與全球價值鏈分工，形成包括國際貿易、轉口貿易、過境貿易和區內貿易等多種形式的貿易活動。由於保稅區與出口加工區在出口加工功能方面有一定的複合，當前兩者競爭愈加激烈。

綜合考量保稅區的開放層級和功能定位，將保稅區從低到高劃分為四種類型，具體如下：

（1）保稅倉庫區

保稅倉庫區，也即狹義的保稅區，是由中國海關批准設立，受中國海關

[①] 張皖生. 海關保稅監管［M］. 北京：中國海關出版社，2010：135.
[②] 楊建文，陸軍榮. 中國保稅港區：創新與發展［M］. 上海：上海社會科學院出版社，2008：14.

第十二章　新中國特殊經濟功能區的貿易投資制度演進

監督和管理且能較長時間存儲商品的海關特殊監管區域，是保稅制度的一種應用形式。保稅倉庫專門用於存放保稅貨物及未辦結海關手續的貨物，有公用型保稅倉庫和自用型保稅倉庫之分。

（2）保稅物流園區

保稅物流園區是指經國務院批准，在保稅區規劃面積或者毗鄰保稅區的特定港區內設立的、專門發展現代國際物流業的海關特殊監管區域。保稅物流園區是依託「區港聯動」發展現代國際物流業的一類海關監管區，有機整合港區優勢形成良性互動。在發展現代物流業上同保稅物流園區類似的區域——保稅物流中心（A、B型）實質上屬於保稅監管場所，在區位上對「區港聯動」的保稅物流園區向內陸和不具備「區港」條件地區進行彌補和延伸。

（3）保稅港區

保稅港區是指經國務院批准，設立在國家對外開放的口岸港區和與之相連的特定區域內，具有口岸、物流、加工等功能的海關特殊監管區域，是目前國內開放層次最高、政策最優惠、功能最齊全的特殊監管區。保稅港區的設立有機整合了保稅區、出口加工區的政策、功能優勢和港區的區位優勢，實現「區港一體」發展。中國於2005年批准設立第一個保稅港區——上海洋山保稅港區。

（4）綜合保稅區

綜合保稅區是設立在內陸的具有保稅港區功能的海關特殊監管區域，儘管區位差異的影響使兩者具體監管模式略有不同，但兩者都屬於目前國內開放層次較高、政策較優惠、功能較齊全的海關特殊監管區域，共同肩負著中國進一步對外開放的責任。中國於2006年批准設立了第一個綜合保稅區——蘇州工業園綜合保稅區。

（二）保稅區的發展歷程

自1990年國務院批准設立上海外高橋保稅區以來，中國已設立112個保稅區（四類），包括綜合保稅區84個，保稅港區14個，保稅物流園區4個，

保稅區 10 個。① 根據中國保稅區的功能集成和完善情況，將保稅區發展歷程分為以下四個階段：

1. 單一功能的探索階段（1990—1997 年）

這一時期的保稅區處於探索初期，功能定位尚不夠清晰，但在國際貿易和出口加工功能方面初顯發展勢頭。由於港口吞吐量不足、國際航線缺乏，保稅區依託港口發展國際貿易優勢有限，進出口貿易總額不大。出口加工成為該時期的發展主流，尤其是 1997 年區外企業進口設備不免稅的規定為出口加工贏得良好發展契機。

2. 多元發展的拓展階段（1998—2006 年）

1998 年以後，隨著港口的興起和發展，大多數保稅區開始發展現代物流和保稅倉儲產業，區內產業結構加快調整，各保稅區根據自身特色有所側重地拓展部分或全部功能，總體由單一的出口加工為主逐步轉變為綜合功能開發為主的多元化發展態勢。2003 年，國務院正式批覆同意上海外高橋保稅區和外高橋港區聯動試點，發展現代國際物流產業，形成港區良性互動。

3. 功能整合的轉型階段（2007—2012 年）

2007 年全國保稅區規範管理與發展部際聯席會議的召開，為保稅區下一步發展提供了思路和模式，通過將保稅區納入區域發展框架進行總體規劃，對保稅區的功能定位進行再思考，積極探索保稅區向自由貿易區轉型的條件和路徑。這一時期保稅區發展注重強化國際貿易對開放型經濟的引領作用，推動依靠比較優勢的出口導向型模式向具備競爭優勢的貿易平衡戰略模式轉變。②

4. 體制創新的協同階段（2013 年至今）

2013 年，國務院批准設立了中國第一個以制度創新為核心，以可複製推廣為基本要求的自由貿易試驗區——上海自貿試驗區，為保稅區發展提供多項可複製推廣制度經驗，使得保稅區改革創新活力迸發。自貿試驗區借助保

---

① 資料來源：中華人民共和國海關總署辦公廳官網，http://www.customs.gov.cn。
② 胡俠參. 發揮保稅區功能 推進寧波進口貿易轉型升級 [J]. 港口經濟，2013（11）：33-36.

第十二章　新中國特殊經濟功能區的貿易投資制度演進

稅區區位、功能優勢,形成在政府職能轉變、貿易投資等方面的監管制度創新,為保稅區業務開展提供新思路和新方法,不斷完善制度保障,積極營造更加優質的營商環境,協同推進中國深化改革和擴大開放。

(三) 保稅區的貿易制度安排

第一,實施封閉式管理。遵循「一線放開、二線管住」的原則,保稅區與非保稅區有嚴格清晰的界限,一般在保稅區內建立有卡口、物理圍網進行阻隔,防止貨物在保稅區與非保稅區間無限制流動。

第二,實行「境內關外」運作方式。由海關在中國境內劃出一個特殊區域,貨物從境外進入保稅區視同進口,貨物從境內關外進入保稅區視同出口。保稅區貨物享有關稅豁免和簡化海關監管等優勢,尤其是中國保稅區具備保稅優勢,保留對國外貨物入區時徵收關稅的權利,對未確定最終流向的貨物暫緩徵收關稅,有利於加快貨物流轉,更加方便貨物進出。

第三,採取功能拉動型發展模式。中國保稅區同經濟特區、經濟開發區和高技術產業區等一樣,均是中國對外開放的一種具體形式。然而,中國保稅區受海關監管且肩負向自由貿易區轉型的歷史使命,在發展模式上應摒棄一味地由國家優惠政策驅動經濟發展,而更多依靠功能定位和制度創新提升國際競爭力,為經濟特區、經濟開發區乃至全國經濟發展創造優質的營商環境,成為開放型經濟發展新的增長極。自2013年設立自貿試驗區以來,根據國家對保稅區和自貿試驗區發展總體要求及戰略部署,中國保稅區積極對接自貿試驗區發展,複製推廣自貿試驗區成熟經驗,陸續推出國際貿易「單一窗口」「批次進出、集中申報」「保稅展示交易」「通報、通檢、通放」一體化等改革事項,極大集成和推進國際貿易制度創新,不斷完善國際貿易服務體系。

第二節　新中國自由貿易試驗區的發展及其貿易投資制度

有別於其他特殊經濟功能區作為改革突破口或政策窪地，自貿試驗區是新時代中國主動適應國際經貿規則變遷，瞄準國內經濟發展面臨的深層次矛盾，貫徹落實創新、協調、綠色、開放、共享的新發展理念，以制度創新為核心，以可複製可推廣為基本要求，以推進供給側結構性改革為主線，在境內自主深化投資、貿易、金融等領域改革開放和推動區域協調發展的開發開放型綜合試驗平臺，致力於探索形成面向全球的高標準貿易投資制度。

一、新中國自由貿易試驗區的發展概況

（一）自由貿易試驗區的建設背景

2008年國際金融危機以來，「逆全球化」思潮湧動，單邊保護主義抬頭，貿易摩擦頻繁。美國放棄WTO多邊談判，轉向更高標準的雙邊、區域投資貿易體制，引發各國之間激烈的規則博弈，進而導致大量的雙邊貿易協定交織在一起呈現「義大利面碗」特徵，並湧現出TPP、TTIP、TISA等新型區域貿易投資協定。與此同時，中國進入改革攻堅期和深水區，土地、勞動力等資源要素的成本優勢逐步弱化，市場體系不完善、政府行政效率偏低等引發的制度性交易成本卻居高不下，這極大影響了中國經濟增長的動力。由此，中國亟待加快構建法治化、國際化、便利化營商環境，進一步深化改革挖掘動能，擴大開放激發活力，形成全面開放新格局。

（二）自由貿易試驗區的功能定位

國際經貿規則重構和營商環境優劣競爭，實質都是規則之爭。為了有效適應新形勢變化，在全球治理格局重構中贏得先機，中國主要採取兩項戰略舉措：一是提出「一帶一路」倡議，力求突破以發達國家為主導的全球治理體系，倡導深度融合、互利共贏，構建廣泛利益共同體；二是加快實施自由

第十二章　新中國特殊經濟功能區的貿易投資制度演進

貿易區戰略,並將自貿試驗區作為其保障體系的一部分,鼓勵自貿試驗區先行先試,承擔中國深化改革和擴大開放的壓力測試功能,也為中國積極參與雙邊、區域貿易投資協定談判累積經驗。

自貿試驗區設立,從沿海地區逐步延伸到中西部內陸地區,從改革的碎片化創新到集成化創新,致力於服務「一帶一路」建設、京津冀協同發展、長江經濟帶發展、西部大開發等國家戰略,通過點線面相結合,形成陸海內外聯動、東西雙向互濟的對外開放新格局。

(三)　自貿試驗區的發展歷程及現狀

設立自貿試驗區是黨中央、國務院在新形勢下做出的重大決策。截至2019年8月底,中國自貿試驗區已經形成「1+3+7+1+6」的空間佈局。根據自貿試驗區的設立及其向全國複製推廣改革試點經驗的情況,中國自貿試驗區的實施範圍由小到大、由東部到中西部,改革任務不斷深化,開放程度不斷提高。總體發展歷程可分為以下三個階段:

1. 自貿試驗區1.0版(2013—2015年)

2013年9月,為適應國際經貿規則變化,中國第一個自貿試驗區成立,坐落在開放最前沿的上海,以28.78平方千米承載著「國家試驗田」的重要使命,開啓了開放倒逼改革的新徵程。自2013年9月設立至2015年4月底擴區的上海自貿試驗區,是自貿試驗區1.0版,對接長江經濟帶發展,主要承擔國際經貿規則探索和對外開放風險壓力測試的試驗任務。

經過歷時一年多的制度創新探索,上海自貿試驗區取得階段成效。2015年1月29日,國務院印發《國務院關於推廣中國(上海)自由貿易試驗區可複製改革試點經驗的通知》,將上海自貿試驗區在貿易、投資等領域的制度創新經驗開始向全國複製推廣。自設立以來,上海自貿試驗區以簡政放權、放管結合的制度創新為核心,加快政府職能轉變,探索體制機制創新,在建立以負面清單管理為核心的外商投資管理制度、以貿易便利化為重點的貿易監管制度、以資本項目可兌換和金融服務業開放為目標的金融創新制度、以政府職能轉變為核心的事中事後監管制度等方面,形成了一批可複製、可推廣的改革創新成果,參見表12-1。

表 12-1　國務院推廣上海自貿試驗區可複製改革試點經驗（2013—2015 年）

改革類別	改革事項	負責部門	推廣範圍
投資管理 （9項）	企業設立實行「單一窗口」	各省（區、市）人民政府	全國
	外商投資廣告企業項目備案制	工商總局	
	涉稅事項網上審批備案	稅務總局	
	稅務登記號碼網上自動賦碼		
	網上自主辦稅		
	納稅信用管理的網上自動賦碼		
	組織機構代碼即時賦碼	質檢總局	
	企業標準備案管理制度創新		
	取消生產許可證委託加工備案		
貿易便利化 （5項）	全球維修產業檢驗檢疫監管	質檢總局	
	中轉貨物產地來源證管理		
	檢驗檢疫通關無紙化		
	第三方檢驗結果採信		
	出入境生物材料製品風險管理		
海關監管制度創新（3項）	期貨保稅交割海關監管制度	海關總署	海關特殊監管區域
	境內外維修海關監管制度		
	融資租賃海關監管制度		
檢驗檢疫制度創新（3項）	進口貨物預檢驗	質檢總局	
	分線監督管理制度		
	動植物及其產品檢疫審批負面清單管理		

　　從表 12-1 可見，上海自貿試驗區的貿易投資制度創新包括外商投資廣告企業項目備案制、涉稅事項網上審批備案、稅務登記號碼網上自動賦碼、網上自主辦稅、納稅信用管理的網上信用評級、組織機構代碼即時賦碼、企業標準備案管理制度創新、取消生產許可證委託加工備案、企業設立實行「單一窗口」等投資管理領域的改革經驗 9 項；全球維修產業檢驗檢疫監管、中轉貨物產地來源證管理、檢驗檢疫通關無紙化、第三方檢驗結果採信、出入境生物材料製品風險管理等貿易便利化領域的改革經驗 5 項。在海關特殊監

管區域複製推廣的經驗共 6 項，其中，海關監管制度創新成果 3 項，包括期貨保稅交割海關監管制度、境內外維修海關監管制度、融資租賃海關監管制度等措施；檢驗檢疫制度創新成果 3 項，涵蓋進口貨物預檢驗、分線監督管理制度、動植物及其產品檢疫審批負面清單管理等措施。

2. 自貿試驗區 2.0 版（2015—2017 年）

2015 年 4 月，上海自貿試驗區擴區，廣東、天津、福建自貿試驗區統一揭牌，至此自貿試驗區建設進入 2.0 版，實施範圍大約 120 平方千米，試驗版圖拓展到東部三個沿海省市，對接長江經濟帶、京津冀協同發展、粵港澳深度合作、兩岸經濟合作，改革任務不斷深化，對外開放程度逐步提高，如投資管理制度由正面清單和審批管理轉向負面清單和備案管理，貿易管理制度逐步實現一線放開、二線管住、區內不干預的國際公認標準規範。

2016 年 11 月 10 日，國務院印發《國務院關於做好自由貿易試驗區新一批改革試點經驗複製推廣工作的通知》，總結上海自貿試驗區擴區和天津、廣東、福建自貿試驗區運行一年來在投資、貿易、金融、事中事後監管等方面取得的改革創新成果，參見表 12-2。其中，在全國範圍內複製推廣的改革事項 12 項，包括「負面清單以外領域外商投資企業設立及變更審批改革」「稅控發票領用網上申請」「企業簡易註銷」等投資管理領域的改革經驗 3 項和「依託電子口岸公共平臺建設國際貿易單一窗口，推進單一窗口免費申報機制」「國際海關經認證的經營者（AEO）互認制度」「出境加工監管」「企業協調員制度」「原產地簽證管理改革創新」「國際航行船舶檢疫監管新模式」「免除低風險動植物檢疫證書清單制度」等貿易便利化領域的改革經驗 7 項。

2017 年 7 月 26 日，國務院公布了自貿試驗區第三批改革試點經驗，參見表 12-3。上海、廣東、福建、天津 4 省市和有關部門按照黨中央、國務院部署，持續加快政府職能轉變，探索體制機制創新，主動服務國家戰略，加大壓力測試和風險防控，推動自貿試驗區在投資、貿易、金融等方面大膽探索，包括「會展檢驗檢疫監管創新模式」「海事集約登輪檢查制度」等貿易便利化改革事項 2 項和「市場主體名稱登記便利化改革」等投資管理領域改革試點經驗 1 項，將向全國範圍內複製推廣。

表 12-2　國務院推廣四個自貿試驗區可複製改革試點經驗（2015—2016 年）

改革類別	改革事項	負責部門	推廣範圍
投資管理 （3 項）	負面清單以外領域外商投資企業設立及變更審批改革	商務部	全國
	稅控發票領用網上申請	稅務總局	
	企業簡易註銷	工商總局	
貿易便利化 （7 項）	依託電子口岸公共平臺建設國際貿易單一窗口，推進單一窗口免費申報機制	海關總署	全國
	國際海關經認證的經營者（AEO）互認制度		
	出境加工監管		
	企業協調員制度		
	原產地簽證管理改革創新	質檢總局、海關總署	
	國際航行船舶檢疫監管新模式	質檢總局	
	免除低風險動植物檢疫證書清單制度		
海關監管創新 （7 項）	入境維修產品監管新模式	商務部、海關總署、質檢總局、環保部	全國海關特殊監管區域
	一次備案，多次使用	海關總署	
	委內加工監管		
	倉儲貨物按狀態分類監管		
	大宗商品現貨保稅交易		
	保稅展示交易貨物分線監管、預檢驗和登記核銷管理模式	質檢總局	
	海關特殊監管區域間保稅貨物流轉監管模式	海關總署	實行通關一體化的海關特殊監管區域

表 12-3　國務院推廣四個自貿試驗區可複製改革試點經驗（2016—2017 年）

改革類別	改革事項	負責部門	推廣範圍
貿易便利化 （2 項）	會展檢驗檢疫監管新模式	質檢總局	全國
	海事集約登輪檢查制度	交通運輸部	
投資管理（1 項）	市場主體名稱登記便利化改革	工商總局	

3. 自貿試驗區 3.0 版（2017—2019 年）

2017 年 4 月 1 日，遼寧、浙江、河南、湖北、重慶、四川、陝西自貿試驗區正式掛牌，至此，自貿試驗區 3.0 版形成。自貿試驗區建設由東部向中西部拓展，兼顧東北振興、中部崛起、西部大開發等區域發展戰略，其中，東部沿海自貿試驗區 6 個，涵蓋上海、天津、廣東、福建、浙江、遼寧自貿試驗區；內陸自貿試驗區 5 個，包括中部地區的湖北、河南自貿試驗區 2 個和西部地區的四川、重慶、陝西自貿試驗區 3 個。自貿試驗區 3.0 版在 2.0 版本基礎上更加強調區域協調發展，對內、對外開放不斷深化，改革開放向縱深發展，更加注重改革的系統集成，致力於加快探索形成更多差異化的制度創新成果。

經過 1 年多的改革探索，國務院於 2018 年 5 月 23 日公布了自由貿易試驗區向全國複製推廣的第四批改革試點經驗，參見表 12-4。中國 11 個自貿試驗區所在省市和有關部門結合各自貿試驗區功能定位和特色特點，加快推進貿易投資制度創新實踐，形成 17 項可複製推廣經驗。其中，「跨部門一次性聯合檢查」「保稅燃料油供應服務船舶准入管理新模式」「先放行、後改單作業模式」「鐵路運輸方式艙單歸並新模式」「海運進境集裝箱空箱檢驗檢疫便利化措施」「入境大宗工業品聯動檢驗檢疫新模式」「國際航行船舶供水『開放式申報+驗證式監管』」「進境保稅金屬礦產品檢驗監管制度」「外錨地保稅燃料油受油船舶『申報無疫放行』制度」等貿易便利化領域共計 9 項；「船舶證書『三合一』並聯辦理」「國際船舶登記制度創新」「對外貿易經營者備案和原產地企業備案『兩證合一』」「低風險生物醫藥特殊物品行政許可審批改革」「一般納稅人登記網上辦理」「工業產品生產許可證『一企一證』改革」等投資管理領域試點經驗共計 6 項；「海關特殊監管區域『四自一簡』監管創新」「『保稅混礦』監管創新」等在海關特殊監管區域複製推廣的試點經驗共計 2 項。

表 12-4　自由貿易試驗區第四批改革試點經驗複製推廣（2017—2018 年）

類型	改革事項	負責單位	推廣範圍
投資管理領域	船舶證書「三合一」並聯辦理	交通部運輸部	全國
	國際船舶登記制度創新	交通部運輸部	
	對外貿易經營者備案和原產地企業備案「兩證合一」	商務部、海關總署、中國貿促會	
	低風險生物醫藥特殊物品行政許可審批改革	海關總署	
	一般納稅人登記網上辦理	稅務總局	
	工業產品生產許可證「一企一證」改革	國家市場監督管理總局	
貿易便利化領域	保稅燃料油供應服務船舶准入管理新模式	交通部運輸部	
	跨部門一次性聯合檢查	海關總署	
	先放行、後改單作業模式	海關總署	
	鐵路運輸方式艙單歸並新模式	海關總署	
	海運進境集裝箱空箱檢驗檢疫便利化措施	海關總署	
	入境大宗工業品聯動檢驗檢疫新模式	海關總署	
	國際航行船舶供水「開放式申報+驗證式監管」	海關總署	
	進境保稅金屬礦產品檢驗監管制度	海關總署	
	外錨地保稅燃料油受油船舶「申報無疫放行」制度	海關總署	
海關監管創新	海關特殊監管區域「四自一簡」監管創新	海關總署	全國海關特殊監管區域及保稅物流中心
	「保稅混礦」監管創新	海關總署	
	先出區、後報關	海關總署	

　　2019 年 4 月 14 日，國務院公布了自由貿易試驗區向全國複製推廣的第五批改革試點經驗，參見表 12-5。各自貿試驗區結合自身的功能定位和特色特點，積極推進改革探索，形成 18 項可複製推廣經驗。其中，投資管理領域涉及「公證『最多跑一次』」「自然人『一人式』稅收檔案」「網上辦理跨區域涉稅事項」「優化涉稅事項辦理程序，壓縮辦理時限」「企業名稱自主申報制度」5 項；貿易便利化領域涵蓋「海運危險貨物查驗信息化，船舶載運危險

貨物及污染危害性貨物合併申報」「國際航行船舶進出境通關全流程『一單多報』」「保稅燃料油跨港區供應模式」「海關業務預約平臺」「生產型出口企業出口退稅服務前置」「中歐班列集拼集運模式」6項；事中事後監管措施包括「審批告知承諾制、市場主體自我信用承諾及第三方信用評價三項信用信息公示」「公共信用信息『三清單』（數據清單、行為清單、應用清單）編製」「實施船舶安全檢查智能選船機制」「進境糧食檢疫全流程監管」「優化進口糧食江海聯運檢疫監管措施」「優化進境保稅油檢驗監管制度」6項；以及在自貿試驗區複製推廣的改革1項。

表 12-5　自由貿易試驗區第五批改革試點經驗複製推廣（2019年）

類型	改革事項	負責單位	推廣範圍
投資管理	公證「最多跑一次」	司法部	全國
	自然人「一人式」稅收檔案	稅務總局	
	網上辦理跨區域涉稅事項	稅務總局	
	優化涉稅事項辦理程序，壓縮辦理時限	稅務總局	
	企業名稱自主申報制度	市場監管總局	
	推進合作制公證機構試點	司法部	自貿試驗區
貿易便利化	海運危險貨物查驗資訊化，船舶載運危險貨物及污染危害性貨物合併申報	交通運輸部	全國
	中歐班列集拼集運模式	中國國家鐵路集團有限公司	
	國際航行船舶進出境通關全流程「一單多報」	交通運輸部、海關總署、移民局	
	保稅燃料油跨港區供應模式	交通運輸部、海關總署	
	海關業務預約平臺	海關總署	
	生產型出口企業出口退稅服務前置	稅務總局	
事中事後監管	審批告知承諾制、市場主體自我信用承諾及第三方信用評價三項信用訊息公示	發展改革委、人民銀行、市場監管總局	全國
	公共信用訊息「三清單」（數據清單、行為清單、應用清單）編製	發展改革委	
	實施船舶安全檢查智能選船機制	交通運輸部	
	進境糧食檢疫全流程監管	海關總署	
	優化進口糧食江海聯運檢疫監管措施	海關總署	
	優化進境保稅油檢驗監管制度	海關總署	

2019 年 8 月 2 日，《國務院關於印發 6 個新設自由貿易試驗區總體方案的通知》提出在山東、江蘇、廣西、河北、雲南、黑龍江新設 6 個自貿試驗區，確定了各有側重的差別化改革試點任務。此次自貿試驗區擴容形成「1+3+7+1+6」的雁陣格局，覆蓋全部沿海省份，同時拓展到內陸、沿邊地區，將在更大程度上推動區域經濟協調發展。

4. 自貿試驗區 4.0 版（2019 年至今）

2019 年 8 月 6 日，國務院正式批覆同意設立中國（上海）自由貿易試驗區臨港新片區，標誌著自貿試驗區建設進入 4.0 版時代。區別於 3.0 版，自貿試驗區 4.0 版將面向 2035 年，致力於將其打造成為具有較強國際市場影響力和競爭力的特殊經濟功能區。自貿試驗區 1.0 版、2.0 版和 3.0 版都側重貿易投資便利化改革，而自貿試驗區 4.0 版側重金融自由化改革，探索資本自由流入流出和自由兌換，致力於解決中國資本帳戶開放難題，為推動金融國際化和加快探索人民幣國際化新路徑。

二、自貿試驗區的貿易投資制度

（一）自貿試驗區貿易投資制度的特徵

與作為改革開放突破口的經濟特區不同，自貿試驗區是改革開放的全面深化，是對經濟特區改革的深化和進一步發展，是中國在經濟全球化的市場競爭中主動展開的一場攻守兼備的試驗。

與經濟技術開發區、保稅區等新中國特殊經濟功能區側重特殊政策優惠安排不同，自貿試驗區的核心是制度創新，以可複製推廣為基本要求，在守住風險可控底線的同時，為擴大開放開展壓力測試，形成在全國複製推廣的經驗，打造法治化、國際化、便利化的營商環境。

中國自貿試驗區的主要內容是以貿易便利化為重點的貿易監管制度創新和以准入前國民待遇加負面清單為核心的投資管理制度創新，具有以下一些特徵（參見表 12-6）：

第十二章　新中國特殊經濟功能區的貿易投資制度演進

表 12-6　國務院向全國複製推廣自貿試驗區改革試點經驗的負責單位分佈[①]

負責單位		第一批	第二批	第三批	第四批	第五批
海關總署		3	11（2）	0	13（1）	4（2）
國家市場監督管理總局	（原質檢總局）	11	3（2）	2	1（1）	1（1）
	（原工商總局）	1	1	1		
稅務總局		4	1	0	1	4
交通運輸部		0	0	1	10	2（2）
公安部		0	0	0	2	0
司法部		0	0	0	1	2
最高人民法院		0	0	0	（1）	0
中國人民銀行		1	0	0	0	（1）
國家外匯管理局		3	0	1	0	0
商務部		4	1（1）	0	（1）	0
中國國際貿易促進委員會		0	0	0	（1）	0
文化部		1	0	0	0	0
生態環境部（原環境保護部）		0	（1）	0	0	0
中國國家鐵路集團有限公司		0	0	0	0	1
國家發展和改革委員會		0	0	0	0	1（1）
移民局		0	0	0	0	（1）
省、市、區人民政府和行業監管部門		6	0	0	0	0
兩部門		0	1	0	1	1
三部門		0	0	0	1	2
四部門		0	1	0	0	0
總計		34	19	5	30	18

1. 集中於改革的核心領域

中國自貿試驗區制度創新主要集中於貿易便利化、投資管理等事項，約佔改革事項總數的50%，屬於改革的核心領域。中國自貿試驗區貫徹落實中

[①] 第一至四批整理於中國商務部官網「自由貿易試驗區專欄」，第五批整理於中國政府網。表中括號內數字指該負責單位參與多部門協同改革的總項數。

511

共十八大報告中「推動貿易和投資自由化便利化」和中共十九大報告中「促進貿易和投資自由化便利化」的重要精神，加快貿易、投資領域的體制機制改革，切實轉變政府職能，積極探索開放型世界經濟的運行模式，是習近平經濟全球化新理念的重要體現。

2. 海關特殊監管創新缺乏連續性

中國自貿試驗區的海關特殊監管區域重點探索保稅物流、加工和服務等業務方面的創新，但第三批自貿試驗區，尤其是內陸自貿試驗區片區，如四川自貿試驗區的川南臨港片區和青白江鐵路港片區、湖北自貿試驗區的襄陽片區等，僅有保稅物流中心（B型），其海關監管的自由度等級明顯偏低，導致海關特殊監管領域的制度創新受到既有權限的約束，缺乏良好的連續性成果。

3. 海關和質檢「挑大梁」

海關總署、質檢總局取得的制度創新成果最多，其次是市場監督局（工商總局）和稅務總局。其他部門雖有所斬獲，但大多欠缺連續性，成果取得均有所間斷。部門改革的成效取決於其如何對待改革開放問題。

4. 參與部門日益增多

第二批、第三批、第四批、第五批可複製推廣經驗中紛紛湧現出新的部門斬獲制度創新成果。第三批經驗中，交通運輸部首次取得複製推廣經驗，並在第四批經驗中斬獲豐碩成果，涵蓋「外錨地保稅燃料油受油船舶便利化海事監管模式」「保稅燃料油供油企業信用監管新模式」「船舶證書三合一併聯辦理」等10項制度創新舉措。第四批經驗中，公安部、司法部、最高人民法院、中國貿促會均首次取得可複製推廣的制度創新舉措。其中，公安部首次突破2項可複製推廣經驗：「邊檢服務掌上直通車」和「簡化外錨地保稅燃料油加註船舶入境手續」。這些現象表明，越來越多的部門積極參與深化改革開放的試驗工作。第五批經驗中，中國國家鐵路集團有限公司、國家發展和改革委員會首次取得制度創新舉措，分別為「中歐班列集拼集運新模式」「公共信用信息『三清單』編製」。

5. 多部門協同創新呈增長趨勢

第一批經驗中，各負責部門均獨立取得制度創新成果。其後，多部門協同改革取得的制度創新成果逐步顯現：第二批經驗中，兩部門和四部門協同創新各 1 項；第四批經驗中，兩部門和三部門協同創新各 1 項；第五批經驗中，兩部門、三部門協同創新分別 1 和 2 項。可見，中國自貿試驗區的碎片化改革正在逐步向集成化改革轉變。

6. 深度參與「一帶一路」建設

自貿試驗區作為「一帶一路」倡議的重要節點，具有深化改革和擴大開放的功能，既可促進中國與「一帶一路」沿線國家和地區的國際經貿合作，也可為「一帶一路」建設提供改革試驗平臺，為探索和建立「一帶一路」沿線經貿規則提供經驗參考。

由若干自貿試驗區形成的「點」並聯融入絲綢之路經濟帶和 21 世紀海上絲綢之路這兩條「線」，服務於中國深化改革與擴大開放的總體戰略佈局，通過點、線、面共同發力，對外銜接國際經貿通行規則和對內擴大可複製推廣經驗的覆蓋面，既加快全面構建開放型經濟新體制，探尋中國經濟高質量發展的新模式，也暢通國際國內兩種資源要素的流動渠道，有效激發中國經濟可持續增長新動能。

（二）不同地區自貿試驗區貿易投資制度

截至 2019 年 8 月底，中國自貿試驗區已經形成「1+3+7+1+6」的新格局，在國際市場空間越來越有限的背景下，結合各自區位優勢、資源稟賦和產業結構主動佈局，各有側重地對接區域發展戰略。其中，上海自貿試驗區對接長江經濟帶，發揮創造經驗、引領和輻射的作用；廣東自貿試驗區立足於粵港澳大灣區合作；天津自貿試驗區對接京津冀協同發展，帶動華北地區；福建自貿試驗區重點開展閩臺合作；浙江自貿試驗區定位於大宗商品；河南對接「一帶一路」建設，致力於國際物流分撥；湖北對接中部崛起和長江經濟帶；四川、重慶和陝西自貿試驗區側重內陸開放和對接西部大開發戰略；遼寧則重點打造東北老工業基地開放新引擎；山東自貿試驗區側重對接日本、韓國，牽手遼寧、黑龍江自貿試驗區推動東北亞區域經濟一體化。

各自貿試驗區在深度對接「一帶一路」與區域發展戰略的同時，積極結合自身制度演進階段，持續聚焦痛點堵點，圍繞貿易投資便利化自由化推動貿易投資制度改革。由於上海、天津、廣東、福建等沿海省市在發展經濟特區、國家級新區以及保稅區等其他特殊經濟功能區過程中圍繞貿易投資制度做了不少改革探索，已經形成較高的貿易投資便利化水準，因而相比於中西部地區的自貿試驗區聚焦於貿易投資便利化，沿海地區自貿試驗區同時要在貿易投資自由化領域（如外商投資負面清單制度等）承擔更多先行先試的改革試驗任務。

1. 上海自貿試驗區貿易投資制度

上海自貿試驗區以建設成為投資貿易自由、規則開放透明、監管公平高效、營商環境便利的國際高標準自由貿易園區為目標，致力於建立對外開放風險壓力測試區和打造提升政府治理能力的先行區，服務「一帶一路」和長江經濟帶建設。

（1）投資制度

積極探索更加開放透明的市場准入管理模式，全面深化商事登記制度改革，建成具有國際先進水準的國際貿易「單一窗口」，建立安全高效便捷的海關綜合監管新模式，形成檢驗檢疫風險分類綜合監管綜合評定機制，以及健全知識產權保護和運用體系。為全面實現「證照分離」，上海市人民政府辦公廳印發了《浦東新區「證照分離」改革試點深化實施方案》；構建「自主通關、自動核放、重點稽核」和「十檢十放」等新模式；單一窗口實現了「一個平臺、一次提交、結果反饋、數據共享」。

（2）貿易制度

在貨物放行與結關、進口貨物移動兩個條款上，試點內容已超過世界貿易組織《貿易便利化協定》明確的貿易便利化程度。上海自貿試驗區浦東機場綜合保稅區內進口服裝質量誠信企業試行質量安全監管新模式，提升了查驗效率，縮短了放行時間。建立國際貿易「單一窗口」制度，打造自由貿易帳戶體系和大宗商品交易中心，深入推進通關一體化改革，為企業提供便捷服務。

第十二章　新中國特殊經濟功能區的貿易投資制度演進

（3）監管制度

著重以政府職能轉變為核心，確立以規範市場主體行為為重點的事中事後監管制度，建設開放、協同、高效的服務型政府；創新政府管理體制，拓展綜合執法改革領域和範圍；以綜合監管為基礎、專業監管為支撐，形成信息互聯共享的協同監管機制和風險分類監管模式；推進「六個雙」監管創新機制，不斷完善制度體系建設。

2. 天津自貿試驗區貿易投資制度

天津自貿試驗區以制度創新為核心任務，以可複製推廣為基本要求，努力成為京津冀協同發展高水準對外開放平臺、中國改革開放先行區和制度創新「試驗田」、面向世界的高水準自由貿易園區。

（1）投資制度

改革外商投資管理模式，實施外商投資准入前國民待遇加負面清單管理模式，對負面清單之外的領域實行外商投資備案制，降低投資准入門檻。積極構建對外投資合作服務平臺、「一站式」服務平臺和「走出去」服務聯盟，推動境內企業走出去，到全球開展經貿活動。

（2）貿易制度

創新通關監管模式，實現京津冀區域檢驗檢疫「通報、通檢、通放」，實行「進口直通、出口直放」，大幅提高通關效率；深化國際貿易「單一窗口」建設，通過互聯網實現免費報關和港口服務；大力發展以汽車平行進口為代表的新興貿易業態，推進跨境電子商務、保稅展示交易、期貨保稅交割、汽車平行進口等業態的發展。

3. 廣東自貿試驗區貿易投資制度

廣東自貿試驗區定位於粵港澳深度合作示範區、21世紀海上絲綢之路重要樞紐和全國新一輪改革開放先行地，營造國際化、市場化、法治化營商環境，構建開放型經濟新體制，實現港澳深度合作。

（1）投資制度

進一步完善投資管理體制，完成「證照分離」2.0版本改革試點任務，推出「5+N」改革舉措，制定海事便利舉措「42條」，優化提升保稅區和洪

灣片區現有的「保稅+跨境+通關+港口+物流」的經濟功能。

（2）貿易制度

形成國際貿易「單一窗口」「互聯網+易通關」、全球質量溯源體系、「智慧海事」「CII 易檢」等貿易制度改革，有效提升貿易便利化水準。創新企業登記「一口受理」模式，實行「二十證六章聯辦」的市場准入模式，搭建「一站式」海外企業服務平臺，開展「政策兌現」綜合服務，讓所有產業扶持資金實行「統一受理、內部流轉、限時辦結、集中撥款」模式。

4. 福建自貿試驗區貿易投資制度

福建自貿試驗區定位於深化兩岸經濟合作的示範區，通過先行先試不斷改革開放，推進政府職能轉變、投資管理體制改革、貿易方式轉變，率先推進大陸與臺灣投資貿易有益的探索，對深化兩岸經濟合作、建設「21 世紀海上絲綢之路」中發揮引領和促進作用。

（1）投資制度

實施產業用地「先租後讓」模式、投資項目「一站式」、對企業營業執照與外商投資企業備案證明實行「二合一」，不斷優化企業設立和審批的工作效率。以「負面清單」管理制度為基礎和起點，探索從企業登記到項目投資審批、企業經營服務、企業註銷推出的全鏈條便利化措施。

（2）貿易制度

積極培育新型貿易業態和產業，推動「21 世紀海上絲綢之路」沿線國家和地區的合作，推出「拓展保稅租賃制度功能」「創新監管模式」「互聯網+保稅展銷」模式等保稅創新舉措。出抬「船舶進出境『一單四報』和數據共享」「入境大宗工業品聯動檢驗檢疫新模式」「口岸檢疫處理前置模式」等一系列全國首創的通關便利化創新舉措。

（3）閩臺融合發展

進一步擴大對臺優勢，積極推動臺灣的先進製造業、戰略性新興產業和現代服務業落地自貿試驗區，形成兩岸產業融合發展新模式。通過對臺試行「臺商協會總擔保制度」擴大開放程度，率先實行「源頭管理、口岸驗放」快速通關模式，為兩岸往來提供更大的便利。

5. 遼寧自貿試驗區貿易投資制度創新

遼寧自貿試驗區順應加快市場取向體制機制改革、推動結構調整的要求，著力打造提升東北老工業基地整體競爭力和對外開放水準的新引擎，加快老工業基地結構調整和加強東北亞區域開放合作。

（1）投資制度

建立投資准入放寬與外資管理模式，加強對區內企業投資項目監管，配合國家商務部、發展改革委員會開展外商投資國家投資安全審查和經營者集中反壟斷審查；探索建立投資便利化體制機制，推行「政銀合作」「26證合一」「一照一碼」等便利措施，建立起「一處違法、處處受限」的信用監管格局。

（2）貿易制度

加快國際貿易「單一窗口」建設，上線國際貿易「單一窗口」2.0版本，開通國際貿易「單一窗口」自貿專區板塊，積極建立貿易監管制度體系，推行「雙隨機+風險預警+失信懲戒」的三位一體監管模式，多維舉措促進貿易便利化，將「批次進出、集中申報」與匯總納稅政策疊加使用，建立「海關歸類智能導航」數據庫，基本實現原產地證簽證檢企「零見面」，檢驗檢疫部門創新「1+2+3」改革。

6. 浙江自貿試驗區貿易投資制度

浙江自貿試驗區為東部地區重要的海上開放門戶示範區、國際大宗商品貿易自由化先導區和具有國際影響力的資源配置基地。與《浙江舟山群島新區發展規劃》中的「東部地區重要的海上開放門戶」「長江三角洲地區經濟發揮著你的重要增長極」「海洋綜合開發試驗區」等一脈相承。

（1）投資制度

拓展新型貿易投資方式領域，實施「投資項目承諾制+標準地」改革試點，建立起內資項目負面清單管理制，推行「區域評價+區塊標準」制度節約審批時間；制定油品新標準，打破了幾十年來只有「5+1」企業壟斷經營的堅冰，出抬船舶燃料油加註系統計量技術規範，全面對標國際標準的同時又符合中國國情。

(2) 貿易制度

推進進口鐵礦石「直卸直裝」作業監管模式，加快進口貨物的流轉，不再需要進入港區堆場儲存等待檢驗結果，進而提高港區貨物堆場有效使用率。2017年浙江自由貿易試驗區特殊監管區域進出口平均通關時間大幅減少，在全國率先實行船舶、貨物、艙單等報關功能全覆蓋，先後創造了運輸工具申報總量第一、原始艙單和船舶進境動態申報率先首票成功、船舶全流程首次嘗試申報成功「三個全國第一」。

(3) 監管制度

搭建保稅燃油加註「一口受理」監管平臺，實現企業保稅油出庫、加註環節註銷，加快推動受油船舶進出境「一單四報」功能實現，最終達成全流程只需跑一次窗口的目標；創新進口鐵礦石「直卸直裝」作業監管模式，創新進境保稅油檢驗監管模式、進境保稅金屬礦產品檢驗監管模式；推進口岸港航通關服務一體化「4+1」模式特色應用，對船舶代理企業辦理國際航行船舶進出境通關手續、港務調度、引航申請等業務申報數據實現「一次錄入」，實現通關信息物流信息充分共享，打造通關監管和港口業務網上一體化服務。

7. 河南自貿試驗區貿易投資制度

河南自貿試驗區落實中央關於加快建設貫通南北、連接東西的現代立體交通體系和現代物流體系，著力建設服務於「一帶一路」建設的現代綜合交通樞紐。

(1) 投資制度

推進「投資項目承諾制」「多證合一」「多規合一、多評合一」「跨境電子商務人民幣結算」等53項改革，積極推進「一次辦妥」「一網通辦」服務，率先實施投資項目承諾制，提交材料壓縮80%，政府審批時限縮短90%。

(2) 貿易制度

依託河南跨境電商綜合試驗區，積極發展新型貿易業態和商業模式，落實海關特殊監管區內自行運輸、加工貿易工單式核銷等業務流程，推行「通報、通檢、通放」等促進貿易便利化的新舉措。

第十二章　新中國特殊經濟功能區的貿易投資制度演進

8. 湖北自貿試驗區貿易投資制度

湖北自貿試驗區定位於中部有序承接產業轉移示範區、戰略性新興產業和高技術產業集聚區、全面改革開放試驗田和內陸對外開放新高地，沿著「開放先導、創新驅動、綠色引領、產業聚集」的總體思路，在中部崛起戰略和長江經濟帶建設中發揮示範作用。

（1）投資制度

深化負面清單管理模式，著力構建外商投資全週期監管模式；推進投資自由化，探索保稅展示交易、跨境電商、國際檢測維修、生物醫藥保稅等貿易新業態，加快「東湖陸港」口岸作業區建設和制定口岸建設。

（2）貿易制度

深化商務領域「放管服」改革，推動內外貿新業態發展，促進服務貿易創新業態快速發展；設立「出口退稅專窗」，實現全部出口企業出口退稅事項「區內辦、就地辦、網上辦」；海關特殊監管區域全面實施「一線放開」「二線高效管住」服務模式；培育跨境電商新型貿易模式，發展跨境電商公共服務平臺和保稅展示交易中心，建立全國性跨境電商集散營運中心，啓動跨境電商保稅備貨模式進口業務，與國際著名汽車廠商對接，推動湖北汽車零部件企業加快融入全球汽車產業供應鏈體系；推進口岸大通關建設。

9. 重慶自貿試驗區貿易投資制度

重慶自貿試驗區全面落實黨中央、國務院關於發揮重慶戰略支點和連接點的重要作用，加大西部地區門戶城市開放力度要求，推動內陸開放，帶動西部大開發戰略深入實施。

（1）投資制度

降低教育、醫療、金融等領域准入限制，實現有序開放。實施對外投資管理備案制，創新對外投資方式，帶動進出口 43 億美元，釋放對外直接投資逆向技術溢出效應，提升了企業的研發與創新能力，增強了品牌和專利優勢。

（2）貿易制度

推進「五個一」改革，促進審批流程簡化，實現申報直通、系統聯通、信息互通、業務通暢，完善「整機+核心零部件+研發設計+品牌」的全流程

產業鏈，不斷推動服務貿易產業壯大。依託「渝新歐+貿易功能區」的疊加優勢，形成國內最大的咖啡交易中心。

10. 四川自貿試驗區貿易投資制度

四川自貿試驗區立足內陸、承啓東西，服務全國、面向世界，成為西部門戶城市開發開放引領區、內陸開放戰略支撐先導區，打造國際開放通道樞紐區、內陸開放型經濟新高地，建設內陸與沿海沿邊沿江協同開放示範區。

（1）貿易制度

優化監管通關流程，推廣「一次申報，分步處置」的通關模式；實施關檢聯合查驗區「一次查驗」模式；全面推行執法領域「雙隨機」機制，探索開展「順勢監管」「先期機檢」等改革，有效提升查驗環節作業效率；推廣「總擔保」制度，創新口岸服務機制，促進服務要素的自由流動。

（2）投資制度

推進「負面清單」模式的改革試點，進一步放寬外商投資准入。實施「國際頂級科技園合夥人計劃」，構建「業界共治+社區自治+法定機構」協同發展架構，深化園區國際合作。著力打造「西部對外交往中心」。

11. 陝西自貿試驗區貿易投資制度

陝西自貿試驗區是西北內陸地區首個自由貿易試驗區，積極融入「一帶一路」建設，擔當西部地區經濟發展的重要引擎。

（1）投資制度

全面落實外資准入負面清單管理模式，結合產業發展規劃和功能定位，加快推行投資項目審批試點，研究出抬系列招商引資、招才引智、產業培育、產業扶持政策。制定《推進「一帶一路」國家執法網絡建設工作方案》，為企業對外投資提供全方位服務。

（2）貿易制度

融合「通絲路」、出口水果電子監管及質量追溯系統兩個特色應用服務功能，上線運行國際貿易「單一窗口」，由海關和檢驗檢疫部門創新推出「貨站前移」「艙單歸並」等24項貿易監管服務措施，大大提高了通關效率，促進貿易便利化。

第十二章　新中國特殊經濟功能區的貿易投資制度演進

12. 海南自貿試驗區貿易投資制度

海南全島建設自貿試驗區，致力於打造成為中國面向太平洋和印度洋的重要對外開放門戶。

（1）投資制度

對外資全面實行准入前國民待遇加負面清單管理制度，並且大幅放寬外資市場准入，如允許設立外商投資文藝表演團體（中方控股）；放寬人身險公司外資股比限制至51%；允許外商投資國內互聯網虛擬專用網業務（外資股比不超過50%）。

（2）貿易制度

拓展暫時進口貨物單證制度適用範圍，延長單證冊的有效期。支持發展跨境電商、全球維修等業態。支持開展跨境電商零售進口網購保稅。支持在海關特殊監管區域設立國際文化藝術品交易場所，依法合規開展面向全球的保稅文化藝術品展示、拍賣、交易業務。試點實施進口非特殊用途化妝品備案管理。

13. 山東自貿試驗區貿易投資制度

山東自貿試驗區全面落實關於建設海洋強國的要求，重點加快發展海洋經濟。

（1）投資制度

深入推進投資自由化便利化，支持外商投資企業參與氫能源汽車標準制定；支持外商獨資設立經營性教育培訓和職業技能培訓機構；支持「走出去」企業以境外資產和股權、採礦權等權益為抵押獲得貸款。

（2）貿易制度

探索食品農產品等檢驗檢疫和追溯標準國際互認機制，擴大第三方檢驗結果採信商品和機構範圍。創新出口貨物專利糾紛擔保放行方式。大力發展過境貿易。支持依託現有交易場所依法依規開展棉花等大宗商品交易。支持設立食品農產品進口指定監管作業場地，打造食品農產品、葡萄酒進出口集散中心。

14. 江蘇自貿試驗區貿易投資制度

江蘇自貿試驗區著力打造實體經濟創新發展和產業轉型升級示範區。

(1) 投資制度

探索允許外商投資企業將資本項目收入劃轉或結匯並依法用於境內股權投資。支持外商獨資設立經營性教育培訓和職業技能培訓機構。支持外商投資設立航空運輸銷售代理企業。

(2) 貿易制度

建立完善服務貿易創新發展跨部門協調機制，探索服務貿易行政審批及服務事項集中辦理改革。探索建設服務貿易境外促進中心，構建中小微服務貿易企業融資擔保體系。打造以數字化貿易為標誌的新型服務貿易中心。推動中醫藥服務貿易創新發展。推進人民幣在服務貿易領域的跨境使用。

15. 廣西自貿試驗區貿易投資制度

廣西自貿試驗區著力建設西南中南西北出海口、面向東盟的國際陸海貿易新通道，形成 21 世紀海上絲綢之路和絲綢之路經濟帶有機銜接的重要門戶。

(1) 投資制度

支持外商投資設立航空運輸銷售代理企業。支持將無船承運、外資經營國際船舶管理業務備案下放給廣西。深化國際文化創意和體育賽事合作，依託現有交易場所開展演藝及文化創意知識產權交易。

(2) 貿易制度

優先審理自貿試驗區相關口岸開放項目。支持依法依規建設首次進口藥品和生物製品口岸。研究開展貿易調整援助試點。

16. 河北自貿試驗區貿易投資制度

河北自貿試驗區全面落實關於京津冀協同發展戰略和高標準高質量建設雄安新區要求，積極承接北京非首都功能疏解和京津科技成果轉化，著力建設成為新時代改革開放的新高地。

(1) 投資制度

允許取得中國一級註冊建築師或一級註冊結構工程師資格的境外專業人

士作為合夥人，按相應資質標準要求設立建築工程設計事務所。支持外商獨資設立經營性教育培訓和職業技能培訓機構。支持外商投資設立航空運輸銷售代理企業。

（2）貿易制度

發展國際能源儲配貿易，允許商儲租賃國有企業商業油罐，支持開展成品油和保稅燃料油交割、倉儲，允許自貿試驗區內企業開展不同稅號下保稅油品混兌調和。支持建設液化天然氣（LNG）儲運設施，完善配送體系。

17. 雲南自貿試驗區貿易投資制度

雲南自貿試驗區全面落實關於加快沿邊開放的要求，著力打造「一帶一路」和長江經濟帶互聯互通的重要通道，建設連接南亞東南亞大通道的重要節點，推動形成中國面向南亞東南亞輻射中心、開放前沿。

（1）投資制度

推動知識產權營運服務體系建設。實施公平競爭審查制度。

（2）貿易制度

創新出口貨物專利糾紛擔保放行方式。實施「一口岸多通道」監管創新。鼓勵建設出口產品公共海外倉和海外營運中心。依法依規開展跨境電商人民幣結算，推動跨境電商線上融資及擔保方式創新。

18. 黑龍江自貿試驗區貿易投資制度

黑龍江自貿試驗區全面落實關於推動東北全面振興全方位振興、建成向北開放重要窗口的要求，著力深化產業結構調整，打造對俄羅斯及東北亞區域合作的中心樞紐。

（1）投資制度

鼓勵金融機構提高對境外資產或權益的處置能力。支持自貿試驗區內企業開展出口信用保險項下貿易融資，在風險可控、商業可持續前提下，對效益好、資信良好的企業免抵押、免擔保。

（2）貿易制度

加快建設具有國際先進水準的國際貿易「單一窗口」，探索拓展至技術貿易、服務外包、維修服務等服務貿易領域，待條件成熟後，逐步將服務出口

退（免）稅申報納入「單一窗口」管理。

(三) 自貿試驗區建設的效應

自貿試驗區是新時期中國深化改革開放的排頭兵和創新發展的先行者，圍繞貿易投資便利化、自由化等方面大膽試、大膽改，積極對接高標準的國際經貿規則，在貿易投資制度創新方面取得了突出的成績，為新中國貿易投資制度的高階演進貢獻了智慧和樣本，拓展了中國對外貿易投資的空間，激發了中國貿易投資的活力，為中國經濟增長提供了新的動能。

1. 建立高標準貿易投資制度

圍繞貿易監管效率問題，大膽開展國際貿易「單一窗口」、貨物狀態分類監管、信用監管等貿易監管制度創新，在自貿試驗區海關特殊監管區域穩步實施「一線開放、二線安全高效管住、區內自由流動」的監管模式，不斷提高貿易便利化水準。

針對投資管理制度的痛點堵點，一是積極探索以准入前國民待遇加負面清單為核心的投資管理制度，提高投資自由化水準，逐步提高市場透明度和可預見性；二是深化商事登記制度改革，形成「投資項目承諾制」等先進規則，有效降低企業制度性交易成本。

2. 有效激發貿易投資潛力

中國經濟進入新常態後，局部地區外貿出口增速放緩、下滑甚至出現負增長，吸收外商直接投資增速也放緩，而自貿試驗區通過體制機制改革，提高貿易投資便利化自由化水準，有效激發貿易投資潛力，既壓縮貿易監管程序，提高貿易通關效率，也明顯降低外商直接投資的市場准入門檻。自貿試驗區釋放的制度紅利進一步激發了市場的創新活力和經濟發展的動力，吸引大批企業入駐自貿試驗區。截至 2018 年年底，11 個自貿試驗區（不包括海南自貿試驗區）累計新設立企業 61 萬家，其中外資企業 3.4 萬家。

3. 持續釋放輻射帶動效應

形成可複製推廣的經驗，推動中國改革開放紅利共享是自貿試驗區擔任的使命之一。自 2013 年以來，中國各個自貿試驗區深入探索、大膽嘗試，形成了投資管理制度、貿易監管制度、金融創新制度、以政府職能轉變為核心

第十二章 新中國特殊經濟功能區的貿易投資制度演進

的事中事後監管制度等一大批可複製推廣經驗,進一步彰顯了全面深化改革和擴大開放的「試驗田」作用。先進制度範式的改革試點經驗複製推廣,持續釋放出巨大的制度紅利和明顯的輻射帶動效應,推動全國加快優化營商環境,建立現代化市場經濟體系,形成全面開放新格局。

本章參考文獻

鄧富華,張永山,姜玉梅,等,2019. 自由貿易試驗區的多維審視與深化路徑 [J]. 國際貿易(7):51-59.

方寧生,1996. 進入第二代的中國經濟特區 [J]. 特區經濟(9):10-12.

國務院辦公廳,2016.《關於完善國家級經濟技術開發區考核制度促進創新驅動發展的指導意見》解讀 [J]. 中國外資(9):14-19.

胡俠參,2013. 發揮保稅區功能 推進寧波進口貿易轉型升級 [J]. 港口經濟(11):33-36.

孫長學,2018. 深圳經濟特區的體制改革探索及其示範價值 [J]. 改革,291(5):18-26.

楊建文,陸軍榮,2008. 中國保稅港區:創新與發展 [M]. 上海:上海社會科學院出版社.

袁易明,2015. 中國經濟特區的動態演化與實踐使命 [J]. 特區實踐與理論(4):46-50.

袁易明,2016. 中國經濟特區開放發展範式對「一帶一路」國家的啟示價值 [J]. 深圳大學學報(人文社會科學版),33(6):30-34.

袁易明,2018. 中國經濟特區建立與發展的三大制度貢獻 [J]. 深圳大學學報(人文社會科學版),35(4):31-36.

張俊, 2016. 改革創新行政體制機制 再造開發區發展新優勢 [J]. 中國行政管理 (1): 150-152.

張皖生, 2010. 海關保稅監管 [M]. 北京: 中國海關出版社.

張曉平, 2002. 中國經濟技術開發區的發展特徵及動力機制 [J]. 地理研究, 21 (5): 656-666.

第十三章
參與全球經濟治理與新中國貿易投資制度演進

　　全球經濟治理是全球治理體系的重要內容。積極參與全球經濟治理，既關係著中國特色社會主義建設目標的實現，也與建設開放型世界經濟體制緊密相連。自1949年以來，中國參與全球經濟治理的路雖然坎坷，但是如今中國已經日益走近世界舞臺中央。在這個歷程中，中國始終堅持獨立自主、平等互利、和平發展的方針，不斷深化改革開放，成功加入世界貿易組織，提出並加快實施自由貿易區戰略，提出並積極踐行「一帶一路」倡議，倡導構建人類命運共同體，堅持正確義利觀，在不斷提高中國的開放型經濟水準，推動對外貿易和投資自由化便利化的同時，堅持維護多邊貿易體制，積極推動世界貿易和投資自由化便利化，在改革和完善全球治理體系的進程中發揮了中國作為負責任大國的作用，貢獻了中國的智慧和力量。

第一節　新中國參與全球經濟治理情況概覽

從基本情況來看，在改革開放前，中國參與全球經濟治理的探索是有重要意義的。改革開放後，為了順應世界發展趨勢以及推動中國經濟增長，中國逐步加快了積極參與全球經濟治理的步伐，逐漸實現了從全球經濟治理規則的接受者到建設者的轉變，為當今全球經濟治理體系改革提供了「中國方案」。

一、中國參與全球經濟治理的背景

（一）全球經濟治理興起的背景

全球經濟治理的概念目前尚未統一，2011年聯合國秘書長報告以及相關文獻認為全球經濟治理是指在沒有政治權威干涉的情況下，主權國家和各類國際組織等主要行為體對全球經濟事務與經濟政策進行協調、指導、管理和干預，從而保障合理、有序的國際政治經濟秩序規範，並實現經濟短期穩定與長期增長。全球經濟治理源於20世紀90年代興起的全球治理（全球化理論），同時也是全球治理的主體和核心。進入21世紀後，全球經濟治理從全球治理話語體系中分離出來，並在2008年全球金融危機以後成為理論研究的熱點。實際上，全球經濟治理同步於經濟全球化進程的發展。經濟全球化一方面加速了全球的經濟發展，增強了世界各國的聯繫，但另一方面也擴大了全球性的經濟風險和問題。而這種風險與問題日益超出了單一國家力量的掌控，在此背景下，經濟全球化亟需與此相適應的制度安排來協調、規範跨國經濟活動，以減少和應對經濟全球化帶來的不確定性乃至經濟金融危機帶來的衝擊。因此，全球經濟治理成為了必然的選擇。

（二）全球經濟治理的歷程與現狀

第二次世界大戰結束後，起始於美國主導下的以國際貨幣基金組織

第十三章　參與全球經濟治理與新中國貿易投資制度演進

（IMF）、世界銀行（WB）和世界貿易組織（WTO）前身關貿總協定（GATT）為代表的布雷頓森林體系是現代意義上的最為成熟的全球經濟治理體系。隨後，20世紀70年代，美元危機致使該治理體系的有效性受到質疑，使得以固定匯率制為特色的布雷頓森林體系解體。之後誕生的七國集團（G7）的核心作用逐步在國際宏觀經濟政策協調中凸顯。西方國家憑藉自身的強大實力在全球事務中占據了主導地位，增強了對全球經濟事務的掌控。經濟全球化的深入發展、新興國家的崛起以及20世紀90年代以後爆發的多場經濟金融危機，如石油危機、經濟危機、債務危機、糧食危機等，均表明G7/G8國家對全球經濟的協調能力下降，而一些新興國家獨特發展模式的優勢日益凸顯，新的全球經濟治理機制開始出現。二十國集團（G20）最早誕生於1999年亞洲金融危機期間建立的二十國財長與央行行長聯席會議，其致力於解決全球面臨的重大經濟問題。2008年爆發的全球金融危機徹底打破了西方國家可以單獨主導全球經濟治理的幻想，G20正式超越G7/G8成為國際經濟合作新的主要平臺，全球經濟治理體系正從G7/G8主導向發達國家和發展中國家共同主導轉變。

近幾十年來，全球經濟治理的各項制度在美國主導的布雷頓森林體系建立後呈體系化發展，並在G20機制產生後呈南北共治的特徵。隨著經濟全球化深入發展，全球經濟治理體系不斷發展演變，逐漸形成以貿易投資自由化為主流價值觀、治理規則涵蓋廣泛、治理機制具有多層次性、治理主體多元、治理行為強制性較弱、治理體系具有演進性六大特徵。[1] 而當前全球經濟治理處於深度變革期和過渡期，主要表現在治理機構缺乏合法性與有效性、治理機制區域化與碎片化以及逆全球化等方面。

（三）中國積極參與全球經濟治理的實踐

首先，1978年12月，中國開始實行對內改革、對外開放的政策。中國積極參與全球經濟治理，例如恢復了在世界銀行、國際貨幣基金組織的合法席位以及加入世界貿易組織等，一方面有利於突破封閉和孤立狀況，積極融入

---

[1] 隆國強. 全球經濟治理體系變革的歷史邏輯與中國作用 [J]. 南方企業家，2017（9）：42-45.

國際經濟體系,從而為中國的改革開放和經濟建設創造良好的外部環境;另一方面有利於順應經濟全球化的發展趨勢,更好地瞭解國際經濟規則,從而為中國未來的發展奠定基礎。

其次,新興經濟體的崛起以及中國在全球經濟治理中的地位轉變。2008年金融危機後,新興經濟體崛起帶動權力轉移,引發世界秩序和國際經濟格局變動,進一步引發全球經濟治理變革,使全球經濟治理制度性權力分配格局開始發生變化。而中國作為新興經濟體的「領頭羊」,正逐漸由全球經濟治理規則的接受者轉變為該體系的建設者。作為世界第二大經濟體和最大的發展中國家,積極參與全球經濟治理變革既有自身的利益要求,又有國際義務要求。

二、中國參與全球經濟治理的歷程

從具體的發展歷程來看,中國從規則接受者到治理體系建設者的地位與作用轉變,是在改革開放後逐步實現的,這個過程可以分為兩個階段。

(一) 參與全球經濟治理的起步階段 (1978—2001 年)

1978—2001 年是中國參與全球經濟治理的初始階段,在這期間,中國更多的是全球經濟治理規則的接受者和外圍參與者。中國是世界銀行和國際貨幣基金組織的創始國之一,新中國成立後,中國在世界銀行的席位長期為臺灣當局所占據。1980 年 5 月 15 日,中國在世界銀行的合法席位得到恢復。同年 9 月 3 日,該行理事會通過投票,同意將中國在該行的股份從原來的 7,500 股增加到 12,000 股,中國在世界銀行擁有投票權。同年 4 月,中國恢復了在 IMF 的合法席位。同年 9 月,IMF 通過決議將中國份額從 5.5 億特別提款權增加到 12 億特別提款權;同年 11 月,中國份額又隨同 IMF 的普遍增資進一步增加到 18 億特別提款權,但總體上中國在 IMF 的份額與投票權依舊較低①。1986 年 7 月 10 日,中國正式提出申請,要求恢復其在關貿總協定中的締約方

---

① 數據來源:IMF 百度百科. https://baike.baidu.com/item/國際貨幣基金組織/386540? fromtitle = imf&fromid = 102924&fr = aladdin; WB 百度百科. https://baike.baidu.com/item/WB/70945? fr = aladdin.

第十三章　參與全球經濟治理與新中國貿易投資制度演進

地位，經過15年的努力，2001年12月10日，中國成功加入世界貿易組織。中國的入世對中國經濟的發展產生了深遠影響，也是中國進一步融入全球經濟治理體系的里程碑。

（二）參與全球經濟治理的發展階段（2001年至今）

2001年是中國參與全球經濟治理的歷史分水嶺和轉折點。2001年之後，中國全方位、多層級地積極參與到全球經濟治理中，不斷融入全球治理體系，開始從規則的參與者轉向體系的建設者。從世界貿易組織、G20、自由貿易區建設再到「一帶一路」倡議，中國在全球經濟治理中的地位與作用不斷凸顯。

世界貿易組織是中國積極參與全球經濟治理的理想平臺。中國從世界貿易組織的新成員到成為核心成員之一，對於世界貿易組織規則從接受到履行，從履行到參與規則制定，地位已經發生了顯著的變化。[1] 中國全面參與多哈回合各項議題談判，提出和聯署談判建議百份以上。自2012年9月以來，中國一直在積極參與信息技術協定（ITA）擴圍談判，截至2014年年底，為推動各方就取消201項信息技術產品的關稅達成協議做出了重要貢獻。2015年9月4日，國務院同意接受世界貿易組織《貿易便利化協定》議定書，推動成員就取消農產品出口補貼等重要議題達成一攬子協議做出重要貢獻，是中國加入世界貿易組織後參與並達成的首個多邊貨物貿易協定。總體來看，中國已經成為貿易第一、經濟總量第二的世界貿易組織成員，其巨大的國內市場對世界經濟產生了較大輻射力和貢獻力，在多邊貿易談判中居於主導地位。此外，中國與發達國家和其他發展中國家均具有交叉利益，能較好地協調雙方利益。因此，中國的復關入世以及在世界貿易組織地位的轉變有助於協調全球經濟治理中不同主體間的利益關係，推動全球貿易制度的發展，從而更好地緩解全球經濟治理體系變革中的逆全球化問題。

中國在以G20為平臺的全球經濟治理中的地位正由參與者轉變為建設者。作為G20的創始成員國，中國積極參加歷次G20財長和央行行長會議，並於

---

[1] 杜娟，王秋蓉. 世界貿易組織成為中國參與全球經濟治理的理想平臺 [J]. 世界貿易組織經濟導刊，2016（12）：35-37.

2005年首次成為G20輪值主席國，成功舉辦了第七屆G20財長和央行行長會議。2008年金融危機後，經濟格局發生改變，原有的G7集團無法解決全球經濟危機問題，進而推動了G20財長和央行行長會議升級為領導人峰會。2008年11月，G20領導人在華盛頓舉行了第一次峰會，中國首次成為全球治理平臺的核心創始成員。中國借助G20平臺，增加了在世界銀行和國際貨幣基金組織中的份額和投票權。2016年，中國首次成為G20主席國並成功舉辦了G20杭州峰會，標誌著中國開始成為全球經濟治理的主要貢獻者和領導者。[1] 在峰會上，習近平首次全面闡釋了中國的全球經濟治理觀並成立了「二十國集團數字經濟工作組」，出抬了《二十國集團數字經濟發展與合作倡議》《二十國集團創新增長藍圖》《二十國集團新工業革命行動計劃》等相關文件。

自由貿易區戰略，是中國積極參與國際經貿規則制定、爭取全球經濟治理制度性權力的重要平臺。2012年召開的中共十七大明確提出要實施自由貿易區戰略。中共十八大提出要加快實施自由貿易區戰略。中共十八屆三中全會提出要以周邊為基礎加快實施自由貿易區戰略，形成面向全球的高標準自由貿易區網絡。2014年12月，在自由貿易區建設第十九次集體學習中，習近平指出當今全球貿易體系正經歷自1994年烏拉圭回合談判以來最大的一輪重構。中國是經濟全球化的積極參與者和堅定支持者，也是重要建設者和主要受益者。要加快實施自由貿易區戰略，逐步構築起立足周邊、輻射「一帶一路」、面向全球的自由貿易區網絡，積極同「一帶一路」沿線國家和地區商建自由貿易區[2]。截至2018年9月底，中國已與25個國家和地區達成了17個自貿協定，自貿夥伴遍及歐洲、亞洲、大洋洲、南美洲和非洲，目前還正與多個國家進行自貿協定談判或升級談判。推進自貿協定談判或者升級談判，建設新的自貿區或推動一些現有的自貿區升級，正日益拉緊中國與經貿夥伴間的關係。經過近二十年的發展，中國自由貿易區建設呈現出以發展中國家合作為主、開放進程循序漸進、靈活降稅、原產地規則更加細化和複雜、投資保護

---

[1] 黃薇. 全球經濟治理與G20 [J]. 領導科學論壇, 2016 (22): 43-62.
[2] 資料來源於《國務院關於加快實施自由貿易區戰略的若干意見》。

第十三章　參與全球經濟治理與新中國貿易投資制度演進

和投資促進並舉、服務貿易開放進程逐步擴大的特徵。加快實施自由貿易區戰略一方面可以更好地幫助企業開拓國際市場，為中國經濟發展注入新動力、增添新活力、拓展新空間，另一方面可以成為有利於中國通過發展良好的外交關係，積極參與國際經貿規則制定、爭取全球經濟治理制度性權利的重要平臺。

「一帶一路」倡議順應了新興經濟體參與全球經濟治理的需求，同時也是中國參與全球經濟治理的極為重要的切入點，為全球經濟治理變革提供了「中國方案」。「一帶一路」（The Belt and Road，縮寫 B&R）是「絲綢之路經濟帶」和「21世紀海上絲綢之路」的簡稱。2013年9月、10月，習近平分別提出建設「新絲綢之路經濟帶」和「21世紀海上絲綢之路」的合作倡議。「一帶一路」摒棄了原有的地緣博弈，提出了一種開創合作共贏的新模式，成為中國在國際經濟格局重塑的趨勢下，深度參與並推動全球經濟治理轉型的必由之路。[①]「一帶一路」倡議作為一種全球經濟治理機制，首先，在全球經濟治理的主體方面，它突破現存國際機制以主權國家和其建立的國際組織作為治理主體的合作模式，開創了「雙邊、區域和多邊治理」的新模式，參與者涵蓋了國際、地區和國別合作框架及倡議，如亞太經合組織等。其次，在全球經濟治理的客體方面，「一帶一路」倡議通過基礎設施建設帶動貿易便利化，通過投資和貿易聯動帶動沿線地區發展，為全球經濟發展提供物質基礎，充分發揮了基礎設施對經濟發展的培育性作用，連結發展中國家和發達國家的合作，打破了「中心—邊緣」結構。最後，在制度層面上看，「一帶一路」倡議是中國參與全球經濟治理的頂層制度設計，不同於美國搞單邊主義，它倡導平等與包容的全球經濟治理秩序，旨在倡導人類命運共同體的全球價值觀，促進各國積極開展協調與對話、合作應對問題與挑戰、共謀發展和共享發展紅利。[②] 因此，中國提出的「一帶一路」倡議，一方面可以增加中國的制度話語權，增強中國的國際影響力；另一方面為全球經濟治理提供了一種新路徑，有利於全球經濟的共同發展。

---

① 隋廣軍，查婷俊. 全球經濟治理轉型：基於「一帶一路」建設的視角 [J]. 社會科學，2018（8）：3-12.
② 任琳，孫振民.「一帶一路」倡議與全球經濟治理 [J]. 黨政研究，2019（3）：74-80.

三、中國參與全球經濟治理對貿易和投資自由化的影響

2015年5月,中共中央、國務院關於構建開放型經濟新體制的若干意見強調,要全面參與國際經濟體系變革和規則制定,在全球性議題上,主動提出新主張、新倡議和新行動方案,增強中國在國際經貿規則和標準制定中的話語權。

一方面,中國通過參與全球經濟治理提升在經貿領域的制度話語權,有利於統籌雙邊、多邊、區域性談判的資源和籌碼,優化談判進程,減少各種形式的貿易保護,從而推進貿易和投資的自由化進程,這對中國的貿易和投資制度建設有重大影響。

另一方面,在全球經濟治理中,特別是在經貿領域,中國堅決推動改革全球經濟治理體系中不公正不合理的安排,力推多哈談判、加快自貿區談判,支持對世界貿易組織進行必要改革;在APEC和G20等國際平臺發出中國聲音,提出關於世界貿易組織改革的「三個基本原則」和「五點主張」,發表首個《中國與世界貿易組織》白皮書,支持開放、透明、包容、非歧視性的多邊貿易體制,並且在G20杭州峰會上就貿易和投資領域,尤其是就支持多邊貿易體制議題達成多種有實質性價值的共識,這對世界貿易投資制度有重要影響。

總體來看,中國參與全球經濟治理,一方面可以提升中國在全球經貿投資領域制度話語權,引領國際經貿規則的制定;另一方面通過維護世界貿易組織在全球貿易和投資中的核心地位,有利於推動世界貿易和投資的自由化便利化。由此,中國貿易制度與國際貿易制度之間的聯繫與相互影響必定加強。

(一) 中國參與全球經濟治理對中國貿易投資制度的影響

改革開放以來,中國通過主動加入已有的國際經濟組織,如世界貿易組織、IMF、WB、APEC等,積極融入全球經濟治理體制,變革全球經貿規則。一方面促進了國內開放性貿易政策的發展;另一方面促使其在國內投資領域不斷加快市場化改革進程,提高市場准入程度,從而推動中國投資制度的不斷完善。

第十三章　參與全球經濟治理與新中國貿易投資制度演進

在貿易領域，自正式加入世界貿易組織以來，中國的對外開放已經逐漸變為世界貿易組織制度框架下的開放。中國在享受多邊貿易自由化的同時，也按世界貿易組織的非歧視、透明度、公平競爭、可預見性等原則，不斷推動貿易、投資等領域的自由化。1994年中國頒布《對外貿易法》，為中國貿易政策制定奠定了法律基石。該法確保了中國貿易法律法規的透明度，並直接促使中國的貿易政策取向由貿易保護轉向貿易中性。事實證明，2001年中國的成功入世，推動了中國貿易制度的開放性變革。2002—2012年，中國對外貿管理制度進行了重大改革，由數量控制型制度轉向規制型制度，即進一步加快內外貿一體化進程，形成穩定、透明的涉外經濟管理體制，建立與世界通行貿易規則全面接軌的管理型自由貿易制度。2013年以後，中國構建了中性開放型貿易制度，大力推進貿易投資自由化便利化改革，創建區域合作機制模式，推進形成全方位開放新格局。[①]

在投資領域，中國逐步由計劃經濟體制下的高度集中的投資管理體系轉化為市場經濟體制下投資主體多元化、資金來源多渠道、投資形式多樣化、投資範圍和領域擴大化的新模式。1994年中國開始了以市場為導向的財稅改革，統一了國有企業、集體企業和私營企業所得稅，給予外商投資企業優惠稅率。2001年加入世界貿易組織對中國投資制度提出了更嚴格、更規範的國際標準要求。2000—2001年，中國相繼修改了《外資企業法》《中外合作經營企業法》以及《中外合資經營企業法》。2002年中國頒布修訂版《指導外商投資方向規定》和《外商投資產業指導目錄》。2004—2008年，中國又先後出抬了《外商投資商業領域管理辦法》《外商投資項目核准暫行管理辦法》和《外商投資廣告企業管理規定》等相關外商投資管理辦法，這一系列管理辦法和規定的出抬與修訂標誌著中國投資制度愈加成熟和完善。[②] 2013年，隨著中國自由貿易實驗區的建立，確立了自貿區內准入前國民待遇和負面清單管理的外商投資准入制度、商事登記備案制度和事中事後監管制度等投資制度。

[①] 楊豔紅，盧現祥. 中國對外開放與對外貿易制度的變遷［J］. 中南財經政法大學學報，2018（5）：12-20，162.

[②] 任春楊. 中國自由貿易區投資制度優化研究［D］. 長春：吉林大學，2017.

2016年G20杭州峰會後，中國人大常委會通過了修改外資相關法律的決議，在全國範圍內對外資企業的設立和變更實施「准入前國民待遇和負面清單」的管理模式，取消了以前較為繁瑣的外商投資的逐案審批制度，改為備案制度。

(二) 中國參與全球經濟治理對世界貿易投資制度的影響

全球貿易治理，作為全球經濟治理的一部分，正面臨著經濟全球化與民族利益的衝突、多邊貿易體制與區域貿易協定的衝突、發達國家與發展中國家的衝突、貿易自由化與貿易保護的衝突等諸多困境。作為全球經濟治理體系中具有強制約束力的法律體系——世界貿易組織規則，其協調全球性事務的能力逐漸減弱，亟需變革。而全球投資治理，一直以來由發達國家主導，國際直接投資也大多來自於發達國家。然而，新興經濟體的崛起逐漸改變了國際直接投資的世界格局。反觀國際現有的投資制度，由於發達國家與發展中國家在「投資保護」與「投資自由化」之間的分歧，因此目前多以雙邊、多邊以及區域投資制度為主，並沒有形成綜合性的全球多邊投資規則。

在全球貿易制度方面，中國作為世界第一大貨物貿易國，在全球貿易治理中發揮著引領作用。中國提出的「一帶一路」倡議有利於打破現存貿易制度的碎片化，協調現有的貿易體系，反對逆全球化下的貿易保護主義和民粹主義。此外，「一帶一路」倡議衍生的AIIB和絲路基金也推動了全球貿易治理體系的改革，促使全球貿易治理體系更加完善。中國參與全球經濟治理有助於推動國際經貿發展、反對貿易保護主義、忠實履行多邊貿易規則、努力協調多邊貿易談判以及全球貿易制度的改革。

在全球投資制度方面，中國作為目前世界第二大投資國，在調整和加強各國宏觀經濟政策的合作與協調方面，起到了一定的引導作用。2016年G20杭州峰會通過的《G20全球投資政策指導原則》是國際社會首次在多邊機制內就全球投資規則達成共識，為各國投資政策的制定以及國際投資協定的談判提供了政策指引。在全球投資體制缺失的情況下，這無疑有助於推動全球投資政策的協調與合作，建立一個更加開放、透明、有利於可持續發展的國際投資政策環境。

第十三章　參與全球經濟治理與新中國貿易投資制度演進

(三) 中國貿易制度與國際貿易制度的相互影響

中國參與全球經濟治理對中國及世界貿易投資制度的影響，包含了中國貿易制度與國際貿易制度的相互影響。從形成機制來看，這種相互影響主要產生於全球經濟治理中的多邊及雙邊和區域性的貿易制度國際協調。

一般而言，一方面，在貿易制度國際協調框架下，經濟體需要根據協調機制的規則要求改革其貿易制度，由此，貿易制度國際協調的影響將延伸至經濟體的經濟、法律甚至政治領域；另一方面，經濟體也可以通過參與貿易制度國際協調，將自身的利益訴求融入貿易制度國際協調機制。這樣，不同經濟體的貿易制度之間及經濟體的貿易制度與國際貿易規則之間就會形成相互影響，而且，這種影響的必然結果是，各經濟體的貿易制度將呈現出與居於主流地位的國際貿易規則相一致的同化趨勢。從現實的情況來看，由於世界貿易組織規則及世界貿易組織框架下的區域貿易安排都是以推動貿易自由化為主旨的，因此，在世界貿易組織機制及雙邊、區域性機制的協調下，相關經濟體的貿易制度都呈現出一定的自由貿易制度特徵。

就中國的情況而論，作為世界貿易組織成員，依據世界貿易組織規則要求開展的改革必定加速中國的貿易自由化便利化進程，從而使中國的貿易制度更加開放、更加規範。同時，作為世界第二大經濟體、最大的發展中國家和貿易大國，中國可以通過參與世界貿易組織的制度建設體現中國的利益訴求和維護世界貿易組織主渠道地位、推動多邊貿易體制改革、反對貿易保護主義的主張和價值觀念，並借助世界貿易組織機制加強與發達國家的政策溝通和協調，在維護自身權益的同時維護發展中國家的利益，維護多邊貿易體制的合法權與有效性。同理，在雙邊的、區域性的貿易制度協調中，中國與有關經濟體的貿易制度會趨同化發展，同時，中國也可以在維護自身利益的同時致力於推動共商共建共享機制建設。

從中國正逐步從國際事務的旁觀者轉為全球經濟治理的參與者、建設者、貢獻者的實際行動來看，中國在對外貿易制度方面的改革、創新及堅持貿易自由化的理念，中國積極參與全球經濟治理的立場和原則，必定會推動中國特色社會主義自由貿易制度建設，推動多邊貿易體制改革，促進國際貿易制度變革。

第二節　加入世界貿易組織與中國貿易投資制度演化

中國雖然經歷了復關入世的艱辛歷程才成為世界貿易組織成員，但是，在復關入世過程中的改革特別是入世之後對承諾的履行，卻對中國的貿易投資自由化便利化產生了重要影響。同時，中國堅持維護世界貿易組織主渠道作用，這無論是對中國還是對世界，都意義重大。

一、中國復關入世的歷程

中國是關貿總協定的創始國之一。但是，由於西方大國阻撓等原因，中國在關貿總協定的締約國身分一直沒有得到恢復。世界貿易組織成立後，經過艱辛的入世談判，中國才成功加入世界貿易組織。從具體進程來看，中國復關入世的歷程可以分為三個階段。

（一）復關的前期準備工作（1979—1986年）

中國力求恢復在關貿總協定中合法地位的準備工作始於改革開放後。自1980年起，應中國政府的要求，關貿總協定開始向中國常駐聯合國日內瓦代表團提供關貿總協定文件資料；1981年，中國代表列席了關貿總協定紡織品委員會第三個《多種纖維協議》的談判；1984年1月，中國正式參加了第三個《多種纖維協議》，並成為關貿總協定紡織品委員會的成員；1982年11月，中國第一次派代表團以觀察員身分，列席了關貿總協定第36屆締約國大會；1984年11月，作為觀察員，中國獲準出席關貿總協定理事會及其附屬機構的會議；此後，中國每年都列席關貿總協定締約方大會。[①] 在此期間，隨著與關貿總協定的聯繫越來越密切，中國逐步認識到恢復關貿總協定締約國地位對於中國經貿發展的重要性，加之中國已經獲得關貿總協定觀察員身分，

---

① 資料來源於 http://edu6.teacher.com.cn/tkc136a/kcjj/wtjx/7503.html。

第十三章　參與全球經濟治理與新中國貿易投資制度演進

因此，提出復關申請便成為一件順理成章的事情。

(二) 正式申請復關與復關談判（1986—1994年）

1986年7月，中國政府正式提出恢復關貿總協定締約國地位的申請，這標誌著中國的復關進程進入到了新的階段，開始了漫長的復關談判。[①]

1986年之後，圍繞「中國經濟體制是市場經濟還是計劃經濟」這一核心問題，中國開始和美國等關貿總協定主要締約國開展了數輪談判，在很多重要問題上達成了共識，尤其是1993年3月第八屆全國人民代表大會第一次會議通過了憲法修正案，明確規定中國實行社會主義市場經濟，承諾可以遵守市場經濟的基本規則。至此，中國解決了「復關」的核心問題，即市場經濟問題，中國復關指日可待。但是，在這期間，由於國際局勢的變化，美國等西方國家從1989年開始對中國實施經濟制裁，暫時擱置了中國的復關申請，使中國的復關陷入了僵局。1991年元旦，臺灣當局提出了加入關貿總協定的申請，這使中國復關問題進一步複雜化。因此，在這一階段，雖然中國的復關談判取得了一定進展，解決了中國經濟體制的定位問題，但是由於各種政治因素的捲入，中國的復關不僅是一個經濟問題，更涉及了國家之間的政治博弈。

(三) 從復關談判到入世談判（1994—2001年）

1994年4月15日，烏拉圭回合部長會議決定成立更具全球性的世界貿易組織，以取代成立於1947年的關貿總協定。1995年1月1日，世界貿易組織成立，開始負責管理和維護世界經濟和貿易秩序。由於中國的復關談判進展不利，再加上關貿總協定向世界貿易組織轉變，因此中國開始轉變思路，從復關談判變為入世談判。

在烏拉圭回合談判中，中國全程參與並在《最後文件》上簽字，顯示了中國「入世」並準備承擔義務的決心。[②] 但是，由於這一時期中國經濟的迅速發展以及貿易規模的不斷擴大，很多國家出於利益的考量認為中國應該以

[①] 羅銀鶴. 中國復關入世艱難歷程及其原因分析 [J]. 廣西民族學院學報（哲學社會科學版），2001 (S1): 113-115.

[②] 廖奕，張偉. 中國「復關」「入世」歷程回顧及其反思 [J]. 桂海論叢, 2000 (4): 18-21.

發達國家的身分而不是發展中國家的身分加入世界貿易組織,以承擔起更多的義務和責任。圍繞這一問題,中國與世界貿易組織重要成員展開了多輪談判。1996年11月在菲律賓的亞太經合組織峰會上江澤民與克林頓會晤,兩國高層決意推動談判進程;1996年3月20日至1997年12月,在世界貿易組織中國工作組第1次至第3次會議上,中國代表團與37個世界貿易組織成員舉行了雙邊市場准入磋商,同20多個成員進行了關稅減讓談判,同7個成員簽署了有關協議;1999年11月10日開始,中、美兩國在北京進行了緊張艱苦的談判,並最終達成協議,從而為中國加入世界貿易組織掃除了最大的障礙;到2000年年底,與中國舉行雙邊談判的世界貿易組織成員共有37個,其中36個已經結束談判,只有墨西哥尚未與中國達成協議;自2001年12月11日開始,中國正式加入世界貿易組織,終於結束了從復關到入世的艱苦卓絕的談判,圓滿達成了入世目標。①

從復關到入世的這一歷程,充分體現了中國堅持不斷完善自身的貿易投資制度,更加深入參與到全球經貿治理當中,為世界各國的共同發展做出積極貢獻的決心。中國加入到世界貿易組織當中,不僅僅有利於中國貿易投資的發展,同時也有利於世界各國的發展與進步。

二、復關入世與中國貿易投資自由化

加入世界貿易組織的過程是一個非常艱苦的過程,從1986年正式提出復關申請到2001年成功加入世界貿易組織,中國付出了15年的艱辛努力。在這15年中,中國根據復關、入世的需要,積極推動改革開放,啟動並推進了中國貿易投資自由化進程。但是,正式成為世界貿易組織成員並不意味著中國可以高枕無憂,更不表明中國的改革開放已大功告成。中國在2001年加入世界貿易組織時,作出了以下兩個方面的承諾:一是開放市場,二是遵守規

---

① 朱雅華. 中國復關和入世的艱難歷程 [J]. 中國統計, 2001 (4): 21-22.

第十三章　參與全球經濟治理與新中國貿易投資制度演進

則。① 因此，中國要如何履行入世承諾，以及如何根據履行入世承諾的要求和自身發展的需要持續推進改革開放和貿易投資自由化，便成為非常關鍵的問題。

2018年6月28日，國務院新聞辦公室發表的《中國與世界貿易組織》白皮書指出，為了切實履行加入世貿組織承諾，2001年加入世貿組織以來，中國不斷完善社會主義市場經濟體制，全面加強同多邊貿易規則的對接，切實履行貨物和服務開放承諾，強化知識產權保護，對外開放政策的穩定性、透明度、可預見性顯著提高，為多邊貿易體制有效運轉作出了積極貢獻。由此可見，中國履行入世承諾主要體現在完善社會主義市場經濟體制和法律體系、履行貿易領域開放承諾、履行知識產權保護承諾以及履行透明度義務這幾個方面。

從完善社會主義市場經濟體制和法律體系方面來看，中國加入世界貿易組織之後始終堅持社會主義市場經濟改革方向，不斷健全社會主義市場經濟法律體系。在此期間，政府各部門大規模開展法律法規清理修訂工作，中央政府清理法律法規和部門規章2,300多件，地方政府清理地方性政策法規19萬多件，覆蓋貿易、投資和知識產權保護等各個方面。② 這對於建立和健全中國的貿易投資制度以及促進貿易投資自由化有著積極的推動作用。

從履行貿易領域開放承諾方面來看，早在2010年的時候中國的降稅承諾就已全部履行完畢，2015年中國的貿易加權平均關稅已降至4.4%，非常接近美國2.4%和歐盟3%的水準；與此同時，中國還在顯著削減非關稅壁壘，減少不必要的貿易限制，促進了貿易透明暢通。③ 並且，中國在切實履行貿易領域開放承諾的同時還自我施壓，目前達到的開放程度已經遠遠超出了入世時承諾的標準。在與貿易領域相關的投資方面，按照世界貿易組織的要求，中國取消了一些與對外投資相關的外匯平衡要求、貿易平衡要求、當地含量要

---

① 屠新泉.世界貿易組織與中國對外開放 [J].領導科學論壇，2019 (6)：77-86.
② 資料來源：《中國與世界貿易組織》白皮書。
③ 佚名.中國「入世」17年，履諾開放惠及世界 [J].對外傳播，2018 (8)：69.

求、出口實際要求等,與此同時,在投資方面中國還採取了很多自主擴大對外開放的措施。① 此外,中國還在不斷加強貿易政策的合規性,例如在2014年國務院辦公廳印發的《國務院辦公廳關於進一步加強貿易政策合規工作的通知》中,要求國務院各部門、地方各級人民政府及其部門制定的貿易政策,應當符合世貿組織規則和中國加入世貿組織的有關承諾。加強貿易政策合規工作,對於進一步提高貿易領域的開放度、推動貿易投資自由化和便利化、完善法治化國際化營商環境,具有重大的戰略和現實意義。中國作為全球性的貿易大國,履行貿易領域開放承諾以及加強貿易政策的合規性,不僅僅有利於中國對外貿易和投資的進一步發展,同時也能夠促進全球貿易與投資自由化和便利化,有力推進世界經濟全球化的發展進程。

從履行知識產權保護承諾方面來看,加入世貿組織後,中國不斷建立健全知識產權法律法規,與多個國家建立知識產權工作機制,積極吸收借鑑國際先進立法經驗,構建起符合世貿組織規則和中國國情的知識產權法律體系。修改後的著作權法、商標法以及專利法大致達到了《與貿易有關的知識產權協議》的要求,基本上與《與貿易有關的知識產權協議》保持了一致,完成了中國加入世界貿易組織之後關於知識產權方面的承諾。② 這也使得中國國內的營商環境得到了進一步的優化,有力地推動了中國貿易與投資的發展和貿易投資自由化。

從履行透明度義務方面來看,中國明確提供法律制度保障,全面履行世貿組織通報義務。中國國內的相關部門定期發布中國的貿易發展情況,並且還定期向世界貿易組織通報國內相關法律、法規和具體措施的修訂調整和實施情況,這使得世界各國能夠更加清晰準確地瞭解中國的貿易發展現狀以及相關的政策法規,為完善世界貿易投資制度、促進貿易投資自由化和便利化以及構建更加穩定的世界貿易投資秩序做出了重要貢獻。

截至2010年年底,中國加入世界貿易組織的所有承諾全部履行完畢。在

---

① 屠新泉. 世界貿易組織與中國對外開放 [J]. 領導科學論壇, 2019 (6): 77-86.
② 吳道霞. 中國加入世界貿易組織與知識產權保護 [J]. 技術經濟, 2002 (3): 2-3.

第十三章　參與全球經濟治理與新中國貿易投資制度演進

2006年、2008年、2010年、2012年、2014年、2016年和2018年，中國政府接受了世界貿易組織的七次貿易政策審議，中國認真履行承諾的實際行動得到世界貿易組織大多數成員的肯定。中國加入世界貿易組織後積極履行入世承諾，一方面使得中國的貿易投資制度得到了不斷的加強與完善，有力地推動了本國貿易投資自由化以及本國經濟的發展；另一方面，中國也通過對外貿易與雙向投資造福了世界各國，拉動了世界經濟復甦和增長，促進了世界範圍內的貿易投資自由化和便利化。與此同時，通過履行入世承諾，也推動中國不斷融入到世界經貿體系當中，並且在其中發揮著越來越重要的作用。

此外，正如《中國與世界貿易組織》白皮書所說的那樣，中國的對外開放不會止步於履行加入世界貿易組織承諾。中國將主動擴大進口，未來15年，中國預計將進口24萬億美元商品；將繼續優化監管方式方法，進一步壓縮進出口環節和成本；將繼續推進簡政、降稅、減費改革，繼續加強同國際經貿規則對接，增強透明度，強化產權保護。由此可見，中國在未來還會更加積極地推動更高水準對外開放，以更大力度推進自主開放，以開放促改革、促發展，不斷完善貿易投資制度，促進貿易投資自由化和便利化，進而推進經濟全球化深入發展。

三、中國堅持維護世界貿易組織主渠道作用的意義

長期以來，中國一直堅持維護世界貿易組織所代表的多邊貿易規則的主渠道作用，並以對入世承諾的切實履行，對世界貿易組織規則的遵循，從行動上證明了中國支持世界貿易組織、推動多邊貿易體制發展的決心。中國在世界貿易組織規則與框架之下發展了本國對外貿易與雙邊投資，推動了世界經貿秩序的平穩運行。可以說，中國堅持維護世界貿易組織主渠道作用，一方面有利於中國經濟發展，另一方面對於完善多邊貿易體制、推動世界貿易投資自由化也有積極影響。

（一）中國堅持維護世界貿易組織主渠道作用對中國的意義

具體分析，堅持維護世界貿易組織主渠道作用對中國經濟發展的積極意

義，主要表現為以下幾個方面：

首先，中國堅持維護世界貿易組織主渠道作用推動了國內改革的進一步深化。加入世界貿易組織之後，中國國內關於市場經濟還是計劃經濟的爭論基本銷聲匿跡，並且為了符合世界貿易組織的規則與框架，中國開始推動國內三大改革（包括行政改革、金融改革和國企改革）。如今，行政改革已基本完成；金融改革也較此前有了很大進步；而國企改革目前正在發展過程中，需要一段時間才可完成。① 這使得中國社會主義市場經濟體制得到了進一步完善。

其次，中國堅持維護世界貿易組織主渠道作用促進了本國對外貿易迅速發展。受益於世界貿易組織的最惠國待遇規則，中國在加入世界貿易組織之後憑藉低廉的產品生產成本迅速發展成為「世界工廠」，向世界各國提供著價格低廉的商品與服務。此外，隨著國內經濟的發展，中國也開始從世界各國大量進口商品和服務。到目前為止，中國的進出口總額已經躋身世界前列。

再次，中國堅持維護世界貿易組織主渠道作用有利於雙邊投資的發展。一方面，由於中國加入世界貿易組織之後開始加快市場化改革，使得外資對中國國內市場有了一個穩定的預期，使他們覺得中國的對外開放、市場經濟政策從此鎖定，進一步增強了他們對華投資的信心，由此推動了外來投資的大幅增加，對於中國的工業與外貿發展作出了非常重要的貢獻②；另一方面，加入世界貿易組織之後，中國在堅持維護世界貿易組織主渠道作用的過程中開始逐漸瞭解到世界各國的經貿政策與環境，使得中國企業開始大規模「走出去」，有力地推動了中國的經濟增長，增強了中國在全球經濟中的影響力。

最後，中國堅持維護世界貿易組織主渠道作用有利於本國企業在競爭中發展。加入世界貿易組織之後，為了切實履行入世承諾，中國開始加大國內市場的開放程度，這使得中國國內各個領域的競爭加劇。很多中國企業在開放的市場環境中開始逐漸成長起來，與外國企業展開了激烈的競爭，使得中

---

① 陶紅.世界貿易組織讓中國受益更讓世界得利［J］.中國外資，2018（19）：46-47.
② 屠新泉.世界貿易組織與中國對外開放［J］.領導科學論壇，2019（6）：77-86.

第十三章　參與全球經濟治理與新中國貿易投資制度演進

國國內湧現出一大批具有很高世界知名度的大型企業，如海爾、華為等企業。

總的來說，堅持維護世界貿易組織主渠道作用有效地促進了中國的改革開放和經濟發展，使得中國在全球經濟中的地位不斷提升，讓中國參與了世界貿易規則和全球經濟治理規則的制定。

(二) 中國堅持維護世界貿易組織主渠道作用對發展和完善全球貿易投資制度的意義

中國堅持維護世界貿易組織主渠道作用不僅促進了本國的經濟發展，同時也有利於完善多邊貿易體制、推動世界貿易投資自由化、構建更加公平公正的世界貿易投資規則，對世界經濟發展有著重要的意義。

首先，中國堅持維護世界貿易組織主渠道作用有利於完善多邊貿易體制。《中國與世界貿易組織》白皮書中提到，單邊主義和保護主義與世界貿易組織基本原則背道而馳，多邊貿易體制是順應世界經濟發展的歷史選擇。而世界貿易組織倡導以規則為基礎，秉持開放、透明、包容、非歧視等基本原則，因此作為世界貿易組織主渠道作用的堅決維護者，中國一直以來都旗幟鮮明地反對單邊主義和保護主義。加入世界貿易組織以來，中國通過亞太經合組織領導人非正式會議、金磚國家領導人會議、二十國集團領導人峰會等多邊協商會議，有效地促進了各國經貿合作，並且幫助更多發展中國家融入世界多邊貿易體制當中，促進了全球多邊貿易體制的完善。

其次，中國堅持維護世界貿易組織主渠道作用有利於推動世界貿易投資自由化。在單邊主義和保護主義體制下，各國之間通過關稅與非關稅壁壘以及嚴格的投資限制措施嚴重阻礙了世界貿易與投資自由化。加入世界貿易組織之後，中國致力於堅持維護世界貿易組織主渠道作用，不斷推動構建公正、合理、透明的國際貿易投資規則體系，促進了全球生產要素有序流動、資源高效配置、市場深度融合，有效推動了世界貿易投資自由化。

最後，中國堅持維護世界貿易組織主渠道作用有利於構建更加公平公正的世界貿易投資規則。中國加入世界貿易組織以來，國內經濟得到了迅速發展，在世界經濟中的地位得到了迅速提升，成為全球經貿治理和世界貿易投資規則制定的重要參與者。中國一直以來始終堅持維護廣大發展中國家的利

益，在世界貿易投資規則的制定中竭力保障發展中國家的在世界貿易投資中應得的利益，推動了公平公正的世界貿易投資規則的構建。

綜上所述，中國堅持維護世界貿易組織主渠道作用對於世界經濟的發展同樣有著積極的促進作用，有力地推動了世界經濟朝著合作共贏、公平公正的方向發展。

第三節　實施自由貿易區戰略與中國貿易投資制度建設

中國商務部、海關總署《關於規範「自由貿易區」表述的函》指出，根據世界貿易組織的有關解釋，自由貿易區是指兩個或兩個以上的主權國家或單獨關稅區通過簽署協定，在世界貿易組織最惠國待遇基礎上，相互進一步開放市場，分階段取消絕大部分貨物的關稅和非關稅壁壘，改善服務和投資的市場准入條件，從而形成的實現貿易和投資自由化的特定區域；自由貿易區所涵蓋的範圍是簽署自由貿易協定的所有成員的全部關稅領土，而非其中的某一部分。[①]

自由貿易區是世界貿易組織最惠國待遇的一種例外，是對世界貿易組織機制的補充，也是區域經濟一體化的重要組織形式。區域經濟一體化的迅速發展過程中伴隨的是新貿易規則和投資規則的確立，而國際貿易規則的變革使得自由貿易區等國際經濟合作政策工具的內涵又有了新的變化。作為推動投資便利化和貿易自由化的有效工具和參與全球經濟治理的重要機制和平臺，中國十分重視自由貿易區戰略的發展。

[①] 見商務部、海關總署2008年5月9日發布的《關於規範「自由貿易區」表述的函》。此函特別區分了自由貿易區和自由貿易園區，強調「自由貿易區」對應的英文是 FREE TRADE AREA (FTA)，自由貿易園區對應的英文為 FREE TRADE ZONE (FTZ)。

一、中國自由貿易區戰略的提出和實踐歷程

（一）中國自由貿易區戰略的提出

20世紀90年代以來，經濟全球化和區域經濟一體化的發展趨勢和特徵越來越明顯。尤其是1995年世界貿易組織的成立將大多數國家和地區市場的資源配置和利用活動納入了全球一體化的體制中，推動了國際貿易、投資等領域的自由化進程。但是，以世界貿易組織為代表的多邊貿易自由化體系存在諸如締約方數量眾多，致使多邊貿易體制談判受阻，難以推動國際貿易規則的進一步發展的問題，刺激了區域經濟一體化、特別是自由貿易區的蓬勃興起。由於在貿易自由化方面談判協商成本相對較低且更容易達成深度合作，故而自由貿易區受到越來越多國家和地區的青睞。在自由貿易區迅猛發展的浪潮中，中國充分認識到參與其中的重要性和緊迫性。2001年中國-東盟自貿區談判啟動，且在取得早期成果後，相繼簽署了《貨物貿易協議》，為中國自由貿易區戰略的提出累積了寶貴經驗。2005年10月11日，《中共中央關於制定國民經濟和社會發展第十一個五年計劃的建議》指出，中國將積極參與多邊貿易談判，推動區域和雙邊經濟合作，促進全球貿易和投資自由便利化。2007年，中共十七大報告明確提出要「實施自由貿易區戰略，加強雙邊多邊經貿合作」，將自由貿易區建設上升為國家戰略。這有利於中國在各大貿易集團的激烈競爭中爭取主動，促進經濟社會健康發展，實現國家整體利益。

（二）中國自由貿易區戰略的實踐歷程

中共十八屆三中全會通過的《中共中央關於全面深化改革若干重大問題的決定》中明確提出「加快自由貿易區建設。堅持世界貿易體制規制，堅持雙邊、多邊、區域次區域開放合作，擴大同各國各地區利益匯合點，以周邊為基礎加快實施自由貿易區戰略」。截至2019年7月底，中國已初步形成了以周邊國家和地區為基礎，面向全球的自由貿易區網絡。縱觀中國自由貿易區建設歷程，大致可以分為三個階段：

1. 起步階段（2001—2005年）

2002年11月4日，在柬埔寨首都金邊舉行的第六次中國-東盟領導人非

正式會議上，中國與東盟簽署了《中國-東盟全面經濟合作框架協議》，提出在10年內建成中國-東盟自由貿易區。為了盡快享受到自貿區設立帶來的成果，中國與東盟決定從2004年1月1日開始實施「早期收穫計劃」，同年年底，雙方達成了《貨物貿易協議》與《爭端解決機制協議》，於2007年和2009年分別簽署了《服務貿易協議》和《投資協議》，全面放開了區域內的貿易和投資限制，標誌著中國-東盟自由貿易區協定的主體框架已經成形。儘管第一個自由貿易區協定採取了「早期收穫」——「過渡時期」——「全面建成」的分佈式協議，仍給後續自由貿易區協定的談判奠定了堅實的基礎。

2. 快速發展階段（2005—2010年）

此階段共建成了中國-智利、中國-巴基斯坦、中國-新西蘭和中國-新加坡四個自由貿易區。2005年11月18日，中國和智利兩國政府代表在韓國釜山簽署了《中華人民共和國政府和智利共和國政府自由貿易協議》，這一協議於2006年7月1日生效，隨後於2008年4月13日簽訂了「中國-智利自由貿易區服務貿易協議」，於2010年8月1日生效，2012年9月9日，雙邊政府簽訂了「自由貿易區投資協議」，標誌著中國-智利自由貿易區建設全面完成，這一協定是中國與拉美國家簽訂的第一個自由貿易協議。

中國和新西蘭兩國在歷時3年的談判後，於2008年4月4日正式簽署了《中華人民共和國政府和新西蘭政府自由貿易協議》，協議從2008年10月1日起生效，宣告中國第一個與發達國家之間的自貿區成功建立，而且該協議一改之前分佈式的做法，採用了標準的一攬子協議形式。

該階段的自由貿易區夥伴以南南合作，發展中國家或者是開放型發達小國為主，談判難度較低。

3. 後金融危機時期發展新階段（2010年至今）

2008年金融危機爆發，全球貿易保護主義抬頭，貿易摩擦加劇，世界貿易組織多哈回合談判陷入僵局，中國及時把握時機，積極參與區域經濟合作，加快實施自由貿易區戰略。

這一階段，中國的自貿區戰略以全面、高質量和利益平衡為目標，引入「高水準，高標準二十一世紀議題」與國際規則接軌，擴大自由貿易協定涵蓋

範疇與規模，謀求中美、中歐雙邊 BIT 談判等，初步形成了周邊自貿平臺和全球自貿區網絡。這一時期自由貿易區的新發展以在東北亞地區建立的第一個自由貿易區——中韓自由貿易區和首次與經濟總量較大發達經濟體的自由貿易區——中澳自由貿易區為代表。

這兩個自由貿易區協議不僅涵蓋了傳統的貨物貿易、服務貿易、投資、原產地規則等議題，還涉及了電子商務、競爭政策、知識產權、政府採購以及環境等貿易新規則中的議題，大大提高了中國自貿區建設的深度和廣度，也為中國今後自貿區建設提供了有益的參考和借鑑，特別是為中國今後對外區域貿易協定談判設定了基調，有利於中國的貿易體制制度與國際「高標準」貿易投資規則實現對接。中韓和中澳自貿區的建立充分表明，中國有信心、有能力與各貿易夥伴建立更加緊密的貿易關係，繼續堅定不移地深化改革，推進對外開放。特別是中國和澳大利亞兩個國家都是亞太地區的重要國家，中澳自由貿易協定將成為亞太自由貿易區的堅實基礎，有助於推動亞太經濟一體化進程，促進亞太地區各經濟體的深度融合和共同發展。

二、中國自由貿易區戰略的實踐成效

（一）中國自由貿易區建設成效

中國自由貿易區戰略經過十幾年的發展，逐漸從數量少、水準低、漸進型的初始階段步入發展壯大的新階段，發展至今，不僅突破量的累積，更看重質的提高，以更高水準的開放、更廣的涵蓋範圍為發展目標。

有關數據顯示，截至 2019 年 7 月，中國已簽署並生效的自由貿易協定 19 個，涉及 25 個國家和地區，在談判的自由貿易協定 13 個，涉及 30 個國家，在研究的自由貿易協定 10 個。此外，截至 2019 年 6 月底，中國還同 149 個國家簽署了雙邊投資協定，其中 128 個已生效。[1] 相關情況見表 13-1。

---

[1] 數據來源：UNCTAD 網站。http://investmentpolicyhub.unctad.org/IIA/IiasByCountry#iiaInnerMenu。

表 13-1　中國自由貿易區建設成果

進程	自由貿易協定/自由貿易安排	涉及領域
已簽署協議的自貿區	1. 內地與香港更緊密經貿關係安排（CEPA，2004年1月1日生效）	貨物貿易、服務貿易、投資便利化、投資貿易促進、產業合作、知識產權保護和品牌合作等
	2. 內地與澳門更緊密經貿關係安排（CEPA，2005年1月1日生效）	貨物貿易、服務貿易、投資便利化、投資貿易促進、產業合作、知識產權保護和品牌合作等
	3. 中國-東盟FTA（2002年11月4日簽署《中國-東盟全面經濟合作框架協議》；2004年1月1日早期收穫計劃實施；《貨物貿易協議》2005年7月開始實施；《服務貿易協議》2007年7月起實施；2010年全面啟動）	貨物貿易和服務貿易
	4. 中國-東盟（「10+1」）升級FTA（2015年11月22日簽署《中華人民共和國與東南亞國家聯盟關於修訂〈中國-東盟全面經濟合作框架協議〉及項下部分協議的議定書》，是中國在已有自貿區基礎上完成的第一個升級協議）	貨物貿易、服務貿易、投資和經濟合作等
	5. 中國-智利FTA（2006年10月1日生效）	貨物貿易和服務貿易
	6. 中國-巴基斯坦FTA（早期收穫協定於2006年1月1日起施行；自由貿易協定於2007年7月起實施；服務貿易協定於2009年2月21日簽署）	貨物貿易和服務貿易
	7. 中國-紐西蘭FTA（2008年10月1日生效，這是中國與發達國家簽署的第一個自由貿易協定）	貨物貿易、服務貿易、人員流動和投資
	8. 中國-新加坡FTA（2009年1月1日生效）	貨物貿易、服務貿易、人員流動、海關程序等
	9. 中國-秘魯FTA（2010年3月1日生效）	貨物貿易、服務貿易、投資、知識產權、貿易救濟、原產地規則、海關程序及貿易便利化、技術性貿易壁壘、衛生和植物衛生措施等
	10. 中國-哥斯達黎加FTA（2011年8月1日生效）	貨物貿易、服務貿易、知識產權、貿易救濟、原產地規則、海關程序、技術性貿易壁壘、衛生和植物衛生措施、合作等
	11. 中國-冰島FTA（2014年7月1日生效，是中國與歐洲國家簽署的第一個自由貿易協定）	貨物貿易、服務貿易和投資等
	12. 中國-瑞士FTA（2014年7月1日生效）	貨物貿易、服務貿易、投資、知識產權、競爭、環境等
	13. 中國-韓國FTA（2015年12月20日生效）	原產地規則、海關程序及貿易便利化、衛生與植物衛生措施、國民待遇與市場准入、技術性貿易壁壘、貿易救濟、服務貿易、金融服務、投資、電子商務、知識產權、經濟合作等
	14. 中國-澳大利亞FTA（2015年12月20日生效，在服務貿易領域，澳大利亞是首個對中國以負面清單方式作出服務貿易承諾的國家）	貨物貿易、服務貿易、原產地規則和實施程序、海關程序及貿易便利化、衛生與植物衛生措施、技術性貿易壁壘、貿易救濟、投資、透明度、自然人移動、電子商務、知識產權等
	15. 中國-喬治亞共和國FTA（2017年5月13日簽署，2018年1月1日生效，是中國與歐亞地區第一個簽署自由貿易協定的國家）	貨物貿易、服務貿易、原產地規則、海關程序和貿易便利化、衛生與植物衛生措施、技術性貿易壁壘、貿易救濟、知識產權等

第十三章　參與全球經濟治理與新中國貿易投資制度演進

表13-1(續)

進程	自由貿易協定/自由貿易安排	涉及領域
已簽署協議的自貿區	16. 中國-馬爾地夫 FTA（2017年12月7日簽署）	貨物貿易、服務貿易、投資、經濟技術合作、原產地規則、海關程序和貿易便利化、貿易救濟、技術性貿易壁壘、衛生與植物衛生措施等
	17. 中國-新加坡自貿協定升級（2018年11月12日簽署《自由貿易協定升級議定書》）	服務貿易、投資、原產地規則、海關程序、貿易救濟、經濟合作、電子商務、競爭政策和環境等
	18. 中國-智利自貿協定升級［2017年11月11日簽署《中華人民共和國政府與智利共和國政府關於修訂（自由貿易協定）及（自由貿易協定關於服務貿易的補充協定）的議定書》，2019年3月1日正式生效］	貨物貿易、服務貿易、原產地規則、經濟技術合作、電子商務、競爭、環境與貿易
	19. 中國-巴基斯坦自貿協定第二階段談判［2015年11月《中華人民共和國政府和巴基斯坦伊斯蘭共和國政府自由貿易區服務貿易協定銀行業服務議定書》正式生效；2019年4月28日中巴兩國簽署《中華人民共和國政府和巴基斯坦伊斯蘭共和國政府關於修訂（自由貿易協定）的議定書》］	貨物貿易、服務貿易、原產地規則、貿易救濟、投資、海關合作等
正在談判的自貿區	1. 中國-海合會 FTA（2005年5月首輪自貿區談判，2016年1月中國與海合會恢復自貿協定談判，實質性結束貨物貿易談判；2016年12月第九輪談判結束，15個談判議題中的9個結束談判）	貨物貿易、服務貿易、投資、電子商務
	2. 中國-挪威 FTA（2007年6月進行可行性研究，2008年9月正式啟動自貿區談判，2019年6月24—27日進行了第十五輪自貿協定談判）	貨物貿易、服務貿易、投資、技術性貿易壁壘、環境、競爭政策、電子商務、政府採購、衛生與植物衛生措施、貿易救濟、爭端解決和法律等
	3. 中日韓 FTA（2012年11月正式啟動，2019年4月12日進行第十二輪談判）	貨物貿易、服務貿易、投資、規則等
	4. 區域全面經濟合作夥伴關係協定（RCEP，2013年5月正式啟動，2017年11月首次領導人會議並發表聯合聲明，2019年6月25日至7月3日舉行第26輪談判）	貨物貿易、服務貿易、投資、原產地規則、貿易救濟、金融、電信、知識產權、電子商務、法律與機制等
	5. 中國-斯里蘭卡 FTA（2013年8月中斯自貿區聯合可行性研究，2014年9月進行首輪談判，2017年1月進行第五輪談判）	貨物貿易、服務貿易、投資、經濟技術合作、原產地規則、海關程序和貿易便利化、技術性貿易壁壘和衛生與植物衛生措施、貿易救濟等
	6. 中國-以色列 FTA（2016年3月正式啟動自貿協定談判；2019年5月20-23日進行第六輪談判）	貨物貿易、服務貿易和自然人移動、貿易救濟、投資、經濟技術合作、知識產權、競爭政策、電子商務、爭端解決和其他法律問題
	7. 中國-韓國自由貿易協定第二階段談判（中韓自貿協定於2015年12月20日正式生效，2018年3月22日中韓自貿協定第二階段首輪談判，2019年3月29日舉行第二階段第四輪談判，首次使用負面清單方式進行服務貿易和投資談判的自由貿易協定談判）	原產地規則、海關程序及貿易便利化、衛生與植物衛生措施、國民待遇與市場准入、技術性貿易壁壘、貿易救濟、服務貿易、金融服務、投資、電子商務、知識產權、經濟合作等

551

表13-1(續)

進程	自由貿易協定/自由貿易安排	涉及領域
正在談判的自貿區	8. 中國-模里西斯FTA（中毛自貿協定2017年12月正式啓動，2018年8月30日結束談判，是中國與非洲國家商簽的第一個自由貿易協定）	貨物貿易、服務貿易、投資、經濟合作等
	9. 中國-摩爾多瓦FTA（2017年12月28日，中摩兩國正式啓動自貿協定談判，2018年3月5—6日進行了第二輪談判）	貨物貿易、服務貿易、投資、經濟技術合作、機制條款和爭端解決等
	10. 中國-新西蘭自貿協定升級談判（2017年4月啓動升級談判，2018年11月28—30日進行第六輪談判）	技術性貿易壁壘、海關程序與貿易便利化、原產地規則、服務貿易、投資、競爭政策、電子商務、農業合作、環境、政府採購等
	11.9. 中國-巴拿馬FTA（2018年6月12日，中巴兩國正式啓動自貿協定談判，2019年4月24—26日進行了第五輪談判）	貨物貿易、服務貿易、金融服務、投資、原產地規則、海關程序和貿易便利化、貿易救濟、貿易經濟合作和法律等
	12. 中國-巴勒斯坦FTA（2019年1月30日，中巴啓動自貿區談判）	談判基本原則、協定領域範圍、談判推進方式等
	13. 中國-秘魯自貿協定升級談判（2019年4月1—4日啓動升級談判，2019年6月17—19日進行第二輪談判）	服務貿易、投資、海關程序與貿易便利化、原產地規則、衛生與植物衛生措施、知識產權、電子商務和競爭政策等
正在研究的自貿區	1. 中國-尼泊爾FTA（2016年3月21日啓動自貿協定聯合可行性研究並簽署諒解備忘錄）	暫無
	2. 中國-哥倫比亞FTA（2012年正式啓動兩國自貿區聯合可行性研究）	暫無
	3. 中國-摩爾多瓦FTA	暫無
	4. 中國-斐濟FTA	暫無
	5. 中國-巴紐FTA	暫無
	6. 中國-加拿大FTA（2016年9月正式啓動可行性研究，2017年9月進行第四次會議）	暫無
	7. 中國-孟加拉FTA	暫無
	8. 中國-模里西斯FTA	暫無
	9. 中國-蒙古FTA（2017年5月正式啓動可行性研究）	暫無
	10. 中國-瑞士自貿協定升級聯合研究（2017年1月正式啓動升級研究，2018年3月27第二次會議）	暫無

資料來源：鄧敏，顧磊. 中國對外貿易概論［M］. 成都：西南財經大學出版社，2016：71-72；中國自由貿易區服務網，http://fta.mofcom.gov.cn/index.shtml。

(二) 中國自由貿易區建設的特點

1. 從南南合作向全球網絡覆蓋發展

早期自由貿易協定的談判多從周邊國家著手，具有明顯的「南南型」合作特徵。涉及的國家多數為發展中國家和地區，後期則拓展了歐洲、拉丁美

洲等國家的貿易關係，逐漸將自由貿易區網絡織向全球。

2. 合作領域不斷拓展加深

早期簽訂的自由貿易區協定多數只涉及傳統貿易和投資議題，規則也主要涉及貿易自由化、貿易救濟、原產地規則、技術性貿易壁壘等。後金融危機時期簽訂的自由貿易協定不僅涉及傳統議題，而且將傳統規則進一步進行細化和深化，拓展到深度一體化議題如法規監管和透明度等，將發達國家自貿區協定（如TPP、TTIP）的內容如環境規則、知識產權、政府採購、電子商務、競爭政策等納入，合作領域的拓展加深，是中國自由貿易區建設的重要特點和趨勢。

三、中國自由貿易區戰略對貿易投資制度的影響

在總結過去十多年自由貿易區戰略實施經驗的基礎上，2015年，國務院發布《國務院關於加快實施自由貿易區戰略的若干意見》，明確提出中國將來建立立足周邊，輻射「一帶一路」，面向全球的高標準自由貿易區網絡，進一步指出深度參與國際規則的制定是中國實施自由貿易區戰略的重要目標。所以，加快實施自由貿易區戰略，一方面可以促進中國深度參與國際經濟新規則的制定，以開放促改革，使中國深度融入經濟全球化；另一方面也是中國參與全球經濟治理，搭建全球經貿新規則框架體系的重要途徑。

（一）中國自貿區戰略對中國貿易投資制度的影響

通過對後金融危機時代簽署的自由貿易協定文本的總結發現，中國自由貿易協定涉及的規則正在努力同國際經貿新規則相接軌，市場准入開放水準、自由化程度、涵蓋內容與之前的自由貿易協定相比都有了明顯的進步，可以說是對自由貿易協定框架下經貿新規則的試行和突破。

1. 公平競爭規則：知識產權和競爭政策

後金融危機時期簽訂的中國-秘魯、中國-哥斯達黎加、中國-瑞士、中國-韓國、中國-澳大利亞和中國-格魯吉亞自由貿易協定都單獨成章，擬定了知識產權議題，充分體現了中國對新形勢下國際經貿新規則的關注和積極

參與的態度。特別是中國-韓國和中國-澳大利亞自由貿易協定中關於知識產權的條款除了基本遵循 TRIPS 以外，協定還包括特定貿易方式涉及的知識產權問題、網絡侵權問題等。此外，協定還規定雙邊的知識產權合作應該保證行政機關知識產權政策交換信息；提供技術協助和培訓課程；對本國知識產權制度執行方面的改變和發展予以通知。這些內容對中國知識產權保護制度的改革和監管具有很好的窗口效應，也為中國主動參與國際知識產權新規則談判提供了經驗，有助於提高知識產權領域對外合作水準。

中國-韓國和中國-格魯吉亞自由貿易協定提出「反競爭商業行為」，規定應當遵循中國的《反壟斷法》（及其修正案）以及韓國和格魯吉亞國內競爭法。但是與歐美發達國家上百年的競爭政策經驗相比，中國在運用競爭政策方面尚處在起步階段。中國企業在競爭政策規制領域的法律意識相對淡薄，自由貿易區協定涉及的競爭政策規則有利於倒逼國內加快建立健全競爭政策和競爭立法，進而促進中國積極參與競爭政策的國際協調，提高中國市場化改革的效率。

2. 貿易便利化措施與政策協調

中國-韓國、中國-秘魯、中國-澳大利亞和中國-馬爾代夫自由貿易協定都含獨立的「海關程序與貿易便利化」章節，承諾監管政策的一致性、透明性和海關合作以及相關風險管理，都設定了海關委員會，確認雙邊有關便利化的貿易改進完善領域。中國-秘魯自貿協定還單列了「無紙化環境下自動化系統的應用」，以支持無紙化貿易環境，應用低成本、高效率的信息技術加快貨物放行程序；中國-澳大利亞自由貿易協定針對澳大利亞對中國出口產品的特殊性，加入了對易腐貨物優先安排查驗，最短時間內允許放行以及放行前的適當儲存安排。這充分體現了中國依據不同國家國內法律、監管制度上的差異而做出的政策協調，有利於自貿區協定的談判。作為全球第二大經濟體及最大貨物貿易國，推進貿易便利化必然會帶來諸如通關效率提高、降低貿易成本、提高企業競爭力、增加對外貿易量、帶動收入與就業、增加政府收入以及促進跨境電子商務新興貿易業態發展等效應。

3. 外商投資和服務貿易新規則：准入前國民待遇與負面清單管理制度

在中國-韓國自貿協定第二階段的談判中，中國首次加入准入前國民待遇和負面清單管理模式，同時中國國內的自由貿易試驗區也試行服務貿易和投資准入前國民待遇和負面清單管理模式。這樣，通過國內經濟體制改革和涉外經濟體制改革，促進國內政策與國際經濟新規則的對接，有利於中國改革完善服務業和投資的管理模式，為中國服務業發展和外商直接投資發展創造良好的政策環境，促進更高水準的對外開放和貿易投資的自由化。

(二) 中國自貿區戰略對世界貿易投資制度的影響

由於中國是最大的發展中國家，與廣大的發展中國家、新興市場有著共同的利益訴求和出發點，通過積極參與當前國際經貿新規則的調整與變動，加入到規則體系的改革中，不僅可以改變自身被以美國為代表的發達國家排擠在規則制定之外的狀況，而且通過充分利用國際談判，提出中國的利益訴求，學習規則、運用規則、最終實現參與規則制定的目標，還能夠為維護廣大發展中國家的國家利益發出中國的聲音，為廣大發展中國家謀取發展。

中國作為廣大發展中國家的代表，通過雙邊、多邊自貿區談判等渠道和途徑，建立大國新型關係的合作對話機制，增強互相理解與信任，爭取道義支持；在提高話語權的基礎上，倡議和主導適合發展中國家的貿易新規則，如當前亞太地區 APEC 合作機制下，提倡以全球價值鏈視角解讀亞太生產鏈和區域生產網絡，構建亞太地區價值鏈數據庫，便是中國倡議和主導的一項貿易新規則。[①]

---

① 張琳. 國際經貿新規則：中國自貿區的實踐與探索 [J]. 世界經濟與政治論壇，2015 (5)：140-157.

第四節　踐行「一帶一路」倡議與中國貿易投資制度建設

「一帶一路」（The Belt and Road，B&R）是「絲綢之路經濟帶」和「21世紀海上絲綢之路」的簡稱，是中國為推動全人類的進步，實現中華民族的偉大復興而提出的偉大倡議。2013年9月，習近平訪問哈薩克斯坦，在納扎爾巴耶夫大學發表演講時提出共建「絲綢之路經濟帶」倡議。同年10月，在亞太經合組織領導人的非正式會議期間，習近平又提出了建設「21世紀海上絲綢之路」的倡議。這兩個倡議合稱「一帶一路」倡議。

一、「一帶一路」倡議的提出

「一帶一路」倡議的理念是高舉和平發展的旗幟，謀求合作與發展，旨在促進經濟要素有序自由流動，資源高效配置和市場深度融合，推動「一帶一路」各國實現經濟政策協調，開展更大範圍、更高水準、更深層次的合作，共同打造政治互信、經濟融合、文化包容的利益共同體、責任共同體、命運共同體。「一帶一路」倡議的提出，有著深刻而特殊的背景。

（一）「一帶一路」倡議提出的背景

1.「一帶一路」倡議提出的歷史淵源

古代「陸上絲綢之路」由中國西漢使者張騫（公元前2世紀至公元前1世紀之間）首次開拓，其出使西域，開闢了一條以長安（今陝西西安）為起點，連接西亞、中東、東歐直到歐洲的陸上通道。陸上絲綢之路的最初作用是運輸中國古代生產的絲綢、茶葉和瓷器等商品，並將歐洲、中東、西亞的商品輸入中國，是東西方貿易往來的重要通道。

古代海上絲綢之路，指古代中國與世界其他國家和地區進行經濟、政治、文化交流的海上通道。海上絲綢之路從中國的廣州、泉州、杭州和揚州等港口出發，形成三條不同的航線：東洋航線由中國海港至朝鮮、日本；南洋航

第十三章　參與全球經濟治理與新中國貿易投資制度演進

線由中國海港至東南亞國家；西洋航線由中國海港至南亞、阿拉伯和東非沿海國家。海上絲綢之路起始於秦漢時期，發展於三國至隋唐時期，繁榮於唐宋時期，明初達到頂峰，是目前已知的最早的海上航線。

「一帶一路」倡議包含「絲綢之路經濟帶」和「21世紀海上絲綢之路」，正好對應古代中國的陸上絲綢之路和海上絲綢之路。21世紀「一帶一路」倡議的提出就是要挖掘古代絲綢之路經濟文化交流的重要歷史價值。

2.「一帶一路」倡議提出的時代背景

（1）經濟全球化進程中錯綜複雜的國際形勢

隨著科學技術的進步，經濟發展速度不斷加快，世界各國之間的聯繫日益緊密，相互依存日益加深，世界經濟政治的複雜變化既給各國的政治經濟發展帶來了機遇，又使各國面臨嚴峻的考驗。國際金融危機導致各國經濟遭受嚴重損失，金融領域仍然存在較多風險，整體復甦艱難曲折、發展分化，導致各種形式的保護主義抬頭，國際貿易投資格局和多邊投資貿易規則醞釀深刻調整。「一帶一路」剛好為各經濟體、各區域提供合作平臺，以應對復甦乏力的全球經濟形勢，力爭實現共贏，為人類和平發展做出更大的貢獻。

（2）區域經濟深化發展和全方位開放新格局

改革開放以來，中國與中亞、東南亞等周邊國家和地區的經濟貿易往來不斷深入和頻繁，經濟聯結更加緊密，相互依存度不斷提高。

「一帶一路」倡議可以使中國充分利用自身優勢與中亞、東南亞周邊國家地區不斷加強經濟聯繫與合作，擴大沿海地區開放，加快西部和東北亞地區的開放步伐，形成多層次、全方位的開放新格局。而且中亞、東南亞等地區基礎設施建設較為落後，投融資缺口巨大等問題已經開始掣肘這些地區經濟的長期可持續發展，「一帶一路」倡議致力於進一步推動基礎設施建設，對推動這些地區的發展有重要作用。

（3）大國經濟治理制度主導權的挑戰和威脅

發達國家經濟實力雖然相對下降，但在短期內其主導和影響世界經濟的能力仍未發生根本變化，仍是控制全球經濟治理的主要力量。美國為了維持其全球霸權的需要，提出構建「新絲綢之路」，並主導TPP和TTIP等區域貿

易協定的談判，企圖掌握和影響全球經濟治理新規則制定的主導權，遏制中國的發展。而且國際間和大國間的競爭和矛盾日趨激烈，不斷發生新的變化。中國要有長期與之和平共處的理念，不斷提高中國應對國際市場的能力。「一帶一路」倡議包容、開放的理念，有利於促進經濟要素有序自由流動、資源高效配置和市場深度融合，推動沿線國家經濟政策協調，不斷提高應對全球經濟發展中的風險的能力。

(二)「一帶一路」倡議的提出和確立

「一帶一路」倡議是中國在經濟全球化新形勢下為建立開放型世界所提出的倡議，也是中國新時期形成全方位開放新格局的一個重要戰略部署。

從世界經濟態勢與政治格局發生新變化的客觀形勢出發，習近平總書記於2013年4月出席博鰲亞洲論壇年會時提到，「中國將加快同周邊地區的互聯互通建設，積極探討搭建地區性融資平臺，促進區域內經濟融合，提高地區競爭力」[1]。

如何穩定周邊、實現沿線繁榮，提升區域整體競爭力？中國政府的答案是以共同發展、公平發展、和平發展、開放發展和可持續發展為理念，以共商、共建、共享為原則引領新一輪世界經濟社會發展的浪潮。隨後，習近平總書記外出訪問時在講話中提出了「絲綢之路經濟帶」和21世紀「海上絲綢之路」戰略構想。

2013年9月7日，習近平在哈薩克斯坦納扎爾巴耶夫大學發表題為《弘揚人民友誼 共創美好未來》的演講時表示：「為了使各國經濟聯繫更加緊密、相互合作更加深入、發展空間更加廣闊，我們可以用創新的合作模式，共同建設絲綢之路經濟帶。」[2]

2013年10月3日，習近平在印度尼西亞國會發表重要演講時表示，中國願同東盟國家加強海上合作，使用好中國政府建設的中國-東盟海上合作基金，

---

[1] 習近平. 共同創造亞洲和世界的美好未來 [J]. 中國產業, 2013 (4)：28-29.
[2] 習近平. 弘揚人民友誼 共創美好未來：在納扎爾巴耶夫大學的演講（全文）[N]. 人民日報, 2013-09-08 (1).

第十三章　參與全球經濟治理與新中國貿易投資制度演進

發展好海洋合作夥伴關係,共同建設 21 世紀「海上絲綢之路」。①

2013 年 11 月 2 日,中共十八屆三中全會通過了《中共中央關於全面深化改革若干重大問題的決定》,指出推進絲綢之路經濟帶、21 世紀海上絲綢之路建設,形成全方位開放新格局。此次會議將「絲綢之路經濟帶」和 21 世紀「海上絲綢之路」戰略構想正式合併為「一帶一路」倡議,上升為國家級重大戰略。

「一帶一路」倡議自提出開始,就成為中國領導人不遺餘力、親自推動的重大工程。從首次提出絲綢之路經濟帶到 2014 年 10 月,習近平和李克強的 13 次出國訪問中有 11 次涉及了對「一帶一路」建設的推介與期待。這意味著「一帶一路」倡議並非中短期的合作項目,也不僅僅是中國「西向發展」的區域性規劃,而是中國國家重大戰略中對外戰略的重要組成部分。

2014 年 11 月 4 日,中共中央財經領導小組第八次會議研究絲綢之路經濟帶和 21 世紀海上絲綢之路規劃、發起建立亞洲基礎設施投資銀行和設立絲路基金。習近平強調要集中力量辦好這件大事,秉持親、誠、惠、容的周邊外交理念,近睦遠交,使沿線國家對中國更認同、更親近、更支持。2015 年 3 月 5 日,政府工作報告提出要把「一帶一路」建設與區域開發開放結合起來,加強新歐亞大陸橋、陸海口岸支點建設。

2015 年 3 月 28 日,中國國家發展與改革委員會、外交部和商務部聯合發布《推動共建絲綢之路經濟帶和 21 世紀海上絲綢之路的願景與行動》文件,對「一帶一路」倡議做出了相對完整和明確的界定。文件指出「一帶一路」建設是一項系統工程,要堅持共商、共建、共享原則,積極推進沿線國家發展戰略的相互對接。共建「一帶一路」旨在促進經濟要素有序自由流動、資源高效配置和市場深度融合,推動沿線國家實現經濟政策協調、開展更大範圍、更高水準、更深層次的區域合作,共同打造開放、包容、均衡、普惠的區域經濟合作架構。文件進一步對踐行「一帶一路」倡議的原則、合作領域、

---

① 習近平. 攜手建設中國-東盟命運共同體:在印度尼西亞國會的演講 [OB/OL]. [2013-10-03]. http://cpc.people.com.cn/n/2013/1004/c64094-23104126.html.

合作框架等內容進行詳細規劃，至此，中國主導的「一帶一路」倡議正式進入實踐階段。

二、「一帶一路」倡議的發展與成就

「一帶一路」倡議提出六年（2013—2019）來，從頂層設計、政策溝通、設施聯通、貿易暢通、資金融通、民心相通等方面入手，加強與沿線國家的溝通磋商，推動沿線國家的務實合作，初步取得階段性成果。

（一）「一帶一路」倡議的發展

「一帶一路」建設，是一項宏大系統工程，涉及面廣、跨越時間長、建設任務重，需要加強組織和領導，統籌做好對內、對外兩方面工作。為此，中國政府成立了推進「一帶一路」建設工作領導小組，指導和協調推進「一帶一路」建設。截至 2019 年 2 月底，推進「一帶一路」建設工作領導小組共召開 9 次會議，梳理總結過往工作並督促後續事項有規劃的實施。

2015 年 2 月 1 日，推進「一帶一路」建設工作會議明確要貫徹落實習近平提出的「一帶一路」倡議，同時要求高舉和平、發展、合作、共贏旗幟，秉承親、誠、惠、容的外交理念，以政策溝通、設施聯通、貿易暢通、資金融通、民心相通為主要內容，積極推進「一帶一路」建設。在此基礎上，會議安排部署了 2015 年及後期推進「一帶一路」建設的重大事項和重點工作，強調「一帶一路」建設是一項宏大系統工程，要有力有序有效推進，確保「一帶一路」建設工作開好局、起好步。要把握重點方向，陸上依託國際大通道，以重點經貿產業園區為合作平臺，共同打造若干國際經濟合作走廊；海上依託重點港口城市，共同打造通暢安全高效的運輸大通道。要強化規劃引領，把長期目標任務和近期工作結合起來，加強對工作的具體指導。要抓好重點項目，以基礎設施互聯互通為突破口，發揮推進「一帶一路」建設的基礎性作用和示範效應。要暢通投資貿易，著力推進投資和貿易便利化，營造區域內良好營商環境，抓好境外合作園區建設，推動形成區域經濟合作共贏發展新格局。要拓寬金融合作，加快構建強有力的投融資渠道支撐，強化

第十三章　參與全球經濟治理與新中國貿易投資制度演進

「一帶一路」建設的資金保障。要促進人文交流，傳承和弘揚古絲綢之路友好合作精神，夯實「一帶一路」建設的民意和社會基礎。要保護生態環境，遵守法律法規，履行社會責任，共同建設綠色、和諧、共贏的「一帶一路」。要加強溝通磋商，充分發揮多邊雙邊、區域次區域合作機制和平臺的作用，擴大利益契合點，謀求共同發展、共同繁榮，攜手推進「一帶一路」建設。[1] 此次會議為後續「一帶一路」建設定下了基調，突出抓重點方向、重點國家、重點項目，對實現貨物、服務、要素和資金等在區域內自由流通，實現共建共享有重要意義。

2015年7月21日，「一帶一路」建設推進工作會議第2次會議在總結前一段工作的基礎上，圍繞重點方向、重點國家、重點項目，進一步研究部署了下一階段工作。強調要著力推進新亞歐大陸橋、中蒙俄、中國-中亞-西亞、中國-中南半島、中巴、孟中印緬六大國際經濟走廊建設。要聚焦重點國家，積極推動長期友好合作，共同打造互信、融合、包容的利益共同體、責任共同體、命運共同體。要加強重點領域，以互聯互通和產業合作為支點，促進國際產能合作和優勢互補，推動務實互利合作向寬領域發展。要抓好重點項目，打造一批具有基礎性作用和示範效應的標誌性工程，抓緊建立權威、規範、全面的「一帶一路」重大項目儲備庫。要加強指導和協調，突出重點地區，明確各省區市的定位，發揮各地比較優勢，加強東中西合作，實現良性互動，在參與「一帶一路」建設中形成全國一盤棋。這些部署為「一帶一路」建設各項工作有力有序有效推進奠定了基礎。

2016年1月15日，「一帶一路」建設推進工作會議在總結2015年「一帶一路」建設工作的基礎上，研究了2016年總體工作思路，部署了下一步重點工作。強調要牢固樹立和貫徹落實創新、協調、綠色、開放、共享的發展理念，瞄準重點方向、重點國家、重點項目，推動「一帶一路」建設取得新的更大成效；要加強戰略對接，通過商簽合作協議等合作方式，與沿線國家形

---

[1] 中國一帶一路網. 關於歷次推進「一帶一路」建設工作領導小組會議匯總［EB/OL］. (2019-02-21)［2019-06-28］. https://www.yidaiyilu.gov.cn/sy/zlbw/80193.htm.

成利益「最大公約數」；要以基礎設施互聯互通為先導，陸上依託國際大通道，共同打造國際經濟合作走廊，海上以重點港口為節點，共同建設運輸大通道。要深化經貿務實合作，與有關國家簽署投資保護協定，提高投資、貿易、人員往來便利化水準；要推動人文交流，保護生態環境，共同建設綠色、和諧、共贏的「一帶一路」；要健全保障體系，完善財稅、金融、海關、質檢等方面政策，強化對「一帶一路」建設的支撐；要完善和用好各類交流合作平臺，為「一帶一路」建設營造良好的政治、輿論、商業、民意氛圍。此次「一帶一路」建設推進工作會議提出重點工作即為戰略對接、設施互聯互通和貿易流通建設，為後續全面深入合作打造了良好基礎。

為了保證建設工作順利實施，2016年9月13日，「一帶一路」建設推進工作會議在總結前期建設進度的基礎上，提出要加強頂層設計、規劃引領，適應沿線國家發展要求，進一步研究出抬推進「一帶一路」建設的政策措施，盡快形成「一帶一路」建設規劃實施體系和政策保障體系。強調要加強戰略對接，落實好已簽署的30多個共建「一帶一路」政府間合作備忘錄，建立「一國一策」互利共贏的合作方式；要加強統籌協調，堅持陸海統籌、內外統籌、政企統籌，推動形成全方位對外開放、東中西聯動發展的局面。

2016年是「一帶一路」建設全面推進之年，取得了超出預期的建設成果。在此基礎上，2017年2月10日召開的「一帶一路」建設推進工作會議強調要深入貫徹習近平在推進「一帶一路」建設工作座談會上的重要講話精神，堅持穩中求進工作總基調，力爭在一些重點領域取得新的重要突破，推動「一帶一路」建設取得更大進展。此次會議規劃並實施的第一屆「一帶一路」國際合作高峰論壇於2017年5月14日成功舉行，為沿線各方提供了重要的溝通交流平臺。論壇取得了豐碩成果，進一步明確了未來的合作方向，規劃了「一帶一路」建設的具體路線圖，確定了一批重點項目。

2017年6月16日，「一帶一路」建設推進工作會議提出要正確把握高峰論壇創造的機遇，以建設和平、繁榮、開放、創新、文明之路為前進方向，紮實做好推進「一帶一路」建設的各項工作。強調要加強同沿線國家的發展戰略對接，全面提高中國境外安全保障能力，營造共建共享的安全格局，打

第十三章　參與全球經濟治理與新中國貿易投資制度演進

造和平絲綢之路；要聚焦發展這個根本，繼續把互聯互通和產業合作作為「一帶一路」建設合作的重點領域，打造繁榮絲綢之路；要堅定不移維護多邊貿易體制，深化投資合作，促進貿易和投資便利化，打造開放絲綢之路；要堅持創新驅動發展，加強互聯網、大數據、雲計算、數字經濟、人工智能、納米技術等領域合作，積極開展環境保護、生態修復、循環經濟等領域合作，打造創新絲綢之路；要加強多層次、寬領域的人文交流合作，搭建更多合作平臺，開闢更多合作渠道，打造文明絲綢之路。會議還強調要全力以赴抓好高峰論壇成果的落實，著眼於重點方向、重點國家、重點項目，聚焦「五通」，力爭早日收穫更多新成果。

基於前期工作情況，2018年1月6日，「一帶一路」建設推進工作會議強調要凝聚更加廣泛的合作共識，加強戰略對接、規劃對接、機制平臺對接，增強共建「一帶一路」的國際感召力。要加強互聯互通合作，大力推進基礎設施「硬聯通」和政策規則標準「軟聯通」，繼續實施好一批示範項目。要提升經貿投資合作水準，深化國際產能合作，增添沿線國家共同發展新動力。要創新金融產品和服務，發揮好各類金融機構作用，提高金融服務「一帶一路」建設的水準。要拓展人文交流合作，夯實「一帶一路」建設的民意基礎。要積極履行社會責任，加強生態環境保護，共同建設綠色絲綢之路。要繼續做好風險評估和應急處置等工作，強化「一帶一路」建設安全保障。會議指出，下一步要認真貫徹中共十九大和中央經濟工作會議精神，以習近平新時代中國特色社會主義思想為指導，推動「一帶一路」建設取得新的更大進展。

2018年5月24日，「一帶一路」建設推進工作會議在肯定「一帶一路」建設取得顯著成效、指出「一帶一路」建設進入新階段的基礎上，強調要準確把握共建「一帶一路」進入全面實施新階段的新形勢新任務，高質量高水準推進「一帶一路」建設。要深入推進發展戰略對接和政策溝通，凝聚各方共識，促進協同聯動發展。聚焦「六廊六路多國多港」主骨架建設，紮實推進基礎設施「硬聯通」和政策規則標準「軟聯通」。提升經貿投資合作水準，統籌做好國際產能合作，增添共同發展新動力。深化人文交流，加強科學、教育、文化、衛生等領域合作，築牢「一帶一路」建設民心基礎。

圍繞構建人類命運共同體，更好造福各國人民，「一帶一路」建設有序深入。2019年1月31日，「一帶一路」建設推進工作會議提出要堅持問題導向，聚焦重點工作，推動共建「一帶一路」向高質量發展轉變。強調要強化底線思維，加強對形勢的預判研判，有效應對外部環境變化帶來的挑戰；要做好重大項目評估論證，提高項目所在國人民的獲得感。

　　綜觀各次會議內容可以發現，隨著相關工作不斷推進，「一帶一路」建設所涉領域日益廣泛，建設規劃實施體系和政策保障體系逐步完善，建設成效不斷顯現。

　　(二)「一帶一路」建設的成就

　　截至2019年4月30日，中國已經與131個國家和30個國際組織簽署了187份共建「一帶一路」合作文件。中國在謀求自身發展的同時，為其他國家發展貢獻了順應歷史潮流的中國智慧，成績斐然。

　　1. 戰略對接

　　截至2018年年底，各國政府根據本國國情，積極與「一帶一路」倡議進行相關戰略對接。「一帶一路」與歐盟「容克計劃」、俄羅斯「歐亞經濟聯盟」、蒙古國「發展之路」、哈薩克斯坦「光明之路」、波蘭「琥珀之路」等眾多發展戰略實現對接。

　　「一帶一路」建設已成為魅力無窮的「集體舞」。戰略對接協議的達成，將為「一帶一路」建設提供更廣闊的發展空間，為世界繁榮與和平發展提供更強勁的動力。

　　2. 設施聯通

　　「一帶一路」沿線國家大多基礎設施薄弱、產能不足、潛在需求強勁，但許多國家地理環境複雜，且沒有足夠的資金實力以及技術基礎支持基礎建設的投資。

　　中國和沿線國家在港口、鐵路、公路、電力、航空、通信等領域開設了大量合作，有效提升了這些國家的基礎設施建設水準。截至2018年年底，中國港口已與世界200多個國家、600多個主要港口建立航線聯繫，海運服務已覆蓋「一帶一路」沿線所有沿海國家，參與希臘比雷埃夫斯港、斯里蘭卡漢

班托塔港等 34 個國家 42 個港口的建設經營。以中老鐵路、中泰鐵路、匈塞鐵路、雅萬高鐵等合作項目為重點的區際、洲際鐵路網絡建設取得重大進展。泛亞鐵路東線、巴基斯坦 1 號鐵路干線升級改造、中吉烏鐵路等項目正積極推進前期研究,中國-尼泊爾跨境鐵路已完成可行性研究。中歐班列初步探索形成了多國協作的國際班列運行機制。中國、白俄羅斯、德國、哈薩克斯坦、蒙古國、波蘭和俄羅斯七國鐵路公司簽署了《關於深化中歐班列合作協議》。

截至 2018 年年底,中歐班列已經聯通亞歐大陸 16 個國家的 108 個城市,累計開行 1.3 萬列,運送貨物超過 110 萬標箱,中國開出的班列重箱率達 94%,抵達中國的班列重箱率達 71%。與沿線國家開展口岸通關協調合作、提升通關便利,平均查驗率和通關時間下降了 50%。

「一帶一路」基礎設施一旦聯通,就會在物流、貿易、信息等領域產生巨大的溢出效應,促進沿線國家經濟要素有序流動、資源高效配置,以及市場深度融合。

3. 貿易暢通

「一帶一路」合作是多領域的合作,涉及外交、經濟、社會、文化、旅遊等方方面面,貿易投資合作是其中重要的切入點。經貿合作不僅符合沿線各國的實際願望和訴求,最容易達成共識,也是建設區域利益共同體的重要基礎和紐帶。

有關數據顯示,中國對「一帶一路」國家貿易和投資總體保持增長態勢。2013—2018 年,中國與「一帶一路」沿線國家進出口總額達 64,691.9 億美元,為當地創造 24.4 萬個就業崗位,新簽對外承包工程合同額超過 5,000 億美元,建設境外經貿合作區 82 個,對外直接投資超過 800 億美元。

貿易暢通有利於讓區域內各國人民盡早獲得實實在在的好處,增強區域內成員國之間深度合作的信心和決心。

4. 資金融通

資金融通是「一帶一路」建設的重要支撐。金融合作方面,目前中國與沿線的阿聯酋、巴基斯坦、俄羅斯、哈薩克斯坦、韓國、泰國等 16 個國家合作進展良好。截至 2018 年年底,亞投行成員已經達到 93 個,超 6 成沿線國家

為亞投行成員；中國出資400億美元成立絲路基金，2017年獲增資1,000億人民幣，已簽約19個項目；24個國家設立中資銀行各類機構102家，人民幣跨境支付系統覆蓋40個沿線國家165家銀行。

5年來，投融資體系不斷推進，開發性和政策性金融支持力度持續加大，多雙邊投融資機制和平臺發展迅速，為「一帶一路」建設提供了強有力的支撐。

5. 民心相通

「一帶一路」秉持的是共商、共建、共享原則，無論國際還是國內，要真正為世人所接納，都必須打破沿線國家民眾之間的隔閡，形成一個相互欣賞、相互理解、相互尊重的「一帶一路」朋友圈。民心相通可以形成新的更緊密的朋友圈。①

截至2018年4月底，中國與61個沿線國家共建了1,023對友好城市，占中國對外友好城市總數的40.18%。教育部統計數據顯示，2017年，中國出國留學人數首次突破60萬，出國留學規模持續增長，這與中國的努力分不開。中國設立了「絲綢之路」中國政府獎學金，每年資助1萬名沿線國家新生來華學習或研修；與24個沿線國家和地區簽署了高等教育學歷學位互認協議。除歐美發達國家和地區外，「一帶一路」國家成為新的留學目的地。中國在「一帶一路」國家設立了17個國家文化中心、173所孔子學院和184個孔子課堂，約占全球孔子學院和課堂總數的1/4。2016年註冊學員達到46萬人，開展各類文化活動近8,000場，受眾高達270萬人。

除了語言的互學互鑒以外，中國與「一帶一路」國家在簽證服務方面也加大了聯通力度。截至2018年年底，與29個「一帶一路"國家實現了公民免簽或落地簽，與阿聯酋、塞爾維亞已實現互免簽證，範圍擴大到西亞等地區。②

「得道多助，失道寡助。」在中國大力推動、各夥伴國及友善國際組織積

---

① 梁紅軍.「一帶一路」戰略的民心相通研究 [J]. 黃河科技大學學報, 2015, 17 (6): 48-52.
② 本小結所有數據和官方文件都來自中國一帶一路網, https://www.yidaiyilu.gov.cn/index.htm。

第十三章　參與全球經濟治理與新中國貿易投資制度演進

極參與下,「一帶一路」建設將在促進沿線國家繁榮、維護地區穩定、捍衛世界和平及推動人類文明進步等方面發揮更大作用。①

三、「一帶一路」建設與貿易投資自由化

作為「一帶一路」建設的「五通」之首,政策溝通是開展各方面務實合作的基礎,也是共建「一帶一路」的重要保障。「一帶一路」沿線各國政治特點不同,發展方式不同,文化傳統各異,如何實現聯動發展,首要在政策溝通及其協調。

2017年5月的首屆「一帶一路」國際合作高峰論壇上,各參與國達成共識,同意支持加強經濟政策協調和發展戰略對接,努力實現協同聯動發展。加強經濟、金融、貿易、投資等領域宏觀政策協調,支持構建開放型世界經濟,推動自由貿易區建設,促進貿易和投資自由化便利化。

在推動實現貿易投資自由化的過程中,如果沒有政策溝通和協調,國家間的經貿政策博弈必然導致帕累托無效率結果,如果存在政策溝通,各國的政策協調會帶來效率的提升和福利的改進。「一帶一路」倡議的實施可以通過加強國際經貿領域的政策協調,來降低貿易投資高度融通中的阻力。

中國與沿線國家經貿政策的溝通與協調,不僅影響「一帶一路」國家的貿易投資制度的建設,更重要的是通過其實踐影響貿易和投資的自由化發展。

(一)「一帶一路」建設對中國和沿線國家貿易投資政策的影響

得益於「一帶一路」倡議的有序落實,中國與「一帶一路」國家的貿易和投資發展迅速。近年來,中國堅持對外開放,降低關稅的同時,逐漸深入與沿線國家的貿易投資自由化、便利化政策的協調。

在貿易政策協調方面,儘管中國在推進「一帶一路」沿線貿易政策協調方面存在一定阻礙,但基於沿線各地區現有的貿易政策,與中國的雙邊貿易

---

① 國務院發展研究中心對外經濟研究部部長、綜合研究室主任.一帶一路建設的理論探索與實踐成就[N].人民日報,2017-05-11(7).

關係，中國仍積極謀求與沿線各國的政策協調，尤其是在貿易便利化方面爭取更大的進展。一方面，通過與沿線國家加強在海關、質檢、電子商務、過境運輸等方面的相互合作機制建設，利用落實 WTO《貿易便利化》的有利時機，有步驟有計劃地督促各國簡化通關手續，提高通關效率，降低貿易成本；另一方面，通過構建真正符合「一帶一路」國家需要的國際貿易爭端解決機制，如進一步深化中國與沿線國家在技術規範、產品標準、金融監管等方面的合作，將合作理念物化到實體規則中；建立完善磋商溝通機制和快速反應通道，提高爭議解決效率；將調解、調停程序制度化、規範化；完善仲裁制度，建立仲裁員名錄、規範統一的裁判標準，建立仲裁裁決復核制度，保證仲裁裁決的規範協調；設置專門的爭端解決機構等，妥善解決貿易過程中的爭端，促進貿易的便利化和自由化發展。

在投資政策協調方面，儘管「一帶一路」投資環境複雜，投資風險較大，中國仍積極謀求與沿線各國的政策協調。一方面，創新中國現行投資協調規則，如自由貿易區談判中不斷納入投資新議題，並針對不同國家實施不同協調規則，充分體現了因地制宜，共商共建的原則，實現利益的共同增長；另一方面，構建投資爭端解決機制和風險防範機制，在現有投資爭端解決機制和風險防範機制上進行創新，構建符合中國和「一帶一路」投資情況的投資協調機制，促進「一帶一路」沿線國家投資的可持續發展。[①]

綜上所述，現有國際貿易投資制度框架對中國和「一帶一路」沿線國家的貿易和投資制度的建設具有一定的指導作用，但是，保證「一帶一路」深入發展需要對現有貿易投資制度進行創新，創新結果必然使貿易投資制度具有「中國特色」。

（二）「一帶一路」建設對貿易投資自由化的影響

1.「一帶一路」建設對中國和沿線國家貿易投資自由化的影響

近年來，中國堅持對外開放，在降低關稅的同時，逐步深入貿易投資自

---

① 唐宜紅. 全球貿易與投資政策研究報告（2018）：中國與「一帶一路」國家經貿互通的政策協調[M]. 北京：人民出版社，2018.

第十三章　參與全球經濟治理與新中國貿易投資制度演進

由化、便利化政策協調。

（1）自由貿易區戰略提升雙邊貿易投資自由化

中國與沿線國家本著相互尊重、平等互信、互惠互利、合作共贏的精神，加快自由貿易區建設，有利於提升雙邊貨物貿易水準，雙邊徹底取消貨物貿易關稅壁壘和非關稅壁壘，在開放包容的環境下實現互利共贏；按「負面清單」和「准入前國民待遇」原則進行開放安排，有利於提升雙邊投資和服務領域的開放水準。

（2）基礎設施建設助推貿易投資便利化

目前「一帶一路」沿線國家存在部分鐵路路段寬窄不同軌情況，大大增加了換裝成本，延長了運輸時間，再加上沿線國家關稅機制複雜，標準化程度低，嚴重降低了貿易效率。「一帶一路」建設中的高鐵皆採用國際標準軌距，大大減少了運貨時間。隨著「一帶一路」同軌化建設的完成和沿線國家貿易機制的國際化，「一帶一路」將會成為歐亞間貿易的主動脈。

（3）政策溝通支持貿易投資便利化

黨和國家領導人通過訪問等方式與沿線國家共商國家發展戰略，宣傳「一帶一路」互利共贏的宗旨，促進沿線國家對貿易便利化的深入理解，通過建立政府間便利化政策的長效溝通機制，使各國政府和相關管理機構就便利化的發展戰略和關鍵領域進行交流與對接，共同制定促進便利化的規劃和措施，協商解決推進便利化面臨的問題，為貿易投資便利化提供了政策支持。

（4）海關合作加強，提升貿易投資便利化的能力

「一帶一路」建設進程中通過海關程序的交流與合作，制定統一的檢驗標準，促進「一帶一路」沿線國家加快「單一窗口」建設，無紙化交易等便利的通關辦法。在將來的建設中極有可能在沿線國家實現監管互認和信息交換、海關數據聯網，搭建海關跨境合作平臺和電子通關系統，實現數據共享，提高沿線國家通關效率。

2.「一帶一路」建設對世界貿易投資自由化的影響

（1）「一帶一路」倡議有助於實現區域經濟一體化發展

中國的經濟實力和對世界經濟的影響力，為「一帶一路」倡議提升區域

間合作質量提供了條件。經過30餘年的高速經濟增長,中國已經成為世界經濟第二大國,貨物貿易第一大國,外商直接投資第一大國和對外直接投資第二大國,中國對周邊地區國家乃至世界的經濟影響力已經顯著增強;而且「一帶一路」倡議的開放、多元與包容的特徵,開闢了一條亞洲區域合作發展的現實路徑。「一帶一路」倡議不僅能夠做到與現有的區域經濟合作機制並行不悖,而且有可能成為推動全球貿易投資自由化的一種新路徑。與發達國家區域性發展組織相比,「一帶一路」倡議無疑更具包容性,是構建適應亞洲發展多樣性的,能夠覆蓋整個地區的新型合作機制。

(2)「一帶一路」倡議開創區域間新型合作模式

「一帶一路」倡議致力於尋求多元化合作機制。包括:以自由貿易區為基礎的合作機制,推動貿易投資自由化;以次區域為基礎的合作機制,依託跨國界河流、跨國園區等實現某一領域的深度合作;以互聯互通為基礎的合作機制,助推貿易投資便利化;以產業園區為載體的合作機制,構建沿途國家的經濟走廊;以區域金融合作為基礎的合作機制,推動貿易投資便利化;以社會與人文合作為基礎的合作機制,促進「民心相通」,加強人員等要素流動。

將打造利益共同體、責任共同體和命運共同體作為「一帶一路」倡議的目標,充分體現了「一帶一路」倡議與現有發達國家的區域貿易協定等目標的差異。「一帶一路」本身並不對成員國有強制約束力,它所體現的是和平合作、開放包容、互學互鑒、互利共贏的理念與政治互信、經濟融合、文化包容的發展方向,這是一個具有中國特色、亞洲特色的新型區域經濟合作安排。

第十三章　參與全球經濟治理與新中國貿易投資制度演進

本章參考文獻

布仁門德，2018.「一帶一路」背景下中國國際經濟合作與發展問題研究 [M]. 長春：吉林大學出版社.

陳偉光，蔡偉宏，2019. 大國經濟外交與全球經濟治理制度：基於中美經濟外交戰略及其互動分析 [J]. 當代亞太（2）：67-94+157-158.

陳偉光，2017.「一帶一路」建設與提升中國全球經濟治理話語權 [M]. 北京：人民出版社.

陳志陽，2015. 中國自由貿易區戰略研究 [D]. 武漢：武漢大學.

鄧純東，2019.「一帶一路」倡議研究 [M]. 北京：人民日報出版社.

丁工，2018. 中國參與全球經濟治理的歷史沿革和現實舉措 [J]. 江南社會學院學報，20（2）：48-52.

杜娟，王秋蓉，2016. 世界貿易組織成為中國參與全球經濟治理的理想平臺（訪談嘉賓：對外經濟貿易大學教授薛榮久）[J]. 世界貿易組織經濟導刊（12）：35-37.

馮並，2016.「一帶一路」全球經濟的互聯與躍升 [M]. 北京：中國民主法制出版社.

馮維江，徐秀軍，2016.「一帶一路」邁向治理現代化的大戰略 [M]. 北京：機械工業出版社.

何金蔚，2017. 負面清單模式對中國外商投資准入制度的影響研究 [D]. 深圳：深圳大學.

胡偉，2016.「一帶一路」打造中國與世界命運共同體 [M]. 北京：人民

出版社.

黄薇, 2016. 全球經濟治理與G20 [J]. 領導科學論壇 (22): 43-62.

雷雪蓉, 2018. 中國與G20全球投資新規則的制定和踐行 [D]. 杭州: 浙江大學.

李春頂, 2014. 國際貿易協定談判的新發展與新規則 [J]. 金融評論 (6): 75-87.

李光輝, 2017. 中國自由貿易區戰略 [M]. 北京: 中國商務出版社.

廖奕, 張偉, 2000. 中國「復關」「入世」歷程回顧及其反思 [J]. 桂海論叢 (4): 18-21.

林毅夫, 2018.「一帶一路」2.0: 中國引領下的思路新格局 [M]. 杭州: 浙江大學出版社.

隆國強, 2017. 全球經濟治理體系變革的歷史邏輯與中國作用 [J]. 南方企業家 (9): 42-45.

羅銀鶴, 2001. 中國復關入世艱難歷程及其原因分析 [J]. 廣西民族學院學報 (哲學社會科學版) (S1): 113-115.

權衡, 2018.「一帶一路」建設與沿線自由貿易區發展 [M]. 上海: 上海社會科學院出版社.

任琳, 孫振民, 2019.「一帶一路」倡議與全球經濟治理 [J]. 黨政研究 (3): 74-80.

盛斌, 高疆, 2018. 中國與全球經濟治理: 從規則接受者到規則參與者 [J]. 南開學報 (哲學社會科學版) (5): 18-27.

隋廣軍, 查婷俊, 2018. 全球經濟治理轉型: 基於「一帶一路」建設的視角 [J]. 社會科學 (8): 3-12.

唐宜紅, 2017. 全球貿易與投資政策研究報告 (2016): 國際貿易與投資

新規則的重構［M］．北京：人民出版社．

唐宜紅，2018．全球貿易與投資政策研究報告（2018）：中國與「一帶一路」國家經貿互通的政策協調［M］．北京：人民出版社．

陶紅，2018．世界貿易組織讓中國受益更讓世界得利［J］．中國外資（19）：46-47．

屠新泉，2019．世界貿易組織與中國對外開放［J］．領導科學論壇（6）：77-86．

王力，2016．中國自貿區發展報告（2016）［M］．北京：社會科學文獻出版社．

王靈桂，2017．「一帶一路」：理論構建與實現路徑［M］．北京：中國社會科學出版社．

王義桅，2017．「一帶一路」：中國崛起的天下擔當［M］．北京：人民出版社．

吳道霞，2002．中國加入世界貿易組織與知識產權保護［J］．技術經濟（3）：2-3．

徐紹史，2016．「一帶一路」雙向投資研究與案例分析［M］．北京：機械工業出版社．

徐照林，樸鐘恩，王競楠，2016．「一帶一路」建設與全球貿易及文化交流［M］．南京：東南大學出版社．

楊豔紅，盧現祥，2018．中國對外開放與對外貿易制度的變遷［J］．中南財經政法大學學報（5）：12-20+162．

於立新，王壽群，陶永欣，2016．國家戰略：「一帶一路」政策與投資［M］．杭州：浙江大學出版社．

趙汕琳，2019．基於NAFTA的視角探討中國自由貿易區戰略［J］．現代

商貿工業, 40 (12): 45-46.

朱偉婧, 2018. 全球經濟治理制度性話語權的中國視角研究 [D]. 北京: 中共中央黨校.

朱雅華, 2001. 中國復關和入世的艱難歷程 [J]. 中國統計 (4): 21-22.

第十四章
新中國對外貿易制度變遷的效應、規律與趨勢

　　新中國成立以來的70年是中國外貿易制度建立以及自我完善的70年，對外貿易制度演進為中國開放型經濟的可持續發展提供了良好的制度保障。新中國成立70年來，在各項方針政策指引下，中國對外貿易制度建設朝著市場化、自由化、便利化、國際化、法制化與公平化的方向發展與演進，踏著積極穩妥的步伐逐步展開，在對外貿易戰略、對外貿易體制、對外貿易法律制度、貨物貿易管理制度、貨物貿易促進制度、服務貿易制度、技術貿易及知識產權制度、引進外資及對外直接投資制度、特殊經濟功能區的試驗與實踐等各方面取得了顯著的成果，並有力地保障了各項社會主義經濟建設的順利進行，為中國走向貿易強國奠定了制度基礎。當前中國特色社會主義進入了新時代，內外部機遇與挑戰交互並存，不確定性環境為中國未來創新對外貿易制度、參與全球治理提供了空間。

第一節　新中國對外貿易制度演進的成果與成效

一、新中國對外貿易制度演進的成果

綜觀新中國對外貿易制度的根本轉變，在前文分析計劃經濟制度框架下的高度集中的、內向型的貿易制度轉為中國特色社會主義市場經濟制度框架下的中國特色社會主義自由貿易制度的基礎上，沿著對外貿易制度的邏輯層次，從戰略轉型、體制轉軌、法律建設及政策創新等方面具體分析，可以充分顯示各層次制度演進的成果。

（一）戰略轉型：制度屬性由封閉型轉變為開放型

新中國成立以來，中國對外貿易戰略依據國內外政治經濟環境進行調整，總體來看，其實現了三大方面的重要轉變：

第一，在戰略屬性上，實現了從近乎封閉向全方位開放的轉變。中國對外貿易戰略由過去的全面進口替代戰略逐步調整為融合進口替代和出口導向兩種戰略成分的相對中立的綜合戰略，並進一步調整擴展了開放的領域、層次，推進形成了多層次的全面開放對外貿易戰略總體格局。[①]

第二，在戰略手段上，實現了從保護主義向有管理的自由貿易的轉變。這體現為兩個方面：一是關於進出口貿易關係、貨物貿易與服務貿易關係為代表的貿易政策中性化的轉變；二是政府與市場關係為代表的價格機制和政府干預機制的轉變。

第三，在戰略目標上，實現了從單一向多元目標的轉變。從新中國成立初期以排斥進口、優先發展重工業為目標的進口替代戰略到進口替代戰略與出口導向戰略相結合的混合發展戰略，到強調商品進出口貿易基礎上的資金、

---

① 殷德生，金培振. 改革開放40年中國對外貿易變革的路徑、邏輯與理論創新 [J]. 上海經濟研究，2018（10）：116-128.

第十四章　新中國對外貿易制度變遷的效應、規律與趨勢

技術、服務等多種對外貿易形式融合發展的「大經貿」戰略，到注重「引進來」與「走出去」雙向並重、國內利益與國外利益協調發展的互利共贏戰略，再到創新驅動戰略、積極進口促進戰略、全面開放戰略等齊頭並進、相互協作的多元化對外貿易戰略目標，中國對外貿易戰略總體目標的範圍由商品拓展至服務、技術、資本，由規模延伸至質量、效益、創新，由國內利益拓展至國際利益，從而由單一目標轉變為了涵蓋多層次、多領域的多元目標體系。

以上三個方面的轉變相互交織，共同推動新中國建立以來尤其是改革開放以後中國對外貿易的快速發展及貿易結構的逐步優化，並形成了具有自身特色的演進規律。

中國對外貿易戰略的轉變，體現在中國不遺餘力地削減貿易保護措施。新中國成立後至改革開放前，中國一直在關稅壁壘和非關稅壁壘並重的多重保護下，平均關稅水準一直維持在高水準上。非關稅壁壘以強有力的直接行政干預為特徵，方法簡單，管理措施嚴格。這一時期中國採取的對外貿易管理措施主要有：制定保護性稅則、稅率；對進出口商品實行許可證制度（1956年前）；編製和執行對外貿易計劃，對外貿易計劃成為對外貿易管理的核心、集中調節對外貿易活動的單一槓桿；對進出口商品實行分類經營和管理；統一制定商檢政策，管理全國進出口商品檢驗工作；設立海關，實行貨運監管等。[①]

關稅總水準是體現中國貿易開放程度的重要指標之一。1978年以前，與經濟體制相適應，基於內向型的保護關稅政策，總體關稅水準較高，以1951年制定的第一部《海關進出口稅則》為例[②]，算數平均關稅水準為52.9%。進入改革開放後，為適應擴大開放的形勢需要，中國逐步降低關稅水準，1985年第二部關稅稅則下的平均關稅水準為38%；直到1992年開始大幅度自

[①] 石廣生. 中國對外經濟貿易改革和發展史 [M]. 北京：人民出版社，2013：45-46.
[②] 新中國成立以來至1978年，中國只有一部稅則，也是新中國第一部稅則，制定於1951年。其商品目錄是根據中國傳統的進出口商品結構和當時國際聯盟的商品分類目錄編製，實施了34年。1985年，中國制定了第二部關稅稅則；中國第三部稅則從1992年1月1日起正式生效。

主降低關稅，經過多輪調整，截至 1997 年年底，中國算數平均關稅稅率降至 17%①，基本達到發展中國家的平均水準。1998—2019 年，中國總體關稅水準（見圖 14-1）② 由 1998 年的 17.46%下降到 2019 年的 7.5%，略高於歐盟，低於大多數發展中國家，處於中等偏低水準，與中國發展中國家地位和發展階段基本匹配。從新中國成立到「中國開放的大門越開越大」，中國對外貿易制度呈現出逐步完善和規範的演變過程。

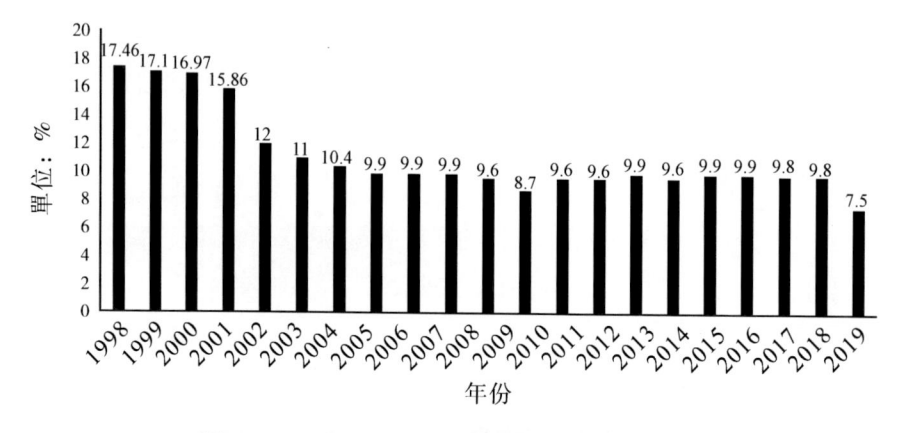

圖 14-1　1998—2019 年中國關稅水準變化趨勢圖

數據來源：1998—2001 年數據根據 WITS（World Integrated Trade Solution）數據庫測算得出；2002—2018 年數據來源於 WTO（https://www.wto.org/english/res_e/reser_e/tariff_profiles_e.htm）；2019 年數據來源中華人民共和國關稅稅則委員會（http://gss.mof.gov.cn/zhengwuxinxi/zhengcefabu/201812/t20181229_3111629.html）。

再來看中國的非關稅措施改革。自改革開放以來，中國積極推進非關稅措施改革，向著自由化、便利化的制度方向進行，對中國對外貿易的發展起到了重要作用。根據 UNCTAD 維護的 TRAINS 數據庫提供的數據，自 1949 年以來中國累計實施 7,323 項非關稅措施，時間分佈趨勢（見圖 14-2）來看，1978 年之前中國並沒有實施非關稅措施，近兩年所實施的非關稅措施也降低

---

① 裴洙燁. 論中國關稅制度改革 [D]. 北京：對外經濟貿易大學，2000.
② 連續的關稅水準年度數據始於 1998 年，不論是國際組織如 WTO 維護的數據庫還是《中國財政統計年鑒》，因此圖 14-1 中只給出了 1998 年以來總體關稅數據的年度數據。

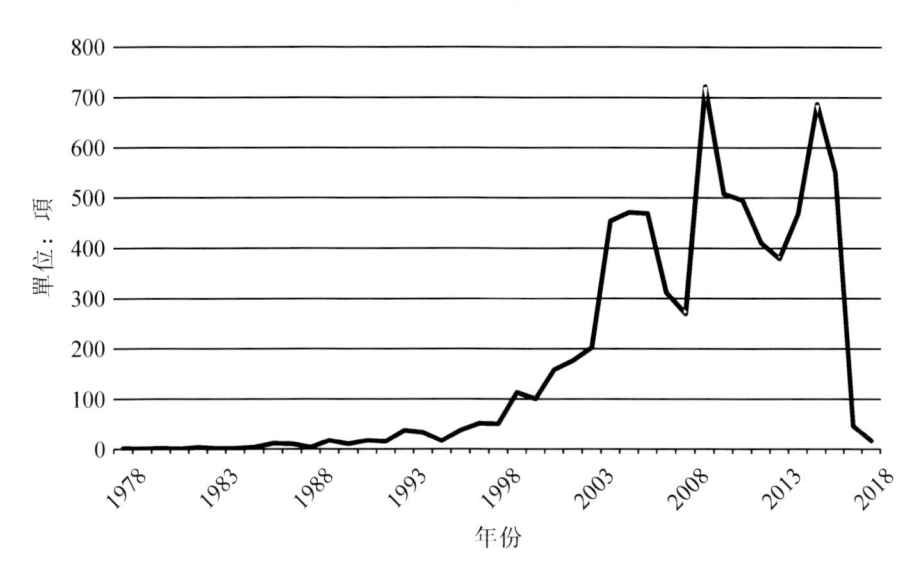

第十四章　新中國對外貿易制度變遷的效應、規律與趨勢

到較低水準。

圖 14-2　中國 1949—2018 年非關稅措施

數據來源：UNCTAD TRAINS 數據庫。

總體來看，中國的非關稅措施改革是在 2001 年之前，以加入世界貿易組織為契機大幅度推進的。自從 1992 年第一次自主取消產品進口非關稅措施以來，到 2001 年 11 月加入世界貿易組織前共經歷了八次非關稅措施削減[1]。截至 2005 年 1 月 1 日，除加入世界貿易組織承諾中允許採用的非關稅措施外，中國取消了其他所有的非關稅措施，這是中國加入世界貿易組織各項承諾中最早整體完成的部分[2]。由此其成為中國對外貿易體制發展史上一個標誌性的事件，把中國對外開放事業推向了更廣闊的領域。2018 年 11 月 1 日前，中國將進出口環節需驗核的監管證件從 86 種減至 48 種；推動降低合規費用，年內集裝箱進出口環節合規成本比上年降低 100 美元以上，沿海大港有更大幅度降低。

---

[1] 華瑞. 中國再次削減關稅和非關稅措施 [J]. 中國經貿，2001 (3)：64.
[2] 圖 14-2 的數據顯示，2009 年之後中國實施的非關稅措施數量達到新的峰值，初步估計是這期間中國在強調綠色可持續發展背景下，實施了符合 WTO 例外規則的非關稅措施。

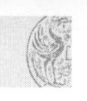

(二) 體制改革：對外貿易管理體制實現由計劃性向市場化轉變

對外貿易體制是對外貿易戰略得以實施的重要載體，是新中國對外貿易制度轉變的關鍵。中國對外貿易制度改革的經濟環境是高度集中的計劃經濟，不是一個單純的貿易自由化問題，而必須順應總體經濟體制改革的次序與步驟。[①] 與對外貿易戰略轉變的階段性特徵相吻合，中國對外貿易體制變遷也呈現出階段性特徵，並且與中國經濟體制改革相互聯繫。中國對外貿易體制經過70年的變革，已經完成了從計劃體制向市場化體制的轉變。具體體現在以下三個方面：

1. 對外貿易體制屬性的市場化轉變

新中國成立初期到改革開放之前，即高度集中的計劃經濟時期（1949—1978年），中國實行的是高度集中、國家壟斷的對外貿易體制，國家集對外貿易的經營與管理於一體，通過各類指令性計劃和行政手段管理對外貿易。1979—1992年處於建立有計劃商品經濟制度時期，伴隨著改革開放拉開大幕，中國對外貿易制度改革的方向是把外貿經營管理權、進出口經營權、外匯使用審批權、進出口機構設置審批權等逐步下放到各地方和各部門，並輔以出口退稅、外匯留成等辦法，調動各地方、部門對外貿易的積極性。

隨著中國的對外開放開始進入全面加速推進的時期，1994年1月，國務院決定進一步深化對外貿易體制改革，改革的目標是：統一政策、開放經營、平等競爭、自負盈虧、推行代理制，建立符合社會主義市場經濟要求和適應國際經濟通行規則的運行機制。在建立社會主義市場經濟制度時期（1993—2001年），中國連續對關稅和非關稅壁壘進行大幅度削減，使市場機制的作用逐漸取代數量限制手段，中國對外貿易制度的市場化自由化進程不斷加速。在加強市場的基礎性作用與完善社會主義市場經濟制度時期（2002—2013年），中國加入世界貿易組織之後，承諾對外貿管理制度進行重大改革，加快內外貿一體化進程，形成穩定、透明的涉外經濟管理體制，建立與世界通行

---

① 楊豔紅，盧現祥. 中國對外開放與對外貿易制度的變遷 [J]. 中南財經政法大學學報，2018 (5)：12－20.

第十四章　新中國對外貿易制度變遷的效應、規律與趨勢

貿易規則全面接軌的管理型自由貿易制度。轉變政府管理職能，進一步深化對外貿易制度改革。全面放開對外貿易經營權（2004年），實行對外貿易經營依法登記制，推進管理體制市場化進程。2013年，中共十八屆三中全會對全面深化改革做出系統部署，強調「構建開放型經濟新體制」，這為對外貿易體制創新指明了方向，即建立中國特色社會主義市場經濟下的自由貿易體制。

2. 對外貿易管理手段的市場化轉變

改革開放前，對外貿易政策的目標偏向於保護國內經濟和產業，因而採用指令性計劃實行單一的直接計劃管理。改革開放後，中國開始逐步承認並致力於發揮市場的作用，在對外貿易的管理手段上，逐步縮小進出口商品指令性計劃的範圍，擴大指導性計劃和市場調節的範圍，直至1994年取消了所有進出口貿易的指令性計劃，國家只對對外貿易企業的進出口總額、出口收匯和進口用匯下達指導性計劃，自此，中國政府管理對外貿易的手段發生了從命令到指導的根本性轉變。中國加入世界貿易組織後，為了遵循世界貿易組織的基本原則，政府對對外貿易的管理進一步強調市場的作用，建立以市場為基礎的對外貿易調控體系。以出口退稅、出口信貸、出口信用保險等為主要內容的對外貿易促進體系日趨完善，行政許可事項明顯減少，許可證、配額、國營貿易等管理手段不斷完善，深化財政、稅收、金融、外匯等體制改革加強對對外貿易的間接調控，對外貿易管理逐步從行政手段為主到以法律和經濟手段為主、行政手段為輔轉變，管理目標從保護貿易、「獎出限入」到促進對外貿易平衡發展，推動貿易自由化、便利化轉變，從內外貿分離、貿易投資割裂到促進內外貿一體化、促進對外經濟協調發展轉變。

3. 對外貿易主體結構的市場化轉變

改革開放前，中國對外貿易業務掌握在十幾家國有的專業外貿總公司手中。改革開放後，順應商品經濟的要求，對外貿易領域引入了其他所有制成分，各類外貿企業發展起來，對外貿易單一的所有制結構發生顯著的轉變，三資企業和民營企業在對外貿易中開始取得發展。在中國加入世界貿易組織之後，原有的對外貿易審批制度被備案登記制度所取代，且以法律形式規定自然人也可以是對外貿易的經營主體，對外貿易經營渠道進一步拓寬。隨著

備案登記制的實施和對外貿易經營權的全面開放,居民個人及企業經備案登記後可以自由開展對外貿易。

綜上,中國外貿管理體制的變革使得對外貿易活動建立在以市場為軸心的基礎上,讓市場的作用最大限度地涵蓋對外貿易領域,中央政府實施宏觀調控,由市場引導企業,實現以橫向的市場經濟聯繫取代縱向的行政推動關係,因此提高了行政效率以及資源配置效率。

(三) 法律建設:政策性變革到制度性演進

尤其改革開放後,中國經濟從封閉走向全方位開放,中國對外開放從政策性開放走向有選擇的制度性開放,再到全面制度性開放。中國對外貿易制度也跟隨對外開放的步伐,由初步形成到規範發展,再到自主優化。

經過 1978—2013 年的對外開放,中國開始步入大國全面開放階段。作為世界經濟大國、貿易大國和投資大國,中國的國際影響力大幅度提升,但仍存在許多不平衡不協調的地方。為此,中國開始從頂層設計角度創新對外開放模式,從根本上推動形成全面開放新格局。在發揮市場在資源配置中的決定性作用與完善社會主義市場經濟制度 (2014—2018) 這一時期,中國的對外開放舉措主要包括:一是通過自由貿易試驗區、開放型經濟新體制綜合試點、服務業擴大開放綜合試點等措施促進高水準對外開放;二是提出「一帶一路」倡議。自 2013 年習近平提出「一帶一路」倡議以來,已與 103 個國家(地區)和國際組織簽署了合作協議,創辦了亞洲基礎設施投資銀行,設立了絲路基金,貿易投資合作不斷擴大,推動構建人類命運共同體;三是外資准入限制不斷減少。2015 年和 2017 年兩次修訂《外商投資產業指導目錄》,大幅度減少限制性措施,進一步放寬行業准入限制;四是主動擴大進口,包括近年來多次以暫定稅率方式大幅自主降低進口關稅稅率。截至 2017 年年底,中國已調減了 900 多個稅目產品的稅率;五是推進多邊、區域經貿合作等全面開放,相應的貿易制度改革也進入強調系統性、協同性、平衡性,推進各項改革的系統集成、協同配合步伐。按照世界貿易組織的要求,中國構建了一個與國際貿易規則接軌的統一、透明的對外貿易法律體系。

第十四章　新中國對外貿易制度變遷的效應、規律與趨勢

（四）政策創新：創新中國對外開放模式，推動形成全面開放新格局

作為世界經濟大國、貿易大國和投資大國，中國的國際影響力大幅度提升，與發達國家的制度差異與貿易摩擦也日益凸顯。中國的對外開放還存在許多不平衡不協調的地方，如內陸沿邊與沿海開放不協調、進口與出口不平衡、製造業與服務業開放不匹配等。為此，中國自2013年開始從頂層設計角度創新中國對外開放模式，推動形成全面開放新格局。這些政策創新體現在：

1. 通過自由貿易試驗區、開放型經濟新體制綜合試點、服務業擴大開放綜合試點等促進高水準對外開放

自由貿易試驗區（簡稱「自貿試驗區」）是中國新一輪開放的重要平臺。自由貿易試驗區設立的初衷和核心任務是制度創新。與保稅區提供倉儲和物流保稅區的單一功能相比，自貿試驗區是更高級別的開放形態，除了為貿易提供便利的功能外，還提供商事服務、建設法律保障體系等。因此，在當前「1+3+7+1+6」[①] 的自貿區試點格局下，各試驗區均致力於通過制度創新，形成可複製、可推廣的經驗及案例成果，成為探索商事制度改革、推動行政職能轉變「再造政府」、創造更加國際化、市場化、法治化的公平、統一、高效的營商環境，推動中國經濟全面適應並逐漸引領世界經濟全球化發展的開放高地和試驗田。2019年7月27日，國務院印發《中國（上海）自由貿易試驗區臨港新片區總體方案》，設立中國（上海）自由貿易試驗區臨港新片區，要求建立以投資貿易自由化為核心的制度體系、建立全面風險管理制度、建設具有國際市場競爭力的開放型產業體系、加快推進實施等五個部分。

構建開放型經濟新體制綜合試點試驗區[②]與自貿試驗區「兩條線」各自推進，開放型經濟新體制綜合試點的探索更側重於開放配套的改革，形成與

[①] 「1+3+7+1+6」格局指的是2013年第一批設立的上海自貿區；2015年第二批設立的天津、廣東、福建自貿區；2017年第三批設立的遼寧、浙江、河南、湖北、重慶、四川、陝西自貿區以及2018年批准設立的海南自由貿易港；2019年8月30日，山東、江蘇、廣西、河北、雲南、黑龍江6個新設自貿試驗區正式掛牌成立。

[②] 2016年5月，經黨中央、國務院同意，濟南市、南昌市、唐山市、漳州市、東莞市、防城港市，以及浦東新區、兩江新區、西咸新區、大連金浦新區、武漢城市圈、蘇州工業園區12個城市及區域，被列為開展構建開放型經濟新體制綜合試點試驗地區。

開放相適應的新體制新機制，兩者相互聯繫、相互補充又各有側重。自貿試驗區開放力度大、試驗程度深、不少內容涉及 21 世紀開放新規則等，對接國際高標準經貿規則，做好了敏感領域關鍵環節開放的壓力測試。而開放型經濟新體制綜合試點更具多樣性，考慮到了不同地域的發展水準不同，以及不同程度的需求，有助於多梯度推進構建開放型經濟新體制。

為構建服務業擴大開放格局，《北京市服務業擴大開放綜合試點總體方案》批覆通過，其建設目標是經過三年試點，通過放寬市場准入、改革監管模式、優化市場環境，努力形成與國際接軌的北京市服務業擴大開放新格局，累積在全國可複製可推廣的經驗，使服務業擴大開放綜合試點成為國家全方位主動開放的重要實踐。

2. 借力「一帶一路」建設，推動開放型經濟高質量發展

自 2013 年「一帶一路」倡議提出以來，中國已經與 103 個國家（地區）和國際組織簽訂了合作協議①，設立了亞洲基礎設施投資銀行和絲路基金。「一帶一路」建設是中國經濟外交的頂層設計，也是中國推動全球治理體系變革的重要平臺和推動中國新一輪開放的動力。「一帶一路」本質上是通過提高有效供給催生新的需求，實現世界經濟的再平衡，解決當前全球治理的困境。「一帶一路」的關鍵是制度創新，通過「一帶一路」這一國際合作平臺，構建「一帶一路」的全球價值鏈合作機制、多邊投資框架、貿易規則體制重大的制度與規則創新②，中國不斷改善自身的規則、標準、制度、治理，持續提升核心競爭力，推動開放型經濟實現高質量發展。

二、新中國對外貿易制度演進的成效

（一）對外貿易制度改革與中國特色社會主義制度及體制機制自我完善

為了貫徹落實中共十八大關於全面深化改革的戰略部署，2013 年 11 月

---

① 楊豔紅，盧現祥. 中國對外開放與對外貿易制度的變遷 [J]. 中南財經政法大學學報，2018（5）：12-20.

② 張茉楠.「一帶一路」倡議須重大制度與規則創新 [J]. 現代商業銀行，2017（11）：45-47.

第十四章　新中國對外貿易制度變遷的效應、規律與趨勢

15日公布了《中共中央關於全面深化改革若干重大問題的決定》，是新形勢下全面深化改革的綱領性文件。其中指出「改革開放最主要的成果是開創和發展了中國特色社會主義，為社會主義現代化建設提供了強大動力和有力保障」，「全面深化改革的總目標是完善和發展中國特色社會主義制度，推進國家治理體系和治理能力現代化」。

具體到對外貿易制度改革，回顧近70年的發展歷程，在以開放促改革、以改革促發展的過程中，對外貿易制度演進的成效之一便是在其自身變革中促進了中國特色社會主義制度的自我完善。

第一個層面的成效體現在對外貿易制度改革完善了中國特色社會主義基本經濟制度。

「公有制為主體、多種所有制經濟共同發展的基本經濟制度，是中國特色社會主義制度的重要支柱，也是社會主義市場經濟體制的根基。公有制經濟和非公有制經濟都是社會主義市場經濟的重要組成部分，都是中國經濟社會發展的重要基礎。必須毫不動搖鞏固和發展公有制經濟，堅持公有制主體地位，發揮國有經濟主導作用，不斷增強國有經濟活力、控制力、影響力。必須毫不動搖鼓勵、支持、引導非公有制經濟發展，激發非公有制經濟活力和創造力。」[1] 開放帶來先進的技術、先進的管理經驗，在對外貿易體制改革和制度創新中，倒逼和加快了國有企業改革，減少了因產權關係不順和治理結構不完善引起的扭曲行為，推動國有企業完善現代企業制度。對外貿易的蓬勃發展，催生國內經濟大環境的調整，包括企業分類改革、混合所有制改革、國有資本投資營運公司改組等在內的改革事項，進一步優化和完善了中國以公有制為主體，多種所有制共同發展的基本經濟制度。輔以行政管理體制改革的深化，逐漸形成了統一開放、競爭有序的市場體系。

通過引入大量的外商投資企業和多種所有制投資者，完善了中國的所有制結構和公司治理結構；改變政府管理方式和手段，提高了政府管理調控經濟社會的效率，也增強了政府提供公共服務和社會管理的能力；在對外經濟

---

[1] 選自《中共中央關於全面深化改革若干重大問題的決定》。

領域，建立和完善了市場決定資源配置的市場經濟體制，進一步發揮市場機制的作用，增強資源利用效率和資源配置效率。

第二個層面的成效是促進了其他領域制度的改革與完善。

(1) 對外貿易制度改革促進了勞動市場制度的完善。貿易開放以及貿易制度變遷涉及國際比較優勢的變化、專業性的國際分工、跨國直接投資的選址等投資決策，促使中國勞動力市場的主體訴求朝著多元化和差異化的方向發展，與就業市場的制度變遷息息相關。隨著中國對外開放與貿易往來的不斷深化，外來的經濟波動通過替代效應（substitution effect）和規模效應（scale effect）傳導到國內勞動力市場，加強了就業波動和短工化趨勢[1]，呼喚中國就業保護立法的與時俱進。就業保護立法是為構建穩定的勞動關係而形成的關於雇用和解雇的勞動合同規定，它可以通過影響貿易開放的格局以及經濟體系中企業主體的行為進一步影響勞動力市場。其中，一方面需要充分發揮就業保護立法的穩定性作用，使得勞動力市場的公平公正具有法律保障；另一方面也基於 OECD 國家僵化的過度保護的勞動市場規制導致失業加劇的前車之鑒，使得就業保護立法需要充分考慮的勞動力市場靈活性所帶來的更高的資源配置效率。由此，在當前勞動力市場轉型和法治社會建設的背景下，中國的就業保護法律法規也逐漸進行調整。根據國際勞動組織維護的就業保護立法數據庫（Employment Protection Legislation Database－EPLex）的統計，截至 2013 年，中國的就業保護法律法規包括五項：1994 年制定的《勞動法》、2007 年先後頒布實施的《勞動合同法》《勞動合同法實施條例》《就業促進法》和《勞動爭議調解仲裁法》。其中 2007 版《勞動合同法》（自 2008 年 1 月 1 日起執行）是就業保護立法體系中的核心，被稱為「近二十年來中國勞動市場法規最重要的改革」。[2]

---

[1] BERGIN P R, FEENSTRA R C, HANSON G H. Volatility due to offshoring: Theory and evidence. Journal of International Economics, 2011, 85 (2): 163-173; MITRA D, SHIN J. Import protection, exports and labor – demand elasticities; Evidence from Korea. International Review of Economics & Finance. 2012, 23: 91-109.

[2] COONEY S, BIDDULPH S, ZHU Y, et al. China's New Labour Contract Law: Responding to the Growing Complexity of Labour Relations in the PRC [J]. University of NSW Law Journal, 2007, 30(3): 788-803.

第十四章　新中國對外貿易制度變遷的效應、規律與趨勢

（2）對外貿易制度改革促進了農業制度的完善。Huang 等（2009）對中國農業貿易改革和農村繁榮研究的實證結論——入世前學者關於貿易政策對中國農村收入負面衝擊的擔憂並未實現。相反，在過去的20年中，中國農業部門的表現好於任何一個亞洲國家的農業部門，一個主要的原因在於對農業制度扭曲的矯正改變了貿易的影響方向。

（3）對外貿易制度改革推動了中國金融體制的改革。中國入世以來，對外貿易的發展促進了貨幣的集中與再分配、資本的流動，相應地也推動了中國金融體制的改革，不斷提高金融體系的抗風險能力和國際競爭力。一是建立新的金融監管制度，2018年4月，將中國金融業原「一行三會一局」分業監管體制改革為「一行一委一局兩會」監管體系[1]。二是改革農村金融體制，建立商業性金融、合作性金融、政策性金融相結合，各種金融機構同時並存的新格局[2]。三是建立、改革政策性貿易金融體制，使對外貿易促進制度進一步發展完善。四是全面擴大金融業開放。金融業開放包括銀行、保險公司、證券和基金管理等。其中，在銀行業方面，取消銀行業外資股比限制，引入市場競爭機制，增加國際金融資本流入，改善中國銀行資本結構。在證券業方面，合格境外機構投資者（QFII）制度和合格境內機構投資者（QDII）制度應運而生，允許合格境內外機構投資者開展境內外的證券投資業務，促進境內外資本雙向流動。而今，在進一步擴大開放的基調下，為建立高標準投資和貿易體系，中國設立了多個自由貿易試驗區，自貿區的金融制度改革創新則更為深入和徹底。2017年3月30日，《全面深化中國（上海）自由貿易試驗區改革開放方案》要求，以加快資本項目可兌換、人民幣跨境使用、金融服務業開放等多項自貿試驗區金融開放創新試點。[3]

---

[1] 巫雲仙. 新中國金融業70年：基於制度變遷和改革開放的歷史邏輯 [J]. 政治經濟學評論，2019，10（4）：61-87.

[2] 溫濤，王煜宇. 改革開放40週年中國農村金融制度的演進邏輯與未來展望 [J]. 農業技術經濟，2018（1）：24-31.

[3] 支囡. 中國（上海）自由貿易試驗區金融創新法律制度研究 [D]. 徐州：江蘇師範大學，2018.

(二）對外貿易制度改革實踐推動了中國特色社會主義對外貿易思想的創新發展

新中國成立到改革開放不斷深化的歷史進程中，中國對外貿易制度先後經歷了統制貿易制度、發展外向型經濟到推動對外貿易營運模式市場化、發展開放型經濟、確立全面提高開放型經濟水準、構建開放型經濟新體制的實踐，並結合中國社會主義建設實踐推動了中國對外貿易思想由內向型經濟的對外貿易思想到開放型經濟條件下的科學發展思想的根本轉變，形成了中國特色社會主義自由貿易思想——既體現自由貿易理論一般性，又堅持中國特色社會主義原創，從理論上回答了中國「為誰」「為何」「如何」發展對外貿易這個根本問題。

制度改革實踐與思想演進相輔相成、相互促進。習近平新時代中國特色社會主義思想是在中國改革發展實踐經驗基礎上提煉、昇華而成的，同時又是指導全面深化改革實踐、破解改革發展難題的指導思想。同理，中國特色社會主義自由貿易思想是指導中國對外貿易制度改革的思想基礎，也在對外貿易制度改革的實踐中不斷豐富、完善。

(三）對外貿易制度改革促進中國貿易強國建設

中共十九大報告指出，要推動形成全面開放新格局，推進貿易強國建設。新中國成立以來，中國對外貿易經歷了多個階段的改革歷程，持續保持了進出口的數量擴張，並推動了進出口結構的質性改善，形成了貿易量變與質變的有機結合和良性互動，使得自身成長為全球貿易大國，在向貿易強國發展的道路上取得了實質性進展。

1. 中國對外貿易制度演進下的出口商品結構改進

在貿易的產品結構上，改革開放之前，中國的進出口結構與工業的成長路徑相一致（如圖14-3所示）。在這一時期，中國的出口以初級產品及資源密集型製成品為主，製成品的比重不斷上升。新中國成立初期，與農業國的發展特質一致，中國出口中農副產品占據半數以上，其中農副產品加工品的份額超過了30%，而工礦產品不足10%。隨著中國工業體系的逐步建立，農

第十四章　新中國對外貿易制度變遷的效應、規律與趨勢

副產品加工品和工礦產品一度出現了明顯的上升態勢，1962 年達到了這一時期的峰值，即 45.9% 和 34.7%。但在此之後，由於國內政治經濟形勢發生了變化，正常的生產組織活動受到了衝擊，農副產品及其製成品再次成為出口換匯的主力，而工礦產品的份額下降，直至 1974 年後才再度進入上升軌道。同期，在進口方面，為了實現外匯和生產的平衡，中國以工業原材料作為優先進口產品，生產資料始終是主導性的進口產品，在改革開放前的中國進口中平均占到了 80.4%，而生活資料作為調劑餘缺的主要方向，在進口中的比重多數情況下不足 20%，僅在三年經濟困難時期（1959—1961 年）後出現過短暫擴大，最高時僅為 44.8%（1962 年）。

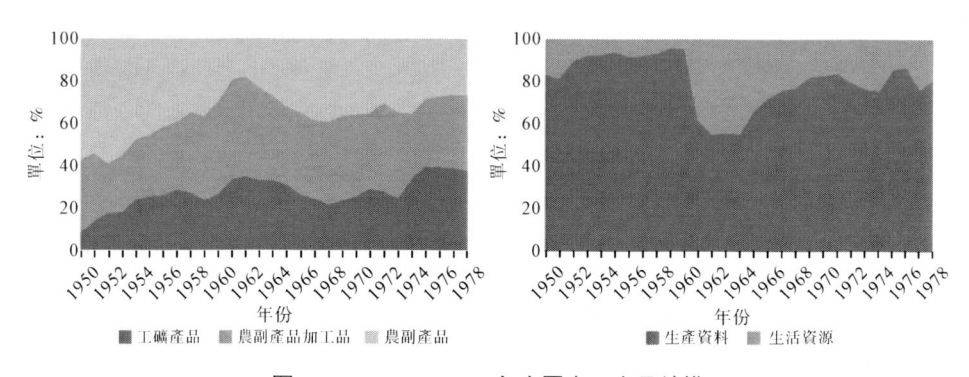

圖 14-3　1950—1978 年中國出口商品結構

數據來源：《中國統計年鑒》（1981）。

2002 年以來，中、高技術產品在中國出口中的份額超過了 50%，高技術產品超過勞動密集型產品，成為第一大類出口產品（見圖 14-4），中國出口複雜度與規模的提升呈正相關關係，表明改革開放之後，量變推進了中國出口的質變，帶來了出口結構的主動改進[1]。

---

[1]　岳雲霞. 量質並進——中國對外貿易 70 年 [J]. 中國經濟學人，2019（4）：40-65.

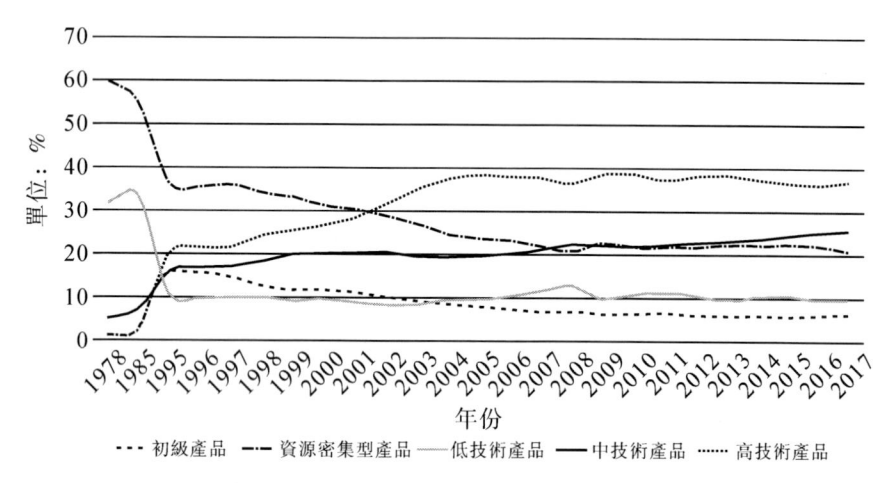

图 14-4　1978—2017 年中國出口商品結構

數據來源：1985 年前數據來自「1962—2000 年美國國家經濟研究所-聯合國貿易數據」，https://cid.econ.ucdavis.edu/nberus.html；1985 年以後數據來自世界銀行 WITS 數據庫，http://wits.worldbank.org/。

2. 中國對外貿易制度演進促進中國在全球價值鏈中的深度嵌入

中國的貿易擴展伴隨著中國在全球價值鏈中的深度嵌入。本部分通過計算 GVC 地位指數[①]分析中國在全球價值鏈中的嵌入情況的變化。我們根據世界銀行發布的 2017 年各國或者地區出口貿易額，選取了除中國以外的排名前九的國家或地區作為參照，包括美國、日本、英國、德國、法國、義大利、荷蘭、韓國。美國和日本主要依靠自主研發、自主生產等模式參與全球生產網絡，處在全球價值鏈的「上游」。雖然與排名前三的國家相比，全球價值鏈的嵌入度還有一定的差異，但是中國 GVC 地位指數呈現上升趨勢。例如，中國 GVC 地位指數在 2005 年排名第九，僅高於韓國，在 2015 年排名第四，名次提升了 4 名，指數上漲了 1 倍，說明中國通過參與國際貿易，逐步實現了產業鏈的升級（見表 14-1）。

---

① 指數構建說明見附錄。

第十四章　新中國對外貿易制度變遷的效應、規律與趨勢

表 14-1　各國 GVC 地位指數對比　　　　　　　　單位：%

國家	\multicolumn{11}{c}{年份}
	2005	2006	2007	2008	2009	2010	2011	2012	2013	2014	2015
韓國	6	4	4	-4	0	-2	-7	-6	-3	0	6
荷蘭	18	18	17	18	20	18	15	15	15	14	12
義大利	15	13	12	11	15	11	9	10	12	12	13
法國	16	14	14	14	18	15	14	14	15	15	17
德國	20	18	17	17	21	16	14	14	15	16	17
中國	10	10	11	14	17	14	14	15	15	17	21
英國	28	27	28	26	26	24	23	23	23	25	26
日本	32	29	28	25	32	29	27	27	25	25	28
美國	28	28	27	26	30	28	27	27	28	28	30

數據來源：根據 TiVA 數據庫整理及計算得出（https://stats.oecd.org/#）

（四）新中國對外貿易制度改革與人類命運共同體構建

世界各國的命運是一個交織體，「你中有我」「我中有你」。習近平高瞻遠矚地提出構建人類命運共同體的重要思想，這是新時代堅持和發展中國特色社會主義的基本方略之一，是中國在全球治理話語體系中獨樹一幟的重要標誌，也是中國為世界和平與人類進步貢獻的中國智慧和中國方案。

對外貿易制度改革推動了中國更加積極參與全球治理，發揮更大的作用。

1. 新中國對外貿易制度致力於推動全球經濟的自由化與便利化，這是構建人類命運共同體重要因素之一

（1）中國以身作則降低自身貿易與投資壁壘，建立更為市場化和自由化的對外貿易制度

在逆全球化的背景下，中國堅持反對貿易保護主義，敢於公開主張推進自由貿易而不是公平貿易，推進平等而不是對等，推進透明合理的投資審查而不是投資障礙。[1]

（2）中國堅定維護多邊貿易體制，推進全球貿易治理

在中共十八大報告、十八屆三中全會決議以及十九大報告中，均提到支

---

[1] 張燕生. 十八大以來中國積極推動全球治理體系變革［J］. 當代世界，2017（10）：4-8.

持多邊貿易體制是中國對外開放國策的重要內容,也是中國為促進全球治理所做的重要承諾。世界貿易組織仍是全球貿易治理體系的中心,世界貿易組織的獨特優勢在於其建立在一整套經談判達成、得到全體成員認可的國際法體系之上,世界貿易組織的貿易政策審議機制和爭端解決機制又從外部進一步增強了其可信度。① 中國堅定維護世界貿易組織的多邊貿易治理規則,按照加入世界貿易組織的承諾,成為接受國際規則、融入國際秩序的典範。

2. 新中國對外貿易制度提升中國制度質量,進而提升中國全球治理能力

全球貿易治理話語權的競爭歸根到底取決於所提倡或設計的機制是否反應人類經濟和社會發展的基本規律。當今貿易和投資自由化已經不再單純聚焦於關稅等進入壁壘,而是更深入地關注國內市場規則的一致性和標準的兼容性。基於中國對外貿易制度改革的進程軌跡,可以看到,除了貿易與投資進入壁壘的削減,中國對外貿易制度更多地在對接國際高標準貿易投資規則、所有權改革、國內貿易與投資法律規制環境、行政效率等方面進行改進,制度質量明顯提升,體現出較為顯著的制度優勢。對外開放越來越取決於國內改革,這使得在全球治理中制度優勢的作用更加凸顯。

(五) 新中國對外貿易制度改革與經濟效率提升

中國漸進式的、分階段的對外貿易體制改革使中國由保護貿易制度逐步轉向有管理的自由貿易制度。這一變革大大減少了傳統貿易體製造成的商品市場、要素市場的扭曲,顯著提高了資源配置效率及全要素生產率水準,增強了中國企業的國際競爭力,帶來中國對外貿易的高速增長,並經由對外貿易增長的傳導及貿易體制改革對整體經濟體制改革的推動促進了國民經濟的增長。

新中國對外貿易制度改革,促進了政府職能的轉變,更好地發揮市場機制的作用。政府不斷減少對外貿的行政干預,轉為運用經濟、法律等手段,輔以必要的行政手段來加強外貿的宏觀管理,弱化微觀管理。推動形成統一

---

① 屠新泉. 以開放促改革:中國與多邊貿易體制40年 [J]. 人民論壇・學術前沿, 2018, 159 (23): 66-73.

第十四章　新中國對外貿易制度變遷的效應、規律與趨勢

開放、競爭有序的市場體系，保證各類經濟主體平等、公開、公平、公正地參與市場競爭，同等受法律保護，同樣受法律監管，從而讓市場在資源配置中起決定性作用。

就目前文獻來看，貿易開放以及貿易制度演進可以通過以下途徑提升經濟效率：

1. 新中國對外貿易制度改革提升要素以及資源配置效率

（1）貿易開放及對外貿易制度改革改善了勞動力市場配置效率

制度學派認為，制度變遷與社會轉型是一國經濟發展的根本原因，有效的產權制度是勞動生產率提升的決定因素，資源配置的市場化程度、政府的公共決策、貿易國際化等對經濟發展的作用機理都能通過「制度因素」加以詮釋。將「貿易開放程度」作為制度變遷指標，實證研究表明貿易開放會通過知識與技術外溢效應來促進人力資本累積，從而提升勞動生產率。[①]

（2）貿易開放為資本配置帶來了積極影響，提升資本配置效率

改革開放初期，中國企業普遍存在「融資難」的問題，存在相當大的資本供給扭曲。具體表現為對不同主體企業實施的歧視性政策、對資本市場監管不力以及市場主體融資渠道狹窄等。一方面，資本供給很不正常。改革開放初期，為了吸引外商直接投資，中央政府及各地方政府都制定了諸多針對外資企業的優惠政策，從貸款手續、貸款利率到貸款服務，外資企業都要優於中國本土企業；國有企業能夠較為方便地從銀行手中獲得融資，但這些資本在國有企業中的使用效率十分低下；而市場最具活力的民營企業則無法享受到這種優惠政策，導致其在「起跑」時就落後於外資企業和國有企業。另一方面，資本價格存在扭曲。鑒於銀行等金融機構實施的歧視性政策，民營企業為了獲得資金，不得不付出更多利息，直接加大了其融資成本，使得民營外貿企業無力進行技術研發與產業升級。

貿易開放通過以下機制緩解資本誤配、提升資本配置效率：

[①] 許和連，元朋，祝樹金. 貿易開放度、人力資本與全要素生產率：基於中國省際面板數據的經驗分析[J]. 世界經濟，2006（12）：3-10.

第一，通過引入外來資本緩解融資約束、提升資本配置效率。張國富通過門限迴歸模型實證分析行業的開放程度等因素對資本配置效率行業差異的影響，結果發現行業的外資企業比重以及開放程度的提高均能顯著地提高資本配置效率。[1]

第二，貿易開放制度通過影響金融市場以及促進金融深入來提升資本配置效率。外商直接投資的流入有利於資本配置效率的提高，除了直接作用外，外資還會和金融發展交互作用對資本配置效率產生影響，兩者對資本配置效率的影響彼此加強，金融發展水準越高，外資對資本配置效率的促進作用就越明顯。[2]

2. 新中國對外貿易制度改革影響企業生產率與創新能力

貿易開放及貿易制度改革作用於微觀企業主體是近年來國際經濟學研究領域的主流和前沿。新新貿易理論認為自由貿易加劇要素市場競爭，迫使生產率低的企業退出市場，同時由於貿易的存在，生產率較低的企業收縮，生產率較高的企業擴張，行業平均生產率得以提高。

基於中國具有發展中大國等特色的制度特徵，國內外學者開始考察中國的貿易開放及貿易制度改革如何影響企業生產率，貿易自由化提升企業生產率得到了實證支持。例如，國際市場競爭加劇時，企業會更多選擇集中於核心產品的出口，這一途徑將提升企業生產率，企業可通過改變內部出口產品配置來應對國際市場競爭進而提升生產率。[3]

基於中國的貿易開放研究，雖然在模型選擇、研究樣本與數據、研究方法上不同，但得出的結論都基本一致，即貿易開放度提升所帶來的技術擴散和外溢效應促進了中國全要素生產率水準的提高。

---

[1] 張國富，王慶石. 中國資本配置效率的地區差異及影響因素：基於1991—2007年省際面板數據的經驗分析 [J]. 山西財經大學學報, 2010, 32 (S2): 53-55.
[2] 趙奇偉. 金融發展、外商直接投資與資本配置效率 [J]. 財經問題研究, 2010 (09): 47-51.
[3] 桑瑞聰，韓超，李秀珍. 出口市場競爭如何影響企業生產率：基於產品配置視角的分析 [J]. 產業經濟研究, 2018 (5): 41-53.

第十四章　新中國對外貿易制度變遷的效應、規律與趨勢

第二節　新中國對外貿易制度演進的內在邏輯

新中國對外貿易制度演進在戰略轉型、體制改革、法律建設、政策創新等方面取得了豐碩的成果，同時對中國特色社會主義制度自我完善、促進中國貿易強國建設、人類命運共同體構建及提高中國參與全球治理的能力、提升中國經濟效率起到了關鍵作用。新中國對外貿易制度演進之所以卓有成效，在於其自身與時俱進地遵循了一系列科學的變遷規律。

一、新中國對外貿易制度演進始終堅持社會主義道路，遵循社會主義制度體系建立與自我完善的變遷軌跡

中共十九大報告指出：「我們黨團結帶領人民完成社會主義革命，確立社會主義基本制度，推進社會主義建設，完成了中華民族有史以來最為廣泛而深刻的社會變革，為當代中國一切發展進步奠定了根本政治前提和制度基礎。」新中國對外貿易制度的建立與演進也以社會主義基本制度作為大前提和根本基礎，依據社會主義的本質，社會主義國家的對外貿易制度建設必須以堅持社會主義方向為基準，以促進生產力發展、推動共同富裕目標達成為宗旨，這是新中國對外貿易制度變遷的基本特徵。同時，與社會主義制度的建立與自我完善相適應，中國對外貿易制度也與時俱進地進行自我完善。

在社會主義制度確立和建設階段，圍繞確立社會主義制度的中心任務，當時的對外貿易制度建設目標是建立獨立統一的社會主義對外貿易制度，促進國民經濟恢復，捍衛新中國的政治經濟獨立。進入社會主義建設時期後，基於當時的國際環境和中國社會主要矛盾的變化等因素，中國在探索自己的社會主義建設道路的曲折過程中以局部調整的方式進行了對外貿易制度建設，並堅持在平等互利、自力更生的基礎上發展對外貿易的原則，同時以服務生產發展、推動工業體系建設為主要目標。在對外貿易制度建設等因素的推動

下,這段時期的對外貿易得到了一定程度的發展,對外貿易制度建設和對外貿易發展在中國社會經濟發展中的促進作用得到了體現,社會主義制度的優越性,堅持中國共產黨的領導、堅持社會主義道路的重要性,也得到了體現。這一時期對外貿易的範疇包括自力更生為主,外援為輔,互通有無等。此外,相應的對外貿易制度服務了這一時期的社會主義建設目標。

中共十一屆三中全會確立了中國特色社會主義的道路,中國特色社會主義制度體系在確立社會主義基本制度的基礎上,經歷漫長的建設過程逐步形成、不斷完善。在這個過程中,新中國對外貿易制度的演進和創新發展構成中國特色社會主義制度體系演進發展的重要部分,中國特色社會主義的根本制度、基本制度、法律體系和具體制度層面的體制機制與新中國對外貿易制度演進的緊密聯繫日益顯現。在建設中國特色社會主義過程中,創建出中國特色社會主義對外經貿交往的一些範疇,如外向型經濟、開放型經濟、開放型經濟體系、大經貿、分工協作、優勢互補、經濟特區、加工貿易、合資、一國兩制、互利共贏、公正合理的國際經濟秩序、開放的地區主義等,創建性地提出對外經貿發展的基本原則、對外經貿發展模式、經濟特區建設的要素,提出經濟全球化的發展目標,確定中國進入多邊貿易體制的原則、區域經濟合作應堅持的指導原則、利用好外資的關鍵要素、開放型經濟機制的內涵、「一帶一路」倡議、自由貿易試驗區等,[①] 並形成了與上述範疇相關的對外貿易制度體系。

中國特色社會主義制度的本色決定了中國對外貿易制度在演進過程中與時俱進地堅持馬克思列寧主義、毛澤東思想、鄧小平理論、「三個代表」重要思想、科學發展觀一直到習近平新時代中國特色社會主義思想。馬克思列寧主義一直是中國對外貿易理論研究、思想發展、制度建設和實踐創新的理論基礎,馬克思列寧主義與中國具體實踐的結合,形成了毛澤東思想和中國特色社會主義理論體系,為中國對外貿易理論研究、思想發展、制度建設和實

---

① 薛榮久,楊鳳鳴.對中國特色社會主義國際經貿理論構建的思考[J].國際貿易,2014(4):4-10.

第十四章　新中國對外貿易制度變遷的效應、規律與趨勢

踐創新奠定了思想基礎，對外貿易制度則是這些思想與理論體系在對外經濟領域的具體化，成為指導改革與實踐的傳動紐帶，為中國開放型經濟發展注入了生機和活力。①

二、新中國對外貿易制度演進遵循以開放促改革，形成對外開放與經濟體制改革的良性互動

以開放促改革、促發展是中國特色社會主義建設不斷取得新成就的重要法寶②，對外開放與體制改革相互推動，是中國對外貿易制度改革的一項重要經驗。結合70年來的發展歷程，這一規律包含以下三個方面的內涵：

（一）開放倒逼中國對外貿易制度演進

開放具有「倒逼」效應和「鎖定」效應，「倒逼」就是借用外部壓力促使內部調整③，有「推動前進」的作用；「鎖定」就是承諾的國際規則必須遵守，否則面臨違約指控和制裁，起到「防止後退」的作用④。開放倒逼、促進中國對外貿易制度改革的歷程可以歸納為：

第一波開放倒逼對外貿易制度改革出現在1979—1987年（中共十三大）。1978年12月，十一屆三中全會確定了中國開始實行的對內改革、對外開放的政策，1979年鄧小平說「殺出一條血路來」⑤，通過引入市場經濟，倒逼著對外貿易體制機制的不斷改革。1980年，深圳特區成為中國率先開放的試驗田，也是新中國第一代經濟特區。經濟特區是新中國特殊經濟功能區的第一種形

---

① 侯德芳, 俞國斌. 十一屆三中全會以來中國對外開放理論發展的回顧：紀念改革開放30週年[C]// 改革開放與當代世界社會主義學術研討會暨當代世界社會主義專業委員會年會, 2008: 71-81.
② 中國宏觀經濟研究院課題組. 做好以開放促改革的大文章[EB/OL]. (2019-02-21) [2019-07-11]. http://paper.ce.cn/jjrb/html/2019-02/21/content_384384.htm。
③ 中國的改革可以分為兩種類型。一種是「內源性」的改革，如以家庭聯產承包責任制為核心的農村改革；另一種是「外源性」，即倒逼式的改革，如開放倒逼式改革。
④ 霍建國. 以開放倒逼國內深層面改革和體制創新[EB/OL]. (2014-05-27) [2019-07-11]. http://theory.people.com.cn/n/2014/0527/c40531-25068219.html.
⑤ 在1979年4月中央工作會議上，當廣東省委負責人提出在鄰近港澳和沿海地區劃出一些地方，設置類似海外的出口加工區的設想時，鄧小平同志立即給予支持並提出要求。

式，中國圍繞著自身發展重大問題，依託經濟特區，探索並制定包含經濟、社會制度等內容的重要戰略決策。經濟特區確立了「以經濟體制創新為先導，以吸引和利用外資為需求，注重發展外向型經濟」的歷史使命，通過推進貿易、投資領域的改革，加快營造良好的貿易投資環境，積極吸引外商投資和引進先進技術和管理經驗。

第二波開放倒逼對外貿易制度改革高潮在20世紀90年代初期。中國工業化實踐迅速開展，落後面貌基本得到改善，第一代特區政策紅利逐漸消失，建立社會主義市場經濟制度已成為共識，建設功能型經濟特區是主要改革方向[1]。浦東是中國第二輪改革開放的先行者。第二代經濟特區雖然延續了第一代經濟特區的地理區位選擇邏輯，但並不局限於制度功能，而是更加側重發展功能。上海浦東新區、天津濱海新區從第一代經濟特區的制度功能向發展功能演進，從單項改革轉向系統改革，從初步改革向深入、配套、綜合、全面方向發展。

第三波開放倒逼對外貿易制度改革高潮是2001年中國加入世界貿易組織之後。中國開始納入經濟全球化的軌道，改革不僅依靠國內「內生」的改革力量，而且利用了外部由於加入世界貿易組織所引發的開放倒逼的力量。[2] 世界貿易組織規則的核心是市場經濟的基本運行規則，中國按照世界貿易組織規則修改了3,000多條法律法規，帶動了不少實際性的改革舉措，經濟、政治、文化、社會等領域有顯著變化。例如，在貨物貿易管理制度領域，根據世界貿易組織的非歧視原則和可預見性、透明度原則，中國進行了貨物貿易相關法律法規規章的清理、修訂與制定。《對外貿易法》（2004年）及《貨物貿易管理條例》（2002年1月1日起施行）等一系列其他貨物管理制度的有關規定構成了中國政府如期履行入世承諾和嚴格依法執行世界貿易組織規則的法律基礎，並組成了中國貨物貿易管理的基本法律框架；在服務貿易制度領域，加入世界貿易組織後，中國按照《服務貿易具體承諾減讓表》承諾，

---

[1] 方寧生. 進入第二代的中國經濟特區 [J]. 特區經濟，1996（9）：10-12.
[2] 常修澤. 以開放倒逼改革：中國（上海）自由貿易試驗區之我見 [N]. 中國青年報，2013-09-24（2）.

第十四章　新中國對外貿易制度變遷的效應、規律與趨勢

在金融、保險、電信、法律、會計、建築、旅遊、教育、運輸等各個服務貿易領域實現了進一步開放，外國服務供應者進入上述領域的條件大大改善。在世界貿易組織服務貿易分類的 160 個分部門中，中國開放了 100 個，開放範圍已經接近發達國家的平均水準。[①] 技術貿易制度領域，2002 年 7 月 18 日，北京市人大常委會通過了重新修訂的《北京市技術市場條例》（以下簡稱「新《條例》」），自 2002 年 11 月 1 日起實施。新《條例》是在中國加入世貿組織、社會主義市場經濟體制已經建立的背景下頒布的。這個條例不僅對於北京技術市場發展具有里程碑的意義，而且在各地技術市場地方性法規修訂過程中產生了重大的影響。

第四波高潮以設立自由貿試驗區為里程碑。自貿試驗區設立的背景包括美國放棄世界貿易組織多邊談判，轉向更高標準的雙邊、區域投資貿易體制，引發各國之間激烈的規則博弈，進而導致大量的雙邊貿易協定交織在一起呈現「義大利麵碗」特徵，並湧現出 TPP、TTIP、TISA[②] 等新型區域貿易投資協定；與此同時，中國進入改革攻堅期和深水區，土地、勞動力等資源要素的成本優勢逐步弱化，市場體系不完善、政府行政效率偏低等引發的制度性交易成本居高不下，中國亟待加快構建法治化、國際化、便利化營商環境，進一步深化改革挖掘動能，擴大開放激發活力，形成全面開放新格局。基於這樣的開放格局與國家戰略需求，中國自貿試驗區有兩個基本定位，一是強調先行先試，二是爭創中國在全球競爭中的新優勢。這是中國在經濟全球化的新形勢下面向世界的主動試驗，承擔中國深化改革和擴大開放的壓力測試功能。

（二）對外貿易制度的市場化、便利化、國際化、法制化演進為開放經濟發展提供保障

以對外貿易制度改革促進開放型經濟發展，主要體現在三個方面：「一是不斷建立和完善市場決定資源配置的市場經濟體制的過程也是一個開放的過

---

① 數據來源：《中國的對外貿易》白皮書。
② TTP 指跨太平洋夥伴關係協定（Trans-Pacific Partnership Agreement）；TTIP 指跨大西洋貿易與投資夥伴協定（Transatlantic Trade and Investment Partnership）；TISA 指國際服務貿易協定（Trade in Service Agreement）。

程,進一步發揮市場機制的作用,增強了資源利用效率和資源配置效率;二是改變了政府管理方式和手段,提高了政府管理調控經濟社會的效率,也增強了政府提供公共服務和社會管理的能力;三是促進了國有企業改革,減少因產權關係不順和治理結構不完善引起的扭曲行為。」[①] 這些改革舉措都有利於中國開放型經濟體制的建立。

(三) 開放經濟下形成對外貿易制度與其他經濟社會制度的良性互動

對外貿易制度的改革是開放倒逼的最直接效應,或稱為第一波傳導效應。第二波傳導效應,則是由對外貿易制度改革進一步帶來了或倒逼了經濟領域的制度改革。

1. 倒逼國有企業改革

從歷史發展進程來看,一是開放帶來的競爭效應,倒逼國有壟斷企業不得不改進所有權結構、管理方式、經營制度。二是與國際規則的對接迫使對國有企業保護的政策逐步取消。例如改革開放後,中國打破對外貿易國有企業壟斷經營,逐步放開對外貿易經營權,通過對外貿易企業審批制,對符合條件的企業賦予外貿經營權。1994年開始,中國積極推進了外貿企業股份制改革試點。自加入世界貿易組織之後,原有的審批外貿代理制帶有計劃經濟色彩,無法適應新的外貿環境,也有違入世承諾與世貿組織規則。2001年7月10日,外經貿部發布了《關於進出口經營資格管理的有關規定》,對進出口經營資格實行登記和核准制,對各類所有制企業進出口經營資格實行統一的標準和管理辦法,並根據登記或核准的經營範圍,將企業的進出口經營資格按外貿流通經營權和生產企業自營進出口權實行分類管理。2004年7月,為了履行入世後3年內全面放開對外貿易經營權的承諾,中國實施了《對外貿易經營者備案登記辦法》,將外貿企業的經營權由審批制改為備案登記制,這意味著中國長期實行的外貿經營權審批制度的終結和對外貿易經營權的完全放開。

此外,當前由發達國家主導的TTIP、CPTTP等一系列高標準、嚴要求的國際投資貿易規則正在加快制定,其中重要的一條是針對國有企業的條款。

[①] 江小娟. 中國開放三十年的回顧與展望 [J]. 中國社會科學, 2008 (6): 66-85.

第十四章　新中國對外貿易制度變遷的效應、規律與趨勢

發達國家認為，以中國為代表的新興經濟體的國有企業所形成的競爭優勢主要來源於政府的支持，這種源自政府扶持的非中立的競爭優勢不僅造成了資源配置的扭曲，還嚴重威脅了國際經濟秩序，破壞了原有的公平競爭環境。對此，以美國為代表的發達國家極力在雙邊、多邊貿易協定中倡導設立了劍指中國國有企業的競爭中立規則。對競爭中立規則的提出旨在為國有企業和私營企業創造一個公平的競爭環境，減少市場經濟的低效率。[①] 競爭中立規則本身符合市場經濟的發展規律，有利於增強市場活力，是國際市場的大勢所趨，是中國參與國際競爭不可迴避的國際市場新規則[②]。中國央行行長易綱在 2018 年 G30 國際銀行業研討會上發言時聲明，為解決中國經濟中存在的結構性問題，中國將考慮以「競爭中立」規則對待國有企業，這進一步明確了中國對執行競爭中立政策的態度。「競爭中立」規則將引致中國國有企業進行新一輪改革。

2. 倒逼金融體制改革

貿易開放引致金融業開放以及金融管理體制改革。在匯率制度上，1994 年 1 月，實現匯率並軌，實行以市場供求為基礎的、單一的、有管理的浮動匯率制；1996 年年底，實現了人民幣經常項目兌換。1997 年亞洲金融危機爆發後，中國保證了人民幣幣值的穩定，之後則穩定盯住美元。中國加入 WTO 的首要前提是在金融領域中開放市場[③]，全面參與國際競爭，面對加入世界貿易組織後金融市場激烈的競爭挑戰，中國金融體制持續改革以適應經濟全球化、金融一體化的發展趨勢。例如中國歷來實施分業經營、分業監管，但為應對金融服務業開放後的激烈競爭，適應國際金融業發展趨勢，相關政策保障了銀行、保險、證券業之間開展大面積合作，混業經營正在悄然成為潮流。2001 年 6 月，中國人民銀行發布實施了《商業銀行中間業務暫行規定》，其中

[①] 劉笋，許皓．競爭中立的規則及其引入［J］．政法論叢，2018，186（5）：54-66．
[②] 唐宜紅，姚曦．競爭中立：國際市場新規則［J］．國際貿易，2013（3）：54-59．
[③] 按其加入 WTO 的承諾，中國金融業開放領域和開放進程是：第一，銀行業：入世 2 年後，允許外資銀行經營本地人民幣業務；入世 5 年後，將允許外資銀行經營人民幣零售銀行業務。第二，證券業：入世後，允許外國金融公司在基金管理企業中持股達 33%，3 年後增至 49%，外國股票分銷商可在合資承銷公司中佔有 33% 股份。第三，保險業：入世 5 年內，逐步擴展外資保險機構的業務範圍，可承保團體險、健康險和養老險；同意外資可在中外合資的人壽保險公司中擁有 50% 的所有權。

明確規定商業銀行在經過中國人民銀行的審批後，可以開辦金融衍生業務、信息諮詢、財務顧問，投資基金託管等銀行業務。2003年12月修改後頒布的《商業銀行法》也有相關的規定，即國有商業銀行可以經營經過國務院銀行業監督管理機構批准的其他業務，為銀行業務參與混業經營留下了餘地和空間。2018年4月8日，將中國銀行業監督管理委員會和中國保險監督管理委員會的職責整合後的中國銀行保險監督管理委員會（以下簡稱「銀保監會」）正式掛牌，這是中國金融監管體制的一次重大改革，標誌著中國金融混業監管邁出重要一步。

同時，金融體制改革也是當前自貿試驗區制度創新的亮點之一，其核心是把自貿區辦成金融創新試驗區，包括先行先試人民幣資本項目下開放，在風險可控前提下，實行人民幣可自由兌換試點等金融創新；在區內實現金融市場利率市場化；金融機構資產價格實行市場化定價；探索境內離岸金融業務以及推動其他金融業對外開放等。

3. 倒逼財稅體制改革

開放後各級政府致力於推動稅收創新，如採用低稅率，以降低企業稅負，形成更具國際競爭力的稅收政策。2007年《中華人民共和國企業所得稅法》頒布。新稅法參照國際通行做法，體現了「四個統一」：內資、外資企業適用統一的企業所得稅法；統一併適當降低企業所得稅稅率；統一和規範稅前扣除辦法和標準；統一稅收優惠政策，實行「產業優惠為主、區域優惠為輔」的新稅收優惠體系。

4. 倒逼勞動市場改革

勞工標準是國際貿易摩擦的高頻領域之一。歐美等發達國家指責發展中國家憑藉較低的勞工標準獲取出口價格競爭優勢，對發達國家進行「勞動力傾銷」，因而要求將勞工標準納入各種雙邊和多邊貿易體系。美國近年來簽訂的所有雙邊貿易協定中，都包含了較高的勞工標準。國際上有200多家跨國公司在國際採購中要求供應商承擔社會責任條款，影響最大的是紡織業、服裝業、玩具業和鞋業等勞動密集型消費品行業。[①] 同時，跨國公司的勞工問題也引起消費者、投資者、非政府組織、大眾媒體和社會公眾的高度關注。在

---

① 王紅霞. 用開放的眼界解讀《勞動合同法》及其衝擊波 [J]. 對外經貿實務, 2008 (6)：9-11.

此背景下，2007 年中國出抬《中華人民共和國勞動合同法》（2008 年 1 月 1 日起施行），健全勞動市場法律體系，從根本上改善中國的勞工狀況和用工標準，全面促進企業對勞動者權益的保護。

（四）開放帶來的第三波傳導效應，倒逼中國進行了更深層次的改革

1. 倒逼政府自身體制改革

伴隨對外貿易制度的變遷，政府自身管理體制也出現很大變化。新中國成立初期中國實行的是政府主導的經濟發展模式，政府過多採取行政許可、審批制度，在很大程度上導致政府和市場的邊界不清。按照自貿實驗區新的規則，遵循「法無禁止即自由」的原則，實行「負面清單」管理，並暫停實施某些法律法規。所有這些都將倒逼政府改革，推動其由管制性政府向「中立型政府」和「服務型政府」轉變。

2. 倒逼社會體制改革

隨著自貿實驗區新規則的建立，以保障勞工權益為標誌的公民權利問題進一步凸顯，這就推進了社會管理體制創新，包括培育和創新社會組織、推進社區自治、建立公民利益表達協調機制、用「對話」替代「對抗」等。在自貿區範圍內，隨著新規則的實行，使多樣化價值理念之間碰撞和融合。

三、新中國對外貿易制度演進始終服務於開放型經濟發展戰略

中國開放型經濟是植根於中國特色社會主義市場經濟的制度性的開放經濟，根據市場經濟規律和國際規則開展制度建設，是開放型經濟的重要內容，也是發展開放型經濟的基本條件。因此，中國堅持推動貿易自由化改革，同時「堅決反對任何形式的保護主義，積極推動建立均衡、共贏、關注發展的多邊經貿體制」「堅定不移發展開放型世界經濟，在開放中分享機會和利益、實現互利共贏」「堅定不移發展全球自由貿易和投資，在開放中推動貿易和投資自由化便利化」[1]。新中國對外貿易制度的演進方向即為不斷促進貿易與投

---

[1] 中共中央文獻研究室. 習近平關於社會主義經濟建設論述摘編［M］. 北京：中央文獻出版社，2017：305，287，309.

資自由化、便利化的變革。

(一) 對外貿易制度演進與貿易自由化便利化

在促進貿易自由化與便利化方面，通過改革對外貿易管理體制、改革外貿經營權制度、削減關稅與非關稅措施、改革海關報關管理制度、規範出口補貼制度、調整出口退稅政策、建立健全服務貿易促進制度體系、加強知識產權保護促進技術貿易發展等提升貿易的自由化程度與便利化水準。

中國對外貿易制度建設由封閉走向開放的過程中，最直觀的效果是中國的貿易便利化程度持續改進，貿易便利化指數大幅上升。根據世界經濟論壇 (World Economic Forum) 提供的數據《全球貿易促進報告》(The Global Enabling Trade Report)，中國貿易便利化指數 2015 年排名 61 位，處於中等偏上的水準，如圖 14-5 所示。

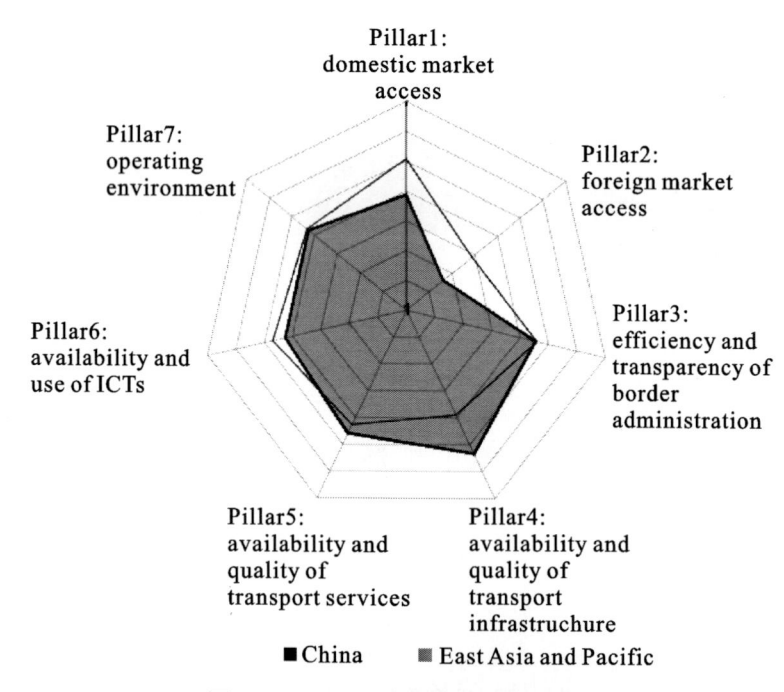

圖 14-5　2015 年中國貿易便利化指數

數據來源：《全球貿易促進報告》(The Global Enabling Trade Report) 2016。

第十四章　新中國對外貿易制度變遷的效應、規律與趨勢

（二）對外貿易制度演進與投資自由化便利化

在促進投資自由化與便利化方面，中國注重營商環境的改善，改革外資管理機制，減少行政干預，構建與國際投資規則一致的制度體系。例如1979—1992年，中國構建了從中央到地方的外資管理體系，建立了專門的歸口部門對外資進行統合管理，提高瞭解決問題的效率；頒布了一系列與外商投資相關的法律法規，確定了外商投資的合法地位，為外資提供了良好的投資環境；逐步下放外商投資的審批權，逐步放寬對外商經營權、所有權、投資領域的限制；對外商提供稅收等方面的優惠政策以吸引外資，鼓勵多元化、全方位地引進外資。加入世界貿易組織之後，中國在引進外資制度上實現了戰略轉變——由政策優惠的吸引轉為提供良好的競爭秩序和投資環境。

在建設社會主義新時代，中國主動對接國際高標準，實行高水準的投資自由化與便利化政策。2018年6月30起開始施行外商投資企業商務備案與工商登記「單一窗口、單一表格」受理，推動投資便利化水準進一步提高。2019年3月15日，中共十三屆全國人大二次會議表決通過了《中華人民共和國外商投資法》，自2020年1月1日起施行，取代之前的「外資三法」[1]，成為外商投資領域的基礎性法律。該法實施後，中國將全面實行准入前國民待遇加負面清單管理制度，大幅度放寬外資企業市場准入，同時也完善了對外商投資的促進、保護和管理制度。

根據世界銀行《全球營商環境報告》數據[2]，中國營商便利度排名呈逐漸上升趨勢，從2006年的第108位上升至2019年的190個經濟體的第46位（見圖14-6），上升62個位次，較2018年上升32位。其中開辦企業便利度排名較2018年大幅上升65位，排名28位，5年來累計上升130位。目前，中國成為營商環境改善力度最大的經濟體之一（見表14-2）。

---

[1] 指《中外合資經營企業法》《外資企業法》《中外合作經營企業法》。
[2] 世界銀行營商環境（Doing Business）報告是目前全球規模最大、影響力最強的調查體系之一，2004年首次報告含5項一級指標覆蓋全球133個經濟體。經過15年發展，2019年最新報告含11項一級指標覆蓋全球190個經濟體。

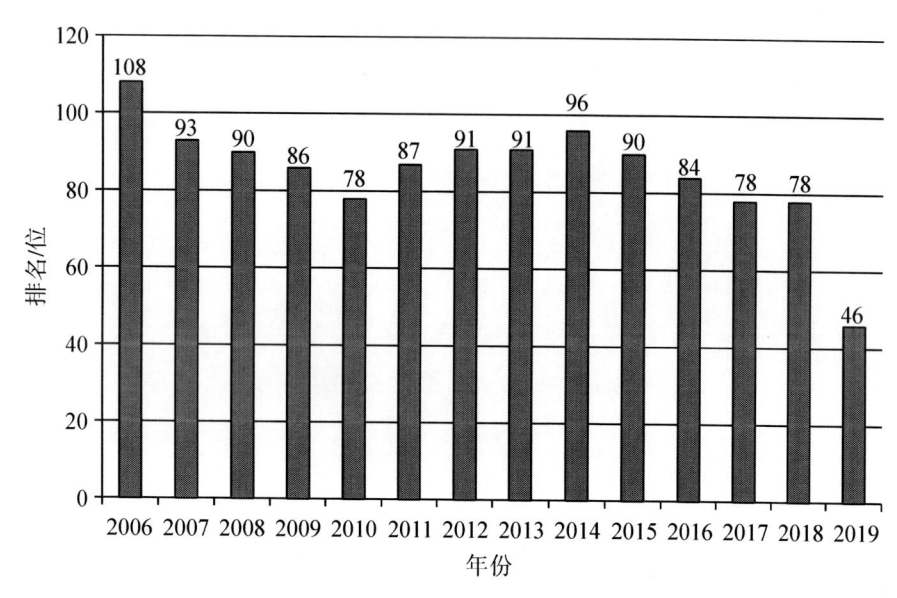

图 14-6 2006—2019 年中国营商便利度排名

数据来源：世界银行《营商环境报告》2007—2019 年。

表 14-2 2019 年与 2018 年中国营商环境便利度对比

维度	2019 年排名	2019 年营商环境便利度分数/分	2018 年营商环境便利度分数/分	营商环境便利度分数变化/百分点
总体指数	46	73.64	65	8.64
开办企业	28	93.52	85.47	8.05
办理施工许可	121	65.16	41.21	23.95
获得电力	14	92.01	65.71	26.30
登记财产	27	80.8	74.99	5.81
获得信贷	73	60.00	60.00	—
保护少数投资者	64	60.00	55.00	5
纳税	114	67.53	62.9	4.63
跨境贸易	65	82.59	69.91	12.68
执行合同	6	78.97	78.97	—
办理破产	61	55.82	55.82	—

数据来源：世界银行《营商环境报告》2019。

四、新中國對外貿易制度演進遵循貿易互利共贏、多元平衡發展的規律

中共十八大報告指出，要完善互利共贏、多元平衡、安全高效的開放型經濟體系。縱觀新中國對外貿易制度演進軌跡，也始終遵循著互利共贏、多元平衡的發展規律。

（一）遵循國際貿易互利共贏的基本規律

中共十七大報告強調：中國將始終不渝奉行互利共贏的開放戰略。這顯示了中國在推動建設和諧世界的旗幟下，以自己的發展促進地區和世界的共同發展，在開展多雙邊經貿合作時會更多考慮到對方特別是發展中國家的利益。「互利」是國際貿易的基礎，體現了國際貿易中資源配置效率提升帶來的非零和博弈的結果，強調貿易雙方能夠公平的分享國際貿易紅利，是貿易雙方願意長期交易的經濟保障。「共贏」則是在互利基礎上更進一步，是從全球的角度出發，要求一國將自身對外貿易可持續發展和全球的可持續發展統一起來，實現全球協調發展的目標。[1]

互利共贏是完善開放型經濟體系必須秉持的時代理念。新中國成立70年以來，中國同世界的關係發生了歷史性變化，對外貿易制度在互利共贏這一原則與理念下也呈現出與時俱進的特徵變化。

新中國成立之初，對外貿易制度具有突出的內向型經濟特徵。由於實行單一的計劃調控，對外貿易活動的所有環節，包括收購、出口、進口、調撥、外匯收支等都納入指令性計劃管理，指令性計劃價格，國內外市場的分割，統負盈虧的財務管理體制，極大地約束了對外貿易的發展。

國門開啟後，對外貿易制度變革的著力點是如何抓住外部世界提供的發展機遇，而互利共贏更多強調的是中國同外部世界的良性互動，更多關注的是在實現自身發展的同時尊重和支持對方發展，這是中國開放理念、開放思

---

[1] 陳繼勇，胡淵．中國實施互利共贏的對外貿易戰略［J］．武漢大學學報（哲學社會科學版），2009，62（5）：634-638．

维的重大转变。① 一方面，中国积极参与全球经济治理，例如恢复其世界银行、国际货币基金组织等国际经济合作组织的合法席位②，突破封闭和孤立状况，积极融入国际经济体系，为中国的经济建设创造良好的外部环境；另一方面，顺应经济全球化的发展趋势，逐步开放自己的市场，吸引外资以及进口商品，分享中国经济的市场红利。

近年来，尤其2008年金融危机后，新兴经济体崛起带动权力转移，引发世界秩序和国际经济格局变动，进一步引发全球经济治理变革，使全球经济治理制度性权力分配格局开始发生变化。而中国作为新兴经济体的「领头羊」，正逐渐由全球经济治理规则的接受者转变为该体系的建设者。中国著力推进二十国集团合作，推动世界银行和国际货币基金组织改革进程，如期建成中国-东盟自由贸易区，坚决反对各种形式的保护主义，都是坚持互利共赢取得的成果。「一带一路」倡议顺应了新兴经济体参与全球经济治理、实现互利共赢的需求，为全球经济治理变革提供了「中国方案」。自由贸易试验区战略，是中国积极参与国际经贸规则制定、争取全球经济治理制度性权力的重要平台，也蕴含各自由贸易试验区结合自身优势、开展区域合作的时代任务，例如广东自由贸易试验区围绕打造开放型经济新体制先行区、高水准对外开放门户枢纽和粤港澳大湾区合作示范区，提出了建设公正廉洁的法治环境、建设金融业对外开放试验示范窗口和深入推进粤港澳服务贸易自由化等方面的具体举措；天津自由贸易试验区围绕构筑开放型经济新体制、增创国际竞争新优势、建设京津冀协同发展示范区，提出了创新要素市场配置机制、推动前沿新兴技术孵化和完善服务协同发展机制等方面的具体举措；福建自由贸易试验区围绕进一步提升政府治理水准、深化两岸经济合作、加快建设21世纪海上丝绸之路核心区，提出了打造高标准国际化营商环境、推进政府服务标准化透明化和加强闽台金融合作等方面的具体举措。

---

① 《新思想 新观点 新举措》编写组. 新思想·新观点·新举措 [M]. 北京：红旗出版社，2012.
② 1980年4月17日，国际货币基金组织正式恢复中国的代表权；1980年5月15日，中国在世界银行和所属国际开发协会及国际金融公司的合法席位得到恢复。

第十四章　新中國對外貿易制度變遷的效應、規律與趨勢

在開放型經濟建設過程中，中國更加自覺地把互利共贏理念落到實處，從國家全局和長遠利益出發，堅持以開放換開放，不斷拓展經濟發展外部空間和良好國際環境。

(二) 遵循貿易多元平衡發展的規律

多元平衡是完善開放型經濟體系必須始終把握的內在特徵。基於歷史軌跡來看，中國深刻把握貿易發展中的多種需要平衡與協調的關係，並圍繞這些需要平衡的方面，促進對外貿易制度的和諧演進。

1. 促進出口和進口平衡的對外貿易制度演進

作為一個開放型經濟大國，一定是內外需兼顧、協調、平衡，才能獲得穩定持續發展。根據國際、國內形勢與環境的變化，中國對外貿易政策經歷了以進口替代政策──擴大出口為目標的出口導向型的外貿政策──出口促進與進口促進同等重要的歷史變遷軌跡。

隨著資源環境約束日益強化、人民生活水準不斷提高和對進口的積極作用認識不斷加深，中國關於促進進口的思想逐漸形成。「十五」時期，中國提出要擴大消費品進口，「十一五」時期中國提出要積極擴大進口，發揮進口貿易在國內經濟發展和產業結構調整中的帶動作用，提升產業競爭力，以促進出口貿易新優勢的培育和提升。「十二五」時期，中國強調要發揮進口對宏觀經濟平衡和結構調整的重要作用，優化貿易收支結構。根據《關於加強進口促進對外貿易平衡發展的指導意見》的有關精神，加強進口，促進對外貿易平衡發展，對於統籌利用國內外兩個市場、兩種資源，緩解資源環境瓶頸壓力，加快科技進步和創新，提高居民消費水準，減少貿易摩擦，具有重要的戰略意義，是實現對外貿易科學發展、轉變經濟發展方式的必然要求；在促進進口的過程中，要遵循的基本原則是堅持進口與出口協調發展，促進對外貿易基本平衡，保持進出口穩定增長，堅持進口與國內產業協調發展，促進產業升級，維護產業安全，堅持進口與擴大內需相結合，推動內外貿一體化，促進擴大消費，堅持進口與「走出去」相結合，拓寬進口渠道，保障穩定供應，堅持市場機制與政策引導相結合，充分發揮市場主體作用，完善促進公平競爭的制度和政策。

中共十八大以來，為了全面提高開放型經濟水準，促進國內經濟轉型和產業結構升級，中國一再重申進出口協調發展的重要性。2014年11月，《國務院辦公廳關於加強進口的若干意見》明確提出要實施積極的進口促進戰略。2018年經國務院同意批准，商務部等部委發佈的《關於擴大進口促進對外貿易平衡發展的意見》指出從四個方面擴大進口促進對外貿易平衡發展的政策舉措：一是優化進口結構促進生產消費升級；二是優化國際市場佈局；三是積極發揮多渠道促進作用；四是改善貿易自由化便利化條件。2018年11月5日至10日，首屆中國國際進口博覽會在國家會展中心（上海）舉行，這是迄今為止世界上第一個以進口為主題的國家級博覽會。

中國在擴大出口的同時，更加關注進口與出口貿易的平衡發展，不僅重視出口市場多元化，也強調進口市場多元化，發揮進口對國民經濟的促進作用，保持內需與外需的平衡、協調發展。

2. 促進貨物貿易與服務貿易平衡發展的對外貿易制度演進

中國對外貿易制度體系兼顧貨物貿易和服務貿易促進與發展。1994年以前，中國對外貿易制度基本以貨物貿易制度體系為主，服務貿易制度體系在1994年之前處於缺位狀態。1994年，中國「大經貿」戰略將商品、資金、技術、服務相互滲透、協調發展作為重要目標，標誌著從對外貿易戰略的角度明確了發展服務貿易的重要性。在「九五」時期，中國提出要有步驟地開放金融、商業、旅遊等服務領域。從此，貨物貿易制度與服務貿易制度並駕齊驅共同發展。

中國在制定服務貿易制度體系方面起步較晚，但發展較快。在關於服務貿易的規劃中，不僅有明確的數量目標，還有相應的質量目標和富有創新的發展理念，這進一步體現出中國對外貿易制度體系的多元化特徵和戰略重點的調整。

3. 促進雙邊、多邊及區域合作平衡發展的對外貿易制度演進

雙邊、多邊和區域作為中國對外經貿合作的「三大支柱」，中國注重三者之間的協調平衡發展，以推進貿易自由化進程，獲取更多的由貿易自由化產生的紅利。一方面加快實施自由貿易區戰略，逐步構築起高標準的自由貿

區網絡（見表14-3），帶動區域合作與發展；另一方面，中國始終把維護全球多邊貿易規則和秩序作為自己行動的準繩，在世界貿易組織的規則框架內擴大開放，發展開放型經濟並構建開放型世界經濟。

表 14-3　中國自由貿易區發展情況

狀態	貿易區
已簽訂協議的自由貿易區	中國–馬爾地夫、中國–澳大利亞、中國-瑞士、中國-哥斯大黎加、中國–新加坡、中國–智利、中國–東盟、中國–東盟升級、中國–新加坡升級、中國–喬治亞、中國–韓國、中國–冰島、中國–秘魯、中國–紐西蘭、中國–巴基斯坦、內地與港澳更緊密經貿關係安排、中國–智利升級、中國–巴基斯坦第二階段
正在談判的自由貿易區	區域全面經濟夥伴關係協定（RCEP）、中國–海合會、中日韓、中國–斯里蘭卡、中國–以色列、中國–挪威、中國–新西蘭自貿協定升級談判、中國–模里西斯、中國–摩爾多瓦、中國–巴拿馬、中國–韓國自貿協定第二階段談判、中國–巴基斯坦、中國–秘魯自貿協定升級談判
正在研究的自貿區	中國–哥倫比亞、中國–斐濟、中國–尼泊爾、中國–巴紐、中國–加拿大、中國–孟加拉國、中國–蒙古國、中國–瑞士自貿協定升級聯合研究

資料來源：中國自由貿易區服務網，http://fta.mofcom.gov.cn/。

第三節　新時代中國對外貿易制度創新發展的趨勢與路徑

一、新時代中國對外貿易制度創新的趨勢

總結新中國對外貿易制度變遷的歷史，可以看到，中國對外貿易制度走過了一條從管制到放鬆管制、從集權到分權、從計劃到市場的創新之路。那麼中國未來對外貿易制度創新發展將呈現什麼樣的趨勢？根據諾斯制度變遷的路徑依賴理論，利益誘致是制度變遷的根本動因，一種制度如果能使各方

的利益達到最大化,人們就不會有改變這種制度的動機和要求;反之,社會對新制度的需求就會變得十分強烈。而這種利益,又將國家利益、國際利益、民眾利益交織在一起,因此研判未來中國對外貿易制度創新發展的趨勢,需要綜合國際環境、國家戰略需求、人民需求等方面的新形勢,以此作為戰略決策的基礎。

(一) 中國特色社會主義新時代新要求背景下的對外貿易制度發展趨勢

中共十九大報告作出「中國特色社會主義進入了新時代」這一重大政治論斷,以堅持和發展中國特色社會主義為主題,從歷史、國家、人民、民族、世界等多維宏大視野深刻闡明了中國特色社會主義新時代的實質內容和重大意義。新時代是中國特色社會主義順應歷史大勢主動作為並不斷奪取中國特色社會主義偉大勝利的時代;是全面建成富強、民主、文明、和諧、美麗的社會主義新時代強國的時代;是中國共產黨人領導中國人民以「堅持和發展什麼樣的中國特色社會主義,怎樣堅持和發展中國特色社會主義」為時代課題,「不忘初心、繼續前進」,不忘本來、開闢未來,開創新時代中國特色社會主義事業新局面,實現中華民族偉大復興的時代;是全國各族人民同力同心、團結奮鬥,不斷走向共同富裕並創造美好生活的時代;是中國日益走近世界舞臺中央並為人類作出更大貢獻的時代。① 這個「新時代」包含了豐富的內涵,對對外貿易制度創新發展提出了新的要求。

1. 中國特色社會主義新時代與中國對外貿易制度發展趨勢

在世界社會主義發展史上,這個新時代就是進入到在新的歷史條件下繼續奪取中國特色社會主義偉大勝利的時代,是中國特色社會主義新時代。它意味著中國特色社會主義道路、理論、制度、文化不斷發展,在世界上高高舉起中國特色社會主義偉大旗幟,科學社會主義在 21 世紀的中國煥發出強大生機活力。這就要求中國對外貿易制度的創新發展需要在堅持中國特色社會主義道路的基礎上進行,堅持習近平新時代中國特色社會主義思想,並服務於「2020 年全面建成小康社會,2035 年基本實現社會主義現代化,本世紀中

---

① 韓慶祥,方蘭欣. 論習近平新時代觀 [J/OL]. 閩江學刊,2019 (4):5-19+121 [2019-08-11].

第十四章　新中國對外貿易制度變遷的效應、規律與趨勢

葉建成富強民主文明和諧美麗的社會主義現代化強國」這一戰略目標。

2. 人民創造美好生活、實現共同富裕與中國對外貿易制度發展趨勢

這個新時代是人民創造美好生活、實現共同富裕的時代。所以，中國特色社會主義進入新時代的重要標誌和基本依據就是中國社會主要矛盾發生了深刻變化。中共十九大報告指出：「中國社會主要矛盾已經轉化為人民日益增長的美好生活需要和不平衡不充分的發展之間的矛盾。」之前關於中國社會主要矛盾是「人民日益增長的物質文化需要同落後的社會生產之間的矛盾」的表述，說明中國那時面對的問題主要是「生產、生活資源」等「有沒有」的問題，解決的是「短缺問題」，是「怎麼發展起來」的問題；中共十九大關於中國社會主要矛盾的表述則說明中國當今面對的問題主要是「生產、生活資源」等「好不好」的問題，解決的是「品質問題」，是「怎樣更好地發展」的問題。無論是社會還是個人，事情起初都並非如「從海洋中誕生的維納斯」那般完美，而總是有一個「先有後好」的過程。只有解決了「有沒有」問題，才談得上「好不好」問題。因此，中國特色社會主義新時代是「全國各族人民團結奮鬥、不斷創造美好生活、逐步實現全體人民共同富裕的時代」。這就要求中國在滿足人民創造美好生活、實現共同富裕需求的基礎上推進對外貿易制度創新，注重平衡內需與外需，促進進口與出口的協調發展。

3. 主動參與和推動經濟全球化進程、發展更高層次開放型經濟與中國對外貿易制度發展趨勢

這個新時代要求中國更主動參與和推動經濟全球化進程，發展更高層次的開放型經濟。新中國成立 70 年來，中國特色社會主義事業取得了舉世矚目的偉大成就，中國大踏步趕上時代，實現了從「跟跑」到「並跑」和「領跑」的華麗轉身。中共十八大以來，中國經濟持續保持中高速增長，經濟總量穩居世界第二，對全球經濟增長的貢獻率每年均超過 30%，居世界第一位，成為推動全球經濟增長的重要力量；習近平提出人類命運共同體理念和「一帶一路」倡議，積極推動「和平、發展、合作、共贏」的時代潮流，受到國際社會和「一帶一路」沿線國家的熱烈呼應，中國成為維護世界和平秩序、推進全球治理體系改革和全球生態文明建設的重要參與者、貢獻者、引領者。

中國特色社會主義拓展了發展中國家走向現代化的途徑，給世界上那些既希望加快發展又希望保持自身獨立性的國家和民族提供了全新選擇，為解決人類問題貢獻了中國智慧和中國方案。因此，中國特色社會主義新時代是「中國日益走近世界舞臺中央、不斷為人類作出更大貢獻的時代」。[1]

這就要求中國未來應繼續不遺餘力地建設開放型經濟，推動構建人類命運共同體。堅持共享發展理念實現對外貿易制度的互利共贏；堅定不移發展開放型世界經濟，大力推進多邊和自貿區合作並參與全球經濟治理；對外貿易制度的演進應服務於加快構建周邊自由貿易區和紮實推進「一帶一路」建設的實際需要；不斷深化與所有毗鄰國家和地區經貿關係，形成「你中有我、我中有你」的密切局面，共商共建共享，打造開放型合作平臺，推進經濟全球化。

（二）全球治理和世界貿易格局新趨勢下的機遇、挑戰與對外貿易制度發展趨勢

1.「一帶一路」倡議下的機遇、挑戰與對外貿易制度發展趨勢

2008 年金融危機爆發以後，各主要經濟體均採取了一系列促進經濟恢復增長的措施，但是這些措施收效甚微，一些主要經濟體國家甚至開始出現單邊主義、貿易保護主義抬頭的政策傾向。[2] 在逆全球化趨勢日益顯著的背景下，中國政府於 2013 年提出了「一帶一路」倡議，力圖以此維護全球化發展的態勢，並為全球低迷經濟注入「強心劑」。截止到 2018 年 4 月，中國已與 80 多個國家（地區）和國際組織簽署了合作協議，建立了 75 個經貿合作區，累計投資 270 億多美元。在五年時間裡，中國與「一帶一路」沿線國家的貨物貿易額已累計超過了 5 萬億美元，OFDI 高達 700 多億美元。[3]

然而，中國推進「一帶一路」建設的道路並非一帆風順。面對當前全球

---

[1] 荊世群，雷春梅. 中國特色社會主義新時代的時代內涵 [EB/OL]. (2017-11-16) [2019-07-11]. http://www.qstheory.cn/zhuanqu/bkjx/2017-11/16/c_1121967753.htm.

[2] 李偉. 堅定信心 主動作為 在深化合作中不斷創造「一帶一路」發展新機遇 [J]. 管理世界，2017 (1)：2-4.

[3] 金輝.「一帶一路」新起點要有新重點 [N]. 經濟參考報，2018-04-11 (005).

第十四章　新中國對外貿易制度變遷的效應、規律與趨勢

經濟的頹勢,儘管西方發達國家無力扭轉,但由於其長期處於世界經濟體系中的核心位置,在世界經濟體系未完成改革之前,發達經濟體仍可以憑藉其特殊地位發揮重要作用。因此,在推進「一帶一路」倡議的過程中,中國受到了西方發達國的極力阻擾,其中,一些國家試圖通過宣揚「中國威脅論」,讓「一帶一路」倡議流產。除此之外,「一帶一路」沿線國家的意識形態、社會制度和宗教風俗各異,各國關係複雜難解,這也給「一帶一路」倡議的實施帶來了巨大的挑戰。[①]

看到困難的同時,也應該看到「一帶一路」建設所帶來的各種機遇。「一帶一路」沿線國家大多處於城市化的進程中,而基礎設施落後嚴重制約著這些國家的經濟發展。與此同時,在過去的二三十年裡,中國培育了一批在基礎設施建設方面具有顯著競爭優勢的國內企業。因此,在「一帶一路」倡議下,中國可推動國內基礎設施建造企業走出國門。除此之外,「一帶一路」沿線國家的工業化水準普遍偏低,而且,近年來,這些國家重視工業化水準提高和產業結構多元化的意願在不斷上升。

在這樣的背景下,中國可憑藉改革開放以來工業化水準不斷攀升的經驗,與這些沿線國家加強合作,以把握機遇、應對挑戰,同時加強與「一帶一路」沿線國家的政策互通和制度協調,促進中國對外貿易制度的改革創新,推動貿易投資自由化便利化。這樣,中國對經濟貿易政策的自由化、便利化水準必將提高。

2. 中美經貿摩擦背景下的機遇、挑戰與對外貿易制度發展趨勢

特朗普自上任後就提出了以「美國優先」為主線的一系列經貿政策,意圖以貿易保護主義的方式,不顧一切地維護美國既得的國家利益。

特朗普「美國優先」的一系列經貿政策表現為以下四大方面:

第一,退出多個雙邊或多邊貿易協定。特朗普政府認為,美國在已有的多個雙邊或多邊貿易協定中吃了「虧」,如果這些貿易協定的相關國家不與美

[①] 陳健,龔曉鶯.「一帶一路」戰略開啟具有「人類命運共同體」意識的全球化發展的新時代[J].經濟學家,2017(7):73-79.(編者註:「一帶一路」戰略現稱為「一帶一路」倡議)

615

國重新協商具體條款，美國將退出這些貿易協定。比如，特朗普上臺後，立即就把退出或重新協商北美自由貿易協定（NAFTA）納入其「百日計劃」。此後，美、加、墨三方決定對 NAFTA 進行重新協商。經過一年多的談判協商，三方貿易部長於 2018 年末對新北美自由貿易協定的相關文件進行了簽署。①

第二，指出多國為「匯率操縱國」，迫使其貨幣升值。2017 年 2 月，美國指責中國、德國、日本等國存在「操縱」匯率，以獲取對美貿易優勢的行為，並憑藉其國內法《2015 年貿易便捷與貿易促進法案》②，意圖通過財政部與上述國家進行談判，督促這些國家升值貨幣。

第三，對多國輸美商品威脅或實質徵收懲罰性關稅。2018 年 3 月 23 日，特朗普宣布將對價值 600 億美元中國商品加徵 25% 的關稅，同時限制中國企業對美國投資併購，中國隨即擬定反擊措施，由此標誌著「中美貿易摩擦」正式開始。截至 2019 年，由於特朗普政府多次「毀約」，中美雙方仍未達成協議，中美貿易摩擦還在持續。

第四，實施減稅加息政策，促進製造業回流。美國方面認為，長期以來巨大的貿易逆差導致美國大量的工作崗位流失，產業受到衝擊。③ 因此，特朗普政府試圖通過兩種政策，即對外實施貿易保護政策和對內實施減稅加息政策，吸引製造業回流美國，促進就業。④

受特朗普政府以「美國優先」為主線的一系列經貿政策的影響，中美貿易摩擦強度增大，中美雙方經貿關係不確定性顯著增強，全球貿易秩序重構過程中也蘊含著機遇。在這樣的背景下，中國應依據世界貿易組織的規則規範，對美國借由國內法任意執行貿易保護措施的行為，進行合理反擊。中國可由中美貿易摩擦倒逼國內全面深化改革，進一步促進國內產業轉型升級，同時擴大對外開放，完善市場准入相關法律法規的建設，切實提高自身營商

---

① 資料來源：http://www.ccpit.org/Contents/Channel_4114/2018/1204/1096988/content_1096988.htm。
② 該法案英文名稱為 Trade Facilitation and Trade Enforcement Act of 2015（H. R. 644/S. 1269）。
③ 蔡興，劉子蘭. 美國產業結構的調整與貿易逆差［J］. 國際貿易問題，2012（10）：68-76。
④ 陳繼勇，陳大波. 特朗普經貿保護政策對中美經貿關係的影響［J］. 經濟學家，2017（10）：96-104。

第十四章　新中國對外貿易制度變遷的效應、規律與趨勢

環境水準。除此之外，中國可以通過積極推動「一帶一路」建設，逐漸減少中國對美貿易的順差，降低中國經濟對美國市場需求的依賴性，並進一步優化中國對外貿易佈局。① 這些方面的舉措，將促進中國對外貿易制度沿著符合世界貿易組織規則和中國深化改革開放要求的方向，進一步改革創新。

3. 多邊貿易體制改革背景下的機遇、挑戰與對外貿易制度發展趨勢

世界貿易組織自成立以來，在推動貿易自由化、促進世界貿易增長和推動發展中國家的經濟增長等方面，都做出了卓越的貢獻。1994—2018年，全球貨物貿易出口額增長了3.5倍，而同期世界經濟增長速度僅上升了2.1倍。與此同時，新興經濟體和發展中國家的對外貿易也取得了突出的成果，其出口額占全球出口總額的比重從27.3%躍升至48.4%。②

但是近年來，以美國為首的多個主要經濟體，在國家對外貿易政策上，呈現出貿易保護主義抬頭的趨勢，世界貿易組織的權威性受到一定程度的衝擊。當前，世界貿易組織主要面臨以下兩大困難：第一，上訴機構可能無法及時處理案件。世界貿易組織是世界各國解決貿易爭端的重要場所。然而，2017年以來，受美國阻撓，其上訴機構無法啟動增補新成員的程序，而在任的3名成員中，2名成員的任期於2019年年末結束。如果上述情況得不到改善，那麼，世界貿易組織上訴機構就很可能無法正常處理案件。第二，多哈回合談判舉步維艱。隨著新興經濟體的崛起和發展中國家經濟的增長，以往世界貿易組織經過談判所設立的規則規範顯然已不適應於當下，對此，世界貿易組織啟動了新一輪的貿易談判——多哈回合。然而，由於談判參與者較多，各方訴求各異，多哈回合一直難以取得實質性進展。③ 由此可見，世界貿易組織在現行體制下難以良好運轉，其規則規範在一定程度上也不適應當下情形。因此，世界貿易組織迫切地需要對其多邊貿易體制進行改革。

2018年9月，歐盟針對多邊貿易體制改革提出了自己的方案。具體來看，

---

① 陳繼勇，陳大波. 特朗普經貿保護政策對中美經貿關係的影響［J］. 經濟學家，2017（10）：96-104.
② 姚鈴. 世貿組織的歐盟改革方案及中國應對策略［J］. 國際貿易，2019（5）：4-9.
③ 同②。

歐盟所提出的方案聚焦於以下三大方面：第一，明晰《補貼和反補貼措施協定》中「公共機構」的具體定義，並擴大禁止性補貼的種類。第二，改善各國市場准入水準，加強知識產權保護。第三，世界貿易組織針對發展中國家的優惠待遇應引入畢業機制。同年11月，中國商務部發布了《中國關於世貿組織改革的立場文件》，闡明基本立場，即「在世界經濟深刻調整，單邊主義和保護主義抬頭，多邊貿易體制遭受嚴重衝擊的情況下，中方支持對世貿組織進行必要改革，以增強其權威性和有效性，推動建設開放型世界經濟，構建人類命運共同體。」具體包括三個基本原則和五點主張。三點原則強調世界貿易組織改革應維護多邊貿易體制的核心價值，保障發展中成員的發展利益。五點主張分別是：世界貿易組織改革應維護多邊貿易體制的主渠道地位，優先處理危及世貿組織生存的關鍵問題，解決貿易規則的公平問題並回應時代需要，保證發展中成員的特殊與差別待遇，尊重成員各自的發展模式。[1]

可見，世界貿易組織多邊貿易體制改革對中國對外貿易制度發展演變即是挑戰也是機遇。從世界貿易組織的未來發展方向來看，世界貿易組織規則空白主要涉及與投資、競爭、電子商務等新自由化議題相關的邊境後措施，而這些邊境後措施正成為世界貿易組織未來的規制重點。[2] 在完成關稅及配額減免等邊境措施談判之後，與全球價值鏈的深度發展相適應，開放進入更深的層次，開放領域的自由化議題已不再局限於關稅及市場准入等傳統的邊境前措施，而是包括創新技術、可貿易的服務業和數據保護等新問題，因此非關稅壁壘、特定投資條款、不同的知識產權制度和有差別的競爭規則等諸多邊境後的規則變得越來越重要。[3] 中國對外貿易制度亟需在這些方面進行突破創新，對接高標準的國際規範。中國探索未來新型世界體系中的改革開放，直接關係到中國對未來國際規則的參與權和話語權問題，也必將對中國自身

---

[1] 資料來源：商務部《中國關於世貿住址改革的立場文件》，http://www.mofcom.gov.cn/article/i/jyjl/k/201812/20181202818736.shtml。
[2] 屠新泉. 以開放促改革：中國與多邊貿易體制40年 [J]. 人民論壇·學術前沿, 2018, 159 (23): 66–73.
[3] Bagwell K, Bown C P, Staiger R W. Is the WTO Passe? [Z]. Policy Research Working Paper, 2015.

第十四章　新中國對外貿易制度變遷的效應、規律與趨勢

以及國際社會產生重大影響。

(三) 中國經濟發展的內在需求與對外貿易制度發展趨勢

在中國經濟步入新時代、新常態階段，供給側改革、人民群眾對美好生活的向往、環境保護等經濟社會發展新主題，成為中國對外貿易制度未來創新發展所需遵循的戰略重點。

1. 經濟發展新常態下的供給側結構性改革與對外貿易制度發展趨勢

經過30年的高速增長，2010年以後，中國經濟發展「增速換擋」的特徵日趨顯著，中國經濟開始步入新常態。這一變化既受到國際金融危機後全球經濟體系變化的影響，更受到中國內部因素綜合變化的合力作用。[①] 在經濟新常態下，經濟增長速度將由高速轉為中高速，經濟增長動力將由要素驅動向創新驅動轉變，經濟發展主線則變成了經濟增長方式的轉變，即如何在粗放型經濟增長方式難以為繼的情況下，盡快向集約型經濟增長方式轉變。[②]

此外，中國供給側呈現出比較顯著的矛盾與衝突。例如，在消費品領域，旅遊購物、海外代購在中國迅速發展，很大程度上反應了當前國內的供給無法滿足人們日益多樣化的需求的情況。

針對新常態階段宏觀調控與管理，當前需求側管理手段邊際效應遞減。改革開放以來，隨著中國社會主義市場經濟體制的建立並日趨完善，中國通過需求側進行宏觀調控的能力不斷提升。但是，隨著需求側調控措施的廣度和深度不斷增加，這些政策的邊際刺激效果正迅速降低，迫切需要基於供給側管理的宏觀調控手段。由此，中國的對外貿易制度建設將根據供給側結構性改革的要求，不斷創新。

2. 人民群眾對美好生活的向往與對外貿易制度發展趨勢

「人民對美好生活的向往，就是我們的奮鬥目標」「內需是中國經濟發展的基本動力，也是滿足人民日益增長的美好生活需要的必然要求。」隨著中國居民收入的提高，人們對美好生活的追求越來越強烈，擴大市場准入，可以

[①] 王一鳴. 中國經濟新一輪動力轉換與路徑選擇 [J]. 管理世界，2017 (2)：1-14.
[②] 曾憲奎. 經濟發展新常態下的供給側結構性改革 [EB/OL]. (2017-04-25). http://www.qstheory.cn/dukan/hqwg/2017-04/25/c_1120868047.htm.

增加高質量的商品供給，提高居民福利。同時，隨著人民群眾收入水準的提高，人民對產品的多樣性需求，對產品質量、品質的需求越來越高，中國不可能生產出滿足中國消費者所有需求的所有產品。因此，中國將根據人民群眾對美好生活的向往，加強對外貿易制度建設，如降低關稅給國內消費者創造更好的條件，滿足人民需求。

3. 環境保護約束加強下的經濟主體行為變革與對外貿易制度發展趨勢

改革開放以來，過於強調經濟增長，中國在一段時間內降低了環境保護的優先次序。中國以往粗放型的經濟發展模式迫切地需要轉型為環境友好型的高質量經濟發展模式。

中共十八大以來，習近平總書記對生態文明建設作出了許多重要指示和批示，逐步形成了關於生態文明建設的系統部署。把生態文明建設的戰略思想凝聚到了兩個基點上：一是把生態文明建設與中國特色社會主義內在聯繫起來，把它作為建設中國特色社會主義「五位一體」和「四個全面」重大佈局的重要內容；二是把生態文明建設中的最重要也最難處理的關係——保護環境與發展經濟的關係——用「綠水青山就是金山銀山」的對立統一辯證法貫通起來。①

在環境約束條件下，開放型經濟發展也將面臨挑戰與調整。例如，在引進外資時，需將環境保護作為政策考量，之前「逐底競爭」的吸引外資政策將面臨調整；環境污染型的外貿企業也將面臨著轉型發展。由以環境污染為代價的發展走向以綠色為支撐的發展，需要在對外貿易制度的發展中注入生態文明的歷史基調。

(四) 中國開放型經濟發展的更高要求與對外貿易制度發展趨勢

中共十九大報告明確了新時代的開放理念、開放戰略、開放目標、開放佈局、開放動力、開放方式等，規劃了今後一個時期對外開放的路線圖，推出了一系列新任務新舉措，「推動形成全面開放新格局」「發展更高層次的開放型經濟」，這是中國對外開放理論的重大創新，是習近平新時代中國特色社

---

① 夏光. 深刻領會習近平生態文明戰略思想 [N]. 中國環境報, 2016-12-06 (003).

第十四章　新中國對外貿易制度變遷的效應、規律與趨勢

會主義思想和基本方略的重要內容。①

全面開放的基本內涵和基本要求包括堅持引進來與走出去更好地結合，拓展國民經濟發展空間；堅持沿海開放與內陸沿邊開放更好地結合，優化區域開放佈局；堅持製造領域開放與服務領域開放更好地結合，以高水準開放促進深層次結構調整；堅持向發達國家開放與向發展中國家開放更好地結合，擴大同各國的利益交匯點；堅持多邊開放與區域開放更好地結合，做開放型世界經濟的建設者貢獻者。

在新時代全面開放要求下，推動形成全面開放新格局的主要任務包括：

紮實推進「一帶一路」建設，具體包括加強同沿線國家發展戰略對接；聚焦發展這一根本；提高貿易和投資自由化便利化水準；抓住新一輪科技革命和產業變革的機遇；建立多層次的人文合作機制。

加快貿易強國建設，即加快貨物貿易優化升級、促進服務貿易創新發展和培育貿易新業態新模式。

改善外商投資環境，加強利用外資法治建設；完善外商投資管理體制；營造公平競爭的市場環境；保護外商投資合法權益。

優化區域開放佈局，包括加大西部開放力度；賦予自貿試驗區更大改革自主權；探索建設自由貿易港。

創新對外投資合作方式，一是促進國際產能合作，帶動中國裝備、技術、標準、服務走出去；二是加強對海外併購的引導，重在擴大市場渠道、提高創新能力、打造國際品牌，增強企業核心競爭力；三是規範海外經營行為。

促進貿易和投資自由化便利化。實行高水準的貿易和投資自由化便利化政策。這不僅要求中國不斷提高自身開放水準，也要求中國更加主動塑造開放的外部環境。一是支持多邊貿易體制，落實世貿組織《貿易便利化協定》；二是穩步推進自由貿易區建設；三是提高雙邊開放水準。②

綜上，中國未來將在習近平新時代中國特色社會主義思想指導下，圍繞

---

① 汪洋. 推動形成全面開放新格局 [N]. 人民日報，2017-11-10（004）.

② 同①。

621

以上戰略要求和基本任務，在新時代和新環境中探索和促進對外貿易制度創新發展。在上述分析基礎上，研判未來中國對外貿易制度的創新發展方向，主要包括：圍繞建設新時代中國特色社會主義、服務於貿易強國建設、在滿足人民美好生活需求基礎上進行創新，平衡內需與外需，促進進口與出口的平衡發展，推進貿易與投資便利化與自由化，維護多邊貿易體制的核心價值並對標國際高標準貿易投資規則，注入生態文明的歷史基調。

二、新時代中國對外貿易制度創新應遵循的基本規律

（一）堅持市場決定資源配置的規律

新中國成立 70 年來，中國實現由計劃經濟向中國特色社會主義市場經濟的偉大轉型，並且成就了「增長奇跡」。這也充分證實了市場對資源配置起決定性作用是市場經濟的客觀規律。中共十八屆三中全會審議通過的《中共中央關於全面深化改革若干重大問題的決定》，明確提出要緊緊圍繞使市場在資源配置中起決定性作用，深化經濟體制改革，堅持和完善基本經濟制度，加快完善現在市場體系、宏觀調控體系、開放型經濟體系，加快轉變經濟增長方式、加快建設創新型國家，推動經濟更有效率、更加公平、更可持續的發展。

從對外開放角度看，應通過國內國外兩個市場優化配置資源，加快各類高端要素自由高效地跨行業、跨境流動。未來中國對外貿易制度的發展也應遵循這一規律。

（二）充分順應經濟增長階段變化的規律

近年來，中國經濟步入從高速增長轉為中高速增長，經濟結構不斷優化升級，從要素驅動、投資驅動轉向創新驅動的經濟新常態階段。這是由中國社會主義初級發展階段的階段性特徵所決定的，也是符合中國乃至國際經驗所支持的經濟發展規律。因此，新時代中國對外開放制度的戰略設計、政策制定與發展理念必須充分尊重並主動順應經濟增長階段變化規律。

第十四章　新中國對外貿易制度變遷的效應、規律與趨勢

三、新時代中國創新對外貿易制度的路徑

（一）由便利化向自由化推進的新時代中國對外貿易制度創新

2019年8月6日，國務院印發《中國（上海）自由貿易試驗區臨港新片區總體方案》（以下簡稱《總體方案》），標誌著上海自貿區新片區的設立。《總體方案》提出到2025年，建立比較成熟的投資貿易自由化便利化制度體系，並最終建立以投資貿易自由化為核心的制度體系，因此新片區承載著新時期上海乃至全國進一步實施對外開放戰略的使命，尤其是在功能上，新片區將由「投資貿易便利化」向「投資貿易自由化」突破。

具體實施中，以投資自由、貿易自由、資金自由、運輸自由、人員從業自由等為重點和抓手，推進投資貿易自由化便利化。如果說投資貿易便利化是從「程序」環節上簡化貿易投資的環節、提高效率，投資貿易自由化則是從「實體」內容上促進各市場要素的自由流動，不斷釋放增長活力。

（二）基於協調發展的新時代中國對外貿易制度創新

1. 促進要素和商品雙向流動開放格局的對外貿易制度創新

要素和商品的雙向流動意味著「引進來」與「走出去」相結合。利用外資絕非權宜之計抑或簡單地引進資金，而是通過外資流入掌握先進技術、經營理念、管理經驗，尋求更多的市場機會，帶動中國企業嵌入全球產業鏈、價值鏈、創新鏈，充分發揮外資流入的技術溢出效應、產業升級效應，推動創新領域的多種形式合作，促進經濟邁向中高端水準。在提高「引進來」的質量同時，支持企業積極穩妥地「走出去」，不僅帶動商品和服務輸出，而且獲取創新資源和創新網絡，為國民經濟提質增效升級擴展空間。產業層面，要素和商品雙向流動開放的重點領域是先進製造業與高端服務業，以高水準開放促進深層次結構調整。因此，中國未來的對外貿易制度發展應圍繞促進要素和商品「引進來」與「走出去」過程中如何吸納創新要素、推動產業升級而進行。

2. 促進陸海內外聯動格局的對外貿易制度創新

沿海開放與內陸沿邊開放相結合是優化區域開放水準的重要基礎。中國

對外開放從沿海起步,由東向西漸次推進。西部大開發和「一帶一路」建設加快推進,中西部地區逐步從開放末梢走向開放前沿,在優化沿海開放的同時,提升了內陸和沿邊地區的開放水準和層次。因此,未來中國對外貿易制度創新應致力於如何促進中西部協調發展、陸海內外協同並進,彌補短板,實現 1+1>2 的協同效應。

3. 促進東西雙向開放格局的對外貿易制度創新

中國的東向是發達國家,西向是發展中國家,以「一帶一路」沿線國家為代表,東西雙向開放意味著向發達國家開放與向發展中國家開放相結合。發達國家是中國的主要經貿夥伴,鞏固與發達國家的經貿合作,是中國開放型經濟的基本盤。同時,中國與廣大發展中國家的經貿聯繫也日益密切。中國未來對外貿易制度創新發展應致力於全面發展同發達國家和發展中國家的平等互利合作,實現出口市場多元化、進口來源多元化、投資合作夥伴多元化。

4. 實現進出口貿易平衡發展的對外貿易制度創新

當前及今後一段時期中國從出口戰略轉向進出口平衡發展戰略,因此未來中國對外貿易制度也應圍繞促進出口平衡而展開。在優化鼓勵高新技術、裝備製造、品牌產品出口,打造「中國製造」及「中國服務」國家品牌的制度體系的同時,還應著力構建擴大先進技術設備、關鍵零部件和優質消費品等商品進口的制度體系,促進貨物貿易進出口優化升級和服務貿易創新發展。

(三) 加強對外貿易制度協調機制,提升國際經貿規則話語權

作為世界最大的貿易國,在邁向貿易強國的發展道路中國際摩擦在所難免。有效的防治路徑是建立健全應對貿易摩擦部門協調機制,加強貿易摩擦和貿易壁壘預警機制建設,強化貿易摩擦預警信息公共服務,積極提供法律技術諮詢和服務,指導相關行業和企業應對貿易摩擦。維護世界貿易組織在全球貿易投資中的主渠道地位,積極推動多邊貿易談判進程,促進多邊貿易體制均衡、共贏、包容發展,形成公正、合理、透明的國際經貿規則體系,充分利用世界貿易組織規則,有效化解貿易摩擦和爭端,堅定反對各種形式的貿易保護主義。分析評估國外貿易投資法律、政策及措施,調查涉及中國

的歧視性貿易壁壘措施並開展應對。依法發起貿易救濟調查，維護國內產業安全和企業合法權益。推進全球經濟治理體系改革，推動引領多邊、區域、雙邊國際經貿規則制定。繼續深入參與多邊貿易體制運作，廣泛參與出口管制國際規則和管制清單制定。積極參與全球價值鏈合作，加強貿易增加值核算體系建設，建立健全全球價值鏈規則制定與利益分享機制。

（四）完善對外貿易政策協調機制

加強財稅、金融、產業、貿易等政策之間的銜接和配合，完善對外貿易促進政策和體系。根據安全標準、環保標準、社會責任等要求，依法完善商品進出口管理。加強外貿行政審批事項下放後的監管體系建設，強化事中事後監管。優化通關、質檢、退稅、外匯管理方式等，加快海關特殊監管區域整合優化，支持跨境電子商務、外貿綜合服務平臺、市場採購貿易等新型貿易方式發展。

（五）健全對外貿易知識產權制度

1. 制定對外貿易知識產權制度

目前，中國已經頒布並實施了《國家知識產權戰略綱要》，很多行業根據其核心思想並結合本行業的實際情況，制定了適用於具體行業的知識產權戰略。但是，在對外貿易領域還沒有明確的知識產權戰略，這與對外貿易在中國經濟發展中的重要地位極不相稱。因此，可由商務部以及各知識產權主管部門，在遵循《國家知識產權戰略綱要》的基礎上，根據對外貿易發展的實際需要，科學制定對外貿易知識產權戰略，以此來保障知識產權為對外貿易發展提供良好服務。

2. 推動形成有利的國際知識產權制度

近年來，發達國家逐漸將國內與知識產權有關的立法轉化為有利於本國的國際規則，使其追求利益最大化的目標得以實現。中國可借鑑發達國家的經驗，利用世界貿易組織的相關規則，推進國內對外貿易知識產權制度朝國際化方向發展。注重與有共同訴求的國家建立相關的機構，聯合推動知識產權制度的國際化進程，從而建立有利於中國的國際知識產權制度。

（六）開啓綠色對外貿易制度的建設之路

全球多邊體制正在孕育新的貿易規則，以便貿易和環境目標相互支持，推動貿易可持續發展。粗放的貿易增長方式不但導致經濟效益低下，同時也加劇了環境的惡化。在嚴峻的現實下，加快轉變經濟發展方式和轉變貿易發展方式，走低碳經濟、綠色貿易之路，已刻不容緩。

1. 促進對外貿易和投資活動綠色化

當前，一方面，支撐中國出口導向型貿易政策的低成本勞動力、資源、環境等要素的比較優勢正在迅速變化，加工貿易的出口產品正在逐步萎縮；另一方面，與環境相關的貿易保護主義傾向越來越多地影響到中國的對外貿易。中國對外貿易面臨轉型的臨界點，急需通過發展綠色貿易促進經濟發展方式轉變及產業結構調整，實現經濟效益、生態效益和社會效益的多贏目標。

制度與法制保障是生態文明建設的重要手段，要加大生態文明的國際化內涵，必須強化中國「走出去」過程中生態文明建設的法制化、制度化建設。要加快建立貿易與投資活動中的環境保護與經濟發展相協調的制度，開展環境績效評估，提高綠色化門檻。從區域合作的角度，加強建立與國際接軌、符合國際合作的綠色化引導政策和相關可操作的指南，為綠色貿易與投資提供制度保障。

2. 遵循與加強綠色投資、綠色貿易規則，創新綠色金融機制

國際貿易中的綠色標準不斷提高，在國際經貿合作中，要重視協調經貿合作拓展與環境標準之間的關係，遵循與完善綠色投資與貿易規則。要適應國際貿易中綠色環保標準的要求，完善綠色標準應對體系。應抓住中國製造2025的重大機遇，將環境標準和綠色轉型的升級要求內化嵌入到中國製造的過程中。重點提升綠色生產技術，增強紡織、成衣、化妝品、日用品、家具和家用電器等勞動密集型或技術水準比較落後的出口行業適應綠色標準的能力和要求。與開展經貿合作的國家推廣環境標誌理念，推進環境標準制度和環境認證，促進中國技術標準、產品和產業走出去。

創新綠色金融機制，加強相關金融機構與國際金融機構在生態環境保護保障政策、綠色金融等方面的合作，借鑑「赤道原則」等綠色銀行規則，推

動綠色信貸準則，投融資項目採取與國際接軌的環境標準。

(七) 賦予自由貿易試驗區更大改革自主權的制度創新

2013年以來，中國自貿試驗區建設取得多方面重大進展，形成了一批改革創新重要成果。未來應著眼於提高自貿試驗區建設質量，對標國際先進規則，強化改革舉措系統集成，鼓勵地方大膽試、大膽闖、自主改，形成更多制度創新成果，進一步發揮全面深化改革和擴大開放的試驗田作用。

探索建設自由貿易港。自由貿易港是設在一國（或地區）境內關外、貨物資金人員進出自由、絕大多數商品免徵關稅的特定區域，是目前全球開放水準最高的特殊經濟功能區，香港、新加坡、鹿特丹、迪拜都是比較典型的自由港。中國海岸線長，離島資源豐富。探索建設中國特色的自由貿易港，打造開放層次更高、營商環境更優、輻射作用更強的開放新高地，對於促進開放型經濟創新發展具有重要意義。

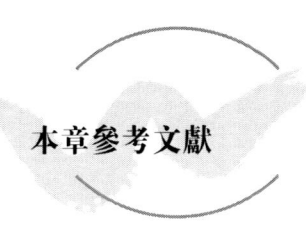

本章參考文獻

BAGWELL K, BOWN C P, STAIGER R W, 2015. Is the WTO Passe? [Z]. Policy Research Working Paper.

COONEY S, BIDDULPH S, ZHU Y, et al., 2007. China's New Labour Contract Law: Responding to the Growing Complexity of Labour Relations in the PRC [J]. University of NSW Law Journal, 30 (3): 788-803.

蔡興，劉子蘭，2012. 美國產業結構的調整與貿易逆差 [J]. 國際貿易問題 (10): 68-76.

常修澤，2013-9-24. 以開放倒逼改革：中國（上海）自由貿易試驗區之我見 [N]. 中國青年報 (002).

陳繼勇，陳大波，2017. 特朗普經貿保護政策對中美經貿關係的影響

［J］．經濟學家（10）：96-104．

陳繼勇，胡淵，2009．中國實施互利共贏的對外貿易戰略［J］．武漢大學學報（哲學社會科學版），62（5）：634-638．

陳健，龔曉鶯，2017．「一帶一路」戰略開啓具有「人類命運共同體」意識的全球化發展的新時代［J］．經濟學家（7）：73-79．

方寧生，1996．進入第二代的中國經濟特區［J］．特區經濟（9）：10-12．

韓慶祥，方蘭欣，［2019-08-11］．論習近平新時代觀［J/OL］．閩江學刊（4）：5-19+121．

侯德芳，俞國斌，2008．十一屆三中全會以來中國對外開放理論發展的回顧：紀念改革開放30週年［C］//改革開放與當代世界社會主義學術研討會暨當代世界社會主義專業委員會年會：71-81．

華瑞，2001．中國再次削減關稅和非關稅措施［J］．中國經貿（3）：64．

霍建國，（2014-05-27）．以開放倒逼國內深層面改革和體制創新［EB/OL］．http://theory.people.com.cn/n/2014/0527/c40531-25068219.html．

江小娟，2008．中國開放三十年的回顧與展望［J］．中國社會科學（6）：66-85．

金輝，2018-04-11．「一帶一路」新起點要有新重點［N］．經濟參考報（005）．

荆世群，雷春梅，（2017-11-16）．中國特色社會主義新時代的時代內涵［EB/OL］．http://www.qstheory.cn/zhuanqu/bkjx/2017-11/16/c_112196,7753.htm．

李偉，2017．堅定信心 主動作為 在深化合作中不斷創造「一帶一路」發展新機遇［J］．管理世界（1）：2-4．

厲以寧，2015-03-07．「一帶一路」關鍵是制度創新［N］．中國青年報（03）．

劉笋，許皓，2018．競爭中立的規則及其引入［J］．政法論叢，186（5）：54-66．

第十四章 新中國對外貿易制度變遷的效應、規律與趨勢

裴洙燁，2000. 論中國關稅制度改革 [D]. 北京：對外經濟貿易大學.

石廣生，2013. 中國對外經濟貿易改革和發展史 [M]. 北京：人民出版社.

唐宜紅，姚曦，2013. 競爭中立：國際市場新規則 [J]. 國際貿易（3）：54-59.

屠新泉，2018. 以開放促改革：中國與多邊貿易體制40年 [J]. 人民論壇·學術前沿，159（23）：66-73.

王紅霞，2008. 用開放的眼界解讀《勞動合同法》及其衝擊波 [J]. 對外經貿實務（6）：9-11.

汪洋，2017-11-10. 推動形成全面開放新格局 [N]. 人民日報.

王一鳴，2017. 中國經濟新一輪動力轉換與路徑選擇 [J]. 管理世界（2）：1-14.

溫濤，王煜宇，2018. 改革開放40週年中國農村金融制度的演進邏輯與未來展望 [J]. 農業技術經濟（1）：24-31.

巫雲仙，2019. 新中國金融業70年：基於制度變遷和改革開放的歷史邏輯 [J]. 政治經濟學評論，10（4）：61-87.

中共中央文獻研究室，2017. 習近平關於社會主義經濟建設論述摘編 [M]. 北京：中央文獻出版社.

夏光，2017-06-03. 深刻領會習近平生態文明戰略思想 [N]. 中國環境報.

《新思想 新觀點 新舉措》編寫組，2012. 新思想·新觀點·新舉措 [M]. 北京：紅旗出版社.

薛榮久，楊鳳鳴，2014. 對中國特色社會主義國際經貿理論構建的思考 [J]. 國際貿易（4）：4-10.

楊豔紅，盧現祥，2018. 中國對外開放與對外貿易制度的變遷 [J]. 中南財經政法大學學報（5）：12-20.

姚鈴，2019. 世貿組織的歐盟改革方案及中國應對策略 [J]. 國際貿易（5）：4-9.

殷德生，金培振，2018. 改革開放40年中國對外貿易變革的路徑、邏輯

與理論創新［J］. 上海經濟研究（10）：116-128.

岳雲霞, 2019. 量質並進：中國對外貿易70年［J］. 中國經濟學人（4）：40-65.

曾憲奎,（2017-04-25）. 經濟發展新常態下的供給側結構性改革［EB/OL］. http://www.qstheory.cn/dukan/hqwg/2017-04/25/c_1120868047.htm.

張茉楠, 2017.「一帶一路」倡議須重大制度與規則創新［J］. 現代商業銀行（11）：45-47.

張燕生, 2017. 十八大以來中國積極推動全球治理體系變革［J］. 當代世界（10）：4-8.

支園, 2018. 中國（上海）自由貿易試驗區金融創新法律制度研究［D］. 徐州：江蘇師範大學.

中國宏觀經濟研究院課題組,（2019-02-21）［2019-07-28］. 做好以開放促改革的大文章［EB/OL］. http://paper.ce.cn/jjrb/html/2019-02/21/content_384384.htm.

附錄 1

GVC 地位指數構建

從附加值的角度測算全球價值鏈主要有兩種方法：Koopman 等（2008，2012）提出了 KPWW 總出口分解法[①]，重新將國內外附加值進行劃分，並進一步細化國內附加值；Koopman 等（2014）又在附加值貿易數據庫（The Trade in Value Added database，以下簡稱 TiVA）分解附加值的基礎上定義了 GVC 參與指數（GVC_Participation）和 GVC 地位指數（GVC_Position）。前者衡量一國參與全球價值鏈的程度，後者表示一國在全球價值鏈的地位。由於 KPWW 方法主要關注如何更精確地區分國內外附加值，本書第十四章使用 GVC 參與指數（GVC_Participation）和 GVC 地位指數（GVC_Position），比較相同參與度下兩國的價值鏈地位或者相同地位下兩國全球價值鏈參與度，從多個維度來分析中國在全球價值鏈中的現狀。

GVC 參與指數主要衡量一國某產業參與全球生產網絡的程度，其計算公式如下：

$$\text{GVC\_Participation}_{ir} = \frac{IV_{ir} + FV_{ir}}{E_{ir}} \qquad (\text{附 1})$$

[①] 分解附加值的一種方法：將總出口分解為國內附加值出口與國外附加值出口，進一步將國內附加值部分分解為被進口國直接消費的最終產品與服務部分、被進口國用來直接生產本國所需中間產品的國內附加值部分、被進口國用來生產出口品的部分、被進口國用來生產並返銷回本國產品的附加值部分。

IV_{ir} 表示 r 國 i 產業出口的國內中間品價值，是由 r 國進行加工並出口到第三方國家的部分；FV_{ir} 則表示 r 國 i 產業出口的國外中間品價值，由 r 國進口並成為最終產品的部分；E_{ir} 代表 r 國 i 產業的總出口額。根據公式，GVC_Participation$_{ir}$ 表示 r 國 i 產業參與全球生產網絡的程度，該指數越大則一國某產業出口的產品中由國內直接加工創造和從國外間接進口創造的增加值越多，產業參與的生產環節越多，嵌入全球價值鏈的程度越深。

GVC 地位指數是對一產業出口最終產品中的國內外增加值進行比較。Koopman 等（2014）通過分析認為，如果一國某產業處於全球價值鏈的高端環節，則該國相對於其他國家參與了更多的生產過程，國內的增加值占總出口的比例 ($\frac{IV_{ir}}{E_{ir}}$) 高於國外進口增加值占總出口的比例 ($\frac{FV_{ir}}{E_{ir}}$)；反之，如果一國某產業處於全球價值鏈的低端環節，則其更多地依賴其他國家提供中間品來生產最終產品，總出口中的國內增加值比率 ($\frac{IV_{ir}}{E_{ir}}$) 低於國外增加值的比率 ($\frac{FV_{ir}}{E_{ir}}$)。根據上述定義，設計的公式如下所示：

$$\text{GVC\_Position}_{ir} = \ln\left(1 + \frac{IV_{ir}}{E_{ir}}\right) - \ln\left(1 + \frac{FV_{ir}}{E_{ir}}\right) \qquad (附2)$$

GVC_Position$_{ir}$ 指數大於 0，則說明一國某產業 GVC 地位越高，獲得的國內增加值越多；反之，則越低。

附錄 2

新中國對外貿易政策概覽（1949.10—2019.08）

附表 1

政策名稱	實施年份	制定部門
《中國人民政治協商會議共同綱領》	1949	中國人民政治協商會議第一屆全體會議
《對外貿易暫行管理條例》	1950	政務院
《關於對外貿易必須統一對外的決定》	1958	中共中央
《關於大力發展對外貿易增加外匯收入若干問題的規定》	1979	國務院
《關於大力發展對外貿易增加外匯收入若干問題的規定》	1979	國務院
《中華人民共和國外匯管理暫行條例》	1980	國務院
《中華人民共和國中外合資經營企業所得稅法》	1980	第五屆全國人民代表大會
《中華人民共和國外匯管理暫行條例》	1980	國務院
《中華人民共和國中外合資經營企業登記管理辦法》	1980	國務院
《中華人民共和國外匯管理暫行條例》	1980	國務院
《海關對加工裝配和中小型補償貿易進出口貨物監管和徵免稅實施細則》	1982	海關總署
《中華人民共和國中外合資經營企業法實施條例》	1983	國務院
《中華人民共和國進口貨物許可制度暫行條例》	1984	國務院

附表1(續)

政策名稱	實施年份	制定部門
《關於在境外開辦非貿易性合資經營企業的審批程序權限和原則的通知》	1984	對外經濟貿易部
《對外經濟貿易部關於外貿體制改革意見的報告》	1984	對外經濟貿易部
《進出口關稅條例》	1985	國務院
《中華人民共和國海關進出口稅則》	1985	海關總署
《進出口關稅條例》《海關進出口稅則》（1985年修訂）	1985	國務院
《關於在境外開辦非貿易性企業的審批程序和管理辦法的實行規定》	1985	對外經濟貿易部
《關於進口貨物原產地的暫行規定》	1986	海關總署
《中華人民共和國海關關於進口貨物原產地暫行規定》	1986	海關總署
《關於鼓勵外商投資的規定》	1986	國務院
《國務院關於加快和深化對外貿易體制改革若干問題的規定》	1988	國務院
《境外投資外匯管理辦法》	1989	國務院
《境外投資外匯管理辦法實施細則》	1990	國務院
《國務院關於進一步改革和完善對外貿易體制若干問題的決定》	1990	國務院
《關於加強海外投資項目管理意見》	1991	國家計委
《中華人民共和國海商法》	1992	第七屆全國人民代表大會常務委員會
《關於賦予生產企業進出口經營權有關意見的通知》	1992	對外經濟貿易部、國務院
《紡織品出口配額管理辦法》	1992	海關總署
《出口商品暫行管理辦法》	1992	對外經濟貿易部
《海關進出口稅則》（1992年修訂）	1992	國務院
《中華人民共和國出口貨物原產地規則》	1992	國務院
《出口商品管理暫行辦法》	1992	對外經濟貿易部
《關於出口商品計劃配額管理的實施細則》	1993	對外貿易經濟合作部

附錄2　新中國對外貿易政策概覽（1949.10—2019.08）

附表1（續）

政策名稱	實施年份	制定部門
《機電產品進口管理暫行辦法》	1993	國家經濟貿易委員會、對外貿易經濟合作部
《中共中央關於建立社會主義市場經濟體制若干問題的決定》	1993	中共十四屆三中全會
《進口商品經營管理暫行辦法》	1994	對外貿易經濟合作部、國家計劃委員會
《關於進一步深化對外貿易體制改革的決定》	1994	國務院
《一般商品進口配額管理暫行辦法》	1994	國家計劃委員會、對外貿易經濟合作部
《中華人民共和國對外貿易法》	1994	第八屆全國人民代表大會常務委員會
《關於進一步深化對外貿易體制改革的決定》	1994	國務院
《中華人民共和國知識產權海關保護條例》	1995	國務院
《關於出口商品主動配額管理暫行規定》	1995	對外貿易經濟合作部
《中華人民共和國外匯管理條例》	1996	國務院
《關於設立中外合資對外貿易公司試點暫行辦法》	1996	對外貿易經濟合作部
《關於經濟特區企業外貿經營權問題的批覆》	1996	國務院
《關於設立中外合資對外貿易公司試點暫行辦法》	1996	對外貿易經濟合作部
《關於進一步推動生產企業自營進出口工作有關問題的通知》	1997	國家經貿委、對外貿易經濟合作部
《中華人民共和國反傾銷和反補貼條例》	1997	國務院
《關於調整企業申請對外承包勞務經營權的資格條件及加強後期管理等問題的通知》	1999	對外貿易經濟合作部
《關於進一步鼓勵外商投資有關進口稅收政策的通知》	1999	海關總署
《關於大力發展對外承包工程的意見》	2000	對外貿易經濟合作部、外交部、國家計委、國家經貿委、財政部、中國人民銀行
《關於進出口經營資格管理的有關規定》	2001	對外貿易經濟合作部
《關於適應中國加入世界貿易組織進程清理地方性法規、地方政府規章和其他政策措施的方案》	2001	中共中央辦公廳、國務院

附表1(續)

政策名稱	實施年份	制定部門
《中華人民共和國貨物進出口管理條例》	2001	國務院
《國務院關於組建中國出口信用保險公司的通知》	2001	國務院
《中國銀行出口賣方信貸辦法》《中國銀行出口買方信貸辦法》	2001	中國人民銀行
《關於進出口經營資格管理的有關規定》	2001	對外貿易經濟合作部
《關於進出口經營資格管理的有關規定》	2001	對外貿易經濟合作部
《中華人民共和國進出口商品檢驗法》	2002	第九屆全國人民代表大會常務委員會
《外資金融機構管理條例》	2002	國務院
《外商控股、外商獨資旅行社暫行辦法》	2003	國家旅遊局、商務部
《關於設立中外合資對外貿易公司暫行辦法》	2003	商務部
《中國企業赴香港、澳門特別行政區投資開辦企業核准事項的規定》	2004	商務部、國務院港澳辦
《關於跨國公司外匯資金內部營運管理有關問題的通知》	2004	國家外匯管理局
《對外投資國別產業導向目錄（一）》	2004	商務部、外交部
《中華人民共和國進出口貨物原產地條例》	2004	國務院
《對外貿易經營者備案登記辦法》	2004	商務部
《關於調整部分境外投資外匯管理政策的通知》	2006	國家外匯管理局
《關於推進天津濱海新區開發開放有關問題的意見》	2006	國務院
《支持服務貿易發展全面合作協議》	2007	商務部
《國務院關於加快發展旅遊業的意見》	2009	國務院
《商務部關於進一步改進外商投資審批工作的通知》	2009	商務部
《境內機構境外直接投資外匯管理規定》	2009	國家外匯管理局
《關於境內企業境外放款外匯管理有關問題的通知》	2009	國家外匯管理局
《境外直接投資人民幣結算試點管理辦法》	2011	中國人民銀行
《關於加快轉變外貿發展方式的指導意見》	2012	商務部、國家發展改革委、財政部、中國人民銀行、海關總署、稅務總局、質檢總局、銀監會、保監會、外匯局

附錄 2　新中國對外貿易政策概覽（1949.10—2019.08）

附表1(續)

政策名稱	實施年份	制定部門
《國務院關於加強進口促進對外貿易平衡發展的指導意見》	2012	國務院
《關於出口貨物貿易人民幣結算企業管理有關問題的通知》	2012	中國人民銀行、財政部、商務部、海關總署、國家稅務總局、中國銀行業監督管理委員會
《服務貿易外匯管理指引》	2013	外匯管理局
《服務貿易外匯管理指引實施細則》	2013	外匯管理局
《徵信業管理條例》	2013	國務院
《落實「三互」推進大通關建設改革方案》	2014	國務院
《貿易政策合規工作實施辦法（試行）》	2014	商務部
《貿易政策合規工作實施辦法（試行）》	2014	商務部
《落實「三互」推進大通關建設改革方案的通知》	2014	國務院
《關於加強進口的若干意見》	2014	國務院
《關於進一步加強貿易政策合規工作的通知》	2014	國務院
《關於進一步加強貿易政策合規工作的通知》	2014	國務院
《社會信用體系建設規劃綱要（2014—2020年）》	2014	國務院
《外商投資產業指導目錄》	2015	國家發改委、商務部
《關於實行市場准入負面清單制度的意見》	2015	國務院
《貿易便利化協定》	2015	國務院
《關於促進跨境電子商務健康快速發展的指導意見》	2015	國務院
《關於構建開放型經濟新體制的若干意見》	2015	國務院
《關於加快發展服務貿易的若干意見》	2015	國務院
《關於對海關高級認證企業實施聯合激勵的合作備忘錄》	2016	國家發展改革委、中國人民銀行、海關總署、中央宣傳部、中央文明辦和商務部等40個中央部門
《外商投資企業設立及變更備案管理暫行辦法》	2016	商務部
《中外合資經營企業法》《外資企業法》和《臺灣同胞投資保護法》	2016	第十二屆全國人民代表大會常務委員會

附表1(續)

政策名稱	實施年份	制定部門
《服務外包產業重點發展領域指導目錄》	2016	商務部、財政部、海關總署
《關於促進外貿回穩向好的若干意見》	2016	國務院
《關於促進外貿綜合服務企業健康發展有關工作的通知》	2017	商務部、海關總署、稅務總局、國家質檢總局、外匯管理局
《關於進一步推進開放型經濟新體制綜合試點試驗的若干意見》	2017	商務部、國家發展改革委、中國人民銀行、海關總署、國家質檢總局
《服務貿易發展「十三五」規劃》	2017	商務部、中央宣傳部、國家發展改革委員會等13個部門
《關於聚焦企業關切進一步推動優化營商環境政策落實的通知》	2018	國務院
《優化口岸營商環境促進跨境貿易便利化工作方案》	2018	國務院
《關於擴大進口促進對外貿易平衡發展的意見》	2018	商務部
《深化服務貿易創新發展試點總體方案》	2018	商務部
《中華人民共和國海關企業信用管理辦法》	2018	海關總署
《關於取消打印報關單收、付匯證明聯的公告》	2019	海關總署、國家外匯管理局
《國務院關於促進服務外包產業加快發展的意見》	2019	國務院
《中華人民共和國外商投資法》	2019	第十三屆全國人大二次會議

後記

撰寫《新中國對外貿易制度變遷》，經歷了較長時間的醞釀。

在回溯新中國對外貿易發展之路的過程中，我們心中的驕傲油然而生。曾經，中國的對外貿易在西方國家的封鎖禁運中艱難前行；如今，中國已經開啓從貿易大國邁向貿易強國的征程！曾經，中國歷盡艱辛才加入世界貿易組織；如今，中國已經日益走近世界舞臺中央並為人類做出貢獻！

新中國對外貿易的發展、對外貿易制度的變遷，包含了許多奇跡，承載著厚重的思想積澱和實踐經驗。中國特色社會主義的對外貿易思想，明確回答了「為誰」「為何」「如何」發展對外貿易的問題，強調人民群眾在對外貿易領域的獲得感，堅持與貿易夥伴共享發展。中國的自由貿易制度，兼具自由貿易制度一般特點和中國特色，肩負服務中國特色社會主義建設、符合國際經貿規則要求雙重目標，強調共同富裕，堅持開放合作。

研究新中國的對外貿易制度變遷，具有實踐和理論層面的重要意義。在實踐層面，研究新中國的對外貿易制度變遷，不僅可以為中國在新時代背景下創新對外貿易制度、促進對外經濟貿易持續發展提供歷史經驗的借鑑和有價值的建議，進而為中國持續推進社會經濟發展、實現中華民族偉大復興的中國夢助力，而且可以為世界其他國家和地區尤其是為廣大發展中國家提供經驗借鑑，為推動國際經貿規則和治理體系改革提供中國經驗。在理論層面，探索中國對外貿易制度變遷所蘊含的理論思想及中國特色對外貿易思想的發展軌跡和創新成果，可以為研究、構建中國特色對外貿易理論體系奠定文獻基礎，為研究、發展國際貿易理論，特別是為廣大發展中國家對外貿易理論的發展，提供理論參考。

整體而論，探究新中國對外貿易制度變遷的脈絡，研究新中國對外貿易理論和實踐的發展規律，詮釋中國建設開放型世界經濟、構建人類命運共同體的思想和實際努力，可以彰顯中國特色社會主義道路、理論、制度、文化對中國、對世界的重大意義，彰顯中國特色社會主義道路自信、理論自信、制度自信和文化自信的偉大意義。對於站在理論前沿的教育工作者、專家學者來講，潛心於這些論題的研究，既是提升學術造詣的需要，也是一種使命擔當。所以，我們相信，致力於相關領域研究的學者會越來越多，團隊的力量會越來越強。正如我們的團隊，就是基於這樣的使命，基於研究的意義，在學校和學院的組織、支持下，在幾代「國商人」的堅持、努力下成長起來的。

我們的團隊成員包括鄧敏、姜玉梅、逯建、孫楚仁、王珏、姚星六位教授，李娟、劉媛媛兩位副教授，鄧富華博士，以及李東坤博士，十位教師。在研究的過程中，團隊成員不辭勞苦，分工合作，反覆討論，數易其稿。我們的團隊成員中有兩位年輕的媽媽和一位準媽媽，她們克服重重困難，主動承擔工作，為我們團隊助力。此外，我們的團隊成員還包括黃俊、江慧、徐錦強、易正容四位博士研究生，陳凌卿、陳諾、範薹薹和瑤婕、蔣琴、蘭佳瑤、李夢、李順利、李靈杰、劉瑩、劉再

後　記

菲、劉錦橋、屈甜、陶冶、唐尚釅、湯英儀、吳嘉鈺、韋小鈾、王譯影、熊潔、楊懿恩、楊雯二十二位碩士研究生。在團隊老師們的指導下，他們的研究能力得到了較大提升，同時也為編著本書做出了貢獻。特別是在文獻整理、數據收集方面，他們的付出富有成效。在撰稿分工方面，鄧敏承擔了協調、統稿工作，劉媛媛承擔了規範書稿格式的工作，李娟承擔了附錄編寫工作；書稿第一章、第二章、第三章由鄧敏撰寫，第四章由李東坤撰寫，第五章由劉媛媛撰寫，第六章由姜玉梅、黃俊撰寫，第七章由李娟撰寫，第八章由逯建、鄧敏撰寫，第九章、第十章由姚星撰寫，第十一章由劉媛媛、王珏撰寫，第十二章由鄧富華、姜玉梅撰寫，第十三章由孫楚仁、易正容、江慧、徐錦強撰寫，第十四章由李娟撰寫。

　　本書的出版，出版社的高玲、林伶編輯為本書的出版付出了辛勤的勞動，提供了許多幫助，　學者們已有的研究成果為我們提供了富有價值的文獻參考，在此一併致謝！

　　鑒於筆者水準有限，書中可能存在疏漏之處，敬請讀者提出寶貴意見！

王　珏

中國對外貿易制度變遷

作　　者：	鄧敏　主編	
發 行 人：	黃振庭	
出 版 者：	財經錢線文化事業有限公司	
發 行 者：	財經錢線文化事業有限公司	
E - m a i l：	sonbookservice@gmail.com	
粉 絲 頁：	https://www.facebook.com/sonbookss/	
網　　址：	https://sonbook.net/	
地　　址：	台北市中正區重慶南路一段六十一號八樓 815 室	
	Rm. 815, 8F., No.61, Sec. 1, Chongqing S. Rd., Zhongzheng Dist., Taipei City 100, Taiwan (R.O.C)	
電　　話：	(02)2370-3310	
傳　　真：	(02) 2388-1990	
總 經 銷：	紅螞蟻圖書有限公司	
地　　址：	台北市內湖區舊宗路二段 121 巷 19 號	
電　　話：	02-2795-3656	
傳　　真：	02-2795-4100	
印　　刷：	京峯彩色印刷有限公司（京峰數位）	

國家圖書館出版品預行編目資料

中國對外貿易制度變遷 / 鄧敏 主編 . -- 第一版 . -- 臺北市：財經錢線文化 , 2020.09
　　面；　公分
POD 版
ISBN 978-957-680-463-2(平裝)
1. 國際貿易史 2. 中國
558.092　109011871

官網

臉書

- 版權聲明 -

本書版權為西南財經大學出版社所有授權崧博出版事業有限公司獨家發行電子書及繁體書繁體字版。若有其他相關權利及授權需求請與本公司聯繫。

定　　價：850 元
發行日期：2020 年 9 月第一版
◎本書以 POD 印製